Ambiguität im Mittelalter

Trends in Medieval Philology

Edited by
Ingrid Kasten, Niklaus Largier
and Mireille Schnyder

Editorial Board
Ingrid Bennewitz, John Greenfield, Christian Kiening, Theo Kobusch,
Peter von Moos, Ute Störmer-Caysa

Volume 30

Ambiguität im Mittelalter

Formen zeitgenössischer Reflexion und
interdisziplinärer Rezeption

Herausgegeben von
Oliver Auge und Christiane Witthöft

Unter redaktioneller Mitarbeit von
Steve Riedl und Susanne Koch

DE GRUYTER

ISBN 978-3-11-102614-5
e-ISBN (PDF) 978-3-11-043534-4
e-ISBN (EPUB) 978-3-11-043391-3
ISSN 1612-443X

Library of Congress Cataloging-in-Publication Data
A CIP catalog record for this book has been applied for at the Library of Congress.

Bibliografische Information der Deutschen Nationalbibliothek
Die Deutsche Nationalbibliothek verzeichnet diese Publikation in der Deutschen Nationalbibliografie; detaillierte bibliografische Daten sind im Internet über http://dnb.dnb.de abrufbar.

© 2022 Walter de Gruyter GmbH, Berlin/Boston
Dieser Band ist text- und seitenidentisch mit der 2016 erschienenen gebundenen Ausgabe.

Satz: PTP-Berlin, Protago-T$_E$X-Production GmbH, Berlin
Druck und Bindung: CPI books GmbH, Leck

♾ Gedruckt auf säurefreiem Papier
Printed in Germany

www.degruyter.com

Vorwort

Der vorliegende Tagungsband über Phänomene der *Ambiguität im Mittelalter* ging aus einer gleichbetitelten interdisziplinären Tagung hervor, die vom 11. bis 13. April 2013 im Alfried Krupp Wissenschaftskolleg in Greifswald stattfand.[1] Schon seit Längerem waren wir durch die Beobachtung verschiedener Widersprüche, deren Auflösung in der mittelalterlichen Literatur oder Kultur auf den ersten Blick gescheitert scheint, auf die Idee gebracht, eine interdisziplinäre Tagung zum Thema zu veranstalten. Konkreten Anlass gab dann ein im Wintersemester 2010/11 gemeinsam veranstaltetes Hauptseminar über *Wundervölker und Fabelwesen im Mittelalter*, in dem wir intensiv über die Dar- und Vorstellungen monströser Wunderwesen und Ungeheuer am Ende der Welt diskutierten, in denen das ambige Spannungsverhältnis zwischen göttlicher Allmacht und Gnade einer- und göttlicher Abschreckung und Strafe anderseits sehr deutlich wurde. Die interdisziplinäre Lehre legte den Grundstein für eine weiterführende interdisziplinäre Forschung. Wie in dem betreffenden Seminar sollten gleichsam auf der Tagung und sollen in dem nunmehrigen Tagungsband die Grenzlinien zwischen den an diesem interdisziplinären Austausch beteiligten Fachrichtungen schnell fließend und für die anderen Disziplinen und ihre Interessen und Anliegen durchlässig werden.

Mit unserer Tagungsinitiative zum Thema der Ambiguität stellten wir uns als Kieler Universitätsangehörige eher zufällig denn bewusst in eine gewissermaßen Kieler *ambige* Tradition. Denn schließlich steht die von CHRISTOPH BODE 1986 eingereichte und 1988 gedruckte Kieler Habilitationsschrift zur *Ästhetik der Ambiguität. Zu Funktion und Bedeutung von Mehrdeutigkeit in der Literatur der Moderne* am Anfang der neueren Beschäftigung mit dem Phänomen der Ambiguität. In der Planungsphase der Tagung schweifte unser Blick in die Ferne, genauer noch zum Alfried Krupp Wissenschaftskolleg in Greifswald, da wir um die dort optimalen Arbeits- und Tagungsbedingungen wussten. Und tatsächlich war das dortige Wissenschaftskolleg auf unsere Anfrage hin zur Kooperation in dieser Sache bereit. Den Verantwortlichen, namentlich der Vorstandsvorsitzenden Prof. Dr. Bärbel Friedrich, und dem wissenschaftlichen Geschäftsführer, Dr. Christian Suhm, sowie natürlich auch der großzügig finanzierenden Alfried Krupp von Bohlen und Halbach-Stiftung in Essen sei für ihr Engagement und ihr Vertrauen in unser Vorhaben und seine zu erwartenden Resultate an dieser Stelle nochmals ausdrücklich gedankt. So wurde im Kolleg die, wie gewohnt, solide Basis für ein

---

[1] Siehe das Programm und den Bericht zur Tagung von Sebastian Holtzhauer unter http://www.hsozkult.de/conferencereport/id/tagungsberichte-4872 (Stand: 17. November 2014, 9.30 Uhr).

gutes Gelingen der Tagung geschaffen, was für den jetzt vorliegenden Tagungsband nur von Vorteil ist.

Unser herzlicher Dank gilt auch den Herausgebern der Reihe *Trends in Medieval Philology*, Prof. Dr. Ingrid Kasten, Prof. Dr. Niklaus Largier und Prof. Dr. Mireille Schnyder, für die Aufnahme des Tagungsbandes in ihre Reihe und dem de Gruyter Verlag für die gute Zusammenarbeit. Unser Dank geht zudem an Susanne Koch, die den Sammelband anfänglich betreut hat, an Steve Riedl, der in den letzten Monaten die mühselige Korrekturarbeit und die redaktionelle Betreuung mit so großer Umsicht erledigt hat, und an Lisa Kragh für die Erstellung des Registers.

Oliver Auge und Christiane Witthöft,
Kiel und Erlangen im Winter 2015

Inhaltsverzeichnis

Vorwort —— V

Oliver Auge und Christiane Witthöft
Zur Einführung: Ambiguität in der mittelalterlichen Kultur und Literatur —— 1

Teil I: Rhetorik und Texthermeneutik

Thomas Bauer
Ambiguität in der klassischen arabischen Rhetoriktheorie —— 21

Christel Meier
***Unusquisque in suo sensu abundet* (Rom 14,5)** —— 49
Ambiguitätstoleranz in der Texthermeneutik des lateinischen Westens?

Udo Friedrich
Die Metapher als Figur der Ambiguität im Mittelalter —— 83

Teil II: Literaturhistorische Ambiguität

Marina Münkler
Narrative Ambiguität: Semantische Transformationen, die Stimme des Erzählers und die Perspektiven der Figuren —— 113
Mit einigen Erläuterungen am Beispiel der *Historia von D. Johann Fausten*

Andreas Hammer
Heiligkeit als Ambiguitätskategorie —— 157
Zur Konstruktion von Heiligkeit in der mittelalterlichen Literatur

Christiane Witthöft
Sinnbilder der Ambiguität in der Literatur des Mittelalters —— 179
Der Paradiesstein in der Alexandertradition und die Personifikation der Frau Welt

Bruno Quast
Die Ambiguität des Wilden —— 203
Überlegungen zum Verhältnis von Anthropologie und Ökonomie im *Fortunatus*

Timo Reuvekamp-Felber
Polyvalenzen und Kulturkritik —— 219
Zur notwendigen Neuausgabe des *Erec* Hartmanns von Aue

Teil III: Kulturhistorische Ambiguität

Matthias Müller
Artusritter im Zwiespalt —— 241
Die Ambiguität mittelalterlichen Heldentums als räumlich disponierte Bilderzählung und Argumentationsstruktur im *Iwein*-Zyklus auf Schloss Rodenegg

Gerd Althoff
Ambiguität als Stärke und Schwäche einer ehrbewussten Gesellschaft —— 273

Uwe Israel
Sehnsucht nach Eindeutigkeit? Zweikampf und Ordal im Mittelalter —— 287

Birgit Studt
Die Ambiguität des Helden im adligen Tugend- und Wertediskurs —— 305

Markus Schürer
Mose als *orator* —— 317
Uneindeutigkeiten in Giannozzo Manettis Traktat *Adversus iudeos et gentes*

Personen-, Orts- und Werkregister —— 339

Oliver Auge und Christiane Witthöft
Zur Einführung: Ambiguität in der mittelalterlichen Kultur und Literatur

Die Beschäftigung mit Ambiguität, im allgemeinen Sprachgebrauch als Mehrdeutigkeit und im engeren Wortsinn als Zweideutigkeit oder auch Doppelsinn (lat. *ambiguitas*) verstanden,[1] ist derzeit aktuell. Von einem interdisziplinären Interesse an der Thematik zeugen einschlägige Veröffentlichungen, universitäre Ringvorlesungen oder das 2013 entstandene Graduiertenkolleg *Ambiguität – Produktion und Rezeption* in Tübingen.[2] Für die mittelalterliche Kultur und Literatur aber stand der Begriff der Ambiguität bislang nur vereinzelt im Fokus der Forschung. Das mag unter anderem an einem Forschungsparadigma liegen, das Ambiguität vornehmlich zu einem Epochenkennzeichen der Moderne stilisiert, deren Kultur und ästhetische Werke von Polyvalenz, Mehrdeutigkeit und ‚Offenheit' geprägt sind.[3] Für die Vormoderne hingegen hält sich mitunter die Vorstellung, dass doppel- oder auch mehrdeutige Aussagen, Handlungen und Deutungsmuster zumeist negativ konnotiert und in zahlreichen Diskursen ganz vermieden

---

[1] Vgl. CHRISTOPH BODE: Ambiguität. In: Reallexikon der deutschen Literaturwissenschaft. Neubearbeitung, Bd. 1. Hrsg. von KLAUS WEIMAR u. a., Berlin, New York 1997, S. 67–70, hier S. 67 f.; DERS.: Ästhetik der Ambiguität. Zu Funktion und Bedeutung von Mehrdeutigkeit in der Literatur der Moderne, Tübingen 1988 (Konzepte der Sprach- und Literaturwissenschaft 43); sowie ROLAND BERNECKER/THOMAS STEINFELD: Amphibolie, Ambiguität. In: Historisches Wörterbuch der Rhetorik, Bd. 1. Hrsg. von GERT UEDING, Tübingen 1992, Sp. 436–444, hier Sp. 436 f.

[2] Im Wintersemester 2012/13 fand in Jena eine von VERENA KRIEGER organisierte Ringvorlesung zur *Ambiguität in der kulturellen Moderne* statt; im Wintersemester 2013/14 initiierte das Erlanger Zentralinstitut ‚Anthropologie der Religion(en)' eine Ringvorlesung *Zum Nutzen der Zweideutigkeit – Ambiguität als Chance und Problem*. Zum Graduiertenkolleg s. http://www.uni-tuebingen. de/forschung/forschungsschwerpunkte/graduiertenkollegs/grk-ambiguitaet-produktion-und-rezeption.html (Stand: 16. November 2014, 16.46 Uhr). Institutionell ging diesem Graduiertenkolleg ein Promotionsverbund mit dem Titel *Dimensionen der Ambiguität* voraus, der im November 2009 für die Veranstaltung eines internationalen Symposiums *Interdisziplinäre Perspektiven auf Ambiguität* unter Beteiligung der wissenschaftlichen Disziplinen Linguistik, Literaturwissenschaften und Rhetorik in Tübingen verantwortlich zeichnete. http://www.ambiguitaet.uni-tuebingen.de/minigrad/personen.htm (Stand: 16. November 2014, 16.51 Uhr): http://www.ambiguitaet.uni-tuebingen.de/minigrad/symposium.htm (Stand: 16. November 2014, 16.55 Uhr).

[3] Vgl. aus kunsthistorischer Sicht und zu grundlegenden Überlegungen mit einem Schwerpunkt auf der Moderne VERENA KRIEGER: Ambiguität. In: Kritische Berichte 35 (2007), S. 79–82; Ambiguität in der Kunst. Typen und Funktionen eines ästhetischen Paradigmas. Hrsg. von DERS./ RACHEL MADER, Köln u. a. 2010.

wurden.⁴ Genau an dieser Stelle setzt der Tagungsband an und versucht unter Einbezug neuerer kulturhistorischer und literaturwissenschaftlicher Forschungen, den Blick für das breite Spektrum an Diskursen und Wissenskontexten der Ambiguität zu schärfen. Ziel des Tagungsbandes ist es, die bewusst intendierten und/oder inszenierten Akte von Zweideutigkeit, Gegensatz und (scheinbarem) Widerspruch in ihren jeweiligen kulturellen und literarischen Kontexten zu untersuchen und die vermeintliche ‚Ambiguitätsferne' der mittelalterlichen Kultur und Literatur auf den Prüfstand zu stellen. Ganz gezielt soll der Blick auf Phänomene gelenkt werden, die eine – schon sprichwörtliche – Gleichzeitigkeit des Ungleichzeitigen offenbaren. Ziel ist zudem, das breite Themenspektrum der Mehr- und Zweideutigkeit für die Vormoderne zu bündeln und anhand von theoretischen Exkursen und Fallbeispielen ins Bewusstsein der Forschungsarbeit der nächsten Jahre zu rücken. In Münster etwa entwickelte sich Ambiguität in jüngster Zeit zu einem neuen ergiebigen Forschungsthema, was allein schon die Tatsache untermauert, dass gleich vier Autorinnen und Autoren dieses Tagungsbandes, welche die Geschichtswissenschaft, Islamwissenschaft, Latinistik und germanistische Literaturwissenschaft zu Wort kommen lassen, dort ihre akademische Wirkungsstätte haben. Insbesondere für die Frage nach der Ambiguitätstoleranz der mittelalterlichen Kultur ist der 2011 erschienene Band *Die Kultur der Ambiguität* von THOMAS BAUER einschlägig, der zudem eine grundlegende Definition bietet:

> Ein Phänomen kultureller Ambiguität liegt vor, wenn über einen längeren Zeitraum hinweg einem Begriff, einer Handlungsweise oder einem Objekt gleichzeitig zwei gegensätzliche oder mindestens zwei konkurrierende, deutlich voneinander abweichende Bedeutungen zugeordnet sind, wenn eine soziale Gruppe Normen und Sinnzuweisungen für einzelne Lebensbereiche gleichzeitig aus gegensätzlichen oder stark voneinander abweichenden Diskursen bezieht oder wenn gleichzeitig innerhalb einer Gruppe unterschiedliche Deutungen eines Phänomens akzeptiert werden, wobei keine dieser Deutungen ausschließliche Geltung beanspruchen kann.⁵

---

4 Zum Verständnis von ‚Offenheit' und den mitunter begrenzten Möglichkeiten der Auslegung mittelalterlicher Literatur s. UMBERTO ECO: Das offene Kunstwerk, Frankfurt a. M. 1977; zur vormodernen „negativen Konnotation" von Ambiguität s. BODE: Ambiguität (Anm. 1), S. 68. Vgl. dazu ausführlicher Anm. 17 in dieser Einleitung. Vgl. auch HELMUT K. KOHLENBERGER: Ambiguität (Amphibolie). In: Historisches Wörterbuch der Philosophie, Bd. 1. Hrsg. von JOACHIM RITTER, Basel, Stuttgart 1971, Sp. 201–203, Sp. 202: „Allen Zeiten gilt die A. als tadelnswert und vermeidbar". Dazu kritisch MICHAEL SCHEFFEL: Formen und Funktionen von Ambiguität in der literarischen Erzählung. Ein Beitrag aus narratologischer Sicht. In: Amphibolie – Ambiguität – Ambivalenz. Hrsg. von FRAUKE BERNDT/STEPHAN KAMMER, Würzburg 2009, S. 89–103, S. 97; sowie MARINA MÜNKLER: Narrative Ambiguität. Die Faustbücher des 16. bis 18. Jahrhunderts, Göttingen 2011, S. 41.
5 THOMAS BAUER: Die Kultur der Ambiguität. Eine andere Geschichte des Islams, Berlin 2011, S. 27. Der aus der Psychologie stammende Begriff der Ambiguitätstoleranz dient BAUER dazu, den

In diesem Sinne lassen sich Phänomene der Ambiguität sowohl in ihren literatur- als auch in ihren kulturhistorischen Zusammenhängen verstehen. Der Herausforderung wiederum, dass es für das Erkennen von Ambiguität einer Interpretation bedarf, die sowohl die Intention des Textes, Redners, Akteurs als auch ein Kontextwissen um Verhaltensnormen und Werte einbezieht,[6] zollt der vorliegende Tagungsband Rechnung, indem die Beiträge interdisziplinär ausgerichtet sind und aus literaturwissenschaftlicher, historischer und kunsthistorischer Perspektive das Thema in seiner Komplexität zu erfassen suchen. Dabei werden die Phänomene der Ambiguität sowohl auf der Makrostruktur der Kultur als auch auf der Mikrostruktur einzelner Narrationen untersucht. In kritischer Reflexion eines prozesshaften Entwicklungsgedankens werden derart ganz gezielt auch einzelne disziplinäre Forschungsthesen hinterfragt, die in den interdisziplinären Diskursen eine gewisse Eigenständigkeit entwickelt haben.

*

In der Literaturwissenschaft ist der Begriff der ‚Ambiguität' seit der Veröffentlichung von WILLIAM EMPSON *Seven Types of Ambiguity* oder der Monographie von CHRISTOPH BODE über die *Ästhetik der Ambiguität* Bestandteil eines Terminologie-Inventars, welches sich zunehmend von den Begriffen Ambivalenz, Hybridität und Heterogenität, aber auch Mehrdeutigkeit und Pluralität, abgrenzt.[7] Im Jahr 2009 erschienen gleich zwei einschlägige Sammelbände *Amphibolie – Ambiguität – Ambivalenz* bzw. *Ambivalenz und Kohärenz* und 2010 folgten die Beiträge des Bandes der Zeitschrift für Literaturwissenschaft und Linguistik *Dimensionen der Ambiguität*.[8] Aus literaturwissenschaftlicher und linguistischer

---

Wandel islamischer Gesellschaft nachzuzeichnen, deren Modernisierungsprozesse zur „Vernichtung von Ambiguität" führten. Ebd., S. 15.

6 BODE: Ambiguität (Anm. 1), S. 67: „[...] wie überhaupt Ambiguität eines Zeichens oder einer Zeichenfolge ein relationales Phänomen ist, dessen Vorliegen oder Nicht-Vorliegen an spezifischen Gebrauch, Zusammenhang, Situation und Interpreten gebunden ist". Vgl. auch BERNDT/ KAMMER: Amphibolie – Ambiguität – Ambivalenz. Die Struktur antagonistisch-gleichzeitiger Zweiwertigkeit. In: DIES. (Anm. 4), S. 7–30, hier S. 12.

7 WILLIAM EMPSON: Seven Types of Ambiguity, Harmondsworth 1977 [Erstdruck 1930]; BODE (wie Anm. 1).

8 Vgl. BERNDT/KAMMER (Anm. 4), bes. S. 8–10 u. S. 29; JULIA ABEL/ANDREAS BLÖDORN/MICHAEL SCHEFFEL: Narrative Sinnbildung im Spannungsfeld von Ambivalenz und Kohärenz. Einführung. In: Ambivalenz und Kohärenz. Untersuchungen zur narrativen Sinnbildung. Hrsg. von DENS., Trier 2009 (Schriftenreihe Literaturwissenschaft 81), S. 1–15, bes. S. 5; MATTHIAS BAUER/ JOACHIM KNAPE/PETER KOCH/SUSANNE WINKLER: Dimensionen der Ambiguität. In: Zeitschrift für Literaturwissenschaft und Linguistik 158 (2010) [Heft 158: Ambiguität. Hrsg. von WOLFGANG KLEIN/SUSANNE WINKLER], S. 7–75, bes. S. 7 u. S. 65.

Perspektive wurden so Anregungen gegeben und weiterführende Reflexionen angestoßen, die gerade auch für die kontrovers diskutierte Frage grundlegend sind, inwiefern Ambiguität als generelles Signum für die vormoderne Literatur fruchtbar gemacht werden kann.[9] Die facettenreiche Bedeutung von Ambiguität als literaturwissenschaftliche Terminologie hat wiederum in der mediävistischen Literaturwissenschaft dazu geführt, dass ganz unterschiedliche Fragen und Methoden, Texttraditionen und Gattungen zu einer Auseinandersetzung angeregt haben.[10] So rückte etwa der *Ackermann* Johannes' von Tepl im Zusammenhang mit grundlegenden Fragen zur ‚Ambiguität historischen Wandels' ins Zentrum einer Monographie, ebenso die *Faustbücher* des 16. bis 18. Jahrhunderts hinsichtlich ihrer narrativen Ambiguität.[11] Schließlich interessiert Ambiguität ganz grundlegend als rezeptionsästhetisches Modell für Interpretationen und widersprechende Lesarten der Texte.[12] Damit geht die Frage einher, inwiefern die oft zitierten Brüche und fehlenden Kausalzusammenhänge als intendierte, ambige Sinnzuweisungen aufgefasst werden können.[13]

Im Mittelpunkt des weitgefassten Frageinteresses stehen also Texte und Gattungen, deren Erzählstrukturen einschließlich Handlungskonstellationen und/oder Figurenkonzeptionen von Gegensätzen dominiert werden und Sinnstiftungen auf einem intendierten ‚Sowohl-als-Auch' liegen. Aus der höfischen Literatur des 12. und 13. Jahrhunderts ist insbesondere der *Tristan* Gottfrieds von Straß-

---

9 Eine wünschenswert markante begriffliche Schärfung findet sich bei JENS MITTELBACH: Die Kunst des Widerspruchs. Ambiguität als Darstellungsprinzip in Shakespeares *Henry V* und *Julius Caesar*, Trier 2003 (Jenaer Studien zur Anglistik und Amerikanistik 5), bes. S. 3 u. S. 27. Vgl. auch BERNDT/KAMMER (Anm. 4), S. 10, S. 17 u. S. 24 f. Zu einem weiten Ambiguitätsbegriff s. BODE: Ästhetik der Ambiguität (Anm. 1), S. 2; sowie DERS.: Ambiguität (Anm. 1), Sp. 67 f.
10 Vgl. die Angaben in den folgenden Anmerkungen. Zudem: BURKHARD HASEBRINK: Die Ambivalenz des Erneuerns. Zur Aktualisierung des Tradierten im mittelalterlichen Erzählen. In: Fiktion und Fiktionalität in den Literaturen des Mittelalters. Jan-Dirk Müller zum 65. Geburtstag. Hrsg. von URSULA PETERS/RAINER WARNING, München 2009, S. 205–217; GERHARD WOLF: Paradoxe Normativität? Ambivalenzen des Normierungsprozesses in der didaktischen Literatur des 13. Jahrhunderts (*Seifried Helbling, Der Jüngling, Der Magezoge*). In: Text und Normativität im deutschen Mittelalter. XX. Anglo-German Colloquium. Hrsg. von ELKE BRÜGGEN u. a., Berlin, Boston 2012, S. 279–302.
11 CHRISTIAN KIENING: Schwierige Modernität. Der *Ackermann* des Johannes von Tepl und die Ambiguität historischen Wandels, Tübingen 1998 (MTU 113); zu den Faustbüchern MÜNKLER (Anm. 4).
12 Vgl. MATÍAS MARTÍNEZ: Doppelte Welten. Struktur und Sinn zweideutigen Erzählens, Göttingen 1996 (Palaestra 298).
13 In der Einleitung des Sammelbandes *Ambivalenz und Kohärenz* wird ‚Ambiguität (Mehrdeutigkeit)' zu den Elementen gezählt, die der „Geschlossenheit der Narration [...] aktiv entgegen wirken". ABEL/BLÖDORN/SCHEFFEL (Anm. 8), S. 5.

burg zu nennen.¹⁴ Gleichermaßen zentral ist die Thematik in Wolframs *Parzival*, Hartmanns höfischen Legenden oder auch in der Novellistik.¹⁵ In zahlreichen literarischen Handlungsmodellen, Szenen und Motiven werden Polaritäten effektvoll inszeniert; Spannungen und unauflösbare Widersprüche verweigern sich den Versuchen einer Synthetisierung oder Harmonisierung erfolgreich (Erzählerkommentare, Rede- und Dialogszenen, Streitgespräche). Zu denken ist an oppositionelle Normkonzepte und konkurrierende Deutungsmuster, die den Figurenhandlungen der erzählten Welt oder reflektierenden Passagen in mittelalterlichen Epen und frühneuzeitlichen Romanen zugrunde liegen. Von besonderem Interesse sind zudem historische Textreihen, in denen die Ambiguität zum poetischen Prinzip wird. Unzweifelhaft ist Ambiguität in diesem Sinne ein genuiner Bestandteil der Lyrik, des Hohen Sangs, in welchem das *paradox amoureux* als poetisches Prinzip wirkt. Zudem lassen sich bewusst intendierte Spannungen zwischen konträren Deutungsmustern und doppeldeutigen Aussagen zu allen Zeiten anhand von antithetischen Witz- oder karnevalesken Erzählstrukturen, aber auch an Formen sprachlicher Ambiguität, wie etwa an dem Spiel mit lexikalischen und/oder syntaktischen Polysemien und Homonymien und den komisch inszenierten Gegensätzen, weiter verfolgen.¹⁶ Ambig erscheinende Perspektivie-

---

14 Vgl. etwa IRENE LANZ-HUBMANN: *Nein unde jâ*. Mehrdeutigkeit im ‚Tristan' Gottfrieds von Strassburg: Ein Rezeptionsproblem, Bern 1989 (Deutsche Literatur von den Anfängen bis 1700 5), bes. S. 11 ff.; HENNIG BRINKMANN: Komplementäre Widersprüche in Sprache und Literatur. In: Zeitschrift für Deutsche Philologie 108 (1989), S. 321–349, S. 335–337; JENS PFEIFFER: Satz und Gegensatz. Narrative Strategie und Leserirritation im Prolog des ‚Tristan' Gottfrieds von Straßburg. In: Wolfram-Studien XVIII (2004), S. 151–169; DOROTHEA KLEIN: Gottfried von Straßburg: Tristan. In: Lektüren für das 21. Jahrhundert. Schlüsseltexte der deutschen Literatur von 1200 bis 1990. Hrsg. von DERS./SABINE M. SCHNEIDER, Würzburg 2000, S. 67–85. Vgl. bereits URSULA LIEBERTZ-GRÜN: Pluralismus im Mittelalter: Eine polemische Miszelle. In: Monatshefte für deutschen Unterricht, deutsche Sprache und Literatur 86 (1994), S. 3–6.
15 Vgl. in Auswahl: BEATRICE TRINCA: ‚Parrieren' und ‚undersnîden'. Wolframs Poetik des Heterogenen, Heidelberg 2008 (Frankfurter Beiträge zur Germanistik 46); BRUNO QUAST: *Diu bluotes mâl*. Ambiguisierung der Zeichen und literarische Programmatik in Wolframs von Eschenbach Parzival. In: DVjs 77 (2003), S. 45–60; TIMOTHY R. JACKSON: Typus und Poetik. Studien zur Bedeutungsvermittlung in der Literatur des deutschen Mittelalters, Heidelberg 2003, S. 97–160; TOBIAS BULANG: Aporien und Grenzen höfischer Interaktion im Mauritius von Craûn. In: Literarische Kommunikation und soziale Interaktion. Studien zur Institutionalität mittelalterlicher Literatur. Hrsg. von BEATE KELLNER/LUDGER LIEB/PETER STROHSCHNEIDER, Frankfurt a. M. u. a. 2001 (Mikrokosmos 64), S. 207–230; CHRISTOPH FASBENDER/CORDULA KROPIK: *Der turney von dem czers* zwischen Kohärenz und Ambiguität. In: Euphorion 95 (2001), S. 341–355.
16 Vgl. UWE WIRTH: Ambiguität im Kontext von Witz und Komik. In: BERNDT/KAMMER (Anm. 4), S. 321–332; WOLFGANG ISER: Das Komische: Ein Kipp-Phänomen. In: Das Komische. Hrsg. von WOLFGANG PREISENDANZ/RAINER WARNING, München 1976 (Poetik und Hermeneutik 7), S. 398–402; KATJA GVOZDEVA: Rituale des Doppelsinns. Zur Ikonologie der Charivari-Kultur im Spätmit-

rungen wiederum lassen sich anhand von Erzählerkommentaren, handlungsinternen Paraphrasen oder auch von Paratexten (Handschriftenkommentare etc.) erfassen.

Zur Frage steht aber nach wie vor, inwiefern das mittelalterliche Erzählen vornehmlich eine scheinbare, rein ‚konventionalisierte Ambiguität' zulässt.[17] Zielen die mittelalterlichen Erzählungen letztlich doch auf Eindeutigkeit und „tendieren zur Vereinheitlichung des nur scheinbar Divergenten"?[18] Hier schließt sich die Frage an, ob und wie sich eine Unterscheidung zwischen Formen intendierter, defizienter oder rein konventionalisierter Ambiguität überhaupt feststellen lässt.[19]

Zu Beginn des Tagungsbandes steht daher eine Auseinandersetzung mit den rhetorischen und hermeneutischen Strategien der Ambiguität in unterschiedlichen zeitlichen und räumlichen Kontexten und Textkulturen des Mittelalters. Dies erscheint sinnvoll, da zum einen gerade das negativ konnotierte Ambiguitätsverständnis einen Ursprung in der antiken Rhetorik hat.[20] Zum andern kann so eine deutliche Abgrenzung zu den rhetorischen Termini ‚Vagheit' und ‚Obskurität' erfolgen.[21] In den sich anschließenden literaturwissenschaftlichen Beiträ-

---

telalter und der Frühen Neuzeit. In: Ikonologie des Performativen. Hrsg. von CHRISTOPH WULF/ JÖRG ZIRFAS, München 2005, S. 133–150.

17 ECO (Anm. 4), S. 46, differenziert vormoderne Lesemöglichkeiten allegorischer Kunstwerke, obgleich er Ambiguität als eine charakteristische Konstante zu jeder Zeit ansieht (vgl. BERNECKER/STEINFELD [Anm. 1], Sp. 442). „Das geschlossene und eindeutige Kunstwerk des mittelalterlichen Künstlers spiegelte eine Konzeption des Kosmos als eine Hierarchie von geklärten und von vornherein festgelegten Ordnungen"; „Die Ordnung des Kunstwerkes ist die einer herrscherlichen und theokratischen Gesellschaft; die Leseregeln sind Regeln einer autoritären Führung, die den Menschen bei allen seinen Handlungen leitet, ihm die Ziele vorschreiben und die Mittel in die Hand geben." Ebd., S. 34. Zu einer „Ästhetik der normierten Eindeutigkeit" im Mittelalter, die „auf das Zeigen der einen Wahrheit verpflichtet ist", s. auch BODE, Ästhetik der Ambiguität (Anm. 1), S. 280, weiter vertiefend S. 284 f. Vgl. zur historischen Perspektive auch ALMUT CIESCHINGER: Die Ambiguität des Erzählens bei Leo Perutz. Zur Struktur des Deutungsproblems in ‚Der Meister des jüngsten Tages' und ‚Sankt Petri-Schnee'. Magisterarbeit, Kiel 1999, S. 7–9.

18 BODE: Ambiguität (Anm. 1), S. 68: „Biblische Exegese (‚mehrfacher Schriftsinn') und weltliche Allegorese zielen nämlich letztlich doch wieder auf Vereindeutigung und Vereinheitlichung des nur scheinbar Divergenten zu einem Sinn, der transzendental garantiert ist. Die semiotischen Systeme sind hierarchisch organisiert, die Bedeutungen der Zeichen festgelegt. Die Ambiguität des Mittelalters ist eine konventionalisierte."

19 Vgl. BAUER/KNAPE/KOCH/WINKLER (Anm. 8), S. 31. Die Frage ist daher dezidierter zu stellen, ob etwa Zweideutigkeit auch im gleichen Syntagma zu vermuten ist.

20 Vgl. BAUER (Anm. 5), S. 31. Zum seltenen Lob der Mehrdeutigkeit bei Quintilian vgl. BAUER/ KNAPE/KOCH/WINKLER (Anm. 8), S. 24–26. Vgl. auch MARTINA WAGNER-EGELHAAF: Überredung/ Überzeugung. Zur Ambiguität der Rhetorik. In: BERNDT/KAMMER (Anm. 4), S. 33–51.

21 Vgl. BERNECKER/STEINFELD (Anm. 1), Sp. 437; sowie JENS PFEIFFER: Dunkelheit und Licht. ‚Obscuritas' als hermeneutisches Problem und poetische Chance. In: Literaturwissenschaftli-

gen des Sammelbandes wiederum wird Ambiguität nicht als Mangel, nicht als Unzulänglichkeit oder Täuschungsabsicht verstanden, sondern vielmehr als eine bewusst intendierte Spannung in der Gestaltung von Konträrem in der Literatur, aber auch in deren Rezeptionsanweisung.[22] Dieser Zugriff wird nun auf ganz unterschiedlichen Feldern erprobt und dargelegt, sei es in Auseinandersetzung mit Legenden, Antikenromanen, Prosaromanen oder dem Artusroman. Daran anschließend öffnet sich die Perspektive auf relevante kulturhistorische Aspekte.

Obgleich Ambiguität zumeist als sprachliches Phänomen begriffen und infolgedessen schwerpunktmäßig von linguistischer oder literaturwissenschaftlicher Seite her beleuchtet wird – nicht von ungefähr findet sich diese Schwerpunktsetzung auch in diesem Tagungsband wieder, in dem die Literaturwissenschaften weit stärker vertreten sind als die Geschichtswissenschaft –, spielen Phänomene der Ambiguität natürlich auch in der Philosophie,[23] Psychologie und Soziologie,[24] speziell der Wirtschaftssoziologie,[25] eine große Rolle. Auch in der Kunstwissenschaft und Kunstgeschichte wird diesem Aspekt zunehmend Aufmerksamkeit geschenkt. Im Jahre 2010 etwa wurde von VERENA KRIEGER und RACHEL MADER ein Tagungsband zum Thema *Ambiguität in der Kunst. Typen und Funktionen eines ästhetischen Paradigmas* veröffentlicht, der auf einer im Jahr 2009 durchgeführ-

---

ches Jahrbuch. Neue Folge 50 (2009), S. 9–42; NORBERT FRIES: Ambiguität und Vagheit. Einführung und kommentierte Bibliographie, Tübingen 1980 (Linguistische Arbeiten 84); sowie SILKE TAMMEN: Stelzenfisch und Bildnisse in einer Baumkrone, Unähnlichkeit und Montage. Gedanken zur Ambiguität mittelalterlicher Bilder. In: KRIEGER/MADER (Anm. 3), S. 53–71, bes. S. 53.
22 Zur unbeabsichtigten Ambiguität als Phänomen des Mangels und der Täuschungsabsicht vgl. BODE: Ambiguität (Anm. 1), S. 68.
23 Vgl. etwa Ambivalenz – Ambiguität – Postmodernität. Begrenzt Eindeutiges Denken. Hrsg. von PETER KOSLOWSKI/RICHARD SCHENK, Stuttgart/Bad Cannstatt 2004 (Collegium Philosophicum 5); darin: ROLF SCHÖNBERGER: Sinnfülle und Vieldeutigkeit im Mittelalter, S. 161–184; ANDREAS SPEER: Doppelte Wahrheit? Zum epistemischen Status theologischer Argumente. In: *De usu rationis*. Vernunft und Offenbarung im Mittelalter. Hrsg. von GÜNTHER MENSCHING, Würzburg 2007, S. 73–79.
24 Zur Begriffsbestimmung von Ambivalenz/Ambiguität aus soziologischer Sicht vgl. HEINZ OTTO LUTHE/RAINER E. WIEDENMANN: Einleitung. In: Ambivalenz. Studien zum kulturtheoretischen und empirischen Gehalt einer Kategorie der Erschließung des Unbestimmten. Hrsg. von DENS., Opladen 1997, S. 1–34, bes. S. 11–25; sowie BIRGITTA NEDELMANN: Typen soziologischer Ambivalenz und Interaktionskonsequenz. In: ebd., S. 149–163, bes. S. 158. Vgl. auch Mehrdeutigkeit (Anm. 1), Abschnitt 3 (Mehrdeutigkeit in sozialen und psychologischen Situationen) mit Verweis auf RENÉ ZIEGLER: Ambiguität und Ambivalenz in der Psychologie. Begriffsverständnis und Begriffsverwendung. In: Zeitschrift für Literaturwissenschaft und Linguistik 158 (2010), S. 125–171.
25 Vgl. nur den Eintrag unter http://www.wirtschaftslexikon24.com/d/ambiguitaet/ambiguitaet.htm (Stand: 17. November 2014, 10:03 Uhr).

ten Wiener Tagung basiert.[26] Die Schwerpunktsetzung liegt darin im Bereich der Moderne, sodass ein Beitrag von SILKE TAMMEN zur Ambiguität mittelalterlicher Bilder eine Ausnahme darstellt.[27] Mit *Erosionen der Rhetorik?* überschrieben ist ein weiterer Sammelband zu den Strategien der Ambiguität in den Künsten der frühen Neuzeit unter der Herausgeberschaft von VALESKA VON ROSEN im Jahr 2012;[28] im Jahr davor erschien – bereits in zweiter Auflage – ihre Habilitationsschrift mit dem Titel *Caravaggio und die Grenzen des Darstellbaren. Ambiguität, Ironie und Performativität in der Malerei um 1600.*[29]

Seltener als im kunsthistorischen oder literaturwissenschaftlichen Bereich wurde das Thema indes bisher von der modernen Geschichtswissenschaft im engeren Sinn beachtet. Dabei liegt es nahe, dass eine kulturgeschichtlich ausgerichtete Geschichtsforschung bei der Untersuchung der in jedem Falle multipolaren Vergangenheit auch mit dem Phänomen der Ambiguität konfrontiert wird. Ein offener Blick auf die Verfassung und Verfasstheit des Alten Reiches, wie ihn BARBARA STOLLBERG-RILINGER, um nur ein Beispiel zu nennen, vor Kurzem vorgenommen hat, führt denn auch ganz ähnlich zu dem aufschlussreichen Fazit: „Doppeldeutigkeit, wo man heute Eindeutigkeit erwarten würde, und Unausgetragenheit, wo man heute eine definitive Entscheidung für nötig halten würde."[30] Wenn sich nun freilich die Wissenschaft in ihren historisch ausgerichteten Zweigen und Disziplinen mit Ambiguität befasste, dann tat sie das bislang im Regelfall für den Bereich der Neuzeit und vor allem der Moderne. 2013 erschien der Tagungsband *Konfessionelle Ambiguität*, der Beiträge zur Uneindeutigkeit und Verstellung als kultureller Praxis in der frühen Neuzeit, dem Zeitalter der sog. Konfessionalisierung, in sich vereint.[31]

Für die Mittelalterforschung hat in jüngerer Zeit die im Rahmen des sog. *cultural turn* in der Geschichtswissenschaft verstärkt betriebene moderne Kommunikations- und Ritualforschung auf ambige Phänomene innerhalb der Zei-

---

26 Vgl. Ambiguität in der Kunst (Anm. 3); sowie http://www.sehepunkte.de/2010/05/18026.html (Stand: 16. November 2014, 16.56 Uhr).
27 TAMMEN (Anm. 21), S. 53–71.
28 Erosionen der Rhetorik? Strategien der Ambiguität in den Künsten der Frühen Neuzeit. Hrsg. von VALESKA VON ROSEN, Wiesbaden 2012 (Culturae. Intermedialität und Historische Anthropologie 4).
29 VALESKA VON ROSEN: Caravaggio und die Grenzen des Darstellbaren. Ambiguität, Ironie und Performativität in der Malerei um 1600, 2., unveränderte Aufl., Berlin 2011.
30 BARBARA STOLLBERG-RILINGER: Des Kaisers alte Kleider. Verfassungsgeschichte und Symbolsprache des Alten Reiches, München 2006, S. 85.
31 Konfessionelle Ambiguität. Uneindeutigkeit und Verstellung als religiöse Praxis in der Frühen Neuzeit. Hrsg. von ANDREAS PIETSCH/BARBARA STOLLBERG-RILINGER, Gütersloh 2013 (Schriften des Vereins für Reformationsgeschichte 214).

chendiskurse aufmerksam gemacht.[32] Mit zwei eng verzahnten Beiträgen über die *Spielregeln symbolischer Kommunikation und das Problem der Ambiguität* von GERD ALTHOFF und den *Transformationen des Rituellen. Überlegungen zur ‚Disambiguierung' symbolischer Kommunikation während des langen 12. Jahrhunderts* von FRANK REXROTH werden gerade auch zeitlich differenzierende Impulse für die thematische Auseinandersetzung gegeben.[33] Darüber hinaus wurden jüngst auf der 21. Tagung des Brackweder Arbeitskreises für Mittelalterforschung zum Thema *Ambiguität und gesellschaftliche Ordnung im Mittelalter* religiöse, geschlechtermäßige, ethnische und rechtliche Unterschiede als paradigmatische Leitdifferenzen der mittelalterlichen Gesellschaftsordnung(en) auf Ambiguitäten hinterfragt, wobei die neun Beiträge insgesamt eine „überraschend hohe" Ambiguitätstoleranz für die Zeit der Vormoderne ausmachen konnten.[34]

Ohne speziell im Vordergrund der betreffenden Untersuchungen zu stehen, klang und klingt das Thema der Ambiguität daneben schon immer wieder in einzelnen Beiträgen zur mittelalterlichen monastischen und Rechtsgeschichte an: Wie z. B. GEORG KALCKERT thematisiert, gehörte die *Idee vom Ganzen* zur Weltsicht der Zisterzienser, die sich mit den dualistischen Prinzipien des christlichen Glaubens (*Gut – Böse* usw.) kreuzte und scheinbar im scharfen Widerspruch zum monastisch-zisterziensischen Prinzip *intra muros – extra muros* stand.[35] Auf im Prinzip ambige Handlungsmuster verweisen Abhandlungen zu den zeitgenössischen Bemühungen um Wahrheitsfindung im Rahmen der als Gottesurteile

---

32 Vgl. GERD ALTHOFF: Die Macht der Rituale. Symbolik und Herrschaft im Mittelalter, Darmstadt 2003; DERS./CHRISTEL MEIER: Ironie im Mittelalter. Hermeneutik – Dichtung – Politik, Darmstadt 2011; CHRISTEL MEIER: Verkehrte Rituale. Reversion, Parodie, Satire und Kritik. In: Spektakel der Macht. Rituale im alten Europa 800–1800. Katalog- und Essayband zur Ausstellung des Kulturhistorischen Museums Magdeburg. Hrsg. von GERD ALTHOFF/BARBARA STOLLBERG-RILINGER, Darmstadt 2008, S. 181–185; Die neue Kraft der Rituale. Hrsg. von AXEL MICHAELS, Heidelberg 2007.
33 Beide Beiträge finden sich in dem Sammelband: Alles nur symbolisch? Bilanz und Perspektiven der Erforschung symbolischer Kommunikation. Hrsg. von BARBARA STOLLBERG-RILINGER/TIM NEU/CHRISTINA BRAUNER, Köln u.a. 2013, S. 35–51 u. S. 69–92.
34 Vgl. dazu den Tagungsbericht von CHRISTIAN HOFFARTH unter http://www.hsozkult.de/hfn/conferencereport/id/tagungsberichte-5768 (Stand 24. Januar 2015, 17.00 Uhr).
35 Vgl. GEORG KALCKERT: Die Idee vom Ganzen – Leben und Wirken der Zisterzienser, Heisterbach 2011. Siehe zur Thematik auch GERT MELVILLE: Im Spannungsfeld von religiösem Eifer und methodischem Betrieb. Zur Innovationskraft der mittelalterlichen Klöster. In: DERS.: Frommer Eifer und methodischer Betrieb. Beiträge zum mittelalterlichen Mönchtum. Hrsg. von CRISTINA ANDENNA/MIRKO BREITENSTEIN, Köln u.a. 2014, S. 1–18, hier S. 3; DERS./ANNE MÜLLER: Franziskanische Raumkonzepte. Zur symbolischen Bedeutung des inneren und äußeren Hauses. In: Revue Mabillon 82, n.s. 21 (2010), S. 105–138; Das Eigene und das Ganze. Zum Individuellen im mittelalterlichen Religiosentum. Hrsg. von GERT MELVILLE/MARKUS SCHÜRER, Münster 2002 (Vita regularis 16).

begriffenen Zweikämpfe, die heute zwar schillernd erscheinen, aber deren Hintergrund uns weitgehend fremd ist.[36] Die spannungsvolle Gleichzeitigkeit von Wahrheit und Unwahrheit ist auch Thema zahlreicher, mitunter kritisch wahrgenommener Ordalienszenen der volkssprachigen Literatur.[37]

Bisher allenfalls implizit hinterfragt und auch in diesem Band weitgehend unberührt ist die offenkundige Ambiguität in den mittelalterlichen Körperdiskursen. Speziell ist zu denken an die Doppeldeutigkeit, mit der körperliche Monstrosität bewertet wurde, nämlich als Unerfindlichkeit des Gotteswillens und zugleich als prodigialer Ausweis des Gotteszorns.[38] Außerdem gehört hierzu die zeitgenössisch zwiespältige Bewertung von Krankheit und Kranken.[39] Denn Krankheit wurde damals als bittere Konsequenz für ein sündhaftes Leben und als Gottesstrafe interpretiert und andererseits als göttliche Gnade und als Auszeichnung verstanden. In der Vitenliteratur etwa oder in den spätmittelalterlichen Schwesternbüchern begegnet Krankheit als Gabe des Himmels und gilt als frommer Dienst. Ihre geduldige Annahme erscheint als Zeugnis einer wahren *imitatio Christi*, die die Träger der Krankheit auszeichnet. Sie sind die *pauperes Christi*. Solche Vorstellungen waren keineswegs nur auf klerikale Kreise begrenzt, sondern deutlich weiter verbreitet. Die Frage ist berechtigt, inwieweit solche Vorstellungen der Christusbegegnung und -nachfolge im Kranksein einerseits und andererseits der Krankheit als Strafe in die praktische Krankenpflege einflossen.

---

36 Vgl. dazu etwa CHRISTIAN JASER/UWE ISRAEL: Einleitung: ‚Ritualisierte Zweikämpfe und ihre Akteure'. In: Das Mittelalter 19.2 (2014), S. 241–248.

37 Vgl. zuletzt SARAH NEUMANN: Der gerichtliche Zweikampf: Gottesurteil – Wettstreit – Ehrensache, Ostfildern 2010 (Mittelalter-Forschungen 31); UDO FRIEDRICH: Die ‚symbolische Ordnung' des Zweikampfs im Mittelalter. In: Gewalt im Mittelalter. Realitäten – Imaginationen. Hrsg. von MANUEL BRAUN/CORNELIA HERBERICHS, München 2005, S. 117–152; RÜDIGER SCHNELL: Die ‚Wahrheit' eines manipulierten Gottesurteils. Eine rechtsgeschichtliche Interpretation von Konrads von Würzburg *Engelhard*. In: Poetica 16 (1984), S. 24–60; CHRISTIANE WITTHÖFT: Gottes Urteil oder Geist der Erzählung? Gerichtliche Zweikämpfe im *Prosalancelot*. In: Zeitschrift für Literaturwissenschaft und Linguistik (LiLi) 36/144 (2006), S. 80–104.

38 Vgl. zur Thematik etwa LORRAINE DASTON/KATHARINE PARK: Wonders and the Order of Nature 1150–1750, New York 1998; Monster. Hrsg. von KURT RÖTTGERS/MONIKA SCHMITZ-EMANS, Essen 2010 (Philosophisch-literarische Reflexionen 12).

39 Dazu und zum Folgenden OLIVER AUGE: „... *ne pauperes et debiles in ... domo degentes divinis careant*" – Sakral-religiöse Aspekte der mittelalterlichen Hospitalgeschichte. In: Sozialgeschichte mittelalterlicher Hospitäler. Hrsg. von NEITHARD BULST/KARL-HEINZ SPIESS, Ostfildern 2007 (Vorträge und Forschungen 65), S. 77–123, hier S. 83–95; DERS.: Leben im mittelalterlichen und frühneuzeitlichen Hospital als Exemplum. In: Exempla medicorum. Die Ärzte und ihre Beispiele (14.-18. Jahrhundert). Hrsg. von MARIACARLA GADEBUSCH BONDIO/THOMAS RICKLIN, Florenz 2008 (Micrologus' Library 26), S. 13–30, hier S. 18–21; ANTJE SCHELBERG: Leprosen in der mittelalterlichen Gesellschaft. Physische Idoneität und sozialer Status von Kranken im Spannungsfeld säkularer und christlicher Wirklichkeitsdeutungen, Göttingen 2000.

Texte wie die eben genannten dienten jedenfalls ebenso, wie z. B. Bildprogramme in den Hospitälern, als Maßstab für den Umgang mit Kranken und Krankheit. Wollte man in ein Hospital aufgenommen werden, musste man im Regelfall erst einmal beichten und das Abendmahl nehmen, um so die Sünden als Krankheitsursache auszuschalten oder zu mindern und den Krankenzustand zu verbessern. Angesichts dieser Zwiespältigkeit in der Bewertung von Krankheit und Kranken durch die mittelalterlichen Menschen könnte man beinahe ratlos feststellen, dass es dem Mittelalter nicht gelungen sei, diese Bipolarität aufzulösen. Mit der veränderten Sensibilität für die Ambiguitätsthematik lässt sich indes mit ruhigem Gewissen fragen, ob *dem* Mittelalter denn überhaupt an der Aufhebung dieser Bipolarität oder Ambiguität gelegen war.[40]

*

Die in diesem Sammelband vereinigten Beiträge akzeptieren die vermeintliche Ambiguitätsferne des Mittelalters daher nicht als von vornherein gegeben, sondern hinterfragen diese. Und so viel sei schon verraten: Die Resultate der interdisziplinären Spurensuche sind teilweise recht erstaunlich und stehen mit der althergebrachten Sicht nicht unbedingt in Einklang. Denn natürlich stellt Ambiguität einen Erfahrungshorizont innerhalb der kultur- und literaturwissenschaftlichen Auseinandersetzung mit zeitgenössischen Quellen bzw. Phänomenen dar. Sie spielt in zahlreichen Kontexten bzw. Diskursen eine bedeutende Rolle, wenn auch die Forschung diese bislang eher unzureichend bzw. kaum eigens zur Sprache brachte oder es einfach dabei beließ, auf ungelöste Spannungsverhältnisse hinzuweisen, ohne deren Hintergründe näher zu hinterfragen.

Zu Beginn des Tagungsbandes steht eine Auseinandersetzung mit der rhetorischen Tradition. In Abgrenzung zum negativen Ambiguitätsverständnis von Quintilian, der diese als einen „Störfall der Kommunikation" (S. 21) versteht, fokussiert der Beitrag von THOMAS BAUER auf die im arabischen Sprachraum neu entstehende Rhetoriktradition, in welcher Ambiguität nicht als ein einzelner semantischer Begriff zu finden sei, sondern vielmehr als ein fast überall „*positiv* wahrgenommenes Phänomen" (S. 22).[41] Seit dem 11. Jahrhundert liefere die arabische Rhetoriktheorie als Bestandteil der Sprachwissenschaft und Literaturkritik gleichermaßen Vorgaben für die Textproduktion und die hermeneutische Textanalyse (vgl. S. 31 u. a.), in welcher sich die „hohe Ambiguitätstoleranz" der Gesellschaft widerzuspiegeln scheint (S. 45). Gerade die vergleichende Analyse

---

40 So auch die zentrale Ausgangsfrage bei BAUER (Anm. 5), S. 12 f. Vgl. auch ALTHOFF (Anm. 32), S. 47.
41 THOMAS BAUER: Ambiguität in der klassischen arabischen Rhetoriktheorie, S. 21–47.

der antiken und arabischen ‚Ambiguitätsrhetorik' in diesem Beitrag führt die Dichte an ambigen Stilphänomenen ganz unterschiedlicher Konvenienz eindringlich vor Augen und würdigt die Ambiguität in ihrem kommunikativen und auch ästhetischen Potential (Perspicuitas, Mehrdeutigkeit, Figuren der Ähnlichkeit, Stilfiguren der Disambiguierung, Stilfiguren der ‚gewollten Zweideutigkeit', ironische Wendungen und das Stilmittel der *tawriya*).

In Auseinandersetzung mit den Thesen von THOMAS BAUER bietet der Beitrag von CHRISTEL MEIER einen vergleichenden Entwurf für die „Ambiguitätstoleranz in der Texthermeneutik des lateinischen Westens".[42] Nach einführenden Hinweisen auf die variantenreiche Textgeschichte der Bibel im Mittelalter, in welcher vielfache Lesarten bis zum Einbrechen der „Normierungskampagne des sechzehnten Jahrhunderts" (S. 53) toleriert würden, wird die dichte Tradition hermeneutischer Verfahren vorgestellt, die gerade auf die Mehrdeutigkeit, Unausschöpfbarkeit und Bedeutungsfülle des heiligen Textes zielen. Die ausdrücklich positiv verstandene Auslegungsfreiheit des polyvalenten Bibeltextes habe wiederum ein regelrechtes ‚Ambiguitätstraining' der Exegeten zur Folge gehabt: „Die Vielfalt der in den geistigen Sinnen erschließbaren Signifikanz des Bibelwortes wird von den patristischen Autoren nicht als Problem einer störenden Beliebigkeit wahrgenommen, sondern als Angebot verstanden, durch das jedem Exegeten große Freiheit der Interpretation zukommt, dies aber auch den anderen zuzugestehen ist" (S. 60 f.). Dieses Verständnis spiegele sich sowohl in den grundlegend tentativen Deutungen der Kirchenväter als auch in den Deutungsambiguitäten wider, wie sie bei Abaelard, Thomas von Aquin u.a. zu finden seien (vgl. S. 64 f.). Der Einblick in die Wandlungsprozesse dieser Ambiguitätstoleranz biblischer Exegese vom neunten Jahrhundert bis ins Spätmittelalter (etwa aufgrund der Einflüsse der Dialektik, eines gewandelten Autorschaftsbewusstseins oder neuer Disambiguierungstendenzen) wird durch den Einbezug der antiken Dichtung abgerundet. Das Fazit lautet dementsprechend, dass bis zur „gesamtkirchlichen Uniformität" des sechzehnten Jahrhunderts die Ambiguität in der Patristik und im westlichen Mittelalter wertgeschätzt und toleriert wurde (S. 79).

In Auseinandersetzung mit der Rhetorik und ihrem „methodische[n] Bewusstsein von der Ambiguität der Sprache" (S. 85), dies im Unterschied zu der auf Eindeutigkeit abzielenden Logik, befasst sich UDO FRIEDRICH in seinem Beitrag insbesondere mit einer „Figur genuiner Ambiguität": mit der Metapher als einer Figur von Identität und Differenz (S. 89).[43] Die Besprechung ganz unterschiedlicher Formen metaphorischer Ambiguität in ihren je eigenen kulturhistorischen

---

[42] CHRISTEL MEIER: *Unusquisque in suo sensu abundet* (Rom 14,5). Ambiguitätstoleranz in der Texthermeneutik des lateinischen Westens?, S. 49–81.
[43] UDO FRIEDRICH: Die Metapher als Figur der Ambiguität im Mittelalter, S. 83–109.

Kontexten (etwa im Bereich religiöser Didaxe, in der politischen Theologie, insbesondere in den Körpervorstellungen oder allgemeiner in der *conditio humana*) mündet in Überlegungen zum „privilegierten Wirkungsraum der Ambiguität": der Kunst bzw. Literatur (S. 102). In Anlehnung an die Studie von VANCE und einer „topisch ausgerichtete[n] Lektüre von Chrétiens *Yvain*" wird abschließend resümiert: „Keine Rede kann davon sein, dass im Mittelalter eine geistliche Denkform alles Wissen präformierte oder dass die metaphorischen Operationen eindeutig waren" (S. 108). Mit diesem Ausblick auf den *Yvain* ist der Übergang zu der erzählenden Literatur des Mittelalters gegeben, die in den nachfolgenden Beiträgen des Tagungsbandes zum Gegenstand der Betrachtung wird.

Den Anfang setzt der Beitrag von MARINA MÜNKLER, in welchem Fragen und Ergebnisse der Ambiguitätsforschung aufgegriffen werden, die sich auf den Facettenreichtum der Begrifflichkeit und die zahlreichen Zuschreibungsmodalitäten beziehen.[44] Referiert werden Ansätze zur linguistischen, rhetorischen oder auch poetischen, literarischen und narrativen Ambiguität, um Formen einer ‚unvermeidlichen' und einer ‚programmatischen' Ambiguität zu differenzieren. Im Fokus des Beitrags stehen dann die semantischen Variationen von *curiositas*, *magia* und *melancholia*, welche nicht nur den Aufbau der *Historia von D. Johann Fausten* (1587) stark beeinflussen, sondern gerade auch die komplexe Konstruktion der Identität der Hauptfigur. Um Faustus aber als ein Negativexempel darzustellen, seien diese drei Leitsemantiken aufgrund ihrer unkontrollierbaren Polysemien „überaus riskant" (S. 142). Zudem werde eine eindeutige Verurteilung des Protagonisten durch einen „Wechsel der Erzählerstimme" verhindert (S. 154). Alle Versuche des Erzählers, Eindeutigkeit herzustellen, scheitern; die Beurteilung der komplexen Hauptfigur sei in der Welt der Erzählung nicht widerspruchsfrei möglich und entzöge sich trotz der „Ambiguitätsintoleranz" des Erzählers einer einsinnigen Deutung (S. 155).

Die Frage nach der absichtlichen Funktionalisierung der Ambiguität für die Darstellung von Heiligkeit liegt dem Beitrag von ANDREAS HAMMER zugrunde. Er legt dar, inwiefern gerade der ambige Charakter des Heiligen legendarische Narrationen hervorbringt.[45] In Auseinandersetzung mit den Thesen von RUDOLF OTTO und ERNST CASSIRER fokussiert der Beitrag auf die Funktion der Ambiguität in den poetischen Inszenierungen des Heiligen und auf die doppelte Wirkung des gleichermaßen bewirkten „Tremendum und Faszinosum" (S. 159). Wenn Heilig-

---

[44] MARINA MÜNKLER: Narrative Ambiguität: Semantische Transformationen, die Stimme des Erzählers und die Perspektiven der Figuren. Mit einigen Erläuterungen am Beispiel der *Historia von D. Johann Fausten*, S. 113–156.
[45] ANDREAS HAMMER: Heiligkeit als Ambiguitätskategorie. Zur Konstruktion von Heiligkeit in der mittelalterlichen Literatur, S. 157–178.

keit als ‚Vermittlungsinstanz' zwischen Gott und Mensch verstanden wird, werde gerade die Ambiguität (und nicht die Differenz) zur grundlegenden Beschreibungskategorie (vgl. S. 162). In den Märtyrerlegenden werde der Doppelstatus der Heiligen, das Schwanken zwischen Immanenz und Transzendenz, insbesondere anhand des Körperdiskurses deutlich gemacht.

CHRISTIANE WITTHÖFT setzt sich in ihrem Beitrag mit dem Aspekt des dezidiert Zweiwertigen als Darstellungsprinzip auseinander.[46] Im Fokus stehen Sinnbilder, die in literarischen Szenen der Entscheidungsfindung eine Gleichzeitigkeit zweier entgegengesetzter Bedeutungsmöglichkeiten offenbaren. Sowohl das sinnbildliche Abwiegen des ambigen Paradiessteines in der Alexandertradition (Straßburger Alexander, Jans Enikel, Seifrit u. a.) als auch die doppelgesichtige Personifikation der Frau Welt (Weltlohn-Erzählungen u. a.) zeigen in ihrer hochmittelalterlichen Rezeption das höfische Dilemma bzw. Zusammenspiel von Weltfreude und Verachtung derselben. Eine intendierte Eindeutigkeit in der Erkenntnis des visuell Dargestellten/Wahrgenommenen sei erst das Resultat von Erzählkonventionen späterer Jahrhunderte: „Die diachrone Betrachtung vermag daher den teleologischen Entwicklungsgedanken von einer ‚vereinseitigenden' Vormoderne zur ‚reflektierten, ambigen' Moderne zu hinterfragen" (S. 181).

Die Relevanz kulturhistorischer Einflüsse für die Literaturanalyse wird in dem Beitrag von BRUNO QUAST verstärkt berücksichtigt.[47] Ausgangspunkt ist das Dürer-Porträt des Oswolt Krell, dessen anspielungsreicher Darstellung von „Ökonomie in Gestalt des Kaufmanns und ‚Natur' in Gestalt der wilden Männer" ein „epochendiagnostischer Wert beigemessen" wird (S. 215). Die (heraldische) ‚Ambiguität des Wilden' bzw. der Zusammenschluss von Ökonomie und Anthropologie des Wilden wird für die Analyse des Fortunatus fruchtbar gemacht und als ein Leitmotiv des Prosaromans verstanden: „Auf der einen Seite steht Wildheit im Fortunatus für gesellschaftlichen Niedergang, auf der anderen Seite stellt das Wilde die Voraussetzung dar für gesellschaftlichen Aufstieg" (S. 205). In einer abschließenden Skizze der Wertungen des Wilden um 1500 wird das positive Bild von Wildheit, als Ausdruck von wirtschaftlichem Erfolg, in seinen Wandlungsprozessen pointiert (vgl. S. 215–218).

Wenn darüber hinaus Ambiguität als ein Phänomen der Rezeption, der vom Text/Autor intendierten widersprüchlichen Lesarten verstanden wird,[48] so dient der

---

46 CHRISTIANE WITTHÖFT: Sinnbilder der Ambiguität in der Literatur des Mittelalters. Der Paradiesstein in der Alexandertradition und die Personifikation der Frau Welt, S. 179–202.
47 BRUNO QUAST: Die Ambiguität des Wilden. Überlegungen zum Verhältnis von Anthropologie und Ökonomie im Fortunatus, S. 203–218.
48 „Genügt es nicht, zu sagen, Ambiguität sei ein Ereignis oder Phänomen, das sich bei der Lektüre von Texten einstellen kann und bisweilen auch einstellt, jedesmal abhängig von Kenntnis-

Sammelband im weitesten Sinne auch dazu, das Bewusstsein für die mitunter fragwürdige Tendenz der „Vereindeutigung ambiger Textstellen" zu schärfen.[49] So vermag der Beitrag von TIMO REUVEKAMP-FELBER zu verdeutlichen, inwiefern die mitunter zu eindeutige Lesart des *Erec* Hartmanns von Aue letztlich durch die Editionsparadigmen der existierenden Textausgaben begründet ist.[50] Die Neuausgabe des *Ambraser Erec* nach der Handschrift von Hans Ried und die damit einhergehende Vermeidung zahlreicher Konjekturen revidiert diesen zentralen Aspekt der Forschung und verleiht dem Text eine Mehrstimmigkeit und erhöhte Komplexität. Die Ambiguisierungen im *Erec* betreffen zum einen das zentrale Thema „von Ritterschaft und Gewalt", die nicht erst „Wolfram im *Parzival* meisterlich für sein Erzählen funktionalisiert" habe (S. 227 f.). Zum anderen beziehen sich diese auf die grundlegenden Wertmaßstäbe des Artushofes, wie sie aus dem *Mantel*-Prolog zu rekonstruieren sind, der mit großer Wahrscheinlichkeit zum Kernbestand des Textes zähle.

Der Artusroman und seine Rezeptionsgeschichte werden erneut in dem kunsthistorischen Beitrag von MATTHIAS MÜLLER unter einer anderen Perspektive aufgegriffen.[51] Der Beitrag setzt den Beginn der kulturhistorischen Beiträge, die in diesem Sammelband vereinigt sind. Anhand des bekannten Rodenegger *Iwein*-Zyklus kann MÜLLER in seinem Beitrag verdeutlichen, dass hier vordergründig ein Ritterideal nach Artus-Manier vorgeführt wird, welches aber hintergründig Kritik erfährt und durch inhaltliche Oppositionen in Frage gestellt wird. Indem der (Innen-)Raum als analytische Kategorie berücksichtigt wird, ergeben sich „neue Ansatzmöglichkeiten für ein vertieftes Verständnis der besonderen Erzähl- und Argumentationsweise des Rodenegger *Iwein*-Zyklus'. Dieser diente offenkundig nicht nur dem höfischen Vergnügen, sondern ganz wesentlich auch der Visualisierung der Ambiguität des höfischen Artusritter-Ideals" (S. 243). MÜLLER spricht infolgedessen im Zusammenhang des profanen Bildzyklus von einem „raumbezogene[n] antithetisch-narrative[n] System" (S. 259). Ein strukturelles Vorbild für derartig mehrdeutige Narrative und oppositionelle Bildbezüge sieht er in der gotischen Glasmalerei des frühen dreizehnten Jahrhunderts.

---

stand und Sprachkompetenz derer, die lesen?" KLAUS WEIMAR: Modifikation der Eindeutigkeit. Eine Miszelle. In: BERNDT/KAMMER (Anm. 4), S. 53–59, S. 56.
[49] FASBENDER/KROPIK (Anm. 15), S. 347, in Bezug auf die intendiert widersprüchlichen Lesarten des *Nonnenturniers*.
[50] TIMO REUVEKAMP-FELBER: Polyvalenzen und Kulturkritik. Zur notwendigen Neuausgabe des *Erec* Hartmanns von Aue, S. 219–237.
[51] MATTHIAS MÜLLER: Artusritter im Zwiespalt. Die Ambiguität mittelalterlichen Heldentums als räumlich disponierte Bilderzählung und Argumentationsstruktur im *Iwein*-Zyklus auf Schloss Rodenegg, S. 241–272.

Anknüpfend an die moderne Kommunikations- und Ritualforschung stellt der Beitrag von GERD ALTHOFF Ambiguität als Stärke und Schwäche der mittelalterlichen Gesellschaft vor.[52] Für ALTHOFF bildete die vergleichsweise stark ausgeprägte Offenheit von Deutungsspielräumen in der damaligen ehrbewussten Gesellschaft eine wichtige Grundlage zur Konfliktvermeidung bei gleichzeitiger Gesichtswahrung aller Beteiligten (vgl. S. 274 f.). Alle Formen der mittelalterlichen Kommunikation seien daher von Ambiguität gekennzeichnet gewesen, die wiederum die Errichtung von „Konsensfassaden" ermöglicht habe (S. 284). Mit zunehmender Komplexität der allgemeinen Verhältnisse habe man allerdings schon im Mittelalter zunehmend die „Flucht aus der Ambiguität" hin zur Eindeutigkeit angetreten: „So unterstreicht die Ambiguitätsakzeptanz des frühen und hohen Mittelalters noch einmal seine Alterität und Verschiedenheit von modernen Verhältnissen" (S. 285).

UWE ISRAEL führt uns in seinem Beitrag in die Welt von Zweikampf und Ordal im Mittelalter ein und stellt dabei die Frage nach der „Sehnsucht nach Eindeutigkeit".[53] Besondere Beachtung schenkt ISRAEL der Kritik an den rationalen, aber auch irrationalen Beweisformen, „weil zu erwarten ist, dass gerade hier Aussagen zu ihrer Fundierung, Ein- bzw. Mehrdeutigkeit und gesellschaftlichen Akzeptanz gefunden werden können" (S. 288). Er beobachtet, dass die mittelalterlichen Menschen anscheinend bereit waren, unterschiedliche Methoden der Wahrheitsfindung, die sich rational betrachtet eigentlich gegenseitig ausschlossen, nebeneinander gelten zu lassen, und erkennt darin eine „Ambiguitätstoleranz" des Mittelalters, „die bereits für die Frühe Neuzeit konstatiert worden ist" (vgl. S. 304). Insofern verneint er seine Frage nach der Eindeutigkeit und sieht vielmehr die Sehnsucht nach Frieden und Ausgleich als *movens agendi*.

Von der juristischen Wahrheit, wie sie UWE ISRAEL hier zum Thema macht, ist es zur historiographischen Wahrheit nicht weit: In der spätmittelalterlichen Geschichtsschreibung begegnen sich etwa als Einheit wie als Gegenpol Land/ Volk und Dynastie, von wo aus dann die Ursprünge und geschichtlichen Abläufe der verschiedenen Gemeinwesen in ambig-erklärender Form hergeleitet werden. Die mittelalterliche Historiographie hält diese Ambiguität aus bzw. löst sie zumindest nicht auf und überlässt es dem Leser, mit diesem Spannungsverhältnis zurechtzukommen. BIRGIT STUDT zeigt das in ihrem Beitrag allerdings nun nicht an diesem Aspekt, sondern sie arbeitet anhand der von Ludwig von Eyb verfassten Lebensbeschreibung des spätmittelalterlichen Niederadeligen Wilwolt von Schaumberg eine doppelte Ambiguität des *Helden* heraus, auf die man im Text

---

52 GERD ALTHOFF: Ambiguität als Stärke und Schwäche einer ehrbewussten Gesellschaft, S. 273–285.
53 UWE ISRAEL: Sehnsucht nach Eindeutigkeit? Zweikampf und Ordal im Mittelalter, S. 287–304.

und im Handeln desselben stößt.[54] Immer wieder geht es darin um den scheinbar unauflösbaren „Widerspruch zwischen den Handlungsnormen des adligen Wertehorizonts und den Zwängen des niederadeligen Alltags" (S. 316). Der *Held* ist für BIRGIT STUDT in diesem Fall daher nicht eine bloße Vorbild-, sondern eine „Überschreitungsfigur", welche die lebenswirklichen Werte einer Adelsgesellschaft symbolisiere (ebd.).

Ambiguität war auch ein Phänomen innerhalb der mittelalterlichen enzyklopädischen und Traktatliteratur, wie MARKUS SCHÜRER anhand des Traktats von Giannozzo Manetti *Adversus iudeos et gentes* vor Augen führt.[55] Darin vermag der Humanist gewissermaßen in einem Atemzug die Israeliten des *Alten Testament* als heilsgeschichtliche Vorläufer der Christen positiv hervorzuheben und das nachbiblische Judentum scharf anzugreifen (vgl. S. 328 f. u. S. 337). Kennzeichen des Traktates sei also „gerade nicht die Eindeutigkeit [...], die der Titel suggeriert, sondern die inhaltliche und strukturelle Mehrdeutigkeit" (S. 329). Eine ähnliche Ambiguität zeigt sich in seiner Bewertung des religiösen und philosophischen Ideenguts der paganen Antike.

Mit den in den einzelnen Beiträgen dargelegten Spannungsverhältnissen der je unterschiedlichen Wissensdiskurse, die *das* Mittelalter mehr oder minder bewusst ausgehalten zu haben scheint, ist der Rahmen des Bandes abgesteckt. Als zeitgenössische Reflexionsformen wurden die Historiographie, fiktionale Texte, Rechtstexte und Urkunden sowie die Enzyklopädik berücksichtigt, die sich mit den unterschiedlichen sozialhistorischen, literarischen, rhetorischen und/oder philosophischen Konzeptionen von Ambiguität, mit narrativen Strukturen oder auch mit dem Zusammenspiel von Erzähl- und Kulturmustern auseinandersetzen. Die dargelegte, breite Toleranz für Ambiguität in der Vormoderne lässt das spannungsreiche Verhältnis zwischen den Formen zeitgenössischer Reflexion und denen ihrer wissenschaftlichen Rezeption deutlich werden. Abschließend ist somit ein weiterer Fragehorizont eröffnet, der auf eine notwendige Reflexion der eigenen Forschungsprämissen zielt und darauf, inwiefern in aktuellen Forschungsarbeiten und -verbünden die Gleichzeitigkeit des Ungleichzeitigen oder Widersprüche und Mehrdeutigkeit in Text und Kultur per se wahrgenommen, überpointiert oder doch eher negiert werden.

---

54 BIRGIT STUDT: Die Ambiguität des Helden im adligen Tugend- und Wertediskurs, S. 305–316.
55 MARKUS SCHÜRER: Mose als *orator*. Uneindeutigkeiten in Giannozzo Manettis Traktat *Adversus iudeos et gentes*, S. 317–337.

Teil I: **Rhetorik und Texthermeneutik**

Thomas Bauer
Ambiguität in der klassischen arabischen Rhetoriktheorie

1 Einleitung

> *Amphiboliae species sunt innumerabiles ..., genera admodum pauca: aut enim vocibus accidit singulis aut coniunctis.*

> „Von der Amphibolie gibt es zwar unzählige Arten ..., ihre Gattungen aber sind nur wenige. Entweder nämlich erfolgt die Zweideutigkeit bei einzelnen Wörtern oder bei Wortverbindungen."[1]

So beginnt der für die europäische Rhetoriktradition bis in die Moderne maßgebliche Text über Ambiguität (die hier mit dem griechischen Wort *amphibolia* bezeichnet wird), nämlich das neunte Kapitel des siebten Teils der *Institutionis oratoriae* des Quintilian. Quintilian widmet also der Ambiguität einen eigenen Abschnitt, beschränkt sich aber auf eine Grobgliederung und unterscheidet zwei Fälle: Ambiguität, die durch Homonymie und Ambiguität, die durch mehrdeutige syntaktische Fügungen verursacht wird. Auf eine genauere Untergliederung oder eine Andeutung, welche denn die „unzähligen Arten" von Ambiguität sind, verzichtet er weitgehend. Quintilian setzt als selbstverständlich voraus, dass Ambiguität negativ zu bewerten ist, also einen Störfall der Kommunikation darstellt. Dementsprechend sind alle Beispiele, die er anführt, negative Beispiele, sozusagen kommunikative Unfälle.

Wenn wir nun zum Vergleich ein klassisches arabisches Rhetorikwerk heranziehen (und zwar ziemlich egal, welches), ist der Befund überraschenderweise genau der umgekehrte. Zunächst gibt es nirgendwo *das* Kapitel „Ambiguität", ja man wüsste gar nicht, unter welchem Wort man nachsehen sollte, denn offenbar hat das Arabische hier eine semantische Generalisierungslücke. Es gibt zwar viele Ausdrücke für verschiedene Arten von Ambiguität, aber ein exaktes Gegenstück zu Ambiguität im Sinne von Zwei- und Mehrdeutigkeit einschließlich Vagheit und semantischer Indeterminiertheit gibt es nicht. Entsprechendes gilt für die Rhetoriktheorie. Offensichtlich sah man Phänomene der Ambiguität überall. Sie werden in den verschiedensten Abschnitten immer wieder aufgegriffen,

---

[1] Quintililanus: *Institutionis oratoriae* VII 9,1 (2:110 f.; Übs. H. RAHN). – Anders als in den anderen Beträgen des Bandes werden häufiger zitierte Werke mit Kurztiteln zitiert, die in einem abschließenden Literaturverzeichnis aufgeschlüsselt werden.

aber nie zu einem einzigen, konsistenten Phänomen zusammengefasst. In der arabischen Rhetoriktheorie ist Ambiguität also fast überall, und sie ist bezeichnenderweise fast überall ein *positiv* wahrgenommenes Phänomen. Anders als bei Quintilian sind dementsprechend die meisten Beispiele positive Beispiele:

	Quintilian	arab. Rhetorik
Eigenständiges Kapitel über Ambiguität	+	–
Darlegung vieler versch. Arten von Ambiguität	–	+
Beispiele	negativ	positiv

Dieser Befund verlangt nach einer Erklärung. Ich glaube, dass vor allem zwei Faktoren entscheidend sind. Zum einen hat die arabische Rhetoriktheorie andere Wurzeln als die antike Rhetorik. Zum anderen entfaltete sie sich, so jedenfalls meine These, in Gesellschaften mit hoher Ambiguitätstoleranz, was wiederum ein verstärktes Interesse an Phänomenen der Ambiguität zur Folge hatte.

Im Folgenden werde ich, nach einer Kurzcharakteristik der Wurzeln der arabischen Rhetoriktheorie, eine Gruppe von Stilphänomenen der arabischen Rhetoriktheorie, in denen Ambiguität zentral ist, anhand der Werke eines Autors aus der ersten Hälfte des zwölften Jahrhunderts vorstellen. Auch wenn es sich dabei nur um eine Auswahl handeln kann, wird man doch einen Eindruck von der Herangehensweise der arabischen Rhetoriktheoretiker an Phänomene der Ambiguität gewinnen können.

2 Ein Ritter und ein dichtender Korangelehrter

Ein Rittertum ähnlich dem europäischen gab es in den Ländern des Nahen Ostens zumeist nicht. Gerade aber zur Kreuzritterzeit hatte sich ausgerechnet in Syrien ein Rittertum herausgebildet, das in vielen Charakterzügen dem europäischen stark ähnelte, jedenfalls stärker als alles, was es vorher, nachher oder anderswo gab. Einer der berühmtesten Ritter seiner Zeit war Usāma ibn Munqiḏ (1095–1188), Herr auf Burg Šayzar in Syrien.[2] Doch bei all dem, worin die arabischen Ritter auch den fränkischen glichen, so unterschieden sie sich vor allem in einem, nämlich in ihrer Bildung. Für Usāma gilt sogar, dass er sich durch seine schriftstellerische Tätigkeit nachhaltigeren Ruhm erworben hat als durch seine

---

[2] Vgl. GREGOR SCHOELER: ‚Ritter' und ‚Rittertum' im Islam, insbesondere zur Zeit der Kreuzzüge. In: Burgen und Schlösser. Zeitschrift für Burgenforschung und Denkmalpflege 4 (2011), S. 4–15. Zu Usāma ibn Munqiḏ auch EAL 796 f. (R. IRWIN).

Rittertaten. Er hinterließ mehrere Anthologien, einen *Dīwān* mit Dichtung und seine berühmt gewordenen Memoiren, eine wichtige arabische Quelle für die Kreuzzüge.[3] Daneben ist er aber auch Verfasser eines Handbuchs der Stilistik, in dem er 95 stilistische, rhetorische und literaturtheoretische Phänomene vorstellt.[4] Das Buch ist in mancherlei Hinsicht innovativ, etwa in der Behandlung bislang nicht dargestellter Stilfiguren und in neuem Beispielmaterial. Hier ist es jedoch vor allem deshalb erwähnt, weil es zeigt, wie wichtig und quasi omnipräsent Stilistik und Rhetorik in den islamischen Gesellschaften des Nahen Osten schon im zwölften Jahrhundert waren, wo man nicht nur in Gelehrtenstuben darüber nachdachte, sondern auch auf Ritterburgen. Usāmas Buch ist freilich nicht makellos. Bei der allzu kurzen Muße, die der Ritter genießen konnte, ist ihm so mancher Fehler unterlaufen. Dies ist nun der zweite Grund, warum wir sein Buch anführen, bildete doch das Entsetzen über seine Fehlerhaftigkeit den Anlass für den Kairener Dichter und Korangelehrten Ibn Abī l-Iṣbaʿ (1189–1256), ein eigenes, umfangreicheres und besseres Buch mit gleicher Thematik vorzulegen, in dem er auf der Grundlage von vierzig Vorgängerwerken (das Buch beginnt mit einem Literaturverzeichnis) und eigenen Ideen 125 Stilfiguren und andere rhetorische und literarische Phänomene behandelt.[5]

Das Buch mit dem Titel *Taḥrīr at-taḥbīr* „Genaue Untersuchung der eleganten Redeweise" ist in mehrfacher Hinsicht interessant. Zunächst ist es eines der letzten Werke der arabischen Rhetoriktheorie, das noch nicht von der „Standardtheorie der arabischen Rhetorik"[6] beeinflusst wurde. Während Ibn Abī l-Iṣbaʿs Buch gerade in Kairo entstand, verlieh as-Sakkākī (1160–1229) in Zentralasien der Standardtheorie ihren letzten Schliff.[7] Die Standardtheorie ist die wohl durchdachteste, systematischste und ambitionierteste Rhetoriktheorie der Vormoderne und könnte gerade in der Tropenlehre auch noch heute Wichtiges beitragen, wäre nicht der Eurozentrismus der westlichen Forschung. In der Tropenlehre und im *ʿilm al-maʿānī* (mit „syntaktischer Pragmatik" nur unzureichend übersetzt) leis-

---

3 Deutsche Übersetzung: Usâma ibn Munqidh: *Ein Leben im Kampf gegen Kreuzritterheere*. Aus dem Arabischen übertragen und bearbeitet von GERNOT ROTTER, Tübingen, Basel 1978.
4 Usāma ibn Munqiḏ: *al-Badīʿ fī l-Badīʿ*. Hrsg. von ʿABD AL-AMĪR ʿALĪ MUHANNĀ, Beirut 1407/1987 [hierzu MANFRED ULLMANN: Quellennachweise zum *Kitāb al-Badīʿ* des Usāma ibn Munqiḏ. In: Die Welt des Orients 32 (2002), S. 146–152].
5 Vgl. Ibn Abī l-Iṣbaʿ: *Taḥrīr* 87–95; zum Autor vgl. auch EAL 305 (G.J.H. VAN GELDER).
6 Hierzu BAUER: Rhetorik: Arabische Kultur, S. 291–298.
7 Vgl. UDO SIMON: Mittelalterliche arabische Sprachbetrachtung zwischen Grammatik und Rhetorik. *ʿilm al-maʿānī* bei as-Sakkākī, Heidelberg 1993. Auch ein Buch des wichtigsten Ideengebers as-Sakkākīs liegt in einer hervorragenden deutschen Übersetzung vor: ʿAbdalqāhir al-Ǧurǧānī: Die Geheimnisse der Wortkunst (*Asrār al-Balāġa*) des ʿAbdalqāhir al-Curcānī. Aus dem Arabischen übersetzt von HELLMUT RITTER, Wiesbaden 1959.

tete die Standardtheorie Revolutionäres. In der Beschreibung und Analyse der übrigen Stilfiguren bleiben dagegen die etablierten Werke der Literatur- und Stiltheoretiker des Nahen Ostens weiterhin maßgeblich. Hier sollte sich gerade Ibn Abī l-Iṣbaʿs *Taḥrīr* als Standardwerk etablieren, dessen Definitionen und Beispiele in vielen späteren Werken zitiert werden. Interessant ist Ibn Abī l-Iṣbaʿ aber auch, weil er seinem *Taḥrīr* einige Zeit später ein Schwesterwerk an die Seite stellte, das speziell der „Stilistik des Korans" gewidmet ist: *Badīʿ al-Qurʾān*. Das Buch kürzt und überarbeitet den *Taḥrīr*, erweitert ihn aber um viele Aspekte, die den Koran betreffen. Die Unterschiede zwischen dem primär auf Dichtung fokussierten *Taḥrīr* und dem vor allem der Koranrhetorik gewidmeten *Badīʿ* geben Aufschluss über den unterschiedlichen Umgang mit den beiden wichtigsten Textkorpora, mit denen sich die arabische Rhetoriktheorie beschäftigt.

In der Gliederung seiner beiden Rhetorikwerke bildet Ibn Abī l-Iṣbaʿ die Geschichte der arabischen Rhetorik ab. Er stellt jene stilistischen und rhetorischen Formen voran, die von Ibn al-Muʿtazz und Qudāma ibn Ǧaʿfar behandelt wurden. Mit diesen beiden Namen beginnt die (wiederum nicht vorgeschichtslose) eigentliche Geschichte der arabischen Stilistik und Rhetorik. Gleichzeitig sind damit ihre beiden wichtigsten Richtungen vorgezeichnet.[8]

Ibn al-Muʿtazz (861–908), Abbasidenprinz, unglücklicher Kalif für einen Tag und brillanter Dichter, wird zu Recht als eigentlicher Begründer der arabischen Stilistik gesehen. Sein *Kitāb al-Badīʿ* „Buch vom Neuen Stil" setzt sich vor allem mit der Metapher auseinander, genauer: mit der nicht unmittelbar auf einen Vergleich zurückführbaren Metapher, deren überbordende Verwendungsweise im „Neuen Stil" von einigen Literaturkritikern getadelt worden ist, und behandelt daneben noch eine Reihe von anderen Stilmitteln. Eine Art Gegenschrift (freilich ohne Ibn al-Muʿtazz zu nennen) schreibt kurz darauf der Verwaltungsbeamte Qudāma ibn Ǧaʿfar (gest. 958). In seiner „Kritik der Dichtkunst" (*Naqd aš-šiʿr*) erhebt er den Anspruch, literarische Ästhetik genauso wissenschaftlich und intersubjektiv analysieren zu können wie grammatikalische Richtigkeit. Auch wenn er mit diesem Anspruch letztlich scheiterte, hat Qudāmas Wissenschaftsoptimismus die arabische Rhetoriktheorie tief geprägt. Sie entfaltet sich in den folgenden Jahrhunderten in den von ihren Gründern vorgezeichneten Bahnen, zum einen als vorwiegend empirisch arbeitende Stilistik, die literarische (und später auch religiöse) Texte auf ihre Stilmittel hin analysiert, zum anderen als sich als harte Sprachwissenschaft verstehende Kommunikations- und Hermeneutiktheorie, die schließlich in die Standardtheorie mündet. Ibn Abī l-Iṣbaʿs Werke gehören in die erste Gruppe.

---

[8] Zur folgenden, extrem verkürzten Darstellung vgl. ausführlicher BAUER: Rhetorik: Arabische Kultur.

Antike (d.h. für Araber natürlich: griechische) Autoren, allen voran Aristoteles, spielen für die Entwicklung der arabischen Rhetoriktheorie durchaus eine Rolle. Vor allem die aristotelische Logik wirkte prägend. Qudāmas strenge Wissenschaftlichkeit ist sicher durch sein Interesse für die „Wissenschaften der Alten" stimuliert worden. Ein Autor wie Ibn Sinān al-Ḫafāǧī (1031–1074), ein Dichter und Literat, der gerne Emir geworden wäre, dessen Ritterambitionen ihn aber das Leben kosteten, bediente sich sogar der naturwissenschaftlichen Schriften des Aristoteles, um das Wesen der Kommunikation besser zu verstehen. Gerade aber die Rhetorik des Aristoteles wurde nur spät und peripher rezipiert. Dies liegt, wie die genannten Beispiele zeigen, nicht an einem Desinteresse an antikem Wissen, sondern schlichtweg daran, dass die arabische Übersetzung der Rhetorik zu einem Zeitpunkt kam, an dem die arabische Rhetoriktheorie darüber hinausgewachsen war und ein Niveau erreicht hatte, bei dem das Werk des ansonsten allgemein bewunderten „Ersten Lehrers" nicht mehr viel zu bieten hatte.

Im Folgenden sei also das Werk des Ibn Abī l-Iṣbaʿ als eines repräsentativen Autors der zwar schon reich entfalteten, aber noch weitgehend vorsystematischen arabischen Stilistik- und Rhetoriktradition herangezogen, um nach seiner Herangehensweise an Phänomene der Ambiguität zu fragen. Dabei sei ausdrücklich betont, dass nur ein Ausschnitt solcher Phänomene zur Sprache kommt und vor allem die ganze Tropenlehre ausgeblendet wird (hier müsste vor allem die Standardtheorie herangezogen werden). Aber auch die hübschen Ausführungen über verschiedene Arten von Rätseln, die ja auch ein Phänomen der Ambiguität darstellen und von Ibn Abī l-Iṣbaʿ erstmals im Rahmen eines Rhetorikhandbuchs abgehandelt werden, werden übergangen.

3 Perspicuitas: *Ḥusn al-bayān*

In der arabischen Rhetorik wird, wie einleitend festgestellt, Ambiguität nicht als grundsätzlich negativ eingestuft, und die für Phänomene der Ambiguität angeführten Beispiele gelten fast alle als gut und nachahmenswert. Dies darf aber nicht zu dem Fehlschluss verleiten, das Stilideal der arabischen Rhetorik sei ein prinzipiell anderes als das der antiken. Ganz im Gegenteil ist *bayān* „Deutlichkeit" durchaus die Haupttugend der arabischen Rhetoriktheorie, ebenso wie *perspicuitas* „Durchsichtigkeit" die *prima virtus* der antiken ist. Häufig wird die Rhetoriktheorie überhaupt als *ʿilm al-bayān* „Wissenschaft vom deutlichen Ausdruck" bezeichnet. Hören wir zunächst Quintilian:

> *Nobis prima sit virtus perspicuitas, propria verba, rectus ordo, non in longum dilata conclusio, nihil neque desit neque superfluat.*

> „Für uns gelte die Durchsichtigkeit als Haupttugend des Ausdrucks, die eigentliche Bedeutung im Gebrauch der Wörter, ihre folgerichtige Anordnung, kein Schluß, der zu lang hinausgeschoben wird, nichts, das fehle, und nichts, das überflüssig sei".[9]

In Ibn Abī l-Iṣbaʿs *Taḥrīr* entspricht dem ziemlich genau der Abschnitt über *ḥusn al-bayān* „schöne Deutlichkeit", in dem allerdings schon durch die Hinzufügung von „schön" angezeigt wird, dass Deutlichkeit nicht ohne ästhetische Komponente zu haben ist. Ibn Abī l-Iṣbaʿ schreibt:

> Die wahre Beschaffenheit der ‚schönen Deutlichkeit' besteht darin, den Denkinhalt auf die schönstmögliche ihn deutlich darlegende Weise zu äußern und ihn auf die nächstliegende und leichtestmögli verständliche Weise dem Adressaten zu übermitteln, denn das ist das Wesen der Beredsamkeit (*al-balāġa*). [...] Dabei muss man sich manchmal prägnant kurz ausdrücken und manchmal breit ausgedehnt, je nachdem, was die Umstände erfordern (*bi-ḥasab mā taqtaḍīhi l-ḥāl*).[10]

In der Forderung, ein Sachverhalt müsse deutlich und auf die leichtestmöglich verständliche Weise dargelegt werden, hätte sich Quintilian sicher wiedergefunden. In zwei Punkten geht die arabische Rhetorik (und damit Ibn Abī l-Iṣbaʿ) aber über Quintilian hinaus. Zunächst setzt sie voraus, dass es ja verschiedene klare und verständliche Darlegungsweisen gibt. Davon ist nun die *schönstmögliche* zu wählen. Welche diese ist, steht aber nicht von vorneherein fest, sondern richtet sich *nach den Erfordernissen der Umstände*. Deshalb gibt es auch keine allgemeingültige Regel, die besagt, wie ausführlich eine „schön deutliche" Äußerung sein muss. Auch Ibn Abī l-Iṣbaʿ kennt das schon von Qudāma behandelte Stilideal der *musāwāh* „Ausdrucks- und Bedeutungsäquivalenz", das darin besteht, dass „der Ausdruck äquivalent zum Denkinhalt ist" *ḥattā lā yazīd ʿalayhi wa-lā yanquṣ*, was mit *nihil neque desit neque superfluat* ziemlich wörtlich übersetzt werden kann. Daneben gibt es aber eben auch das Stilideal der Prägnanz (*īǧāz*), dem arabische Autoren – manchmal durchaus zum Leidwesen ihrer heutigen Leser – eifrig huldigten, und auf der anderen Seite das Stilideal der „ausgedehnten Ausdrucksweise" *(iṭnāb)*, das allerdings, so Ibn Abī l-Iṣbaʿ an der zitierten Stelle weiter, streng von ausschweifender Rede, die zu verwerfen ist, unterschieden werden muss. Für die arabischen Autoren ist aber, anders als für Quintilian, weder *musāwāh* noch *īǧāz* noch *iṭnāb* an sich gut oder schlecht. Vielmehr ergibt

---

[9] Quintilian: *Institutionis oratoriae* VIII 2,22 (2:148 f.; Übs. H. Rahn).
[10] Ibn Abī l-Iṣbaʿ: *Taḥrīr*, S. 489 f.

sich die Beurteilung erst aus den Erfordernissen der Sachlage, die einmal dies und ein andermal jenes den kommunikativen Umständen angemessener erscheinen lässt.

Was für die Ausführlichkeit der Rede gilt, gilt auch für die Verwendung eigentlicher und uneigentlicher Ausdrucksweise. Der Aussage Quintilians, dass Deutlichkeit eher durch *propria verba* als durch tropische Ausdrücke erzielt wird, hätte ein arabischer Rhetoriker nicht zugestimmt. Vielmehr sind es auch hier wieder die Erfordernisse der Sachlage, die entweder das eine oder das andere als das Deutlichere erscheinen lassen. In der Standardtheorie wird mit ʿilm al-bayān, dem „Wissenszweig vom deutlichen Ausdruck", gerade die Tropenlehre verstanden. Dass sich Tropen nicht ohne Verlust an kommunikativem Gehalt durch nichttropische Ausdrücke umschreiben lassen, ist nicht erst eine Erkenntnis der modernen Rhetoriktheorie, sondern war den arabisch schreibenden Rhetorikern spätestens seit dem elften Jahrhundert eine Selbstverständlichkeit.[11] Selbst wenn die arabischen Rhetoriker aber eine weit differenziertere Vorstellung davon haben, wie Deutlichkeit zu erreichen ist, bleibt *perspicuitas* doch auch ihr Stilideal.

4 Mehrdeutigkeit mit Mehrwert: *Ištirāk, īḍāḥ* und *tafsīr*

Wo aber werden wir nun fündig, wenn wir nach dem Zugang arabischer Rhetoriker zur Ambiguität fragen? Da schon Quintilian ὁμωνυμία als Ursache für Ambiguität anführt,[12] ist es naheliegend, bei eben jenem Wort, das bei den arabischen Grammatikern und Lexikographen „Homonymie" bezeichnet, nachzusehen. Tatsächlich hat auch Ibn Abī l-Iṣbaʿ einen Eintrag unter der Überschrift al-ištirāk, in dem verschiedene Phänomene des „Gemeinsam-Habens" abgehandelt werden. Lassen wir die verschiedenen Phänomene der Intertextualität, die unser Autor in dieses Kapitel hineinbringt (– sicher keine gute Idee; spätere Autoren folgen ihm hier auch nicht nach –), beiseite, ergibt sich ein klares Bild über seine Beurteilung von Homonymie. Es gäbe nämlich, so Ibn Abī l-Iṣbaʿ, tadelnswerte, nicht tadelnswerte und schöne Fälle davon.[13] Auch hier gibt es also wieder kein definitives Urteil, wonach ein stilistisches Merkmal prinzipiell gut oder schlecht ist, sondern eine Abwägung, die von Fall zu Fall zu treffen ist.

---

11 Vgl. BAUER: Rhetorik: Arabische Kultur, S. 294–296.
12 Quintilian: *Institutionis oratoriae* VII,9,2 (S. 110).
13 Ibn Abī l-Iṣbaʿ: *Taḥrīr*, S. 339.

Ibn Abī l-Iṣbaʿ beginnt aber mit einem ganz eindeutigen Fall und zitiert einen ziemlich wirren Vers eines ansonsten schätzenswerten alten Dichters, in dem das Wort ḥayy, das sowohl „lebendig" als auch „Stamm" bedeuten kann, so verwendet wird, dass auch der Kontext nicht zu entscheiden hilft, welche dieser Bedeutungen hier gemeint ist. Ganz offensichtlich handelt es sich auch nicht um einen bewussten Stilkniff des Dichters, sondern einfach um einen schlechten Vers, dem es an *perspicuitas* mangelt. Diese Form der Mehrdeutigkeit ist, so Ibn Abī l-Iṣbaʿ, tadelnswert. Es ist sozusagen *Mehrdeutigkeit ohne Mehrwert*.

So klar des Autors Verdammungsurteil ist, so auffällig ist doch auch sein völliges Desinteresse. In seinem über sechshundert Druckseiten dicken Buch ist ihm dieser Fall sinnstörender Ambiguität gerade einmal sechs Zeilen wert. Aber es gibt auch interessantere Fälle, die dann auch nicht tadelnswert sind, wie etwa zwei Verse des frühislamischen Liebesdichters Kuṯayyir ʿAzza (gest. 723). Im ersten Vers kommt das Wort *qaṣīra* vor, das jeder Hörer zunächst als Adjektiv „kurz" (feminin) deuten wird. Es kann jedoch auch feminines Partizip passiv von *qaṣara* „absperren" (z. B. auch von Blicken) bedeuten. Dass diese keineswegs naheliegende Bedeutung intendiert ist, wird im zweiten Vers klargestellt:

> „Du bist es, die mich all die „Kurzen" (*qaṣīra*) lieben lässt, aber das wissen die in den Frauengemächern Wohlbehüteten nicht.
>
> Ich meine die im Frauenzelt zurückgezogen lebenden, nicht die mit den Trippelschritten – die kurzen, dicken Frauen gefallen mir doch am wenigsten!"[14]

Auch hier will sich Ibn Abī l-Iṣbaʿ immer noch nicht recht begeistern, aber immerhin hält er die Verse für nicht tadelnswert, da die Ambiguität ja aufgelöst wird, wenn auch nicht sonderlich elegant.

Spätere Autoren begrenzen die Stilform *ištirāk* genau auf solche Fälle:[15] Der Sprecher gebraucht ein mehrdeutiges Wort, das von den Hörern zunächst in der nicht gemeinten Bedeutung aufgefasst wird, ehe sie der Sprecher eines Besseren belehrt. Man könnte das Stilmittel *ištirāk* (das hier nicht mehr gleichbedeutend mit „Homonymie" ist) als „falsche Fährte" übersetzen.

Wie man sieht, ist den arabischen Rhetorikern Ambiguität nicht in erster Linie als Störung der Kommunikation interessant, sondern als Potential, hier, indem man den Hörer zunächst auf eine falsche Fährte lockt, um ihn dann mit der Richtigstellung zu überraschen.

---

14 Ebd.
15 Vgl. auch CACHIA: Schemer's Skimmer, no. 109.

Doch folgen wir der Fährte, die Ibn Abī l-Iṣbaʿ in den Stilmitteln der Ambiguität legt! Im Abschnitt über *ištirāk* verweist er nämlich auf die Stilfigur des *īḍāḥ*, die im Gegensatz zum *ištirāk* nicht den Ausdruck, sondern den Inhalt beträfe.

Das Stilmittel des *īḍāḥ*, zu übersetzen als „Klarstellung"[16] oder „aufgelöste Ambiguität", besteht darin, mit einer vieldeutigen Äußerung zu beginnen, die Vieldeutigkeit aber im Nachhinein aufzulösen. In dem relativ „modernen" Beispiel, das Ibn Abī l-Iṣbaʿ anführt, dient es dazu, die Neugier des Hörers auf Auflösung zu wecken. Es ist eine Weinszene des Damaszener Dichters Ibn Ḥayyūs (1003–1083):[17]

وَمُقَرطَقٍ يُغْنِي النَّدِيمَ بِوَجْهِهِ   عَن كَأْسِهِ الْمَلْأَى وَعَن إِبْرِيقِهِ

فِعْـلُ الْمُدامِ وَلَوْنُها وَمَذاقُها   فِي مُقْلَتَيْـهِ وَوَجْنَتَيْـهِ وَرِيقِـهِ

„Der in der Tunika macht durch sein Gesicht den vollen Becher und die Kanne des Trinkgelagemeisters überflüssig:

Die Wirkung des Weins, seine Farbe und seinen Geschmack findet man auch in seinen Augen, seinen Wangen und seinem Speichel!"

Anders als beim *ištirāk* wird die Vieldeutigkeit nicht durch Homonymie erzeugt, vielmehr bleibt zunächst einfach unklar, wie denn der offensichtlich hübsche tunikabekleidete Teilnehmer des Trinkgelages den Wein ersetzen kann, ehe dies im zweiten Vers auseinandergesetzt wird, wobei die schöne Korrespondenz in richtiger Reihenfolge zwischen Wirkung, Farbe, Geschmack = Augen, Wange, Speichel hervorgehoben wird.

Offensichtlich war Ibn Abī l-Iṣbaʿ der erste, der *īḍāḥ* beschrieben und in den Stilformenkatalog aufgenommen hat. Besonders relevant erwies sich diese Entdeckung für die Koranrhetorik. Schon im *Taḥrīr* stammen die meisten Beispiele aus dem Koran. In *Badīʿ al-Qurʾān* werden aus den vier Seiten im *Taḥrīr* nun aber fast zwanzig.[18] Die „aufgelöste Ambiguität" erweist sich mithin als korantypisches Stilmittel, das es ermöglicht, die rhetorische Absicht hinter mancherlei Formulierungen des Heiligen Buchs aufzudecken. Man sieht, dass die Leistungsfähigkeit der arabischen Rhetoriktheorie nicht zuletzt darauf zurückzuführen ist, dass sie sowohl als Handlungsanweisung für die Textproduktion dient (nämlich zum Verfassen von Gedichten und Prosatexten), als auch zur hermeneutischen Textanalyse, insbesondere des Korans.

---

16 Vgl. ebd. no. 117.
17 Ibn Abī l-Iṣbaʿ: *Taḥrīr*, S. 560.
18 Ibn Abī l-Iṣbaʿ: *Badīʿ al-Qurʾān*, S. 259–278.

Wieder legt Ibn Abī l-Iṣbaʿ eine Fährte zu einem anderen Stilmittel, nämlich dem *tafsīr*. Das Wort bedeutet schlicht „Erklärung" und bezeichnet auch die wissenschaftliche Kommentierung des Korans. Anders als *īḍāḥ* ist *tafsīr* ein altes Stilmittel, das schon Qudāma in seinen Formen der Informationsorganisation aufgeführt hat. Ibn Abī l-Iṣbaʿ grenzt es sehr subtil vom *īḍāḥ* ab. Letzterer bestehe darin, einen Zweifel, dem der Hörer/Leser durch den Beginn einer Äußerung ausgesetzt sei, zu beseitigen, während der *tafsīr* eine im Ganzen unverständliche Phrase erläutert.[19] Kenner der Topoi der arabischen Wein- und Liebesdichtung können schon ahnen, welche Eigenschaften einer erotisch anziehenden Person Eigenschaften des Weins entsprechen. Wenn dagegen ein Vers auf den Kalifen Abū Isḥāq al-Muʿtaṣim (reg. 833–842) mit den Worten „Durch den Glanz von Dreien erstrahlt die Welt" beginnt, bedarf diese Formulierung, zu deren Verständnis kein Kontext beiträgt, unbedingt einer Auflösung, die in diesem Fall der zweite Halbvers bietet:

ثلاثةٌ تُشرِقُ الدُنيا بِبَهْجَتِها شمسُ الضُحى وأبو إسحاقَ والقَمَرُ

„Durch den Glanz von Dreien erstrahlt die Welt: Durch die Morgensonne, durch Abū Isḥāq und den Mond."

Ištirāk, *īḍāḥ* und *tafsīr* sind wichtige (aber keineswegs die einzigen) Stilfiguren der Informationsorganisation, die rhetorisch attraktive Möglichkeiten aufzeigen, wie mehrdeutige, vage oder zunächst unverständliche Äußerungen disambiguiert werden. Die subtilen Unterschiede, die die Autoren herausarbeiten, zeigen, welche Aufmerksamkeit solche Stilfiguren der Disambiguierung auf sich zogen. Ebenso wird deutlich, dass Ambiguität fast nur dann Interesse findet, wenn sie einen kommunikativen Mehrwert bietet, also etwa die Erwartungshaltung des Hörers und seine Neugierde steigert. Mehrdeutigkeit ohne einen solchen Mehrwert wird als Kommunikationsstörung abgelehnt und stößt auf wenig Interesse.

5 Figuren der Ähnlichkeit: *Ǧinās*

Homonymie ist ein Phänomen der Gleichheit. Gleichheit ist aber nur ein Spezialfall von *Ähnlichkeit*. Deshalb muss die Stilmittelfamilie des *ǧinās* (oder *taǧnīs*; zwei synonyme Verbalsubstantive zum Verbum *ǧānasa* „ähnlich, von gleicher Art sein") zumindest kurz angesprochen werden, weil u.a. ebenfalls von Phänome-

---

[19] Ibn Abī l-Iṣbaʿ: *Taḥrīr*, S. 185, vgl. auch CACHIA: Schemer's Skimmer, no. 94.

nen der Homonymie die Rede ist, auch wenn der *ǧinās* in der arabischen Stilistik nicht unter dem Aspekt der Ambiguität betrachtet wird. Der Terminus „Paronomasie" der antiken Rhetorik bezeichnet weitgehend dasselbe, wird aber nicht immer deckungsgleich verwendet, so dass es vorzuziehen ist, die Eigenbezeichnung zu verwenden.[20] Ein *ǧinās* liegt dann vor, wenn im Rahmen einer begrenzten Äußerung (Satz, Vers, Kolon) zwei Elemente (in der Regel zwei Wörter) im Schrift- und/oder Lautbild eine auffällige Ähnlichkeit aufweisen, sich aber in der Bedeutung unterscheiden. So kann etwa Element A andere Vokale, andere diakritische Punkte, einen anderen Buchstaben/Laut, einen Buchstaben mehr oder weniger aufweisen als Element B, eine andere Ableitung derselben Wurzel sein, von der auch B abgeleitet ist, aus denselben Buchstaben/Lauten bestehen wie B, wo sie aber in (teilweise oder ganz) anderer Reihenfolge stehen.

Obwohl der *ǧinās* zu den beliebtesten Stilmitteln der klassisch-arabischen Literatur gehört, handelt ihn Ibn Abī l-Iṣbaʿ vergleichsweise kurz ab.[21] Spätere Autoren widmen ihm weit mehr Aufmerksamkeit und werden nicht müde, eine immer raffiniertere Systematisierung vorzunehmen und immer neue Varianten zu entdecken. PIERRE CACHIA, der sich auf ein Werk des achtzehnten Jahrhunderts stützt, listet 35 *taǧnīs*-Arten auf.[22] Die wahrscheinlich umfangreichste Darstellung des *taǧnīs* stammt von Ǧalāladdīn as-Suyūṭī (1445–1505), der darüber eine mehrhundertseitige Abhandlung schrieb, in der er den *ǧinās* in dreizehn Hauptgruppen unterteilt, die jeweils wieder in zahlreiche Subkategorien gegliedert sind; der Autor spricht von insgesamt „rund 400 *ǧinās*-Arten", die er beschrieben habe.[23] Nirgendwo sonst dürfte das Phänomen lautlicher/graphischer Ähnlichkeit so ausführlich behandelt worden sein wie hier. Für uns ist hier das Kapitel „der vollständige und der zusammengesetzte *ǧinās*" besonders interessant, weil in ihm Fälle beschrieben werden, die sich auch in westlichen Darstellungen linguistischer Ambiguität finden.[24]

Ein vollständiger *ǧinās* (*ǧinās tāmm*) liegt dann vor, wenn A und B phonetisch identisch sind, aber unterschiedliche Bedeutung haben. Ein deutsches Beispiel wäre „wir rasen über den Rasen". Beim zusammengesetzten *ǧinās* sind mehrere Fälle zu unterscheiden. Bei einem *ǧinās mulaffaq* („zusammengeflickter *ǧinās*") bestehen sowohl A als auch B aus zwei Elementen, jedoch mit unterschiedlicher Wortfuge, Deutsch etwa: „Du kannst schon **schneller fahren**, doch wirst du

---

20 Vgl. WERNER DIEM: „Paronomasie". Eine Begriffsverwirrung. In: Zeitschrift der Deutschen Morgenländischen Gesellschaft 157 (2007), S. 299–351.
21 Vgl. Ibn Abī l-Iṣbaʿ: *Taḥrīr*, S. 102–110; *Badīʿ al-Qurʾān*, S. 27–30.
22 CACHIA: Schemer's Skimmer, no. 16–50.
23 Vgl. as-Suyūṭī: *Ǧanā l-ǧinās*, S. 71.
24 Vgl. as-Suyūṭī: *Ǧanā l-ǧinās*, S. 121–160.

schnell erfahren, wie gefährlich das ist". Wenn eines der Elemente aus einem Wort besteht, das andere aus zweien, spricht man vom *ǧinās malfūf* (etwa: „eingewickelter *ǧinās*"), deutsch etwa: „In Jeans in die Oper, ist das **zulässig** oder **zu lässig**?". Wenn die Gleichheit durch Hinzunahme eines Teils eines anderen Worts entsteht, spricht man vom *ǧinās marfuww* „geflicktem *ǧinās*", etwa: „Man kann auf dem Bech**er lesen**: Diese Früchte sind **erlesen**". Der vollständige und die beiden ersten Fälle des zusammengesetzten *ǧinās* können über die phonetische Identität hinaus auch in der arabischen Orthographie identisch sein. Wenn man dies berücksichtigt, lassen sich mithin sieben Fälle unterscheiden. Man könnte nun auch noch die unterschiedlichen Wortarten, aus denen eine Zusammensetzung bestehen kann, berücksichtigen. Laut as-Suyūṭī kommt man dann auf 42 Unterkategorien, die sodann durch rund 250 Beispiele aus der Literatur exemplifiziert werden.

Da auch die anderen Phänomene der Ähnlichkeit entsprechend ausführlich behandelt werden, ist anzunehmen, dass kein westliches Werk über Ambiguität mit einer umfassenderen und diffizileren Behandlung lautlicher und graphischer Identität und Ähnlichkeit aufwarten kann. Bezeichnend ist aber wiederum der Kontext, in dem dies jeweils geschieht. Der Aspekt der Ambiguität und die Gefahren, die darin für ein korrektes Verständnis lauern, spielen in den arabischen Abhandlungen gar keine Rolle. Hier geht es stattdessen um den ästhetischen Aspekt und den literarischen Wert des *ǧinās*. Literarische Kontroversen über die Schönheit des *ǧinās* und die Gefahr der Übertreibung wurden ausgelöst durch den Dichter Abū Tammām (ca. 805–845), der nach dem Geschmack (nicht nur) der Zeitgenossen hierin zu viel des Guten tat. Seinem Verteidiger, dem Abbasidenprinzen Ibn al-Muʿtazz, verdanken wir die erste theoretische Behandlung des *ǧinās* bzw. *taǧnīs*.[25] Auch später bleibt der *ǧinās*-Diskurs ein ästhetisch-literarischer, in dem nicht die Ambiguität, sondern die ästhetische Angemessenheit der Hauptdiskussionspunkt ist. So erklärt etwa Ibn Abī l-Iṣbaʿ, dass einige *ǧinās*-Arten, darunter der „zusammengesetzte"[26], im Koran nicht vorkommen, weil in ihnen viel Künstelei sei,[27] während der zusammengesetzte *ǧinās* für as-Suyūṭī die „edelste und süßeste Art des *ǧinās*" ist.[28] Bezeichnend ist jedenfalls, dass die sinnstörende Ambiguität in den arabischen Werken äußerst kurz, die ästhetische Seite lautlicher und graphischer Ähnlichkeit und Identität dagegen äußerst ausführlich behandelt wird. In der abendländischen Rhetorik scheint das Verhältnis umgekehrt zu sein. Während Quintilian etwa der Paronomasie zwei kurze Abschnitte

---

25 Vgl. Ibn al-Muʿtazz: *Kitāb al-Badīʿ*, S. 25–35.
26 Vgl. Ibn Abī l-Iṣbaʿ: *Taḥrīr*, S. 109–110.
27 Ibn Abī l-Iṣbaʿ: *Badīʿ al-Qurʾān*, S. 30.
28 Vgl. as-Suyūṭī: *Ǧanā l-ǧinās*, S. 121.

widmet, ist ihm die (sinnstörende) Ambiguität ein ganzes Kapitel wert.[29] Doch kehren wir zum eigentlichen Ambiguitätsdiskurs in der arabischen Rhetorik und Stilistik zurück!

6 Nicht aufgelöste Ambiguität: *Ibhām, ittisāʿ, išāra, tawhīm*

Natürlich beschäftigen sich die arabischen Rhetoriker nicht nur mit geschickt aufgelöster Ambiguität, sondern auch mit Ambiguität, die *bewusst* nicht aufgelöst werden soll. Ein solches Stilmittel, das as-Sakkākī (unter dem Namen *tawǧīh*) und Ibn Abī l-Iṣbaʿ etwa gleichzeitig zuerst beschreiben, ist *ibhām* „gewollte Zweideutigkeit, bewusstes Offenlassen" (wörtlich „das Dunkelmachen").[30] Bei einem Beispiel, das alle Autoren bringen, handelt es sich um einen Vers, den ein Spaßmacher dichtete, der bei einem einäugigen Schneider namens Zayd einen Mantel bestellt hatte. „Ich will dir etwas machen", scherzte der Schneider, „von dem du nicht weißt, ob es ein Mantel oder ein Umhang ist." „Dann werde ich auf dich einen Vers machen", so der Dichter, „bei dem du nicht weißt, ob ich dich segne oder verfluche." Und er dichtete auf den Einäugigen:[31]

جاءَ مِن زَيدٍ قَباءُ   ليتَ عينيه سَواءُ

„Es brachte Zayd, der Schneider, mir ein Mäntelein.
Oh mög' sein eines Auge wie das and're sein!"

Viele Belege aus der Dichtung kennt Ibn Abī l-Iṣbaʿ allerdings nicht. Erst die späteren Autoren sollten hier mehr fündig werden. Interessant ist aber seine Behandlung des *ibhām* in seiner Koranrhetorik. Der *ibhām* diene, so Ibn Abī l-Iṣbaʿ, einerseits der Prüfung der Intelligenz, dann aber auch der Prüfung der Glaubensfestigkeit, etwa wenn der Koran zwar Wunder nennt, die das Prophetentum Jesu und Mosis bezeugen, nicht aber die Beglaubigungswunder von Noah, Lot, Hūd und anderen Propheten.[32] Auch dies seien Fälle „bewussten Offenlassens", und dergleichen findet er im Koran noch mehrere und zeigt damit, wie Neuentdeckun-

---

29 Vgl. Quintililanus: *Institutionis oratoriae* IX 3,66–67 bzw. VII 9,1–14.
30 Vgl. Ibn Abī l-Iṣbaʿ: *Taḥrīr*, S. 596–598; *Badīʿ al-Qurʾān*, S. 306–313, CACHIA: Schemer's Skimmer, no. 105.
31 Ibn Abī l-Iṣbaʿ: *Taḥrīr*, S. 597.
32 Ibn Abī l-Iṣbaʿ: *Badīʿ al-Qurʾān*, S. 307.

gen auf dem Gebiet der literarischen Rhetorik sofort für die Koranexegese nutzbar gemacht werden können (auch wenn seine Analyse nicht durchweg überzeugt).

Während der Hörer beim *ibhām* vor ein nicht auflösbares Entweder-Oder gestellt wird (ist die Aussage Lob oder Spott?), ist die Richtung beim *ittisāʿ*, dem „Interpretationsspielraum"[33] nicht vorgegeben. „Starke Rede", so Ibn Abī l-Iṣbaʿ, zeichne sich dadurch aus, dass sie mehrere Interpretationen zulasse. In diesem Sinne sei auch ein Ausspruch al-Aṣmaʿīs verstanden, wonach die beste Dichtung diejenige sei, die sich erst nach längerem Nachdenken erschließe.[34] Auch Koranstellen ließen sich anführen, allen voran die sogenannten „geheimnisvollen Buchstaben", mit denen einige Suren beginnen und die sich bislang jeder definitiven Deutung entzogen haben.

In eine ähnliche Richtung geht die schon von Qudāma beschriebene Stilform der *išāra* „anspielungsreichen Prägnanz":[35] Mit wenigen Worten wird auf viele Bedeutungen hingewiesen oder angespielt. Ein Vers des vorislamischen Dichters Imraʾalqays wird als Beispiel zitiert und muss nicht näher erläutert werden:

بِعِزِّ هِمْ عَزَزْتَ فإنْ يَذِلُّوا فَذُلُّهُمْ أنالَكَ ما أنالا

„Die Macht (der Leute deines Stammes) gab dir deine Macht, und so wird, wenn sie erniedrigt werden, ihre Erniedrigung dir geben, was sie dir geben wird!"

Bei der Stilform des *tawhīm* „Suggerierung"[36], die wohl der Ritter Usāma erstmals beschrieben hat, wird dem Hörer/Leser suggeriert, er habe etwas falsch interpretiert, im Text läge ein Fehler, etwa eine Verschreibung vor („Scheinfehler"), es würde ein bestimmtes Stilmittel verwendet etc., doch ist all dieses nicht der Fall. Wieder ist das Kapitel in Ibn Abī l-Iṣbaʿs Koranbuch länger als im *Taḥrīr*, denn es gibt im Koran relativ viele Stellen, die grammatikalisch gewagt erscheinen, die zunächst stilistisch unelegant wirken etc. und die nun als *tawhīm* erklärt werden können und so natürlich noch einen zusätzlichen Reiz erhalten.

Nur kurz erwähnt sei noch der *taškīk*, das „einen Zweifel Erwecken", das u.a. darin bestehen soll, dass der Leser Zweifel bekommt, ob anscheinend überflüssige Sätze oder Satzteile nicht doch irgendwie sinnvoll sind.[37] Aber darin sind ihm die späteren Autoren nicht gefolgt.

---

33 Vgl. Ibn Abī l-Iṣbaʿ: *Taḥrīr*, S. 454–456; *Badīʿ al-Qurʾān*, S. 172–175, Cachia: Schemer's Skimmer, no. 113.
34 Ibn Abī l-Iṣbaʿ: *Taḥrīr*, S. 455.
35 Vgl. Ibn Abī l-Iṣbaʿ: *Taḥrīr*, S. 200–206; *Badīʿ al-Qurʾān*, S. 82 f., Cachia: Schemer's Skimmer, no. 89.
36 Vgl. Ibn Abī l-Iṣbaʿ: *Taḥrīr*, S. 349–351; *Badīʿ al-Qurʾān*, S. 131–140, Cachia: Schemer's Skimmer, no. 108.
37 Ibn Abī l-Iṣbaʿ: *Taḥrīr*, S. 563–564, *Badīʿ al-Qurʾān*, S. 279–280.

7 Ambiguität und Verstellung: *Tahakkum* und Verwandtes

Zu den Stilformen mehrdeutigen Sprechens gehört auch die Ironie, die, wie jüngst GERD ALTHOFF und CHRISTEL MEIER gezeigt haben, auch im europäischen Mittelalter eine größere Rolle spielte als oft angenommen wurde.[38] Da die arabische Rhetoriktheorie auch im Falle der Ironie nicht an der antiken ansetzt, sondern einen eigenen Zugang entwickelt, entsprechen sich die im Westen und die in arabischer Sprache verwendeten Begriffe nicht exakt. Ähnlich wie im Falle der Ambiguität insgesamt wurden auch für verschiedene Phänomene der Ironie unterschiedliche Begriffe entwickelt, ohne dass man sich um einen zusammenfassenden Überbegriff bemüht hätte. Dies hat den Vorteil, zur Definition den allgemeinen Begriff des „Gegensatzes" nicht zu benötigen, der sich in den antiken und mittelalterlichen Ironiedefinitionen als problemträchtig erwies.[39] Stattdessen lassen sich die Definitionen präziser dem jeweiligen Fall anpassen und Grenzfälle, bei denen nicht notgedrungen von exakt „gegensätzlichem" Reden gesprochen werden kann, leichter einbeziehen.

Der Begriff *at-tahakkum* entspricht dem Begriff der Ironie am meisten. Ibn Abī l-Iṣbaʿ, der ihn im Anschluss an die „Schadenfreude" behandelt, war der erste Rhetoriktheoretiker, der ihm ein eigenes Kapitel widmete.[40] Er definiert ihn als „Verwendung eines Ausdrucks der freudigen Mitteilung anstelle einer Warnung, eines Versprechens anstelle einer Drohung, eines Lobes anstelle von Spott."[41]

Ausgangspunkt sind ironische Wendungen im Koran wie Q 4:138 „Richte den Heuchlern die frohe Botschaft aus, dass ihnen eine schmerzhafte Strafe zuteil werden wird". In einem weiteren Beispiel, diesmal aus dem Ḥadīṯ, wird ebenfalls das Verbum *baššara* „eine frohe Botschaft verkünden" ironisch verwendet: „Verkünde dem Vermögen des Geizigen die Frohbotschaft von Unglück und Erbschaft!" (بَشِّرْ مَالَ الْبَخِيلِ بِحَادِثَةٍ أَوْ وَارِثٍ). Nicht unerwähnt sei, dass modernen Übersetzern des Korans die Ironie mehr Probleme zu bereiten scheint als den klassischen Rhetoriktheoretikern. In den gängigen Übersetzungen ins Deutsche, Englische und Französische wird in den meisten Fällen die Ironie unterschlagen und in Q 4:138 schlicht eine „Botschaft" und nicht etwa eine „Frohbotschaft" ausgerichtet.

Als Beispiel für „Lob anstelle von Spott" dient Ibn Abī l-Iṣbaʿ ein Ausschnitt eines Gedichts von Ibn aḏ-Ḏarawī (gest. 1184), der auch Lobgedichte auf den Rit-

---

[38] ALTHOFF/MEIER: Ironie im Mittelalter.
[39] Vgl. Ebd., S. 22–23.
[40] Vgl. Ibn Abī l-Iṣbaʿ: *Taḥrīr*, S. 568–570; *Badīʿ al-Qurʾān*, S. 283–284, CACHIA: Schemer's Skimmer, no. 104.
[41] Ibn Abī l-Iṣbaʿ: *Taḥrīr*, S. 568.

ter Ibn Munqiḏ verfasst hat. Die folgenden Verse stammen aus einem nicht ganz ernst gemeinten Lobgedicht auf einen buckligen Kollegen:

> „Glaube ja nicht, dass die Krümmung des Rückens ein Makel ist, ist Krümmung doch ein Schönheitsmerkmal des Halbmonds!
>
> Und so auch die Bogen: Sie sind gekrümmt und verwunden doch stärker als Schwertschneiden und Lanzen!
>
> Und ein hoher Höcker: Welche Schönheit verleiht er dem Kamelhengst! [...]
>
> Und Krümmung findet man, wie man sieht, im Schnabel des Falken und in der Klaue des Löwen.
>
> Gott schuf in dir eine Wölbung, um dir Vorrang zu verleihen oder – was meinst du? – um dir eine Wohltat zu erweisen.
>
> Und so kam es zu einem Hügel auf einem hohen Berg von Sanftmut oder einer Welle auf einem Meer von Gaben.[42]
>
> Wann immer Frauen sie sehen, wünschen sie, sie würde als Schmuck allen Männern zuteil."[43]

Ibn Abī l-Iṣbaʿ grenzt *tahakkum* von der Stilfigur des „Scherzes, der auf Ernst abzielt" (*al-hazl allaḏī yurādu bihī l-ǧidd*) ab. Während beim *tahakkum* sozusagen nach außen Ernst und im Inneren Scherz sei, verhalte es sich beim „ernstgemeinten Scherz" genau gegenteilig.[44] Die Stilfigur des „Scherzes, der auf Ernst abzielt" wurde zwar schon von Ibn al-Muʿtazz in die arabische Stilistik eingeführt, führte aber lange ein Schattendasein. Auch Ibn Abī l-Iṣbaʿ behandelt sie nur kurz in seinem *Taḥrīr*, in seiner Koranrhetorik dagegen gar nicht.[45] Sie besteht, so seine Definition, darin, dass jemand einen anderen loben oder tadeln will und dieses Anliegen in der Art eines verblüffenden Scherzes oder ergötzlichen Spaßes umsetzt.[46] Nicht alle Späteren übernehmen diese Definition, offensichtlich irritiert durch die Beschränkung auf „Lob und Tadel", die nur zeigt, wie stark empirisch diese Richtung der arabischen Stilistik und Rhetorik ist (im Gegensatz zur

---

42 „Meer" ist die gängigste Metapher für eine freigebige Person.
43 Ibn Abī l-Iṣbaʿ: *Taḥrīr*, S. 569: eine längere Version des Gedichts in ʿAbdarraḥmān ibn Ismāʿīl Abū Šāma: *Kitāb ar-Rawḍatayn*. Hrsg. von IBRĀHĪM AZ-ZAYBAQ. 5 Bde., Beirut 1997, Bd. 3, S. 101–103.
44 Ibn Abī l-Iṣbaʿ: *Taḥrīr*, S. 570.
45 Vgl. Ibn Abī l-Iṣbaʿ: *Taḥrīr*, S. 138–139, CACHIA: Schemer's Skimmer, no. 103.
46 Ibn Abī l-Iṣbaʿ: *Taḥrīr*, S. 138.

Linie Qudāma ibn Ǧaʿfar → Standardtheorie, die sich vor allem um eine systematische Durchdringung der Tropenlehre bemüht, aber wiederum an einer Systematisierung der Stilfiguren weniger Interesse zeigt). Freilich haben die weitaus meisten Beispiele, die angeführt werden, in der Tat mit Lob oder Tadel zu tun. Ibn Abī l-Iṣbaʿ etwa erzählt die Anekdote von einem für seinen Geiz bekannten Gouverneur, der zum Fest anlässlich der Beschneidung seines Sohnes ein gebratenes Zicklein auftischen lässt. Die Gäste schleichen aber nur um das Zicklein herum ohne zuzugreifen, aus Angst, andernfalls den geizigen Hausherrn zu erzürnen. Als der Braten am dritten Tag noch immer unangetastet liegt, meint ein bekannter Spaßmacher: „Ich schwöre, dass das Leben dieses Zickleins, nachdem es geschlachtet und gebraten wurde, länger dauern wird, als es zuvor gedauert hatte!"⁴⁷

Lob und Tadel sind nun aber ausdrücklich und unwidersprochen die Äußerungsintention bei zwei weiteren, komplementären Ironie-Stilmitteln. Auch in der antiken und abendländischen Rhetorik vieldiskutiert ist *vituperatio* in Form von *laudatio*.⁴⁸ Bei Ibn Abī l-Iṣbaʿ, der die Stilform als erster theoretisch behandelt, heißt sie ganz ähnlich *al-hiǧāʾ fī maʿriḍ al-madḥ* „Schmähung im Gewande des Lobs". Als Beispiel seien hier zwei altarabische Verse angeführt, die bald zum Schulbeispiel schlechthin werden sollten, obwohl sie noch nicht von Ibn Abī l-Iṣbaʿ zitiert werden. Dafür sind sie aber (aus der Originalquelle) von Friedrich Rückert ins Deutsche übersetzt worden. In ihnen wird ein Stamm scheinbar für seine Milde, Zurückhaltung und Gottesfurcht gelobt. In Wahrheit klagt der Dichter jedoch die Leute seines eigenen Stammes an, ihm feige nicht zu Hilfe gekommen zu sein, als Leute eines anderen Stammes ihm die Kamele weggetrieben hatten:⁴⁹

يَجزُونَ مِن ظُلْمِ أهلِ الظُّلْمِ مَغْفِرَةً وَمِن إساءَةِ أهلِ السوءِ إحْسانا
كَأنَّ رَبَّكَ لم يَخْلُقْ لِخَشْيَتِهِ سِواهُم مِن جميعِ الناسِ إنْسانا

„Den Frevel eines Frevlers erwidern sie mit Huld,
Und eines Bösen Böses mit Großmut und Geduld;
Als hätte Gott erschaffen zu seiner Furcht allein
sonst keinen außer ihnen der Menschen insgemein."

---

47 Ebd.
48 Vgl. ALTHOFF/MEIER: Ironie im Mittelalter, S. 153–169.
49 Vgl. Ibn Ḥiǧǧa: *Ḫizānat al-adab*, Bd. 2, S. 275; FRIEDRICH RÜCKERT: *Hamâsa oder die ältesten arabischen Volkslieder, gesammelt von Abu Temmâm*. Bearbeitet von WOLFDIETRICH FISCHER. 2 Bde., Göttingen 2004, Bd. 1, S. 53.

Das Komplementärstilmittel, Lob im Gewande des Tadels, scheint in der abendländischen Rhetorik eine geringere Rolle zu spielen. In der arabischen wird es dagegen fast ebenso ausführlich behandelt und hat sogar viel früher, nämlich schon bei Ibn al-Muʿtazz, Eingang in die Theorie gefunden. Ibn Abī l-Iṣbaʿ übernimmt den Namen des Stilmittels von ihm und auch sein Beispiel, das er um weitere ergänzt. Das Stilmittel heißt bei beiden (und den meisten Nachfolgern) *taʾkīd al-madḥ bi-mā yušbihu ḏ-ḏamm* „Bekräftigung des Lobs durch scheinbaren Tadel". Man beachte die Asymmetrie, die dadurch bei der Bezeichnung der beiden komplementären Stilmittel entsteht. Statt „Schmähung" ist nun von „Tadel" die Rede, und das Lob wird durch die Stilform nur „bekräftigt". Tatsächlich ist diese Stilform keine 1:1 Umkehrung der vorherigen, zumal in der Regel zuerst die positive Bewertung festgestellt wird, um dann mit einem „außer dass [...]" einen scheinbaren Anlass zum Tadel festzustellen. So auch in dem von beiden und allen späteren Autoren zitierten Beispielvers des vorislamischen Dichters an-Nābiġa aḏ-Ḏubyānī (gest. um 602):

ولا عَيْبَ فيهم غيرَ أنَّ سُيوفَهُمْ   بهنَّ فُلولٌ من قِراعِ الكتائبِ

> „Nichts gibt es bei ihnen zu tadeln, außer dass ihre Schwerter schartig sind von den Kämpfen zwischen den Reiterscharen."[50]

Scharten sind zwar per se nichts Gutes. In diesem Falle zeugen sie aber von der Kampfeslust und Tapferkeit der Gepriesenen.

Als letztes sei noch die Stilform des *taġāyur* erwähnt, das ich mit „Umwertung" übersetze.[51] Die Definition Ibn Abī l-Iṣbaʿs, der auf nur einen einzigen Vorgänger zurückgreifen konnte, ist etwas kompliziert formuliert. Letztendlich läuft es auf Folgendes hinaus: Fall 1: Der Autor wertet die Konvention um, d.h. er lobt (bzw. tadelt) etwas, was nach der Konvention als tadelnswert (bzw. lobenswert) gilt; er erklärt x als vorzüglicher als y, obwohl konventionell das Umgekehrte gilt. Fall 2: Er stellt beide Möglichkeiten innerhalb seines eigenen Textes vor, d.h. lobt zunächst eine Sache und tadelt sie dann, erklärt x als vorzüglicher als y und anschließend umgekehrt. Als Beispiel für ersteres führt er u.a. Verse von Ibn ar-Rūmī (836–896) an, der sich von dem konventionellen Argument, anderen gehe es schließlich auch nicht anders, nicht über sein Älterwerden trösten lassen will:

---

50 Ibn al-Muʿtazz: *Kitāb al-badīʿ*, S. 62; Ibn Abī l-Iṣbaʿ, *Taḥrīr*, S. 133–134; *Badīʿ al-Qurʾān*, S. 49–50, vgl. auch CACHIA: Schemer's Skimmer, no. 137.
51 Ibn Abī l-Iṣbaʿ: *Taḥrīr*, S. 277–289; *Badīʿ al-Qurʾān*, S. 105–106, vgl. auch CACHIA: Schemer's Skimmer, no. 175.

„Da wollte mir einer über den Verlust meiner Jugend hinweghelfen und mich damit trösten, dass auch meine Altersgenossen und Gefährten grau geworden sind.

Aber als er sich daranmachte, seine Beispiele aufzuzählen wie ‚den hat's getroffen und grau werden lassen, und den hat's getroffen [...]', da sagte ich:

‚Die Wunden der anderen heilen meine Wunden nicht. Sie haben *ihr* Leiden und ich das meine!'"[52]

Solche Fälle von „Umwertung" waren in der Literatur äußerst populär, etwa das gängige Motiv der Liebesdichtung, dass der Tadler, der den Liebenden wegen seiner Liebe tadelt, gepriesen wird, weil er bei seinem Tadel doch den Namen der geliebten Person ausspricht. Mit der zweiten Hälfte der Definition zielt Ibn Abī l-Iṣbaʿ auf die Gattung der „Rangstreitdichtung" ab, „bei der belebte und unbelebte Dinge redend auftreten und in einem Streitgespräch um den Ruhm kämpfen, die vorzüglichsten Eigenschaften zu besitzen."[53] Das beliebteste Thema dieser Rangstreitliteratur, das auch Ibn Abī l-Iṣbaʿ anspricht, war der Wettstreit zwischen Schwert und Feder, der auch einen brisanten gesellschaftlichen Hintergrund hatte, nämlich das Verhältnis zwischen militärischer und ziviler Elite.[54]

Tatsächlich stehen literarische Disputationen fast am Anfang der arabischen Prosaliteratur. Schon al-Ǧāḥiẓ (gest. 869) sammelt in vielen seiner Schriften Argumente zum Lob oder zum Tadel von Gegenständen, Personen und Berufsgruppen, wobei er häufig gegen das landläufige Urteil argumentiert. Spätere Autoren verfassen ganze Bücher zum Thema „Die guten und die schlechten Seiten der Dinge". In seinem Buch über das „Schön-Darstellen des Hässlichen und das Hässlich-Darstellen des Schönen" etwa informiert uns aṯ-Ṯaʿālibī (961–1038) über die schönen Seiten von Lüge, Frechheit, Vergehen, Armut, Schulden, Haft, Schmarotzertum, Dummheit, Abschied, Alter etc. und über die schlechten Seiten von Verstand, Wissen, Bildung, Herrschaft, Gold, Milde, Askese, Großzügigkeit, Jugend und schließlich auch Bäder und Veilchen.[55] In Werken wie diesen, die ein regelrechtes „Ambiguitätstraining" bilden, ist es nicht so sehr die Sprache, die mehrdeutig ist, sondern die Welt selbst. Sie rufen spielerisch ins Bewusstsein,

---

52 Ibn Abī l-Iṣbaʿ: Taḥrīr, S. 286 (lies *usāhū* statt *asātan* in Vers 2a).
53 EWALD WAGNER: Die arabische Rangstreitdichtung und ihre Einordnung in die allgemeine Literaturgeschichte. In: Akademie der Wissenschaften und der Literatur. Abhandlungen der Geistes- und Sozialwissenschaftlichen Klasse, Jahrgang 1962, Nr. 8, Mainz 1963, S. 437–476, hier S. 437.
54 Vgl. GEERT JAN VAN GELDER: The conceit of pen and sword: On an Arabic literary debate. In: Journal of Semitic Studies 32 (1987), S. 329–360.
55 Abū Manṣūr aṯ-Ṯaʿālibī: *Taḥsīn al-qabīḥ wa-taqbīḥ al-ḥasan*. Hrsg. von ŠĀKIR AL-ʿĀŠŪR, Damaskus 2006.

dass alle Dinge zwei Seiten haben und kein eindeutiges Urteil über scheinbar eindeutige Dinge gefällt werden kann.[56]

8 Spiel mit Ambiguität: *Tawriya*, *istiḫdām* und *tawǧīh*

Die hohe Schule der Ambiguitätsrhetorik stellen jedoch die *tawriya*[57] und die mit ihr verwandten Stilmittel dar, und kaum sonst wird der Unterschied zwischen der abendländischen und der arabischen Rhetoriktheorie so deutlich wie hier. In ersterer wird die Homonymie ausführlich behandelt, und diese wiederum vor allem in ihrer sinnstörenden Form, ohne dass die literarisch interessanten Möglichkeiten, die die Homonymie bietet, herausgearbeitet werden. In letzterer rückt dagegen die *tawriya* vor allem seit dem elften Jahrhundert ins Zentrum des Interesses. Sie gilt manchen als Stilmittel von höchstem Rang, „dessen Zauber in die Herzen dringt",[58] wird immer genauer analysiert und in literarischen Werken eifrig praktiziert.

Die Phänomene, die in der arabischen Theorie mit den Termini *tawriya*, *istiḫdām* und *tawǧīh* bezeichnet werden, werden in der abendländischen Theorie entweder mit dem theoretisch wenig geschärften Begriff „double entendre" oder dem noch vageren, zudem zumeist pejorativ verwendeten Begriff „Wortspiel" bezeichnet oder unter der allgemeinen Überschrift „Mehrdeutigkeit", „Homonymie" etc. abgehandelt. Die antike Rhetorik stellt den Begriff „Metalepsis" zur Verfügung,[59] der in einer seiner Bedeutungen einen Sonderfall der *tawriya* bezeichnet, der sich aber nicht sinnvollerweise isolieren lässt, weshalb der Begriff „Metalepsis" hier mehr Schaden als Nutzen stiftet. Es wäre deshalb angebracht, den arabischen Begriff *tawriya* ins Deutsche zu übernehmen. Allerdings hat man in der westlichen Literatur- und Rhetoriktheorie bislang wenig Neigung gezeigt, zuzugestehen, dass man von außereuropäischen Traditionen irgendetwas lernen kann.

Der abendländischen Rhetorik fehlt allerdings nicht nur eine entsprechende theoretische Analyse, es steht ihr auch relativ wenig interesseheischendes literarisches Analysematerial zur Verfügung. Doppeldeutigkeit wird zumeist für Kalauer

---

56 Vgl. BAUER: Kultur der Ambiguität, S. 253–267.
57 Ibn Abī l-Iṣbaʿ: *Taḥrīr*, S. 268–270; *Badīʿ al-Qurʾān*, S. 102–103, vgl. auch CACHIA: Schemer's Skimmer, no. 106.
58 Ibn Ḥiǧǧa: *Ḫizānat al-adab*, Bd. 3, S. 185.
59 Vgl. hierzu WOLFRAM GRODDECK: Reden über Rhetorik, S. 150–152.

verwendet und nur selten in Literatur höheren Anspruchs, wo sie sich wiederum rasch dem Vorwurf des Kalauerns ausgesetzt sieht. In der arabischen Theorie wird die *tawriya* relativ spät, nämlich erst ab dem elften Jahrhundert behandelt, und auch zu dieser Zeit waren literarische Beispiele noch rar. Frühe Autoren wie der Ritter Usāma ibn Munqiḏ und Ibn Abī l-Iṣbaʿ plagen sich deshalb mit Koranbeispielen, die theologisch interessanter sind als stilistisch, und mit klassischen Versen, in denen die Doppeldeutigkeit auch eher zufällig zustande gekommen sein könnte. Dies war späteren Autoren durchaus bewusst. Ibn Ḥiǧǧa al-Ḥamawī (1366–1434), auf den ich mich im Folgenden hauptsächlich stütze, lässt die „goldene Zeit" der *tawriya* durchaus zutreffend mit al-Qāḍī al-Fāḍil (1135–1200) und Ibn Sanāʾ al-Mulk (1155–1211) beginnen.[60] Von da an wird die *tawriya* zu einem der beliebtesten Stilmittel, und die Theoretiker, die sonst gerne vor allem alte, „klassische" Schulbeispiele zitieren, halten reiche Ernte. Der Kanzleistilist, Dichter, Literaturtheoretiker und Historiker aṣ-Ṣafadī (1297–1363) hat der *tawriya* eine ganze Monographie gewidmet, worin ihm Ibn Ḥiǧǧa al-Ḥamawī gefolgt ist.[61]

Grundlage der *tawriya* bildet ein Ausdruck, der zwei Bedeutungen hat, bei denen es sich um zwei verschiedene veritative Bedeutungen oder um eine veritative und eine übertragene handeln kann.[62] Eine davon ist „näherliegend", also jene, die im Sprachgebrauch gängiger ist und/oder dem Hörer als erstes in den Sinn kommt, die andere „fernerliegend". Der Sprecher zielt aber primär auf die fernerliegende Bedeutung ab. Mit der näherliegenden Bedeutung „verbirgt" der Sprecher also die eigentlich gemeinte. Die näherliegende Bedeutung ist mithin die „verbergende" (*al-muwarrā bihī*), die fernerliegende die „verborgene" (*al-muwarrā ʿanhu*); daher die Bezeichnung *tawriya*, ein Verbalsubstantiv zu *warrā* „verbergen, verstecken".

Da nun zwei Bedeutungen aktualisiert werden, ist zu fragen, wie dies zustande kommt. Wichtig ist vor allem die Frage, ob es einen Konkomitanten (*lāzim*, wörtlich „Anhaftendes") gibt, der auf eine der beiden Bedeutungen hinweist. Bei einer „entblößten" *tawriya muǧarrada* gibt es entweder (Fall 1) keinen solchen Konkomitanten oder (Fall 2) Konkomitanten, die auf beide Bedeutungen gleichermaßen verweisen. Bei einer „gepäppelten" *tawriya muraššaḥa* weist der Konkomitant auf die *nicht* primär gemeinte, näherliegende Bedeutung hin. Der Ambiguitätseffekt wird dadurch verstärkt. Bei einer „verdeutlichten" *tawriya mubayyana* unterstützt der Konkomitant dagegen die primär gemeinte, fernerlie-

---

60 Ibn Ḥiǧǧa: *Ḫizānat al-adab*, Bd. 3, S. 194, 198.
61 Vgl. SEEGER A. BONEBAKKER: Some Early Definitions of the Tawriya and Ṣafadī's Faḍḍ al-Xitām ʿan at-Tawriya wa-ʾl-Istixdām, Den Haag, Paris 1966. Ibn Ḥiǧǧa: *Kašf al-liṯām ʿan waǧh at-tawriya wa-l-istiḫdām*, Beirut 1312/1894–5.
62 Das Folgende nach Ibn Ḥiǧǧa: *Ḫizānat al-adab*, Bd. 3, S. 184–193, 533–548.

gende Bedeutung. Da die arabische Rhetoriktheorie besondere Aufmerksamkeit auf die Informationsorganisation legt, wird in diesen beiden Fällen jeweils noch unterschieden, ob der Hinweis durch einen Konkomitanten der *tawriya* vorangeht oder ihr nachgestellt ist. Schließlich ist als vierter Fall die „suggerierte" *tawriya muhayya'a* zu nennen, die drei Fälle zusammenfasst, bei denen eine Mehrdeutigkeit nicht auffallen würde, wenn sie nicht durch ein anderes Element suggeriert würde, während in den anderen Fällen eine erkennbare *tawriya* auch dann vorläge, wenn der *lāzim* wegfallen würde.

Dies ergibt insgesamt neun Unterarten der *tawriya*, die hier nicht alle mit Beispielen illustriert werden können, zumal sich kein einziges arabisches Beispiel ins Deutsche übersetzen lässt und die arabische *tawriya*-Theorie noch nie für deutsche Texte erprobt wurde. Deshalb seien nur wenige Beispiele zur Diskussion gestellt.

Das wahrscheinlich bekannteste Beispiel für Mehrdeutigkeit im Deutschen ist Bismarcks angeblicher Ausspruch über einen Diplomaten, der „ein Gesandter, aber kein geschickter" sei.[63] Er lässt sich als *tawriya muraššaḥa* analysieren, da das Wort „Gesandter" auf die *nicht* primär gemeinte Bedeutung von „geschickter" hinweist. Dasselbe gilt für Heinz Erhardts Aperçu: „Frauen sind die Juwelen der Schöpfung. Man muss sie mit Fassung tragen."[64] Dabei deutet „Juwelen" auf die *nicht* primär gemeinte Bedeutung von „Fassung".

Die Nachricht „Hunderte in Mülheim an der Ruhr erkrankt" lässt keinen eindeutigen Schluss zu, ob mit „Ruhr" der Fluss oder die Krankheit gemeint ist. Es liegt also eine *tawriya muǧarrada* vor. Im „Newsticker" des Online-Satiremagazins „Der Postillon" erscheint die Meldung aber in der Form: „Epidemie: Hunderte in Mülheim an der Ruhr erkrankt"[65]. Das Wort „Epidemie" deutet nun darauf hin, „Ruhr" in der zunächst ferner liegenden Bedeutung „Krankheit" zu nehmen, in welchem Falle eine *tawriya mubayyana* vorliegt.

Die meisten Meldungen des „Newstickers" des „Postillon" sind aber wohl als *tawriya muhayya'a* zu klassifizieren. In Meldungen wie „Gießen: Hessischer Botaniker findet heraus, wie Pflanzen länger leben"; „Abgeschrieben: Insider zweifeln an politischer Zukunft von Annette Schavan"[66] würde man zunächst keine *tawriya* in den vermeintlich eindeutigen Ausdrücken „Gießen" bzw. „abgeschrieben" erwarten, wenn sie nicht durch das Nachfolgende suggeriert würde.

Die bisher zitierten Beispiele zeigen schon die Misere der Doppeldeutigkeit in der deutschen Literatur. Ausnahmslos handelt es sich um witzige Aperçus oder

---

63 Zit. nach GRODDECK: Reden über Rhetorik, S. 150.
64 http://www.heinzerhardt.com/html/aphorismen.html.
65 http://www.der-postillon.com/search/label/Newsticker (hier Newsticker Nr. 439).
66 Ebd. (Newsticker Nr. 439 bzw. 416).

Kalauer. In ernsten Texten steht Mehrdeutigkeit dagegen in schlechtem Ruf; sie gilt wohl, weil sie sich gar zu gut für Witze eignet, als unseriös. Zwei der wichtigsten Ausnahmen sind Heinrich Heine[67] und Friedrich Nietzsche. Viele arabische Dichter wie etwa Ibn Nubāta al-Miṣrī (1287–1366), der als der größte Meister der *tawriya* überhaupt gilt, setzten sie dagegen häufig in ernsten Gedichten ein, um damit eine zusätzliche Bedeutungsebene einzuziehen. So verwendet Ibn Nubāta in seinem Trauergedicht auf seinen im Kindesalter verstorbenen Sohn über das ganze Gedicht verteilt zehnmal eine *tawriya*, was in keinem Falle irgendwie komisch oder deplatziert wirkt.[68] Um auch ein ernstes deutsches Beispiel zu bringen, soll abschließend Friedrich Nietzsche zu Wort kommen, der in seinem *Zarathustra* schreibt: „Alles bei ihnen redet, Alles wird verrathen. Und was einst ein Geheimnis hiess und Heimlichkeit tiefer Seelen, heute gehört es den Gassen-Trompetern und anderen Schmetterlingen."[69] Da das Wort „Gassen-Trompeter" auf die gemeinte, aber sehr fernliegende Bedeutung „der, der schmettert" von „Schmetterling" hinweist, liegt wieder eine *tawriya mubayyana* vor.

Mit der *tawriya* eng verwandt, aber doch deutlich von ihr zu unterscheiden, ist der *istiḫdām*, etwa „Indienstnahme".[70] Im Unterschied zur *tawriya* wird beim *istiḫdām* nicht nur auf eine von zwei Bedeutungen abgezielt, sondern auf beide gleichzeitig. Zwei Typen sind zu unterscheiden. Bei Typ eins erfordert der erste Teil der Äußerung die erste Bedeutung, die Fortsetzung die zweite. In Typ zwei werden beide Bedeutungen simultan aktualisiert. Ein Beispiel für Typ eins ist das Heinz Erhardt-Gedicht *Die Zelle*: „Das Leben kommt auf alle Fälle / aus einer Zelle. / Doch manchmal endet's auch – bei Strolchen. –/ in einer solchen."[71] Ein schönes deutsches Beispiel für den zweiten Typ ist Karl Kraus' Urteil über das Pressewesen: „Je größer der Stiefel, desto größer der Absatz".[72] Hier sind beide Bedeutungen sowohl von „Stiefel" (Schuh; Dummes Geschwätz) als auch von „Absatz" (Absatz des Schuhs; Verkaufszahlen) notwendigerweise gleichermaßen aktualisiert.

Wiederum damit nicht zu verwechseln ist das Stilmittel, dessen Name *tawǧīh* mit „Die Frontseite in eine Richtung wenden" übersetzt werden kann, was aber wenig aussagt. Aussagekräftiger wäre eine Übersetzung mit „Fachterminologie

---

67 Gute Analyse eines Beispiels bei GRODDECK: Reden über Rhetorik, S. 144.
68 Vgl. THOMAS BAUER: Communication and Emotion: The Case of Ibn Nubātah's *Kindertotenlieder*. In: Mamlūk Studies Review 7 (2003), S. 49–96.
69 Friedrich Nietzsche: *Also sprach Zarathustra*. In: Sämtliche Werke. Kritische Studienausgabe. Hrsg. von GIORGIO COLLI und MAZZINO MONTINARI. 15 Bde. München 1980, hier Bd. 4, S. 233.
70 Ibn Abī l-Iṣbaʿ: *Taḥrīr*, S. 275–276; *Badīʿ al-Qurʾān*, S. 104–105, vgl. auch CACHIA: Schemer's Skimmer, no. 107.
71 Heinz Erhardt in: *Das große Heinz Erhardt Buch*, München 1970, S. 274.
72 Karl Kraus: *Magie der Sprache. Ein Lesebuch*, München, 3. Aufl. 1979, S. 85.

in alltagssprachlicher Bedeutung" oder „vermeintlicher Fachwortschatz".[73] Hier werden Ausdrücke verwendet, deren alltagssprachliche Bedeutung intendiert ist, die aber gleichzeitig Termini eines bestimmten Fachgebiets, Eigennamen von Personen, Buchtitel etc. sind, wobei diese Bedeutungen ausnahmslos nicht gemeint sind. Sekundäre, nicht intendierte Bedeutungen suggerieren sich also gegenseitig, weshalb, anders als bei der *tawriya*, stets mindestens zwei entsprechende Ausdrücke vorhanden sein müssen. In der arabischen Literatur erfreute sich der *tawǧīh* großer Beliebtheit. Der bereits erwähnte as-Suyūṭī hat etwa eine Serie erotischer Maqāmen gedichtet, in der zwanzig Vertreter verschiedener gelehrter Disziplinen, vom Koranleser über den Arzt und den Logiker bis zum Sufi, in der Terminologie ihrer jeweiligen Disziplin von ihrer Hochzeitsnacht berichten.[74] Nun sind Termini im Arabischen genuin arabisch und haben somit fast immer auch eine nichtterminologische Bedeutung. Das Wort für „Nominativ" (*rafʿ*) bedeutet allgemeinsprachlich „Hochheben", „Akkusativ" (*naṣb*) auch „Aufrichten" und „Genitiv" (*ǧarr*) auch „Heranziehen", und daraus lässt sich schon eine erotische Szene konstruieren. In den europäischen Sprachen sind die Fachtermini aber meist lateinisch oder griechisch ohne alltagssprachliches Pendant und deshalb *tawǧīh*-untauglich. Das einzige deutschsprachige Beispiel, das ich finden konnte, stammt von dem ohnehin für seine Wortspiele berüchtigten Komponisten Hans Pfitzner, der sich in einem Epigramm über zwei seiner jüngeren Kollegen namens Georg Vollerthun und Paul Gräner mokierte, die hofften, durch den Eintritt in die NSDAP und den „Kampfbund für Deutsche Kultur" ihre Karriere befördern zu können. Das Epigramm, in dem auch noch suggeriert wird, „Gräner" sei der Plural zu „Gran", lautet:

> Zween Meistern floß bislang der Ruhm nicht dick,
> er wird es künftig **voller tun** und schöner.
> Im einen liegt zwar kaum ein Gran Musik,
> im andern immerhin zwei **Graener**.[75]

---

[73] Noch nicht bei Ibn Abī l-Iṣbaʿ, doch vgl. Ibn Ḥiǧǧa: *Ḫizānat al-adab*, Bd. 2, S. 350–383 und CACHIA: *Schemer's Skimmer*, no. 67.
[74] Ǧalāladdīn as-Suyūṭī: *Rašf az-zulāl mina s-siḥr al-ḥalāl*, Beirut o.J.
[75] JOHANN PETER VOGEL: Pfitzner. Leben, Werke, Dokumente, Zürich, Mainz 1999, S. 173 (Hervorhebung T.B.).

9 Zusammenfassung

Seit dem neunten Jahrhundert entsteht in der arabischsprachigen Welt eine eigenständige Theorie der Stilistik und Rhetorik, die sich rasch zur wohl bestdurchdachten und leistungsfähigsten Rhetorik- und Stiltheorie, die es je gegeben hat, entwickeln sollte. Als ihre Autoren mit den Werken der antiken Rhetorik bekannt wurden, konnte diese ihnen nur noch wenige Impulse geben. Der Grund für ihre rasche Entwicklung war wohl die Doppelgeburt aus der Literaturkritik einerseits, die den Sinn für die Wirkung verschiedener Ausdrucksweisen ein und desselben Sachverhalts schärfte, und aus den Sprachwissenschaften andererseits, durch die die Autoren in ihrer Überzeugung bestärkt wurden, dass sich auch Stilformen, ästhetische Parameter und sprachliche Einheiten oberhalb der Satzebene mit der gleichen wissenschaftlichen Präzision und Systematik erfassen lassen wie die Regeln der Grammatik. Anders als in der antiken Rhetorik spielte die Gerichtsrede im arabisch schreibenden Kulturraum keine Rolle. Die arabische Rhetoriktheorie und Stilistik hat sich dagegen, besonders seit dem elften Jahrhundert, vor allem als Zweig der Sprachwissenschaften verstanden. Als solche stellte sie nicht nur Regeln für die Textproduktion zur Verfügung, sondern auch für die Textanalyse, galt (und gilt) deshalb als Grundlage der Koranhermeneutik und wurde an den Schulen der ganzen islamischen Welt gelehrt, wo folglich rhetorische Bildung ein Niveau und eine Breite erreichte wie nirgendwo zuvor und danach.[76]

Mehrdeutigkeit war dabei von Anfang an, vor allem in den Diskussionen über die Metapher, ein Thema, doch rückte sie erst allmählich stärker ins Zentrum des Interesses. Seit dem elften Jahrhundert kennen und benennen die Theoretiker eine große Zahl von Ambiguitätsphänomenen. Dem interessantesten und, wenn man so will, radikalsten Ambiguitätsphänomen, der *tawriya* und ihren Verwandten, widmet man in der Folgezeit ganze Monographien. Gleichzeitig werden seit dieser Zeit Stilmittel der Ambiguität, allen voran wiederum die *tawriya*, von den Dichtern als subtiles Gestaltungsmittel in Texten aller Genres eingesetzt. Diese Entwicklung findet in Gesellschaften statt, die sich insgesamt durch eine hohe Ambiguitätstoleranz auszeichnen.[77] Die Entwicklung der arabischen Rhetorik und Stilistik bestätigt damit die Annahme von Psychologen, die feststellen „that persons having high tolerance of ambiguity (a) seek out ambiguity, (b) enjoy ambiguity, and (c) excel in the performance of ambiguous tasks".[78]

---

[76] Vgl. BAUER: Rhetorik. Arabische Kultur.
[77] Vgl. BAUER: Kultur der Ambiguität, S. 36–53.
[78] A.P. MACDONALD: Revised scale for ambiguity tolerance: Reliability and validity. In: Psychological Reports 26 (1970), S. 791–798, vgl. auch BAUER: Kultur der Ambiguität, S. 37.

Infolge der Auseinandersetzung mit der vom Westen ausgehenden Globalisierung des neunzehnten und zwanzigsten Jahrhunderts fand die alte Ambiguitätstoleranz allmählich ihr Ende. Es brach auch im Nahen Osten das Zeitalter der Ideologien an, und es hätte vielleicht nicht einmal eines Anstoßes durch die Kolonialherren aus Europa (wo im neunzehnten und Anfang des zwanzigsten Jahrhunderts die Wertschätzung der Rhetorik ihren absoluten Tiefpunkt erreicht hatte) bedurft, um die traditionelle Rhetoriktheorie weitgehend aus den Curricula zu verbannen. Inzwischen scheint sich die traditionelle Rhetoriktheorie wieder stärkerer Aufmerksamkeit in den Ländern, in denen sie entstanden ist, zu erfreuen. Umso bedauerlicher ist es, dass kein einziger westlicher Wissenschaftler auf diesem Gebiet bislang auch nur die Existenz der arabischen Rhetoriktheorie zur Kenntnis genommen hat. Doch manches deutet darauf hin, dass sich ein neues Interesse an Ambiguität abzeichnet, in welchem Falle man dann doch wohl die elaborierteste Ambiguitätstheorie, die der arabischen Rhetorik, nicht außer Acht lassen wird.

Primärwerke und mehrfach zitierte Literatur

ALTHOFF, GERD/MEIER, CHRISTEL: Ironie im Mittelalter. Hermeneutik – Dichtung – Politik, Darmstadt 2011.
BAUER, THOMAS: Rhetorik: Arabische Kultur. In: Rhetorik. Begriff – Geschichte – Internationalität. Hrsg. von GERT UEDING, Tübingen 2005, S. 283–300 [= Historisches Wörterbuch der Rhetorik. GERT UEDING, Tübingen 1992ff., Bd. 8 (2007), Sp. 111–137].
BAUER, THOMAS: Die Kultur der Ambiguität. Eine andere Geschichte des Islams, Berlin 2011.
CACHIA, PIERRE: The Arch Rhetorician or The Schemer's Skimmer. A Handbook of Late Arabic badīʿ drawn from ʿAbd al-Ghanī an-Nābulusī's *Nafaḥāt al-Azhār ʿalā Nasamāt al-Asḥār*, Wiesbaden 1988.
EAL = Encyclopedia of Arabic Literature. Ed. JULIE SCOTT MEISAMI, PAUL STARKEY. 2 Bde., London, New York 1998.
GRODDECK, WOLFRAM: Reden über Rhetorik. Zu einer Stilistik des Lesens. Frankfurt a.M. 1995.
Ibn Abī l-Iṣbaʿ al-Miṣrī, ʿAbd al-ʿAẓīm ibn ʿAbd al-Wāḥid: *Badīʿ al-Qurʾān*. Hrsg. von ḤIFNĪ MUḤAMMAD ŠARAF, Kairo 1377/1957, 2. Aufl. 1392/1972.
Ibn Abī l-Iṣbaʿ al-Miṣrī, ʿAbd al-ʿAẓīm ibn ʿAbd al-Wāḥid: *Taḥrīr at-Taḥbīr*. Hrsg. von ḤIFNĪ MUḤAMMAD ŠARAF, Kairo 1416/1995.
Ibn Ḥiǧǧa al-Ḥamawī, ʿAlī ibn ʿAbdallāh: *Ḫizānat al-adab wa-ġāyat al-arab*. Hrsg. von KAWKAB DIYĀB, 5 Bde., Beirut 2001.
Ibn al-Muʿtazz, Abū l-ʿAbbās ʿAbdallāh: *Kitāb al-Badīʿ*. Hrsg. von IGNATIUS KRATCHKOVSKY, London 1935.
Quintilianus, Marcus Fabius: *Institutionis Oratoriae. Ausbildung des Redners*. Hrsg. u. Übs. HELMUT RAHN. 2 Bde., Darmstadt 1975, 2. Aufl. 1988.
as-Suyūṭī, Ǧalāladdīn ʿAbdarraḥmān: *Ǧanā l-ǧinās*. Hrsg. von MUḤAMMAD ʿALĪ RIZQ AL-ḤAFĀĠʿĪ, Kairo 1986.

Transkription:

Verwendet wird die Umschrift der Deutschen Morgenländischen Gesellschaft; dabei gilt: ā, ī, ū: Langvokale, alle anderen Vokale kurz. ʿ = [ʕ], ʾ = [ʔ], ḏ = [ð], ǧ = [dʒ], ġ = [ɣ], ḥ = [ħ], ḫ = [x], q = [q], š = [ʃ], ṯ = [θ], z = [z]; ḍ, ṣ, ṭ, ẓ: velarisiertes d, s, t bzw. z [ḍ, ṣ, ṭ, ẓ].

Christel Meier
Unusquisque in suo sensu abundet (Rom 14,5)
Ambiguitätstoleranz in der Texthermeneutik des lateinischen Westens?*

> „Whatever is important, valuable, significant is ambiguous – love and death, God and suffering, right and wrong, the past and the future."
>
> (JOHN D. CAPUTO)[1]

Während in der öffentlich-kulturellen Sphäre in Deutschland das Wort ‚Ambiguität' noch ungewohnt und erklärungsbedürftig ist, gehört es in England und Frankreich seit jeher mit verschiedenen Bedeutungsfacetten zum geläufigen Wortschatz aller gesellschaftlichen Milieus. Es bezeichnet im Französischen zum Beispiel neben semantischer Mehrdeutigkeit die Mischung und Verbindung heterogener Elemente, sei es gegensätzlicher Charakterzüge in einer Person oder verschiedener Speisen in einem Buffet. Selbst ein Satz Spielkarten, der die Blätter für mehrere Arten von Spielen umfaßt, heißt *ambigu*: sozusagen ‚Daumenkinos' mit mehreren Folgen. Und das Pariser *Théâtre de l'Ambigu-Comique*, das seit seiner Gründung im Jahr 1769 fast zwei Jahrhunderte lang Besucher aller Bevölkerungsschichten unterhalten hat, verwies mit seinem Namen auf die Offenheit für alle dramatischen Gattungen der leichten Muse – von Puppenspiel und Pantomime bis zu Vaudeville und Opéra comique.

Ambiguität ist allerdings seit Jahrzehnten in erstaunlichem Maß zu einem Begriff der wissenschaftlichen Diskussion geworden; er fungiert dabei aber nicht als ein präzise definierter Terminus, sondern blieb durch den Gebrauch in verschiedenen Problemfeldern und Disziplinen weitgefaßt, flexibel, unfest. Seine Bedeutungsnuancen reichen von Vagheit und Hybridität über Mehrdeutigkeit, Sinnoffenheit, Vielfalt bis zu semantischer Dunkelheit, Rätselhaftigkeit oder Am-

---

* Dieser Beitrag ist der Wiederabdruck des Aufsatzes mit demselben Titel im Tagungsband: Abrahams Erbe. Konkurrenz, Konflikt und Koexistenz der Religionen im europäischen Mittelalter. Hrsg. von KLAUS OSCHEMA/LUDGER LIEB/JOHANNES HEIL, Berlin, München, Boston 2015 (Das Mittelalter. Perspektiven mediävistischer Forschung. Beihefte 2), S. 3–33; im Eingangsteil sowie an wenigen weiteren Stellen wurde er verändert.

1 JOHN D. CAPUTO: In Praise of Ambiguity. In: Ambiguity in the Western Mind. Hrsg. von CRAIG J. N. DE PAULO u. a., New York 2005, S. 15–34, hier S. 15. Ein starkes politisch-gesellschaftliches Plädoyer für Ambiguitätstoleranz bei ZYGMUNT BAUMAN: Moderne und Ambivalenz. Das Ende der Eindeutigkeit, Hamburg 2005.

bivalenz, Amphibolie, also Doppelsinn oder Zweideutigkeit. Ambiguität umfasst damit verschiedene Formen des Uneindeutigen, die sich jeweils disziplinen- und gegenstandsbezogen differenzieren können. Da Ambiguität intensiv vor allem als ästhetisches Paradigma und Qualitätsmerkmal der Literatur und Kunst der Moderne diskutiert wurde, war die Vormoderne meist nur als Negativfolie, ohne eigenen positiven Beitrag zur Ambiguitätsverwendung berücksichtigt. Seit kurzem erst sind hier die Defizite der Forschung erkannt; in Frage stehen die historischen Erscheinungsformen und Funktionen, ihre verschiedenen Produktionsbedingungen und Rezeptionskontexte, die Transformationsprozesse des Ambigen.

Mit seinem Buch über die kulturelle Ambiguitätstoleranz im mittelalterlichen Islam hat THOMAS BAUER 2011 – dankenswert und anregend – nicht nur eine in Vergessenheit geratene liberale Tradition muslimischer Kultur und Religiosität ins Bewusstsein gerufen, sondern auch in den Geistes- und Sozialwissenschaften einen Anstoß gegeben zum Kulturenvergleich unter diesem konzeptionellen Ansatz.[2] Damit hat er auch eine weiterführende Befragung von Fundamentalismen bei allen drei Erben Abrahams angestoßen. Denn das Modell der Ambiguitätstoleranz eröffnet auch eine neue Perspektive für den jüdisch-christlich-islamischen Kulturvergleich und kann dazu anregen, verwandte Phänomene in der jüdischen Tradition und im christlichen Mittelalter zu prüfen und zu interpretieren wie auch abweichende schärfer zu konturieren.[3]

BAUER sagt: „[D]as Thema kultureller Ambiguität [ist] ein bislang nicht ausgeschöpftes Erklärungspotential für kulturelle, soziale und politische Phänomene."[4] Und er führt seine Untersuchung zur Ambiguität im mittelalterlichen Islam an verschiedenen kulturellen Manifestationen durch: an der Vielfalt der Lesarten und der Mehrdeutigkeit von Koran und Hadith, an Recht und säkularer Poesie, am spielerisch-ambigen Umgang mit Sprache und an einer liberalen Haltung zur Sexualität. Seine These ist, dass die heutigen Fundamentalismen des Islam, obwohl als Rückkehr zum Ursprung deklariert, erst das Ergebnis seiner Begegnung mit der westlichen Welt und ihrem Vereindeutigungsdruck im neunzehnten Jahrhundert seien.[5] Dieses Urteil fordert dazu heraus, in einem dem Anliegen BAUERS verwandten komparativen Verfahren für das westliche Mittelalter

---

2 THOMAS BAUER: Die Kultur der Ambiguität. Eine andere Geschichte des Islams, Berlin 2011, S. 26–53 zu Begriff und Forschungssituation der ‚kulturellen Ambiguität'; zu einem notwendigen befriedigenden Umgang des Westens mit dem Islam S. 404 f.
3 Vgl. z. B. ROSS BRANN: The Compunctious Poet. Cultural Ambiguity and Hebrew Poetry in Muslim Spain, Baltimore, London 1991.
4 BAUER (Anm. 2), S. 53.
5 Ebd., S. 15 f., S. 192–223, S. 402–405.

analoge Phänomene kultureller Ambiguität zu prüfen, wie er sie für den vormodernen Islam reklamiert hat.

Die drei Kulturen, die jüdische, christliche und muslimische, haben sich entwickelt aus Buchreligionen mit einer gemeinsamen abrahamitischen Wurzel, und als solche sind sie mit verwandten Schwierigkeiten konfrontiert gewesen, die zum Teil zu vergleichbaren Lösungen geführt haben. Ihre Bücher, die als von Gott inspirierte Urkunden die Grundlage der Religionen bilden, als sie zu festen Corpora geworden sind, werden problematisch durch den Hiat zwischen Entstehung und schriftlicher Überlieferung; aus ihm sind jeweils Lesartenvielfalt und Deutungsaporien erwachsen, die zu bewältigen waren.[6] Für das westliche Christentum im Mittelalter soll hier anhand des Umgangs mit seinen großen lateinischen Textcorpora als eines Paradigmas hermeneutischer Vielfalt nach Grad und Qualität von Ambiguitätstoleranz gefragt werden. Nach der bisherigen Forschung ist sie wenig bis gar nicht ausgeprägt gewesen.[7] Und auch BAUER schreibt noch: „Die Kultur Europas hat auf dem Gebiet der Ambiguität nicht allzu viele Leistungen vorzuweisen, sieht man von Kunst und Musik ab, die zu vielen Zeiten das Refugium darstellten, in dem sich die gesellschaftlich geächtete Ambiguität ausleben durfte."[8] Eine genauere Antwort auf diese Frage erscheint mir sowohl für ein Urteil über das westliche Mittelalter und die kulturellen Entwicklungsprozesse des vormodernen Europa wie auch für den interkulturellen Vergleich notwendig.

1 Die Bibel: Textvarianten und mehrfacher Schriftsinn (Mehrdeutigkeit)

1.1 Die Vielfalt der Lesarten

Als Papst Sixtus V. am 1. März 1590 das Erscheinen der gereinigten Vulgata – die das Konzil zu Trient einige Jahrzehnte zuvor (1546) gefordert hatte – mit der Bulle *Eternus ille celestium* begleitete,[9] konstatierte er mit diesem Akt das Ende der Depravationsgeschichte des Bibeltextes. In ihr beschreibt er, wie Gott die Kirche

---

6 Allgemein zum Schriftlichwerden der Religionen GUY G. STROUMSA: Das Ende des Opferkults. Die religiösen Mutationen der Spätantike, Berlin 2011 (frz. 2005), hier S. 53–85, S. 183–190 ‚Der Aufschwung der Buchreligionen'.
7 Dazu s. unten Anm. 93.
8 BAUER (Anm. 2), S. 402 f.
9 PAUL MARIA BAUMGARTEN: Die Vulgata Sixtina von 1590 und ihre Einführungsbulle. Aktenstücke und Untersuchungen, Münster 1911, S. 40–64.

wie ein Paradies eingerichtet habe, das durch drei Flüsse, die drei heiligen Sprachen, in alle Welt das Wasser der Heiligen Schrift, die göttlichen Geheimnisse und Offenbarungen, hinaustrage und verkünde.[10] Doch gerade diese göttliche Urkunde habe der Teufel, der tödliche Feind des Menschen, mit aller ihm verfügbaren Schläue verunreinigt und verdorben durch zahlreiche Korruptelen, ‚so dass eine Reihe von durch viele Korruptelen verdorbene Ausgaben herauskam'.[11] Nicht nur durch Häretiker, sondern auch durch die Lehrer der Kirche habe Satanas, versiert in allen bösen Künsten, mit der Vielfalt und Verschiedenheit der Versionen ein Chaos angerichtet, in dem es kaum eine heile Autorität (*inviolabilis auctoritas*) mehr gebe.[12] Gegen diese verderbliche Vielfalt sei nun, um die Krankheit zu heilen, das Tridentinum eingeschritten.[13] Mit der notwendigen Vereindeutigung des Bibeltextes, mit der Beseitigung der Variantenvielfalt seien Frieden, Einheit, Konsens, Norm wiederherzustellen gegen Schisma, Häresie, Zweifel, Streit, totale Verunsicherung.[14] Eine Ironie der Geschichte – oder eine List des Teufels – wollte es jedoch, dass diese erste gereinigte Edition viele Fehler enthielt, so dass

---

10 Ebd., S. 40 f.: *Eternus ille celestium terrestriumque rerum omnium conditor, ac moderator Deus, ecclesiam sanctam, veluti deliciarum Paradisum, sua ipsemet dextera, tanquam prouidus agricola, varijs plantis stirpibusque mirifice conseuit, simulque vberrimo sacrarum eandem scripturam fonte, pluribus quasi fluuijs, in vniuersum terrarum orbem diffuso, sic irrigauit, vt sancta mysteria, oraculaque diuina, que sacris continentur libris, sicut in cunctarum gentium salutem parabantur, ita a tribus illis potissimum enunciarentur linguis* (sc. Hebreis, Grecis ac Latinis litteris).
11 Ebd., S. 41: *Verum calidissimus, ac nequissimus humani generis hostis* [...]. *Id vero precipue omni conatu, ac machinatione tentauit, vt sacrorum quedam corruptissime Bibliorum editiones prodirent, atque ita impietas sub pietatis figura delitesceret ac populis scoria pro argento, fel draconum pro vino, pro lacte sanies obtruderetur.*
12 Ebd., S. 41 f.: *Cumque non in Hereticis tantum, sed in Catholicis etiam quibusdam, tametsi consilio dissimili, subortum sit nimium quoddam nec plane laudabile studium, et quasi libido scripturas latine interpretandi: Idem malorum omnium artifex Satanas per illos, licet nihil tale cogitantes, ex hac ipsa tam incerta, ac multiplici versionum diuersitate et varietate sumpta occasione, sic miscere omnia, atque in dubium reuocare, et si fieri posset, rem eo perducere contendit, vt, dum scripturarum verbis diuersi interpretes aliam atque aliam formam, ac speciem induunt, nihil in ijs certi, nihil rati, ac firmi, nulla denique inuiolabilis auctoritas sine magna difficultate reperiri posse videretur, ita vt hoc seculo valde timendum fuerit, ne in priscum illud editionum Chaos rediremus, de quo beatus Hieronymus inquit: Apud Latinos tot sunt exemplaria, quot Codices.*
13 Ebd., S. 42: *Quare huic morbo sacrosancta Tridentina Synodus mederi cupiens statuit vt ex omnibus, que circumferuntur sacrorum librorum Latinis editionibus, ipsa vetus et vulgata, que longo tot seculorum vsu in Ecclesia probata est editio, in publicis lectionibus, disputationibus, predicationibus, et expositionibus pro authentica habeatur* [...]. *Hec autem vulgata editio cum vna esset, varijs lectionibus in plures quodammodo distracta videbatur.*
14 Ebd., S. 43: *verendum tamen fuit, ne* [...] *hec probatissima scripturarum editio, quam vinculum pacis, fidei vnitatem, charitatis nexum, dissentientium consensionem, certissimam in rebus dubijs normam esse oportebat, plerisque contra, schismatis, et heresis inductio, dubitationum fluctus, inuolutio questionum, discordiarum seges, et piarum mentium implicatio multiplex euaderet.*

die Auflage zurückgerufen werden musste. Nur wenige Exemplare dieses Fehlschlags, einer verunglückten *Purgatio textus*, sind erhalten geblieben.[15]

Die Geschichte des Bibeltextes im Mittelalter war allerdings eine andere als ihre Darstellung in der Normierungskampagne des sechzehnten Jahrhunderts. Denn die variantenreiche Textgestalt der Bibel ist im Mittelalter nie ein solches Ärgernis gewesen, wie Sixtus es hier beschreibt. Ganz im Gegenteil: Der lateinische Text der Bibel war im Mittelalter nie ein im Ganzen fester Text.[16] Entstanden aus griechischen Übersetzungen des *Alten Testaments*, die zum Teil mit Rückversicherung im hebräischen Text verbessert wurden, und aus der lateinischen Übersetzung des *Neuen Testaments*, existierte er in verschiedenen Versionen; schon Origenes stellte in der *Hexapla* vier griechische Rezensionen des *Alten Testaments* nebeneinander und schuf einen Text, der jedoch nicht zur autoritativen Version wurde.[17] Hieronymus erarbeitete seine letzte von drei Versionen aus jener *Hexapla* und dem hebräischen Text unter Beibehaltung überkommener Formulierungen – und unter Klagen, dass er ambige Stellen vereindeutigen musste, wie es beim Übersetzen oft notwendig ist.[18] Sogenannte altlateinische Fassungen aus dem zweiten Jahrhundert, zum Beispiel aus Nordafrika und Gallien, blieben in der Überlieferung lange erhalten, ohne dass ihre Varianz Anstoß erregte oder rigoros eliminiert wurde.[19] Auch die sogenannte *Vulgata*, die aus der Arbeit des Hieronymus entstand, blieb ein Mischtext und bedeutete keine end-

---

15 Ebd., S. 65–112, bes. S. 88–101. Zur weiteren Problematik von Disziplinierung und Rigorismus versus Toleranz im Epochenübergang PETER VON MOOS: Kirchliche Disziplinierung zwischen Mittelalter und Moderne. Adriano Prosperis „Tribunali della coscienza" aus mediävistischer Sicht. In: Zeitschrift für historische Forschung 27 (2000), S. 75–90; KLAUS SCHREINER: ‚Tolerantia'. Begriffs- und wirkungsgeschichtliche Studien zur Toleranzauffassung des Kirchenvaters Augustinus. In: Toleranz im Mittelalter. Hrsg. von ALEXANDER PATSCHOVSKY/HARALD ZIMMERMANN, Sigmaringen 1998, S. 335–389.
16 FRANZ BRUNHÖLZL/JEAN GRIBOMONT/GÜNTER BERNT: Bibel. A. Allgemeiner Sprachgebrauch. B. Bibel in der christlichen Theologie. In: Lexikon des Mittelalters 2 (1981/83), Sp. 40–42.
17 Zu Origenes' Arbeit am Bibeltext FRANZ BRUNHÖLZL: Bibelübersetzungen. I. Lateinische Bibelübersetzungen und ihre textgeschichtlichen Voraussetzungen. In: Lexikon des Mittelalters 2 (1981/83), Sp. 88–93; ferner HENNING GRAF REVENTLOW: Epochen der Bibelauslegung, 2 Bände, München 1990/94, hier Bd. 1, S. 170 f. Zur Septuaginta-Entstehung GRAF REVENTLOW: Epochen der Bibelauslegung, Bd. 1, S. 24–32; FOLKER SIEGERT: Zwischen Hebräischer Bibel und Altem Testament. Eine Einführung in die Septuaginta, Münster 2001 (Institutum Judaicum Delitzschianum. Münsteraner Judaistische Studien 9); MICHAEL TILLY: Einführung in die Septuaginta, Darmstadt 2005; S. 84–97 auch zur *Hexapla* des Origenes und deren Nachfolge-Rezensionen.
18 Zu Hieronymus s. BRUNHÖLZL (Anm. 17), Sp. 91 f.; ferner GRAF REVENTLOW (Anm. 17), Bd. 2, S. 39–52.
19 BRUNHÖLZL (Anm. 17), Sp. 90 f.; aus der Vetus Latina haben sich bei Hieronymus Formulierungen erhalten.

gültige Fixierung auf einen homogen festgelegten Wortlaut.[20] Die Bemühungen Alcuins und Theodulfs von Orléans im neunten Jahrhundert veränderten diese Situation nicht,[21] und selbst die Bibelkorrektorien verschiedener Orden (Dominikaner, Franziskaner) des dreizehnten Jahrhunderts schufen mit ihren gereinigten Versionen keine homogene sich durchsetzende Fassung.[22]

Eine besondere Form eines Variantencorpus stellen im *Neuen Testament* die vier Evangelien dar; die Geschichte Jesu wird nicht einmal, sondern in mehr oder weniger starker Differenzierung viermal in den biblischen Kanon aufgenommen. Im Eingang seines Lucas -Kommentars reflektiert Beda Venerabilis diese Tatsache. Er erinnert daran, dass es noch viel mehr Evangelien gegeben habe, und bezeichnet die vier des *Neuen Testaments* als *pulchra varietas*, ‚eine schöne Vielfalt oder Buntheit', von der er eine unbegrenzte Zahl von weiteren Evangelien in einem Akt der Ambiguitätsbändigung als nicht-schöne Vielfalt unterscheidet.[23]

1.2 Mehrfacher Schriftsinn

Wie variantenreich der Bibeltext selbst in seinen verschiedenen lateinischen Übersetzungen und in der Vierzahl der Evangelien auch war, seine Mehrdeutigkeit entfaltete sich in großem Stil erst durch die hermeneutischen Verfahren seiner Auslegung. In Anlehnung an antike Allegorese und an die entsprechende jüdische Adaptation dieser Methode an alttestamentliche Schriften (Philon)[24] schuf Origenes in Alexandria in der 1. Hälfte des dritten Jahrhunderts ein christliches bibelallegorisches Corpus und entwickelte in seinem Grundlagenwerk *De*

---

20 Ebd., Sp. 91 f.
21 GÜNTER BERNT: Bibel. Textgeschichtliches. Geschichte. In: Lexikon des Mittelalters 2 (1981/83), Sp. 41 f.; BRUNHÖLZL (Anm. 17), Sp. 92.
22 JEAN GRIBOMONT: Bibel. Bibelkorrektorien. In: Lexikon des Mittelalters 2 (1981/83), Sp. 45 f. Einen knappen, informativen Überblick über die Phasen des Umgangs mit dem lateinischen Bibeltext in Mittelalter und Renaissance gibt PETER STOTZ: Die Bibel auf Latein – unantastbar? Zürich 2011 (Mediävistische Perspektiven 3).
23 Beda Venerabilis: *In Lucae evangelium expositio*. Hrsg. von DAVID HURST, Turnhout 1960 (Corpus Christianorum. Series Latina 120), S. 20: in der Absetzung von den *falsa evangelia*, die durch verschiedene Häresien (*hereses multifariae diversitate*) ohne die Inspiration des Heiligen Geistes geschrieben seien, schufen die vier kanonischen Evangelisten ein Evangelienwerk: *qui cum sint quattuor non tam quattuor euangelia quam unum quattuor librorum uarietate pulcherrima consonum ediderunt*. Eine Evangelienharmonie hat im zweiten Jahrhundert der Syrer Tatian mit seinem Diatessaron geschaffen, das in Bearbeitungen erhalten blieb. Vgl. auch BARTH D. EHRMAN: Last Scriptures. Books that did not become the New Testament, New York 2003.
24 GRAF REVENTLOW (Anm. 17), Bd. 1, S. 44–49.

principiis (4. Buch) auch die Theorie von den drei Schriftsinnen,[25] die im lateinischen Westen zuerst von Cassian (Marseille) zur bekannten vierfachen Auslegung erweitert wurde.[26] Die Unterscheidung der vier Schriftsinne nach dem Literalsinn und den drei spirituellen Sinnen, dem heilsgeschichtlichen, moralischen und eschatologisch-anagogischen, blieb als Grundregel viele Jahrhunderte in Geltung und wurde unzählige Male beschrieben.[27] Das bekannte deutungsmethodische Schema kann mit den drei geistigen Sinnen der Schrift allerdings ganz umfassende Bereiche der *conditio humana* und ihrer Bedingungen erfassen: Es geht im engeren allegorischen Sinn um (Heils-)Geschichte, im moralischen Sinn um Ethik in einem weiten Verständnis menschlicher Selbsterkenntnis und sozialer Interaktion und im eschatologisch-anagogischen Sinn um Zukunft und Ziel der Menschheit und der Welt. Dass diese thematischen Großbereiche in der Exegese der Epoche auch verschieden stark ausgeschöpft wurden, ist leicht vorzustellen und ließe sich belegen mit Schwerpunkten in der ethisch ausgerichteten Pastoral der neuen Orden seit dem dreizehnten Jahrhundert oder in den eschatologisch-anagogischen Endzeitdiskursen des späteren Mittelalters.[28] Der Reichtum an Bedeutungen, der durch Überschreitung des Literalsinns in die spirituelle Mehrdeutigkeit erreicht wird, ist immer wieder als unausschöpfbar verstanden worden. Die unendliche Sinnfülle wurde dem Meer verglichen, auf dem man untergehen kann.[29] Cassiodor resümiert am Ende seines durch Jahrhunderte maßgeblichen Psalmen-Kommentars: ‚Auch mit dem Bewußtsein davon, dass die Fülle nicht begriffen werden kann, wird doch mit Nutzen (nach Auslegungen)

---

[25] HENRI DE LUBAC: Exégèse médiévale. Les quatre sens de l'Écriture, Bd. I 1–2, Paris 1959 (Théologie 41); Bd. II 1, Paris 1961(Théologie 42); Bd. II 2, Paris 1964 (Théologie 59), hier Bd. I 1, S. 198–207; GRAF REVENTLOW (Anm. 17), Bd. 1, S. 174–177; GILBERT DAHAN: Lire la Bible au Moyen Âge. Essais d'herméneutique médiévale, Genf 2009.
[26] Cassianus: *Conlationes XXIV*. Hrsg. von MICHAEL PETSCHENIG, Wien 1886 (Corpus Scriptorum Ecclesiasticorum Latinorum 13), 2. Aufl. 2004, S. 404 f.
[27] FRIEDRICH OHLY: Vom geistigen Sinn des Wortes im Mittelalter. In: DERS.: Schriften zur mittelalterlichen Bedeutungsforschung, Darmstadt 1977, S. 1–31, hier S. 6; DE LUBAC (Anm. 25), passim.
[28] Mit den Mendikanten und ihrem Bedarf an Predigthilfen gibt es eine starke Tendenz zur moralischen Exegese; in der Nachfolge Joachims von Fiore entwickeln sich eschatologisch-anagogische Auslegungsmuster (z. B. an der Apokalypse) im ganzen Spätmittelalter in einem umfangreichen Schrifttum.
[29] HANS-JÖRG SPITZ: Die Metaphorik des geistigen Schriftsinns. Ein Beitrag zur allegorischen Bibelauslegung des ersten christlichen Jahrtausends, München 1972 (Münstersche Mittelalter-Schriften 12), S. 137–141 zum ‚Meer' der Schrift und ihrer Auslegung (*immenses fluctus; vastum mysteriorum pelagus, immensitas pelagi*) nach Origenes, Gregor u. a.

gesucht, weil die Schrift in der Suche (durch die Suche) immer reicher (*copiosior*) wird.'[30]

Aber nicht nur die Bedeutungsfülle der Bibel wächst im Fortgang ihrer Auslegung. Die Unausschöpfbarkeit bedingt die Unabschließbarkeit des Deutens; denn mit der fortgesetzten inspirierten Exegese erweitert sich auch der Rahmen der göttlichen Offenbarungen über die Bibel hinaus. In bestimmten Traditionszweigen gilt die Überzeugung, dass die göttlich inspirierten Schriften mit dem biblischen Kanon nicht endgültig abgeschlossen seien, sondern eine ständige Erweiterung erfahren könnten: so in der Gregor-Nachfolge, der pseudo-dionysischen Theologie, bei verschiedenen innovativen Exegeten des zwölften Jahrhunderts[31] und so auch bei der Prophetin Hildegard von Bingen, die ihre Visionen als neue Bibelexegese verstanden wissen will in der Fortsetzung der göttlichen Offenbarung – daher lässt sie im *Scivias* Gott über sich sagen:

> ‚Der katholische Glaube ist jetzt ins Wanken geraten und das Evangelium hinkt bei den heutigen Menschen. Die starken Schriftenbände, die die bewährtesten Lehrer mit größter Mühe erklärt (wörtlich: ausgekernt) hatten, gleiten dahin in häßlichem Überdruß, und die Lebensspeise der göttlichen Schriften ist schon schal geworden. Deshalb spreche ich jetzt über die Schriften durch einen Menschen, der nicht spricht und nicht ausgebildet wurde durch einen irdischen Lehrer, sondern ich, der ich bin, verkünde durch ihn neue Geheimnisse und vieles Mystische, was bisher noch in den Büchern verborgen war ...'[32]

– so die jüngste Kirchenlehrerin über die Unausschöpfbarkeit der Bibel.

---

30 Magnus Aurelius Cassiodorus: *Expositio Psalmorum*. Hrsg. von MARCUS ADRIAEN, Turnhout 1958 (Corpus Christianorum. Series Latina 97/98), 2 Bände, hier CCL 98, S. 1330 (Conclusio Psalmorum): *Sed quamuis a nobis ex toto comprehendi non possit, tamen utiliter quaeritur, quia perscrutatus semper copiosior inuenitur.*

31 GIAN L. POTESTÀ: Propheten, Prophetie. In: Lexikon des Mittelalters 7 (1994/95), Sp. 252–254; CHRISTEL MEIER: *Nova verba prophetae*. Evaluation und Reproduktion der prophetischen Rede der Bibel im Mittelalter. Eine Skizze. In: Prophetie und Autorschaft. Hrsg. von DERS./MARTINA WAGNER-EGELHAAF, Berlin 2014, S. 71–104; zu Gregor, Ps.-Dionys – Eriugena, Autoren des zwölften Jahrhunderts. Zum infiniten Schriftsinn auch GILBERT DAHAN: L'exégèse chrétienne de la Bible en Occident médiéval XIIe-XIVe siècle, Paris 1999, S. 71–73; PIER CESARE BORI: L'interpretazione infinita: l'ermeneutica cristiana antica e le sue trasformazioni, Bologna 1987; für den jüdischen Bereich D. BANON: La lecture infinie. Les voies de l'interprétation midrachique, Paris 1987.

32 Hildegardis: *Scivias*. Hrsg. von ADELGUNDIS FÜHRKÖTTER/ANGELA CARLEVARIS, Turnhout 1978 (Corpus Christianorum. Continuatio Mediaevalis 43/43A), S. 586: *Sed nunc catholica fides in populis uacillat et euangelium in eisdem hominibus claudicat, fortissima etiam uolumina quae probatissimi doctores multo studio enucleauerant in turpi taedio diffluunt et cibus uitae diuinarum Scripturarum iam tepefactus est: unde nunc loquor per non loquentem hominem de Scripturis, nec edoctum de terreno magistro, sed ego qui sum dico per eum noua secreta et multa mystica quae hactenus in uoluminibus latuerunt.*

1.3 Augustin: Rhetorik – Schrifthermeneutik

Als Augustin daranging, mit *De doctrina Christiana* ein erstes umfassendes Lehrbuch zur Bibelhermeneutik vorzulegen,[33] nutzte er neben der Reflexion der frühen christlichen Allegorese vor allem die rhetorische Lehre der Antike, in der er selbst Experte war. Damit geriet er zwangsläufig in einen Konflikt mit den rhetorischen Prinzipien der Klarheit und Eindeutigkeit des Ausdrucks als Stärke, *virtus*, sowie Dunkelheit der Rede als Fehler, *vitium*.[34] Die weitgehend negative Bewertung von *ambiguitas* und *amphibolia*, die Quintilian zum Beispiel in einem großen Kapitel (VII 9) aus juristischer Sicht entwickelt hatte,[35] musste für den dunklen Bibeltext eine Revision erfahren. Augustin nimmt eine Umwertung und funktionale Differenzierung vor nach dem Wortsinn (den *verba propria*), für den die rhetorische *vitium*-Regel gilt, einerseits und nach der spezifischen Zeichensprache des Bibeltextes in der übertragenen Rede, den *verba translata* und ihren verborgenen Bedeutungen andererseits.[36] Dunkelheiten und ambige Rede (*obscuritates et*

---

[33] Aurelius Augustinus: *De doctrina Christiana libri IV*. Hrsg. von JOSEPH MARTIN, Turnhout 1962 (Corpus Christianorum. Series Latina 32); die Übersetzung, Aurelius Augustinus: Die christliche Bildung (*De doctrina Christiana*). Übers. mit Anmerkungen und Nachwort von KARLA POLLMANN, Stuttgart 2002, wurde benutzt, aber auch nach den Erfordernissen dieser Studie zum Teil abgewandelt. Wo Übersetzungen benutzt werden, können sie auch kontextgemäß verändert sein.
[34] HEINRICH LAUSBERG: Handbuch der literarischen Rhetorik, München 1960, §§ 222 f., 528–537, 1066–1070, 1073, 1079; dazu MANFRED FUHRMANN: Obscuritas. Das Problem der Dunkelheit in der rhetorischen und literarästhetischen Theorie der Antike. In: Immanente Ästhetik – Ästhetische Reflexion. Lyrik als Paradigma der Moderne. Hrsg. von WOLFGANG ISER, München 1966 (Poetik und Hermeneutik 2), S. 47–72.
[35] Marcus Fabius Quintilianus: *Institutionis oratoriae libri XII*. Ausbildung des Redners. Zwölf Bücher. Hrsg. u. übers. von HELMUT RAHN, 2 Teile, 2. Aufl. Darmstadt 1988 (Texte zur Forschung 3), Teil 2, S. 110–117.
[36] Augustinus (Anm. 33), S. 35 zur Bibel: *Sed multis et multiplicibus obscuritatibus et ambiguitatibus decipiuntur, qui temere legunt, aliud pro alio sentientes, quibusdam autem locis, quid uel falso suspicentur, non inueniunt: ita obscure dicta quaedam densissimam caliginem obducunt*; ebd., S. 77: *Vt autem signis ambiguis non decipiatur,* [homo], *quantum per nos instrui potest* [...] *sciat ambiguitatem scripturae aut in uerbis propriis esse aut in translatis*. Es folgen Ausführungen zur *ambiguitas* im Wortsinn. Abschließend und überleitend zu den *uerba translata*; ebd., S. 82: *Rarissime igitur et difficillime inueniri potest ambiguitas in propriis uerbis, quantum ad libros diuinarum scripturarum spectat, quam non aut circumstantia ipsa sermonis, qua cognoscitur scriptorum intentio, aut interpretum conlatio aut praecedentis linguae soluat inspectio. Sed uerborum translatorum ambiguitates, de quibus deinceps loquendum est, non mediocrem curam industriamque desiderant*; ebd., S. 102 zum Verständnis der Tropen in der Bibel: *Quorum cognitio propterea scripturarum ambiguitatibus dissoluendis est necessaria, quia cum sensus, ad proprietatem uerborum si accipiatur, absurdus est, quaerendum est utique, ne forte illo uel illo tropo dictum sit, quod non intellegimus*. Zu Ambiguität dialektisch-rhetorisch Aurelius Augustinus: *Principia Dialecticae* (MIGNE, Patrologia Latina 32), Sp. 1409–1420, hier Sp. 1414–1420 zu Ambiguität und

ambiguitates) der zweiten Sorte werden dann nicht mehr als sprachliches Defizit, sondern als Potential begriffen, das durch ein angemessenes Zeichenverständnis zu entschlüsseln ist. Dieses befriedigt sowohl ästhetische wie pädagogische Anforderungen: Durch göttliche Vorsorge wurde das Bibelwort gegen Hochmut und Überdruss (*superbia, fastidium*) eines zu leichten Verstehens geschützt und verschlüsselt.[37] Die Mühen der Entschlüsselung der Dunkelheiten und Ambiguitäten lassen die Schönheit des Textes in der Befriedigung des endlichen Begreifens erst wirksam werden: *suavius videre, libentius cognoscere, gratius invenire,* wie Augustin sagt.[38]

Unter dem Einfluß von Augustins Zeichenlehre und der frühen Allegoresepraxis wird als Grundregel der Auslegung der Satz formuliert: So viele Eigenschaften ein Ding hat, so viele Bedeutungen hat es.[39] Es werden in der Auslegung Ähnlichkeiten, Analogien (*similitudines*) erhoben, um die Signifikate zu erschließen. Doch die Mehrdeutigkeit findet damit nicht ein Ende, sondern es können auch über ein- und dieselbe Eigenschaft der oft zahlreichen Proprietäten der Dinge verschiedene Bedeutungen gefunden werden. Zum Beispiel kann das Rot einer Rose nicht nur die Liebe, sondern auch die Passion, äußeres oder inneres Martyrium, ja die jenseitige Königswürde der Christen bedeuten.[40] Diese überschießende Bedeutungsvielfalt wird durch Strategien der Ambiguitätsbändigung aus dem aktuellen Kontext wie der Gesamtbibel reguliert.

Einen Schritt weiter als Augustin geht im Verständnis der Ambiguität der Bibel(sprache) Pseudo-Dionys und mit ihm Eriugena. Sie kommen zu der grund-

---

Dunkelheit; dazu unter Berücksichtigung auch des Echtheitsproblems HANS RUEF: Dialectica (De –). In: Augustinus-Lexikon 2 (1996–2002), S. 402–407; DERS.: Dialectica, dialecticus, ebd. Sp. 407–414.

37 Augustinus (Anm. 33), S. 35 zu Dunkelheit und Ambiguität der Heiligen Schrift: *Quod totum prouisum esse diuinitus non dubito ad edomandam labore superbiam et intellectum a fastidio reuocandum, cui facile inuestigata plerumque uilescunt.* Aurelius Augustinus: *De Genesi ad litteram libri XII.* Hrsg. von JOSEPH ZYCHA, Prag u. a. 1894 (Corpus Scriptorum Ecclesiasticorum Latinorum 28, 1), S. 27: *Et in rebus obscuris atque a nostris oculis remotissimis, si qua inde scripta etiam diuina legerimus, quae possint salua fide, qua imbuimur, alias atque alias parere sententias, in nullam earum nos praecipiti adfirmatione ita proiciamus, ut, si forte diligentius discussa ueritas eam recte labefactauerit, corruamus, non pro sententia diuinarum scripturarum, sed pro nostra ita dimicantes, ut eam uelimus scripturarum esse, quae nostra est, cum potius eam, quae scripturarum est, nostram esse uelle debeamus.*

38 Augustin (Anm. 33), S. 36.

39 Z. B. Petrus Pictaviensis: *Allegoriae super tabernaculum Moysi.* Hrsg. von PHILIP S. MOORE/ JAMES. A. CORBETT, Notre Dame/Indiana 1938, S. 4: *Quaelibet enim res quot habet proprietates tot habet linguas aliquid spirituale nobis et invisibile insinuantes*; vgl. auch oben Anm. 27.

40 Dazu s. CHRISTEL MEIER/RUDOLF SUNTRUP: Lexikon der Farbenbedeutungen im Mittelalter, CD-Rom, Köln, Wien 2011, s. v. *roseus, rosa* und *ruber, rubeus*.

sätzlichen Aussage, dass diese göttliche Urkunde nicht so sehr Ähnlichkeitsdeutungen zur Erkenntnis des Göttlichen zulassen will, sondern vielmehr – so die apophatische (negative) Theologie – das Unähnliche, das Monströse sicherer zur (höchsten) Einsicht in die prophetische Gottesoffenbarung führt –[41] ein verschärftes Ambiguitätstraining ist also für die Rezipienten gefordert.

Nach Alans von Lille Prolog zu seinem Bibelwörterbuch, der geradezu als Ambiguitätstheorie zu lesen ist, verlangt der Text der Heiligen Schrift auch deshalb ein besonderes Ambiguitätstraining, weil seine Grammatik und logischen Aussagen nicht mit den Kategorien der antiken *Ars grammatica* und *dialectica* kompatibel sind. Dieser Text ist gefährlicher, schwieriger als andere Texte: ‚wo die Rede die Sache nicht bezeichnet, wie sie ist, wo Wörter sich von ihren eigentlichen Bedeutungen entfremden und, (selbst) verwundert, neue Bedeutungen annehmen, wo die göttliche Erhabenheit herabsteigt, damit die menschliche Einsicht aufsteige, wo Substantive zu Pronomina, Adjektive zu Substantiven werden, das Verb kein Zeichen mehr ist, das etwas über etwas anderes aussagt',[42] wo auch weitere grammatische und logische Bezüge und Regeln nicht funktionieren, Donat, Cicero und Aristoteles also unbrauchbar sind, weil Konstruktionen, Metaphorik und logische Prädikationen nicht stimmen.'[43] Die Anlage des Wörterbuchs bestätigt dann die Interpretationsbedürftigkeit und ambige Faktur des Bibeltexts.[44]

---

41 Dazu s. Johannes Scotus Eriugena: *Expositiones in Ierarchiam coelestem*. Hrsg. von JEANNE BARBET, Turnhout 1975 (Corpus Christianorum. Continuatio Mediaevalis 31), S. 22 f., 34 f.; CHRISTEL MEIER: *Ut rebus apta sint verba*. Überlegungen zu einer Poetik des Wunderbaren im Mittelalter. In: Das Wunderbare in der mittelalterlichen Literatur. Hrsg. von DIETRICH SCHMIDTKE, Göppingen 1994 (Göppinger Arbeiten zur Germanistik 606), S. 37–83.
42 Alanus de Insulis (Alan von Lille): *Distinctiones dictionum theologicalium* (MIGNE, Patrologia Latina 210), Sp. 685–1012, hier 687B: *in sacra pagina periculosum est theologicorum nominum ignorare virtutes, ubi periculosius aliquid quaeritur, ubi difficilius invenitur, ubi non habemus sermones de quibus loquimur, ubi rem ut est sermo non loquitur, ubi vocabula a propriis significationibus peregrinantur et novas admirari videntur, ubi divina descendit excellentia ut humana ascendat intelligentia; ubi nomina pronominantur, ubi adjectiva substantivantur, ubi verbum non est nota eius quod de altero dicitur.*
43 Ebd., Sp. 687BC: [...] *ubi sine inhaerentia praedicatio, ubi sine materia sujectio, ubi affirmatio impropria, negatio vera, ubi constructio non subjacet legibus Donati, ubi translatio aliena a regulis Tullii, ubi enuntiatio peregrina ab Aristotelis documento.*
44 Alan setzt die allegorischen Deutungen der Bibelexegese vielfach als *proprie*-Bedeutung der Lemmata, um ihre neue Signifikanz in diesem Kontext zu signalisieren, z. B. Sp. 689C: *Absinthium, proprie, dicitur diabolus ratione amaritudinis, cujus amara est doctrina* (dazu Apoc. 8, 11).

1.4 Reflexionen zur Mehrdeutigkeit der Schrift

Die Exegeten nehmen in direkten Reflexionen und in Metaphern zu dieser Mehrdeutigkeit selbst Stellung. Der Wert der Mehrdeutigkeit, die Schönheit der Vielfalt wird von den Kommentatoren in einer Metadeutung der Buntheit bekräftigt. So lobt Cassiodor die Sinnvarianz (*in intellectu [...] diversitas*) mit dem reizvollen Farbenwechsel verschiedener Edelsteine, Vögel oder des Chamäleons.[45] Honorius Augustodunensis erklärt in seiner *Clavis physice*, der Kurzform von Eriugenas *Einteilung der Natur* (*De divisione nature*): ‚Wie man auf der Feder des Pfaus ein- und dieselbe wunderbare und schöne Buntheit ungezählter Farben erblickt, so vielfältig und unbegrenzt (*multiplex et infinitus*) ist auch das Verstehen der göttlichen Rede‘.[46] Der spanische Apokalypse-Kommentator Beatus von Liébana betont im achten Jahrhundert den einen Glauben, aber die Vielfalt der Predigt: ‚Es ist nicht nur eine Predigt, weil die verschiedenen [Prediger] Verschiedenes erkennen und mit verschiedenen Farben sich gleichsam in vielfarbiger Tönung färben.‘[47] Beatus hebt hier die Differenz der Auslegungen durch ein viergliedriges Polyptoton von *diversus* hervor: *una praedicatio non est quia diversi diversa sentiendo diversis coloribus quasi tinctura diversa fuscantur.*[48]

Die Vielfalt der in den geistigen Sinnen erschließbaren Signifikanz des Bibelworts wird von den patristischen Autoren nicht als Problem einer störenden Beliebigkeit wahrgenommen, sondern als Angebot verstanden, durch das jedem

---

45 Cassiodorus: *Expositio Psalmorum*. Hrsg. von MARCUS ADRIAEN, Turnhout 1958 (Corpus Christianorum. Series Latina 97/98), CCL 97, S. 482: *Studiosissime nobis consideranda est uarietas et parilitas ista psalmorum, quando in uerbis consonantia, et in intellectu probatur esse diuersitas. Absolutissime siquidem prodit diuini eloquii coruscabilem dignitatem; ut in hisdem sermonibus salua fide res diuersas intellegere debeamus. Nam si coloribus gemmarum datum est uaria luce radiare; si auibus quibusdam concessum est diuersis splendere coloribus; si cameleontem in uno atque eodem corpore, modo prasinum, modo uenetum, modo roseum, modo pallidum humani oculi contuentur, cur et diuina eloquia diuersitatis intelligentiam non haberent, quae frequenter et abyssis comparantur? Nam motu tremulo uaria pelagus luce resplendet. Hinc est etiam quod orthodoxi patres de uno loco diuersa dicunt, et tamen omnes salutariter audiuntur; unde et quidam nostrorum ait: ‚Margarita quippe est sermo diuinus, et ex omni parte forari potest.'* CCL 98, S. 1331: *Sic uarietas ista Psalmorum, aut pretiosissimo lapidi topazio, aut pulcherrimo pauoni congrue forsitan comparatur, qui toties diuersos reddunt colores corporis sui, quoties in eis defixus fuerit oculus intuentis.*
46 Honorius Augustodunensis: *Clavis physicae*. Hrsg. von PAOLO LUCENTINI, Rom 1974, S. 184: *Sicut in penna pavonis una eademque mirabilis ac pulchra innumerabilium colorum varietas conspicitur, ita multiplex et infinitus divinorum eloquiorum intellectus cognoscitur*; nach Eriugena: *De divisione naturae* (MIGNE, Patrologia latina 122), Sp. 749C.
47 Beatus von Liébana: *In Apocalipsin libri duodecim*. Hrsg. von HENRY A. SANDERS, Rom 1930, S. 534 f.
48 Ebd.; vgl. dazu MEIER/SUNTRUP (Anm. 40), s. v. *Varius* und Verwandtes II 3.

Exegeten große Freiheit der Interpretation zukommt, diese aber auch den anderen zuzugestehen ist. Denn seit der frühen christlichen Auslegung gilt die allegorische Kommentierung nicht als kanonisch. Origenes, der erste große christliche Bibelexeget, der trotz der Verurteilung einiger seiner Lehren durch Übersetzungen und direkte Lektüre auch im lateinischen Westen eine außerordentliche Nachwirkung hatte, macht immer wieder auf das Tentative seiner Deutungen aufmerksam, betont ausdrücklich die Schwierigkeiten der spirituellen Auslegungen, bezeichnet sie als Vorschläge, die nicht verbindlich sind. Davon haben die lateinischen Kirchenväter gelernt, etwa Hieronymus, Augustin oder Gregor der Große.[49] Und im zwölften Jahrhundert wie erneut im Humanismus begründet dies die Hochschätzung des Origenes: Abaelard und Johannes von Salisbury sehen ihn als scharfsinnigsten und gebildetsten christlichen Philosophen,[50] Erasmus wertet sein Werk als unvergleichlich, nennt ihn den glücklichsten Künstler in der Allegorese: *felicissimus artifex in tractandis allegoriis*.[51]

Der so gepriesene Ausleger der Schrift bietet häufig verschiedene Verstehensmöglichkeiten und mehrschichtige Deutungen an. Er versieht diese Vorschläge mit Formeln wie: ‚Wenn es nicht zu gewagt ist zu sagen', oder: ‚ich wage zu sagen', oder: ‚Die Geheimnisse der Schrift suchen wir nach unseren Möglichkeiten zu ergründen, aber vieles entgeht uns dabei'.[52] Gregor der Große vergleicht den Versuch der Textdurchdringung mit einer Nachtwanderung, in der man sich

---

[49] DE LUBAC (Anm. 25), Bd. II 2, S. 85–106 zu Einschränkungen der eigenen Deutungsfähigkeit besonders bei Origenes, aber auch bei nachfolgenden Exegeten. Hieronymus: *In Hieremiam libri VI*. Hrsg. von SIGOFREDUS REITER, Turnhout 1960 (Corpus Christianorum. Series Latina 74), S. 1 f. (Prolog) zur Erklärung, dass er in seinen Kommentaren viele Meinungen verschiedener Exegeten bringe, dem Leser die Wahl überlassen sei: *In quibus* [sc. *commentariis*] *multae diuersorum ponuntur opiniones uel tacitis uel expressis auctorum nominibus, ut lectoris arbitrium sit, quid potissimum eligere debeat, decernere*. Vgl. GRAF REVENTLOW (Anm. 17), Bd. 2, S. 43. Hieronymus: *Epistulae*. Hrsg. von ISIDORUS HILBERG, Wien, Leipzig 1910/1912/1918 (Corpus Scriptorum Ecclesiasticorum Latinorum 54–56), hier Ep. 61, 2, S. 577, über die exegetische Arbeit des Origenes: [*Origenes*] *et scripturas in multis bene interpretatus est et prophetarum obscura disseruit et tam noui quam ueteris testamenti reuelavit maxima sacramenta*.
[50] Abaelard: *Epistolae* (MIGNE, Patrologia Latina 178), Sp. 113–380, hier Ep. 7, Sp. 253D: *ut caeteros omittam, praecipui doctores Ecclesiae producantur in medium, Origenes scilicet, Ambrosius atque Hieronymus. Quorum quidem primus ille videlicet maximus Christianorum philosophus*; Johannes von Salisbury (Saresberiensis): *Policraticus sive De nugis curialium et vestigiis philosophorum libri VIII*. Hrsg. von CLEMENS C. I. WEBB, 2 Bände., London, Oxford 1909, Neudruck Frankfurt a. M. 1965, Bd. 2, S. 251: *philosophus acutissimus et litteratissimus Christianus* [...] *Origenes*.
[51] Desiderius Erasmus: *Ratio verae Theologiae*. In: Ders.: *Opera omnia 5*, Lugduni Batavorum 1704, Sp. 75–138, hier Sp. 127: *Porro in tractandis allegoriis felicissimus artifex est Origenes*; vgl. ebd., Sp. 80, 132 f.
[52] Vgl. DE LUBAC (Anm. 25), Bd. II 2, S. 85.

nur tastend fortbewegen kann.⁵³ Häufige Formeln der Exegeten sind daher: ‚Es scheint mir', oder: ‚ungefähr dieses können wir begreifen', wenn nicht sogar ausdrücklich gesagt wird, eine Aussage verstehe man eigentlich nicht, mache aber trotzdem einen Vorschlag der Deutung.⁵⁴ Diese Vorsicht ist bislang für die Einschätzung der exegetischen Arbeit zu wenig beachtet worden.

Die Vielfalt der Bedeutungen des polyvalenten Bibeltextes hat demnach drei Aspekte: Erstens liegt sie in der Sache selbst, da Gottes Wort reicher ist als Menschenwort; zweitens gibt sie dem (inspirierten) Exegeten großen Raum für ein eigenes Verständnis; drittens kommt sie den ganz verschiedenen Rezipienten nach deren jeweiliger Fassungskraft und Situation entgegen.

Gregor vergleicht daher die Bibel im Prolog seines Hiob-Kommentars mit einem Fluss, der zugleich tief und flach ist, so dass der Elefant schwimmen muss, das Lamm jedoch mühelos hindurchwaten kann.⁵⁵ Johannes Busch schildert am Ende des Mittelalters in seinem Tatenbericht über die Klosterreform der *Devotio moderna*, wie er selbst lange weder durch intensives Bibelstudium noch bei der Lektüre der Kirchenväter von seinen schweren Glaubenszweifeln loskam, ja alle Codices entmutigt in die Bibliothek zurückgab, bis ein erfahrener Ordensbruder ihm die Heilige Schrift als eine große, mit köstlichen Speisen aller Art besetzte Tafel erklärte, von der jeder sich das nehmen könne, was ihm zusage und bekomme – dies war ein erster Schritt für ihn auf dem Weg zu einem erleuchteten Lehrer.⁵⁶

---

53 Gregor der Große: *Homiliae in Hiezechielem prophetam*. Hrsg. von MARCUS ADRIAEN, Turnhout 1971 (Corpus Christianorum. Series Latina 142), S. 205: *Obscurum quidem ualde est opus quod aggredimur, sed ponamus in animo quia nocturnum iter agimus. Restat ergo ut hoc palpando carpamus.*
54 Vgl. DE LUBAC (Anm. 25), Bd. II 2, S. 85.
55 Gregorius Magnus: *Moralia in Iob libri I–X*. Hrsg. von MARCUS ANDRIAEN, Turnhout 1979 (Corpus Christianorum. Series Latina 143), S. 6: *Diuinus etenim sermo sicut mysteriis prudentes exerciet, sic plerumque superficie simplices refouet. Habet in publico unde paruulos nutriat, seruat in secreto unde mentes sublimium in admiratione suspendat. Quasi quidam quippe est fluuius, ut ita dixerim, planus et altus, in quo agnus ambulet et elephas natet*; dazu Albertus Magnus: *Summa theologiae siue de mirabili scientia Dei*. Hrsg. von D. SIEDLER u. a., Münster 1978, S. 16 (danach die Titelformulierung bei WIM FRANÇOIS/AUGUST DEN HOLLANDER: ‚Wading Lambs and Swimming Elephants'. The Bible for the Laity and Theologians in the Late Medieval and Early Modern Era, Leuven u. a. 2012 [Bibliotheca Ephemeridum Theologicarum Lovaniensium 257]).
56 Johannes Busch: *Liber de reformatione monasteriorum*. Hrsg. von KARL GRUBE, Halle a. d. Saale 1886 (Geschichtsquellen der Provinz Sachsen 19), S. 708 f.; dazu NIKOLAUS STAUBACH: Text als Prozess. Zur Pragmatik des Schreibens und Lesens in der Devotio moderna. In: Pragmatische Dimensionen mittelalterlicher Schriftkultur. Hrsg. von CHRISTEL MEIER u. a., München 2002 (Münstersche Mittelalter-Schriften 79), S. 251–276, hier S. 271; der Vergleich entfaltet eine alte Schriftmetapher: SPITZ: Metaphorik (Anm. 29), S. 158–188.

Ein Bibelvers legitimiert bei den Exegeten gleichsam leitmotivisch die positiv verstandene Polyvalenz des Bibeltextes und die große Freiheit eigenständiger Auslegung, Rom. 14,5: ‚Ein jeder soll aus der Fülle des eigenen Geistes schöpfen' – *Unusquisque in suo sensu abundet*. Wo Paulus mit dem Satz die Berechtigung verschiedener religiöser Bräuche, zum Beispiel der Speisegesetze, bekräftigen und gegenseitige Kritik verschiedener religiöser Gruppen verhindern wollte,[57] beziehen die Bibelkommentatoren die Lizenz auf ihr eigenes Geschäft. So verweist Bernhard von Clairvaux in der Auslegung von Isaias' Berufung (Is. 6), in der er die beiden Seraphim der Vision auf die zweifache rationale Kreatur, Engel und Menschen, deuten will, darauf: ‚wenn es hier einem jeden erlaubt ist, aus der Fülle des eigenen Geistes zu schöpfen'.[58] Von den Kirchenvätern (zum Beispiel Hieronymus) bis mindestens in die Zeit des Thomas von Aquin wird dieser Satz als Legitimationsformel für die eigene Auslegungsfreiheit aufgerufen.[59] Auch die Neuerer der Theologie wie Eriugena oder Abaelard gebrauchen diesen Vers in der Art eines rechtfertigenden Leitmotivs. Eriugena beschließt nach den schwierigen Erörterungen über Gen. 1–3 und die Rückkehr von Mensch und Kosmos in Gott am Ende der Geschichte (Apokatastasis) sein innovatives Gesamtwerk *Die Einteilung der Natur* mit diesem Satz: *Unusquisque in suo sensu abundet*, und er fährt fort: ‚bis jenes Licht kommt, das das Licht der falsch Philosophierenden zu Finsternis macht und die Dunkelheit der richtig Erkennenden in Licht verwandelt'.[60]

---

57 Rom 14, 2 ff.: *Alius enim credit se manducare omnia; qui autem infirmus est olus manducet. Is qui manducat, non manducantem non spernat; et qui non manducat, manducantem non iudicet: Deus enim illum assumpsit. Tu quis es, qui iudicas alienum servum?* etc.
58 Bernhard von Clairvaux: *Opera V: Sermones*. Hrsg. von JEAN LECLERCQ/H. ROCHAIS, Rom 1968, S. 311: *Et ego quidem, fratres, si licet in hac parte unicuique abundare in suo sensu, in duobus Seraphim duplicem arbitror intelligi creaturam rationabilem, angelicam scilicet et humanam.* Salimbene von Parma (de Adam): Cronica. Hrsg. von OSWALD HOLDER-EGGER, Hannover, Leipzig 1905/13 (Monumenta Germaniae Historica. Scriptores 32), S. 342: *Exponat et intelligat unusquisque verba suprapositа Danielis sicut vult, quia apostolus dicit: Unusquisque in suo sensu abundet.*
59 Hieronymus: *In Hieremiam prophetam libri VI*. Hrsg. von SIGOFREDUS REITER, Wien, Leipzig 1913 (Corpus Scriptorum Ecclesiasticorum Latinorum 49), S. 235 f.: zum Glauben der Juden an die irdische Wiedererstehung Jerusalems nach der Zerstörung im ersten Jahrhundert n. Chr.: *quae licet non sequamur, tamen damnare non possumus, quia multi ecclesiasticorum uirorum et martyres ista dixerunt, ut ‚unusquisque in suo sensu abundet' et domini cuncta iudicio reseruentur* (zu Jer. 19, 10 f.).
60 Johannes Scottus seu Eriugena: *Periphyseon. Liber Quintus*. Hrsg. von EDOUARD A. JEAUNEAU, Turnhout 2003 (Corpus Christianorum. Continuatio Mediaevalis 165), S. 865 (Versio IV/V) mit der Widmung an seinen wissenschaftlichen Freund Wulfad und der Bitte um Prüfung der Schrift verbindet er die Vorstellung von wohlwollenden wie kritischen Lesern, mit denen er aber nicht streiten will; dann folgt der Schlusssatz: ‚*Vnusquisque in suo sensu abundet'*, *donec ueniat lux, quae de luce falso philosophantium facit tenebras, et tenebras recte cognoscentium conuertit in*

Abaelard beschreibt zur Legitimation seiner eigenen theologischen Lehre, die wegen der Fülle der Tradition von den Gegnern als überflüssig bezeichnet worden war, die Vielfalt der Menschen und Zeiten, die, vor immer neue Fragen gestellt, immer neue Probleme zu lösen hätten, so dass die Notwendigkeit bestehe, dass ein jeder aus der Fülle seines Geistes schöpfe.[61] Thomas von Aquin schließlich gesteht mit Berufung auf diesen Satz den *doctores* der Heiligen Schrift – bei Beachtung des rechten Glaubens – durchaus verschiedene Meinungen (*diversae opiniones*) zu, ohne für die Schüler der einen oder anderen Seite eine Gefahr zu sehen.[62] In einem Feld der Deutungsambiguitäten dient der Satz immer wieder zur Anmahnung von Toleranz im Geltenlassen anderer Auslegungen.

Eine schöne Demonstration dieses Paulus-Zitats gibt Augustin im zwölften Buch der *Confessiones*, wo es um die Auslegung von Gen. 1,1 geht. Er schildert dort, wie verschiedene Exegeten auftreten und je Verschiedenes aus dem Text des Moses ‚Am Anfang schuf Gott Himmel und Erde' herauslesen, zum Beispiel die Erschaffung der geistigen und materiellen Welt oder nur der materiellen Welt oder des formlosen Urstoffs, aus dem alles andere hervorgeht usf., und alles kann

---

lucem. Weitere Stellen mit Zitat Rom. 14,5: Ders.: *Periphyseon. Liber Quartus*. Hrsg. von EDOUARD A. JEAUNEAU, Turnhout 2000 (Corpus Christianorum. Continuatio Mediaevalis 164), S. 103, S. 107. Zu der Widmung SITA STECKEL: Kulturen des Lehrens im Früh- und Hochmittelalter. Autorität, Wissenskonzepte und Netzwerke von Gelehrten, Köln, Weimar, Wien 2011 (Norm und Struktur 39), S. 653–656.

61 Petrus Abaelardus: *Opera Theologica II. Theologia Christiana. Theologia Scholarium. Accedunt Capitula Haeresum Petri Abaelardi*. Hrsg. von ELIGIUS M. BUYTAERT, Turnhout 1969 (Corpus Christianorum. Continuatio Mediaevalis 12), S. 297 (Theol. Christ. IV 72): *Quod si mihi fidelium quisquam obiiciat iam nec doctrinam meam nec defensionem necessariam esse, post tot uidelicet et tanta sanctorum documenta, uerum fortassis dicit quantum ad doctrinam, non quantum ad defensionem. Cum enim 'unusquisque in suo sensu abundet' et pro diuersitate hominum uel temporum nouae quotidie quaestiones uel impugnationes oriantur, nouis quotidie rationibus resistendum puto et nouis exorientibus morbis noua quaerenda remedia*. Im Römerbrief-Kommentar deutet Abaelard den Vers auf die Freiheit des einzelnen in noch ungeklärten Fragen: Abaelardus: *Commentaria in epistolam Pauli ad Romanos*. Hrsg. von ELIGIUS M. BUYTAERT, Turnhout 1969 (Corpus Christianorum. Continuatio Mediaevalis 11), S. 41–340, hier S. 299: *VNVSQVISQVE in talibus, his scilicet diiudicandis uel deliberandis de quibus nulla adhuc discussio uel ratione uel auctoritate facta est, ABVNDET IN SVO SENSV, hoc est suam magis opinionem quam alterius sequatur*.

62 Thomas von Aquin: *Quodlibet 3, qu. 4, art. 2*, in: S. Thomae Aquinatis opera omnia iussu Leonis XIII P. M. edita, Bd. 25: Quaestiones de quodlibet, Rom, Paris 1996, S. 253: *Responsio. Dicendum quod diverse opiniones doctorum sacre scripture, si quidem non pertineant ad fidem et bonos mores, absque periculo auditores utramque opinionem sequi possunt* [folgt Zitat Rom. 14,5]. Thomas von Kempen: *Sermones ad novicios III*. In: Ders.: *Opera omnia*. Hrsg. von MICHAEL J. POHL, Bd. 6, Freiburg i. Br. 1905, S. 22, gesteht den Novizen diese Freiheit noch nicht zu: *Si ignoratis quid Deo magis placeat [...], interrogate diligenter a praelato vestro [...], ne contingat vos in proprio sensu abundare et errare*.

doch wahr sein, sagt Augustin[63] und resümiert im Hinblick auf die Vielfalt wahrer Deutungen (*diversitas sententiarum verarum*):

> ‚Wenn also mich einer fragt, was von all dem nun eigentlich Dein Diener Moses gemeint habe, so wäre dieses Werk nicht das Buch meiner Bekenntnisse, wollte ich Dir nicht bekennen: ich weiß es nicht' (*nescio*).

> ‚Jener hat in diesen Worten, als er sie niederschrieb, gewiß alles gefühlt und gedacht, was wir an Wahrem haben finden können und was wir nicht oder noch nicht haben finden können und das was dennoch darin zu finden ist'.[64]

Dies ist eine Stelle übrigens, die bei modernen Theologen Anstoß erregt hat.[65] Auch Thomas von Aquin betont, es tue der Autorität der Schrift und ihrem wahren Autor keinen Abbruch, wenn sie auf verschiedene Weise ausgelegt wird – bei rechtem Glauben –, weil der Heilige Geist sie mit größerer Wahrheit fruchtbar gemacht habe, als irgendein Mensch erfinden könnte.[66] Und da Gott der eigentliche Autor der Heiligen Schrift ist, kann sogar der Literalsinn mehrere Signifikate

---

63 Augustinus: *Confessiones – Bekenntnisse*. Hrsg. u. übers. von JOSEPH BERNHART, 3. Aufl. München 1966, XII 20 ff., S. 714–749, hier S. 714 ff., S. 742 f.
64 Ebd., S. 742 f.: *Ac per hoc, si quis quaerit ex me, quid horum Moyses, tuus ille famulus senserit, non sunt hi sermones confessionum mearum, si tibi non confiteor: nescio*; S. 746 f.: *Sensit ille omnino in his verbis atque cogitavit, cum ea scriberet, quidquid hic veri potuimus invenire et quidquid nos non potuimus aut nondum potuimus et tamen in eis inveniri potest.* Die gesamte Passage ist ein Plädoyer dafür, verschiedene Auslegungen (Wahrheiten) nebeneinander gelten zu lassen. Dazu vgl. auch Augustinus (Anm. 33), III 38, S.100, bes.: *Nam quid in diuinis eloquiis largius et uberius potuit diuinitus prouideri, quam ut eadem uerba pluribus intellegantur modis, quos alia non minus diuina contestantia faciant adprobari?* ALEKSANDRA PRICA: Heilsgeschichten. Untersuchungen zur mittelalterlichen Bibelauslegung zwischen Poetik und Exegese, Zürich 2010 (Medienwandel – Medienwechsel – Medienwissen 8), S. 46, S. 49–70 zu Augustins Reflexionen über Literalsinn und Auslegung(svarianten) anhand von *De Genesi ad litteram*.
65 Augustinus (Anm. 63), der Kommentar S. 908 f.
66 Thomas von Aquin: *Scriptum super libros Sententiarum magistri Petri Lombardi*, hrsg. von P. MANDONNET, Bd. 2, Paris 1929, Sent. lib. 2, dist. 12, qu. 1, art. 2 ad 7, S. 307: *Auctoritati Scripturae in nullo derogatur, dum diversimode exponitur, salva tamen fide, quia majori veritate eam Spiritus sanctus fecundavit, quam aliquis homo adinvenire possit*; vgl. DE LUBAC (Anm. 25), Bd. II 2, S. 276. Bonaventura: *Collationes in Hexaemeron*. Hrsg., übers. u. eingeleitet von WILHELM NYSSEN, München 1964, S. 398, 400 über die Fruchtbarkeit des dritten Schöpfungstages, spirituell: *Sic ex Scripturis elici possunt infinitae theoriae, quas nullus potest comprehendere nisi solus Deus. Sicut enim ex plantis nova semina; sic ex Scripturis novae theoriae et novi sensus, et ideo Scriptura sacra distinguitur. Unde sicut si una gutta de mari extrahatur; sic sunt omnes theoriae, quae eliciuntur, respectu illarum quae possunt elici.*

umfassen, da ja Gott in seinem Intellekt alles zugleich enthält: *omnia simul suo intellectu comprehendit*.[67]

2 Epochen der Bibelhermeneutik

Dass der Umgang mit dem biblischen Text und seiner Sinnfülle in den langen Jahrhunderten des Mittelalters erheblichem Wandel unterlag, von dem auch das jeweilige Verhältnis zur Mehrdeutigkeit, zur Ambiguität nicht unbeeinflusst blieb, ist erwartbar. Nach den bereits erwähnten Anfängen bei Origenes, Hieronymus, Augustinus sollen hier nur drei Punkte schlaglichtartig beleuchtet werden.

Wie im neunten Jahrhundert die Schriftauslegung bis zu den höchsten Repräsentanten der Gesellschaft, Königen und Metropoliten, als Hauptgeschäft und ihre Beherrschung als Zeichen der Weisheit begriffen wurde, sei an einer Momentaufnahme des Jahres 865 gezeigt. Ludwig der Deutsche und Karl der Kahle treffen sich in Tusey an der Maas um sich im Ehestreit um ihren Neffen Lothar gegen ihn zu verbünden. Aus einem Brief Hinkmars von Reims an Ludwig den Deutschen erfahren wir dann, wie der König in der Zusammenkunft der Großen beider Reiche vor der politischen Verhandlung nach dem Sinn eines schwierigen Psalmverses (Ps. 103,17) gefragt habe.[68] Es scheint dabei um Quisquilien zu gehen, um Vögel und Nistbäume: die Spatzen, die in den Zedern des Libanon nisten, und die Reiher oder andere große Wasservögel (*herodii, fulicae*), die sie leiten und beschützen.[69] Da Hinkmar nicht zur ausführlichen Antwort kommt wegen des Beginns der größeren Beratungsrunde, zu der Karl der Kahle sie drängt, schreibt er den Brief mit einem wahren Feuerwerk von gründlichen Informationen: über die Art und Problematik der Lesarten der Bibel, die notwendige Konsultation wissenschaftlicher Fachliteratur (hier über Vögel mit dem Hinweis auf die *physici*,

---

67 Thomas von Aquin: *Summa theologiae. Pars prima, qu. 1, art. 10*, in: S. Thomae Aquinatis opera (Anm. 62) Bd. 4, Rom 1888, S. 25: *Quia [...] auctor autem sacrae Scripturae Deus est, qui omnia simul suo intellectu comprehendit, non est inconveniens, ut Augustinus dicit* [sc. *Confessiones* XII 18 f.], *si etiam secundum litteralem sensum in una littera Scripturae plures sint sensus*.
68 Hinkmar von Reims: *De verbis psalmi: Herodii domus dux est eorum. Ad Ludovicum Germaniae regem* (MIGNE, Patrologia Latina 125), Sp. 957–962, hier Sp. 957. NIKOLAUS STAUBACH: *Quasi semper in publico*. Öffentlichkeit als Funktions- und Kommunikationsraum karolingischer Königsherrschaft. In: Das Öffentliche und Private in der Vormoderne. Hrsg. von GERT MELVILLE/ PETER VON MOOS, Köln, Weimar, Wien 1998 (Norm und Struktur 10), S. 577–608, hier S. 606 zum Ehestreit Lothars II. (mit Lit.).
69 Vor allem aus dem Psalmenkommentar des Hieronymus zur Stelle und Gregors *Moralia* werden die Vögel im Literalsinn weiter erklärt (Hinkmar, ebd. Sp. 959C-960A).

besonders Isidor),⁷⁰ über Stellungnahmen der patristischen Exegeten (Augustin, Hieronymus, Prosper von Aquitanien und Cassiodor)⁷¹ bis er zuletzt eine eigene zeitgemäß-situationsbezogene Auslegung anbietet. Mag die Diskussion des Verses auch als Quisquilie über abgelegene Wissensbestände erscheinen, so zeigt sie symbolisch doch zweierlei: zum einen die gottgegebene Weisheit des Königs, der auch über die abgelegensten und schwierigsten Aussagen der Bibel sich mit den Experten auszutauschen vermag,⁷² zum anderen eine pastoral-kirchenrechtliche Auslegung auf die karolingische Gesellschaft: das Volk, aus dem sich die Mönche (Spatzen) separiert haben und durch die Mächtigen unter den Laien materiell versorgt werden, da sie ja in den Zedern des Libanon nisten, während sie von den Bischöfen und anderen Kirchenoberen, den großen Vögeln, geleitet und beschützt werden –⁷³ eine von den Vorgängerexegeten abweichende Handlungsanweisung für die Großen beider gesellschaftlicher Gruppen, ihren Pflichten nachzukommen, ohne dass auf eine exklusive Lesart des Textes noch auf diese besondere Deutung Wahrheitsanspruch erhoben würde (denn sie wird eher beiläufig hinzugefügt).⁷⁴

---

70 Die wissenschaftliche Fachliteratur, vor allem Isidor, wird zu diesen Vögeln zitiert: *In libris denique Physicorum, qui de naturis volucrum, animalium et serpentium et arborum atque herbarum scripserunt, de eadem ave ita relegi: ‚Fulica [...]‘* (Sp. 959A); Isidorus: *Etymologiarum libri XX*. Hrsg. von WALLACE M. LINDSAY, Oxford 1911 u. ö., XII 28 f. und 53, s. v. *Diomedias* und *fuliga*. Es geht um die Lesarten von Ps. 103, 18, in dem die Vögel als *fulicae* oder *herodii* überliefert sind (Hinkmar, ebd. Sp. 958). Die Lesarten, ihre Herkunft und Erklärung (*Septuaginta*, Origenes, *Hexapla*, Hieronymus, *Vulgata*) werden diskutiert. Dass Symmachus statt *herodius fulica* übersetzt hat und damit die der *fulica* ähnlichen *diomediae aves*, die die Griechen *herodii* nennen, die gelegentlich über das Hebräische mit *milvi* (Weihen) gleichgesetzt werden, in die Diskussion bringt, zeigt dem König die ganze Komplexität der Lesartendiskussion und der darauf fußenden Auslegung (Sp. 959ABC).
71 Vgl. ebd., Sp. 958C.
72 Hinkmar (Anm. 68), Sp. 957A: *secundum sapientiam vobis* [sc. *Regi Ludovico*] *a Deo datam, de quibusdam sacrae Scripturae abditis et difficilioribus sententiis quaerere et subtiliter investigare*. Zur Propagierung der imperialen Weisheit unter Karl dem Kahlen NIKOLAUS STAUBACH: Rex christianus. Hofkultur und Herrschaftspropaganda im Reich Karls des Kahlen, Köln u. a. 1993 (Pictura et poesis 2/II).
73 Hinkmar (Anm. 68), Sp. 960C-961A: (*herodius = Christus*) *Cujus herodii domus, id est rectores Ecclesiae, dicente Paulo quae domus sumus nos, duces passerum, mundi videlicet contemptorum, super egenum et pauperem intelligentium, sumptibus sustentatorum esse noscuntur*; dazu Sp. 962A die Erinnerung, dass nach der Größe der Gaben Gott Rechenschaft zu geben sei.
74 Da der König eigentlich nach dem Literalsinn (den Vögeln) gefragt habe, sei dafür die ausführliche Antwort erfolgt; der spirituelle Sinn sei ihm als von Gott mit Weisheit Begabtem ja zugänglich – deshalb der Verzicht auf die Erläuterung der Auslegungstradition (er wolle nicht Bäume in den Wald tragen; aber: *ne in totum praeterisse mysticum sensum viderer, quaedam potius significare quam exponere censui* [Sp. 960B]).

Schwieriger zu beurteilen ist die Situation für die Ambiguitätsfrage im zwölften Jahrhundert. Drei Aspekte seien hervorgehoben. Zum einen gibt es eine Bestandsaufnahme: Theorie und Methodik der Bibelallegorese werden systematisch zusammengefasst, der gewaltige Schatz von Bedeutungen wird gesichtet, geordnet und z. B. in der *Glossa ordinaria* oder großen Lexika zugänglich gemacht.[75] Zum anderen treten neue Bibelkommentatoren auf, die mit großer Kreativität und vielfältigen Modifizierungen des überlieferten Deutungsrepertoires und der Kommentarformen die Tradition überschreiten, eigene Akzente setzen und mit Verweis auf ihre Inspiration ihr Recht auf Innovationen verteidigen: Rupert von Deutz, Bernhard von Clairvaux und zahlreiche weitere Exegeten bis hin zu Joachim von Fiore.[76] Als erster großer Neuerer stellt sich Rupert von Deutz vor. In einer Inspirations- und Berufungsvision beschreibt er, wie er von der Trinität auf die Bibel gestellt und emporgehoben wurde, wobei ihm von der göttlichen Dreiheit attestiert wird, er lege die Schrift besser aus als die Väter.[77] Mit solchem gewandelten Autorschaftsbewusstsein veränderte sich bei ihm wie bei anderen die Art des Zugriffs auf die Tradition und ihre Autoritäten.[78] Die Fülle des Erreichten und der Neuaufschwung einer individuell verantworteten innovativen Exegese hatten jedoch auch die Wirkung eines scheinbar überbordenden Ambiguitätsüberschusses. Er löste eine Ambiguitätskrise aus, die einerseits Überprüfungen der neuen Exegeten bis hin zum Häresieverdacht nach sich zog,[79] andererseits methodische Regulierungen bedingte, z. B. mit Verfahren der Reduktion und

---

75 Z. B. das noch nicht sicher einem Autor zugeordnete allegorische Lexikon Ps.-Hrabanus: *Allegoriae in sacram scripturam* (MIGNE, Patrologia Latina 112), Sp. 849–1088; vgl. auch oben Anm. 44.
76 GIAN LUCA POTESTÀ: *Intelligentia Scripturarum* und Kritik des Prophetismus bei Joachim von Fiore. In: Neue Richtungen in der hoch- und spätmittelalterlichen Bibelexegese. Hrsg. von ROBERT E. LERNER, München 1996 (Schriften des Historischen Kollegs. Kolloquien 32), S. 95–119; vgl. auch unten Anm. 77–79.
77 CHRISTEL MEIER: Ruperts von Deutz literarische Sendung. Der Durchbruch eines neuen Autorbewusstseins im 12. Jahrhundert. In: Aspekte des 12. Jahrhunderts. Hrsg. von WOLFGANG HAUBRICHS/ECKART C. LUTZ/GISELA VOLLMANN-PROFE, Berlin 2000 (Wolfram-Studien 16), S. 29–52, bes. S. 34 f.; DIES.: Ruperts von Deutz Befreiung von den Vätern. Schrifthermeneutik zwischen Autoritäten und intellektueller Kreativität. In: Recherches de Théologie et Philosophie médiévales 73 (2006), S. 257–289; DIES.: Autorschaft im 12. Jahrhundert. Persönliche Autorität und Rollenkonstrukt. In: Unverwechselbarkeit. Persönliche Identität und Identifikation in der vormodernen Gesellschaft. Hrsg. von PETER VON MOOS, Köln u. a. 2004 (Norm und Struktur 23), S. 207–266.
78 MEIER: Autorschaft im 12. Jahrhundert (Anm. 77); STECKEL (Anm. 60), S. 1191–1196.
79 So für Rupert von Deutz JOHN H. VAN ENGEN: Rupert of Deutz, Berkeley u. a. 1983, S. 135–220, S. 335–352; MEIER: Ruperts von Deutz literarische Sendung (Anm. 77), S. 45–48 zu verschiedenen Anfeindungen, bes. durch Norbert von Xanten; STECKEL (Anm. 60), S. 1057–1177 zu Häresieprozessen im zwölften Jahrhundert (Abaelard, Gilbert von Poitiers u. a.).

Bändigung der überschießenden Mehrdeutigkeit, die nun auch als dysfunktional wahrgenommen werden konnte.

Für den Umgang mit Widersprüchen hatte es seit dem elften Jahrhundert sozusagen zwei Trainingsfelder gegeben: zum einen die dialektische Methode, die sich an den Kathedralschulen stark entwickelte,[80] und zum anderen das politische Feld des Investiturstreits, in dem gerade auch mit Argumenten aus dem Bibeltext als Kampfmittel kontrovers agiert wurde (zum Beispiel in der Frage der Gewalt gegen Andersgläubige – wie GERD ALTHOFF in seinem gerade erschienen Buch *Selig sind, die Verfolgung ausüben* zeigt;[81] auch auf PHILIPPE BUCS Buch *L'ambiguïté du Livre*, gemeint ist die Bibel, wäre für das spätere Mittelalter in diesem Zusammenhang der Diskussion von Gewalt mit Hilfe von Bibeltexten hinzuweisen[82]).

In seinem Werk *Sic et non* sucht Peter Abaelard, Meister der neuen Dialektik, Widersprüche und Quellen von Mehrdeutigkeit der Tradition und ihrer Autoritäten grundsätzlicher darzulegen und zu prüfen, abweichend von einer „Hermeneutik der Harmonie" seiner Vorgänger – wie BEZNER betont.[83] In seinem bemerkenswerten Werkprolog macht er zunächst die Feststellung, es gehe ihm nicht um Differentes (*diversa*), sondern um die Prüfung wirklicher Widersprüche (*adversa*).[84] Mit sprachlich-philologischen Regeln und historischen Argumenten für ein analytisch-textkritisches Verständnis räumt er zunächst die überwindbaren Hindernisse der Interpretation aus dem Weg: er erklärt etwa Homonyme, ungewöhnliche stilistische Wendungen, Soziolekte, Zeit- und Rezipientenkontexte. Diese Varianten kommentiert Abaelard mit dem Römerbrief-Zitat, das er leicht

---

80 ALAIN DE LIBERA/BURKHARD MOJSISCH: Dialektik. In: Lexikon des Mittelalters 3 (1984/86), Sp. 944–946; TOIVO J. HOLOPAINEN: Dialectic and Theology in the Eleventh Century, Leiden u. a. 1996 (Studien und Texte zur Geistesgeschichte des Mittelalters 54); STECKEL (Anm. 60), S. 863–1196.
81 GERD ALTHOFF: „Selig sind, die Verfolgung ausüben". Päpste und Gewalt im Hochmittelalter, Darmstadt 2013.
82 PHILIPPE BUC: L'ambiguïté du Livre. Prince, Pouvoir, et peuple dans les commentaires de la Bible au Moyen Âge. Préface de JACQUES LE GOFF, Paris 1994 (Théologie Historique 95).
83 FRANK BEZNER: Vela Veritatis. Hermeneutik, Wissen und Sprache in der *Intellectual History* des 12. Jahrhunderts, Leiden, Boston 2005 (Studien und Texte zur Geistesgeschichte des Mittelalters 85), S. 565–567, hier S. 565.
84 Peter Abailard: *Sic et non*. A Critical Edition. Hrsg. von BLANCHE B. BOYER/RICHARD MCKEON, Chicago, London 1976, Prolog S. 89–104; CORNELIA RIZEK-PFISTER: Petrus Abaelardus, Prologus in *Sic et non*. In: Sinnvermittlung. Studien zur Geschichte von Exegese und Hermeneutik I. Hrsg. von PAUL MICHEL/HANS WEDER, Zürich 2000, S. 207–252 (zit.), mit einer sorgfältigen Analyse des Prologs und Literatur, hier §1, S. 215: *Cum in tanta verborum multitudine nonnulla etiam sanctorum dicta non solum ab invicem diversa verum etiam invicem adversa videantur, non est temere de eis iudicandum.* S. auch BEZNER (Anm. 83), S. 562–584.

erweitert: ‚Wie ein jeder aus dem eigenen Geist die Fülle schöpft, so hat er auch reichen Überfluss in seinen eigenen Wörtern.'[85] Um nun ein gravierendes Hindernis verbindlicher Autoritäten für die Widerspruchsprüfung zu beseitigen, beruft er sich auf die zahlreichen Aussagen der Kirchenväter, besonders Augustins, über ihre eigene Irrtumsanfälligkeit. Abaelard sagt: ‚Da auch die Kirchenlehrer selbst [...] einiges in ihren Büchern für korrekturbedürftig hielten, gaben sie ihren Nachgeborenen die Erlaubnis zu verbessern oder nicht zu folgen.'[86] Schon die biblischen Autoren selbst können ja irren, Fehler machen, obwohl ihre Schriften kanonisch sind – so Abaelard –, um wie viel mehr sind dann auch die Patres irrtumsanfällig, die nicht als kanonisch eingestuft sind.[87]

Die Widersprüche der Autoritäten werden in *Sic et non* markiert, nicht gelöst. Es ist nun höchst bedeutsam, dass Abaelard für seine eigene theologische Lehre keinen Wahrheitsanspruch geltend macht, sondern in seinen Theologien ihn wiederholt gleichsam suspendiert, um das Wahrscheinliche, eine nur approximative Erkenntnis als einzig der menschlichen Einsicht mögliche darzustellen. Abaelard sagt:

> ‚Ich verspreche nicht die Wahrheit zu lehren, die ganz sicher weder ich noch irgendein anderer Sterblicher weiß, sondern nur etwas Wahrscheinliches (*verisimile*) und dem menschlichen Denken Nahes [...]. Was auch immer ich also über die höchste Philosophie sagen werde, ist eher schattenhaft, nicht die Wahrheit, versichere ich, und gleichsam etwas Ähnliches (*similitudo*), nicht die Sache selbst.'[88]

---

85 Abaelardus: *Prologus* § 4. Hrsg. von Rizek-Pfister (Anm. 84), S. 216: *Ad quam [sc. intelligentiam] nos maxime pervenire impedit inusitatus locutionis modus ac plerumque earundem vocum significatio diversa, cum modo in hac modo in illa significatione vox eadem sit posita. Quippe quemadmodum in sensu suo, ita et in verbis suis unusquisque abundat.*
86 Ebd., §70, S. 241: *Hoc et ipsi ecclesiastici doctores diligenter attendentes et nonnulla in suis operibus corrigenda esse credentes, posteris suis emendandi vel non sequendi licentiam concesserunt, si qua illis retractare et corrigere non licuit;* s. ferner §§71–83, S. 241–244.
87 Abaelardus: *Prologus* § 20 f. (Anm. 84), S. 223 f.: *Quid itaque mirum, si in evangeliis quoque nonnulla per ignorantiam scriptorum corrupta fuerint, ita et in scriptis posteriorum patrum, qui longe minoris sunt auctoritatis, nonnumquam eveniat?* Vgl. Aurelius Augustinus: *Retractationum libri II.* Hrsg. von Almut Mutzenbecher, Turnhout 1984 (Corpus Christianorum. Series Latina 57), zu Korrekturen an seinen Werken, auf die Abaelard verweist. Jean Jolivet: Le traitement des autorités contraires selon le *Sic et Non* d'Abélard. In: L'ambivalence dans la culture arabe. Hrsg. von Jacques Berque/Jean-Paul Charnay, Paris 1967, S. 267–280.
88 Petrus Abaelardus: *Theologia ‚Summi boni'*. Hrsg. von Eligius M. Buytaert/Constant J. Mews. In: *Opera Theologica III*, Turnhout 1987 (Corpus Christianorum. Continuatio Mediaevalis 13), S. 123: *nos docere ueritatem non promittimus, quam neque nos neque aliquem mortalium scire constat, sed saltem aliquid uerisimile atque humane rationi uicinum [...]. Quicquid itaque de hac altissima philosophia disseremus, umbram, non ueritatem esse profitemur.* Steckel (Anm. 60), S. 1004 f.; Bezner (Anm. 83), S. 99–150, hier S. 138 f.; Regina Heyder: Auctoritas Scripturae:

Gott allein kenne die Wahrheit. Die Schönheit der Verhüllung, die *pulcherrima involucri figura*, ist die göttliche, vom Heiligen Geist gewählte Redeform, um deren Dunkelheiten und Rätsel der Exeget, der Mensch überhaupt sich bemühen muss.[89] Mit diesem Uneigentlichkeitsmodus und seiner Überwindung im Wahrscheinlichen bleibt ein Deutungsspielraum bestehen. Das Begreifen ist auch bei Abaelard verstanden als abhängig von göttlicher Inspiration.[90] Der neuen Disambiguierungstendenz wird damit ein Maß gesetzt.

Das dreizehnte Jahrhundert, in dem sich die Scholastik an den Universitäten mächtig entwickelt, zeigt zugleich einen neuen Aufschwung in der Bibelallegorese, allerdings in einer Differenzierung in verschiedene Richtungen: Sie ist teils mehr wissenschaftlich, zum Beispiel um den Literalsinn bemüht, teils mehr der Praxis, etwa der Predigt, zugewandt oder sie ist mystisch-spirituell, wie KURT RUH in seiner Mystikgeschichte gezeigt hat (etwa bei Thomas Gallus von Vercelli); die Gesamtgeschichte der spätmittelalterlichen Exegese muss allerdings noch geschrieben werden.[91] Hervorgehoben als Leistung des Spätmittelalters seien nur noch die riesigen allegorischen Enzyklopädien, Speicher mit Tausenden von Bedeutungen zu allen Bereichen der geschaffenen Welt, die übrigens noch bis ins achtzehnte Jahrhundert nachgedruckt wurden.[92] Mit der Loslösung von konkreten Bibelstellen mutiert dieser Bedeutungsvorrat zu einem Reservoir für die Weltdeutung überhaupt. Es ist also ein Missverständnis, wenn in der Forschung zur Ambiguität für die Vormoderne in knappen Hinweisen gelegentlich der mehrfache Schriftsinn genannt, aber zugleich seine starre Struktur und seine

---

Schriftauslegung und Theologieverständnis Peter Abaelards unter besonderer Berücksichtigung der *Expositio in Hexaemeron*, Münster 2010 (Beiträge zur Geschichte der Philosophie und Theologie des Mittelalters N. F. 74), bes. S. 196–247; PETER VON MOOS: Was galt im lateinischen Mittelalter als das Literarische an der Literatur? Eine theologisch-rhetorische Antwort Abaelards. In: DERS.: Abaelard und Heloise. Gesammelte Studien zum Mittelalter, Bd. I, Hrsg. von GERT MELVILLE, Münster 2005 (Geschichte. Forschung und Wissenschaft 14), S. 305–325, hier S. 305 f., 312–314.
89 Dazu Augustinus (Anm. 33), S. 35: wie oben Anm. 36 f.
90 PETER VON MOOS: Die angesehene Meinung. Studien zum *endoxon* im Mittelalter. Abaelard. In: Freiburger Zeitschrift für Philosophie und Theologie 45 (1998), S. 343–380, hier S. 366–374; jetzt auch DERS.: Öffentliches und Privates, Gemeinsames und Eigenes. Gesammelte Schriften zum Mittelalter, Bd. III, Hrsg. von GERT MELVILLE, Berlin 2007 (Geschichte. Forschung und Wissenschaft 16), S. 287–320; BEZNER (Anm. 83), S. 99–181.
91 KURT RUH: Geschichte der abendländischen Mystik, 4 Bde., München 1990/1999, Bd. 2–4, hier bes. Bd. 3, 1996, S. 59–81; einige Stationen der spätmittelalterlichen Exegesegeschichte bei GRAF REVENTLOW (Anm. 17), S. 212–287 (von Bonaventura bis Wyclif).
92 Z. B. Petrus Berchorius: *Reductorium Morale sive Tomus secundus De rerum proprietatibus. In XIV. libros divisus*, Köln 1731.

Konventionalität betont wird, um ihm den Charakter des Ambigen, das heißt der freien Vielfalt und produktiven Mehrdeutigkeit, abzusprechen.[93]

3 Antike Überlieferung – Dichtung

Für das Mittelalter war nicht nur ein Schriftencorpus, das der Bibel und ihrer patristischen Auslegung, ein Schatz der Vielfalt und Herausforderung zur Akzeptanz und Bewältigung von Mehrdeutigkeit. Ambiguität in hohem Maß brachte ein zweites großes Schriftencorpus in die intellektuelle Arbeit in mittelalterlichen

---

[93] WOLFGANG ULLRICH: Grundrisse einer philosophischen Begriffsgeschichte von Ambiguität. In: Archiv für Begriffsgeschichte 32 (1989), S. 121–169, hier S. 141–144: „Ganz allgemein läßt sich für die nachantike Zeit feststellen, daß für etwa 1000 Jahre dem Ambiguitätsbegriff keine neuen Aspekte abgewonnen werden, vielmehr in weitgehend unveränderter Form bereits vorhandene Klassifikationen übernommen werden" (S. 141); nach dem Übersehen wichtiger neuer Aspekte bei Augustin und dem Übergehen der Mehrdeutigkeit des mehrfachen Schriftsinns, weil er nicht zum Ambiguitätsbegriff passe, wendet sich ULLRICH dem Symbolbegriff Hegels zu mit einer Beschreibung, die auch auf die ältere Mehrdeutigkeit (z. B. den mehrfachen Schriftsinn) passen würde. Ihm folgen H. K. KOHLENBERGER/R. FABIAN: Ambiguität (Amphibolie). In: Historisches Wörterbuch der Philosophie 1 (1971), Sp. 201–204 (aber mit Hinweis auf die Exegese bei Erasmus); CHRISTOPH BODE: Ambiguität, in: Reallexikon der deutschen Literaturwissenschaft 1 (1997), S. 67–70, hier S. 68 f.; ROLAND BERNECKE/THOMAS STEINFELD: Amphibolie, Ambiguität. In: Wörterbuch der Rhetorik 1 (1992), Sp. 436–444, bes. Sp. 437, Sp. 439: Ansatz zur positiven Bewertung biblischer Mehrdeutigkeit (Ambiguität) bei Augustin und ihrer Wirkung wird genannt. TOM TASHIRO: Ambiguity as aesthetic principle. In: Dictionary of the History of Ideas. Studies of Selected Pivotal Ideas. Hrsg. von PHILIP P. WIENER, Bd. 1, 2. Aufl. New York 1973, S. 48–60, S. 51–53, bezieht den mehrfachen Schriftsinn ein. Neuere Arbeiten zur Ambiguität haben kein Problem damit, dies ebenfalls zu tun: WOLFGANG BRÜCKNER: Spiegel-Erkenntnis. Mittelalterliche Realie und doppeldeutige Metapher. In: Ambivalenz. Studien zum kulturtheoretischen und empirischen Gehalt einer Kategorie der Erschließung des Unbestimmten. Hrsg. von HEINZ OTTO LUTHE/RAINER E. WIEDEMANN, Opladen 1997, S. 83–107, bes. S. 84–104; MATTHIAS BAUER/JOACHIM KNAPE/ PETER KOCH/SUSANNE WINKLER: Dimensionen der Ambiguität. In: Zeitschrift für Literaturwissenschaft und Linguistik 40 (2010), S. 7–75, bes. S. 35 f. (mehrfacher Schriftsinn in heiligen und säkularen Texten); für die Kunstgeschichte des Mittelalters: SILKE TAMMEN: Stelzenfisch und Bildnisse in einer Baumkrone, Unähnlichkeit und Montage. Gedanken zur Ambiguität mittelalterlicher Bilder. In: Ambiguität in der Kunst. Typen und Funktionen eines ästhetischen Paradigmas. Hrsg. von VERENA KRIEGER/RACHEL MADER, Köln u. a. 2010 (Kunst – Geschichte – Gegenwart 1), S. 53–71 (zur Typologie S. 56) – mit instruktiver Einleitung des ganzen Bandes von VERENA KRIEGER, S. 13–49; FRAUKE BERNDT/STEPHAN KAMMER: Amphibolie – Ambiguität – Ambivalenz. Die Struktur antagonistisch-gleichzeitiger Zweiwertigkeit. In: Amphibolie – Ambiguität – Ambivalenz. Hrsg. von DENS., Würzburg 2009, S. 7–30, hier S. 8–10; VALESKA VON ROSEN: Caravaggio und die Grenzen des Darstellbaren. Ambiguität, Ironie und Performativität in der Malerei um 1600, Berlin 2009, 2. Aufl. 2011.

Klöstern und Kathedralschulen: die Dichtung der Antike. Man beschränkte sich gerade nicht darauf, am Psalter, den historischen Büchern des *Alten Testaments* oder dem *Neuen Testament* lesen und schreiben zu lernen, sondern akzeptierte mit der Implementierung dieser antiken Überlieferung, die man selbst weiter pflegte, in die Ausbildung eine Diskurspluralität, die erstaunlich ist.[94] Nach den spätantiken Kontroversen um den paganen Mythos blieben die klassischen Werke trotz der paganen Götter und der differenten Wertecodes dieser Literatur ohne größeren Anstoß, nahezu unangefochten integraler Bestandteil im Bildungsrepertoire der christlichen Schulen.[95] Nur im Ausnahmefall wie bei Hrotsvit von Gandersheim werden etwa die Terenz-Komödien als für Christen unpassende Lektüre in Frage gestellt, und Hrotsvit löst in diesem Fall in einer Kontrafaktur die antiken Liebesgeschichten durch Märtyrerinnen und Helden der frühen Kirche ab.[96]

Seit dem zwölften Jahrhundert bleibt es nicht mehr bei der Subsidiarfunktion von Sprach- und Wissensvermittlung aus diesem Corpus. Es entstehen neue Dichtungsformen, die teils eigenständige säkulare Positionen gegenüber dem religiösen Bereich einnehmen, teils ganz neue produktive Möglichkeiten für den Umgang mit dem Mythos finden. Die Lyrik zum Beispiel spielt die Wertedifferenz des Antik-Weltlichen und des Religiösen witzig gegeneinander aus wie der Archipoeta am Erzbischofssitz Rainalds von Dassel, des Erzkanzlers Friedrich Barbarossas. Dem Mäzen gegenüber bekennt sich der Dichter in parodistischer Beichte

---

94 Es gab immer wieder auch rigorosere Stellungnahmen gegen eine zu weit gehende Akzeptanz der antiken Bildungsinhalte, die letztlich aber keinen Einbruch im Rezeptionsverhalten bewirkten. Vgl. etwa Conrad von Hirsau: Dialogus super auctores. Hrsg. von R. B. C. HUYGENS: Accessus ad auctores, Leiden 1970, S. 71–131, hier S. 130: Er war ein strenger Reformabt, der sich aber des verbreiteten Bildes der ägyptischen Gold- und Silbergefäße im jüdischen Kult (Ex. 3, 21 f. und Ex. 35) bediente zu einer wenn auch vorsichtigen Legitimation der Ausbildung in der *literatura secularis*.
95 Dazu z. B. GÜNTER GLAUCHE: Schullektüre im Mittelalter. Entstehung und Wandlungen des Lektürekanons bis 1200 nach den Quellen dargestellt, München 1970 (Münchener Beiträge zur Mediävistik und Renaissance-Forschung 5).
96 Hrotsvitha: *Opera.* Hrsg. von PAUL VON WINTERFELD, Berlin 1902, Neudruck Berlin 1965 (Monumenta Germaniae Historica. Scriptores rerum Germanicarum in us. schol.), S. 106: *Plures inveniuntur catholici, cuius nos penitus expurgare nequimus facti, qui pro cultioris facundia sermonis gentilium vanitatem librorum utilitati praeferunt sacrarum scripturarum. Sunt etiam alii, sacris inhaerentes paginis, qui licet alia gentilium spernant, Terrentii tamen fingmenta frequentius lectitant, et, dum dulcedine sermonis delectantur, nefandarum noticia rerum maculantur. Unde ego, Clamor Validus Gandeshemensis, non recusavi illum imitari dictando, dum alii colunt legendo, quo eodem dictationis genere, quo turpia lascivarum incesta feminarum recitabantur, laudabilis sacrarum castimonia virginum iuxta mei facultatem ingenioli celebraretur.* FIDEL RÄDLE: Hrotsvit von Gandersheim. In: Deutsche Literatur des Mittelalters. Verfasserlexikon, 2. Aufl., Bd. 4 (1983), Sp. 196–210, hier Sp. 202–206.

zu den charakteristischen Lebensfreuden des sogenannten Vagantendichters: Frauenliebe, Wein und Glücksspiel; denn sie seien auch Ansporn zum Dichten.[97] Die *Carmina Burana* enthalten eine Menge freizügiger Liebespoesie, die dem religiösen Normencorpus widerspricht, aber gleichwohl geschätzt wird.[98]

Ein anderes, noch erstaunlicheres Verfahren der Eröffnung eines neuen Diskurses ist der Umgang mit dem Mythos. Nicht nur viele Lieder der *Carmina Burana* lassen die antiken Götter wieder aufleben, ja es gibt Gebete an sie, zum Beispiel um Liebeserfüllung, man feiert ihre Feste, verspricht ihnen Tieropfer,[99] natürlich in einer Sphäre des Spiels. Ganz anders werden dann in großen Dichtungen des zwölften Jahrhunderts in Anknüpfung an antike Vorgaben neue Mythen geschaffen. Sie verhandeln in einem sich neu konstituierenden parabiblischen Raum der Dichtung die großen biblischen Themen von Schöpfung, Sündenfall und Erlösung des Menschen aus philosophischer Sicht (ohne den Schöpfer, den Teufel oder den Erlöser in ihren biblischen Rollen) und setzen dafür allegorisch-mythologische Figuren, schöpferische Kräfte des Kosmos, wie Natura, Noys, Urania, Physis u. a., in Aktion.[100] Ihre Dichter Bernardus Silvestris, Alan von Lille, Johannes von Hauvilla, haben ihre Werke als parabiblische Allegorien (*integumenta*), als Narrationen verstanden, denen eine latente Mehrdeutigkeit genuin inhärent ist.[101] Trotz der unaufgelösten Spannung und Ambiguität zur biblischen Botschaft

---

[97] Die Gedichte des Archipoeta. Hrsg. von HEINRICH WATENPHUL/HEINRICH KREFELD, Heidelberg 1958, S. 73–83, Carm. 10 (Einfluss von Ovid, Am. 2, 4). Vgl. auch *Carmina Burana* (Anm. 98), Nr. 30 und 75, zu einer großen Weltlust und Freiheit.

[98] Dazu GÜNTER BERNT: Nachwort. In: Carmina Burana. Die Lieder der Benediktbeurer Handschrift. Zweisprachige Ausgabe, 3. Aufl. München 1985, S. 848–852; die Liebeslieder, Nr. 56–186, sind die größte Abteilung in den *Carmina Burana*.

[99] Ebd., S. 853 f., bes. zu den Carmina 155, 3; 73, 4; 161; 135, 4 f.

[100] WINTHROP WETHERBEE: Platonism and Poetry in the Twelth Century. The Literary Influence of the School of Chartres, Princeton NJ 1972; CHRISTEL MEIER: Wendepunkte der Allegorie im Mittelalter: Von der Schrifthermeneutik zur Lebenspraktik. In: Neue Richtungen (Anm. 76), S. 39–64; BERND ROLING: Das *Moderancia*-Konzept des Johannes von Hauvilla. Zur Grundlegung einer neuen Ethik laikaler Lebensbewältigung im 12. Jahrhundert. In: Frühmittelalterliche Studien 37 (2003), S. 167–258; unter dem Aspekt der Neudeutung antiker Unterweltdarstellung PETRA KORTE: Die antike Unterwelt im christlichen Mittelalter. Kommentierung – Dichtung – philosophischer Diskurs, Frankfurt a. M. 2012 (Tradition – Reform – Innovation 16), S. 163–204, S. 236–262.

[101] Zur Verbindung eines theologischen *involucrum*-Konzepts (etwa bei Abaelard) und neuer, auch volkssprachlicher Literatur, die änigmatisch, ambivalent, sinnpolyvalent ist, VON MOOS (Anm. 88), S. 319–325. Neuere Zusammenfassungen zur allegorischen und integumentalen Literatur, diachron angelegt, in: The Cambridge Companion to Allegory. Hrsg. von RITA COPELAND/ PETER T. STRUCK, Cambridge 2010, mit Beiträgen von der frühen griechischen Allegorie bis ins zwanzigste Jahrhundert (Schwerpunkte: Spätantike, Mittelalter, Frühe Neuzeit); eine interkulturelle Perspektive der Beiträge (neben der westlichen Tradition sind auch jüdische und islamische

werden diese fiktionalen Texte bald als Schullektüre genutzt und reich kommentiert.[102] Die volkssprachlichen Autoren folgen: Dante, Boccaccio, der *Rosenroman* wie ihre Kommentatoren schöpfen die Freiheit des Literarischen weiter aus und nehmen Mehrdeutigkeit für ihr Verständnis gleichfalls in Anspruch. Boccaccio etwa begegnet in der Apologie der Dichtkunst am Ende seiner *Genealogie deorum gentilium* dem Vorwurf der Gegner der Poesie, die Dichter seien dunkel (*obscuritas poetarum*) mit dem von Augustin übernommenen Argument zur Funktion der Mehrdeutigkeit der Bibel, ihrer Ambiguitäten und Dunkelheiten: Sie seien eine heilsame Herausforderung für die Leser, sich um die Deutung des Textes zu bemühen. Boccaccio stellt damit die Dichterlektüre der Bibellektüre gleich: „[...] denn ich möchte, dass man von den Dunkelheiten der Dichter ebenso denke wie Augustinus von denen der Bibel."[103] Untersuchungen zur Ambiguitätshaltigkeit volkssprachiger Literatur des Mittelalters kommen gerade erst in Gang; sie versprechen interessante Resultate für eine angeblich ambiguitätsarme Textkultur.[104]

Studien inbegriffen) präsentiert der Bd: Interpretation and Allegory. Antiquity to the Modern Period. Hrsg. von JON WHITMAN, Leiden u. a. 2000 (Brill's Studies in Intellectual History 101); er ermöglicht den Vergleich. Vgl. auch Alan of Lille: *Literary Works*. Hrsg. u. übers. von WINTHROP WETHERBEE, Cambridge/Mass., London 2013 (Dumbarton Oaks Medieval Library), mit aktueller Bibliographie.

102 Z. B. sind die zahlreichen Kommentare von Alans *De planctu Nature* und *Anticlaudianus* noch unbearbeitet und unediert. Vgl. dazu etwa das Resümee von DENISE CORNET: Les commentaires de l'*Anticlaudianus* d'Alain de Lille d'après les manuscrits de Paris. Étude suivie de l'édition du Commentaire de Raoul de Longchamp, Paris (Positions de thèses soutenues par les élèves de la promotion de 1945 à l'École des Chartes), S. 77–81. CHRISTEL MEIER: Die Rezeption des *Anticlaudianus* Alans von Lille in Textkommentierung und Illustration. In: Text und Bild. Aspekte des Zusammenwirkens zweier Künste in Mittelalter und früher Neuzeit. Hrsg. von DIES./ UWE RUBERG, Wiesbaden 1980, S. 408–549.

103 Boccaccio: *Genealogie deorum gentilium*, Buch XIV, Kap. 12, 10, 12, hier zit. nach BRIGITTE HEGE: Boccaccios Apologie der heidnischen Dichtung in den ‚Genealogie deorum gentilium', Buch XIV. Text. Übersetzung, Kommentar und Abhandlung, Tübingen 1997, S. 88/90, zum Heiligen Geist als *sublimis artifex*, dem Autor der Bibel: *Quod per Augustinum in libro ‚Celestis Ierusalem' XI firmari videtur, dum dicit: „Divini sermonis obscuritas etiam ad hoc est utilis, quod plures sententias veritatis parit et in lucem notitiae producit, dum alius eum sic, alius sic intelligit."* [...] *Idem velim de obscuritatibus poetarum sentiri, quod de divinis ab Augustinus sentitur.* Vgl. den Kontext ebd., S. 86–93, und Augustinus (Anm. 36).

104 Dazu oben Anm. 100 f. – Die in diesem Band dokumentierte Greifswalder Tagung zur Ambiguität im Mittelalter war vorrangig dieser Frage gewidmet; s. ferner JOHN CHAMBERLIN: Medieval Arts Doctrines on Ambiguity and Their Places in Langland's Poetics, Montréal u. a. 2000; BRUNO QUAST: *Diu bluotes mâl*. Ambiguisierung der Zeichen und literarische Programmatik in Wolframs von Eschenbach *Parzival*. In: Deutsche Vierteljahrsschrift für Literaturwissenschaft und Geistesgeschichte 77 (2003), S. 45–60.

Im Bereich der dichterischen Form hat das zwölfte Jahrhundert auch einen kurios-ambigen Gedichttypus geschaffen: die Zusammensetzung von reimend-rhythmischen Vagantenversen mit quantitierenden Hexametern derart, dass jeweils drei Vagantenverse mit einem Hexameter, der Zitat aus der antiken Dichtung ist, zu einer Reimstrophe ergänzt und abgeschlossen werden. In dieser sogenannten *auctoritas*-Dichtung, die aus satirischer Festpoesie hervorgegangen ist,[105] wird die hybrid-ambige Kombination zweier literarischer Traditionen, von Antike und Mittelalter, besonders sinnfällig gemacht. Freude an sprachlicher Ambiguität manifestiert sich im Übrigen vor allem in Parodie und Ironie, in denen nicht selten auch Bibelzitate mit komischer Wirkung in nicht-religiöse Konnotationen gestellt werden.[106]

Eine extreme Form des ambigen Umgangs mit der antiken Dichtung, die zwischen großer Freiheit und Vereinnahmung changiert, ist die Ovid-Allegorese des späteren Mittelalters. Petrus Berchorius, gelehrter Mönch am Papsthof in Avignon und Petrarca-Freund, plädiert dafür, dass Ovids Mythen wie die Bibel nach dem mehrfachen Schriftsinn auszulegen sind, und macht auch vor christologischen Deutungen nicht Halt.[107] Noch im selben Jahrhundert schreibt zwar ein Mailänder Magister gegen die Ovid-Liebhaber seinen *Antiovidianus* und betont, was der poetisch begabte Ovid hätte schreiben sollen: auf keinen Fall Götter- und Liebesgeschichten.[108] Aber die Ovid-Allegorese des Berchorius war im Spätmittelalter ein sehr erfolgreiches Werk, überliefert in über 80 Handschriften.[109] Im

---

105 PETER KLOPSCH: Die mittellateinische Lyrik. In: Lyrik des Mittelalters I. Probleme und Interpretationen, hrsg. von HEINZ BERGNER, Stuttgart 1983, S. 19–196, hier S. 96–113, zur Entstehung der Vagantenstrophe mit *auctoritas* S. 104.
106 PAUL LEHMANN: Die Parodie im Mittelalter, 2. Aufl. München 1963; GERD ALTHOFF/CHRISTEL MEIER, Ironie im Mittelalter. Hermeneutik – Dichtung – Politik, Darmstadt 2011, bes. S. 39–58, 195 f.
107 Petrus Berchorius: *Reductorium morale, Liber XV: Ovidius moralizatus, Cap. I, De Formis Figurisque Deorum*. Hrsg. von JOSEPH ENGELS, Utrecht 1966; Ders.: *Reductorium morale, Liber XV, Cap. II–XV, Ovidius moralizatus naar de Parijse druk van 1509*. Hrsg. von JOSEPH ENGELS, Utrecht 1962; eine kritische Edition ist noch Desiderat. PAUL MICHEL: *Vel dic quod Phebus significat diabolum*. Zur Ovid-Auslegung des Petrus Berchorius. In: Sinnvermittlung (Anm. 84), S. 293–353.
108 Antiovidianus. Hrsg. von KONRAD BURDACH/RICHARD KIENAST. In: DIES.: Aus Petrarcas ältesten deutschen Schülerkreisen. Texte und Untersuchungen, Berlin 1929 (Vom Mittelalter zur Reformation. Forschungen zur Geschichte der deutschen Bildung 4), S. 77–111; dazu THOMAS HAYE: Ein spätmittelalterliches Antidot für Ovid-Liebhaber. Ambrogio Migli und der *Antiovidianus* im Spiegel venezianischer Glossen. In: Frühmittelalterliche Studien 39 (2005), S. 202–223.
109 JOSEPH ENGELS: L'Édition critique de l'Ovidius moralizatus de Bersuire. In: Vivarium 9 (1971), S. 19–24; FRANK T. COULSON: A Checklist of Newly Discovered Manuscripts of Pierre Bersuire's Ovidius moralizatus. In: Scriptorium 51 (1997), S. 164–186.

sechzehnten Jahrhundert wurde die Schrift auf den Index gesetzt, war dadurch in ihrer Wirkung jedoch nicht mehr entscheidend zu mindern.

Übergehen muss ich hier die relativ gut erforschte Aneignung arabisch-griechischer Wissenschaft seit dem Beginn des zwölften Jahrhunderts, die als maßgebliche Autorität neben den abendländischen Quellen bevorzugt rezipiert wurde.[110]

4 Fazit

Mit dem Schritt in die Frühe Neuzeit lässt sich für die Ambiguitätstoleranz eine Verlust- und eine Gewinn-Geschichte konstatieren. Erhebliche Anstrengungen zu Vereindeutigungen prägen das sechzehnte Jahrhundert. Nicht nur der Variantenreichtum der Bibel wird, wie anfangs erklärt, als Skandalon empfunden und die potentielle Mehrdeutigkeit des Bibeltexts erfährt erhebliche Reduktionen, besonders durch das protestantisch-humanistische Sola-Scriptura-Prinzip.[111] Auch an der bemerkenswerten Vielfalt der Liturgie und des Kults des Mittelalters

---

110 Dazu: Wissen über Grenzen. Arabisches Wissen und lateinisches Mittelalter. Hrsg. von ANDREAS SPEER/LYDIA WEGENER, Berlin, New York 2006 (Miscellanea Mediaevalia 33); ferner weitere Arbeiten des Thomas-Instituts, Köln (Averroes-Arbeitsstelle und Datenbank DARE); Mittelalter im Labor. Die Mediävistik testet Wege zu einer transkulturellen Europawissenschaft. Hrsg. von MICHAEL BORGOLTE u. a., Berlin 2008 (Europa im Mittelalter 10), bes. S. 210–228; FREDERIC MUSALL: Vom ‚Schlüssel der Wissenschaften' zum ‚Schlüssel des Gesetzes'. Wissenskultur und Wissenstransfer im europäischen Mittelalter am Beispiel Moshe ben Maimons, bes. S. 213 mit Anm. 59; s. auch weitere Arbeiten des Schwerpunkt-Programms *Integration und Desintegration der Kulturen im europäischen Mittelalter*.
111 William of Ockham: *Dialogus*. Hrsg. von JOHN KILCULLEN u. a., Oxford Univ. Press 2011 (William of Ockham, Opera politica 8), S. 283–298 zu Ockhams entschiedener Ablehnung der These des Marsilius von Padua, dass die ‚notwendigen' Glaubensartikel nur durch das Generalkonzil festzulegen seien; er sucht den Literalsinn, meint aber, dass die weiteren Sinne nicht von irgendeiner kirchlichen Instanz festzulegen seien, sondern allein durch göttliche Offenbarung oder in Annäherung durch Forschen und Nachdenken von allen verschieden gefunden werden könnten (freundlicher Hinweis von JÜRGEN MIETHKE). GEORGETT SINKLER: Ockham and Ambiguity. In: Medieval Philosophy and Theology 4 (1994), S. 142–164 („six types of ambiguity", nach Aristoteles *Sophistici elenchi*, und ihre Reduktion auf eine sprachliche Ambiguitätsform durch Ockham, die *aequivocatio*). Eine andere Form der Ambiguität wird in der konfessionellen Auseinandersetzung entwickelt: ANDREAS PIETSCH/BARBARA STOLLBERG-RILINGER: Konfessionelle Ambiguität. Uneindeutigkeit und Verstellung als religiöse Praxis in der Frühen Neuzeit, Gütersloh, Heidelberg 2013 (Schriften des Vereins für Reformationsgeschichte 214), hier bes. S. 238–266: ANDREAS PIETSCH: Messbesuch für Anfänger und Fortgeschrittene. Zur Ambiguität der konfessionellen Zugehörigkeit.

wird auf dem Tridentinum Anstoß genommen und neue Bücher sollen sie beseitigen. Zur mittelalterlichen Varianz und Mehrdeutigkeit der kultischen Praxis nur zwei prominente Zeugnisse: Nach einem Besuch Bernhards von Clairvaux in Heloises Kloster Paraklet berichtet sie Abaelard, Bernhard habe Kritik geübt an ihrem Gebrauch des Vaterunsers aus Matthäus statt des kürzeren aus Lucas und darin eine Neuerung Abaelards geargwöhnt.[112] Abaelard begründet Bernhard gegenüber in einem Brief diese Wahl als die authentischere, betont aber, er wolle damit niemanden von seinem Usus abbringen; denn ‚ein jeder schöpfe aus der Fülle seines eigenen Geistes'.[113] Die Vielfalt der liturgischen Bräuche sei bekanntermaßen enorm und sie müsse eher als Genuss (oblectatio), denn als Störung empfunden werden, da man ja auch in Mailand, in Lyon und anderswo eigene Riten pflege.[114] So solle auch jeder aus der Fülle seines Geistes schöpfen und das Herrengebet in der Form sprechen, die er bevorzugt.[115]

Im späten dreizehnten Jahrhundert formuliert der maßgebliche Liturgie-Ausleger Durandus († 1296) im Prolog seines *Rationale* – eines Werkes, das bis ins späte neunzehnte Jahrhundert 94 Druckauflagen hatte –[116]: ‚Man muss aber bedenken, dass in der Liturgie (*in divino cultu*) die Buntheit eines vielfältigen Ritus festzustellen ist. Denn fast jede Kirche hat ihre eigenen Kulthandlungen und schöpft aus der Fülle ihres Geistes, und es kann nicht als tadelnswert oder absurd betrachtet werden, dass Gott und ihre Heiligen mit verschiedenen Chorgesängen und Liedern und mit verschiedenen Kulthandlungen verehrt werden, da die triumphierende Kirche selbst nach dem Propheten (David, Ps. 44,10) mit buntem Gewand bekleidet ist und bei der Ausübung selbst der kirchlichen Sakramente zurecht die Vielfalt der Gewohnheit geduldet wird.'[117] Durandus will – unter

---

112 Petrus Abaelardus: *Epistolae*, X (MIGNE, Patrologia Latina 178), Sp. 335–340, hier Sp. 335BC.
113 Ebd., Sp. 335C-338B, bes. Sp. 338B: *Nemini tamen praecipio, nemini persuadeo, ut me in hoc sequatur et a communi recedat usu. Abundet unusquisque in sensu suo.*
114 Ebd., Sp. 340BC: *Denique in divinis officiis quis ignoret diversas et innumeras Ecclesiae consuetudines inter ipsos etiam clericos?* [... (Rom, Mailand, Lyon)]. *Et cum tanta in istis facta sit varietas quidquid una post aliam noviter instituit, nulla reprehensio novitatis incidit, quia nulla fidei contrarietas fuit. Nonnullam enim oblectationem haec divini cultus varietas habet, quia, ut Tullius meminit, identitas in omnibus mater est satietatis.*
115 Ebd., Sp. 340D: *Denique, ut omnibus satisfaciam, nunc etiam, ut superius dico, abundet unusquisque in suo sensu, dicat eam* [sc. *orationem Christi*]; am Ende des Briefs schwingt etwas Ironie mit.
116 GEORG LANGGÄRTNER u.a.: Durantis(s), Guillelmus d. Ä.. In: Lexikon des Mittelalters 3 (1984/86), Sp. 1469f.
117 Guillelmus Durandus: *Rationale divinorum officiorum I–IV*. Hrsg. von ANSELM DAVRIL/TIMOTHY M. THIBODEAU, Turnhout 1995 (Corpus Christianorum. Continuatio Mediaevalis 140), S. 8: *Considerari autem oportet quod in diuino cultu multiplicis ritus uarietas reperitur. Vnaqueque namque fere Ecclesia proprias habet obseruantias et in suo sensu habundat, nec censetur repre-*

Verzicht auf die vielen lokalen Riten, die er akzeptiert, aber nicht bewältigen könnte – die wichtigsten allgemeiner darstellen.[118] Auch die Liturgiewissenschaft heute ist von der Aufarbeitung dieser Vielfalt noch entfernt. Am Ende des Mittelalters reflektiert Nikolaus von Kues in seiner visionären Schrift *De pace fidei* diese Vielfalt der Riten unter der Formel *religio una in rituum varietate* – auf der Suche nach einem Frieden zwischen den verschiedenen Religionen.[119]

Während mittelalterliche Vielfalt auf diesem Gebiet seit dem sechzehnten Jahrhundert dem Ideal der gesamtkirchlichen Uniformität geopfert wurde, ist in anderen Bereichen der Gewinn des mittelalterlichen Ambiguitätstrainings durchaus bewahrt geblieben. Die jahrhundertelange Einübung in eine Praxis mit mehrdeutigen Texten, in den Umgang mit einer in ihnen gefundenen polyvalenten Wirklichkeit hat die europäische Mentalität über das religiöse Feld hinaus geprägt. Nach gewissen Reduktionen im sechzehnten Jahrhundert kehrt die Freude an der Mehrdeutigkeit der Texte bald zurück und wird im Barock auf einen neuen Höhepunkt getrieben.[120] Die Bibel wird wieder in großen Kommentarwerken allegorisch gedeutet – auch im Protestantismus gibt es Beispiele – bis ins achtzehnte Jahrhundert. Große allegorische Bibellexika,[121] Marienlexika und verwandte Spe-

---

hensibile uel absurdum Deum et sanctos eius uariis concentibus seu modulationibus atque diuersis obseruantiis uenerari cum et ipsa Ecclesia triumphans secundum prophetam circumdata sit uarietate, et in ipsorum ecclesiasticorum [...] institutionum in diuino officio quasdam Scripturis accepimus (dazu werden weitere Traditionsgründungen genannt).
118 Durandus (Anm. 117), S. 9: *Non enim uniusquisque loci specialia, sed communes atque usitatiores ritus hic prosequimur qui communem non particularem doctrinam tradere laboramus, nec sit possibile quorumlibet locorum specialia perscrutari.*
119 Nikolaus von Kues: *De pace fidei*. In: Ders.: *Philosophisch-theologische Schriften*. Hrsg. von LEO GABRIEL, übers. von DIETLIND u. WILHELM DUPRÉ, Bd. 3, Wien 1982 (1. Aufl. 1967), S. 705–795, bes. z. B. S. 724 f., S. 796 f. Zur Reflexion der Ritenvielfalt vgl. auch MARKUS RIEDENAUER: Pluralität und Rationalität. Die Herausforderung der Vernunft durch religiöse und kulturelle Vielfalt nach Nikolaus Cusanus, Stuttgart 2007 (Theologie und Frieden 32).
120 Dazu BAUER (Anm. 2), S. 32 unter Hinweis auf Luis de Góngora, Giambattista Marino, John Donne: „So unterschiedlich deren Werk und Rezeption auch sind (zu denen wenig später verwandte Richtungen in Deutschland und Frankreich kommen) und so problematisch der Begriff ‚europäischer Barock' sein mag, so steht doch fest, dass die vormoderne europäische Literatur in dieser Zeit ihren Höhepunkt an Ambiguitätstoleranz erreicht hat und in ihrem produktiven Umgang mit dem Deutungspotential der Sprache endlich an das Niveau herangekommen war, das für die arabische Literatur seit Jahrhunderten selbstverständlich war. Die Aufklärung bereitete dieser Blüte ein rasches Ende." Dieses Urteil muss nun auf die Zeit vor dieser Epoche erweitert werden.
121 Z. B. Hieronymus Lauretus: *Silva allegoriarum totius sacrae Scripturae*, Barcelona 1570, Neudruck München 1971 nach der 10. Aufl. Köln 1681, eingeleitet von FRIEDRICH OHLY.

zialwerke[122] vermitteln einen Begriff von der Bedeutungspolyvalenz von Text und Welt, und die aufblühende Emblematik, eine Tochter der mittelalterlichen Allegorie, durchdringt mit ihren verschiedenen Ausprägungen vom Religiösen über das Lebensweltlich-Private bis zum Politischen Bücher und Kunstwerke in ganz Europa.[123] Besonders die Lyrik und Dramatik des Barock nehmen einen neuen künstlerischen Aufschwung in der Reflexion und Darstellung der Widersprüchlichkeit, der Mehrdeutigkeit der Welt, der Ambiguität der *conditio humana*.

Während der Begriff der Ambiguität bereits viele Jahrzehnte (seit Empson 1930) in der literaturwissenschaftlichen Forschung diskutiert worden ist (wie dann auch in der Linguistik und Philosophie)[124] und er zum positiven Schlüsselbegriff der modernen Literatur und Kunst, ihrer Offenheit und prinzipiellen Mehrdeutigkeit, ihrer ästhetischen Komplexität wurde,[125] galten die Vormoderne und insbesondere das Mittelalter in den maßgeblichen Büchern und Artikeln auch noch der letzten Jahre als kaum ambiguitätsfreundlich oder -relevant, sie schienen vielmehr eine Negativbilanz im Gefolge der antiken Rhetorik zu dokumentieren.[126] Die Ambiguitätskultur des mittelalterlichen Islam war bis zum

---

122 Z. B. Theophilus Raynaudus: *Marialia*, Lugduni 1665 (Opera omnia 7), S. 371–445; Hippolytus Marracius: *Polyanthea Mariana*, Köln 1710; Petrus Bungus: *Numerorum Mysteria*, Bergamo 1599, Neudruck Hildesheim u. a. 1983. Hrsg. und eingeleitet von ULRICH ERNST.

123 ARTHUR HENKEL/ALBRECHT SCHÖNE: Emblemata. Handbuch zur Sinnbildkunst des 16. und 17. Jahrhunderts, Stuttgart 1967, S. XXIX Emblembücherverzeichnisse.

124 WILLIAM EMPSON: Seven Types of Ambiguity, 3. Aufl. London 1973 (1. Aufl. 1930).

125 UMBERTO ECO: Das offene Kunstwerk. Übers. von GÜNTER MEMMERT, Frankfurt a. M. 1973 (ital. 1962), S. 32–34 zum Mittelalter negativ; CHRISTOPH BODE: Ästhetik der Ambiguität. Zu Funktion und Bedeutung von Mehrdeutigkeit in der Literatur der Moderne, Tübingen 1988 (Konzepte der Sprach- und Literaturwissenschaft 43), S. 279–292, zum Mittelalter negativ. Hinzuweisen ist nun jedoch auf das Graduiertenkolleg 1808 ‚Ambiguität – Produktion und Rezeption' an der Universität Tübingen, das neben dem sprachwissenschaftlichen Schwerpunkt auch literaturhistorische und weitere wesentlich sprachbezogene Disziplinen vereinigt.

126 Zum rhetorischen Aspekt der Ambiguität im Mittelalter vgl. oben Anm. 93; ferner JACQUELINE CERQUIGLINI: Polysémie, ambiguïté et équivoque dans la théorie et la pratique poétiques du Moyen Âge français. In: L'ambiguïté. Cinq études historiques, hrsg. von IRÈNE ROSIER, Lille 1988; ebd. auch ein rhetorischer Beitrag von I. ROSIER zu *equivocatio* und *univocatio* im zwölften Jahrhundert; JAN PINBORG: Amphibologia. In: Lexikon des Mittelalters 1 (1977/80), Sp. 543; ADAM SENNET: Ambiguity. In: Stanford Encyclopedia of Philosophy (SEP), Open access 2011, S. 33 (im wesentlichen linguistisch und Ambiguität mit Polysemie gleichsetzend); zu einem Randgebiet der hier behandelten Mehrdeutigkeit SILVANA VECCHIO Mensonge, simulation, dissimulation. Primauté de l'intention et ambiguïté du langage dans la théologie morale du bas Moyen Âge. In: Vestigia, imagines, verba. Semiotics and Logic in Medieval theological Texts (XIIIth–XIVth Cent.), hrsg. von CONSTANTINO MARMO, Turnhout 1999, S. 117–132. Neue bisher unbemerkte Ansätze der Rhetorik und Poetik zur Erklärung der Ambiguität (*amphibolia*) finden sich bei Gervasius von Melkley: Ars poetica. Hrsg.von HANS-JÜRGEN GRÄBENER, Münster 1965 (Forschungen

Buch THOMAS BAUERS fast unbeachtet.[127] Dass ebenso die Patristik und das westliche Mittelalter eine ganz eigene Schätzung von Ambiguität entwickelt haben mit weitreichenden Folgen bis in die Neuzeit hinein, blieb bislang nahezu unerkannt. Die Prüfung der Zeugnisse hat auch eine neue Perspektive des Vergleichs mit dem mittelalterlichen Judentum und dem Islam eröffnet wie auch die aktuelle Frage nach der älteren Vorgeschichte kultureller Ambiguitätstoleranz als Qualität von pluralen Gesellschaften heute akzentuiert.

Das Bewusstsein vom Funktionieren solcher Toleranz in älteren Zeiten und Kulturen mag einen als problematisch erfahrenen Vereindeutigungsdruck in der modernen ambiguitätsfeindlichen Welt, sofern sie durch Prozesse der Rationalisierung, Institutionalisierung oder Formalisierung geprägt ist, in ihrem Geltungsanspruch relativieren durch die Akzeptanz von Mehrdeutigkeit, durch die Schätzung von Vielfalt.

---

zur Romanischen Philologie 17), S. 20–22; Boncompagno da Signa: Rhetorica novissima 7, 3 *De amphibologia*. Hrsg. von STEVEN M. WIGHT, Los Angeles 1998; Scrineum Universita di Pavia 1999 (http://scrineum.unipv.it/wight/rn).
127 Zu nennen wäre auch etwa BERQUE/CHARNAY (Anm. 87).

Udo Friedrich
Die Metapher als Figur der Ambiguität im Mittelalter

Wer sich als Literatur- oder Kulturwissenschaftler mit historischen Objekten beschäftigt, befindet sich immer schon in einer Verlegenheit. Gegenüber den formalen Wissenschaften fehlt ihm die logische Stringenz, gegenüber den empirischen die eindeutige Referenz. Klare und deutliche Begriffe und strenge Funktionalität kennzeichnen das Wissenschaftsethos einer Zeit, die sich im Gefolge der Aufklärung als rationale versteht. Literatur und Kultur bilden aber offenbar Objektbereiche, die sich in vielerlei Hinsicht harten Rationalitätsansprüchen nur schwer fügen, woraus die Rede von den zwei Kulturen resultiert. Die Literaturwissenschaft hat sogar explizit den Bereich der Ästhetik ausgegrenzt, der eigene Rationalitätsstandards reklamiert: anschauende Erkenntnis, ästhetische Rationalität.[1] Aber auch innerhalb der Literaturwissenschaft ist umstritten, ob die methodischen Verfahren sich an denen der Naturwissenschaften orientieren oder der Komplexität des Gegenstandes angepasst werden sollten: Analytische Hermeneutik und Semiotik stehen sich hier in harter Front gegenüber.

Historisch artikuliert sich die Spannung zwischen Eindeutigkeit und Mehrdeutigkeit in der klassischen Konkurrenz von Logik und Rhetorik. Während jene über die strenge Form des Syllogismus auf Wahrheit rekurriert, entfaltet diese über den Schluss aus wahrscheinlichen Prämissen – das Enthymem – das komplexe Feld von Geltungsansprüchen, die auf jene Wirklichkeiten sich beziehen, „in denen wir leben" (BLUMENBERG) und die über rein rationale Parameter nicht zu bewältigen sind.[2] Der Bereich der Wirklichkeit geht nicht in dem der Wahrheit auf. Wenn Aristoteles das Funktionsspektrum des Enthymems in der Gewohnheit lokalisiert, markiert er zwar die Differenz von Natur („immer") und Kultur („oft"), ebnet diese aber zugleich wieder ein: *consuetudo altera natura*.[3] Die Gewohnheit ist etwas der Natur Ähnliches, sie wird als Vermittlungsinstanz zwischen Natur und Kultur geschaltet, so dass sie eine lose, ambige Verbindung zur Natur besitzt.

---

[1] KARLHEINZ STIERLE: Ästhetische Rationalität. Kunstwerk und Werkbegriff, München 1997 (Bild und Text).
[2] HANS BLUMENBERG: Anthropologische Annäherung an die Aktualität der Rhetorik. In: DERS.: Wirklichkeiten, in denen wir leben. Aufsätze und eine Rede, Stuttgart 1981 (Reclams Universal-Bibliothek 7715), S. 104–136.
[3] „Denn die Gewohnheit ist etwas der Natur Ähnliches. So steht nämlich das *Oft* dem *Immer* nahe. Es gehört aber die Natur in den Bereich des *Immer*, dagegen die Gewohnheit in den Bereich des *Oft*." Aristoteles: Rhetorik. Übers., mit einer Bibliographie u. einem Nachwort von FRANZ G. SIEVEKE, München 1980 (Uni-Taschenbücher 159), I,11.

Das betrifft sowohl die Spannung zwischen vermeintlichen Charaktereigenschaften (Physiognomik) und der Habitualisierung ethischer Programme als auch den Rekurs auf Argumentationsfiguren des Enthymems, die über ihre Konventionalisierung eine beinah natürliche Evidenz erhalten haben:[4] Sprichworte, Exempel und Metaphern liefern Prämissen und Schlüsse nicht für logische (syntagmatische), sondern für psychologische (paradigmatische) Argumentationen.

Die Rhetorik bezieht ihre Geltungsansprüche aus einem Grenzbereich von Natur und Kultur, aus kulturellen Erfahrungen, die aber die Option besitzen, dass es immer auch anders sein kann. Dem *tertium non datur* der Logik wird ein Feld von Geltungsansprüchen gegenübergestellt, in dem nicht nur das *tertium datur* gilt, sondern auch je nach Situation das gleiche Argument in gegenläufiger Richtung verwendet werden kann. Die Rhetorik operiert im Rahmen topischer Argumentation mit dem Axiom des *in utramque partem*.[5] Exemplarisch kann eine Fabel Äsops dieses Prinzip illustrieren. Als die Sau im Streit mit der Hündin lag und ihr bei Aphrodite drohte, sie zu zerfleischen, kontert diese, die Sau

> handle gerade deshalb ganz falsch, weil ja Aphrodite Schweine so hasse, dass sie einem, der Schweinefleisch gegessen habe, nicht in ihren Tempel eintreten lasse: Da unterbrach sie die Sau und sagte: ‚Aber, meine Liebe, das macht sie ja nicht aus Hass, sondern aus Vorsorge, damit keiner mich schlachtet.'

Das Epimythion bringt die Ambiguität der Argumentation auf den Punkt: „Ebenso modeln die klugen Redner oft auch die Schmähungen ihrer Gegner in Lob um".[6] Die Fabel reflektiert hier nicht auf eine Moral, sondern auf eine Argumentationsfigur, und sie stellt die Relativität rhetorischer Geltungsansprüche selbst aus. Anders als in der Logik können innerhalb der Rhetorik sogar gegenläufige Wahrscheinlichkeiten zugleich Geltung beanspruchen, wie sie etwa in der Pragmatik des Sprichworts sichtbar werden: „Gleich und Gleich gesellt sich gern" – „Gegensätze ziehen sich an" oder „Verlass nie die öffentliche Straße wegen irgendeines

---

4 JÖRG VILLWOCK: Mythos und Rhetorik. Zum inneren Zusammenhang zwischen Mythologie und Metaphorologie in der Philosophie Hans Blumenbergs. In: Philosophische Rundschau 32 (1985), S. 68–91, hier S. 81.
5 LOTHAR BORNSCHEUER: Topik. Zur Struktur der gesellschaftlichen Einbildungskraft, Frankfurt a. M. 1976, S. 36.
6 Äsop: *Fabeln*. Griechisch/Deutsch. Übersetzung und Anmerkungen von THOMAS VOSKUHL. Nachwort von NIKLAS HOLZBERG, Stuttgart 2009 (Reclams Universal-Bibliothek 18297), S. 211. Die Option, Semantiken je nach Situation anders metaphorisch zu modellieren, hat die christliche Allegorese mit dem Deutungsverfahren *in bonam et malam partem* für ihr eigenes Weltbild moralisch reduziert.

Pfades" – „Gehe durch den schmalen Weg und verlasse den breiten."[7] Im rhetorischen Argumentationsspektrum wird nicht nur die logische Relation des Entweder-Oder durch die rhetorische des Sowohl-Als-Auch ersetzt, die zitierten Wegsprichworte markieren überdies schon die Konkurrenz von pragmatischer und übertragener Redeweise. Wie die Bewältigung komplexer Lebensverhältnisse es mitunter erfordert, das gleiche Argument in entgegengesetzter Richtung zu verwenden, so kann man auch durch verschiedene Mittel zum gleichen Ziel gelangen.[8] Die Rhetorik besitzt ein methodisches Bewusstsein von der Ambiguität der Sprache, dass man mit den gleichen Worten anderes und mit anderen das Gleiche sagen kann.[9] Die Ironie und die Kippfiguren der Komik, beides im Grunde metaphorische Operationen, legen hierfür nur besonders eindrücklich Zeugnis ab.

Rhetorische Argumentation basiert auf aus Erfahrungen abgeleiteten paradigmatischen Regeln, die weder wahr noch falsch, sondern nur wahrscheinlich sind, aber dennoch Geltung reklamieren. Ihr sozialer Ort ist das kollektive Gedächtnis, das Regeln mittlerer Reichweite zur Verfügung stellt.[10] Was die Antike aber über die Gewohnheit etabliert hatte, einen Raum relativer, aber konventionalisierter Geltungsansprüche, hat die moderne Ethnologie als Common Sense (GEERTZ), die Wissenssoziologie als Habitus (BOURDIEU) und Institutionalität (LUHMANN), die Literaturwissenschaft als „gesellschaftliche Einbildungskraft" (BORNSCHEUER) reformuliert.[11] Common Sense bezeichnet die Fähigkeit, aufgrund von Erfahrung mit der Alltagswirklichkeit umzugehen.[12] Dass diese we-

---

[7] Thesaurus proverbiorum medii aevi. Lexikon der Sprichwörter des romanisch-germanischen Mittelalters, Bd. 12, begr. von SAMUEL SINGER [...], Berlin, New York 2001, S. 401 f.; vgl. ALOIS HAHN: Zur Soziologie der Weisheit. In: Weisheit. Hrsg. von ALEIDA ASSMANN, München 1991 (Archäologie der literarischen Kommunikation 3), S. 47–57, hier S. 49.
[8] In diesem Sinn ist der Eingangsessay Montaignes paradigmatisch: Durch verschiedene Mittel gelangt man zum gleichen Ziel. Michel de Montaigne: *Essais.* Auswahl und Übertragung von HERBERT LÜTHY, Zürich 1953, S. 55–60; KARLHEINZ STIERLE: Montaigne und die Erfahrung der Vielheit. In: Die Pluralität der Welten. Aspekte der Renaissance in der Romania. Hrsg. von WOLF-DIETER STEMPEL/KARLHEINZ STIERLE, München 1987 (Romanistisches Kolloquium 4), S. 417–448.
[9] H. K. KOHLENBERGER: Art. Ambiguität. In: Historisches Wörterbuch der Philosophie 1 (1971), Sp. 201–203, hier Sp. 202.
[10] NICOLAS PETHES/JENS RUCHATZ/STEFAN WILLER: Zur Systematik des Beispiels. In: Das Beispiel. Epistemologie des Exemplarischen. Hrsg. von DENS., Berlin 2010 (LiteraturForschung 4), S. 7–59, hier S. 13.
[11] PIERRE BOURDIEU: Entwurf einer Theorie der Praxis auf der ethnologischen Grundlage der kabylischen Gesellschaft, Frankfurt a. M. 1979, S. 171; CLIFFORD GEERTZ: Common Sense als kulturelles System. In: Dichte Beschreibung. Beiträge zum Verstehen kultureller Systeme. Hrsg. von DEMS., Frankfurt a. M. 1999, S. 261–288; NIKLAS LUHMANN: Vertrauen. Ein Mechanismus der Reduktion sozialer Komplexität. 2. erw. Aufl., Stuttgart 1973, S. 17–23; BORNSCHEUER (Anm. 5).
[12] GEERTZ (Anm. 11), S. 261–288.

niger den Regeln der auf Eindeutigkeit ausgerichteten Logik als denen der auf Pluralisierung angelegten Topik folgt, hat die Ethnologie in der Beschreibung einer Vielzahl kultureller Konventionen hinreichend dargestellt. Bereits Montaignes Essay über die Gewohnheit hatte in seiner schier endlosen Liste absonderlicher Konventionen auf die Relativität kultureller Regeln aufmerksam gemacht.[13] Im Umgang mit natürlicher Devianz etwa kann der Common Sense exkludierend oder inkludierend verfahren, Devianz kann aber auch beiden Strategien zugleich unterliegen.[14] „Wir sahen ja bereits, daß sein [des Common Sense] jeweiliger Inhalt genau wie bei Kunst, Religion und dergleichen je nach Ort und Zeit viel zu stark variiert, als daß man hoffen könnte, eine eindeutig bestimmbare Konstante in ihm zu finden, einen Urdiskurs, den man sich überall erzählt."[15] Common Sense-Wissen lässt sich somit weder vollständig systematisch klassifizieren noch infrage stellen, es erfordert daher eine topische Ordnung.

PIERRE BOURDIEU verortet seinen *Entwurf einer Theorie der Praxis* zwischen Objektivismus und Subjektivismus, der Habitus bezeichnet eine erworbene Haltung (Gewohnheit), die „notwendig und relativ-autonom in einem" ist und die als ein System „dauerhafter und versetzbarer Dispositionen" aufgefasst werden muss: Als *„Handlungs-, Wahrnehmungs- und Denkmatrix"* operiert der Habitus mit Hilfe der „analogischen Übertragung von Schemata", die BOURDIEU explizit mit dem metaphorischen Verfahren relationiert.[16] Wenn sich das Subjekt über Erfahrungsbildung und Rollenentwurf einen vertrauten, aber flexiblen Habitus (ein Selbstbild) aneignet, so mutiert dieser zur „Natur gewordene[n] Geschichte [...], die als solche negiert weil als zweite Natur realisiert wird."[17] NIKLAS LUHMANN bezeichnet solche Handlungen, die weder notwendig noch unmöglich sind, als kontingent.[18] In soziologischer Perspektive wird ihm Kontingenz zum Grundproblem einer *conditio socialis*, die den Menschen immer schon vor mehr Möglichkeiten stellt, als realisiert werden können.[19] Solche Komplexität wird durch Institutionen reduziert, die dadurch Vertrauen stiften, dass sie die soziale Interaktion in Regeln fassen und jenseits aller strengen Notwendigkeiten konventionalisieren. „Das Primärwissen über die institutionale Ordnung ist vortheoretisch. Es ist

---

13 Montaigne: *Essais* (Anm. 8), I,23, S. 155–171.
14 Noch mehr als Zwillinge fordert Intersexualität den Common Sense heraus. Der Hermaphrodit ruft je nach Kultur Abscheu, aber auch Bewunderung und Verehrung, schließlich Gleichgültigkeit hervor. GEERTZ (Anm. 11), S. 271–275.
15 GEERTZ (Anm. 11), S. 276.
16 BOURDIEU (Anm. 11), S. 169 f.
17 BOURDIEU (Anm. 11), S. 171.
18 NIKLAS LUHMANN: Kontingenz als Eigenwert der modernen Gesellschaft. In: Beobachtungen der Moderne. Hrsg. von DEMS., Opladen 1992, S. 93–128, hier S. 96.
19 LUHMANN (Anm. 11), S. 4 f.

das summum totum all dessen, ‚was jedermann weiß', ein Sammelsurium von Maximen, Moral, Sprichwortweisheiten, Werten, Glauben, Mythen und so weiter, dessen Integration eine beträchtliche geistige Kraft benötigt."[20] Zwar wird das institutionelle Regelsystem so erfahren, als ob es Natur wäre,[21] doch besitzt es nicht die gleiche Verbindlichkeit wie das der Natur, es erweist sich immer auch als veränderbar.

An die Stelle binärer Schematisierung (wahr-falsch, gut-böse etc.) und strikter Unterscheidungen treten spannungsgeladene Relationen, für die Moderne und Postmoderne eigene Terminologien entwickelt haben: différance, in between space, negotiations, re-entry, Paradigma, Hybridisierung, Paradoxie und nicht zuletzt metaphorische Interaktion, Termini, die auf den Wandel kultureller Axiome in Richtung auf eine „Figur des Dritten" hinweisen.[22] Damit wird dem Umstand Rechnung getragen, dass sich eine Vielzahl kultureller Konstellationen dem Binarismus der Logik entzieht. Ambiguität erweist sich so als terminologische Reformulierung eines alten skeptischen Befundes, den Moderne und Postmoderne in theoretische Modelle überführt haben. Wenn überdies „Ambiguität im Begriff des Revolutionären" selbst festgemacht wird und *„Unbestimmtheit als Zeitsignatur"* der Moderne erscheint, zeigt das eine veränderte Basis kultureller Selbstbeschreibung an.[23] Das Ende der Geschichtsphilosophie und die Skepsis gegenüber *grands récits* haben das Telos kollektiven Handelns unsicher werden lassen, aber auch die Frage nach Kausalitäten hat ihre Eindeutigkeit verloren.[24] Phasen der Ambivalenz macht NIKLAS LUHMANN entsprechend für seine Evolutionsgeschichte der Institutionen geltend, die aus der Spannung gegenläufiger Kräfte Energien potentieller Entwicklung gewinnen.[25] Noch was sich als Errungenschaft der Moderne präsentiert hatte, die Verzeitlichung der Geschichte

---

20 PETER L. BERGER/THOMAS LUCKMANN: Die gesellschaftliche Konstruktion der Wirklichkeit. Eine Theorie der Wissenssoziologie, Frankfurt a. M. 1980 (Fischer 6623), S. 70.
21 Ebd., S. 63.
22 Die Figur des Dritten. Ein kulturwissenschaftliches Paradigma. Hrsg. von EVA ESSLINGER u. a., Frankfurt a. M. 2010.
23 KLAUS LICHTBLAU: Soziologie und Zeitdiagnose. Oder: Die Moderne im Selbstbezug. In: Jenseits der Utopie. Theoriekritik der Gegenwart. Hrsg. von STEFAN MÜLLER-DOOHM, Frankfurt a. M. 1991 (Edition Suhrkamp 1662), S. 7–47, hier S. 23 f.
24 Wie die Evolutionstheorie der Natur die Relationierung von Natur und Umweltbedingungen in den Blick nimmt, um die Vielfalt der Arten zu erklären, so beschreibt die Systemtheorie soziale Komplexität aus Differenzierungsprozessen von System und Umwelt. Zum Evolutionsgedanken vgl. ERNST MAYR: Der gegenwärtige Stand des Evolutionsproblems. In: Evolution, Zeit, Geschichte, Philosophie. Universitätsvorträge Westfälische Wilhelms-Universität Münster, Heft 5 (1982), S. 1–18.
25 Etwa die Spannung von *ius* und *facultas* als Katalysator subjektiver Rechte. NIKLAS LUHMANN: Subjektive Rechte. Zum Umbau des Rechtsbewußtseins für die moderne Gesellschaft. In:

(KOSELLECK, LEPENIES) gegenüber der topisch organisierten exemplarischen Geschichtsschreibung, erweist sich mittlerweile als Ambiguität von Geltungsansprüchen, die nicht gegeneinander ausgespielt werden können.[26] Geschichtswissenschaft suspendiert nur in einem sehr engen Feld den Topos *Historia magistra vitae*. GIORGIO AGAMBEN hat wohl am striktesten Ambiguität als Figur profiliert, wenn er im seinem Buch *Homo sacer* Phänomenen nachgeht, die den Geltungsanspruch der Regel oder des Gesetzes an die Existenz der Ausnahme, des Ausnahmezustands, bindet: der *„einschließenden Ausschließung"* (Gesetz-Ausnahmezustand) und der *„ausschließenden Einschließung"* (Regel-Exempel).[27] Die Wiederkehr der Rhetorik in der Postmoderne trägt diesem Befund Rechnung. Es scheint so zu sein, dass Ambiguität eher den Normalfall sozialer Kommunikation darstellt. Ambiguitäten dieser Art bezeichnen ein logisches Grenzphänomen: eine Irritation, die Reflexion in Gang setzt. Gegenüber allem Bemühen um Ordnung und Eindeutigkeit markiert sie den Ort einer elementaren Unordnung.

Psychologisch, kognitiv und sozial scheint das Subjekt in seinem Alltag mehr durch Spannungen als durch klare Dispositionen geprägt zu sein: Nicht erst in Formen der Hybridisierung – Interkulturalität, -sexualität –, schon von den Spaltungen psychischer Instanzen (Überich-Ich-Es) über die Synchronisierung konkurrierender Rollenentwürfe bis hin zur Ambiguität der Sprache selbst, die in der Spaltung des Sprechaktes in Mitteilung und Information zu Ausdruck kommt, herrscht alles andere als Eindeutigkeit. Ambiguität bezeichnet vor allem eine Entscheidungshemmung in schwierigen bzw. dilemmatischen Situationen. Soziologisch erscheint sie als Herausforderung, einerseits Unbestimmbares (sozialen Sinn) zu bestimmen, andererseits als Notwendigkeit, Selektionen und Unterscheidungen zu treffen. NIKLAS LUHMANNS Kontingenzproblem besagt ja, dass die Unendlichkeit potentieller Wahloptionen das Subjekt prinzipiell überfordert –

DERS.: Gesellschaftsstruktur und Semantik Studien zur Wissenssoziologie der modernen Gesellschaft, Bd. 2, Frankfurt a. M. 1981, S. 45–104.
26 REINHART KOSELLECK: Historia Magistra Vitae. Über die Auflösung des Topos im Horizont neuzeitlich bewegter Geschichte. In: Vergangene Zukunft. Zur Semantik geschichtlicher Zeiten. Hrsg. von DEMS., Frankfurt a. M. 1989 (Suhrkamp-Taschenbuch Wissenschaft 757), S. 38–66; WOLF LEPENIES: Das Ende der Naturgeschichte. Wandel kultureller Selbstverständlichkeiten in den Wissenschaften des 18. und 19. Jahrhunderts, Frankfurt a. M. 1978 (Suhrkamp-Taschenbuch Wissenschaft 227); ARNO SEIFERT: Verzeitlichung. Zur Kritik einer neueren Frühneuzeitkategorie. In: Zeitschrift für historische Forschung 10 (1983), S. 447–477; UWE HEBEKUS: Geschichte als Ort und Figur. Retopikalisierung historischen Wissens im Historismus. In: Rhetorik. Figuration und Performanz DFG-Symposion 2002. Hrsg. von JÜRGEN FOHRMANN, Stuttgart, Weimar 2004 (Germanistische Symposien Berichtsbände 25), S. 152–175.
27 GIORGIO AGAMBEN: *Homo sacer*. Die souveräne Macht und das nackte Leben, Frankfurt a. M. 2002 (Edition Suhrkamp 2068), S. 31.

man kann nicht alles zugleich haben –, es zwingt, Unterscheidungen zu treffen, um kognitive und soziale Komplexität zu reduzieren.[28] Die anthropologische Version dieses soziologischen Befundes sieht die *conditio humana* denn auch grundsätzlich durch „Evidenzmangel" und „Handlungszwang" gekennzeichnet.[29] Aus dieser Perspektive besitzt der menschliche Wirklichkeitsbezug „keinen unmittelbaren Zugang zur Wahrheit", er ist „indirekt, umständlich, verzögert, selektiv und vor allem ‚metaphorisch'".[30] Es sind daher bevorzugt Metaphernfelder, sogenannte „absolute Metaphern" (Weg, Labyrinth) und metaphorische Erzählformen (Fabel, Gleichnis), die traditionell Sinnsuche und Entscheidungsprobleme vor Augen führen: z. B. Herkules am Scheideweg, Parisurteil.

1 Ambiguität und Metapher

Eine Figur genuiner Ambiguität stellt die Metapher dar. Nicht nur mangelt ihr aufgrund des Vorgangs der Übertragung die eindeutige Referenz; indem sie das *tertium non datur* der Logik durch das *tertium comparationis* der Tropenlehre ersetzt, erhebt auch sie einen rhetorischen Geltungsanspruch. Seit je steht die Metapher in Konflikt mit der grammatischen Regel einerseits und mit dem philosophischen Begriff andererseits, ihre Unschärfe mit deren vermeintlicher Eindeutigkeit. Als zentrales Merkmal der metaphorischen Operation gilt die semantische Auffälligkeit (der Löwe Achill).[31] Die Metapher stört zwar das natürliche Sprachempfinden, sie behebt aber auch einen konstitutiven Mangel der Sprache dort, wo diese kein Lexem bereit hält (Katachrese) oder wo sie grundsätzlich an die Grenzen ihrer Ausdrucksmöglichkeiten gerät, sie zwingt den Sprecher über ihre Rätselhaftigkeit in die Reflexion und eröffnet ihm zugleich ein reiches Spektrum an Konnotationen: Die Metapher ist mithin eine Figur des Mangels und der Fülle zugleich.[32]

Ambiguität zeichnet bereits die Metapherndefinition des Aristoteles aus. Sie operiert einerseits nach einem logischen Klassifikationsverfahren, indem sie Ähnlichkeiten nach Genus-Species-Relationen ordnet: So fasst Aristoteles „ab-

---

28 LUHMANN (Anm. 18). Vgl. Urteilen/Entscheiden. Hrsg. von CORNELIA VISMANN/THOMAS WEITIN, München 2006 (Literatur und Recht).
29 BLUMENBERG (Anm. 2), S. 117.
30 Ebd., S. 115.
31 PETER KOCH: Gedanken zur Metapher – und zu ihrer Alltäglichkeit. In: Sprachlicher Alltag – Linguistik – Rhetorik – Literaturwissenschaft. Festschrift für WOLF-DIETER STEMPEL, 7. Juli 1994. Hrsg. von ANNETTE SABBAN/CHRISTIAN SCHMIDT, Tübingen 1994, S. 201–225.
32 BLUMENBERG (Anm. 2).

$$\frac{B}{A} = \frac{D}{C} \qquad \frac{\text{Alter}}{\text{Leben}} \times \frac{\text{Abend}}{\text{Tag}} \qquad \frac{\text{Lauf}}{\text{Weg}} \times \frac{\text{Leben}}{\text{Zeit}}$$

schöpfen" und „abschneiden" als Arten des Gattungsbegriffs „wegnehmen" auf. Deshalb lässt sich metaphorisch Wasser mit dem Becher ‚abschneiden' und das Leben mit dem Schwert ‚abschöpfen'.[33] Andererseits operiert die Metaphernbildung auf der Basis einer Proportionsanalogie: B–A = D–C: Wie das Alter sich zum Leben, so verhält sich der Abend zum Tag, so dass wir vom Alter des Tages und vom Lebensabend sprechen.[34] Während die Genus-Species-Relationen in einem Verhältnis der Ähnlichkeit stehen, modelliert die Analogierelation Differenzen.[35] Genus-Species-Relationen verweisen auf substantielle oder logische Zusammenhänge, auf Teilhabe, letztlich Identität. Dem steht die Analogie der Proportionalität gegenüber, die weit auseinander liegende Objektbereiche miteinander verbindet: Schon in einer ihrer ersten systematischen Definitionen erweist sich die Metapher als Figur der Identität ebenso wie der Differenz. Was CLAUDE LÉVI-STRAUSS für die Mythen des Totemismus und JEAN-PIERRE VERNANT für den antiken Mythos (Prometheus) gezeigt haben, dass sie über die Figur der Analogie Gegensätze überbrücken, ein Ganzes als aus heterogenen Teilen Zusammengesetztes erfassen, basiert auf der strukturellen Leistung der Metapher.[36] Aus der Vereinigung von Gegensätzen entstehe so eine organisierte Ganzheit wie im ehelichen Paar, im ganzen Tag oder im runden Jahr.[37] Wenn LÉVI-STRAUSS etwa die Funktion von Zwillingen in einem Nuermythos erklärt, rekurriert er auf die Differenzfunktion der Analogie: Zwillinge sind im Nuermythos nicht zwei Personen, aber auch nicht eine (Ähnlichkeit), sondern keine Person, sie sind Vögel:

---

[33] Aristoteles: *Poetik*. Griechisch/Deutsch, übers. u. hrsg. von MANFRED FUHRMANN, Stuttgart 1982, Kap. 21.
[34] Ebd.
[35] GILLES DELEUZE/FÉLIX GUATTARI: Kapitalismus und Schizophrenie. Tausend Plateaus. Aus dem Frz. übers. von GABRIELE RICKE und RONALD VOULLIÉ, Berlin 1992 [zuerst Paris 1980], S. 319–324.
[36] CLAUDE LÉVI-STRAUSS: Das Ende des Totemismus, Frankfurt a. M. 1965 [zuerst Paris 1962] (Edition Suhrkamp 128); JEAN-PIERRE VERNANT: Mythos und Religion im alten Griechenland. Aus dem Französischen von EVA MOLDENHAUER, Frankfurt a. M., New York 1995 (Edition Pandora 26), S. 63–77.
[37] LÉVI-STRAUSS (Anm. 36), S. 115 f. „Die Metapher, deren Rolle für den Totemismus wir wiederholt hervorgehoben haben, ist keine nachträgliche Verschönerung der Sprache, sondern eine ihrer grundlegenden Ausdrucksweisen. Sie ist von Rousseau auf die gleiche Ebene gestellt worden wie der Gegensatz und bildet mit dem gleichen Recht wie jener eine erste Form des diskursiven Denkens." S. 132 f.

Zwillinge ‚sind Vögel', nicht weil sie sich mit diesen vermischen oder weil sie diesen ähnlich sind, sondern weil die Zwillinge im Vergleich zu den anderen Menschen wie ‚Personen von oben' im Vergleich zu ‚Personen von unten' sind, und im Vergleich zu den Vögeln wie ‚Vögel von unten' im Vergleich zu ‚Vögeln von oben'. Sie nehmen eine Zwischenstellung zwischen dem Großen Geist und den Menschen ein.[38]

In der natürlichen Ordnung der Nuer stellen Zwillingen eine Störung dar, sie erhalten aber über die Analogie der Proportionalität, d. h. über ein metaphorisches Verfahren, ihre ambige, aber sinnvolle Position. Die semiotische Sprach- (JAKOBSON, PEIRCE), Literatur- und Kulturtheorie (BARTHES, LOTMAN, WELLBERY) lokalisiert in den beiden Operationen der Ähnlichkeit und Analogie sogar die gegenläufigen, aber auch aufeinander angewiesenen Funktionsmechanismen des Sprechens und Erzählens: „Innerhalb eines Bewusstseins bestehen quasi zwei Bewusstseine."[39] Nach ROLAND BARTHES „haben Operationen der metaphorischen und metonymischen Entstellung oder Substitution zu allen Zeiten den menschlichen Logos geprägt, und zwar selbst, als dieser Logos zur positiven Wissenschaft geworden war."[40] Metapher und Metonymie sind für ihn in Anlehnung an eine Formulierung Sigmund Freuds Figuren einer „Entstellungswissenschaft".[41]

Eine eigene Figur metaphorischer Ambiguität stellt das rhetorische Exempel dar. Mit den *genera narrationis – historia, argumentum, fabula* – verfügt die Rhetorik über drei paradigmatische Erzählformen, die weder streng deduktiv noch induktiv verfahren, sondern das Besondere mit dem Besonderen relationieren. Aus dem besonderen Einzelfall wird über Heranziehung eines geschichtlichen (*historia*) oder konstruierten (Fabel, Gleichnis) Parallelfalls eine Regel extrapoliert. „Der Diskurs dieser Singularität steht nicht unter dem Regime der Logik, sondern dem der *Analogie*."[42] Daraus resultiert die Nähe des Exempels zur Meta-

---

38 Ebd., S. 105.
39 JURIJ M. LOTMAN: Die Innenwelt des Denkens. Eine semiotische Theorie der Kultur, Berlin 2010 (Suhrkamp-Taschenbuch Wissenschaft 1944), S. 53–77, hier S. 53.
40 ROLAND BARTHES: Michelets Modernität. In: Das Rauschen der Sprache (Kritische Essays IV), Frankfurt a. M. 2006 [zuerst Paris 1984] (Edition Suhrkamp 1695), S. 237–240, hier S. 238. „*Funktionen* und *Indizien* fallen damit unter eine weitere klassische Unterscheidung: Die Funktionen implizieren metonymische *Relata*, die Indizien metaphorische *Relata*; die einen entsprechen einer Funktionalität des Tuns, die anderen einer Funktionalität des Seins." ROLAND BARTHES: Einführung in die strukturale Analyse von Erzählungen. In: DERS.: Das semiologische Abenteuer, Frankfurt a. M. 1988 (Edition Suhrkamp 1441), S. 102–143, hier S. 112.
41 GERHARD NEUMANN: Literatur als Ethnographie. Zum Konzept einer Semiologie der Kultur. In: Verhandlungen mit dem New Historicism. Das Text-Kontext-Problem in der Literaturwissenschaft. Hrsg. von JÜRG GLAUSER/ANNEGRET HEITMANN, Würzburg 1999, S. 23–48, hier S. 28.
42 GIORGO AGAMBEN: Was ist ein Paradigma? In: DERS.: Signatura rerum. Zur Methode, Frankfurt a. M. 2009, S. 11–39, hier S. 23. „Gegen die drastische Alternative ‚entweder A oder B', die das

pher.⁴³ So wie zu jedem historischen Fall Gegenbeispiele angeführt werden können, so lassen sich auch je nach Situation zu Erfahrungsregeln konträre Fabeln und Gleichnisse konstruieren, z. B. kluge Esel die sich gegen den Wolf behaupten, freche Schafe, die nicht von ihm gefressen werden.⁴⁴ Das rhetorische Exempel erweist sich bekanntlich als „zweischneidiges Schwert", das eine pragmatische Funktion im Redeagon erfüllt.⁴⁵ In der Figur der exemplarischen Ausnahme, eine Art Oxymoron, wird – gegen alle Normalerwartung – der Einzelfall zum Impuls der Regelbildung.⁴⁶ Der Ausbau der Exempelforschung in Richtung auf eine literarische Topik oder „Epistemologie des Exemplarischen" löst das Exempel aus den Relationen von Induktion und Deduktion und hinterfragt die Regelmechanismen, die aus den Relationen des Besonderem zum Besonderen resultieren.⁴⁷

2 Metaphorische Ambiguität im Mittelalter

Das Phänomen Ambiguität besitzt mithin schon seine historische Dimension. Mit der Figur der Ambiguität können sowohl die Spannungen im Begriff des Heiligen beschrieben werden, das Bewunderung und Furcht zugleich hervorruft, wie auch die Logik der Gabe, die sich zwischen den Polen Ökonomie und Anökonomie bewegt (MAUSS, DERRIDA, BOURDIEU). Vormoderne Kulturen entwickeln überdies komplexe soziale Mechanismen des Vergessens, um die Ambivalenzen einer öffentlichen Thematisierung von Ruhm oder Schuld zu verdecken.⁴⁸ Wo die mittelalterliche Kultur widerstreitende Geltungsansprüche aushandeln muss, bietet sich der Rekurs auf Metaphern an, z. B. in den divergierenden Anforderungen von Logik und Theologie, funktionaler und geoffenbarter Wahrheit. Sobald diese jene in den Dienst nimmt, wie in der scholastischen Theologie, muss es zu Kollisionen und Zuständigkeitsproblemen kommen. Die Glaubenswahrheiten – z. B. Trinität, Inkarnation, Himmelfahrt, Jüngstes Gericht – liegen letztlich jenseits aller Logik. In der Theologie wird die Figur der *analogia entis* daher zum Instrument der ver-

---

Dritte ausschließt, beruft sich die Analogie jedesmal auf ihr *tertium datur*, und setzt der Alternative ein unmissverständliches ‚Weder A noch B' entgegen." Ebd., S. 24.
43 PETHES/RUCHATZ/WILLER (Anm. 10), S. 13.
44 Äsop: *Fabeln* (Anm. 6), Nr. 187, S. 159.
45 PETHES/RUCHATZ/WILLER (Anm. 10), S. 13, nach MANFRED FUHRMANN.
46 AGAMBEN (Anm. 27).
47 PETHES/RUCHATZ/WILLER (Anm. 10), S. 7–59.
48 ALOIS HAHN: Schuld und Fehltritt, Geheimhaltung und Diskretion. In: Der Fehltritt. Vergehen und Versehen in der Vormoderne. Hrsg. von PETER VON MOOS, Köln u. a. 2001 (Norm und Struktur 15), S. 177–202, S. 183–185.

mittelten Gottesschau, wird die Metapher aufgrund von Evidenzmangel zum Substitut einer Wahrheit, die sich nicht logisch greifen lässt.[49] Wenn die mystische Spekulation in der Figur des Kreises, in der sowohl Anfang und Ende als auch Mittelpunkt und Umkreis auf besondere Weise konfiguriert sind, eine Metapher für göttliche Paradoxierung – *coincidentia oppositorum* – findet, verbindet Nikolaus von Cues das metaphorische Potential der geometrische Kreismetapher mit weitreichenden metaphysischen Spekulationen.[50]

Wie im theoretischen Feld wird auch im praktischen die Kluft über die bildliche Redeweise überbrückt. Vor allem im Feld religiöser Didaxe, der Vermittlung von Offenbarungswissen, hat das zur Folge, dass das Problem rhetorisch gelöst wird. So empfiehlt Aegidius Romanus in der Erziehungslehre seines Fürstenspiegels *De regimine principum* unter explizitem Rekurs auf die aristotelische Rhetorik, die logisch nicht deduzierbaren Glaubenswahrheiten den Zöglingen über Analogien zu vermitteln. Ganz im aristotelischen Sinn wird die bildliche Redeweise propagiert, wird neben der Dialektik „die Rhetorik notwendig, um als volkstümliche Dialektik die populäre und bildliche Beweisführung kennen zu lernen."[51] Das Bild appelliert aber weniger an den Verstand als an die Erinnerung, die über Habitualisierung stabilisiert wird: „Je mehr deshalb etwas angewöhnt ist, um so mehr wird es zur Natur und um so eifriger hängen wir ihm an."[52] Die Theologie stellt die Rhetorik in ihren Dienst, um kulturelle ‚Bilder' zu naturalisieren. Im agonalen Feld der politischen Theologie dagegen verlieren metaphorische Heuristik und Didaktik ihren relativen Geltungsanspruch, die Metapher wird hier selbst zur Wahrheit und die Gewohnheit zur Lüge: „Ich bin die Wahrheit und nicht die Gewohnheit", dieses Wort Jesu hält angeblich Gregor VII.

---

49 UMBERTO ECO: „The scandal of the metaphor. Metaphorology and semiotics". In: *Poetics Today* 4 (1983), S. 217–257, S. 236.
50 Nikolaus von Cues: *Die Kunst der Vermutung*. Auswahl aus den Schriften. Besorgt und eingeleitet von HANS BLUMENBERG, Bremen 1957, S. 7–69, S. 30 f.
51 Ägidius Romanus: Von der Erziehung, S. 38 f. Zit. nach: Ägidius Romanus' de Colonna, Johannes Gersons, Dionys des Kartäusers und Jakob Sadolets Pädagogische Schriften, übersetzt und mit biographischen Einleitungen und erläuternden Anmerkungen versehen von MICHAEL KAUFMANN/F.X. KUNZ/HEINRICH A. KEISER/KARL ALOIS KOPP, Freiburg i. Br. 1904; *Quare sicut neccessaria fuit dialectica, quae docet modum arguendi subtilem et violentiorum: sic neccessaria fuit rhetorica, quae est quaedam grossa dialectica docens modum arguendi grossum & figuralem. De regimine principum* II,2,8 (S. 307). Zit. nach Aegidius Romanus: *De regimine principum libri* III, Rom 1556 [Nachdruck Frankfurt a. M. 1968].
52 Aegidius Romanus: Von der Sorge der Eltern für ihre Kinder (*De regimine principum* II,2), S. 33. Vgl. *Saepe autem propinquum est ei quòd est Semper: quare consuetudo est propinqua naturae. quanto ergo aliquid est assuetum, tanto magis vtitur in naturam, & tanto feruentius adhaeremus illi.* Aegidius Romanus: *De regimine principum libri* III. (Anm. 51) II, 2, 5 (S. 299).

im Investiturstreit Heinrich IV. entgegen.[53] Gilt die Gewohnheit selbst schon als ambivalente Schnittstelle zwischen Natur und Kultur, so wird sie dort, etwa im adeligen Gewohnheitsrecht, verdächtig, wo sie als zweite Natur Gesetzeskraft reklamiert und in Konkurrenz zur Offenbarung tritt. Deren Geltungsanspruch tritt aber seit ihren Anfängen als konkretisierte Metapher auf – „Ich bin der Weg und die Wahrheit und das Leben" (Joh 14,6) –, die das politische Gesetz mit der Frage nach dem Sinn des Lebens konfrontiert.

Die politische Theologie nutzt ihrerseits die Auffassung des Staates als Organismus zur Legitimation sozialer Ordnung.[54] Für Korporationen wie den Staat (*corpus rei publicae*) oder die Kirche (*corpus ecclesiae*) suggeriert das Bild des Körpers eindrucksvoll die natürliche Notwendigkeit von Souveränität einerseits, Stratifizierung und funktionaler Differenzierung andererseits. Das Bild des Körpers changiert je nach Perspektive noch zwischen einer Identitätsfigur und sozialem Differential. Wenn dem Körper des Königs eine besondere Qualität attestiert wird, wenn das Reich nur dort präsent ist, wo er anwesend ist, wenn es mit seinem Tod unterzugehen droht oder von seinem Körper gar heilsame oder fruchtbare Wirkungen ausgehen können, zeugt das von der Möglichkeit seiner mythischen Aufladung, die den Teil für das Ganze setzt.[55] Wenn im Bild des Körpers aber zugleich die soziale Ordnung in ihr Haupt und ihre Glieder ausdifferenziert wird, belegt das nur die historische Koexistenz gegenläufiger Semantiken, die Metapher markiert auf der Basis natürlicher Identität zugleich soziale Differenz.

GERHARD DOHRN-VAN ROSSUM hat in einer Studie über die historische Semantik politischer Körpervorstellungen gezeigt, dass in der politischen Theologie des Mittelalters begriffliche und metaphorische Operationen nicht scharf zu trennen sind, da juristische Begriffsarbeit und theologische Metaphorik in die Diskussion über den politischen Körper, das Verhältnis von Teil und Ganzem, eingehen.[56] Die *corpus*-Metapher verfügt über einen semantischen Überschuss, die von den Parteien auf unterschiedliche Weise genutzt und begrifflich entfaltet wird.

---

53 Belegt ist der Spruch in einem Brief Urbans II. an den Grafen von Flandern 1092. MARC BLOCH: Die Feudalgesellschaft, Frankfurt a. M. 1982 [zuerst 1939], S. 144. Vgl. WILFRIED HARTMANN: Wahrheit und Gewohnheit. Autoritätenwechsel und Überzeugungsstrategien in der späten Salierzeit. In: Salisches Kaisertum und neues Europa. Die Zeit Heinrichs IV. und Heinrichs V. Hrsg. von BERND SCHNEIDMÜLLER/STEFAN WEINFURTER, Darmstadt 2007, S. 65–84.
54 DIETMAR PEIL: Untersuchungen zur Staats- und Herrschaftsmetaphorik in literarischen Zeugnissen von der Antike bis zur Gegenwart, München 1983 (Münstersche Mittelalter-Schriften 50).
55 MARC BLOCH: Die wundertätigen Könige. Mit einem Vorw. von JACQUES LE GOFF. Aus dem Franz. übers. von CLAUDIA MÄRTL, München 1998 (C. H. Beck Kulturwissenschaft).
56 GERHARD DOHRN-VAN ROSSUM: Politischer Körper, Organismus, Organisation. Zur Geschichte naturaler Metaphorik und Begrifflichkeit in der politischen Sprache, Bielefeld 1977, S. 8, S. 107, S. 117 f.

Corpus kann im religiösen Feld je nach Argumentationsstrategie sowohl für das Sakrament des Abendmahls, als auch für kirchliche Amtsträger oder die christliche Gemeinde als Ganze stehen. Die Metapher nimmt den Status eines Modells an, an dem kontroverse Positionen der kirchenpolitischen Ordnung verhandelt werden können.[57] Selbst dort, wo im Zuge scholastischer Rationalisierung (Aristotelesrezeption) die Natur als Berufungsinstanz aufgerufen wird, ist der *corpus*-Begriff schon sozialpolitisch, d. h. metaphorisch präformiert.[58] Die naturale Semantik wird nicht auf die Politik ‚übertragen', sondern interagiert mit ihr.[59] So wie sich am physischen Körper psychische Dispositionen und der soziale Stand ablesen lassen, der durch kulturelle Zeichen (Kleidung) zusätzlich markiert wird, so spiegelt die Ständeordnung differenzielle geistige, psychische und physische Dispositionen: Klugheit, Tapferkeit, Kraft.

$$\frac{\text{Haupt}}{\text{Körper}} \quad \frac{\text{Teil}}{\text{Ganzes}} \quad \times \quad \frac{\text{Christus}}{\text{Gemeinde}}$$

Die Spannungen von begrifflichen und metaphorischen Operationen lassen sich auch noch systematischer fassen, um die christliche Umdeutung des Verhältnisses von Teil und Ganzem zu beschreiben. Logisch und ontologisch bezeichnet das Haupt den Teil, der Körper das Ganze, das alle Teile umfasst und daher Priorität besitzt. Über die Analogie der Proportionalität, d. h. über eine metaphorische Operation, lässt sich das Verhältnis aber umkehren: Wie der Teil sich zum Ganzen, so verhält sich das Haupt zum Körper. Sobald aber für Haupt und Körper Christus und Gemeinde eingesetzt werden, kehrt sich das Verhältnis um, werden die horizontalen und vertikalen Relationen der Terme durch diagonale ersetzt: Metaphorisch werden dann das Haupt zum Repräsentanten des Ganzen und der Leib zum Ensemble der Teile, die in eschatologischer Perspektive erst in Richtung auf das Haupt zum Ganzen werden können.[60] In Christus sind *caput* und *corpus* immer schon idealiter synthetisiert, dem Gemeindekörper aber fehlt die Einheit (das Ganze), solange er nicht mit Haupt und Corpus Christi wieder verbunden ist. Über die Metaphorisierung erhält das logische Verhältnis von Teil und Ganzem einen neuen Sinn, es wird invertiert und prozessualisiert. Es ist nicht zufällig, das

---

57 DOHRN-VAN ROSSUM (Anm. 56), S. 12 f.
58 In Walthers von der Vogelweide *Reichston* etwa organisieren sich „Vögel, Vierfüssler [...] monarchisch einzig, weil dem Hofpoeten Natur gar nicht anders denn als ‚Aristokratie mit monarchischer Spitze' (Heinrich Mitteis) beschaffen sein kann." BERNHARD WALDMANN: Natur und Kultur im höfischen Roman um 1200. Überlegung zu politischen, ethischen und ästhetischen Fragen epischer Literatur des Hochmittelalters, Erlangen 1983, S. 44.
59 DOHRN-VAN ROSSUM (Anm. 56), S. 25 f.
60 Zur eschatologischen Umdeutung vgl. DOHRN-VAN ROSSUM (Anm. 56), S. 84 f.

im kirchenpolitischen Feld, im Kampf um die Einheit der Kirche wie im Konflikt mit dem Reich, die rhetorische Argumentation die logische dominiert.

König- und Papsttum zehren gleichermaßen vom metaphorischen Konzept der Partizipation und Differenzierung. Es entfaltet sein politisches Konfliktpotential im 12./13. Jahrhundert, in den Kontroversen um die *personae mixtae* (Bischöfe, König) geistlicher und weltlicher Herrschaftsträger. Wie zu dieser Zeit bereits der Gedanke des Corpus Christi von der Eucharistie auf die Institution Kirche (*corpus ecclesiae*) übergeht, so auch die Vorstellung vom mythischen Körper des Königs auf die Institution des Staates als *corpus rei publicae mysticum*:[61] Sie bleiben in dieser Zeit aber noch religiös fundiert. Wie im politischen Zeremoniell und im religiösen Ritus Partizipation am Leib des Herrschers oder Christi gefeiert wird, wird im institutionellen Körperbild von *corpus rei publicae* und *corpus ecclesiae* sowohl die Identität der Gemeinschaft wie auch die Hierarchie der Gesellschaft artikulierbar. Königtum und Papsttum entwickeln aber darüber hinaus schon komplexere Modelle, die der Spannung von Identität und Differenz auf andere Art Rechnung tragen.[62] Die Rede von den zwei Körpern des Königs, die sich im juristischen Schrifttum seit dem fünfzehnten Jahrhundert findet, zielt schon auf die Trennung von Inhaber der Königsposition und der institutionellen Funktion, die der natürliche Körper einnimmt.[63] Das institutionelle Verhältnis des Herrschers zu seinen Untertanen ist unendlich, unabhängig vom individuellen Besetzer der Position. Der Leib des Papstes verbindet gleichermaßen zwei heterogene Bereiche: Als Mensch ist er sterblich, als Amtsinhaber und Stellvertreter Petri (Christi) aber partizipiert er an der Unsterblichkeit, woraus im Mittelalter eine doppelte Inszenierungsstrategie von Hinfälligkeit des Leibes und zugleich Teilhabe an der Ewigkeit resultiert.[64] Die Lehre gehört in den größeren Zusammenhang einer Ausdifferenzierung politischer Systeme, die von Person und Genealogie auf die Institution, von Mimesis auf Mathesis, umstellt. Die traditionelle Metaphorik des politischen und kirchlichen Körperkonzepts gerät zunehmend in Spannung zu institutionellen und natürlichen Faktoren. In Thomas Hobbes' Staatstheorie (*Leviathan*) scheint dann ein Umschlagpunkt erreicht zu sein, wenn der Organismus

---

[61] JOSEF FLECKENSTEIN: Geleitwort. In: ERNST H. KANTOROWICZ: Die zwei Körper des Königs. Eine Studie zur politischen Theologie des Mittelalters, München 1990, S. 9–18, hier S. 15.
[62] „In dieser sich als Personenverband darstellenden politischen Ordnung ‚repräsentierte' der Herrscher nicht nur Volk und Staat, er ‚verkörperte' auch Volk und Staat: er war mit ihnen identisch.", TILMAN STRUVE: Die Entwicklung der organologischen Staatsauffassung im Mittelalter, Stuttgart 1978 (Monographien zur Geschichte des Mittelalters 16), S. 87.
[63] KANTOROWICZ (Anm. 61).
[64] AGOSTINO PARAVICINI BAGLIANI: Der Leib des Papstes. Eine Theologie der Hinfälligkeit, München 1997 (C. H. Beck Kulturwissenschaft).

metaphorisch nur noch eine alte Reminiszenz bildet, die durch eine neue funktionale, die Maschine, abgelöst wird.⁶⁵

Wird im politischen Körper ein Einheitsphantasma (die Einheit in der Differenz) entworfen, so wird im Körper des Heiligen ein Spaltungsphantasma (die Differenz in der Einheit: die Theodizee) bewältigt. Der Körper des Heiligen, der in den Legenden immer wieder zwischen gemartertem menschlichen Leib und unverletzbarem Auferstehungsleib changiert, spiegelt die zwei Naturen Christi wider, wie der Antiheilige seinerseits am Körper des Teufels partizipiert: Das *Passional* fasst diesen spannungsvollen Befund anlässlich eines Vergleichs von Simon Petrus und Simon Magus in ein prägnantes Bild. Von Christus heißt es:

> ‚von der gotheit gebot / sint an im zwo nature / in einer figure, / daz ist mensche unde got. / also hat des tuvels spot / vereinet sich an disem man, / daz ich wol nu sprechen kan, / daz er mensch und tuvel ist, / wand er aller zouberlist / mit dem tuvel ist gewon.'⁶⁶

Solche doppelte Teilhabe ist nicht nur Effekt von Begnadung oder Besessenheit, sondern immer auch von Habitualisierung, d. h. von Gewohnheit durch tätige Tugend oder tätiges Laster (*gewon*). Aber wenn der Heilige sich in der imitatio Christi befindet, ist er – anders als der Gläubige – mehr als eine metaphorische Analogie. Seine Handlungen partizipieren an der Heiligkeit Christi, wie auch die wundersamen Effekte seiner Gebeine die metaphysische Macht real bekunden. Der Heilige wird über Partizipation im aristotelischen Sinn (Ähnlichkeit) zur Metapher, im modernen zu Metonymie Christi, bleibt aber dennoch von ihm unterschieden. Im Ritus dagegen wird das Moment der Partizipation graduell in der Zeitebene inszeniert und entfaltet, aber auch schon weiter differenziert in *corpus Christi* und *corpus ecclesiae*. Während die Erinnerung an den Heiligen die Möglichkeit intensiver Partizipation vergegenwärtigt, beschwört der Priester als Vermittlungsinstanz die heilige Aura nur im Raum- und Zeitausschnitt des rituellen Aktes. Für den Gläubigen stellt sich demgegenüber die Partizipation

---

65 AHLRICH MEYER: Mechanische und organische Metaphorik politischer Philosophie. In: Archiv für Begriffsgeschichte 13 (1969), S. 128–199; HORST BREDEKAMP: Thomas Hobbes, Der Leviathan: das Urbild des modernen Staates und seine Gegenbilder 1651–2001, Berlin 2006.
66 *Passional*, Buch II: Apostellegenden. Hrsg. von ANNEGRET HAASE/MARTIN SCHUBERT/JÜRGEN WOLF, Berlin 2013, V. 20602–20611. Die *Legenda aurea* formuliert hier nur eine begriffliche Analogie: *addidit quoque Petrus, quod sicut in Christo sunt duae substantiae, scilicet Dei et hominis, sic et in isto mago sunt duae substantiae, scilicet hominis et dyaboli.* Jacobi de Voragine: *Legenda aurea vulgo historia lombardica dicta.* Hrsg. von THEODOR GRAESSE, Nachdruck Osnabrück 1965 [1890], S. 372. Zu der Passage vgl. ANDREAS HAMMER: Erzählen vom Heiligen. Narrative Inszenierungsformen von Heiligkeit in Passional und Legenda Aurea, Berlin, Boston 2015 (LTG 10), Kap. 4.2.2 (S. 191).

nur als ein temporärer Vorgang, als ein Versprechen dar, das über tätige Tugend erst in der Zukunft eingelöst werden muss. Der Ritus des Abendmahls, der über eine substantialisierte Metapher (Brot und Wein) erfolgt und eine metonymische Verkettung stiftet, wird sowohl zum mythischen Akt der Partizipation am Leib Christi – Christus-Heiliger-Priester-Gläubiger – gleichzeitig aber auch zum institutionellen Differenzial: der eine Unvergleichliche, die wenigen Herausragenden, die vielen Vermittler und die Masse der Gläubigen. Die Umkehrung des Verhältnisses von Teil und Ganzem durch Christus und Gemeinde schafft Raum für eine ganze Reihe an weiteren Substitutionen. Statt Christus können nun der Heilige, der Papst, der Bischof und sogar der Priester Repräsentanten des Ganzen werden: der Menschheit, der Kirche, der Gemeinde. Erst die metaphorische Umkehrung von Teil und Ganzem setzt die metonymische Kette in Gang und weist der Stellvertretung auch die sozialpolitische Funktion der institutionellen Differenzierung zu. Mit Lévi-Strauss ließe sich sagen: Der Heilige (Papst) ist eine besondere Figur, weil er im Verhältnis zu Christus (Gott) über einen geringeren Anteil an der Transzendenz verfügt, ihm gegenüber dem Menschen aber eine höhere Form von Transzendenz eignet. Für Christus sieht die Relation noch einmal anders aus, da in Bezug auf Gott die Differenz eingeschliffen (Trinität), in Bezug auf den Menschen aber markiert wird.

Am Menschen selbst artikuliert sich die Spaltung von Immanenz und Transzendenz im Bild vom Körper als Gefängnis der Seele, in dem die gefallene Natur (*miseria hominis*) und die göttliche Bestimmung (*dignitas hominis*) unablässig miteinander ringen. Die *conditio humana* steht im Spannungsfeld zweier gegenläufiger Dynamiken, da Sein und Sollen auseinandergefallen sind. Auch hier konkurrieren im Zugriff auf das Problem Metapher und Begriff. Das metaphorische Bild der Gefangenschaft wird über diskursive Verfahren unter Kontrolle gebracht, wird über Ernährung und Erziehung regulierbar, so dass Unterwerfung in Herrschaft umschlagen kann. Als diätetische Prämisse gilt, dass die Seele den Komplexionen des Körpers unterliegt, als pädagogische, dass der Körper den Direktiven der Seele folgen soll.[67] In beiden Richtungen wird das Modell der *consuetudo* als *altera natura* wirksam, um die zentrifugalen Energien des Körpers zu bändigen: Während die Diätetik auf eine ausgeglichene Ökonomie der Säfte zielt, ist die Pädagogik auf die Stärkung von Wille und Geist fokussiert. Die religiöse Metapher der Gefangenschaft stiftet den Sinnhorizont dafür, dass die rationale

---

67 *Cum enim corpus ordinetur ad animam, & non econuerso, [...] Nam anima sequitur complexiones corporis*. Egidio Colonna, *De regimine principum* libri III, Recogniti et una cum vita auctoris per F. Hieronymum Samaritanium, Aalen 1967 [Neudruck der Ausgabe Rom 1607], I,1,6, S. 18 und I,4,2, S. 193.

Kontrolle über den Körper als Befreiung aufgefasst werden kann. Der christlichen Leib-Seele-Relation liegt letztlich eine soziale Herrschaftsmetaphorik zugrunde.[68]

Antike und Mittelalter kennen aber mit der Physiognomik auch ein Feld, in dem die Geltungsansprüche von Natur und Kultur, physischer Disposition und kultureller Konditionierung rein immanent ausgehandelt werden. Die Physiognomik operiert auf der Basis von Ähnlichkeitsrelationen, die vom Tier auf den Menschen übertragen werden, die Ähnlichkeit bezeichnet mithin mehr als eine metaphorische Operation, sie wird ganz im Sinn der aristotelischen Definition in der Natur verankert. Die Physiognomik stellt den Menschen in eine ständige Spannung von negativen Körperdispositionen und rationalen Anlagen: Sie markiert den sichtbaren Ort einer permanenten Störung, des Körperkrieges. Auch hier herrscht alles andere als Eindeutigkeit: Zwar basiert die Ähnlichkeit auf einem System natürlicher Dispositionen, die Mensch und Tier teilen, sie determinieren aber nicht unmittelbar, sondern inklinieren nur. Das Gesetz der Natur wird auf einen Spielraum zwischen Notwendigkeit und Freiheit hin geöffnet, so dass eine Axiologie entsteht, die eine Vielzahl von narrativen Optionen bietet.[69] Sowohl die antiken wie auch die mittelalterlichen Physiognomiken führen in diesem Zusammenhang wiederholt die Geschichte des Zophyros an. In diesem Exempel geht es um einen physiognomischen Befund der Gestalt des Hippokrates, der nach äußerem Erscheinungsbild zwar zu den größten Lastern neigt, aber durch Disziplin (Gewohnheit) seine negativen natürlichen Anlagen in den Griff bekommen habe.[70] Im optimistischen Fall siegt *consuetudo* über die Lasterdispositionen der *natura*, die kulturelle Differenz über die vermeintlich natürliche Identität. Die Gewohnheit kann aber als schleichende Determinierung unbemerkt auch die Freiheit des Subjekts unterwandern: *iedoch gewonhait verändert vil des nâtûr an dem menschen zuo guotem oder zuo poesem*, schreibt bereits Konrad von Megenberg in

---

68 DOHRN-VAN ROSSUM (Anm. 56), S. 88.
69 In den Worten Hiltgarts von Hürnheims: *Doch nach den aussern zaichen, von den gesaitt ist, sol niemant die urtail geben, wann es ist villeicht ain zu treffent zaichen und nichtt von natur unnd ist vileicht ze überwinnden mit der widerwärtigenn gewonhait oder wirt getzwungenn mit dem zaume der weschaidenhaite. Dir zimt nichtt das du gähes werfest dein urtail unnd dein gerichtt an ains diser zaichen.* Hiltgart von Hürnheim, Mittelhochdeutsche Prosaübersetzung des „Secretum secretorum". Hrsg. von REINHOLD MÖLLER, Berlin 1963 (DTM 56), S. 161.
70 Secreta secretorum cum glossis et notulis. Tractatus brevis et utilis ad declarandum quedam obscure dicta Fratris Rogeri, ed. ROBERT STEEL, Oxford 1920, IV,1, S. 165; Albertus Magnus, De animalibus libri XXVI. Nach der Cölner Urschrift. Hrsg. von HERMANN STADLER, 2 Bde., Münster 1920 (Beiträge zur Geschichte der Philosophie des Mittelalters. Texte und Untersuchungen 16/17), II,2, S. 46; ULRICH REISSER: Physiognomik und Ausdruckstheorie der Renaissance. Der Einfluß charakterologischer Lehren auf Kunst und Kunsttheorie des 15. und 16. Jahrhunderts, München 1997 (Beiträge zur Kunstwissenschaft 69), S. 26 f., S. 44 f.

seinem Buch von den natürlichen Dingen.[71] Identität erweist sich als Spannung zwischen den Dispositionen der Natur, dem Gesetz, und den Kräften der Kultur, die über Gewohnheit wiederum renaturalisiert werden.[72]

Während das Exempel von Hippokrates auf eine *historia* rekurriert, um die Macht der Gewohnheit zu demonstrieren, belegen andere Erzählungen die Macht der Natur gegenüber der Gewohnheit: z. B. von Katzen, die bei aller Disziplinierung das Mausen nicht lassen können, wie eine berühmte Geschichte von Salomon und Markolf erzählt.[73] Über Sprichworte, Historien, Gleichnisse und Fabeln, d. h. genuin rhetorische Argumentationsformen, hat sich der ambivalente Befund in den Common Sense eingeschrieben. So steht der Topos von der Gewohnheit als zweiter Natur in Konkurrenz zum gegenläufigen Sprichwort, dass die Natur stärker sei als die Erziehung: *natura plus valet quam nutritura*.[74] Wenn die *genera narrationis* derart die Macht der Natur entfalten, rekurrieren die Erzählungen auf narrative Argumentationsformen, die ihrerseits schon paradigmatisch, d. h. metaphorisch organisiert sind. Was im Bereich der auf Eindeutigkeit zielenden Logik nicht zulässig ist – die gleichzeitige Geltung widerstreitender Wahrheiten –, kann im Feld topischer Wahrscheinlichkeit durchaus gegeben sein: Das Öfter kann sich gegen das Immer behaupten, das Immer aber auch in der Regel durchsetzen.

Als elementares Sozialmodell fungiert die Leibmetapher schließlich auch für Verwandtschaft, Freundschaft, Ehe und Liebe. Während Verwandtschaft gemeinhin über physiognomische Ähnlichkeit markiert wird, kann Freundschaft auch metaphorisch auf Identität zielen, wie etwa im Fall der Waffenbrüder Nisus und Euryalus in Heinrichs von Veldeke *Eneasroman: wan si dûhte beide, daz si ein lîb wâren*.[75] Die christliche Ehemetapher von zwei Seelen in einem Leib markiert

---

[71] Konrad von Megenberg: *Das Buch der Natur* Die erste Naturgeschichte in deutscher Sprache. Hrsg. von FRANZ PFEIFFER, Hildesheim u. a. 1994 [Nachdruck der Ausgabe. Stuttgart 1861], S. 29.
[72] Montaigne wird später schreiben: „Denn fürwahr, eine herrische und heimtückische Schulmeisterin ist die Gewohnheit. Sie legt uns ganz allmählich und unvermerkt ihr Joch auf; aber hat sie sich nach diesen sanften und demütigen Anfängen eingenistet und seßhaft gemacht, so zeigt sie uns nach und nach ein furchtbares und tyrannisches Gesicht, gegen das wir nicht einmal mehr frei den Blick erheben dürfen." *Essais* (Anm. 8) I, 23, S. 155 f.; vgl. Schlechte Angewohnheiten. Eine Anthologie 1750–1900. Hrsg. von BERNHARD KLEEBERG, Berlin 2012 (Suhrkamp-Taschenbuch Wissenschaft 2002).
[73] *Salomon et Marcolfus*. Kritischer Text mit Einleitung, Anmerkungen, Übersicht über die Sprüche, Namen- und Wörterverzeichnis. Hrsg. von WALTER BENARY, Heidelberg 1914 (Sammlung mittellateinischer Texte 8), S. 30 f.
[74] Ebd.
[75] Heinrich von Veldeke: *Eneasroman*. Mittelhochdeutsch/Neuhochdeutsch. Hrsg. von DIETER KARTSCHOKE, Stuttgart 1986 (Reclams Universal-Bibliothek 8303), V. 6550 f.

demgegenüber die Differenz in der Einheit.[76] Die Metapher stellt ihre Ambiguität geradezu aus und ließ sich sogar in Form einer juristischen *Controversia* inszenieren und argumentativ entfalten. In der 6. Erzählung der *Gesta Romanorum* verteidigt eine Ehefrau die Unauflöslichkeit der Ehe mit dem Hinweis auf den einen Leib der Ehe, ihr Vater aber fordert die Scheidung unter Rekurs auf die Differenz der zwei Seelen. Die Metapher wird im Rahmen einer juristischen Argumentationstechnik zum Gegenstand einer kasuistischen Betrachtung, die ihren eigentlichen Sinn – die Unauflöslichkeit der Ehe – unterwandert.[77] Die eine ambige Metapher lässt sich über rhetorische Verfahren argumentativ in entgegengesetzte Richtung entfalten. Im literarischen Feld wird die Einheit der Liebenden schließlich topisch in der Metapher des Herzenstauschs ausgedrückt, ein Bildfeld, das geradezu dazu einlädt mit seinen Variationen zu spielen.[78] So imaginiert Wolfram im Tagelied die Einheit des Liebespaares nicht nur vor dem Hintergrund des Ehetopos – *Zwei herze und ein lîp hân wir* (3,18) –, er sprengt die Metapher darüber hinaus in einer Verschmelzungsphantasie, die es mit dem *ut pictura poiesis*-Topos, der Konkurrenz von Dichtung und Malerei, aufnehmen kann. Der eine Leib ist hier keine Metapher mehr, sondern eine reale Ununterscheidbarkeit zweier ineinander verflochtener Körper:

> *sus kunden sî dô vlehten*
> *ir munde, ir bruste, ir arme, ir blankiu bein.*

---

76 *Ad aliam racionem, quando dixisti, quod istud est commendabile, quod uxor moriatur pro viro, non valet, quia, licet sint unum in corpore per carnalem affectionem, tamen in anima duo sunt, que abinvicem realiter differunt.* Gesta Romanorum. Hrsg. von HERMANN OESTERLEY, Berlin 1872. Neudruck Hildesheim 1963, S. 280. „So sagen auch die Lehrer der heiligen Schrift, daß Mann und Weib in der Ehe eins sind im Leib und zwei in der Seele." Gesta Romanorum. Die Taten der Römer. Ein Geschichtenbuch des Mittelalters. Nach der Übersetzung von JOHANN GEORG THEODOR GRÄSSE. Hrsg. u. neu bearb. von HANS ECKART RÜBESAMEN, München 1962, S. 14.
77 Gesta Romanorum. Lateinisch/Deutsch. Ausgewählt, übersetzt und herausgegeben von RAINER NICKEL, Stuttgart 2009 (Reclams Universalbibliothek 8717), S. 13–15. Zur juristischen Argumentationstechnik in den Gesta Romanorum vgl. NICOLA HÖMKE: Seneca Moralizatus – Die Rezeption der *Controversiae* Senecas d. Ä. in den *Gesta Romanorum*. In: Pontes III. Die antike Rhetorik in der europäischen Geistesgeschichte. Hrsg. von WOLFGANG KOFLER/KARLHEINZ TÖCHTERLE, Innsbruck, Wien, Bozen 2005 (Comparanda 6), S. 157–174.
78 Vgl. BRUNO QUAST: Literarischer Physiologismus. Zum Status symbolischer Ordnung in mittelalterlichen Erzählungen von gegessenen und getauschten Herzen, in: Zeitschrift für deutsches Altertum 129 (2000), S. 303–320; SANDRA LINDEN: Körperkonzepte jenseits der Rationalität. Die Herzenstauschmetaphorik im *Iwein* Hartmanns von Aue. In: Körperkonzepte im arthurischen Roman. Hrsg. von FRIEDRICH WOLFZETTEL, Tübingen 2007, S. 247–267; JAN-DIRK MÜLLER: Höfische Kompromisse. Acht Kapitel zur höfischen Epik, Tübingen 2007, S. 355–361.

Swelch schiltaer entwurfe daz,
geselleclîche als si lâgen, des waere ouch dem genuoc.[79]

3 Ambiguität der Literatur

Den privilegierten Wirkungsraum der Ambiguität bildet aber seit je die Kunst.[80] Nicht erst in der Moderne erscheint die Vieldeutigkeit des ästhetischen Gegenstandes als konstitutives Element.[81] Schon am Beispiel der „einfachen Formen" hat ANDRÉ JOLLES auf die Ambiguität des Kasus hingewiesen, einer Erzählform die den Protagonisten (und Leser) in eine Spannung heterogener Geltungsansprüche stellt und damit zur Reflexionsform von Wertekonflikten selbst avanciert: z. B. in der Novelle.[82] HANS JÜRGEN SCHEUER hat in Anlehnung an JOLLES der „schwankhaften Form" die Funktion zugewiesen, elementare Gegensätze wie den von Transzendenz und Immanenz über die Etablierung einer dritten Instanz – der des Beobachters – auszuhandeln.[83] Anstatt die Werke auf eine homogene Botschaft, einen ideellen Gehalt, zu reduzieren, haben Interpretationsmodelle Konjunktur, die die ambigen Strategien literarischen Erzählens aufweisen, Ambiguität wird geradezu zum Kennzeichen avancierter Literatur längst vor der Moderne.[84] Wenn etwa Hartmann von Aue in seinen höfischen Legenden gegenläufige Erzählmus-

---

[79] *Des Minnesangs Frühling* [...], bearbeitet von HUGO MOSER und HELMUT TERVOOREN, 37. revidierte Auflage, Bd. I: Texte, Stuttgart 1982, 3,18 u. 4,2–5.

[80] Ambiguität in der Kunst. Typen und Funktionen einen ästhetischen Paradigmas. Hrsg. von VERENA KRIEGER/RACHEL MADER, Köln, Weimar, Wien 2010 (Kunst – Geschichte – Gegenwart 1).

[81] HANS BLUMENBERG: Die essentielle Vieldeutigkeit des ästhetischen Gegenstandes. In: DERS.: Ästhetische und metaphorologische Schriften. Auswahl und Nachwort von ANSELM HAVERKAMP, Frankfurt a. M. 2001, S. 112–119.

[82] ANDRÉ JOLLES: Einfache Formen. Legende, Sage, Mythe, Rätsel, Spruch, Kasus, Memorabile, Märchen, Witz, Tübingen 1999 [zuerst 1930], S. 171–199; HANS JÖRG NEUSCHÄFER: Boccaccio und der Beginn der Novelle. Strukturen der Kurzerzählung auf der Schwelle zwischen Mittelalter und Neuzeit, München 1969 (Theorie und Geschichte der Literatur und der schönen Künste 8), S. 12–32.

[83] HANS-JÜRGEN SCHEUER: Schwankende Formen. Zur Beobachtung religiöser Kommunikation in mittelalterlichen Schwänken. In: Literarische und religiöse Kommunikation in Mittelalter und Früher Neuzeit. DFG-Symposion 2006. Hrsg. von PETER STROHSCHNEIDER, Berlin, New York 2009, S. 733–770.

[84] CHRISTIAN KIENING/SUSANNE KÖBELE: Wilde Minne. Metapher und Erzählwelt in Wolframs ‚Titurel'. In: Beiträge zur Geschichte der deutschen Sprache und Literatur 120 (1998), S. 234–265; JAN-DIRK MÜLLER: Spielregeln für den Untergang. Die Welt des Nibelungenliedes, Tübingen 1998, S. 389 u. ö. ‚Ambiguisierung der höfischen Ordnung'; PETER STROHSCHNEIDER: Inzest-Heiligkeit. Krise und Aufhebung der Unterschiede in Hartmanns ‚Gregorius'. In: Geistliches in

ter kombiniert – im *Armen Heinrich* die Konfrontation von Heilungs- und Opferlegende, im *Gregorius* die Überblendung des höfischen Aventiure-Modells mit der Mytho-Logik des exile & return-Schemas –, gewinnen die Erzählungen über paradigmatische Verfahren eine narrative Spannung (kasuistische Struktur), die im ersten Fall nur durch das Wunder aufgehoben wird, im zweiten dagegen in die Katastrophe führt.[85] Eine privilegierte Option, literarische Ambiguität zu inszenieren, liefert die rhetorische Form des Dialogs, das Streitgespräch. Über die metaphorische Figur der Personifikation lassen sich elementare Sinndimensionen des Lebens – Liebe, Weisheit, Macht, Reichtum, Tod etc. – diskursiv gestalten und in ihren konkurrierenden Geltungsansprüchen verhandeln.[86] Wie in vergleichender Arbeit die „Ambiguität historischen Wandels" sichtbar werden kann, hat CHRISTIAN KIENING am *Ackermann* gezeigt, einem Werk, in dem der Streit über den Anspruch auf Leben und die Notwendigkeit des Todes erst am Ende durch einen ambigen Urteilsspruch Gottes beendet wird.[87]

Rein begriffsanalytische Untersuchungen des metaphorischen Prozesses operieren in der Regel auf der Basis logischer Relationen und Klassifikationen. Doch auch sie kommen zu dem Ergebnis, dass die Metapher semantische Verbindungen stiftet, in denen die lexikalische Bedeutung eines primären Geltungsbereichs zugunsten eines sekundären verlassen wird, der als „Assoziationsfeld" bestimmt wird: In der Metapher vom Löwen Achill spielen die Genus-Species-Relationen von Lebewesen, Tier, Großkatze und Löwe keine Rolle, sie werden durch kulturelle Klassifikationen von mutigen Lebewesen und ihr Assoziationsfeld ersetzt, unter die dann auch Menschen und Tiere fallen.[88] Die Metapher erscheint als „Wortfeldrevolution", die natürliche durch kulturelle Klassifikationssysteme

---

weltlicher und Weltliches in geistlicher Literatur des Mittelalters. Hrsg. von CHRISTOPH HUBER/BURGHART WACHINGER/HANS JOACHIM ZIEGELER, Tübingen 2000, S. 105–133, hier S. 111 f.
85 KURT RUH: Hartmanns ‚Armer Heinrich'. Erzählmodell und theologische Implikation. In: Mediaevalia litteraria. Festschrift für Helmut de Boor zum 80. Geburtstag. Hrsg. von URSULA HENNIG/HERBERT KOLB, München 1971, S. 315–329; STROHSCHNEIDER (Anm. 83), S. 112 („Ambiguität der Struktur").
86 CHRISTIAN KIENING: Personifikation. Begegnungen mit dem Fremd-Vertrauten in mittelalterlicher Literatur. In: Personenbeziehungen in der mittelalterlichen Literatur. Hrsg. von HELMUT BRALL/BARBARA HAUPT/URBAN KÜSTERS, Düsseldorf 1994 (Studia humaniora 25), S. 347–387.
87 CHRISTIAN KIENING: Schwierige Modernität. Der ‚Ackermann' des Johannes von Tepl und die Ambiguität historischen Wandels, Tübingen 1998 (MTU 113).
88 HANS GEORG COENEN: Der Löwe Achilles. Überlegungen anläßlich der Metaphernlehre des Aristoteles. In: Vir bonus dicendi peritus. Festschrift für Alfons Weische zum 65. Geburtstag. Hrsg. von BEATE CZAPLA/TOMAS LEHMANN/SUSANNE LIELL, Wiesbaden 1997, S. 39–48, hier S. 46 f.; HANNELORE SCHLAFFER: Odds and Ends. Zur Theorie der Metapher. In: Prometheus. Mythos und Kultur. Hrsg. von EDGAR PANKOW/GÜNTER PETERS, München 1999, S. 75–84.

ersetzt.[89] Ob die Differenz von Mensch und Tier in dieser sprachlogischen Analyse gewahrt bleibt, wie behauptet, kann vielleicht in Frage gestellt werden, wenn man den Kontext historischen Wissens, z. B. die Transferverfahren der Physiognomik, mit einbezieht. Auch die zahlreichen engen Mensch-Tier-Assoziationen, die am mittelalterlichen Adel sichtbar und symbolträchtig inszeniert werden – Tiernamen, Reiter/Pferd, Hetz- und Beizjagd, Affektökonomie, Heraldik –, bilden nicht nur ein literarisches Phänomen, finden aber in der Literatur ihren prägnanten metaphorischen Niederschlag.[90] Der Adel versteht sich auch im Horizont der Naturanlagen des Raubtiers, das zwischen *wilde* und *zam* changiert.

RENATE LACHMANN hat darauf hingewiesen, dass auch Tropen wie das Oxymoron, die Synekdoche und die Metapher „triadisch interpretiert werden können":

> Das Oxymoron ist Teil eines *lusus verborum*, der ein Gedankenspiel antreibt, in dem ein ›Drittes‹ gedacht werden muss – und zwar nicht als ein neu und störend Hinzutretendes, sondern als ein versöhnendes Element, das die Ambivalenzbewegung auspendeln lässt und den Stachel der Pointe dennoch nicht abbricht. Gegen die bedrohliche Rigorosität des ‚Tertium non datur' lässt sich für das Oxymoron die für esoterische Argumente charakteristische Antinomie des „Etwas ist möglich und unmöglich zugleich" aufbieten: Beide Glieder der Struktur reflektieren, dementieren oder potenzieren einander. [...] Sie spiegeln einander nicht nur, sondern sie partizipieren auch aneinander. Sie sind Metaphern füreinander, die über eine unähnliche Ähnlichkeit sich herstellen – sie gehören zur selben semantischen Äqivalenzklasse und sind Metonymien: in nächste Berührung gebrachte Komponenten einer Struktur.[91]

Die Tropen können mithin als Figuren der Ambiguität aufgefasst werden. Am domestizierten Raubtier lässt sich die Ambiguität der Metapher als Identitäts- und Differenzfigur beschreiben: Im *Nibelungenlied* träumt Kriemhild von einem Falken – *starc, scoen und wilde* (13,2) –, den ihre Mutter Uote auf ihren zukünftigen Mann (Sîvrît) hin auslegt. Nicht nur interagieren hier schon mehrere Semantiken, diese markieren auch zentrale adelige Standesattribute und laufen auf die Gattungseigenschaft edel hinaus: Wie der Löwe ist der Falke ein Raubtier, das jagt, kämpft und tötet, aufgrund seines Gewaltpotentials besitzt er kaum natürliche Feinde, seine Schönheit und Erhabenheit wirkt majestätisch. Der Kürenberger legt in seinem *Falkenlied* diese Identitätsfigur zugrunde, konfrontiert sie aber mit dem Gedanken der Falkenzucht. Die Zähmung des wilden Falken wird mit

---

89 COENEN (Anm. 88), S. 47.
90 UDO FRIEDRICH: Menschentier und Tiermensch. Grenzziehungsdiskurse und Überschreitungsphantasmen im Mittelalter, Göttingen 2009 (Historische Semantik 5).
91 RENATE LACHMANN: Die Rolle der Triaden in sprachbezogenen Disziplinen. In: ESSLINGER u. a. (Anm. 22), S. 94–109, hier S. 106 f.

der disziplinierenden Macht der Minne analogisiert: Wie der Falke zum Falkner, so verhält sich der Ritter zur Geliebten, wie der Falke zur Zucht, so der Ritter zur Minne: Deswegen lässt sich metaphorisch vom Minnefalken und von Ritterzucht sprechen. Dass Minne Wildheit zähmt, ist ein alter Topos der höfischen Literatur.[92] Analog verfährt die Falkenzucht: Es bedarf der Kunstfertigkeit, die Raubvögel „dahin zu bringen, daß sie ihre natürlichen Eigenheiten und Gewohnheiten ablegen und dafür jene künstlichen annehmen [...]. Durch Härte erzogen, wird ihnen dieses Betragen mit fortschreitender Zeit schließlich auch zur Eigenart, Gewohnheit und zweiten Natur."[93] Zucht und Minne können über Gewohnheit aber nur temporär das Wilde binden, das immer wieder in seinen natürlichen Freiheitsdrang zurückzufallen droht.[94] Von hier aus betrachtet, wird nicht auf eine veränderbare – durch *consuetudo* domestizierbare – Adelsnatur geschaut, sondern Adelsnatur erweist sich als stärker als Gewohnheit. Unter mittelalterlicher Perspektive scheint hier sowohl eine natürliche Art-Art-Relation (Falke/Ritter: Physiogomik) als auch eine Gattungs-Art-Relation (Ritter/Falke-edel/Adel) ins Bild gesetzt werden zu können, die eher auf natürliche als kulturelle Ähnlichkeiten zielt. Über die Minnemetaphorik werden aber auch Analogien und Differenzen kultureller Praktiken (Falknerei/Minne) modellierbar. Der Falke wird der höfischen Kultur zur Metapher einer unaufhebbaren Spannung. Beide Semantiken aber, die der Kultivierung durch Falknerei und Minne wie die naturverhaftete der Wildheit, beziehen ihre Geltung aus kulturellen Praktiken und Diskursen ihrer Zeit.

---

92 Corinna Dörrich/Udo Friedrich: Bindung und Trennung, Erziehung und Freiheit. Sprachkunst und Erziehungsdiskurs am Beispiel des Kürenberger Falkenliedes. In: Erziehung und Bildung im Mittelalter. Hrsg. von Claudia Brinker-von der Heyde/Ingrid Kasten = Deutschunterricht Heft 1 (2003), S. 30–42, hier 38 f.
93 Kaiser Friedrich der Zweite: Über die Kunst mit Vögeln zu jagen. Unter Mitarbeit von Dagmar Odenthal übertr. u. hrsg. von Carl Arnold Willemsen, Bd. 1, Frankfurt a. M. 1964, S. 181; *aves rapaces ab hac natura sua, et per que suas proprietates desinant naturales et aquirant in se proprietates et mores artificiales standi cum homine et revertendi ad ipsum. Qui mores acquisiti per duritiam processu temporis et assiduitate vertantur eis in habitum et consuetudinem et naturam alteram.* Friderici Romanorum Imperatoris Secundi. *De arte venandi cum avibus*. Nunc primum integrum edidit Carolus Arnoldus Willemsen, tomus 1/2, Leipzig 1942, S. 166.
94 Dörrich/Friedrich (Anm. 91), S. 30–42.

4 Ambivalenz der Zeichen im *Yvain* Chrétiens de Troyes

Wie kulturelle Zeichen über topische Strategien einen ambigen Status erhalten können, hat EUGENE VANCE eindrucksvoll am Beispiel des Chrétienschen *Yvain* gezeigt.[95] VANCE hat herausgearbeitet, wie der gelehrte Kleriker eine neue narrative Poetik auf topischer Basis entwirft, wie er ein logisches Problem durch Rekurs auf zeitgenössische Diskurse narrativ entfaltet: Wenn Chrétien im *Yvain* auf die Grundbedingungen menschlicher Existenz, d. h. auf die Relation von Animalität, Rationalität, Moral (Ethik, Ökonomik, Politik) und Technik, reflektiert, rekurriert er auf die Genus-Species-Relation und damit auf einen kurrenten Topos der zeitgenössischen Dialektik: *Si est homo, est animal*.[96] Ganz im Sinne dialektischer Technik ist der Topos selbst Argument und Ausgangspunkt weiterer Argumentationen, er dient dazu, amplifizierend Argumente zu *finden* und sie zu ordnen.[97] Was der Logiker aber systematisch vollzieht, übersetzt der Literat in eine narrative Argumentation. Dialektische und topische, d. h. metaphorische Relationen treten hier in ein komplexes Wechselverhältnis.

Ausgedehnte Episoden wie die Begegnung Calogrenants mit dem *vilain*, Yvains Wahnsinn und sein Tauschhandel mit dem Einsiedler sowie Yvains Allianz mit dem Löwen verhandeln narrativ Argumente über spezifische Grenzziehung zwischen Mensch und Tier. Der *vilain* fungiert nach VANCE als „logical fiction" der basalen Animalität des Menschen, die logisch (genus-species), ethisch (gut-böse) und politisch (ratio-passiones) reflektiert und überdies mit Gemeinplätzen der literarischen Tradition (z. B. Wilder Mann, Seelenvermögen) angereichert wird.[98] Der *vilain* erscheint nicht nur als eine über ambivalente Zeichen codierte Figur, durch seine Kommunikation mit Calogrenant und seine Herrschaft über die Tiere liefert er auch ein ethisches und politisches Modell. Eine Pointe von VANCES Verfahren besteht darin aufzuzeigen, wie eng innerhalb der Topik logische und metaphorische Verfahren verbunden sein können: Wenn er auf die zeitgenössische Homologie von psychologischen (Sinne-ratio) und politischen Konstellationen (Untertan-Herrscher) hinweist, wenn die Psyche nach politischen und die Politik nach psychologischen Regeln strukturiert ist, handelt es sich um eine metaphorische Operation, die im zeitgenössischen Wissenssystem aber ontologisch

---

[95] EUGENE VANCE: From Topic to Tale. Logic and Narrativity in the Middle Ages, Minneapolis 1987 (Theory and History 47); Chrétien de Troyes: Yvain. Übersetzt und eingeleitet von ILSE NOLTING-HAUFF, München 1983.
[96] VANCE (Anm. 95), S. 80 f.
[97] Ebd., S. 60
[98] Ebd., S. 57, S. 60.

fundiert ist.⁹⁹ Deshalb kann die Gewaltherrschaft des *vilain* über die einander bekämpfenden Tiere („unambigues emblems of unbridled passions") als Metapher einer tyrannischen Herrschaft über die Affekte gelesen werden.¹⁰⁰ Insofern werden in dieser kleinen Szene nicht nur die Grenzen politischer Macht, sondern auch die unhintergehbaren Voraussetzungen feudaler Machtpolitik verhandelt.

Eine Art „allegorical ‚origin'" des Handels sieht VANCE in der Begegnung des wahnsinnigen Yvain mit dem Einsiedler ausgestaltet.¹⁰¹ Vor dem Hintergrund dialektischer Relationen können Yvain und der Einsiedler beide als unsozial, ersterer aber als subrational und animalisch, letzterer als suprarational und spirituell gelten, und sie markieren damit die extremen Möglichkeiten der Regression und Progression menschlicher Existenz.¹⁰² Während nach PETER HAIDU der Eremit mit Yvain erlegte Tiere gegen schlechtes Brot tauscht und sich damit in einer geschlossenen, metaphorischen Ökonomie verortet, tauscht er in der Stadt dagegen Tierfelle gegen Geld und steht damit in einer offenen, metonymischen Ökonomie.¹⁰³ Gegenüber der Calogrenantszene formiert sich die Genus-Species-Problematik nun über eine kulturelle Handlung – den Gabentausch – und nimmt die Form einer sich entwickelnden Erzählung an. Wie der wilde Yvain die reduzierte Stufe der *conditio humana* über habitualisierten Gabentausch (Gewohnheit) in Kultur überführt, transformiert sich die Ökonomie der Nächstenliebe des Einsiedlers in eine Warenwirtschaft: Yvains Tauschwirtschaft repräsentiert ganz im Sinne adeliger Gabenlogik die Grenze zur Natur hin, des Einsiedlers Warenwirtschaft dagegen ganz im Sinne einer aufkommenden bürgerlichen Handelskultur die Grenze hin zur Geldwirtschaft. Dass hier eine substantielle Grenze von Standesqualitäten vorausgesetzt ist, scheint daran sichtbar zu werden, dass der Einsiedler Yvain zwar an seine menschliche Art heranführt, dass aber innerhalb dieser weiter essentielle Artdifferenzen bestehen bleiben. Der magische Wechsel

---

99 Ebd., S. 59.
100 Ebd., S. 59
101 Ebd., S. 73.
102 Ebd., S. 73, S. 68–71.
103 PETER HAIDU: The Hermit's Pottage. Desconstruction and History in Yvain. In: The Sower and his Seed. Essays on Chrétien de Troyes. Hrsg. von RUPERT T. PICKENS, Lexington 1983, S. 127–145; VANCE (Anm. 95) deutet die Ambivalenz der Einsiedlerfigur zugleich als Ambivalenz von Chrétiens eigener Textualität, werden Handel und Schrift in jener Zeit doch miteinander verbunden, so dass beide eine besondere „textual community" begründen: Kaufleute, aristokratische Patrone, Kirchenkritiker. (75) Den harten Gegensatz, den HAIDUS Interpretation vorgeschlagen hatte, relativiert VANCE aber zugunsten eines dynamischen Verhältnisses, nach dem es mehr in Chrétiens Interesse liege, geschlossene Systeme (textuelle, monetäre, logische, juristische) als Möglichkeiten zu begreifen, das Vielfältige in eine Ordnung, das Indifferente in Differenzierung, das Zufällige in Regelhaftes zu überführen. (77)

in die Adelsart qua Zaubersalbe markiert zugleich die Distanz adeliger Identität zu Zivilisationsprogramm (Rodung) und Warenökonomie, die anderen Ständen zukommt. Der Weg von der religiösen und ökonomischen Kultur in die Adelskultur, die als Natur aufgefasst wird, wird blockiert.[104]

Die Entfaltung der Erzählung auf der Basis zeitgenössischer Topoi überschreitet die konventionellen Grenzen dann dort, wo die Topoi in komplexere Zeichenrelationen überführt werden: in der Allianz von Yvain und dem Löwen. Der Löwe, der nunmehr als allegorische Figur in die Handlung eingeführt und bis an das Lebensende Yvains Gefährte sein wird, vereinigt eine Vielzahl von Semantiken, die zeitgenössischen Diskursen entlehnt werden: Als König der Tiere bezeichnet er Herrschaft, als wildes zorniges Tier überlegenes Gewaltpotential, als verletztes Tier Dankbarkeit und Dienstfertigkeit, schließlich als religiöse Figur höhere Gerechtigkeit. VANCE deutet den Löwen als „metastable sign", als Topos, der es vermag, eine Vielzahl z. T. widerstreitender Semantiken aus Theologie, Politik, Naturlehre und Heraldik auf sich zu vereinigen.[105] Während aber die zeitgenössischen Diskurse die (letztlich metaphorischen) Semantiken naturalisieren, werden sie in Chrétiens literarischem Modell bereits dekonstruiert. Medium dieser Dekonstruktion ist die heraldische Funktion des Löwen, der sich schon in der ersten Begegnung mit Yvain in heraldischer Pose präsentiert und im Namen des Chevalier au Lion festschreibt. VANCE weist nun darauf hin, dass es gerade die Heraldik war, die im zwölften Jahrhundert als arbiträres System entstanden ist, um Adelsgeschlechter nicht mehr genealogisch, sondern unter den Bedingungen der Schlacht funktional zu unterscheiden. Die heraldischen Zeichen haben kein *fundamentum in re* mehr. VANCE greift auf LÉVI-STRAUSS' Analyse des Totemismus zurück, um zu demonstrieren, dass Zeichen nicht nur auf natürliche Referenten bezogen werden können (wie in den Diskursen), sondern bereits funktional als Mittel sozialer Distinktion eingesetzt werden. Der *Yvain* konfrontiert mithin konkurrierende Zeichenregister seiner Zeit. Was bei LÉVI-STRAUSS aber noch über die Mythenanalyse auf die Proportionalität der Analogiefigur, d. h. auf eine metaphorische Operation, zurückgeführt wurde (s. o.), wird in der Differenzierung der Adelsnamen und Wappen zum rein differentiellen Mechanismus, der seine Korrespondenz auch in zeitgenössischen Grammatiktheorien findet.

VANCES topisch ausgerichtete Lektüre von Chrétiens *Yvain* vor dem Hintergrund zeitgenössischer Wissensdiskurse (Logik, Moralphilosophie, Theologie, Heraldik) und überlieferter Gemeinplätze demonstriert die Komplexität logischer und metaphorischer Verfahren bereits in mittelalterlicher Dichtung. Keine Rede kann davon sein, dass im Mittelalter eine geistliche Denkform alles Wissen prä-

---

[104] WALDMANN (Anm. 58), S. 65 f.
[105] VANCE (Anm. 95).

formierte oder dass die metaphorischen Operationen eindeutig waren. Eher stehen sie für den Befund, dass es *die* Auffassung von der Metapher nicht gibt, ja nicht einmal für historische Epochen reklamiert werden kann.

Teil II: **Literaturhistorische Ambiguität**

Marina Münkler
Narrative Ambiguität: Semantische Transformationen, die Stimme des Erzählers und die Perspektiven der Figuren

Mit einigen Erläuterungen am Beispiel der *Historia von D. Johann Fausten*

1 Einleitung

Ob narrative Ambiguität zu den Grundcharakteristika des Erzählens gehört, ist eine in letzter Zeit häufig diskutierte Frage. Zweifellos ist es schon aufgrund der Polysemie sprachlicher Zeichen nicht möglich, Ambiguität von Sinn vollständig auszuschließen. Vieles spricht jedoch dafür, dass die Unvermeidlichkeit von Ambiguität im Erzählen selbst gründet. Durch die Komplexität narrativer Strukturen – die Anordnung des Erzählten, die zeitliche Abfolge, die möglichen perspektivischen Differenzen zwischen den Figuren sowie zwischen Erzähler und Figuren – lässt sich Erzählungen und ihren einzelnen Sequenzen häufig kein eindeutiger Sinn zuweisen. Literarisches Erzählen zeichnet sich darüber hinaus dadurch aus, dass es dieses Charakteristikum gezielt einsetzen, damit Komplexität steigern und eine Vereinseitigung der Deutbarkeit verhindern kann. In einem solchen Fall kann von programmatischer Ambiguität gesprochen werden. Narratologisch betrachtet gibt es also zwei Formen von Ambiguität: unvermeidliche oder programmatische Ambiguität. Programmatische Ambiguität wird freilich häufig nur der modernen Literatur zugeschrieben, teilweise wird sie sogar als ein Signum der Moderne begriffen. Mir erscheint es allerdings als fraglich, ob allein eine derart mit Werturteilen unterlegte Epochensignatur Ambiguität und ihre vielschichtigen Aspekte angemessen beschreibt.

Um dieser Frage nachzugehen, müssen zunächst einige Grundfragen und Ergebnisse der Forschung rekapituliert werden. Zuerst werde ich skizzieren, wo der Ambiguitätsbegriff in welchem Sinne eingesetzt wird sowie welche Reichweite und Konnotationsbreite er hat. Sodann werde ich die Spezifika narrativer Ambiguität und die unterschiedlichen Forschungspositionen dazu erläutern. Anschließend werde ich am Beispiel der 1587 im Druck erschienenen *Historia von D. Johann Fausten* zeigen, dass narrative Ambiguität auch dann, wenn sie nicht programmatisch eingesetzt wird, als Kennzeichen epistemischer Transformationen beschrieben werden kann, ohne dass dies im Sinne einer emphatischen Epochensignatur akzentuiert werden muss.

2 Die Ambiguität des Ambiguitätsbegriffs

Jeder Versuch, die Begriffsverwendung von Ambiguität definitorisch festzulegen, scheint zum Scheitern verurteilt. Der Terminus Ambiguität wird im Sinne von Uneindeutigkeit, Zweideutigkeit, Doppeldeutigkeit, Mehrdeutigkeit, Vieldeutigkeit, aber auch Vagheit und Rätselhaftigkeit verwendet. Er bezeichnet Unterschiedliches in den einzelnen Gebieten der Linguistik, der Rhetorik, der Literatur- und Kunstwissenschaft. Eines der zentralen Probleme des Ambiguitätsbegriffs und seiner Verwendung ist mithin seine eigene Mehrdeutigkeit. Er ist, was er beschreiben soll.

Das ist in der jüngeren Forschung zur Ambiguität denn auch wiederholt betont worden. So haben MATTHIAS BAUER, JOACHIM KNAPE, PETER KOCH und SUSANNE WINKLER konstatiert:

> Gewisse Unklarheiten über das Phänomen der Ambiguität schlagen sich regelmäßig auch in unklaren oder zumindest nicht ganz eindeutigen Begriffsdefinitionen nieder, wie sie eingeführte linguistische, literaturwissenschaftliche oder rhetorische Lexika anbieten.[1]

Deutlicher noch hat VERENA KRIEGER die Uneindeutigkeit des Ambiguitätsbegriffs hervorgehoben:

> Der Begriff der Ambiguität ist selbst so vage wie das Phänomen, das er bezeichnet. Er dient hier als Oberbegriff für das weite Feld verwandter Phänomene in der Kunst – Ambivalenz, Mehrdeutigkeit, Rätselhaftigkeit und Unbestimmtheit – denen bei allen Differenzen im Detail der Mangel an semantischer Eindeutigkeit gemeinsam ist.[2]

Teile der Forschung haben sich deshalb darum bemüht, den Ambiguitätsbegriff durch die Rückführung auf die ursprüngliche Bedeutung von *ambiguitas* (von lat. *ambo* = beide) als Zwei- oder Doppeldeutigkeit festzulegen.[3] Klärung hat man verschiedentlich auch darüber herbeizuführen versucht, dass man den Begriff der Ambiguität dem der Ambivalenz oder der Amphibolie gegenübergestellt hat,

---

[1] MATTHIAS BAUER/JOACHIM KNAPE/PETER KOCH/SUSANNE WINKLER: Dimensionen der Ambiguität. In: Zeitschrift für Literaturwissenschaft und Linguistik 158 (2010), S. 7–75, hier S. 7.
[2] VERENA KRIEGER: „At war with the obvious" – Kulturen der Ambiguität. Historische, psychologische und ästhetische Dimensionen des Mehrdeutigen. In: Ambiguität in der Kunst. Typen und Funktionen eines ästhetischen Paradigmas. Hrsg. von VERENA KRIEGER/RACHEL MADER unter redaktioneller Mitarbeit von KATHARINA JESBERGER, Köln, Weimar, Wien 2010, S. 13–49, hier S. 15.
[3] Vgl. FRAUKE BERNDT/STEPHAN KAMMER: Amphibolie – Ambiguität – Ambivalenz. Die Struktur antagonistisch gleichzeitiger Zweiwertigkeit. In: Amphibolie – Ambiguität – Ambivalenz. Modelle und Erscheinungsformen von Zweiwertigkeit. Hrsg. von FRAUKE BERNDT/STEPHAN KAMMER, Würzburg 2009, S. 7–30, hier S. 10.

um auf diese Weise das Bedeutungsspektrum einzugrenzen.[4] Relativ unstreitig ist, dass Ambivalenz sich eher auf eine psychische Befindlichkeit bezieht.

> While ambiguity is a result of a quality or qualities *in* the object and in its interrelations with the context, ambivalence is the coexistence of contrasting emotions or attitudes *toward* the object.[5]

Amphibolie ist dagegen ein seit der antiken Rhetorik eingeführter Begriff, der grammatisch unklare Beziehungen innerhalb eines Satzes und damit eher syntaktisch begründete Uneindeutigkeit anzeigt.[6] In seinen *Sophistischen Widerlegungen* (*peri tôn sophisticôn elenchôn*) hat Aristoteles die Amphibolie zwar gemeinsam mit der Homonymie abgehandelt und beide als Quelle logischer Fehlschlüsse charakterisiert, Amphibolie dabei aber auf grammatisch-syntaktische Unklarheit zurückgeführt.[7]

Schwieriger erscheint dagegen die Abgrenzung von Ambiguität und Vagheit. Betrachtet man sie unter semantischem Aspekt, beziehen sich beide auf die Undeterminiertheit von Worten, wobei Ambiguität deren Doppel- oder Mehrdeutigkeit bezeichnet, Vagheit dagegen unklare Bedeutung oder Zuordenbarkeit.[8] So hat SHLOMMITH RIMMON Ambiguität und Vagheit dadurch voneinander abgegrenzt, dass ambige Ausdrücke widersprüchlich, vage Ausdrücke aber unbestimmt seien:

> While an ambiguous expression has various meanings in itself, a vague or indeterminate expression does not enter into the full commitment of any determined meaning, thereby making possible the projection of several interpretations upon it. Being more predominantly the reader's projection, the various interpretations of a vague expression are all

---

4 Vgl. ebd., S. 11.
5 SHLOMITH RIMMON: The Concept of Ambiguity. The Example of James, Chicago 1977, S. 18.
6 Vgl. BERNDT/KAMMER (Anm. 3), S. 11 f. BERNDT/KAMMER ordnen Ambivalenz der Psychologie, Amphibolie der Rhetorik und Ambiguität der Philosophie zu (ebd., S. 10). Zur Differenzierung von Ambiguität und Ambivalenz vgl. RENÉ ZIEGLER: Ambiguität und Ambivalenz in der Psychologie. Begriffsverständnis und Begriffsverwendung. In: Zeitschrift für Literaturwissenschaft und Linguistik 158 (2010), S. 125–171.
7 Vgl. Aristoteles: *Sophistische Widerlegungen*. In: Ders.: *Organon VI*. Hrsg. u. übers. von EUGEN ROLFES, Hamburg 1968, Rz 165b und 166a. BAUER/KNAPE/KOCH/WINKLER (Anm. 1), S. 11, haben darauf hingewiesen, dass Aristoteles sich in den *Sophistischen Widerlegungen* lediglich auf dialektische, nicht aber auf rhetorische Amphibolien bezogen habe.
8 Vgl. NORBERT FRIES: Ambiguität und Vagheit. Einführung und kommentierte Bibliographie, Tübingen 1980, bes. S. 4–6; INGEMUND GULLVAG/ARNE NAESS: Vagueness and ambiguity. In: MARCELO DASCAL/DIETFRIED GERHARDUS/KUNO LORENZ/GEORG MEGGLE: Sprachphilosophie. Philosophy of Language. La philosophie du langage. Ein internationales Handbuch zeitgenössischer Forschung. Zweiter Halbband, Berlin, New York 1996, S. 1407–1417.

equally *un*proveable. The mutually exclusive interpretations of an ambiguous expression, on the other hand, are equally provable because equally anchored in the text.⁹

All diese Klärungsversuche belegen letztlich, dass Ambiguität ein Begriff mit unscharfen Rändern ist. Ungeachtet dessen hat der Ambiguitätsbegriff in den letzten Jahren in der Sprach-, Literatur- und Kunstwissenschaft eine erhebliche Karriere gemacht. Zu fragen ist daher, ob er terminologisch überhaupt noch profilierbar ist und, wenn ja, in welcher Weise eine solche Profilierung erfolgen könnte.

Erschwerend kommt hinzu, dass Ambiguität nicht nur als deskriptiver, sondern auch als normativer Begriff verwendet wird. Seit längerem hat sich die Auffassung durchgesetzt, Ambiguität sei ein die Literatur wie die Kunst der Moderne besonders auszeichnender Aspekt. Erst mit der Moderne ließen künstlerische und literarische Werke unterschiedliche Deutungen zu, und zwar im Sinne eines programmatischen Anspruchs, der Eindeutigkeit gerade zu vermeiden suche. UMBERTO ECO hat die Deutungsoffenheit moderner Kunst als deren Gestaltungsprinzip beschrieben und sie von einer vormodernen Offenheit unterschieden, die dem Betrachter zwar mehrere Deutungsmöglichkeiten anbiete, letztlich aber doch einen verbindlichen Sinn vorgebe.¹⁰ Er hat damit systematische und historische Deutungsoffenheit miteinander verknüpft und zugleich geschieden. Systematisch betrachtet gilt ECO jedes Kunstwerk als mehrdeutig, insofern es eine Mehrzahl von Signifikaten voraussetze, die in einem einzelnen Signifikanten enthalten seien.¹¹ Historisch jedoch unterscheidet ECO mehrere „Offenheitsgrade" und weist der modernen Kunst, deren Werke er als „Werke in Bewegung" charakterisiert, den größten Offenheitsgrad zu.¹² Mittelalterlichen Kunstwerken billigt ECO dagegen nur eine begrenzte Offenheit zu, wobei er etwa auf die Bibelexegese und den vierfachen Schriftsinn hinweist, der zwar unterschiedliche Deutungsebenen, aber keine vollständige Uneindeutigkeit zulasse.¹³

Deutlicher noch als UMBERTO ECO hat CHRISTOPH BODE Ambiguität als ein spezifisches Kennzeichen der Literatur, Kunst und Musik der Moderne, insbesondere des zwanzigsten Jahrhunderts charakterisiert.¹⁴

---

9 RIMMON (Anm. 5), S. 19.
10 Vgl. UMBERTO ECO: Das offene Kunstwerk, ⁸Frankfurt a. M. 1998 (ital. Original: *Opera aperta*, 1962), S. 90.
11 Vgl. ebd., S. 9.
12 Ebd., S. 43.
13 Vgl. ebd., S. 33.
14 CHRISTOPH BODE: Ästhetik der Ambiguität. Zu Funktion und Bedeutung von Mehrdeutigkeit in der Literatur der Moderne, Tübingen 1988.

Gerade die Texte der literarischen Moderne lassen sich verstehen als ‚Bedeutungsgeneratoren', als Zeichenkomplexe, die gar nicht auf eindeutige Entschlüsselung hin angelegt sind, sondern vielmehr – durch die *Art ihrer Vertextung* – nahelegen, als *Ausgangspunkte* von Bedeutungen betrachtet und als *Angebote vielfachen Sinns* gelesen zu werden. Der für die Moderne typische literarische Text gleicht, um ein anderes Bild einzuführen, einem Baukasten, dessen Elemente nicht allein zur Konstruktion nur *eines* Objektes taugen, sondern über ihre Beschaffenheit und die in ihnen angelegten vielfachen Möglichkeiten zur Verbindung untereinander eine ganze Reihe in sich schlüssiger, die anderen Möglichkeiten überhaupt nicht ausschließender Objekte bilden können.[15]

3 Ambiguitätstoleranz

Die Produktion von Uneindeutigkeit gilt demnach als künstlerische oder literarische Leistung, ihre rezeptive Akzeptanz als Ausdruck eines toleranten Bewusstseins, das nicht auf Eindeutigkeit angewiesen ist.

In diesem Sinne wird der Begriff der Ambiguitätstoleranz in der Persönlichkeitspsychologie, der Kognitionspsychologie, der Soziologie und der Sozialforschung verwendet. ELSE FRENKEL-BRUNSWIK hat ihn *ex negativo* im Anschluss an ihre gemeinsam mit THEODOR W. ADORNO, DONALD J. LEVINSON und NEVITT SANFORD in den 1940er Jahren durchgeführten Studien über die *Authoritarian personality* (den „autoritären Charakter") in ihrer Untersuchung *Intolerance of Ambiguity* entwickelt.[16] Nach FRENKEL-BRUNSWIKS Definition besteht Ambiguitätstoleranz in der Fähigkeit des Individuums, die Koexistenz von positiven und negativen Eigenschaften in ein und demselben Objekt erkennen und akzeptieren zu können.[17] Der von ihr entwickelte Begriff der Ambiguitätstoleranz umfasst damit ebenso emotionale wie kognitive Aspekte. Ambiguität**in**toleranz äußert sich nach FRENKEL-BRUNSWIK dagegen in der „tendency to resort to black-white solutions, to arrive at premature closure as to evaluative aspects, often at the neglect of reality, and to seek for unqualified and unambiguous overall acceptance and rejection of other people."[18]

---

15 BODE (Anm. 14), S. 96 f.
16 THEODOR W. ADORNO/ELSE FRENKEL-BRUNSWIK/DANIEL J. LEVINSON/NEVITT SANFORD: The Authoritarian Personality, New York 1949. THEODOR W. ADORNO hat den von ihm verfassten Teil 1973 auf Deutsch unter dem Titel *Studien zum Autoritären Charakter* veröffentlicht.
17 Vgl. ELSE FRENKEL-BRUNSWIK: Intolerance of Ambiguity as an Emotional and Perceptual Personality Variable. In: Journal of Personality 18 (1949), S. 108–143.
18 FRENKEL-BRUNSWIK (Anm. 17), S. 115.

STANLEY BUDNER hat auf dieser Grundlage eine Ambiguitätstoleranzskala entwickelt.[19] Seine Bestimmung von Ambiguitätstoleranz unterscheidet sich freilich deutlich von FRENZEL-BRUNSWIKS. Er definiert Ambiguitätstoleranz als „the tendency to perceive ambiguous situations as desirable", Ambiguität**sin**toleranz umgekehrt als „the tendency to perceive [...] ambiguous situations as sources of threat."[20] BUDNER legt damit den Schwerpunkt nicht mehr auf die Wahrnehmung von Personen, sondern von Situationen, auf die ambiguitätstolerant oder -intolerant reagiert werden kann. Der definitorische Schwerpunkt hat sich erneut bei ROBERT W. NORTON verlagert, der Ambiguitätstoleranz auf den Umgang mit Informationen bezogen hat.

Dementsprechend definiert NORTON Ambiguität**sin**toleranz als „a tendency to perceive or interpret information marked by vague, incomplete, fragmented, multiple, probable, unstructured, uncertain, inconsistent, contrary, contradictory, or unclear meanings as actual or potential sources of psychological discomfort or threat."[21] Zwar argumentieren alle drei persönlichkeits- und kognitionspsychologisch, aber ungeachtet dessen gehen sie von unterschiedlichen Aspekten aus. Dennoch lassen sich die Ergebnisse der psychologischen Grundlagenforschung durchaus auf die Rezeption von Ambiguität in literarischen Texten anwenden.[22] Hierfür eignet sich NORTONS Konzeption besonders gut, denn Literatur vermittelt durchaus Informationen, auch wenn ihr informationeller Gehalt sich nur auf die durch den jeweiligen Text entworfene Welt bezieht. Ob dieser informationelle Gehalt – etwa im Hinblick auf das Erleben eines lyrischen Ichs, den Entwurf einer

---

19 Vgl. STANLEY BUDNER: Intolerance of ambiguity as a personality variable. In: Journal of Personality 30 (1962), S. 29–50; zu BUDNERS Ambiguitätstoleranzskala vgl. die Metastudie von: ARLIN J. BENJAMIN JR./RONALD E. RIGGIO/BRONSTON T. MAYES: Reliability and Factor Structure of Budner's Tolerance for Ambiguity Scale. In: Journal of Social Behavior and Personality 11 (1996), S. 625–632.
20 BUDNER (Anm. 19), S. 29.
21 ROBERT W. NORTON: Measurement of Ambiguity Tolerance. In: Journal of Personality Assessment 39 (1975), S. 607–619, hier S. 608.
22 Das Konzept der Ambiguitätstoleranz ist in zahlreichen psychologischen und kognitionspsychologischen Untersuchungen fortgeführt worden und dabei auf immer weitere Gebiete der Persönlichkeits-, Wirtschafts- und Sozialpsychologie, aber auch der Pädagogik erweitert worden. Vgl. ADRIAN FURNHAM/TRACY RIBCHESTER: Tolerance of Ambiguity: A Review of the Concept, Its Measurement and Applications. In: Current Psychology: Developmental, Learning, Personality, Social 14 (1995), S. 179–199; aus persönlichkeitspsychologischer Perspektive: JACK REIS: Ambiguitätstoleranz. Beiträge zur Entwicklung eines Persönlichkeitskonstrukts, Heidelberg 1997. Eine gute Zusammenfassung der unterschiedlichen Konzeptionen bieten: GEORG MÜLLER-CHRIST/GUDRUN WESSLING: Widerspruchsbewältigung, Ambivalenz- und Ambiguitätstoleranz. In: GEORG MÜLLER-CHRIST/LARS ARNDT/INA EHNERT: Nachhaltigkeit und Widersprüche, Münster 2007, S. 180–197.

erzählten Welt und der in ihr agierenden Figuren oder der Figurendialoge des Dramas – sich mimetisch zur Welt außerhalb verhält, ist dabei irrelevant.

In jüngerer Zeit hat THOMAS BAUER den Begriff der Ambiguitätstoleranz auf die islamische Kultur angewendet und die These formuliert, bis in die Zeit des Kolonialismus habe sich der Islam durch Ambiguitätstoleranz ausgezeichnet, während die christliche Kultur mit Wahrheits- und Eindeutigkeitsansprüchen aufgetreten sei.[23] BAUER hat in diesem Zusammenhang den Begriff der kulturellen Ambiguität eingeführt:

> Ein Phänomen kultureller Ambiguität liegt vor, wenn über einen längeren Zeitraum hinweg einem Begriff, einer Handlungsweise oder einem Objekt gleichzeitig zwei gegensätzliche oder mindestens zwei konkurrierende, deutlich voneinander abweichende Bedeutungen zugeordnet sind, wenn eine Gruppe Normen und Sinnzuweisungen für einzelne Lebensbereiche gleichzeitig aus gegensätzlichen oder stark voneinander abweichenden Diskursen bezieht oder wenn gleichzeitig innerhalb einer Gruppe unterschiedliche Deutungen eines Phänomens akzeptiert werden, wobei keine dieser Deutungen ausschließliche Geltung beansprucht.[24]

Er hat dies nicht nur am Beispiel der Auslegung des Korans, sondern auch der arabischen Lyrik und der arabischen belehrend-unterhaltsamen Prosaliteratur zu zeigen versucht, die er als „Ambiguitätstraining" begreift, das dazu beigetragen habe, die für die islamische Kultur kennzeichnende Ambiguitätstoleranz zu entwickeln.[25] Ambiguitätstoleranz wird so zu einem kulturellen Auszeichnungsmerkmal, das BAUER angesichts aktuell wachsender Islamkritik bis Islamfeindlichkeit positiv auf den Islam angewendet hat. Das Problem des Begriffs der kulturellen Ambiguität besteht darin, dass er den Begriff der Ambiguitätstoleranz absorbiert und BAUER ihn von einzelnen Feldern auf die gesamte Kultur ausgedehnt hat. Problematisch erscheint außerdem, dass er dafür negativ auf die Konstruktion einer christlichen Welt zurückgegriffen hat, die sich grundsätzlich durch Ambiguitäts**in**toleranz ausgezeichnet habe. Mit diesem Hintergrundargument hat er freilich den kritischen Impetus seiner eigenen Theorie unterlaufen, indem er das andere dessen, was er aufwerten wollte, abgewertet hat.

---

23 Vgl. THOMAS BAUER: Die Kultur der Ambiguität. Eine andere Geschichte des Islams, Berlin 2011, S. 384 ff.
24 Ebd., S. 27.
25 Vgl. ebd., S. 253–267.

4 Linguistische und rhetorische Ambiguität

4.1 Linguistische Ambiguität

Um narrative Ambiguität angemessen beschreiben zu können, ist es zunächst erforderlich, die sprachlichen Ursachen von Ambiguität darzulegen. Linguistisch bezeichnet man die Zwei- oder Mehrdeutigkeit von Lexemen als Ambiguität und differenziert im Allgemeinen zwischen syntaktischer, lexikalischer und semantischer Ambiguität. Als syntaktische Ambiguität bezeichnet man Uneindeutigkeiten oder Mehrdeutigkeiten, die aus der grammatischen Struktur des Satzes hervorgehen (Bsp. Ich sah den Mann mit dem Fernglas). Unter lexikalischer Ambiguität versteht man in erster Linie Phänomene von Homonymie, die sich in Homophonie (Bsp. Mohr/Moor) und Homographie (Bsp. Kiefer/Kiefer) unterteilen. Semantische Ambiguität umfasst dagegen die Möglichkeit, dass derselbe Signifikant mehrere Signifikate hat.[26] Homonymie und Polysemie unterscheiden sich dadurch, dass Homonymie unterschiedliche Lexeme bezeichnet, die denselben Klang oder dieselbe Orthographie haben, während Polysemie für jene Fälle verwendet wird, in denen das gleiche Lexem verschiedene Bedeutungen oder ein breites Bedeutungsspektrum hat. Während sich Homonymien in der Regel leicht – im Deutschen etwa durch den bestimmten Artikel (Bsp. der Mohr/das Moor; der Kiefer/die Kiefer) oder durch Kotext (Bsp. die Bank/die Bank: die Bank ist bequem/die Bank ist geschlossen) – disambiguieren lassen, ist Polysemie nur schwer auflösbar. Homonymie lässt sich deshalb auch als kontingente, Polysemie als systemische Mehrdeutigkeit begreifen.[27]

Semantische Ambiguität betrifft alle Formen von Polysemie, wobei die Reichweite solcher Polysemien sehr unterschiedlich sein kann. Bezeichnungen konkreter Gegenstände lassen sich in der Regel einfacher vereindeutigen als Begriffe

---

26 Vgl. ANDREAS BLANK: Einführung in die lexikalische Semantik für Romanisten, Tübingen 2001, S. 103–118; Polysemy in Cognitive Linguistics. Hrsg. von HUBERT CUYCKENS/BRITTA E. ZAWADA, Amsterdam 1997. In ihrer Einleitung erläutern CUYCKENS und ZAWADA die Geschichte der sprachwissenschaftlichen Beschreibung von Ambiguität und den Zusammenhang mit den jeweiligen linguistischen Theorien (vgl. S. IX–XVI). Aus der Perspektive der Computerlinguistik erscheint semantische Ambiguität dagegen eher als Problem: Vgl. Semantic Ambiguity and Underspecification. Hrsg. von KEES VAN DEEMTER/STANLEY PETERS, Chicago 1996; Lexical Semantics: The Problem of Polysemy. Hrsg. von JAMES POUSTEJOVSKY/BRANIMIR BOGURAEV, Oxford 1997.
27 Vgl. CUYCKENS/ZAWADA: Introduction (Anm. 26), S. XV. Nicht in allen Fällen sind Homonymie und Polysemie jedoch klar voneinander unterscheidbar. Dies gilt vor allem dann, wenn im Zuge des Bedeutungswandels ursprünglich sinnzusammenhängende Polyseme sich soweit auseinanderentwickelt haben, dass sie als Homonyme erscheinen. Vgl. BLANK (Anm. 26), S. 112.

wie etwa Verwandtschaft,[28] Liebe,[29] Freundschaft[30] und Ehre,[31] die rechtliche, soziale oder kulturelle Beziehungen signifizieren. Solche Lexeme umfassen extrem breite Bedeutungsspektren, die historisch erheblichen Veränderungen unterliegen und deshalb nur mit Mühe und innerhalb eines Wortfeldes disambiguiert werden können.[32] Außerdem sind sie so vielfältig anschlussfähig, dass sie diachron sowohl erheblicher Bedeutungserweiterung oder -verengung als auch grundlegender Bedeutungsveränderung unterliegen können. Von daher kommt der historischen Semantik innerhalb der linguistischen Ambiguitätsforschung eine erhebliche Bedeutung zu, und zwar nicht, weil sie Begriffe historisch zu

---

28 Vgl. BERNHARD JUSSEN: Perspektiven der Verwandtschaftsforschung fünfundzwanzig Jahre nach JACK GOODYS „Entwicklung von Ehe und Familie in Europa". In: Die Familie in der Gesellschaft des Mittelalters. Hrsg. von KARL-HEINZ SPIESS, Ostfildern 2009, S. 275–324; GERD ALTHOFF: Verwandte, Freunde und Getreue. Zum politischen Stellenwert der Gruppenbindung im frühen Mittelalter, Darmstadt 1990; GERHARD DILCHER: An den Ursprüngen der Normbildung – Verwandtschaft und Bruderschaft als Modelle gewillkürter Rechtsnormen. In: Verwandtschaft, Freundschaft, Bruderschaft. Soziale Lebens- und Kommunikationsformen im Mittelalter. Hrsg. von GERHARD KRIEGER, Berlin 2009, S. 37–55; JOHANNES ERBEN: Freundschaft-Bekanntschaft-Verwandtschaft. Zur Bezeichnungsgeschichte der Ausdrucksformen menschlicher Verbundenheit im frühen Neuhochdeutschen. In: Vielfalt des Deutschen. Hrsg. von KLAUS J. MATTHEIER u. a., Frankfurt a. M. 1993, S. 111–121.
29 Vgl. NIKLAS LUHMANN: Liebe als Passion. Zur Codierung von Intimität, Frankfurt a. M. 1982.
30 Vgl. VERENA EPP: Amicitia. Zur Geschichte personaler, sozialer, politischer und geistlicher Beziehungen im frühen Mittelalter, Stuttgart 1999; DIES.: Rituale frühmittelalterlicher amicitia. In: Formen und Funktionen öffentlicher Kommunikation im Mittelalter. Hrsg. von GERD ALTHOFF, Stuttgart 2001, S. 11–24. Für das Spätmittelalter vgl. CLAUDIA GARNIER: Freundschaft und Vertrauen in der politischen Kommunikation des Spätmittelalters. In: Freundschaft. Motive und Bedeutungen. Hrsg. von SIBYLLE APPUHN-RADTKE/ESTHER WIPFLER, München 2006, S. 117–136; DIES.: Amicus amicis inamicus inamicis. Politische Freundschaft und fürstliche Netzwerke im 13. Jahrhundert, Stuttgart 2000; KURT SMOLAK: Formel und Freundschaft. In: Verwandtschaft, Freundschaft, Bruderschaft. Soziale Lebens- und Kommunikationsformen im Mittelalter. Hrsg. von GERHARD KRIEGER, Berlin 2009, S. 83–95.
31 Vgl. WINFRIED SPEITKAMP: Ohrfeige, Duell und Ehrenmord. Eine Geschichte der Ehre, Stuttgart 2010; MARTIN DINGES: Die Ehre als Thema der historischen Anthropologie. Bemerkungen zur Wissenschaftsgeschichte und zur Konzeptualisierung. In: Verletzte Ehre. Ehrkonflikte in Gesellschaften des Mittelalters und der Frühen Neuzeit. Hrsg. von KLAUS SCHREINER/GERD SCHWERHOFF, Köln, Weimar, Wien 1995, S. 29–62; siehe im selben Band auch die Einleitung der Herausgeber: KLAUS SCHREINER/GERD SCHWERHOFF: Verletzte Ehre – Überlegungen zu einem Forschungskonzept, S. 1–28.
32 Vgl. BLANK (Anm. 26), S. 69–102; siehe auch: ANDREAS BLANK: Prinzipien des lexikalischen Bedeutungswandels am Beispiel der romanischen Sprachen, Berlin, New York 1997.

disambiguieren, sondern weil sie das Spektrum von Ambiguitäten aufzuzeigen vermag.[33]

Semiotisch betrachtet, sind ferner nicht nur verbalsprachliche, sondern auch körpersprachliche Zeichen ambig.[34] Das gilt nicht nur, weil auch mimische, gestische und proxemische Zeichen historischen Veränderungen und kulturellen Kontexten unterliegen, sondern auch, weil sie im jeweiligen Kontext als angemessen oder unangemessen erscheinen können, was ihre Lesbarkeit erschwert und sie damit ambiguisiert. So können etwa der Kuss und die Umarmung beim Abschluss mittelalterlicher Friedensverhandlungen als bloß konventionelle Zeichen eines Bündnisses gedeutet werden, aber auch als Zeichen einer persönlichen Nahbeziehung, die bis hin zur Illegitimität gesteigert sein kann. Dabei ist nicht entscheidend, wie plausibel eine solche Deutung sein kann, sondern dass es ein grundsätzliches Interpretationsspektrum gibt.

4.2 Rhetorische Ambiguität

In der klassischen Rhetorik gilt Ambiguität als Fehler oder unangemessener Wortgebrauch, weil sie gegen die Norm der *perspicuitas* verstößt.[35] Der Wortsinn einer Rede, so Cicero in *De oratore*, müsse *sine ambiguo verbo aut sermone* zum

---

33 Vgl. einführend GERD FRITZ: Einführung in die historische Semantik, Tübingen 2005; DERS.: Historische Semantik. 2., aktualisierte Auflage. Stuttgart, Weimar 2006; speziell zur mittelhochdeutschen Literatur: GERD DICKE/MANFRED EIKELMANN/BURKHARD HASEBRINK: Historische Semantik der deutschen Schriftkultur. Eine Einleitung. In: Im Wortfeld des Textes. Worthistorische Beiträge zu den Bezeichnungen von Rede und Schrift im Mittelalter. Hrsg. von GERD DICKE/MANFRED EIKELMANN/BURKHARD HASEBRINK, Berlin u. a. 2006, S. 1–12.

34 Die Funktion körpersprachlicher, ritueller Zeichen hat in der deutschen Geschichtswissenschaft insbesondere GERD ALTHOFF aufgearbeitet. Vgl. GERD ALTHOFF: Die Macht der Rituale. Symbolik und Herrschaft im Mittelalter, Darmstadt 2003; DERS.: Spielregeln der Politik im Mittelalter. Kommunikation in Frieden und Fehde, Darmstadt 1997; siehe auch MARINA MÜNKLER/MATTHIAS STANDKE: Freundschaftszeichen. Einige systematische Überlegungen zu Gesten, Gaben und Symbolen von Freundschaft. In: Gesten, Gaben und Zeichen von Freundschaft in der mittelalterlichen Literatur. Hrsg. von MARINA MÜNKLER/ANTJE SABLOTNY/MATTHIAS STANDKE, Heidelberg 2015 (Beihefte zum Euphorion, Heft 86), S. 9–32.

35 Vgl. RONALD BERNECKER/THOMAS STEINFELD: Amphibolie, Ambiguität. In: Historisches Wörterbuch der Rhetorik. Hrsg. von GERT UEDING, Bd. 1, Tübingen 1992, Sp. 436–444; ERHARD SCHÜTTPELZ: Figuren der Rede. Zur Theorie der rhetorischen Figur, Berlin 1996, S. 336–355. SCHÜTTPELZ hat die Kritik der Rhetorik an Ambiguität als „sprachnormatives und zugleich sprachtheoretisches Postulat" bezeichnet, das seit der klassischen Antike über Jahrtausende bestanden habe (ebd., S. 336). Dabei hat er m. E. übersehen, dass der Eindeutigkeitsanspruch keineswegs für alle sprachlichen Äußerungen und für sämtliche Formen der rhetorisch geschulten Rede gegolten hat.

Ausdruck gebracht werden, um *obscuritas* zu vermeiden.[36] Auch Quintilian empfiehlt, Dunkelheit zu meiden, die er nicht nur auf Homonymien, sondern auch auf den Gebrauch von Metaphern zurückführt.[37] Der Einsatz von Metaphern gilt demnach in der antiken Rhetorik als Ursache von Ambiguität, was jedoch keineswegs zu der Schlussfolgerung führt, Metaphern müssten grundsätzlich vermieden werden. Metaphern gehören zum rhetorischen *ornatus* und bilden einen wichtigen Bestandteil der Rede.[38] Freilich hängt es von den Redegattungen ab, in welchem Umfang und in welcher Weise Metaphern angemessen eingesetzt werden können. Prinzipiell aber bestimmt die jeweilige Funktion der Rede, ob Eindeutigkeit überhaupt angestrebt oder vermieden werden soll.

Ambiguität kann im kommunikativen Zusammenhang ohnehin nicht vollständig vermieden werden.[39] Kommunikationstheoretisch bezeichnet Mehrdeutigkeit die Missverständlichkeit sprachlicher Zeichen und damit ein Standardproblem von Kommunikation.[40] Dabei ist jedoch zwischen Normal- und Sonderkommunikation zu unterscheiden: Während Normal- oder Alltagskommunikation in der Regel nichtintendierte Ambiguitäten produziert, versuchen Sonderkommunikationen solche Ambiguitäten zu vermeiden, können sie umgekehrt aber durchaus gezielt einsetzen. Daraus resultieren zwei unterschiedliche Perspektiven: Ambiguitäten können innerhalb der sozialen Interaktion als Defizienzphänomen erlebt werden, „das im Beobachter zu Recht den kognitiven Reflex nach Disambiguierung im Interesse der Verstehenssicherung oder Entscheidungsmöglichkeit auslöst", sie können unter sonderkommunikativen Bedingungen, zu denen die literarische Kommunikation gerechnet wird, aber auch als „ästhetische Produktivkraft" dienen.[41]

---

36 Marcus Tullius Cicero: *De oratore – Über den Redner*. Lat./dt. Hrsg. und übers. von THEODOR NÜSSLEIN, Düsseldorf 2007, 3, 49.
37 Marcus Fabius Quintilianus: *Institutionis oratoriae Libri XII – Ausbildung des Redners*. Lat./ dt. Hrsg. und übers. von HELMUT RAHN, 2 Bde., ³Darmstadt 1995, VIII, 2, 1–24. Zur *obscuritas* vgl.: MANFRED FUHRMANN: Das Problem der Dunkelheit in der antiken rhetorischen und literarästhetischen Theorie der Antike. In: Immanente Ästhetik – Ästhetische Reflexion. Lyrik als Paradigma der Moderne. Hrsg. von WOLFGANG ISER, München 1966 (Poetik und Hermeneutik 2), S. 47–72; siehe auch: CHRISTINE WALDE/RÜDIGER BRANDT/JÜRGEN FRÖHLICH/KURT OTTO SEIDEL: Obscuritas. In: Historisches Wörterbuch der Rhetorik. Hrsg. von GERT UEDING, Bd. 6, Tübingen 2003, Sp. 358–383; GUIDO NASCHERT: Dunkelheit. In: Historisches Wörterbuch der Philosophie. Hrsg. von JOACHIM RITTER/KARLFRIED GRÜNDER/GOTTFRIED GABRIEL, Bd. 11, Basel 2003, Sp. 336–339.
38 Vgl. ALAN BAILIN: Ambiguity and Metaphor. In: Semiotica 172 (2008), S. 151–169.
39 Vgl. SCHÜTTPELZ (Anm. 35), S. 344 f.; BAUER/KNAPE/KOCH/WINKLER (Anm. 1), S. 41.
40 Vgl. H. PAUL GRICE: Logic and Conversation. In: Syntax and Semantics. Vol. 3: Speech Act. Hrsg. von PETER COLE/JERRY L. MORGAN, New York, San Francisco, London 1975, S. 43–58, hier S. 47; BAUER/KNAPE/KOCH/WINKLER (Anm. 1), S. 16.
41 BAUER/KNAPE/KOCH/WINKLER (Anm. 1), S. 9.

Rhetorik als „strategisch geleitete Kommunikation"[42] kann nach BAUER, KNAPE, KOCH und WINKLER beiden Kommunikationsseiten zugeordnet werden, da auch Alltagskommunikation darauf abzielen kann, den Gesprächspartner zu überzeugen. In der face-to-face Kommunikation stehen Orator und Beobachter besondere Disambiguierungsinstrumente zur Verfügung, die in der schriftlichen Kommunikation fehlen. Aus diesem Grund haben sie auch die These zurückgewiesen, literarische Ambiguität sei ein erst in der Moderne verwirklichtes „Charakteristikum literarischer Texte", und erklärt, der Leser literarischer Texte stoße seit jeher auf Ambiguität, „und zwar vor allem weil dort verschiedene Kommunikationsebenen zusammengespannt werden (z. B. Kommunikation zwischen Figuren und zwischen Autor und Leser), weil insbesondere in fiktionalen Texten Kontexte zugleich evoziert werden und als Mittel zur Disambiguierung fehlen."[43]

In diesem Kontext haben sie den Begriff der Ambiguitätstoleranz durch den der Ambiguitätskompetenz ergänzt. Die Ambiguitätskompetenz des Orators besteht darin, dass er sich bemüht, Ambiguitäten so weit wie möglich zu vermeiden, die des Beobachters darin, dass er sie aufzulösen versucht.[44] In der mündlichen Kommunikation kann der Beobachter Ambiguität durch Nachfragen auflösen, was prinzipiell auch in schriftlicher Kommunikation nicht ausgeschlossen ist, wobei aber Zeitverzögerungen und die daraus resultierende erschwerte Anschlussfähigkeit von Kommunikation in Kauf genommen werden müssen. In nicht adressierten Formen der schriftlichen Kommunikation, wie etwa literarischen Texten, muss der Leser auf das ihm zur Verfügung stehende kulturelle Wissen und damit auf die in einer entsprechenden Situation anzuwendenden Frames rekurrieren, was jedoch sehr viel voraussetzungsreicher ist. Grundsätzlich dienen Frames dazu, durch die Rekurrenz auf Weltwissen, das durch Erfahrung, Erzählung oder Erläuterung konstituiert sein kann, die Bedeutung einzelner Worte zu disambiguieren.[45] Das Problem von Frames bei literarischen Texten besteht nach BAUER, KNAPE, KOCH und WINKLER aber darin, „dass fiktionale literarische Werke den Regeln ‚normaler' Kommunikation folgen und es zugleich nicht tun, dass sie ‚wahr' sind und zugleich nicht, und dass deshalb nie mit Sicherheit ge-

---

42 Ebd., S. 65.
43 Ebd., S. 65.
44 Vgl. ebd., S. 16.
45 Je nach Redesituation kann die Option, durch Nachfragen zu disambiguieren, jedoch deutlich eingeschränkt sein. In einer öffentlichen Rede ist es, anders als in einem rhetorisch organisierten Dialog, nahezu unmöglich, nachzufragen. Außerdem kann das Nachfragen sozial tabuisiert oder stigmatisiert sein, weil es den Nachfragenden als dumm oder taktlos erscheinen lassen kann. Zur Frame-Semantik vgl. DIETRICH BUSSE: Semantik, Paderborn 2009, S. 80–90; DERS.: Frame-Semantik. Ein Kompendium, Berlin, Boston 2012, bes. S. 9–19.

sagt werden kann, ob ein Kontext, den ich zur Erklärung einer Ambiguität [...] heranziehe, legitim und relevant ist oder nicht."[46]

5 Poetische und literarische Ambiguität

In unterschiedlichen Theorieansätzen wird Ambiguität als ein Grundcharakteristikum der poetischen Sprache betrachtet. JURIJ LOTMAN etwa hat poetische Ambiguität als Besonderheit der literarischen Kommunikation markiert und sie damit von der normalen Kommunikation abgegrenzt:

> Beim literarischen Text taucht zwischen den beiden Möglichkeiten des Verstehens und Nichtverstehens ein Zwischenbereich von erheblicher Bandbreite auf. Voneinander abweichende Interpretationen von Kunstwerken sind eine alltägliche Erscheinung, und sie entstehen, entgegen einer weitverbreiteten Meinung, nicht etwa aus irgendwelchen leicht zu beseitigenden Gründen, sondern gehören organisch zur Kunst.[47]

Nach ROMAN JAKOBSON erzeugen poetische Werke durch die Selbstreferentialität ihrer Sprache unauflösliche Ambiguitäten. „Ambiguity is an intrinsic, inalienable character of any self-focused message, briefly, a corollary feature of poetry."[48]

In der Forschung ist von zwei unterschiedlichen Perspektiven von Ambiguität ausgegangen worden: einer produktionsästhetischen und einer rezeptionsästhetischen. Die produktionsästhetische Perspektive orientiert sich an der Komplexität des literarischen Prozesses, die rezeptionsästhetische an der Sinngenerierung durch den Leser.

In *Seven Types of Ambiguity*, der ersten großen Analyse poetisch-literarischer Ambiguität, hat WILLIAM EMPSON aber bereits beide Perspektiven miteinander verschmolzen.[49]

> ‚Ambiguity' itself can mean an indecision as to what you mean, an intention to mean several things, a probability that one or the other or both of two things has been meant, and the fact that a statement has several meanings.[50]

---

46 Vgl. BAUER/KNAPE/KOCH/WINKLER (Anm. 1), S. 34.
47 JURIJ LOTMAN: Die Struktur literarischer Texte, München 1972, S. 43 f.
48 ROMAN JAKOBSON: Linguistics and Poetics. In: Style in Language. Hrsg. von THOMAS A. SEBEOK, Cambridge, Mass. 1960, S. 350–377, hier S. 370 f.
49 Vgl. WILLIAM EMPSON: Seven Types of Ambiguity, London 1930. Vgl. zu EMPSON: JAMES JENSEN: The Construction of Seven Types of Ambiguity. In: Modern Language Quarterly September 27 (1966), S. 243–259.
50 Ebd., S. 5 f.

Die sieben Typen von Ambiguität haben ihre gemeinsame Grundlage darin, dass sie unterschiedliche oder widersprüchliche Deutungen evozieren. Während die ersten drei Typen Probleme der Semantik thematisieren, richtet sich der vierte bis siebte Typus auf die Intention des Autors. Bei seinen Beispielen hat sich EMPSON auf lyrische, dramatische und narrative Werke gestützt, ohne eine einzelne Gattung zu privilegieren. Auch räumt er der modernen Literatur keinen hervorgehobenen Platz ein, sondern bezieht sich zu einem erheblichen Teil auf Texte mittelalterlicher (Chaucer) und insbesondere frühneuzeitlicher (Shakespeare, Milton, Donne) Autoren. EMPSON betrachtet „any verbal nuance, however slight, which gives room for alternative reactions to the same piece of language" als Grundlage von Ambiguität.[51] Unter „alternative reactions" sind in erster Linie unterschiedliche Deutungsmöglichkeiten zu verstehen.

Demgegenüber hat SHLOMITH RIMMON der produktionsästhetischen Perspektive eindeutig den Vorzug gegeben und betont, dass Ambiguität nicht mit der Vielfältigkeit möglicher Interpretationen künstlerischer oder literarischer Werke identifiziert werden dürfe. Für RIMMON beruht die Vielfältigkeit von Interpretationen auf der subjektiven Sicht des Lesers, Ambiguität dagegen sei ein Faktum des Textes:

> 'Ambiguity' should first be distinguished from the multiplicity of subjective interpretations given to a work of fiction. Almost every notable work of art has been given an enormous number of individual interpretations – some compatible with each other, some opposed to each other. Theorists holding a relativistic view of criticism conclude from this state of affairs that no two people understand a work of art in the same way, that there is no such thing as the work of art as object, and that there are as many works as there are readers. This is often referred to as the ultimate subjectivity or the 'unescapable ambiguity' of all art (Stanford 1939, p. 87). The essential difference between this phenomenon and ambiguity proper is that while the subjectivity of reading is conditioned mainly by the psyche of the reader, ambiguity is a fact in the text – a double system of mutually exclusive clues.[52]

RIMMON definiert den Begriff der Ambiguität in Abgrenzung von *plurisignificance* äußerst präzise, allerdings auch – wie sie selbst eingesteht – sehr eng:

> Ambiguity, according to my narrow definition, is the 'conjunction' of exclusive disjuncts, whereas double and multiple meaning are based on the conjunction of compatible readings, irony on disjunction, allegory on equivalence, and indeterminacy on the absence of any necessary logical operator.[53]

---

51 Ebd., S. 1.
52 RIMMON (Anm. 5), S. 12.
53 SHLOMITH RIMMON-KENAN: Ambiguity and Narrative Levels: Christine Brooke-Rose's *Thru*. In: Poetics Today 3 (1982), S. 21–32, hier S. 21.

Ambiguität bezieht sich nach ihrer These auf den gesamten Text und nicht auf einzelne Elemente daraus. Produktionsästhetisch bestimmt SHLOMMITH RIMMON narrative Ambiguität als die Konjunktion exklusiver Disjunktionen, d. h. das unentscheidbare Nebeneinander von zwei möglichen Deutungen einer Erzählung, die sich wechselseitig ausschließen.

> In narrative, the exclusive disjuncts are what I call the 'finalized hypotheses' (i.e. the hypotheses the reader has attained at the end of the reading process), and their conjunction is the most abstract equivalent of the coexistence of two mutually exclusive fabulas in one sjuzhet [sic!].[54]

Dieser enge Begriff von Ambiguität hat einerseits den Vorteil, dass er Ambiguität sehr klar definiert und sie aus einem nahezu ubiquitären Phänomen zu einem sehr spezifischen Konzept macht. Andererseits hat er den Nachteil, dass Ambiguität als spezifischer Aspekt der Deutungsoffenheit literarischer Texte nur noch sehr eingeschränkt zur Verfügung steht, ohne dass ein anderer, adäquaterer Aspekt als die Subjektivität des Lesers an seine Stelle träte. Die Subjektivität des Lesers als Grundlage von Deutungsoffenheit blendet jedoch beschreibbare Widersprüchlichkeiten in literarischen Texten aus und stützt sich ausschließlich auf einen Aspekt der Lektüre, der literaturwissenschaftlicher Forschung letztlich nicht zugänglich ist. Insofern scheint es mir sehr viel sinnvoller, Ambiguität in einem weiteren Sinn zu fassen, ihre unterschiedlichen Ebenen aber klar zu benennen.

Anschlussfähig ist im Hinblick darauf MICHAIL BACHTINS Konzept der Dialogizität, das ebenfalls als ein früher Versuch betrachtet werden kann, die Ambiguität des Romans zu beschreiben – freilich ohne den Begriff zu verwenden. BACHTIN bezeichnet die Polyphonie des Romans, in dessen Figurenreden immer ‚fremde Wörter' eingingen, als Dialogizität. Darunter verstand BACHTIN alles das, was zu einem Gegenstand schon einmal gesagt oder in der Wirklichkeit vorfindlich war.[55] BACHTINS Konzept der Dialogizität ist eng verknüpft mit dem von ihm aus der Musikwissenschaft entnommenen Begriff der Polyphonie. Polyphonie bezeichnet in der Musik die Mehrstimmigkeit musikalischer Werke. In BACHTINS Theorie bezieht sie sich auf den Dialog der Stimmen, insbesondere der Figurenstimmen innerhalb des Romans, die verhindern, dass eine von ihnen oder die Perspektive des Erzählers auf das Geschehen die Lektüre vollständig bestimmen

---

54 Ebd., S. 21.
55 Vgl. MICHAIL M. BACHTIN: Die Ästhetik des Wortes. Hrsg. und übers. von RAINER GRÜBEL, Frankfurt a. M. 1979, S. 213.

können.⁵⁶ BACHTINS Konzept der Dialogizität formuliert damit zwei zentrale Aspekte, die für eine Theorie narrativer Ambiguität fruchtbar gemacht werden können. Dazu ist es zunächst jedoch erforderlich, narrative Ambiguität genauer zu betrachten.

6 Narrative Ambiguität

Narrative Ambiguität ist eine bestimmte Ausprägung poetischer Ambiguität, sie ist daher nicht mit literarischer Ambiguität gleichzusetzen. Vielmehr entsteht sie aus spezifisch narrativen Aspekten, insbesondere der Komplexität narrativer Konstruktionen, in denen sich Erzählerstimmen, Figurenperspektiven und die Polysemie der Sprache, insbesondere die historisch wechselvolle Semantik von Begriffen, überschneiden und dadurch Lesarten ambiguisieren.

Für RIMMONS Bestimmung narrativer Ambiguität sind Leerstellen von entscheidender Bedeutung. Da Narrationen die Welt nicht mimetisch abbilden und die erzählte Welt nicht vollständig beschreiben können, sind Leerstellen in Erzählungen unvermeidlich. Grundsätzlich unterscheidet RIMMON zwischen irrelevanten und zentralen Leerstellen. Irrelevante Leerstellen können einfach übergangen oder hingenommen werden, während zentrale Leerstellen vom Leser gefüllt werden müssen, um eine Interpretation zu bilden.⁵⁷ Ob Leerstellen irrelevant oder höchstrelevant sind, hängt sowohl von ihrer Dauer als auch ihrer Auflösbarkeit ab. Unauflösbare Leerstellen können sowohl auf der Ebene der *fabula* als auch des *sujets* angesiedelt sein. Ambiguität entsteht nach RIMMON dann, wenn die Leerstellen bedeutend für das Textverständnis sind, während des Leseprozesses nicht gefüllt werden können, sowohl in der *fabula* als auch im *sujet* zu finden sind und zwei miteinander konkurrierende, sich wechselseitig ausschließende Hypothesen begründen, die eine eindeutige Füllung der Leerstelle verhindern.⁵⁸

RIMMON hat diese Annahme am Beispiel von Henry James' Roman *The Turn of the Screw* entwickelt. Nach ihrer These legt Henry James Fährten für zwei gleichwertige, einander widersprechende Leseweisen: Es gibt Gespenster in Bly

---

56 Vgl. MICHAIL M. BACHTIN: Probleme der Poetik Dostoevskijs. Aus dem Russischen von Adelheid Schramm, München 1971. BACHTIN weist freilich dem Autor und dessen Intention durch die von ihm gewählte Orchestrierung der Stimmen eine dominante Rolle zu. Zu dem daraus resultierenden Problem für die Dialogizität des Romans vgl. MATÍAS MARTÍNEZ: Dialogizität, Intertextualität, Gedächtnis. In: Grundzüge der Literaturwissenschaft. Hrsg. von HEINZ LUDWIG ARNOLD/ HEINRICH DETERING, München 1996, S. 430–445, bes. S. 437–441.
57 Vgl. RIMMON (Anm. 5), S. 47.
58 Vgl. ebd., S. 50.

und es gibt keine Gespenster in Bly.[59] Für beide Hypothesen lassen sich, so RIMMON, überzeugende Belege finden, beide können aber nicht zugleich zutreffen. Auf diese Weise entsteht nach Ihrer Auffassung Ambiguität im Sinne der Unauflöslichkeit einander widersprechender Hypothesen des Lesers. Solche binären Codierungen zweier einander widersprechender Hypothesen sind freilich selten. Nur wenige Texte lassen sich einem so engen Ambiguitätskonzept zuordnen.

Ein sehr viel breiteres Ambiguitätskonzept vertritt dagegen MICHAEL SCHEFFEL. Wie RIMMON verfolgt SCHEFFEL eine produktionsästhetische Perspektive, wenn er sich in seiner Analyse narrativer Ambiguität auf die Organisation von Erzählungen bezieht. SCHEFFEL beschreibt literarische Ambiguität als ein Phänomen, das so alt ist wie das fiktionale Erzählen selbst, weswegen er „narrationsspezifische Formen von Mehrdeutigkeiten" grundsätzlich als „eine spezifische Qualität des literarischen Erzählens" annimmt.[60] Da er Fiktionalität als Grundvoraussetzung narrativer Ambiguität begreift, betrachtet SCHEFFEL sie als ein genuines Spezifikum literarischer Erzählungen, das auf Alltagserzählungen nicht zutrifft:

> Im Unterschied zu anderen Formen des alltäglichen und historischen Erzählens lässt sich das literarische Erzählen nicht angemessen als Ort der Erklärung von Geschehen erfassen. Berücksichtigt man die mehr oder minder systematische Nutzung narrationsspezifischer Formen von Mehrdeutigkeit, so scheint mir die literarische Erzählung vielmehr der Ort zu sein, an dem eine Kultur das Wechselverhältnis von Erfahrung, Ereignis und Erzählung und damit die Grundlagen und Voraussetzungen der narrativen Ordnung von Geschehen erprobt und reflektiert.[61]

SCHEFFEL macht dies insbesondere daran fest, dass literarische Erzählungen häufig das Prinzip der zeitlichen Ordnung verletzten und dadurch Ambiguitäten erzeugten. Die Prämisse, alltägliches und historisches Erzählen dienten ausschließlich dazu, Geschehen zu erklären, bestimmt die Funktionen solcher Erzählungen freilich ebenfalls zu eng. Es gibt keinen überzeugenden Grund anzunehmen, dass alltägliche Erzählungen nicht auch der Unterhaltung dienen könnten, ebenso wie historische Erzählungen die Funktion haben können, Geschehnisse und ihre Ursachen zu ambiguisieren, um sie einer bestimmten Beurteilung zu entziehen oder einzelne Akteure in einem besonders strahlenden oder schlechten Licht erscheinen zu lassen, ohne dass dies offen markiert würde.

---

59 Vgl. ebd., bes. S. 116–166.
60 MICHAEL SCHEFFEL: Formen und Funktionen von Ambiguität in der literarischen Erzählung. Ein Beitrag aus narratologischer Sicht. In: BERNDT/KAMMER (Anm. 3), S. 89–103, hier S. 96.
61 Ebd., S. 99.

SCHEFFEL geht davon aus, dass insbesondere in modernen literarischen Texten die zeitliche Organisation des Erzählens sowie unmarkierte Erzähler- und Fokalisierungswechsel zu Ambiguitäten führen, die erst am Schluss, wie etwa in Ambrose Bierces Erzählung *An Occurence at Owl Creek Bridge*, oder auch überhaupt nicht, wie in Ilse Aichingers *Spiegelgeschichte*, aufgelöst werden. Nicht chronologische, sondern von hinten nach vorne oder mit zeitlichen Sprüngen organisierte Erzählungen verhindern nach SCHEFFELS These, dass aus der zeitlichen Ordnung auf eine kausale Ordnung geschlossen werden könnte. Wenn die zeitliche Organisation überdies noch mit einem unzuverlässigen Erzähler verbunden ist, steigert sich die Ambiguität des Erzählens, weil in einem solchen Fall nicht mehr klar ist, ob die Stimme des Erzählers, wie dies für extradiegetisch-heterodiegetische Erzählungen eigentlich anzunehmen wäre, tatsächlich gegenüber der Wahrnehmung von Figuren innerhalb der Geschichte privilegiert ist. SCHEFFEL gibt damit ebenso überzeugend wie präzise mögliche Ursachen für die Produktion von Ambiguität an.

In meinen eigenen Untersuchungen zu den Faustbüchern des sechzehnten bis achtzehnten Jahrhunderts habe ich zu zeigen versucht, dass narrative Ambiguität aber durchaus auch unter ganz anderen Bedingungen hervorgebracht werden kann. Es bedarf dazu nicht unbedingt eines unzuverlässigen Erzählers und auch keiner chronologischen Sprünge oder einer grundsätzlich unklaren zeitlichen Organisation der Erzählung. Sowohl durch den narrativen *discours* bzw. die Differenzen zwischen *discours* und *histoire* als auch durch die mit der Zentralfigur verknüpften Semantiken kann narrative Ambiguität hervorgebracht werden.[62]

Anders als SCHEFFEL, der die Stimme eines extradiegetisch-heterodiegetischen Erzählers gegenüber den Wahrnehmungen von Figuren als grundsätzlich privilegiert betrachtet und sie lediglich durch die Konstruktion eines unzuverlässigen Erzählers für gefährdet hält, gehe ich davon aus, dass Fokalisierungen das Privileg der Stimme des Erzählers durchaus unterminieren können.[63] Dafür scheinen mir zwei Aspekte von besonderer Bedeutung zu sein: Erstens die Art, in der die Stimme des Erzählers eingesetzt wird, und der Modus, in dem der Erzähler sich zu seiner Erzählung oder einzelnen Figuren äußert, und zweitens die Differenzen zwischen der Stimme des Erzählers und der Wahrnehmung von Figuren

---

62 Vgl. MARINA MÜNKLER: Narrative Ambiguität. Die Faustbücher des 16. bis 18. Jahrhunderts, Göttingen 2011.
63 Zur Differenzierung von Stimme und Fokalisierung vgl. Stimme(n) im Text. Narratologische Positionsbestimmungen. Hrsg. von ANDREAS BLÖDORN/DANIELA LANGER/MICHAEL SCHEFFEL, Berlin 2006. Zu nennen sind hier insbesondere folgende Aufsätze: MICHAEL SCHEFFEL: Wer spricht? Überlegungen zur ‚Stimme' in fiktionalen und faktualen Erzähltexten, S. 83–100; FOTIS JANNIDIS: Wer sagt das? Erzählen mit Stimmverlust, S. 151–164.

in der Welt der Erzählung. So kann die Stimme des Erzählers neben der Funktion des Erzählens eine Kommentarfunktion übernehmen, die ein bestimmtes Licht auf das erzählte Geschehen und die in ihm handelnden, denkenden und fühlenden Figuren wirft. Dieser Modus des Kommentierens, der in homodiegetischen Erzählungen unmittelbar evident ist, lässt sich auch in extradiegetisch-heterodiegetischen Erzählungen beobachten. Er macht den Erzähler greifbarer, als dies in extradiegetisch-heterodiegetischen Erzählungen normalerweise der Fall ist. Trotz seiner Position außerhalb der Erzählung erscheint der Erzähler als identifizierbare Stimme, die nicht nur erzählt, sondern auch urteilt. Durch beurteilende Kommentare wird die Stimme des Erzählers so markiert, dass sie in Konkurrenz zu den Perspektiven von Figuren innerhalb der erzählten Welt tritt. Die Stimme des Erzählers kann damit selbst hervorrufen, was ihre Prävalenz gefährdet. Die Differenzen zwischen der Stimme des Erzählers und den Wahrnehmungen oder Einschätzungen von Figuren innerhalb der erzählten Welt sind umso relevanter, je weniger der Erzähler deren Autorität untergräbt. Neben diesen Aspekten sind aber auch jene Frames höchstrelevant, auf die die Erzählung rekurriert, weil Frames sich aus Semantiken speisen, die nicht vollständig von der Stimme des Erzählers kontrolliert werden können.

7 Unbeabsichtigte Ambiguität: Die *Historia von D. Johann Fausten*

Ein besonders bemerkenswertes Beispiel für die Kollision von Erzählerstimme, Figurenperspektiven und den von Semantiken aufgerufenen Frames bildet die 1587 in Frankfurt am Main bei Johann Spies erschienene *Historia von D. Johann Fausten*.

Diese These mag zunächst kontraintuitiv erscheinen, denn auf den ersten Blick gehört die *Historia von D. Johann Fausten* gerade zu jenen Erzählungen der Frühen Neuzeit, die eine völlig eindeutige Lesart herstellen. Die Hauptfigur der Erzählung wird als Exempel des Abfalls von Gott präsentiert, dessen Schicksal alle Leser davor warnen soll, einen ähnlichen Weg zu beschreiten. Schon auf dem Titelblatt der *Historia* werden alle *hochtragenden, fürwitzigen und Gottlosen Menschen* als Leser adressiert, denen Faust *zum schrecklichen Beyspiel / abscheuwlichen Exempel / und treuwhertziger Warnung*[64] dienen soll, um sie davor zu bewahren, denselben Fehler zu machen. Mit deutlich paränetischem Gestus

---

64 *Historia von D. Johann Fausten*. Text des Druckes von 1587. Kritische Ausgabe. Mit den Zusatztexten der Wolfenbütteler Handschrift und der zeitgenössischen Drucke. Bibliographisch

sollen die *fürwitzigen* durch das Exempel eines *fürwitzigen*, der endtlich seinen wol verdienten Lohn empfangen⁶⁵ hat, davor gewarnt werden, ähnlichen Neigungen nachzugeben.

Diese Funktionalisierung der Erzählung wird auch im *Widmungsschreiben* des Druckers Johann Spies deutlich hervorgehoben, der erklärt, dass er Fausts Lebensgeschichte

> *als ein schrecklich Exempel deß Teuffelischen Betrugs / Leibs vnd Seelen Mords / allen Christen zur Warnung durch den öffentlichen Druck publicieren vnd fürstellen wolte. Dieweil es dann ein mercklich vnnd schrecklich Exempel ist / darinn man nicht allein deß Teuffels Neid / Betrug vnd Grausamkeit gegen dem Menschlichen Geschlecht / sehen / sonder auch augenscheinlich spüren kan / wohin die Sicherheit / Vermessenheit vnnd fürwitz letzlich einen Menschen treibe [...].*⁶⁶

Mit dem Hinweis auf das schreckliche Exempel, das allen Christen zur Warnung *fürgestellt* werden soll, ist ein Gattungshorizont eröffnet, der die *Historia* als die Darstellung nicht so sehr eines Individuums als vielmehr eines Typus ausweist, der von der Grausamkeit des Teufels gegenüber dem menschlichen Geschlecht Beispiel geben soll. Mit der Bezeichnung als *Historia* zeigt der Titel an, dass die Erzählung als wahrer Bericht tatsächlich stattgefundener Ereignisse zu verstehen sei. Bekräftigt wird dieser Anspruch im Text durch wiederholt eingestreute Bemerkungen, die nachfolgende oder vorangegangene Stelle beruhe auf den schriftlichen Aufzeichnungen Fausts selbst. Das ist eine folgenreiche Konstruktion: Faustus kommt dadurch immer wieder zu Wort und übernimmt stellenweise die Rolle des Erzählers, was eine vertiefte Introspektion in seine Gemütszustände erlaubt, die für die Funktionalisierung der Erzählung nicht unriskant ist. Während das Exempel ganz auf die Distanzierung von der Hauptfigur setzt, schaffen die Erzählteile, deren Grundlage Fausts eigenhändige Aufzeichnungen oder Reden sind, zumindest potentielle Anknüpfungspunkte für Identifikation. Der narrative Diskurs mit Erzähler- und Fokalisierungswechseln ambiguisiert auf diese Weise, was er klarstellen und durch das Urteil des heterodiegetisch-extradiegetischen Erzählers sicherstellen will: Die Verurteilung des Teufelsbündlers, seiner Motive, seiner Handlungen und seines Leids.

Nach Spies' Darlegung hat das Exempel Faustus einen doppelten Bezug: Einerseits warnt es vor den Fängen des Teufels, andererseits vor menschlicher Vermessenheit und Fürwitz. In der nachfolgenden *Vorred an den christlichen Leser*

---

ergänzte Ausgabe. Hrsg. von STEPHAN FÜSSEL/HANS JOACHIM KREUTZER, Stuttgart 1999, faksimiliertes Titelblatt, unpaginiert [3].
65 Ebd.
66 Ebd., S. 5.

wird diese Warnung noch verschärft. Faustus fungiert hier als Exempel für den Abfall von Gott, an dem der christliche Leser nachvollziehen soll, wie es denjenigen ergeht, die sich dem Teufel verschreiben:

> Jn Summa / der Teuffel lohnet seinen Dienern / wie der Hencker seinem Knecht / vnnd nemmen die Teuffelsbeschwerer selten ein gut Ende / wie auch an D. Johann Fausto zusehen / der noch bey Menschen Gedåchtnuß gelebet / seine Verschreibung vnnd Bůndtnuß mit dem Teuffel gehabt / viel seltzamer Abenthewr vnd grewliche Schandt vnd Laster getrieben / mit fressen / sauffen / Hurerey vnd aller Vppigkeit / biß jm zu letzt der Teuffel seinen verdienten Lohn gegeben / vnd jm den Halß erschrecklicher weiß vmbgedrehet. Damit ist es aber noch nicht gnug / sondern es folgt auch die ewige Straff vnnd Verdampnuß / daß solche Teuffelsbeschwerer endtlich zu jrem Abgott dem Teuffel in Abgrund der Hellen fahren / vnd ewiglich verdampt seyn müssen.[67]

Der Fokus wird damit auf die zu erwartende Strafe gelegt. Von daher ist es nur konsequent, wenn der Verfasser im abschließenden Teil der Vorrede die unbeschreibliche Verworfenheit des Sünders und die mutwillige Intentionalität seines Handelns als Rechtfertigung der Strafe anführt und durch die Behauptung, der Sünder zeichne sich durch eine *recht Teuffelische Boßheit* aus, diesen mit dem Teufel bis zur Ununterscheidbarkeit vermengt.[68]

Trotz der eindeutigen Ausweisung als Exempel ist damit aber keineswegs klar, wofür Faustus als Exemplum fungieren soll: Als Exempel für die vom Teufel ausgehenden Gefahren, als Exempel für extreme Sündhaftigkeit, als Exempel für die schwerste aller Sünden, den Abfall von Gott, oder als Exempel für den Zorn Gottes, der den Teufelsbündler unbarmherzig straft?

Zeigen sich bereits hier erste Ambiguitäten, so werden diese noch deutlicher, wenn die *Vorred an den Christlichen Leser* auf die Ursachen für Fausts Abwendung von Gott sowie die Funktion des Exempels zu sprechen kommt. Zunächst legen die Paratexte nahe, dass Fausts Vita dazu dienen soll, vor den Stricken des Teufels zu warnen und etwaige ähnlich Gesinnte zu ermahnen.[69]

De facto aber widerspricht die *Vorred* der eindeutigen Funktionalisierung des Exempels selbst mit einer eingeschobenen, fast beiläufig erscheinenden Bemerkung:

---

[67] Ebd., S. 11.
[68] Ebd.
[69] Die Funktion von Titeln, Widmungen, Prologen, Vorreden etc., die Lektüre zu steuern, hat GÉRARD GENETTE in seiner Untersuchung *Seuils* herausgearbeitet, die auf Deutsch unter dem Titel *Paratexte* erschienen ist. Vgl. DERS.: Paratexte. Das Buch vom Beiwerk des Buches. Mit einem Vorwort von HARALD WEINRICH. Aus dem Französischen von DIETER HORNIG (frz. Original 1969).

> *Damit auch niemandt durch diese Historien zu Fůrwitz vnd Nachfolge möcht gereitzt werden / sind mit fleiß vmbgangen vnnd außgelassen worden die formae coniurationum / vnnd was sonst darin ärgerlich seyn möchte / vnnd allein das gesetzt / was jederman zur Warnung vnnd Besserung dienen mag.*[70]

Mit dem Hinweis auf die gezielten Auslassungen ist eingestanden, dass die Funktionalisierung des Exempels scheitern könnte. Ganz im Gegenteil rechnet der Erzähler offenbar damit, dass Fausts Lebensbeschreibung ungeachtet aller Warnungen als Handlungsanleitung gelesen werden könnte, weil die Leser demselben *fůrwitz* anhängen wie der in die Hölle gefahrene Teufelsbündler. Der *fůrwitz* verbindet den Leser mit dem unbelehrbaren Sünder und der Erzähler zeigt sich schon hier dieser Verbindung gegenüber so machtlos, dass er nur durch die Auslassung der Beschwörungsformeln zu verhindern vermag, dass der Teufelsbündler zum Vorbild wird.

7.1 Die Ambiguität der eingesetzten Semantiken

Betrachtet man die vier Teile der *Historia von D. Johann Fausten* unter dem Aspekt der mit ihnen verbundenen Semantiken, so wird deutlich, dass die Erzählung von drei Semantiken gesteuert wird: *curiositas*, *magia* und *melancholia*.[71] Diese drei Semantiken, die je einem Teil zentral zugeordnet werden können, prägen Fausts Identität: Der erste und der zweite Teil präsentieren Faustus als *curiosus*, der dritte Teil beschreibt ihn als *magus* und der vierte Teil zeigt ihn als *melancholicus*. Der Beginn des ersten und der vierte Teil bilden zugleich die semantische Klammer, die den Mittelteil integriert: Um seine *curiositas* zu befriedigen, lässt sich Faustus auf einen Bund mit dem Teufel ein, der seine Neugier zwar nicht befriedigt, ihm aber zauberische Fähigkeiten verleiht, die Faustus eine erhebliche Reputationskarriere bescheren. Am Ende der ihm zugestandenen Frist aber ist er von Angst beherrscht und verfällt in Trauer und tiefe Melancholie. Die semantische Klammer erweist sich so als kausale Verknüpfung von Ursache und Wirkung.

Der narrative *discours* nimmt damit drei Semantiken auf, die zu den zentralen Semantiken der Frühen Neuzeit zählten. Als die *Historia* 1587 erscheint, ist insbesondere die Semantik der Zauberei hochaktuell und von erheblichem Gewicht.

---

[70] *Historia* (Anm. 64), S. 12.
[71] Die nachfolgenden Ausführungen basieren in großen Teilen auf meinem Buch *Narrative Ambiguität* sowie meinen in diesem Beitrag angeführten Aufsätzen zu den zentralen Semantiken. Dort findet sich auch weiterführende Literatur zu den jeweiligen Themen, auf deren umfängliche Dokumentation ich im Nachfolgenden verzichtet habe.

Die achtziger Jahre des sechzehnten Jahrhunderts sind einer der ersten Höhepunkte der Hexenverfolgung auf dem Gebiet des Heiligen Römischen Reichs Deutscher Nation. Die sogenannte ‚Kleine Eiszeit' mit harten Wintern, kalten, regnerischen Sommern, dadurch hervorgerufenen Missernten, Hungersnöten und stark erhöhter Kindersterblichkeit begünstigte die um sich greifende Überzeugung, der Teufel treibe mit Hilfe von Hexen und Zauberern sein Unwesen. Ausgebildet hatte sich der ‚kumulative' Hexenbegriff, der sich aus Teufelspakt, Teufelsbuhlschaft, Hexenflug, Teilnahme am Hexensabbath und Schadenzauber zusammensetzte, jedoch bereits seit der Mitte des fünfzehnten Jahrhunderts. Während theologisch betrachtet der Teufelspakt als *crimen laesae majestatis divinae* das entscheidende Delikt war, rückte in den Hexenprozesswellen der Schadenzauber in den Vordergrund, der hier als das eigentliche Verbrechen galt.[72] Das deckte sich mit der allgemeinen Wahrnehmung, für die der Schadenzauber im Mittelpunkt stand. Evangelische Theologen, unter ihnen auch Martin Luther, klagten denn auch darüber, dass die Menschen unter dem Eindruck der verbreiteten Furcht vor Schadenzauber die Hilfe von Magiern in Anspruch nahmen, um sich durch Amulette und Talismane davor zu schützen. Von daher boten sich für das Delikt der Zauberei mindestens zwei kommunikative Anschlüsse: die theologische und die rechtliche Perspektive, die systematisch zwar nicht vollständig voneinander getrennt, praktisch aber separierbar waren und damit unterschiedliche Bewertungen ermöglichten. Wer Schadenzauber für das zentrale Verbrechen von Hexen und Zauberern hielt, konnte einen Zauberer, der keinen Schadenzauber ausübte, für einen weniger problematischen Fall halten; im Falle von Hilfszauber mochte er ihn gar eher als nützlich betrachten. Die zunächst eindeutig erscheinende Semantik von Zauberei konnte also durchaus erhebliche Ambiguitäten aufweisen.

Deutlicher ambig noch sind die Semantiken von *curiositas* und Melancholie. Insbesondere die Semantik des *curiositas*-Begriffs ist keineswegs so eindeutig, wie seine pathetische Inanspruchnahme für die Selbstbeschreibung der Geltungsansprüche neuzeitlicher Wissenschaft nahelegt. Nur wenige Begriffe haben eine historisch so wechselvolle und umkämpfte Semantik wie der Begriff der *curiositas* und diese Kämpfe um die Semantik gehen keineswegs darin auf, dass das Mittelalter *curiositas* als prinzipiell sündhafte Überschreitung der Grenzen menschlichen Wissens betrachtet hat, während die Neuzeit sie als Voraussetzung allen wissenschaftlichen Fortschritts feiert.[73] Vielmehr wird schon in der

---

[72] So machte etwa die *Constitutio Criminalis Carolina* in Artikel 109 *Straff der zauberey* hinsichtlich der Strafen einen deutlichen Unterschied zwischen schädlicher und nicht schädlicher Magie. Vgl. MÜNKLER: Narrative Ambiguität (Anm. 62), S. 209.

[73] Vgl. KLAUS KRÜGER: Einleitung zu: Curiositas. Welterfahrung und ästhetische Neugierde in Mittelalter und Früher Neuzeit. Hrsg von DEMS., Göttingen 2002, S. 9–18.

vorchristlichen Antike die Neugierde sowohl im Hinblick auf ihre Nützlichkeit als auch auf ihre ethische Bedeutung befragt und der Begriff damit in eine Selbstthematisierung des Menschen eingeschrieben, die sich stets entlang der Grenzziehung von Intention und Prätention menschlicher Selbstbestimmung sowie von Immanenz und Transzendenz bewegte.[74]

Etymologisch betrachtet hat das lateinische Nomen *curiositas* zunächst noch keine Verbindung zu Immanenz und Transzendenz. Das Nomen *curiositas* ist eine Ableitung aus dem Adjektiv *curiosus*, das auf das Nomen *cura* (Sorge, Kümmernis, Fleiß, angestrengte Aufmerksamkeit) zurückgeht.[75] *Curiosus* konnte bei den Römern sowohl positive Konnotationen im Sinne von Aufmerksamkeit und Sorgfalt als auch negative Konnotationen im Sinne von Herausfinden oder Auspähen haben.[76] Die negative Bedeutung war in der römischen Literatur relativ häufig mit dem Begriff der *cupiditas*, der Begierde, verbunden. Von daher war dem *curiosus* dreierlei eingeschrieben: die Aufmerksamkeit, die Suche nach dem Verborgenen und die Gier nach dem Unbekannten.

Die positive Bedeutung konnte in erster Linie an Aristoteles anschließen, der das menschliche Erkenntnisstreben als legitime Aufmerksamkeit für die den Menschen umgebende Natur gekennzeichnet hatte. Im ersten Satz der *Metaphysik* hatte Aristoteles konstatiert: „Alle Menschen streben von Natur nach Wissen."[77] Er belegte diese These mit der natürlichen Freude des Menschen am Sehen, die er als zentrale Voraussetzung sowohl für die Erkenntnis als auch für die Künste betrachtete. Die Begierde, etwas zu sehen, war für ihn demnach keine Ablenkung von wahrhafter Erkenntnis, sondern ihre Voraussetzung.

Anders als Aristoteles sah Cicero in der Lust, Neues zu betrachten, jedoch durchaus eine Gefährdung des Wissensstrebens. Nach seiner Auffassung musste *curiositas* durch Maßhalten, Sorgfalt und Lernbereitschaft gebändigt werden, weil sie sonst in Sensationsgier, Zerstreuung und Zeitvertreib ausarte. „Wissensstreben, an sich gut und tugendhaft, kann zu einem Laster werden, wenn beim Erkennen voreilig falsche Schlüsse gezogen werden oder andererseits im Über-

---

74 Für einen knappen Überblick über die Geschichte des *curiositas*-Begriffs vgl. BARBARA VINCKEN: Curiositas/Neugierde. In: Ästhetische Grundbegriffe. Historisches Wörterbuch in sieben Bänden. Hrsg. von KARLHEINZ BARCK u. a., Bd. 1, Stuttgart, Weimar 2000, S. 794–813. Die konziseste Darstellung der Begriffsgeschichte in Antike und Mittelalter bietet GUNTHER BÖS: *Curiositas*. Die Rezeption eines antiken Begriffes durch christliche Autoren bis Thomas von Aquin, Paderborn 1995.
75 Vgl. Bös (Anm. 74), S. 12.
76 Vgl. ebd., S. 13.
77 Aristoteles: *Metaphysik*. Hrsg. und übersetzt von THOMAS A. SZLEZÁK, Berlin 2003, I, 1. 980 a 21.

maß Schwieriges und Unnützes erforscht wird."⁷⁸ Insbesondere göttliches Recht und Vorsehung seien auch von der verwegenen Neugier des Menschen als Grenzen zu respektieren. Bereits mit der Einführung des Begriffs zeichnet sich dieser also durch eine gewisse Ambiguität aus: Er wird positiv konnotiert, aber mit Einschränkungen versehen.

Das gilt insbesondere für Augustinus, dessen Kennzeichnung der *curiositas* als *concupiscentia oculorum*, Augenlust, häufig als Grundlage einer durch das ganze Mittelalter hindurch negativ konnotierten Neugierde betrachtet wird.⁷⁹ Dabei ist häufig übersehen worden, dass die negativen Aspekte stets mit der Intention des *curiosus* verknüpft waren, wodurch die *curiositas* für sich genommen entlastet wurde. *Curiositas* kann bei Augustinus durchaus auch als Sorgfalt, Antrieb für nützliche Taten und Experimentierfreudigkeit verstanden werden. Die Neugierde treibt an zum Erkunden der Natur, des Kosmos und der vergänglichen Welt, was an sich nicht schädlich ist. Nur wer sich darin verliert, wer Wahrsagerei, Aberglauben und Häresie anhängt, kehrt sich ab von Gott und seiner Vorsehung.⁸⁰

Augustinus verwirft also nicht das Wissens*streben* an sich, sondern die Wissens*gier*, die dem Laster der *superbia* entspringt, weil ihr wahres Ziel nicht in der Erkenntnis der Schöpfung, sondern in der Selbstüberhebung des Menschen besteht. Wo die Welterkenntnis als *uti* der Erkenntnis Gottes durch die Offenlegung des transzendenten Verweisungszusammenhangs der Schöpfung auf ihren Schöpfer dient, kann sie bei Augustinus durchaus auch als *pia curiositas* erscheinen, die Gott in seinen Werken zu erkennen sucht.⁸¹

> Nicht der Gegenstand qualifiziert die Gefahr der philosophischen Einstellung, sondern die aus der Bewältigung des Gegenstandes gefolgerte authentische Mächtigkeit des menschlichen Intellekts, deren Natürlichkeit sich der Mensch selbst zuschreibt, ohne darin das Schöpfungsgeschenk seines Urhebers anzuerkennen.⁸²

---

78 Bös (Anm. 74), S. 46.
79 Vgl. Heiko Augustinus Oberman: *Contra vanam curiositatem*. Ein Kapitel der Theologie zwischen Seelenwinkel und Weltall, Zürich 1974 (Theologische Studien 113), S. 19; Bös (Anm. 74), S. 99–103.
80 Vgl. Hans Blumenberg: Der Prozeß der theoretischen Neugierde. Erweiterte und überarbeitete Neuausgabe von „Die Legitimität der Neuzeit", ⁴Frankfurt a. M. 1988, S. 38; siehe auch Ders.: Augustins Begriff der theoretischen Neugier. In: Revue des Études Augustiniennes 7 (1961), S. 35–70.
81 Vgl. Bös (Anm. 74), S. 127 f., sowie Oberman (Anm. 79), S. 18.
82 Blumenberg (Anm. 80), S. 104.

Die somit bei Augustinus erkennbare Ambiguität des *curiositas*-Begriffs bleibt für dessen Verwendung im theologischen Diskurs des Mittelalters insgesamt kennzeichnend, auch wenn sich die argumentative Begründung teilweise verschiebt.

So ersetzen Albertus Magnus und Thomas von Aquin für die positiv konnotierten Aspekte den Begriff der *curiositas* durch den der *studiositas*. Für Albertus ist *studiositas* das rechte Wissensstreben (*virtus intellectualis*), dem *utilitas*, *ratio* und *continentia* zugeordnet werden.[83] *Studiositas* ist aber keineswegs nur auf die Gotteserkenntnis beschränkt, sondern bezieht sich auch auf die Erkenntnis der Natur. Diese Überlegungen werden bei Thomas von Aquin fortgeführt, der die negative Konnotation der *curiositas* mit der Verwerflichkeit menschlichen Begehrens nach gottähnlichem Wissen begründet. Davon ist die sinnliche Erkenntnis noch weniger betroffen als bei Augustinus, denn alle Erkenntnis geht für Thomas im Anschluss an Aristoteles von den Sinnen aus. Nur wenn sich die sinnliche Erfahrung auf die Augenlust beschränkt, die nicht der Erkenntnis, sondern allein der Zerstreuung dient, ist sie negativ besetzte *curiositas*, die der tugendhaften *studiositas* entgegengesetzt ist.[84] Insbesondere ist *studiositas* die Voraussetzung für die *via rationis*, den Weg vernunftgeleiteter und geordneter Erkenntnis Gottes.[85]

Luther kehrte diese semantischen Transformationen vollständig um. Für ihn wurde die *studiositas* zum eigentlich problematischen Terminus, während *curiositas* im Sinne der Naturerkenntnis erneut ambiguisiert wurde. Einerseits trennte Luther die Naturerkenntnis radikal von der Gotteserkenntnis, andererseits unterteilte er die *curiositas* in eine negative *curiositas carnis* und eine positive *curiositas spiritualis*. Die *curiositas carnis* war das ungerichtete Begehren, das der *curiositas* schon bei Augustinus eingeschrieben war, während die *curiositas spiritualis* der Hunger nach Gott war. Allerdings konnte dieser Hunger nach Gott seine Rechtfertigung allein im Glauben finden. Die negative Besetzung der *studiositas* richtete sich vielmehr gegen den in der Scholastik als *via rationis* bezeichneten Versuch, sich Gott auf dem Weg über die Vernunft zu nähern, den Luther als sinn- und haltloses Spekulieren begriff. In Johannes Aurifabers *Tischreden* hat Luther diesen Kerngedanken unter dem *locus „GOTT in seiner Maiestat ist Menschlicher*

---

83 Vgl. Bös (Anm. 74), S. 169–175.
84 Vgl. Thomas von Aquin: *Summa Theologiae* II^a –II^{ae}, q. 166 (*studiositas*) und q. 167 (*curiositas*). In: Sancti Thomae de Aquino Opera omnia iussu Leonis XIII P. M. edita, cura et studio fratrum praedicatorum, Rom 1882 ff. Vgl. auch die ausführliche Darlegung bei Bös (Anm. 74), S. 176–192.
85 Vgl. BLUMENBERG (Anm. 80), S. 130 f.; siehe auch RICHARD HEINZMANN: Die Theologie auf dem Weg zur Wissenschaft. Zur Entwicklung der theologischen Systemantik in der Scholastik. In: Münchener Theologischer Zeitschrift 25 (1974), S. 1–17.

vernunfft vnbegreiflich / darumb sol man mit der verseheung zufriede sein / vnd sich nicht damit bekůmern"[86] präzise zusammengefasst:

> Menschlich vernunfft vnd Natur kann GOTT in seiner Maiestat nicht begreiffen / darumb sollen wir nicht weiter suchen noch forschen was GOTTES Wille / Wesen vnd Natur sey / denn so fern ERS vns befohlen hat. Sein Wort hat er vns gegeben / darin er reichlich offenbaret hat / was wir von jm wissen / halten / gleuben / vnd wes wir vns zu jm versehen sollen / nach demselben sollen wir vns richten / so konnen wir nicht irren. Wer aber von Gottes Willen / Natur vnd Wesen gedancken hat ausser dem Wort / wils mit menschlicher vernunfft vnd weisheit aussinnen / der macht jm viel vergeblicher vnruge vnd arbeit / vnd feilet weit / denn die Welt / spricht Sanct Paulus / Durch jre Weisheit / erkennet GOTT nicht in seiner Weisheit j.Corinth.j.[87]

Mit dem *forschen was GOTTES Wille / Wesen vnd Natur sey*, ist jene Form der Gotteserkenntnis gemeint, die Albertus Magnus und Thomas von Aquin mit dem Begriff der *studiositas* positiv belegt hatten. Das stellte die Naturerkenntnis nicht in Frage und trug damit erheblich zur erneuten Ambiguisierung des *curiositas*-Begriffs bei.

Als ähnlich polysem erweist sich bei genauerer Betrachtung der Begriff der Melancholie. Melancholie ist eines der großen Themen der Renaissance und der Frühen Neuzeit: Philosophisch-anthropologische Abhandlungen, theologisch-paränetische Traktate und medizinische Dissertationen beschäftigen sich eingehend mit der Melancholie, ihren Ursachen und Folgen. In dieser breit gefächerten diskursiven Formation entsteht kein einheitliches Bild der Melancholie, sondern vielmehr ein Spektrum, in dem der Begriff der Melancholie zwischen krankhafter Gemütsstörung, sündhafter Abkehr von Gott und genialischer Veranlagung oszilliert. Es gibt also nicht eine Tradition des Melancholiebegriffs, sondern es gibt mindestens drei Traditionslinien: den humoralpathologisch-medizinischen, den theologischen und den philosophisch-anthropologischen Diskurs.

Der humoralpathologisch-medizinische Diskurs geht auf die um 400 v. Chr. entstandene Lehre des Hippokrates von den vier Säften im Menschen, den *quattuor humores* Blut, Schleim, gelbe und schwarze Galle, zurück. Danach unterschied man seit Galen das sanguinische, das phlegmatische, das cholerische und das melancholische Temperament.[88] Während das sanguinische Temperament

---

[86] Johannes Aurifaber: *Tischreden oder Colloquia Doct. Mart. Luthers / So er in vielen Jaren / gegen gelarten Leuten / auch frembden Gesten / und seinen Tischgesellen gefüret / Nach den Heubtstücken vnserer Christlichen Lere / zusammen getragen. Gedruckt zu Eisleben / bey Urban Graubisch 1566.* Faksimiledruck der Originalausgabe 1566 aus dem Besitz der Universitätsbibliothek Leipzig. Mit einem Nachwort von HELMAR JUNGHANS, Leipzig 1981, Bl. 40a.
[87] Ebd., Bl. 40a–b.
[88] Vgl. RAYMOND KLIBANSKY/ERWIN PANOFSKY/FRITZ SAXL: Die Lehre von den „quattuor humores". In: Melancholie. Hrsg. von LUTZ WALTER, Leipzig 1999, S. 29–48.

noch am ehesten als Garantie für geistig-seelische Gesundheit galt und das cholerische und das phlegmatische Temperament nur bei einem deutlichen Überwiegen der gelben Galle oder des Schleims als problematisch betrachtet wurden, galt das melancholische als das eigentlich krankhafte Temperament. Der Melancholiker schwankte je nach dem Zustand der schwarzen Galle zwischen den Abgründen des manisch-ekstatischen Wahnsinns und des sein Gemüt verfinsternden Trübsinns, der mit Handlungsunfähigkeit und tiefer Traurigkeit einherging.[89]

Diese humoralpathologische Betrachtung, die von den natürlichen Ursachen der Melancholie ausging, wurde auch in den naturkundlichen Schriften des Mittelalters rezipiert. So beschrieb Konrad von Megenberg die Melancholie in seinem *Buch der Natur* im Kapitel über die Milz in Anlehnung an Galen:

> Galiênus spricht, daz melancolia ir sideln hab in dem milz, und wenn diu melancolie ain oberhant nimpt und sich zeucht zuo dem haupt, sô kümpt dem menschen sweigen und betrahten, und swærikait, wainen und trâkheit, vorht und sorg und klainmüetichait.[90]

Terminologisch blieb Melancholie im Mittelalter jedoch weitgehend auf den medizinisch-naturkundlichen Bereich beschränkt. In der Moraltheologie dagegen wurden ähnliche Phänomene unter dem Obertitel der *acedia* beschrieben, der Trägheit, die eine der sieben Todsünden bildete. Wie bei der Melancholie wurde die Traurigkeit, *tristitia*, als zentrale Eigenschaft hervorgehoben, aber die Traurigkeit wurde nicht mehr als eine physiologisch bedingte Gemütsverfassung angesehen, sondern als Ausdruck der Sündhaftigkeit. Teilweise wurden *acedia* und *tristitia* gleichgesetzt, wie etwa bei Petrus Lombardus und Thomas von Aquin. Thomas beschrieb die *tristitia / acedia* als eine Mischung aus Kleinmut, Gefühlsstarre, finsterem Groll, Bosheit, Abschweifen des Geistes (*evagatio mentis*) und Verzweiflung.[91] Anders als die Melancholie galt die *acedia* als eine durch die Einwirkung des Teufels hervorgerufene Todsünde. Wo Theologen mit beiden Begriffen operierten, diente die durch natürliche Ursachen hervorgerufene Melancholie als mildernder Umstand für den von der *tristita* befallenen Sünder, weil nicht seine willentliche Abkehr von Gott, sondern eine Krankheit die todbringende Traurigkeit wirkte.[92]

---

[89] Vgl. MICHAEL THEUNISSEN: Vorentwürfe der Moderne. Antike Melancholie und die Acedia des Mittelalters, Berlin, New York 1996, bes. S. 16 ff.
[90] Konrad von Megenberg: *Das Buch der Natur*. Hrsg. von FRANZ PFEIFFER, Stuttgart 1861, S. 117.
[91] Zur *acedia* vgl. SIEGFRIED WENZEL: The Sin of Sloth: Acedia in Medieval Thought and Literature, Chapel Hill ²1967.
[92] Vgl. RAINER JEHL: Melancholie und Acedia. Ein Beitrag zur Anthropologie und Ethik Bonaventuras, Paderborn u. a. 1984, bes. S. 85–89.

Im sechzehnten Jahrhundert traten die bisher zwar phänomenologisch verbundenen, systematisch aber getrennten Elemente in eine neue Relation. Einerseits erlebte der medizinische Diskurs in der Renaissance einen erheblichen Aufschwung. Ende des sechzehnten Jahrhunderts wurde Melancholie zu einem überaus beliebten Gegenstand medizinischer Dissertationen. Von 241 gedruckten medizinischen Dissertationen, die OSKAR DIETHELM für den Zeitraum zwischen 1550 und 1650 gezählt hat, beschäftigten sich 138 mit vier klassischen Erkrankungen: Melancholie, Hypochondrie, *Mania* und *Phrenesis*, von denen die letzten drei häufig der Melancholie zugeordnet wurden.[93]

Andererseits fand der Begriff der Melancholie nach der Reformation auch in der Theologie Verwendung. Was zuvor als *acedia* bezeichnet worden war, verwandelte sich nun ebenfalls in die Melancholie, wodurch medizinisch-humoralpathologische und moraltheologische Aspekte miteinander verschmolzen wurden. Das zeigt sich etwa in einem der zahlreichen Teufelstraktate des sechzehnten Jahrhunderts, in Simon Musaeus' *Melancholischem Teufel*:

> *Die Melancholey ist zweyerlay / eine Leibliche / die ander Geistlich. Von der Leiblichen reden und rahten die Erzte / auß den Büchern des Hypocratis vnnd Galeni vnd brauchen darwider die Natürlichen Mittel vnd Kräuter auß den Apothecken, damit sie das schwere Geblüte reinigen und das schwache Gehirn stercken. Von der Geistlichen aber lehret der Heilige Geist in der Schrifft also / daß / wenn wir sie eygentlich verstehen wollen / so sollen wir vns für die Augen stellen die [...] beyden Holtzwegen zur Rechten und zur Lincken. [...] Der Holtzweg zur Rechten ist vermessene Sicherheit / der Holtzweg zur Lincken ist trostlose Furcht / Traurigkeit und Verzweiffelung.*[94]

In der humanistischen Rezeption der pseudo-aristotelischen *Problemata* hatte der Melancholie-Begriff jedoch bereits zuvor eine andere anthropologisch bestimmte Wendung genommen. In seinen *Problemata Physica* (XXX,1) hatte Pseudo-Aristoteles die ‚Melancholiker von Natur' durch eine eigentümliche Erregbarkeit ihres Verstandes gekennzeichnet, welche dazu führte, dass ihnen aufgrund dieser Erregtheit besondere Geisteskräfte eigneten, die diejenigen anderer Menschen

---

[93] Vgl. OSKAR DIETHELM: Medical Dissertations of Psychiatrist Interest Printed before 1750, Basel 1971. Vgl. auch ERIK H. C. MIDELFORT: Sin, Melancholy, Obsession: Insanity and Culture in 16th Century Germany. In: Understanding Popular Culture. Europe from the Middle Ages to the Nineteenth Century. Hrsg. von STEVEN L. KAPLAN, Berlin, New York, Amsterdam 1984, S. 113–145, bes. S. 119–125.
[94] SIMON MUSAEUS: *Melancholischer Teufel*. In: ROLAND LAMBRECHT, Geist der Melancholie. Eine Herausforderung philosophischer Reflexion, München 1996, S. 257–276, hier S. 257.

bei weitem übertrafen, sofern die Menge der im Körper vorhandenen schwarzen Galle nicht zu groß und ihre Temperatur weder zu warm noch zu kalt war.⁹⁵

In der Rezeption durch den Humanismus, insbesondere die Florentiner Humanisten, wurde dies zur Grundlage einer dramatischen Neubewertung des Melancholikers, die ERWIN PANOFSKY sehr prägnant beschrieben hat:

> Was ein Elend und in der mildesten Form noch sehr abträglich gewesen war, wurde ein zwar noch gefahrvolles, aber darum umso höheres Privilegium: das Privilegium des Genies. Sobald diese [...] Idee unter der vereinigten Schirmherrschaft von Aristoteles und Plato wiedergeboren war, wurde die bis dahin verunglimpfte Melancholie mit dem Strahlenschein des Erhabenen umgeben. Hervorragende Werke trugen ihrem Urheber von selbst den Ruf der Melancholie ein [...], und bald wurde die aristotelische Meinung, daß alle großen Männer Melancholiker gewesen seien, zu der Behauptung, daß alle Melancholiker große Männer wären: „Malencolia significa ingegno", Melancholie bedeutet Genie [...].⁹⁶

Der medizinische Diskurs schloss hier an, indem er die solcherart geadelte Melancholie zur Krankheit des Adels machte. Adelnd blieb die Erkrankung aber auch dann, wenn sie sich nur mit dem Adel des Geistes verband, und hier bot die *Historia* erneut Anknüpfungspunkte, die erheblich zur Ambiguisierung des melancholischen Teufelsbündlers beitragen konnten.

Die drei leitenden Semantiken, die sowohl das Gerüst der Erzählung als auch die Bedingung für die Konstruktion von Identität, Individualität und Subjektivität der Hauptfigur bildeten, waren damit für einen Autor, dem es nach den Aussagen der *Vorred an den christlichen Leser* darum ging, Faustus als Negativexempel eines verurteilenswerten Teufelsbündlers erscheinen zu lassen, überaus riskant, weil ihre Polysemie kaum kontrolliert werden konnte.

---

95 Vgl. [Pseudo]-Aristoteles: *Problemata Physica*, XXX,1, griech.-deutsch. In: Saturn und Melancholie. Studien zur Geschichte der Naturphilosophie und Medizin, der Religion und Kunst. Hrsg. von RAYMOND KLIBANSKY/ERWIN PANOFSKY/FRITZ SAXL, Frankfurt a. M. 1990 [1963], S. 59–76.
96 ERWIN PANOFSKY: Die Kulmination des Kupferstiches: Albrecht Dürers *Melencolia I*. In: Melancholie. Hrsg. von LUTZ WALTHER, Leipzig 1999, S. 86–106, hier S. 95. Zur genialischen Melancholie siehe insbesondere auch: WILFRIED SCHLEINER: Melancholy, Genius and Utopia in the Renaissance, Wiesbaden 1991. Zum weiteren Gebrauch des *curiositas*-Begriffs in der frühen Neuzeit vgl. NEIL KENNY: Curiosity in Early Modern Word Histories, Wiesbaden 1998 (Wolfenbütteler Forschungen 81).

7.2 Narrative Ambiguität und die leitenden Semantiken in der *Historia*

Seinen Pakt mit dem Teufel schließt der Doktor der Theologie Johann Faustus, weil er *alle Gründ am Himmel vnd Erden erforschen*[97] will und sich vorgenommen hat, *die Elementa zu speculieren*, dabei aber meint, dass sich *auß den Gaaben / so mir von oben herab bescheret* [...] */ solche Geschicklichkeit in meinem Kopff nicht befinde*[98], welche ihm die Verwirklichung dieses Wunsches mit anderen Mitteln als der Hilfe des Teufels ermöglichen würde.

Der zentrale Stellenwert der *curiositas* zeigt sich an den drei Paktbedingungen, die Faustus nach der zweiten Beschwörung dem Teufel stellt: Der Geist solle ihm 1. *vnterthånig und gehorsam sein / in allem was er bete / fragte / oder zumuhte* [...]; 2. *das jenig / so er von jm forschen würd / nicht verhalten* und 3. *auff alle Interrogatorien nichts vnwarhafftiges respondirn.*[99] Auf der intradiegetischen Ebene von Fausts Intentionen dienen die Paktbedingungen offenkundig dazu, seine Absicht, mit Hilfe des Teufelspaktes verborgenes Wissen zu erlangen, durch zusätzliche Bedingungen abzusichern. Der Erzähler legt so die Annahme nahe, Faustus sehe das Risiko des Pakts in erster Linie darin, dass der Teufel die Befriedigung seiner *curiositas* hintertreiben könne, indem er ihm unvollständig antworte, ihm etwas verschweige oder ihn belüge. Folgerichtig bringt Faustus als Verfasser des Pakttextes die zuvor genannten Bedingungen nach dem Grundmotiv der *curiositas* erneut ein:

> Jch Johannes Faustus D. bekenne mit meiner eygen Handt offentlich / zu einer Bestettigung / vnnd in Krafft diß Brieffs / Nach dem ich mir fürgenommen die Elementa zu speculieren / vnd aber auß den Gaaben / so mir von oben herab bescheret / vnd gnedig mitgetheilt worden / solche Geschicklichkeit in meinem Kopff nicht befinde / vnnd solches von den Menschen nicht erlehrnen mag / So hab ich gegenwertigen gesandtem Geist / der sich Mephostophiles nennet / ein Diener deß Hellischen Printzen in Orient / mich vntergeben / auch denselbigen / mich solches zuberichten vnd zu lehren / mir erwehlet / der sich auch gegen mir versprochen / in allem vnderthenig vnd gehorsam zuseyn.[100]

Curiositas bildet damit die entscheidende Markierung, die Faustus in den Pakt mit dem Teufel treibt. Allerdings macht die *histoire* überaus deutlich, dass es ihm nicht gelingt, sein Ziel, *die Elementa zu speculieren*, aufrecht zu erhalten, denn Fausts Fragen werden von Beginn an nicht von seinem Interesse bestimmt, *alle*

---

97 *Historia* (Anm. 64), S. 15.
98 Ebd., S. 22.
99 Ebd., S. 18.
100 Ebd., S. 22 f.

Grůnd am Himmel und auf Erden zu erforschen, sondern von Angst.[101] Schon die ersten Fragen richten sich nicht auf den Himmel und die Erde, sondern auf die Hölle, deren Beschaffenheit, ihre Ordnung sowie die Ewigkeit der Strafen. Auch diese Fragen lassen sich zweifellos der Semantik von *curiositas* zuordnen, aber sie sind eben nicht von einem naturkundlichen Interesse geleitet, sondern von Sorge und Angst. Diese Verschiebung des Interesses markiert der Erzähler auf der Ebene des narrativen *discours* in der Regel durch die einleitende Situierung der Kapitel, in denen er auf Fausts jeweiligen Gemütszustand und damit den affektiven Ausgangspunkt der nachfolgenden Frage fokalisiert. Schon die zweite Frage wird von Angst bestimmt:

> *Dem Doct. Fausto / wie man zusagen pflegt / Traumete von der Helle / vnd fragte darauff seinen bösen Geist / auch von der Substanz / Ort vnnd Erschaffung der Hellen / wie es darmit geschaffen seye.*[102]

Fausts ‚Erkenntnisinteresse' hat damit einen Ausgangspunkt, der in der Etymologie von *curiositas* durchaus angelegt ist, in den anfänglich geschilderten Intentionen Fausts aber völlig ausgeblendet wird. *Curiositas* erscheint hier im Sinne von *cura*, der Sorge, und spezieller: der Sorge um sich.[103] Diese Sorge um sich ist freilich nicht im Sinne einer ethischen Sozialtechnik zu verstehen, sondern als Ausdruck der Angst, von der Faustus anfänglich noch meint, sie instrumentalisieren zu können.[104] Einerseits präsentiert der Erzähler Faustus als von Angst beherrscht, andererseits zeigt er in der Fokalisierung auf Faustus aber auch, wie dieser versucht, seine Angst als Sozialtechnik zu instrumentalisieren, weil er hofft, dass er durch die Schrecken der Hölle *einmal zur Besserung / Rew und*

---

101 Vgl. MARINA MÜNKLER: Höllenangst und Gewissensqual. Gründe und Abgründe der Selbstsorge in der »Historia von D. Johann Fausten«. In: Zeitschrift für Germanistik, NF XIV, Heft 2 (2004), S. 249–264, hier S. 254–257; siehe auch DIES.: Ubi Melancholicus – Ibi Diabolus. Die »Historia von D. Johann Fausten«. In: Humboldt-Spektrum 11 (2004), S. 30–35.
102 *Historia* (Anm. 64), S. 30.
103 Vgl. MARINA MÜNKLER: »allezeit den Spekulierer genennet«. Curiositas als identitäres Merkmal in den Faustbüchern des 16. und 17. Jahrhunderts. In: Faust-Jahrbuch 2 (2005/2006), Hrsg. von TIM LÖRKE/BERND MAHL, Tübingen 2006, S. 61–81; DIES.: *Curiositas* als Problem der Grenzziehung von Immanenz und Transzendenz in der *Historia von D. Johann Fausten*. In: Neugier und Tabu. Regeln und Mythen des Wissens. Hrsg. von MARTIN BAISCH/ELKE KOCH, Freiburg 2010 (Rombach Scenae), S. 45–69.
104 Zur Sorge um sich als ethisch-ästhetischer Sozialtechnik vgl. MICHEL FOUCAULT: Sexualität und Wahrheit. Der Wille zum Wissen. Bd. 1. Aus dem Französischen von ULRICH RAULF und WALTER SEITTER, Frankfurt a. M. 1977 (frz. Original: Histoire de la sexualité, I: la volonté de savoir, Paris 1976), bes. S. 53–94.

Abstinentz gerahten mōchte.[105] Damit erhält die *curiositas* einen neuen Bezugspunkt, denn sie treibt Faustus nicht nur in die Fänge des Teufels, sondern wird von ihm auch dazu eingesetzt, sich daraus wieder zu befreien. Auch wenn dies theologisch inakzeptabel ist, weil es mit der Angst vor der Strafe spielt, die lediglich eine falsche Reue hervorbringt, wohingegen nach Luthers Lehre allein die wahrhaftige Zerknirschung vor Gott über die begangene Sünde und die Hoffnung auf die göttliche Gnade wahrhaftige Reue bewirkten, ambiguisiert diese Strategie doch die Funktion der *curiositas*, die nicht mehr allein als Ursache für den Teufelspakt, sondern auch als – wenngleich ungeeignetes – Mittel erscheint, gegen das Ausgeliefertsein an den Teufel zu kämpfen.

Freilich liefert es Faustus umso mehr der Affektbeherrschungstechnik des Teufels aus, der diesen mit Hilfe unterschiedlicher Strategien immer tiefer in die Beschäftigung mit der Hölle verstrickt. Teils gibt sich der Teufel unwissend (*So kōnnen wir Teuffel auch nit wissen / was gestalt vnd weiß die Hell erschaffen ist*[106]), teils besorgt (*Darumb lieber Fauste / laß anstehen / viel von der Helle zu fragen / frage ein anders dafür / Dann glaube mir darumb / da ich dirs erzehle / wirdt es dich in solche Rew / Vnmuht / Nachdencken vnnd Kŭmmernuß bringen / daß du woltest / du hettest die Frage vnterwegen gelassen*[107]), aber mit seinen ausweichenden Auskünften vertieft er den Fragedrang und führt ihn gezielt in die falsche Richtung.[108] Auf diese Weise erscheint Faustus gegenüber der wirkungsvollen Affektbeherrschungstechnik des Teufels als völlig hilflos.

Als Faustus dem Schweigen und den falschen Antworten des Teufels zu entkommen sucht, zeigt sich diese Hilflosigkeit dann auch auf der Ebene des Wissens. Nachdem ihn ein Traum in Angst versetzt hat und sich der Teufel weigert, ihm noch weitere Auskünfte über die Hölle zu erteilen, erbittet Faustus die Er-

---

105 *Historia* (Anm. 64), S. 36. Fausts Versuch, durch die Beschäftigung mit der Hölle „zur Besserung / Rew vnd Abstinentz" zu gelangen, kann zugleich als ironisches Spiel mit der von katholischer Seite für die Beichte teilweise als hinreichend betrachteten *attritio*, der Angst-Reue, gedeutet werden, während Luther nur die *contritio*, die wahrhafte Zerknirschung des Sünders gegenüber Gott, gelten ließ. Zur Gegenüberstellung von *attritio* und *contritio* innerhalb der Diskussion um die Beichte vgl. ALOIS HAHN: Zur Soziologie der Beichte und anderer Formen institutionalisierter Bekenntnisse: Selbstthematisierung im Zivilisationsprozeß. In: DERS.: Konstruktionen des Selbst, der Welt und der Geschichte. Aufsätze zur Kultursoziologie, Frankfurt a. M. 2000, S. 197–236, hier S. 204 ff. [zuerst in: Kölner Zeitschrift für Soziologie und Sozialpsychologie 34 (1982/83), S. 404–434].
106 *Historia* (Anm. 64), S. 36.
107 Ebd., S. 30.
108 Vgl. MÜNKLER: Höllenangst und Gewissensqual (Anm. 101), S. 254 ff.; DIES.: Performative Lektüren: *Historia von D. Johann Fausten* (1587). In: Literarische Performativität. Lektüren vormoderner Texte. Hrsg. von CORNELIA HERBERICHS/CHRISTIAN KIENING, Zürich 2008, S. 354–371 (Medienwandel – Medienwechsel – Medienwissen 3).

laubnis, die Hölle selbst zu besuchen, damit er *der Hellen Qualitet / Fundament vnd Eygenschafft / auch Substantz* [...] *sehen / vnd abnemmen* könne.[109] Die Fahrt in die Hölle bildet damit in mehrfacher Hinsicht eine Zäsur: Sie leitet von einer Erkenntnisform in eine andere über, sie versucht, den Teufel als Vermittler von Erkenntnis durch die eigene Augenzeugenschaft abzulösen, und sie strebt nach Erfahrung im doppelten Sinne: einerseits der Erfahrung im Sinne von Wahrnehmung, andererseits der Erfahrung im Sinne des Überprüfens und der Überprüfbarkeit von Erkenntnis.[110]

Während Faustus auf der intradiegetischen Ebene bemüht ist, die Informationen des Teufels durch Autopsie hinter sich zu lassen, diskreditiert der Verfasser auf der Ebene des narrativen *discours* dieses Bemühen dadurch, dass er hier dieselben Prätexte einsetzt wie in den Gesprächen über die Hölle.[111] Ähnliches gilt auch für die Gestirnsfahrt, der Faustus sich im Anschluss zuwendet: Er sieht nicht mehr, als bereits im *Elucidarius* beschrieben ist, und vermag deshalb auch am Ende des Briefes an einen Freund, in dem er selbst von der Gestirnsfahrt berichtet und den er als *Doctor Faustus der Gestirnseher* unterzeichnet, nur darauf zu verweisen, er könne, was er ihm berichtet habe, in seinen Büchern nachprüfen, *ob* [...] *diesem nicht also seye*.[112] An dieser Stelle dekonstruiert der vorübergehend in die Erzählerrolle eingerückte Faustus selbst seinen autoptischen Erkenntnisgewinn durch den Verweis auf die Bücher: Was anhand der überlieferten Texte nachprüfbar ist, kann keine darüber hinaus weisende Erkenntnis erbracht haben.

Auch die Reisen belegen somit nicht die schrankenlosen Erkenntnismöglichkeiten des Teufelsbündlers, sondern dekonstruieren sie: Wo durch den Teufel scheinbar ermöglichte Autopsie keinen Erkenntnisgewinn bewirkt, weil sie nicht mehr in Erfahrung bringen kann als das ohnehin schon Bekannte, wird sie als Möglichkeit der Wissensakkumulation diskreditiert, die gegenüber dem tradierten Buchwissen in irgendeiner Weise zu bevorzugen wäre. Die Semantik von *curiositas* wird damit in die Struktur eines verfehlten Lebens und seiner narrativen Darstellung subtil integriert. Sie bildet die Ursache für Fausts Überschreitung der Grenzen des Erlaubten und markiert gleichzeitig sein Scheitern in dem Versuch, herausragendes Wissen zu erlangen.

---

109 *Historia* (Anm. 64), S. 52.
110 Zum Begriff der Erfahrung und der Differenzierung zwischen Erfahrung und Wahrnehmung vgl. MARINA MÜNKLER: Erfahrung des Fremden. Die Beschreibung Ostasiens in den Augenzeugenberichten des 13. und 14. Jahrhunderts, Berlin 2000, S. 266–282; speziell zur Erfahrung in der Frühen Neuzeit vgl. JAN-DIRK MÜLLER: *Erfarung* zwischen Heilssorge, Selbsterkenntnis und Entdeckung des Kosmos. In: Daphnis 15, 2/3 (1986), S. 59–94.
111 Zu den Prätexten der *Historia* vgl. MÜNKLER: Narrative Ambiguität (Anm. 62), S. 70–84.
112 *Historia* (Anm. 64), S. 59.

Das hängt nicht zuletzt mit der Auswahl der Prätexte zusammen. Die für die Inszenierung der Semantik von *curiositas* zugrunde gelegten Texte lassen sich weitgehend als populäre volkssprachliche Wissenstexte beschreiben. Innerhalb der Erzählung werden sie eingesetzt, um das von Faustus mittels des Teufelspaktes erlangte Wissen mimetisch zu repräsentieren. Insoweit haben diese Wissenstexte innerhalb der Erzählung einen hochgradig prekären Status, denn auf ihnen basiert die Performanz der Vertragserfüllung durch den Teufel. Betrachtet man die Auswahl der Prätexte unter diesem Aspekt, so fällt auf, dass gerade solche Texte fehlen, die man für die Präsentation des Faustus durch Mephostophiles vermittelten Wissens am ehesten erwarten würde: Texte der hermetischen oder okkulten Wissenschaften und zeitgenössische astronomisch-astrologische Traktate.[113] Solche Texte waren zum Zeitpunkt des Erscheinens der *Historia* ebenso einflussreich wie umstritten und in ihnen hätte man mit Grund die entscheidenden Quellen für Fausts Versuch, *alle Gründ am Himmel vnd Erden* [zu] *erforschen*[114] erwarten dürfen, aber keiner von diesen Texten hat als Prätext für die *Historia* fungiert. Vielmehr hat der Verfasser ausnahmslos Texte herangezogen, die in dieser Hinsicht nichts Einschlägiges zu bieten hatten. Damit diskreditiert er subtil, was der Teufel an Wissen zu vermitteln hatte: kein Spezialistenwissen, sondern ein Wissen, das allgemein zugänglich war und keine Geheimnisse barg. Kein Wissen also, um dessentwillen es lohnenswert hätte erscheinen können, sich mit dem Teufel einzulassen. Insoweit gelingt dem Verfasser durch die Konstruktion der Erzählung in dieser Hinsicht, Eindeutigkeit zu produzieren.

Das gilt allerdings nicht für das Gebiet der Astrologie, die unter dem Aspekt der *curiositas* eine Sonderstellung einnimmt. Diskurstheoretisch betrachtet bildet die Astrologie, die Faustus zu Beginn des zweiten Teils aufnimmt, ein Band zwischen der Erforschung der Natur und ihrer Beherrschung.[115]

---

[113] Zum Zeitpunkt der Veröffentlichung der *Historia* gab es in lateinischer, aber auch in deutscher Sprache auf dem deutschen Buchmarkt zahlreich alchimistische, kabbalistische und astrologische Traktate. Vgl. HERWIG BUNTZ: Deutsche alchimistische Traktate des 15. und 16. Jahrhunderts, München 1969; ANNE-CHARLOTT TREPP: Religion, Magie und Naturphilosophie. Alchemie im 16. und 17. Jahrhundert. In: Im Zeichen der Krise. Hrsg. von HARTMUT LEHMANN/ ANNE-CHARLOTT TREPP. Religiosität im Europa des 17. Jahrhunderts, Göttingen 1999 (Veröffentlichungen des Max-Planck-Instituts für Geschichte 152), S. 474–485; KASPAR VON GREYERZ: Alchemie, Hermetismus und Magie. Zur Frage der Kontinuitäten in der wissenschaftlichen Revolution. In: Ebd., S. 415–432, hier S. 417–421.
[114] *Historia* (Anm. 64), S. 15.
[115] Zur Verbindung von Astrologie und Magie in der Frühen Neuzeit vgl. CLAUDIA BROSSEDER: Im Bann der Sterne. Caspar Peucer, Philipp Melanchthon und andere Wittenberger Astrologen. Berlin 2004, bes. S. 210–231; BRIAN P. COPENHAVER: Astrology and Magic. In: The Cambridge History of Renaissance Philosophy. Hrsg. von CHARLES B. SCHMITT/QUENTIN SKINNER/ECKHARD KESSLER, Cambridge University Press 1988, S. 264–300.

Auch hier verschiebt der narrative *discours* die Motivation des Protagonisten. In der Fokalisierung auf Faust macht der Erzähler deutlich, dass dieser kein genuines Interesse an der Astrologie hat, sondern lediglich darauf ausweicht, *als er von Gottseligen Fragen vom Geist keine Antwort mehr bekommen kondte*.[116] Gerade dies aber erweist sich als erfolgversprechender Weg:

> *Fienge demnach an Calender zu machen / ward also derselben zeit ein guter Astronomus oder Astrologus / gelehrt vnd Erfahren / von seinem Geist in der Sternkunst / vnd Practicken schreiben / wie månniglichen wol bewust / daß alles / was er geschrieben / vnter den Mathematicis das Lob darvon gebracht.*[117]

Fausts *Pracktiken* erweisen sich als zutreffend und verschaffen ihm erhebliche Reputation, aber das liegt nicht daran, dass er tatsächlich komplizierte astrologische Berechnungsverfahren beherrscht und aus dem Lauf der Sterne die Zukunft vorhersagen könnte, sondern daran, dass der Teufel aus Erfahrungen schöpfen kann, die keinem Menschen zugänglich sind. Erst nachdem Faustus *seine Practicam vnd Calender zwey Jahr gerichtet / vnd gemacht hatte* fragt er seinen Geist, *was es für eine gelegenheit hab mit der Astronomia oder Astrologia / wie die Mathematici zustellen pflegen?*[118] Hier überlässt der Erzähler erstmals unkommentiert und unwidersprochen Mephostophiles eine Erklärung, in der dieser exklusives Wissen für sich reklamiert:

> *Es hat ein solch Judicium / daß alle Sternseher vnnd Himmelgucker nichts sonderliches gewiß Practicieren können / Denn es sind verborgene Werck GOTtes / welche die Menschen nicht / wie wir Geister / die wir im Lufft / vnter dem Himmel schweben / die Verhångnuß Gottes sehen / vnd abnemmen / ergründen können. Dann wir seyn alte vnnd erfahrne Geister in deß Himmels Lauff.*[119]

Der Effekt dieser unwidersprochenen und vom Erzähler – im Gegensatz zu anderen Stellen – auch nicht als falsch oder verlogen markierten Erklärung besteht darin, dass dem Teufel tatsächlich ein höheres Erfahrungswissen zugeschrieben wird, das ohne seine Hilfe nicht erlangt werden kann. *De facto* ist Faustus auf dem Gebiet der Astrologie völlig unerfahren, aber selbst wenn er darin geübt wäre, würde das nach dem Urteil des Teufels nicht zu brauchbaren Ergebnissen führen, weil *alle Sternseher vnnd Himmelgucker nichts sonderliches gewiß Practicieren können*.[120] Faustus wird damit auf dem Gebiet der Astrologie

---

116 *Historia* (Anm. 64), S. 44.
117 Ebd.
118 Ebd., S. 45.
119 Ebd.
120 Ebd.

zwar als völlig vom Teufel abhängig gezeigt, diese Abhängigkeit ist jedoch keine affektgesteuerte, wie im Falle der Fragen nach der Hölle, sondern eine epistemologische. Der Teufel verfügt über ein Wissen, das wahr und anders nicht zu erlangen ist. Implizit ergibt sich damit eine Rechtfertigung der *curiositas*, die den verdiktiven Sprechakten des Erzählers wie auch der sonstigen Konstruktion des narrativen *discours* mit dem Einsatz veralteter Quellen strikt zuwiderläuft. Das wird noch dadurch gesteigert, dass die – wenn auch nur vorgebliche Beherrschung – der Astrologie Faustus überdies den Weg in die Gesellschaft ebnet und ihm soziale Anerkennung sowie innerweltlichen Erfolg verschafft.

Dieser Erfolg setzt sich im dritten Teil fort, der nahezu vollständig der Semantik von Zauberei und Magie zugeordnet werden kann. Schon im ersten Kapitel des dritten Teils wird Faustus als anerkannter *medicus* und *erfahrner der schwartzen kunst*[121] am Hofe Kaiser Karls V. in Innsbruck gezeigt und mit der Spitze der Gesellschaft in Verbindung gebracht. Als Zauberer bewegt er sich grundsätzlich innerhalb der Gesellschaft, die ihm Raum, Gelegenheit und Anerkennung für die Ausübung seiner Zauberkünste bietet. Die Magie oder Schwarzkunst ist in den Kapiteln des dritten Teils eine eindeutig gesellschaftsbezogene Kunst, sie dient nicht der Naturbeherrschung, sondern dem sozialen Aufstieg. Für Faustus wird sie zur Erfolgsgarantie: Sie macht ihn zu einem geachteten Mitglied der Gesellschaft. Als Astrologe, Ratgeber und Unterhaltungskünstler an den Höfen des Kaisers, des Fürsten von Anhalt und weiterer hoher Adliger sowie als Gastgeber und *Bacchus* von Wittenberger Studenten und Magistri, die sich als Tischgesellschaft um ihn scharen, üppige Gelage mit Speis und Trank im Überfluss sowie Musik und Tanz mit ihm feiern und zu ihrer Unterhaltung seine Zauberkünste genießen, steht Faustus im Zentrum unterschiedlicher sozialer Bezüge.

In diesen szenischen Episoden wird die Zauberei als ein Gesellschaftsspiel gezeigt, an dem kaum jemand Anstoß nimmt. Mehrfach wird in der *histoire* deutlich, dass Faustus die Herkunft seiner zauberischen Fähigkeiten keineswegs zu verbergen trachtet: Ganz offen spricht er gegenüber den Wittenberger Studenten davon, er habe seinem *Geist befohlen / einen Vngerischen / Jtalianischen vnd Hispanischen Wein zuholen* und versichert ihnen, sie sollten ihm *glauben / daß es keine Verblendung seye / da jhr meynet jhr esset / vnd seye doch nicht natůrlich*.[122] Auch dem Fürsten von Anhalt (Kap. 44) erklärt er, dass er einen Geist habe, *der ein fliegender vnd geschwinder Geist ist / sich in einem Augenblick / wie er will / veråndern kan* und deshalb für die schwangere Fürstin von Anhalt im Winter frisches Obst vom anderen Ende der Welt herbeischaffen könne.[123] In der Welt

---

121 Ebd., S. 77. Als *erfahrne*[n] *der schwartzen kunst* erkennt ihn der Kaiser.
122 Ebd., S. 94.
123 Ebd., S. 90.

der Erzählung nimmt daran, außer dem Nachbarn, der Faustus zu bekehren versucht, niemand Anstoß.

Trotz der Anbindung an dämonologische Intertexte und der prinzipiellen Abhängigkeit von den Fähigkeiten des Teufels wirkt es so, als habe Faustus sich im dritten Teil mit seinen Zauberkunststücken weitgehend der Macht des Teufels entzogen. Sieht man von dem in diesen Teil integrierten Bekehrungsversuch des Nachbarn (Kap. 52) und den anschließenden Drohungen des Teufels ab, die in die zweite Verschreibung (Kap. 53) münden, dann scheint Faustus als Zauberer weitgehend unabhängig vom Teufel agieren zu können. Mephostophiles ist im dritten Teil in kaum einem der Kapitel präsent, Faustus handelt in aller Regel ebenso selbständig wie selbstbewusst.[124] Unter der Semantik der Magie erscheint somit in erster Linie die Selbstbemächtigung des Zauberers. Dämonologisch betrachtet ist Faustus als Zauberer selbst ein Teil der Teufelsmacht geworden und die Episoden dieses Teils erfüllen damit die erste der von Faustus in den zweiten Verhandlungen vor Abschluss des Teufelspakts gestellten Bedingungen, *daß er auch ein Geschickligkeit / Form vnnd Gestalt eines Geistes möchte an sich haben vnd bekommen.*[125] Auf der Ebene der *histoire* aber ist das durch Fausts selbständiges Agieren verdeckt und es entsteht der Eindruck, als habe er sich von der Macht des Teufels weitgehend gelöst. Dieser Eindruck wird noch dadurch verstärkt, dass Faustus so gut wie keinen Schadenszauber ausübt, sondern zumeist Sinnestäuschungszauber, der zur Beeindruckung oder Unterhaltung der Gesellschaft dient, verschiedentlich auch zur Hilfe, moralischen Belehrung, Bestrafung oder Stigmatisierung einzelner Gruppen. Damit fehlen in dem der Zauberei gewidmeten Teil jene Aspekte der teuflischen Bösartigkeit, die in den zeitgenössischen Hexenprozessen den Hexen und Zauberern unterstellt wurden. Wenn Faustus einzelnen Schaden zufügt, dann handelt es sich in der Regel um vorübergehenden, auf Sinnestäuschung beruhenden Schaden, den er selbst wieder aufhebt. Weder für einzelne andere noch für die Gesellschaft insgesamt scheint von ihm eine wirkliche Gefahr auszugehen. Sein Handeln ist gesellschaftsbezogen, aber es wirkt nicht gesellschaftszerstörend. Es zeigt einen selbstgewissen und der Gesellschaft zugetanen Faustus, der den verängstigten und verstörten Faustus der Teufelsgespräche weit hinter sich gelassen zu haben scheint. Folglich spielt auch seine Innenseite keine Rolle.[126] Während *curiositas* und *melancholia* semantisch eng mit Fausts Affekten

---

[124] Die Absenz von Mephostophiles im dritten Teil hat auch ANDREAS KRASS konstatiert. Vgl. DERS.: Schwarze Galle – schwarze Kunst. Poetik der Melancholie in der „Historia von D. Johann Fausten". In: Zeitsprünge. Forschungen zur Frühen Neuzeit 7 (2003) S. 537–559, hier S. 543 f.
[125] *Historia* (Anm. 64), S. 20.
[126] Vgl. BARBARA KÖNNEKER: Faust-Konzeption und Teufelspakt im Faustbuch von 1587. In: Festschrift Gottfried Weber. Hrsg. von HEINZ-OTTO BURGER/KLAUS VON SEE, Bad Homburg, Ber-

verknüpft sind und seine Innenseite offenbaren, blendet *magia* diese Innenseite weitgehend aus. Faustus ist hier ganz nach außen gerichtet und Zauberei ist die Garantin für seinen Erfolg in der Welt. Die im rechtlichen Diskurs verbreiteten Warnungen vor einer Teufelsverschwörung, durch die immer mehr Menschen in den Bann des Teufels gerieten, spielt überdies nicht die geringste Rolle. Auch wenn er Anerkennung und Ansehen genießt, gefährdet Faustus doch niemandes Seelenleben und bringt mit seinem Famulus Wagner nur denjenigen zum Teufel, der ohnehin dorthin will.

Faustus gefährdet nahezu ausschließlich sich selbst. Das wird deutlich, als seine Innenseite im vierten Teil, der von der Semantik der Melancholie beherrscht wird, mit großer Wucht in den Mittelpunkt tritt.[127] Faustus zieht sich gänzlich von der Gesellschaft zurück und starrt angstvoll und völlig gelähmt auf das ihn erwartende Ende.

Anders als *curiositas* und *magia* lässt sich die *melancholia* aber nicht ausschließlich dem vierten Teil zuordnen.[128] Bereits im ersten Teil der *Historia*, nach dem von Mephostophiles herbeigeführten Abschluss der Höllen-Disputationen, war davon die Rede, dass Faustus melancholisch geworden sei:

> D. *Faustus gieng abermals gantz Melancholisch vom Geist hinweg / wardt gar Verwirret vnd Zweiffelhafftig / gedacht jetzt da <-> / dann dorthin / trachtete diesen dingen Tag vnnd Nacht nach / Aber es hatte kein bestandt bey jme / Sondern wie oben gemeldet / hat jhn der Teuffel zu hart Besessen / Verstockt / Verblendt vnd Gefangen.*[129]

Schon zuvor war er als schwermütig und traurig beschrieben worden. Auch hier war der Rückzug kennzeichnend: Nach dem Gespräch mit Mephostophiles über die Gestalt der verstoßenen Engel (Kap. 14) ging Faustus *stillschweigendt vom Geist in seine Kammer / leget sich auff sein Beth / hub an bitterlich zu weinen vnd*

---

lin, Zürich 1967, S. 159–213, hier S. 172. KÖNNEKER hat betont, dass in den Kapiteln des dritten Teils reine Außensicht vorherrsche.

127 Auch die Dominanz der Innensicht im vierten Teil hat bereits BARBARA KÖNNEKER (Anm. 126) konstatiert. Vgl. ebd., S. 173. Sie hat diese Beschreibung jedoch mit einem Qualitätsurteil über die *Historia* verknüpft und nur dem ersten und vierten Teil literarische Qualität attestiert.

128 MARIA E. MÜLLER hat denn auch mit guten Gründen die These vertreten, die Melancholie fungiere in der *Historia* als textstrukturierende Kategorie. Vgl. MARIA E. MÜLLER: Der andere Faust. Melancholie und Individualität in der „Historia von D. Johann Fausten". In: Deutsche Vierteljahrsschrift für Literaturwissenschaft und Geistesgeschichte 60 (1986), S. 572–608, bes. S. 599–602. Siehe dazu auch MÜNKLER (Anm. 101); DIES.: Melancholy and Despair: The *Historia von D. Johann Fausten*. In: Melancholie – zwischen Attitüde und Diskurs. Konzepte in Mittelalter und Früher Neuzeit. Hrsg. von ANDREA SIEBER/ANTJE WITTSTOCK, Göttingen 2009, S. 75–93.

129 *Historia* (Anm. 64), S. 42.

seufftzen / vnd in seinem Hertzen zu schreyen.[130] Auch nach der darauffolgenden Disputation (Kap. 15) von *Gewalt deß Teuffels gieng Doct. Faustus trawrig von jme.*[131]

Allerdings sind Verstocktheit, Angst und Trauer nicht die einzigen Aspekte von Melancholie, die der erste Teil zeigt. Schon vor dem Teufelspakt wird ein Aspekt von Melancholie erwähnt, der eng mit der *curiositas* verknüpft ist: Fausts außergewöhnliche Begabung. Wenn ihn der Erzähler im zweiten Kapitel mit den Worten beschreibt, er habe einen *gantz gelernigen vnd geschwinden Kopff*[] gehabt, sei zum Studium *qualificiert und geneigt* gewesen und in seinem *Examine von den Rectoribus so weit kommen / dass man jn in dem Magistrat examiniert / vnnd neben jm auch 16 Magistros* geprüft habe, *denen ist er im Gehoere / Fragen vnnd Geschickligkeit obgelegen vnd gesieget*[132], lässt sich dies als Partizipation am genialischen Strang des Melancholiediskurses lesen. Wenngleich Faustus diese Feststellung des Erzählers in seiner Verschreibung an den Teufel selbst dementiert, wenn er, wie oben erwähnt, als deren Grund angibt, seine eigene Begabung reiche für die Erforschung der Natur nicht aus, so lässt sich damit Fausts Lebensweg doch auch unter dem Aspekt der genialischen Melancholie und ihrer tragischen Verirrung lesen, die zumindest den Ansatz zu einem Faszinosum der Figur lieferte.

Dieses Faszinosum konnte auch dann noch wirken, als die Aspekte der Melancholie wie Traurigkeit, Angst, Verzweiflung und Rückzug auf sich selbst in den Mittelpunkt traten, die in der Beschreibung seiner letzten Lebenswochen hochgradig verdichtet sind. Als sich kurz vor Ablauf der vierundzwanzigjährigen Frist die ihm zugestandene Lebenszeit dem Ende nähert, präsentiert die *Historia* Faustus als völlig auf sich selbst zurückgeworfenes Individuum:

> *Dem Fausto lieff die Stunde herbey / wie ein Stundglaß / hatte nur noch einen Monat für sich / darinnen sein 24. Jar zum ende lieffen / in welchen er sich dem Teuffel ergeben hatte / mit Leib vnd Seel / wie hievorn angezeigt worden / da ward Faustus erst zame / vnd war jhme wie einem gefangenen Mörder oder Räuber / so das vrtheil im Gefängnuß empfangen / vnd der Straffe des Todes gewertig seyn muß. Dann er ward geängstet / weynet und redet jmmer mit sich selbst / fantasiert mit den Händen / ächtzet vnd seufftzet / nam vom Leib ab / vnnd ließ sich forthin selten oder gar nit sehen / wolte auch den Geist nit mehr bey jm sehen oder leyden.*[133]

---

130 Ebd., S. 32.
131 Ebd., S. 35.
132 Ebd., S. 14. Vgl. MÜNKLER (Anm. 103); DIES. (Anm. 101).
133 Ebd., S. 113.

Die Evokation von Gefühlen mittels enger Fokalisierung fördert eine identifikatorische Lektüre, die im Widerspruch zu den verdiktiven Sprechakten des Erzählers steht. Das wird noch dadurch verstärkt, dass Angst und Verzweiflung eine Phase der vertieften Introspektion auslösen, in der Faustus unter Ausschaltung der heterodiegetisch-extradiegetischen Erzählerstimme durch das Aufschreiben seines Elends in drei Wehklagen zu sich selbst spricht. In der ersten klagt er sein *verwegenes vnnd nicht werdes Hertz* an, das ihn *in ein Vrteil deß Feuwers* geführt habe.[134] Wie im medizinischen Diskurs der Zeit begreift er das Herz offenbar als den Sitz der widersprüchlichen und widerstreitenden Gefühle, die sein Leben seit dem Beschluss, einen Pakt mit dem Teufel zu schließen, dominiert haben. Das zeigt sich daran, dass die erste Klage um Binäroppositionen emotionaler Ausdrücke kreist:

> *Ach Lieb vnnd Haß warumb seyd jhr zugleich bey mir eingezogen / nach dem ich euwer Gesellschaft halb solche Pein erleiden muß / Ach Barmhertzigkeit vnd Rach / auß was vrsach habt jr mir solchen Lohn vnd Schmach vergönnet? O Grimmigkeit vnd Mitleyden / bin ich darvmb ein Mensch geschaffen / die Straff / so ich bereit sehe / von mir selbsten zu erdulden?*[135]

In der zweiten Wehklage zieht Faustus dann seine Vernunft und seinen freien Willen. Über die Aufspaltung seiner selbst in ein „Ich" und ein „Du" übernimmt er zugleich die Rolle des Anklägers und des Delinquenten:

> *Ach / ach / ach / ich arbeitseliger Mensch / O du betrübter vnseliger Fauste / du bist wol in dem Hauffen der Vnseligen / da ich den vbermåssigen schmertzen deß Todes erwarten muß / Ja viel einen erbärmlicheren dann jemals eine schmertzhaffte Creatur erduldet hat. Ach / ach Vernunfft / Mutwill / Vermessenheit vnnd freyer Will / O du verfluchtes vnd vnbeständiges Leben / O du Blinder vnd Vnachtsamer [...]. O zeitlicher Wollust / in was Mühseligkeit hastu mich geführet / daß du mir meine Augen so gar verblendet vnd vertunckelt hast. Ach mein schwaches Gemüt / du meine betrübte Seel / wo ist dein Erkåndtnuß?*[136]

Die verzweifelte Suche nach Erlösung (*wer wirdt mich erlösen? wo sol ich mich verbergen? wohin sol ich mich verkriechen oder fliehen?*[137]) und die Aufgabe jeder Hoffnung (*Ja / ich seye wo ich wölle / so bin ich gefangen*[138]) signalisieren nicht nur

---

134 Ebd., S. 113.
135 Ebd., S. 114.
136 Ebd. Zum Konzept der *arbeitseligkeit* vgl. STEPHEN C. JAEGER, Melancholie und Studium. Zum Begriff *Arbeitsaelikeit*, seinen Vorläufern und seinem Weiterleben in Medizin und Literatur. In: Literatur, Artes und Philosophie. Hrsg. von BURGHART WACHINGER/WALTER HAUG, Tübingen 1992, S. 117–141.
137 *Historia* (Anm. 64), S. 114 f.
138 Ebd., S. 115.

Fausts Verzweiflung, sondern auch die Übernahme der Perspektive des Teufels, der ihn schon im ersten Teil zu überzeugen versucht hatte, dass es für ihn keine Rettung geben könne. Diese Perspektive aber ist von der des Erzählers nicht zu unterscheiden.[139]

Die dritte Wehklage schließlich setzt einen anderen Akzent. Sind die beiden ersten Wehklagen auf Fausts Sündhaftigkeit ausgerichtet, so formuliert die *Weheklag von der Hellen / und jrer vnaußsprechlichen Pein vnd Quaal*[140] Fausts Angst vor den Strafen der Hölle. Auffällig ist hier, dass er in seiner Klage sehr schnell vom „Ich" seiner eigenen Person zum „wir" der verdammten Seelen wechselt: Er imaginiert sich als Teil der Verdammten und der unter ihren Strafen Leidenden. Mit dieser Imagination schließt er unmittelbar an die Berichte seines Geistes über die Verdammnis und ihre Qualen aus dem ersten Teil an, die ihn bereits damals in Melancholie gestürzt hatten.

Aber anders als im ersten Teil artikuliert sich in den Wehklagen die Bedrängnis eines Menschen, den die Verzweiflung über das eigene Selbst und seine Sündhaftigkeit in die Subjektivität getrieben hat, in der Selbstreflexivität und Selbstverurteilung unauflöslich ineinander verschlungen sind. In diesen Momenten der Entäußerung von Subjektivität, in denen Faustus sich mit seinem Leben und Seelenheil auseinandersetzt, wird dem Leser als Beobachter erster Ordnung eine intensive Innensicht ermöglicht. Er vollzieht so den Weg nach, den Faustus in der *histoire* zurückgelegt hat – von den äußeren Ereignissen nach innen, von der Betrachtung der Welt zur Betrachtung des eigenen Selbst. Dieser Weg ist für eine Perrhorreszierung des Teufelsbündlers aber überaus riskant: Die rückhaltlose Verdammung erfordert eine Distanznahme, die der narrative *discours* durch den Wechsel der Erzählerstimme blockiert. Durch die Wehklagen wird Fausts Stimme dominant und mit ihr seine Perspektive.

8 Schluss

Insgesamt betrachtet leisten die drei Semantiken von *curiositas*, *magia* und *melancholia* nicht nur durch die Herstellung metaphorischer Similarität zwischen den einzelnen Kapiteln Entscheidendes für die Kohärenz der Erzählung, sondern auch für die Beschreibung und Reflexion von Identität, Individualität und Subjektivität des Teufelsbündlers. Damit produzieren sie eine erhebliche Komplexität der Figur, die sich innerhalb der Narration nicht mehr auf das Rubrum des zu ver-

---

139 Vgl. etwa ebd., S. 36 f. u. S. 43.
140 Ebd., S. 117.

dammenden Teufelsbündlers festlegen lässt. Aus solcher Komplexität geht narrative Ambiguität hervor, die umso ausgeprägter ist, je stärker die Narration auf Semantiken beruht, die einerseits höchstrelevant für das soziale System, andererseits aber stark umstritten und damit per se schon ambig sind. Die Narration ambiguisiert diese Semantiken zusätzlich, weil sie sie in Handlungen, Situationen und personale Wahrnehmungen einspeist, in denen sie mit anderen Semantiken und deren unterschiedlichen Aspekten dergestalt dialogisiert werden, dass eine eindeutige Hierarchie zwischen ihnen und eine klare Bewertung nicht mehr herstellbar sind. Zwar lassen sich als erklärender Kontext Diskurse heranziehen, um die Sinngehalte der Narration nachzuvollziehen, aber das heißt nicht, dass sich daraus Eindeutigkeit gewinnen ließe. Und auch wenn es im narrativen *discours* selbst Mittel gibt, narrative Ambiguität zu begrenzen, wie etwa Paratexte und Erzählerkommentare, so können diese doch nicht zuverlässig verhindern, dass die Figur ambiguisiert und eindeutige Urteile unterlaufen werden.

Schon der in der *Vorred an den Christlichen Leser* eingefügte Hinweis auf die absichtsvolle Auslassung der Beschwörungsformeln verweist darauf, dass die eingesetzte Semantik der *curiositas* dem Urteil des Erzählers zu widersprechen und die Erzählung zumindest für jenen Teil des Publikums zu ambiguisieren vermag, der selbst der *curiositas* frönt. Ähnliches gilt für die Semantik der Melancholie, die Faustus als bemitleidenswert erscheinen lässt, wo er im Sinne der Funktionalisierung der Erzählung als Exempel verdammenswert erscheinen müsste. Und selbst die Semantik von Magie und Zauberei, deren Ächtung zum Zeitpunkt des ersten Drucks der *Historia* in einer der ersten Hochphasen der Hexenverfolgung keinem Zweifel unterliegen konnte, erscheint in der Welt der Erzählung keineswegs eindeutig verdammenswert, sondern bringt Faustus vielmehr erhebliche soziale Reputation ein.

Die solcherart ambigen Leitsemantiken von *curiositas*, Zauberei und Melancholie dominieren aber die gesamte biographische Erzählung. Sie bilden damit Frames für die Lektüre, die keineswegs so einsinnig sind, wie eine enge theologische Auslegung annehmen lassen würde. Vielmehr ambiguisieren sie das Verständnis der Figur gerade dort, wo die Stimme des Erzählers in Marginalnotizen oder innerhalb der Erzählung mit verdiktiven Sprechakten ein eindeutiges Urteil fällt und durchzusetzen versucht. Die ostentative Funktionalisierung der Stimme des Erzählers als richterliche Stimme und der Widerspruch, in den sie dadurch mit den Figuren der Erzählung gerät sowie umgekehrt das gelegentliche Fehlen verdiktiver Sprechakte, wie etwa in den Zaubereikapiteln, macht dies umso deutlicher. So ambiguitätsintolerant der Verfasser auch sein mochte und wie deutlich er seinen Erzähler auch als unerbittlichen Richter funktionalisierte, so ist es ihm doch nicht gelungen, die Lektüre auf die gleiche Ambiguitätsintoleranz festzulegen. Der kontraintentionale Effekt seiner Bemühungen zeigt vielmehr, dass narrative Ambiguität – jedenfalls in Erzählungen, die nicht vollständig schematisch sind – letztlich nicht beherrschbar ist und offenbar zu den Grundcharakteristika des Erzählens gehört. Zu behaupten, dies gelte allein für die Moderne, ist schon deshalb nicht plausibel, weil narrative Komplexität auch für die Literatur des Mittelalters und der Frühen Neuzeit nicht ausgeschlossen werden kann. Die Einschätzung, Ambiguität sei eine Errungenschaft der Moderne, nutzt lediglich als Epochensignatur, was ein grundsätzlicher Aspekt des Narrativen ist.

Andreas Hammer
Heiligkeit als Ambiguitätskategorie
Zur Konstruktion von Heiligkeit in der mittelalterlichen Literatur

Der christlichen Heiligenverehrung kommt im europäischen Mittelalter ein besonders hoher Stellenwert zu. Die von der christlichen Religion geprägte Kultur kann auf die Figur des oder der Heiligen unterschiedliche Leitbilder projizieren: Das religiöse Leitbild des Heiligen kann in Verbindung mit ritterlich-heroischen Darstellungs- und Erzählmustern beispielsweise zugleich christlich-religiöse und höfisch-adelige Wertvorstellungen vermitteln, die dann umso größere Relevanz beanspruchen können – die merowingischen Adelsheiligen oder die Instrumentalisierung des Ritterheiligen Georg für die Kreuzzüge sind nur zwei Beispiele einer solchen Inanspruchnahme von Heiligkeit für andere gesellschaftliche Wertvorstellungen.[1] Transportiert werden die damit verbundenen Ideale jedoch über das Medium der Erzählung: Die Legende, die Heiligenvita, stellt die Heiligkeit einer Person dar. Heiligkeit ist dabei die entscheidende Kategorie: Die religiöse Exemplarizität ist Voraussetzung dafür, dass an das Leitbild des Heiligen noch weitere gekoppelt werden können.

Heiligkeit kann mit PETER STROHSCHNEIDER als Distanzkategorie aufgefasst werden. Eine solche, auf der Systemtheorie LUHMANNS basierende Differenzlogik geht von einer unüberwindbaren Kluft zwischen Immanenz und Transzendenz aus, die Heiligkeit durch einen paradoxen Status der Verfügbarmachung des Unverfügbaren kennzeichnet.[2] Da Heiligkeit jenseits aller Unterschiede ist, so die Prämisse dieser Überlegungen, könne die Erzählung nur das darauf beruhende Spannungsverhältnis beschreiben und damit nicht die Wahrnehmung, sondern

---
[1] Vgl. zu diesem Komplex die Beiträge des Bandes: Helden und Heilige. Kulturelle und Literarische Leitbilder des europäischen Mittelalters. Hrsg. von ANDREAS HAMMER/STEPHANIE SEIDL in Verbindung mit JAN-DIRK MÜLLER/PETER STROHSCHNEIDER, Heidelberg 2010 (Beihefte zur GRM 42).
[2] Vgl. die Überlegungen von PETER STROHSCHNEIDER: Inzest-Heiligkeit. Krise und Aufhebung der Unterschiede in Hartmanns „Gregorius". In: Geistliches in weltlicher und Weltliches in geistlicher Literatur des Mittelalters. Hrsg. von CHRISTOPH HUBER, Tübingen 2000, S. 105–133. Vgl. auch DERS.: Textheiligung. Geltungsstrategien legendarischen Erzählens im Mittelalter am Beispiel von Konrads von Würzburg ‚Alexius'. In: Geltungsgeschichten. Über die Stabilisierung und Legitimierung institutioneller Ordnungen. Hrsg. von GERT MELVILLE/HANS VORLÄNDER, Köln u. a. 2002, S. 109–147, hier bes. S. 117 f. Zu den Kategorien LUHMANNS vgl. u. a. NIKLAS LUHMANN: Die Religion der Gesellschaft, Frankfurt a. M. 2000; DERS.: Die Gesellschaft der Gesellschaft, Frankfurt a. M. 1997.

lediglich die Nichtwahrnehmbarkeit des Heiligen darstellen. Es fällt jedoch auf, dass bei einer Vielzahl von Legenden eine solche Differenzlogik, die eine generelle Unverfügbarkeit der Transzendenz Gottes ansetzt, nicht vorhanden ist, im Gegenteil: Ein Großteil der mittelalterlichen Legenden – das gilt für die lateinischen wie für die volkssprachlichen – lösen das systemtheoretische Primat der Unverfügbarkeit gerade nicht ein, sondern zeigen vielmehr, wie ihre heiligen Protagonisten stets und unhinterfragt über die Transzendenz und die Wirkmächtigkeit Gottes verfügen können.[3] Der Automatismus, mit dem manche Heilige umstandslos über Wunderkräfte verfügen können, ist derart frappierend, dass die einzelnen Legenden teils erhebliche Anstrengungen unternehmen müssen, sie gegen den Vorwurf von Magie zu verteidigen.[4]

Neben der von STROHSCHNEIDER beschriebenen paradoxen Verfügbarmachung des Unverfügbaren ist daher zugleich auch von einer direkten Verfügbarkeit auszugehen, in der sich, so meine These, ein ambiger Charakter von Heiligkeit manifestiert. Eine solche Ambiguität beschreibt in diesem Zusammenhang erstmals RUDOLF OTTOS richtungsweisende Studie ‚Über das Heilige'.[5] OTTOS Theoriegebilde operiert gerade nicht differenzlogisch, er setzt Differenz als Kategorie, nicht aber als Systematik ein. Indem er nämlich das Heilige als das ‚Ganz

---

[3] Das gilt insbesondere für solche Texte, die in ihren ästhetischen und narrativen ‚Ansprüchen' niedriger anzusetzen sind und die darum auch derartige Probleme des Erzählens nicht unbedingt mitreflektieren. Daher sind STROHSCHNEIDERS Beobachtungen auch keinesfalls von der Hand zu weisen, sie lassen sich nur nicht auf ‚das' Legendenerzählen schlechthin verallgemeinern. Vgl. auch die Überlegungen von SUSANNE KÖBELE: Die Illusion der einfachen Form. Über das ästhetische und religiöse Risiko der Legende. In: Beiträge zur Geschichte der deutschen Sprache und Literatur 134 (2012), S. 365–404, die auf die literarische Ästhetik legendarischen Erzählens ausgerichtet sind und damit ganz bewusst vor allem jene Texte in den Blick nehmen, die sich von jenen ‚Einfachen Formen', wie sie ANDRÉ JOLLES beschreibt, weit entfernt haben (vgl. ANDRÉ JOLLES: Einfache Formen. Legende, Sage, Mythe, Rätsel, Kasus, Memorabile, Märchen, Witz. Tübingen 1972 [zuerst Halle 1930]). Es geht mir in diesem Beitrag jedoch gerade um solche Legenden, die als Bestandteil großangelegter Sammlungen derartige Finessen allenfalls rudimentär reflektieren und deren Ästhetik sich weitgehend in einer allgemeinen Form der *brevitas* erschöpft, wie sie spätestens durch die *Legenda aurea* des Jacobus de Voragine stilbildend geworden ist.
[4] Vgl. zuletzt KÖBELE (Anm. 3), S. 379 ff. Die quasi autonome Wunderkraft mancher Heilige geht bisweilen so weit, dass beispielsweise in der Andreas-Legende des mhd. *Passionals* nicht der Heilige nach dem Willen Gottes handelt, sondern umgekehrt der Erzähler bemerkt: *got alle sinen* [sc. Andreas] *willen tet* (V. 23648) und *sinen willen er karte / nach Andreas willen* (V. 23396 f. [202, 23 f.]). Ich zitiere nach der neuen Ausgabe: Passional. Buch I: Marienleben, Buch II: Apostellegenden. Hrsg. von ANNEGRET HAASE/MARTIN SCHUBERT/JÜRGEN WOLF, 2 Bde., Berlin 2013 (Deutsche Texte des Mittelalters 91).
[5] RUDOLF OTTO: Das Heilige. Über das Irrationale in der Idee des Göttlichen und sein Verhältnis zum Rationalen, München 1963 (erstmals Breslau 1918).

Andere' beschreibt, als das Irrationale, Unbegreifliche, ist es gerade nicht differenzlogisch zu erfassen, denn dies würde die Möglichkeit einer rationalisierbaren Unterscheidung voraussetzen. Otto fasst Heiligkeit als religiöses Apriori auf, Gott und das Heilige fallen für ihn aus allen Relationen zwischen den Dingen heraus: Das Heilige ist unbegreiflich und daher nicht zu benennen, sondern nur erfahrbar (nicht zuletzt diese subjektive Herangehensweise hat Luhmanns systemtheoretische Kritik an Ottos Überlegungen provoziert). Der Irrationalität des Heiligen versucht Otto mit dem von ihm geprägten Begriff des Numinosen beizukommen. Bei der Beschreibung des Numinosen unterscheidet er einerseits das Moment des ‚Mysterium Tremendum', der schauervollen Furcht vor der übermächtigen Gewalt des Göttlichen, und andererseits das des ‚Mysterium Fascinans', dem (unwillkürlich) Hingezogensein zum Göttlichen. Beide Momente *zugleich* machen das Wesen des Heiligen aus, und beiden setzt er das Beiwort ‚Mysterium' hinzu, welches andeutet, dass beide (oder vielmehr: ihr Zusammenspiel) außerhalb aller Kategorien stehen und hindeuten auf etwas ‚Ganz Anderes'.[6]

Auf diese Weise, und das ist für die Diskussion von Ambiguität entscheidend, begreift Otto das Heilige als zusammengesetzte Kategorie.[7] Tremendum und Faszinosum wie auch die anderen von Otto beschriebenen Momente des Numinosen (Majestas, Augustum) zusammen machen erst das Wesen von Heiligkeit aus. Dieses Zugleich und Dazwischen scheint mir eine der wichtigsten Beobachtungen zu sein: Heiligkeit ist in ihrer Wirkung auf die Menschen nicht *entweder* das eine *oder* das andere, nicht *entweder* Tremendum *oder* Fascinans, sondern stets beides *zugleich* und umfasst damit *sowohl* die eine *als auch* die andere Seite. Ein solcher Doppelcharakter von Heiligkeit wird auf andere Weise (aber bezugnehmend auf Rudolf Otto) auch von Ernst Cassirer betont: Im mythischen Denken hebt sich Heiliges vom Profanen ab, ist gleichzeitig aber erst durch eben diese Differenz überhaupt bestimmt, so dass Profanes andauernd von Heiligem durchdrungen wird, das gerade darum formgebend wirkt.[8]

Heiligkeit kann also, je nachdem, wo man den Beobachterstatus ansetzt, einmal differenzlogisch begriffen werden, indem die Unterscheidung zwischen Immanenz und Transzendenz absolut gesetzt wird, zum anderen jedoch ist die von Rudolf Otto beschriebene Kluft zum ‚Ganz Anderen' durchaus auch erfahrbar, lässt somit eine Überbrückung dieser Differenz auf der Ebene der (zunächst subjektiven) Erfahrung zu. Legendenerzählungen inszenieren beides: Entweder die absolute Differenz im ‚Ganz Anderen' mit einer radikalen Unterschiedenheit von Transzendenz und Immanenz, oder aber sie beschreiben Heiligkeit als allge-

---

6 Vgl. Otto (Anm. 5), S. 28 ff.
7 Vgl. Carsten Colpe: Über das Heilige. Frankfurt a. M. 1990, S. 51.
8 Vgl. Ernst Cassirer: Philosophie der Symbolischen Formen. Darmstadt [7]1977, S. 99 f.

genwärtig und erlebbar (die Erfahrbarkeit des Heiligen – gerade in ihrer Subjektivität – spielt darüber hinaus in der Mystik eine entscheidende Rolle). Bei der poetischen Inszenierung von Heiligkeit nicht als Distanz-, sondern als Ambiguitätskategorie ist daher der zusammengesetzte Status des ‚Sowohl – als auch' entscheidend. Das zeigt sich schon in einer ganz grundsätzlichen Vorstellung der christlichen Religion, nämlich der Gestalt Christi selbst: Der Gottesmensch Christus, wahrer Mensch und wahrer Gott zugleich, spiegelt wie kein anderer den ambigen Charakter von Heiligkeit bzw. von der menschlichen Erfahrung von Heiligkeit, wieder – denn es ist ja die Erfahrung, die Erfahrbarkeit des Heiligen, von der die Literatur erzählt. Diese Ambiguität, dieses sowohl Mensch als auch Gott zugleich Sein, ist dabei keine Selbstverständlichkeit für das christliche Mittelalter. Noch bis ins zwölfte Jahrhundert hinein hat der aus der Spätantike übernommene Doketismus jenes Zugleich nicht zugelassen, indem Jesus als göttliches Wesen im menschlichen Gewand angesehen wurde – eine Vorstellung, die gerade in der volkssprachigen Literatur, insbesondere den Osterspielen, noch lange über das zwölfte und dreizehnte Jahrhundert hinaus präsent war.[9]

Bereits das früheste umfangreiche Marienleben, die *Driu liet von der maget* des Augsburger Priester Wernhers aus dem späten zwölften Jahrhundert, setzt dagegen dieses Zugleich in sprachlichen Wendungen um. Gerade die Verkündigung der Geburt Christi gibt, insbesondere in der breiter ausgestalteten Fassung D, Anlass, die ambige Doppelexistenz Jesu auf Erden zu reflektieren: Gott, der

> *den den himel uil groz*
> *v̄ die werlt ie besloz,*
> *der suchte im ein chleine stat* (D, V. 2507–2509)[10]

so kommentiert der Erzähler die Empfängnis Marias, und er fährt fort:

> *div nîe wart ze wîbe,*
> *sie ist mit der erde gemeinte,*
> *zu der sih alsus uereinte*
> *der himel ioh des himels wirt.*
> *sie ist div ân leit gebirt,*
> *der engil fröde, der werlte heil,*
> *maget ân ende, můtir ane meil.* (D, V. 2530–2536)

---

9 Vgl. zu den literarischen Ausgestaltungen eines solchen Denkens im volkssprachigen Mittelalter BRUNO QUAST: Vom Kult zur Kunst. Öffnungen des rituellen Textes in Mittelalter und Früher Neuzeit, Tübingen, Basel 2005, hier bes. S. 77–86.
10 Zitiert nach Priester Wernher: *Maria*. Bruchstücke und Umarbeitungen. Hrsg. von CARL WESLE, 2. Aufl. besorgt von HANS FROMM, Tübingen 1969 (ATB 26).

Die Ambiguität der Gottmenschlichkeit Christi findet ihren Ausdruck in der formelhaften Dichotomie zwischen der Größe des Erdkreises und des Himmels, die Gott allumspannt, und der Kleinheit des Menschen, der aus dem Leib seiner Mutter Maria geboren wird, in der sich auf diese Weise Himmel und Erde in Christus vereinen. Dieser ambige Status wird im Moment der Jungfrauengeburt zugleich auch Maria selbst zuteil, ist sie doch gleichzeitig Jungfrau und Mutter, *maget ân ende, mûtir ane meil* (D, V. 2536).

Die Gottmenschlichkeit Jesu erfährt in der volkssprachigen Literatur etwa ab dem dreizehnten bis vierzehnten Jahrhundert eine noch intensivere Betonung. Während z. B. die Passionstraktate des Spätmittelalters in ihren krassen Schilderungen der Leiden am Kreuz vor allem die Menschlichkeit des Gottessohnes herausstellen, sind es insbesondere die Marienleben, die die Ambiguität Jesu poetisch ausdrücken. Im Anfang des vierzehnten Jahrhunderts entstandenen *Marienleben* Bruder Philipps formuliert es Joseph bei der Geburt Jesu folgendermaßen: *du hâst dîn gotheit in der menscheit / und die menscheit in der gotheit* (V. 2088 f.).[11] Und als Jesus schließlich am Kreuz stirbt und die Seele den Leib verlassen muss, kommentiert der Erzähler: *diu gotheit bleip doch bî in beiden* (V. 7953), um wenige Verse später zu konstatieren: *von dem grabe erstuont Jêsus, / got und mensche, und gienc her ûz* (V. 7968 f.). Es ist eben diese Ambiguität Jesu als menschliches und göttliches Wesen, die zwischen Gott und den Menschen vermitteln kann und die radikale Differenz zwischen Immanenz und Transzendenz überbrückt.

Dass eine solche Ambiguität jedoch nicht allein auf Christus beschränkt ist, zeigt im gleichen *Marienleben* Philipps eindrucksvoll ein Gebet Marias, bei dem sie Gott mit allen möglichen Attributen belegt, die letztlich die Allumfassendheit Gottes und seiner Heiligkeit demonstrieren:

> *du bist mîn vater, du bist mîn bruoder,*
> *du bist mîn swester und mîn muoter.*
> *du bist mîn man, du bist mîn hêrre;*
> *du bist mîn künec, ich hân dîn êre.*
> [...]
> *du bist mîn vriedel und mîn vriunt:*
> *ich bin von dîner minne enzündt.*
> *du bist mîn hêrr, du bist mîn kneht.*
> *ich dien dir gern, des hân ich reht.*
> [...]
> *du bist mîn lachen und mîn weinen.*
> *ich hân niemen dan dich einen.*

---

11 Zitiert nach Bruder Philipps des Carthäusers *Marienleben*. Hrsg. von HEINRICH RÜCKERT, Berlin 1853, Nachdruck 1966.

du bist mîn tôt, du bist mîn leben,
ich hân mich gar an dich gegeben. [...] (V. 1398–1423)

Natürlich zeigt sich in diesem permanenten Zusammenschluss antithetischer Benennungen gerade die Unbeschreibbarkeit Gottes, der allumfassend ist und all diese Attribute in sich vereint. Darüber hinaus wird aber deutlich, dass hier gerade nicht die Differenz betont wird, sondern vielmehr die Gemeinsamkeiten mit den Menschen: All dies ist Gott *zugleich* für Maria, und gerade deshalb kann er ihr umso näher sein, kann sie, die Muttergottes, ihn anrufen und ihr Bittgebet mit dem wie ein Minneversprechen klingenden Wunsch enden lassen: *du bist mîn und ich bin dîn, / ich wil immer bî dir sîn* (V. 1428 f.).

Heiligkeit als Vermittlungsinstanz muss, so scheint es, daher gerade nicht Differenzen, sondern vielmehr Ambiguitäten herausstellen. Das zeigt sich bei so grundlegenden Figuren wie Gott und Christus auf besondere Weise, bei dem einen in seiner ganzen Allumfasstheit, bei dem anderen in seiner Gottmenschlichkeit, die ja letztlich nur einen Teil dieser göttlichen Allumfasstheit bildet. Ambiguität ist somit grundsätzlich eine Beschreibungskategorie, um die Differenz zwischen Gott und den Menschen zu überwinden. Die Gleichzeitigkeit von Mensch und Gott in Jesus Christus überbrückt allerdings die Distanz von der Seite Gottes aus, für den eine solche Überbrückung auch problemlos möglich ist. Heiligenlegenden erzählen jedoch gewissermaßen von der anderen Richtung kommend, sie erzählen, wie Menschen die Distanz zu Gott überwinden und durch diese Vermittlung zu Heiligen werden.

In der Hagiographie erwächst die Heiligkeit eines Menschen aus einer *imitatio Christi*: Heilige sind Menschen, die an der Heiligkeit Christi partizipieren, indem sie ihn durch *imitatio* möglichst nahe zu kommen suchen, ohne allerdings mit ihm identisch werden zu können.[12] *Imitatio* kann sich entweder im Martyrium erweisen, indem das Leiden Jesu am Kreuz von den Märtyrern nachvollzogen wird, kann aber auch andere Formen annehmen, beispielsweise die der Askese. Stets jedoch handelt es sich um ein dialektisches Verhältnis von Stigma und Charisma, wie es der Soziologe WOLFGANG LIPP beschrieben hat: So, wie das Stigma des Kreuzes sich wandelt zum Charisma der Erlösung und den Wundmalen Christi gar größtmögliche Verehrung zukommt, so schlagen auch die Stigmata der Mar-

---

12 Vgl. GEORGE HUNSINGER: Heilig und Profan (V). In: Religion in Geschichte und Gegenwart 3 (2000), Sp. 1534–1537, hier Sp. 1536: „Kreatürliche Heiligkeit bedeutet die Partizipation an der Heiligkeit Gottes, vermittelt durch die Heiligkeit Christi. Sie entspricht somit Christus, ohne mit ihm identisch zu werden, indem sie bezeugt, dass seine Heiligkeit zugleich einmalig und dennoch mitteilbar ist."

ter um ins Charisma des Heiligen, werden die Foltermale zu Heilsmalen.[13] Die in dieser radikalen Umwertung geltender Normen liegende Ambiguität bringt LIPP, für den das grenzdialektische Verhältnis von Stigma und Charisma am deutlichsten in der Gestalt der christlichen Märtyrer ausgeprägt ist, in Zusammenhang mit Jesus Christus, dem Gottesmenschen, noch einmal auf den Punkt: „Jesus, der Geschundene, ist auch Christus, der Verklärte".[14] Ohne hier näher auf die komplexe Stigma-und-Charisma-Theorie LIPPS[15] eingehen zu können, bleibt festzuhalten: Christus ist Mensch und Gott zugleich, er ist gestorben und hat damit zugleich das Leben ermöglicht, das Stigma des Kreuzesopfers schafft zugleich das Heil für die Menschheit, und an dieser exemplarischen Ambiguität sind – in Martyrium und Askese gleichermaßen – die Heiligen orientiert.

Insofern ist zu fragen, wie sich der ambige Status der Heiligen in den Legendenerzählungen ausdrückt, insbesondere bei den Märtyrern, die in ihrem Tod *in imitatione Christi* nach einer (wenngleich nie erreichbaren) Identität mit Christus streben. Dies soll anhand einiger konkreter Beispiele erörtert werden, zunächst an der an sich völlig unspektakulären *passio* von Primus und Felicianus. Mittelhochdeutsche Versionen dieser Legende finden sich, wenn überhaupt, nur in Legendensammlungen, und diese sind (mit Ausnahme des *Märterbuchs*) mittelbar oder unmittelbar von der vorbildgebenden lateinischen Sammlung der *Legenda aurea* des Jacobus de Voragine aus der zweiten Hälfte des dreizehnten Jahrhun-

---

13 Vgl. WOLFGANG LIPP: Stigma und Charisma. Über soziales Grenzverhalten. Würzburg ²2010, S. 224–227.
14 LIPP (Anm. 13), S. 225.
15 Man könnte mit einiger Berechtigung einwenden, dass es sich hierbei weniger um Ambiguisierungen handelt, sondern vielmehr um ein grenzdialektisches Umschlagen, wie es ähnlich STROHSCHNEIDER in seinen Legendenanalysen beschreibt. Und in der Tat sind LIPPS Ausführungen, die ja ebenfalls stets vom Umschlagen des Stigmas ins Charisma sprechen, durchaus in Anlehnung an systemtheoretische Überlegungen entstanden. Betrachtet man jedoch die Texte, um die es mir im Folgenden geht, so zeigt sich, dass diese (zumindest implizit) immer mit zwei Systemen operieren, die miteinander in Bezug gesetzt werden: Einerseits eine immanente, irdische Gemeinschaft, andererseits eine himmlische, transzendent-jenseitige Gemeinschaft der Heiligen. Wenn im mimetischen Nachvollzug des Kreuzestodes im Martyrium die Stigmata der Marter ins Charisma der Heiligkeit umschlagen, folgt der Märtyrer Christus als (um in LIPPS Terminologie zu sprechen) ‚Selbststigmatisierer' nach und wird als Heiliger Teil der himmlischen Gemeinschaft (zum Komplex der Selbststigmatisierung vgl. LIPP [Anm. 13], S. 107–183). Die Legenden inszenieren diesen Umschlag jedoch vielfach bereits *vor* dem Tod des oder der Heiligen, d. h. der transzendente Status als Teil der himmlischen Gemeinschaft kommt ihnen bereits zu Lebzeiten zu, wenn sie eigentlich noch der Immanenz angehören. Entsprechend müssen die Texte immense Anstrengungen unternehmen, um ihre Protagonisten soweit als möglich von ihrer Gemeinschaft, ja von der Immanenz zu entfernen, die sie, so lange sie noch am Leben sind, jedoch nie vollständig verlassen können. So ergibt sich eine Art Doppelexistenz der Heiligen, die schon auf Erden der himmlischen Gemeinschaft verhaftet sind.

derts abhängig.[16] Interessant an der ansonsten völlig konventionellen Martyriumsschilderung ist allerdings die Tatsache, dass Felicianus schon zu Beginn des Martyriums gleich Christus ans Kreuz genagelt wird: *Do slv̂g man im negel durch hende vnd durch fvzz vnd zerret in grevleichen von ain ander. Das laid er gedvldikleichen durch got, der durch in mit negeln an daz krevcz ward geslagen.* (HL, Bd. I, 139, 11–14).[17]

Der Heilige wird wie sein Vorbild Christus selbst gekreuzigt und hat damit auch mimetisch eine größtmögliche *imitatio* erreicht. Doch Felicianus stirbt nicht etwa am Kreuz, wie das Christus und u. a. auch die Apostel Petrus, Andreas und Philippus als direkte Nachfolger Christi *in imitatione* tun, vielmehr scheinen ihm die Qualen des Kreuzes überhaupt nichts auszumachen, im Gegenteil, er leidet es *gedvldikleichen* angesichts dessen, dass auch Jesus auf diese Weise gelitten hat. Die Version des *Passionals*, auf der diejenige von *Der Heiligen Leben* beruht, betont darüber hinaus sogar: *diz was im allez suze / durch Christum* (Pass. 299, 70 f.). Ähnlich sein Bruder Primus, der unbeschadet heißes Blei trinken kann, *daz ez im was als ain kaltes wasser* (HL, Bd. I, 139, 30).[18] Jeder Versuch, die beiden zu töten, scheitert, selbst wilde Tiere, die auf sie gehetzt werden, sind plötzlich zahm und rühren sie nicht an, so dass sie zuletzt (wie meistens in solchen Fällen) enthauptet werden. Primus und Felicianus erweisen sich damit als ‚Märtyrer von unzerstörbarem Leben', die gerade nicht durch grausame Foltern und regelrechte Zerstückelungen das Martyrium erleiden, sondern im Gegenteil überhaupt nicht angetastet und von den Folterern nur unter größten Mühen zu Tode gebracht wer-

---

16 Für die verschiedenen, hier stets zum Vergleich herangezogenen Legendensammlungen werden der Einfachheit halber folgende Siglen verwendet: HL = *Der Heiligen Leben*. Hrsg. von MARGIT BRAND u. a., Bd. I: Der Sommerteil, Tübingen 1996; Bd. II: Der Winterteil, Tübingen 2004; MB = *Das Märterbuch*. Hrsg. von ERICH GIERACH, Berlin 1928; Pass. = *Das Passional*. Eine Legenden-Sammlung des dreizehnten Jahrhunderts zum ersten Male herausgegeben und mit einem Glossar versehen von FRIEDRICH KARL KÖPKE, Quedlinburg/Leipzig 1852 (Buch 3; Buch 1 und 2 werden zitiert nach der in Anm. 4 angegebenen Ausgabe); LA = Jacopo da Varazze: *Legenda Aurea*. Hrsg. von PAOLO GIOVANNI MAGGIONI, Florenz ²1998 (revid. Aufl.); Elsäss. LA = *Die Elsässische Legenda aurea*. Hrsg. von ULLA WILLIAMS/KONRAD KUNZE, Bd. 1: Das Normalcorpus, Tübingen 1980.

17 *Der Heiligen Leben* benutzt als Quelle das *Passional*, dessen Formulierung darum ähnlich ist; auch dort wird der Bezug zur Kreuzigung Christi explizit gemacht, vgl. Pass 299, 68–75. Das *Märterbuch* fügt noch weitere Details hinzu, die auf die Kreuzigung Christi bezogen werden können: Felicianus wird zuvor noch mit Geißeln geschlagen und muss, gleich Christus, drei Tage und Nächte dort verharren (vgl. MB 8627–8640). LA und Elsäss. LA setzen den Christusbezug hingegen nicht explizit.

18 Vgl. MB 8692: *ez daucht in ein wazzer linde gar*; ähnliche Formulierungen in *Passional* und *Elsässische Legenda aurea*.

den können.[19] Hier dreht sich das Konzept von Stigma und Charisma gleichsam um: Während bei Christus und in seiner Nachfolge bei den Märtyrern gerade die Stigmata des Kreuzes, der schweren körperlichen Verstümmelungen und der Leiden den Umschlag ins Charisma der Heiligkeit bewirken, erweisen sich jene Märtyrer von unzerstörbarem Leben bereits zu diesem Zeitpunkt als derart charismatisch und von Heiligkeit erfüllt, dass ihnen weltliche Folterwerkzeuge praktisch nichts anhaben können.

Es bleibt die Frage, weshalb die Legenden ein solches Modell überhaupt inszenieren, ja sogar im vorliegenden Fall nicht einmal die Kreuzigung im mimetischen Nachvollzug der Leiden Christi ‚erfolgreich' ist. Es scheint, dass die Ambiguität der Heiligkeit hier quasi den umgekehrten Effekt auslöst wie bei der Kreuzigung Christi: Dessen ambiger Status als Gottesmensch muss sich ja gerade darin erweisen, dass er Qualen leidet und schließlich stirbt – obwohl er doch eigentlich ein göttliches Wesen ist. Es ist ein wesentlicher Zug der spätmittelalterlichen Passionsfrömmigkeit, gerade die Leiden und damit die Menschlichkeit Christi zu betonen (im Gegensatz zum gnostisch geprägten Doketismus, der eben dies nicht zugelassen hatte und sich allein auf die göttliche Existenz Christi bezog) und auf diese Weise die Ambiguität, die im zugleich göttlichen und menschlichen Wesen Christi liegt, noch hervorzuheben.[20] Umgekehrt aber erweist sich die Heiligkeit der Märtyrer von unzerstörbarem Leben gerade darin, dass sie eben nicht sterben und nicht verwundet werden, obwohl sie doch eigentlich Menschen sind – Menschen jedoch, die bereits in einem Maße an der Transzendenz Anteil haben und vom Göttlichen, vom Heiligen derart ergriffen sind, dass menschliche Maßstäbe gerade nicht mehr gelten können. Wird bei Jesus die Menschlichkeit im göttlichen Wesen betont, so muss in der Legende umgekehrt die Heiligkeit, die Transzendenz im menschlichen Sein augenscheinlich gemacht werden.

Diese ambige Konzeption heiliger Personen beruht mithin darauf, dass sie bereits zu Lebzeiten Anteil an der Transzendenz haben. Auch wenn sich Heiligkeit dogmatisch gesehen erst durch die Aufnahme in die *communio sanctorum* mit dem Tod tatsächlich erfüllt (und die Legenden gestalten diese Aufnahme in

---

19 Zum Konzept vgl. grundsätzlich Klaus Zwierzina: Die Legenden der Märtyrer von unzerstörbarem Leben. In: Innsbrucker Festgruß von der philosophischen Fakultät, dargebracht der 50. Versammlung dt. Philologen und Schulmänner in Graz, Innsbruck 1909, S. 130–158, vgl. weiter Hans-Jürgen Bachorski/Judith Klinger: Körper-Fraktur und herrliche Marter. Zu mittelalterlichen Märtyrerlegenden. In: Körperinszenierungen in mittelalterlicher Literatur. Beiträge zum Kolloquium am Zentrum für interdisziplinäre Forschung der Universität Bielefeld (18.–20. März 1999). Hrsg. von Klaus Ridder/Otto Langer, Berlin 2002, S. 309–333.
20 Vgl. Ulrich Köpf: Die Passion Christi in der lateinischen und theologischen Literatur des Spätmittelalters. In: Die Passion Christi in Literatur und Kunst des Spätmittelalters. Hrsg. von Walter Haug/Burghart Wachinger, Tübingen 1993, S. 21–41.

den Himmel auch immer wieder eindrucksvoll), so inszeniert die Hagiographie doch vielfach den transzendenten Status ihrer Protagonisten bereits zu Lebzeiten: Ihre Ambiguität besteht darin, schon an der Transzendenz Anteil zu haben, während sie zugleich noch der Immanenz verhaftet sind. Auf ähnliche Weise offenbart sich ein solcher Doppelstatus des ‚noch in der Welt und zugleich in Gott Sein' im eingangs erwähnten unmittelbaren Zugriff heiliger Personen auf die Transzendenz. Während im Falle der Märtyrer von unzerstörbarem Leben diese Ambiguität nur dahingehend aufscheint, dass ihr Anteil an der Sphäre der Transzendenz jegliche Verletzungen verhindert, ihr Körper also die ‚Schriftzeichen' der Folter gar nicht annimmt bzw. diese Zeichen sogleich wieder zum Verschwinden gebracht werden,[21] ist in einer Reihe von Märtyrerlegenden ein anders gestaltetes Körperkonzept zu beobachten, das diesen ambigen Status durch ein spezifisches Umschlagsmoment noch eigens markiert. Denn während in den erstgenannten Fällen die Unverletzlichkeit der Märtyrer hervorgehoben und so ihre Heiligkeit schon von Anfang an sichtbar gemacht wird, werden bei dieser Gruppe von Märtyrern umgekehrt gerade die furchtbaren Wunden zur Schau gestellt, wird also, um beim Bild zu bleiben, die Körperschrift gerade nicht gelöscht, sondern für alle sichtbar gemacht und damit die Menschlichkeit und Leidensfähigkeit jener Heiligen herausgestellt.

Deutlich zeigt sich dies in der Sebastian-Legende. Die besondere Erwähltheit des Protagonisten wird schon vorher mehrfach deutlich, wenn Sebastian, obgleich er seinen Glauben vorerst nur im Verborgenen lebt, verschiedene Wunder- und Bekehrungstaten vollbringt; seine Begnadung erweist sich insbesondere bei der Heilung der taubstummen Zoe. Solchermaßen ‚vorbereitet' geht Sebastian schließlich selbst ins Martyrium unter Diokletian, wo er mit zahllosen Pfeilen niedergeschossen wird:

> *geschozzes quam in in so vil,*
> *daz er saz alsam ein igel*
> *mit maniger hande schefte stigel,*
> *der einer uf dem andern lac.*
> *zu iungest man sich sin erwac.*

---

[21] Zur semiotischen Auffassung des Körpers als Schrifttafel, in die die Zeichen der Folter gleichsam eingraviert werden und die in der mittelalterlichen Theologie vor allem für den gekreuzigten Christus Verwendung gefunden hat, vgl. nochmals BACHORSKI/KLINGER (Anm. 19), S. 315 f., sowie URBAN KÜSTERS: Der lebendige Buchstabe. Christliche Traditionen der Körperschrift im Mittelalter. In: Audiovisualität vor und nach Gutenberg. Zur Kulturgeschichte der medialen Umbrüche. Hrsg. von HORST WENZEL u. a., Wien 2001, S. 107–117; DERS.: Narbenschriften. Zur religiösen Literatur des Spätmittelalters. In: Mittelalter. Neue Wege durch einen alten Kontinent. Hrsg. von JAN-DIRK MÜLLER/HORST WENZEL, Stuttgart, Leipzig 1999, S. 81–109.

in der ungevugen not
liez man in ligen gar vur tot. (Pass. 110, 16–22)

Wie ein Igel gespickt liegt Sebastian da, so dass alle ihn bereits für tot halten, doch mitnichten: *von des todes echte / erhub in unser herre got* (*Pass.* 110, 32 f.), so dass Sebastian plötzlich völlig gesund und ohne irgendwelche Anzeichen von Wunden wieder im Palast des Kaisers auftaucht, wo die Anwesenden sich fragen,

ob diz Sebastianus si,
den wir zu tode liezen
uf dem velde erschiezen
da er leit groz ungemach (Pass. 110, 52–55).

Der Heilige eröffnet ihnen aber, er sei von Gott selbst ins Leben zurückgeholt worden, woraufhin ihn seine Peiniger ein weiteres Mal töten müssen.[22]

Auch hier wird die von den Pfeilen so eindrücklich eingeprägte Körperschrift durch göttliches Einwirken wieder gelöscht, jedoch nicht unmittelbar und von vornherein nicht anhaftend, sondern erst nach einiger Zeit, nachdem die Zeichen der Pfeile für alle sichtbar gemacht worden sind. Wird bei Felicianus eine Verwundung von vornherein gar nicht sichtbar und gerade dadurch die göttliche Auserwähltheit des Märtyrers herausgestellt, so wird sie bei Sebastian auf dem Körper zunächst konserviert und geradezu demonstrativ zur Schau gestellt. Auf diese Weise wird die unendliche Leidensfähigkeit des Märtyrers für alle visualisiert, ja nachvollziehbar gemacht und die Stigmata seiner Wunden werden wie die Christi am Kreuz gefeiert. In einem solcherart dargestellten Martyrium ist – anders als bei der Leibfeindlichkeit der Asketen, für die die Materialität des Körpers nur ein beschwerliches Hindernis für die Seele ist – keinerlei Distanzierung vom Körper erkennbar, sondern vielmehr ein positives Körperkonzept, nämlich das des Auferstehungsleibes, wie CAROLINE WALKER BYNUM es beschrieben hat:

---

22 Das *Passional* inszeniert diese Beinahe-Auferstehung vom Tode, die wunderbare Gesundung von an sich tödlichen Wunden, am deutlichsten. *Der Heiligen Leben* formuliert viel unspezifischer: *Do gab jm got craft vnd macht vnd halff jm, das er genaß* (HL, Bd. II, 405,1 f.), noch unmittelbarer in die Handlung integriert dies die *Elsässische Legenda aurea*: *Hie noch über kurze zit stunt er gesunt uf der stegen vor dez keisers palast* (Elsäss. LA 134, 14 f.). Stärker auf das Motiv der wunderbaren Heilung von den Pfeilwunden hin konzipiert ist die Version des *Märterbuchs*: Man bindet Sebastian von dem Pfahl, weil keiner damit rechnet, *das er lebentig were. / [...] / doch Got mit seiner macht / machet in gesunt wider, / wann er darnach manigen sider / ladet zü dem himelreich. / dar zü arm und reich / chomen durch wunder da hin / und von dem tod schawten in / und jahen er mocht es nicht wesen, / wie er der pheil mocht sein genesen.* (MB 501–512).

ein vom irdischen Leib entkoppelter, bereits der Transzendenz verhafteter Körper.²³

BYNUMS Verständnis vom Auferstehungsleib bezieht sich jedoch in der Regel auf die Situation nach dem Tod des Heiligen, wenn dessen Körper dann die typischen Begleiterscheinungen der (sich im Tod ja ganz besonders erweisenden) Heiligkeit zeigt: Unverweslichkeit, Wohlgeruch, Glanz, *incorruptio* – all das, was die Realpräsenz des oder der Heiligen in ihren Reliquien aufscheinen lässt. Es zeigt sich jedoch, dass das Modell des Auferstehungsleibes bei Sebastian wie auch bei Primus und Felicianus bereits vorher greift, bei Sebastian jedoch zunächst eine tödliche Verwundung inszeniert wird, deren ‚Körperschrift' anschließend wieder gelöscht wird. Die Möglichkeit, schon zu Lebzeiten bereits Zugriff auf einen transzendenten Körper zu haben, widerspricht eigentlich sowohl der Auffassung, dass die Heiligkeit einer Person sich erst nach ihrem Tod erweist, vor allem aber der kategorialen Differenz von Immanenz und Transzendenz. Diese Differenz wird in der Regel durch ein zeitliches Nacheinander hervorgehoben: Der leibliche Körper wird im Martyrium zerstört, der transzendente Auferstehungsleib erweist sich nach dem Tod und der dann erfolgten Aufnahme in die Gemeinschaft der Heiligen. Bei den Märtyrern von unzerstörbarem Leben wird hingegen eine solche Gleichzeitigkeit von transzendentem und immanentem Körpermodell von vornherein angenommen, bei Sebastian wiederum muss sein Körper gleich zwei Mal zerstört werden.²⁴ In beiden Fällen aber ist der Status des Märtyrerkörpers höchst ambig: Auch der transzendierte, irdischen Schmerzen unempfängliche Auferstehungsleib von Primus und Felicianus kann zuletzt doch enthauptet werden, und der auf wunderbar-transzendente Weise vom Tod zurückgeholte Sebastian kann ebenfalls ein weiteres Mal, nun eben mit Knüppeln, endgültig getötet werden.

Während hier die Ambiguität im Nebeneinander zwischen irdischem Körper und transzendentem Auferstehungsleib besteht, inszenieren andere Legen-

---

23 Vgl. grundsätzlich zum Konzept eines solchen, vom irdischen Leib bereits entkoppelten transzendenten Auferstehungsleibes, der sich als unzerstörbarer und unverletzlicher Körper anstelle einer Trennung von Leib und Seele manifestiert, CAROLINE WALKER BYNUM: The Resurrection of the Body in Western Christianity, 200–1336, New York 1995; dieses Konzept wird aufgegriffen von BACHORSKI/KLINGER (Anm. 19), S. 322 f. Vgl. zur Konservierung der Körperschrift bei Sebastian auch STEPHANIE SEIDL: Blendendes Erzählen. Narrative Entwürfe von Ritterheiligkeit in deutschsprachigen Georgslegenden des Hoch- und Spätmittelalters, München 2012, S. 26 f.
24 Diese ambige Gleichzeitigkeit ist insofern bei Sebastian nur angedeutet. Bei der anonym überlieferten Dorothea-Legende ist sie immerhin im Erzählerkommentar verklausuliert ausgedrückt, wenn der Heiligen die Qualen des Martyriums nichts anhaben können: *Si was genaden also vol, / Daz ir tet die marter wol / Geistlich, doch an dem libe / Ich ir die marter schribe, / Di was ot groz und manigfalt* (zit. nach LOTTE BUSSE: Die Legende der hl. Dorothea im deutschen Mittelalter. Greifswald 1930, III, V. 505–509).

den stattdessen ein regelrechtes Umschlagen. Die heilige Agatha beispielsweise muss, nachdem sie sich ihrem heidnischen Freier Quincinianus verweigert hat, schlimmste Folterqualen erdulden.[25] Sie wird an den Händen aufgehängt und ausgepeitscht; zuletzt werden ihr als Zeichen der scheinbaren sexuellen Überlegenheit ihres Peinigers die Brüste abgeschnitten. Schon hier fällt auf, dass die Jungfrau diese Marter gleichmütig erträgt und Quincinianus darüber belehrt, er könne sie allenfalls äußerlich verletzen:

> *wizze doch, daz du mir last*
> *die innern bruste ganz,*
> *die ich sunder allen schranz*
> *han an der sele wol gesunt*
> *und mit in in rechter stund*
> *suge al mine sinne,*
> *die ich in steter minne*
> *behalden han von kintheit*
> *zu mines herren heilikeit* (Pass. 180, 62–70).

Diese Aussage ist keineswegs nur metaphorisch zu sehen, sondern rekurriert bereits deutlich auf den zukünftigen Auferstehungsleib, der Agatha mit dem Erwerb der Märtyrerkrone und der Aufnahme in die *communio sanctorum* zukommt. Die Dichotomie Leib – Seele wird mit dem Gegensatz von den inneren, unzerstörbaren und den äußeren, abgeschnittenen und zugleich entbehrlichen Brüsten verdeutlicht. Während das *Passional* vor allem betont, dass die äußeren Geschlechtsmerkmale für eine der Keuschheit und Gottesbrautschaft verpflichteten Heiligen ohnehin keine Rolle spielen und stattdessen die Fruchtbarkeit einer unverletzten (und das heißt zugleich: gläubigen und standhaften) Seele herausstellt, werfen die anderen mhd. Versionen dieser Legende (allen voran die des *Märterbuchs*) Quincinianus durchaus auch die Amoralität dieser körperlichen Folter vor. Stets jedoch werden auch dort die inneren Brüste der Seele dem gegenüber gestellt, die im christlichen Glauben ein neues, ewiges Leben zeugen können.[26]

---

25 Zur Agatha-Legende des *Passionals* vgl. ausführlicher ANDREAS HAMMER: Erzählen vom Heiligen. Narrative Inszenierungsformen von Heiligkeit im Passional, Berlin, Boston 2015, S. 297 ff.
26 Das *Passional* trifft hier die ausführlichste und metaphorisch wie theologisch am meisten aufgeladene Formulierung; diese Aussage ist jedoch in allen volkssprachigen Versionen sehr ähnlich gestaltet, wenn auch z. T. verkürzt dargestellt: *Schemest du dich nicht, das du mir dy prust haist ab sneyden, dy du an deiner muter hast gesogen? Doch scholt du wissen, das dy innern prust meiner sel gancz sein* (HL, Bd. II, 471, 20–22). – *Du vnmilter, grymmer, herter tyranne, enschammestu dich nût daz an mir abe snidest daz an dinre mûter lip hast gesogen? Wissest, daz ich habe noch gancze brüste in minre selen vf den ich alle mine sinne spise. Die han ich von*

Doch es bleibt gerade nicht bei der Gegenüberstellung eines leiblichen und eines gewissermaßen geistlichen Körperkonzeptes nach dem Tod, vielmehr werden immanentes und transzendentes Körpermodell in Agatha vereinigt: In der Nacht nämlich bekommt die verwundete Märtyrerin im Kerker Besuch, obwohl ihr jeglicher Kontakt, insbesondere zu Ärzten, die ihre Qualen lindern könnten, verboten ist. Agatha lehnt zunächst *vleischlich arzedien* (Pass. 181, 30) ab, der Besucher gibt sich dann jedoch als Apostel Petrus zu erkennen, der sie alsbald heilt – eine Heilung, die natürlich auch hier im doppelten Wortsinne zu verstehen ist: Von der Sündenqual, aber eben auch von den körperlichen Schmerzen, ja mehr sogar, von allen körperlichen Destruktionen:

> *die iuncvrowe sich do vant*
> *wol gesunt uberal.*
> *langes viel si hin zu tal*
> *und dancte deme guten gote,*
> *wand ir sin heiliger bote*
> *ir bruste, die e waren ab,*
> *wol gesund wider gab*
> *mit wol varendem lebene.* (Pass. 181, 91–98)[27]

Die Metapher von Christus als Arzt (vgl. Pass. 181, 67–75; MB 2419; HL, Bd. II, 471, 38; Elsäss. LA 200, 3–5) kippt hier, indem aus der geistigen Heilung der Seele eine tatsächliche, körperliche und gänzlich unmetaphorische wird. Am deutlichsten stellt dies das *Märterbuch* dar:

> *nün secht wo von Gotes gepot*
> *hail wart gar daz as*
> *daz ab ïr geslagen was,*
> *ir prüst het si auch wider,*
> *dye man an ïr sach sider.* (MB 2428–2432)

Hier ist noch konkreter als im *Passional* vom zuvor bereits abgeschlagenen Fleisch die Rede, das sich nun erneuert hat. Damit aber wird die Metapher der

---

iugent uf gotte geheiliget (Elsäss. LA 199, 14–18). – *unguter, fraisleicher, herter volant, / daz du dich nicht hast geschamt, / du hast mïr gesniten ab / daz dïr dein müter gab / zesawgen und dïr was endankch;/ des müezze sein dein ere chrankch! / doch han ich des chain hel: / ich han in meiner sel / gancze prüst, da mit / sterkch ich mein sin ze aller zeit / und czeuch in Got mein lebenn, / daz ich von chindhait im han gegeben* (MB 2373–2384).

27 Ähnlich die *Elsässische Legenda aurea*: *Do fiel nider sant Agatha vnd danckete gotte sinre gnoden vnd enphant gesundheit ires libes, vnd worent ir ire brüste one alle gebresten wider geben an iren lip* (Elsäss. LA 200, 8–10). Sehr knapp beschreibt *Der Heiligen Leben*, wo es nach dem Gebet Agathas lapidar heißt: *Vnd het ir pruste wider als vor* (HL, Bd. II, 472, 5).

geistlichen Heilung selbst ambig, denn die Heilung Agathas umfasst zugleich auch die körperliche Ebene. Die Transzendenz, von der Agatha bereits erfasst zu sein scheint, wird jedoch nicht zuletzt in dem strahlenden Licht, das daraufhin den Kerker erfüllt, sichtbar. Die weitere Handlung verläuft dann ähnlich wie in der Sebastian-Legende: Das Erstaunen der Folterer über Agathas Unversehrtheit ist groß, sie muss ein weiteres Mal gemartert werden, wobei Gott durch ein Erdbeben der Folter auf glühenden Kohlen Einhalt gebietet; Agatha stirbt und wird, wie eine himmlische Prozession bei ihrem Begräbnis kund tut, ins Paradies aufgenommen.

Derartige Beispiele einer Ambiguisierung des immanenten Körpers und des transzendenten Auferstehungsleibes sind in der mittelalterlichen Hagiographie so zahlreich, dass ich mich nur in aller Kürze auf wenige weitere Beispiele beschränke: Der heilige Vincentius wird nach langen und äußerst detailliert beschriebenen Foltern zuletzt auf spitze Scherben gelegt, was ihm aber plötzlich wie ein Bett aus duftenden Blumen erscheint und sich auch tatsächlich in solche verwandelt – inklusive dem Duft als Begleiterscheinung der süßen Blumen, aber natürlich genauso als Zeichen der Heiligkeit des Protagonisten, als ‚Wohlgeruch der Heiligkeit'.[28] Bei der hl. Christina ist der Umschlag zum Auferstehungsleib besonders prägnant gestaltet: Sie soll nach schweren Martern im Meer ertränkt werden, wird aber von Christus über Wasser gehalten und persönlich getauft; wenn er sie danach zurück schickt, schlagen keinerlei Foltern mehr an, vielmehr überlebt sie drei Richter, bis ihr zuletzt doch die Brüste und die Zunge abgeschnitten werden können – was die Heilige gleichwohl nicht daran hindert, weiter Gottes Wunder zu loben. Gerade das macht besonders deutlich, dass das Konzept des Auferstehungsleibes vom ‚normalen' Körpermodell entkoppelt ist, benötigt Christina doch zum Sprechen kein fleischliches Organ; auch ist der Umschlag vom immanenten Körper zum transzendenten Auferstehungsleib mit der Taufe durch Christus direkt markiert.

In den zuletzt nur kurz angesprochenen Beispielen wird eine neue Qualität deutlich: Der Wandel zum transzendenten Auferstehungsleib geht mit einem plötzlichen Versagen aller künftigen Folter einher, wie gerade in der Christina-Legende sichtbar wird, die zuvor große Qualen erleiden muss, nach der Taufe durch Christus jedoch durch keinerlei Folter mehr verletzt werden kann. Am

---

28 Vgl. zu den Phänomenen von Glanz und Duft als Begleiterscheinungen von Heiligkeit BERNHARD KÖTTING: Wohlgeruch der Heiligkeit. In: Jenseitsvorstellungen in Antike und Christentum. Gedenkschrift für ALFRED STUIBER, Münster 1988 (Jb. f. Antike u. Christentum, Erg.-Bd. 9), S. 168–175; ARNOLD ANGENENDT: Der Leib ist klar, klar wie Kristall. In: Frömmigkeit im Mittelalter. Politisch-soziale Kontexte, visuelle Praxis, körperliche Ausdrucksformen. Hrsg. von KLAUS SCHREINER, München 2002, S. 387–398.

deutlichsten aber markiert einen solchen Umschlag vom irdischen Körper zum Auferstehungsleib die Georgslegende, hier vor allem in der umfangreichen und literarisch ausgestalteten Version Reinbots von Durne. Reinbot beschreibt zunächst die zahlreichen Folterqualen, die Georg unter dem Herrscher Dacian zu erleiden hat, wobei er sich mit einer dezidierten Schilderung der Leiden weitgehend zurückhält, um das höfische Erscheinungsbild seines ritterlichen Protagonisten nicht allzusehr zu beeinträchtigen.[29] Georg werden Rücken, Arme und Beine gebrochen und er muss anschließend die Radfolter erdulden, jedoch nimmt ihm schließlich ein Engel Gottes die Schmerzen, so dass er einschläft und für tot gehalten wird; bei der Beerdigung seines vermeintlichen Leichnams erwacht er aber und ist ohne sichtbare Wunden. Handelt es sich hierbei noch explizit um einen vermeintlichen Tod, während Georg in Wahrheit durch den Engel noch am Leben erhalten wird, so überlebt der Heilige die darauf folgende Vierteilung tatsächlich nicht. Sein zerstückelter Körper wird in einem Pfuhl versenkt, doch ist dies noch immer nicht das Ende des Erzmärtyrers:

> nu liez abe niht sîn vart
> Cherubîn und Michahêl;
> die brâhten die reinen sêl
> wider ze dem lîchnamen (V. 4734–4737).[30]

Georg darf vom Tode auferstehen und erneut vor Dacian treten, diesmal aber *als er ein meije waere* (V. 4749) und in Kleidern, die so kostbarer sind, dass sie alle höfische Pracht des Kaisers noch übertreffen, *wan ez was englische wât / weder geweben noch genât* (V. 4755 f.). Die Wiederauferstehung Georgs und seine körperliche Restituierung, die schon den hagiographischen Exegeten des Mittelalters großes Kopfzerbrechen bereitet hat und die deshalb auch in *Legenda aurea* und *Passional* sowie den davon abhängigen Legendaren *Der Heiligen Leben* und der *Elsässischen Legenda aurea* fehlt, führt bei Reinbot dazu, dass sich Georg künftig allen weiteren Folterversuchen gegenüber immun zeigt: Sämtliche ‚Schriftzei-

---

29 Vgl. zur Georgslegende grundsätzlich die vielfältigen und weiterführenden Arbeiten von WOLFGANG HAUBRICHS, stellvertretend sei genannt: WOLFGANG HAUBRICHS: Georgslied und Georgslegende im frühen Mittelalter. Text und Rekonstruktion, Königsstein i. Taunus 1979. Mit den mhd. Adaptionen der Georgslegende, insbesondere mit der literarischen Ausarbeitung Reinbots hat sich zuletzt intensiv STEPHANIE SEIDL beschäftigt: In der Figur Georgs liegt dabei von Grund auf eine starke Ambiguität, da er in fast allen seiner zahlreichen Legendenversionen als Ritter *und* als Heiliger auftritt und beschrieben wird; vgl. zu dieser Ambiguisierung der Ritterheiligkeit, um die es mir hier jedoch gerade nicht geht, ausführlich die Untersuchung von SEIDL (Anm. 23).
30 Der Text wird zitiert nach: *Der Heilige Georg Reinbots von Durne*. Nach sämtlichen Handschriften herausgegeben von CARL VON KRAUS, Heidelberg 1907.

chen' auf seinem Körper verlöschen sofort wieder; so wachsen ihm z. B. die ausgerissenen Fingernägel gleich wieder nach usw.

Damit wandelt sich Georg vom leidenden, verwundbaren Gefolterten zum Märtyrer von unzerstörbarem Leben, wobei der Ausdruck ‚Auferstehungsleib', der ihm hier zugesprochen werden kann, ganz wörtlich zu nehmen ist, denn dieser Umschlag geht mit Tod, Wiedererweckung und sogar Neu-Investitur durch die Engel einher. An Georg ist darum besonders gut zu beobachten, wie Heiligkeit als Ambiguitätskategorie beschrieben werden kann, denn ihn kennzeichnen ab diesem Zeitpunkt nun einerseits außergewöhnliche Schönheit und ein himmlisches Gewand, zugleich aber wird ebenso seine Menschlichkeit betont: *er hete nie so liehten schîn, / er müeste iedoch menlîch sîn* (V. 4759 f.). Auf diese Weise kann ihm ein Status „zwischen Menschlichkeit und Göttlichkeit"[31] zugesprochen werden. Noch ist der Heilige ja ein Mensch, noch kann er prinzipiell getötet werden, muss es sogar, um das Martyrium endlich zu erfüllen (manche Versionen der Georgslegende lassen den Heiligen bis zu dreimal wiederauferstehen, in anderen prophezeit ihm Christus ein siebenjähriges Martyrium), zugleich ist er aber unverwundbar, kein Folterwerkzeug kann ihn mehr behelligen, er ist der Welt schon entrückt und ihren irdischen Qualen entzogen.[32] Der schnelle Tod durch Enthauptung ist am Ende nur noch eine Nebenepisode, die die endgültige Ablösung vom irdischen Körper und den unwiderruflichen Vollzug einer Abkehr von der Welt und Aufnahme in die himmlische Gemeinschaft bedeutet.

Das hier zu konstatierende Umschlagen von Immanenz in Transzendenz eröffnet somit gerade keine Differenzlogik, sondern nimmt mit dem Konzept des Auferstehungsleibes die von ARNOLD ANGENENDT beschriebene Doppelexistenz des Heiligen im Himmel und auf Erden bereits vorweg:[33] Die Ambiguisierung von zugleich irdischem und himmlischem Körper und der dadurch eröffnete Zwischenstatus der Märtyrer hält zwar das Spannungsverhältnis zwischen Im-

---

31 SEIDL (Anm. 23), S. 141.
32 Die spätmittelalterliche Prosafassung, die in weiten Teilen Reinbots Version verwendet, fügt die dreimalige Wiederauferstehung Georgs nach der lat. *Gallicanus*-Version ein. Bereits zu Beginn des Martyriums wird dort Georg in *imitatione* Christi ans Kreuz geschlagen, ohne dabei allerdings verwundet zu werden. Vgl. Die legent vnd dz leben des hochgelopten manlichen ritters sant joergen. Kritische Neuedition und Interpretation einer alemannischen Prosalegende des heiligen Georg aus dem 15. Jahrhundert. Hrsg. von MARKUS SCHMITZ, Berlin 2013, S. 333 f., 347–349 und 381 f. (mit den entsprechenden Verweisen zu den einzelnen Textstellen der Edition). Der spätmittelalterliche Prosa-Bearbeiter betont auf diese Weise noch viel stärker die hier angesprochene Amiguisierung des Heiligen als Märtyrer von unzerstörbarem Leben.
33 Vgl. ARNOLD ANGENENDT: Der Heilige: Auf Erden – Im Himmel. In: Politik und Heiligenverehrung im Hochmittelalter. Hrsg. von JÜRGEN PETERSOHN, Sigmaringen 1994, S. 11–52, der damit allerdings die posthume Wundertätigkeit der Heiligen auf Erden bezeichnet.

manenz und Transzendenz aufrecht, kann es aber zugleich überbrücken: Die irdische Existenz des Heiligen reicht bereits in die himmlische Sphäre der Transzendenz hinein. Genau dies macht ja die Vermittlerfunktion der Heiligen aus: Dass sie die Kluft zwischen Gott und den Menschen, zwischen Immanenz und Transzendenz überwinden. Dabei kommt ihnen zwar selbstredend nicht der gleiche Status einer Gottmenschlichkeit wie der idealen Mittlergestalt Jesus Christus zu, doch die Vermittlung zwischen Gott und Menschen, die sie in der Nachfolge Jesu übernehmen, geht mit einem ähnlich ambigen Status zwischen Immanenz und Transzendenz einher.

Näher betrachtet erweist sich dieses ambige Konzept eines transzendenten Auferstehungsleibes, der zugleich Bestandteil eines immanent-menschlichen Körpermodells ist, in den meisten Märtyrerlegenden: Bei jenen Märtyrern, die von vornherein nicht verwundet werden können, ist eine solche doppelte Konzeption von Anfang an vorhanden, bei anderen wie Georg erst als Umschlagsmoment im Rahmen der Inszenierung des Martyriums. Die Christoformitas der Märtyrer durch ihre *imitatio* der Leiden Christi im Martyrium ermöglicht den Legenden die Inszenierung einer Teilhabe der Märtyrer an der Transzendenz bereits zu Lebzeiten, und zwar über das Modell des Auferstehungsleibes im immanenten, menschlichen Körper. Die hier präsentierten Beispiele stellen dieses Zugleich, diese doppelte Zugehörigkeit noch zur Immanenz und schon zur Transzendenz, nur besonders anschaulich heraus, wobei die Betrachtung der jeweiligen Fassungen der einzelnen Legendare auch hier durchaus Unterschiede, besonders in der Intensität der Darstellung, offenbart.

Andere Wege, eine solche Teilhabe narrativ zu inszenieren, beschreiten die Legenden sogenannter Bekennerheiliger, also von Heiligen, die nicht das Martyrium erlitten haben.[34] Die Ambiguität einer Doppelexistenz im Himmel und auf Erden ist nämlich nicht unbedingt an ein distinktes Körpermodell wie das des Auferstehungsleibes gekoppelt, was in einem letzten Schritt nun noch am Beispiel der Magdalenenvita skizziert werden soll: Maria Magdalena, die von Jesus bekehrte Sünderin, zieht sich nach zahlreichen Wundertaten als Eremitin in die Wüste zurück, wo sie keinerlei Verbindung mehr zu Menschen hat, um sich ganz einem Leben im Gebet zu widmen. Der außergewöhnliche Kontakt der

---

34 Zur Umdeutung des roten, also des durch das vergossene Blut erworbene Martyrium in ein weißes, gleichsam spirituelles Martyrium, das gleichwohl nicht nur durch geistige Leistung, sondern ebenso durch körperliche Askese gekennzeichnet ist, vgl. diskursgeschichtlich PETRA HÖRNER: Spiritualisierung und Konkretisierung des Martyriumgedankens in der deutschen Literatur des Mittelalters. In: Euphorion 97 (2003), S. 327–348; zur theologischen Aufarbeitung vgl. auch ARNOLD ANGENENDT: Sühne durch Blut. In: DERS.: Liturgie im Mittelalter. Ausgewählte Aufsätze zum 70. Geburtstag, Münster 2004, S. 195–225.

Heiligen zur Transzendenz wird durch das für Eremitenviten typische Element einer himmlischen Speisung durch Engel unterstrichen. Doch damit nicht genug: Nicht nur kommen regelmäßig Engel vom Himmel zu ihr auf die Erde, umgekehrt wird Magdalena regelmäßig in den Himmel gebracht, und zwar wie *Der Heiligen Leben* ausführt, zu den liturgischen Stunden, um dem Gesang der Engel vor Gott zuzuhören: Gott

> sant ir die engel alle tag sibenstunt, die fůrten si hoh auf in die lůfte. Da hort die lieb fraw Maria Magdalena die engel alle tag die siben tag zeit vor got singen, vnd fůrten sie wider in ir hol. Da von wart sie lypleich vnd gaistleich gespyst, wan sie sach die götleichen taugen an alle irsal vnd den reichen lon, den si nu beseszen hat (HL I 263, 27–31).

Immer zu den klösterlichen Gebetszeiten, insgesamt sieben Stunden am Tag, ist sie auf diese Weise bereits Teil der himmlischen Gemeinschaft, die restliche Zeit verbringt sie auf Erden in ihrer Eremitenklause. Sie ist insofern zugleich Teil der himmlischen und noch der irdischen, menschlichen Gemeinschaft, auch wenn sie von letzterer bereits so weit als möglich abgesondert ist. Diese Ambiguität betont die hier zitierte Version aus *Der Heiligen Leben* besonders, indem sie von leiblicher *und* geistlicher Speise (263, 30) spricht, die Magdalena im Himmel zuteil werde. Dagegen inszeniert die *Elsässische Legenda aurea* Magdalena noch viel stärker in der Transzendenz verhaftet, denn hier benötigt die Heilige durch den partiellen Aufenthalt in der Transzendenz überhaupt keine Nahrung mehr: *Do von enphing sú so grosse sussekeit daz sú keinre liplichen spisen bedorfte* (Elsäss. LA 436, 18 f.). Der Aufenthalt im Himmel wirkt sich auf diese Weise noch stärker auf die Existenz auf Erden aus, die damit umso transzendierter erscheint und den künftigen, ewigen Aufenthalt in der Gemeinschaft der Heiligen nur vorbereitet.[35]

Dieser Zwischenstatus zwischen himmlischer und irdischer Existenz wird im *Passional* noch einmal auf besondere Weise deutlich, wenn ein anderer Eremit, der die mit Gesang und Lichterscheinungen verbundenen Aufstiege Magdalenas aus der Ferne bemerkt, sich dem Ort ihrer Wüstenklause zu nähern versucht, jedoch wie von einem Bannkreis gestoppt nicht weitergehen kann: Ihm ist der Zugang zu diesem von Heiligkeit erfüllten Ort verwehrt, *durch daz er ein men-*

---

[35] Bereits auf diese zukünftige Teilhabe an der *communio sanctorum* scheint die Formulierung des Passionaldichters in seiner Fassung der Legende abzuzielen: Hier hört Magdalena nicht den Engelsgesang, sondern *wi suze und wi lobesam / die heiligen singen vor gote* (Pass., Buch II, V. 41336 f.). Das Problem der Nahrung bleibt dort eher unklar, wenn der Text fortfährt: *nach unsers herren gebote / wart si mit spise alsus bedacht / und von den engeln wider bracht* (Pass., Buch II, V. 41338–41340). Das Motiv der himmlischen Speisung greift wie alle anderen Legendare auch das *Märterbuch* auf, allerdings ohne es nochmals explizit mit Magdalenas Aufenthalten im Himmel zu verbinden (vgl. MB 14429–14441).

sche was (Pass., Buch II, V. 41477).[36] Hier wird eine deutliche Differenz zwischen der Heiligen auf der einen und ‚gewöhnlichen' Menschen auf der anderen Seite aufgemacht, und doch ist Magdalena nur partiell Mitglied der *communio sanctorum*, nur stundenweise hat sie Anteil an ihr und ist zugleich immer noch ein Mensch; nicht zuletzt prophezeit die (über dem Erdboden schwebende und damit auch räumlich bereits zwischen Himmel und Erde dargestellte) Heilige dem Eremiten ihren nahenden Tod am kommenden Osterfest. Und selbst dann, mit der feierlichen und endgültigen Aufnahme Magdalenas in den Himmel, ist jener ambige Zwischenstatus, die Doppelexistenz der Heiligen im Himmel und auf Erden, zumindest narrativ noch nicht abgeschlossen. Denn es folgt, jedenfalls in den einschlägigen mittelalterlichen Legendaren, noch eine äußerst lange Kette von Mirakelerzählungen, die Magdalenas Fortwirken auf der Erde nach ihrem Tod aufzeigen.[37]

Die wenigsten Legenden stellen den partiellen Anteil ihrer noch auf der Erde weilenden Protagonisten an der Transzendenz so direkt und eindeutig dar, wie es im Falle Magdalenas geschieht. Heiligkeit erweist sich dennoch vor allem im direkten Kontakt mit der Transzendenz, die sich insbesondere bei denen, die nicht als Märtyrer sterben, in erster Linie an den zahllosen Wundertaten, die sie bereits zu Lebzeiten wirken, ausdrückt. Erneut kommt es ganz auf die jeweilige narrative Inszenierung an: Wenn einer Heiligen, wie es Konrad von Marburg bei Elisabeth von Thüringen beschreibt, in verschiedenen Visionen mehrfach die Muttergottes erscheint, so zeigt dies zunächst vor allem die Auserwähltheit und Begnadung, mit göttlichen Mächten direkt zu kommunizieren und in Kontakt treten zu können (inwieweit ein vergleichbar ambiger Status dagegen für die Mystik geltend gemacht werden könnte, wäre an anderer Stelle zu diskutieren). Auch macht die Hagiographie (sieht man vom eingangs angeführten Beispiel der Andreas-Le-

---

36 Vgl. die etwas abschwächende Formulierung der *Elsässischen Legenda aurea*: *Hie bi gedohte der priester, dis mŭste ein heimelich heiligdům sin do menschliche sůsse in nút hin mŏhten getragen* (436, 32–34). *Der Heiligen Leben* dagegen weiß weder von einer unsichtbaren Grenze, die dem Eremiten den Zugang zur Klause der Heiligen verwehrt, noch eine explizite Differenzierung in einen heiligen Ort, der Menschen nicht zugänglich ist. Auch im *Märterbuch* fehlt das Motiv, vielmehr ist es hier wie in *Der Heiligen Leben* ausdrücklich Gott selbst, der den Eremiten (im *Märterbuch* ein besonders frommer Klosterbruder) dorthin schickt, um ihm Magdalenas vorbildliches Leben und ihren Anteil an der himmlischen Transzendenz vorzuführen.

37 Die Mirakel fehlen allerdings ganz im *Märterbuch*, auch die *Elsässischen Legenda aurea* referiert nur in sehr knapper und geraffter Form das posthume Wirken der Heiligen. Am breitesten ausgeführt sind die Mirakelketten wiederum im *Passional*, das Maria Magdalena allerdings auch einen ganz besonderen Stellenwert zumisst, ist sie doch die einzige weibliche Heilige, die einen Platz im zweiten Buch, dem Buch der Boten einnehmen darf, das durch ihre Vita beschlossen wird, so dass sie, wie es auch in der Vorrede zu ihrer Legende implizit formuliert wird, durchaus in eine Reihe mit den dieses zweite Buch bestimmenden Aposteln gerechnet werden darf.

gende einmal ab) bei den meisten Wundererzählungen klar, dass es immer Gott ist, der durch seine Heiligen handelt, die gleichsam als Gefäße gelten, in die die göttliche *virtus* eingegossen wird.

Doch auch hier ist bisweilen zu überlegen, inwieweit die Differenz zwischen Immanenz und Transzendenz nicht bereits im Auflösen begriffen ist, wenn beispielsweise die *virtus* eines Heiligen auch unbelebte Objekte, z. B. persönliche Gegenstände, Gewänder (wie im Falle von Johannes, Ägidius oder Benedikt) erfasst oder gar gezielt übertragen wird, wie es beim hl. Martin der Fall ist, der ein Kind, das er nicht persönlich besuchen kann, dann eben mit einer von ihm verfassten Schriftrolle gesund macht. Manche Heilige wie Nikolaus sind mehrfach zu Bilokationen fähig, können also an mehreren Orten zugleich sein – eine Auflösung der für Menschen eigentlich statischen Raum-Zeit-Struktur, die eine derartige ‚Ergriffenheit' von der Transzendenz voraussetzt, dass sie die künftige Doppelexistenz des Heiligen im Himmel und auf Erden bereits zu deren Lebzeiten vorwegnimmt. Einen Sonderfall stellen die Stigmata des hl. Franziskus dar, die dieser bei der Meditation über die Leiden Christi erhält: Ihnen wohnt ein prekärer Zeichenstatus inne, denn einerseits verweisen sie (zeichenhaft) auf die Christusnachfolge des Franziskus, dessen geistige *imitatio* so weit geht, dass er sogar die Wundmale des Gekreuzigten annimmt, andererseits konkretisiert sich dieser zeichenhafte Verweis auf die *imitatio Christi* in tatsächlichen Wunden, wird also der Zeichencharakter der Stigmata aufgehoben zugunsten einer unmittelbaren Wirkung dieser Zeichen: Der innere Nachvollzug der Leiden Christi schafft so äußerlich sichtbare Zeichen, die einen ambigen Status des Heiligen zwischen christlicher Nachfolgebereitschaft und tatsächlicher Verschmelzung mit Christus herstellt.

Gerade weil ja die Ambiguität Christi in seiner Gottmenschlichkeit die ideale Vermittlung zwischen Gott und den Menschen eröffnet, bildet *imitatio* für die Heiligen nicht nur Nachfolge durch Nachahmung und größtmögliche Ähnlichkeit, sondern sogar Teilhabe: Teilhabe an der Transzendenz und damit einem vergleichbar ambigen Status, der den Heiligen eine ähnliche, wenngleich nicht ganz so vollkommene Vermittlerrolle zuspricht. Die größtmögliche Form der *imitatio* liegt im Tod durchs Martyrium; wo dieser fehlt, muss Heiligkeit auf andere Weise inszeniert werden, wenn sie nicht, wie bei Franziskus, zuvorderst auf einen zeichenhaften Status rekurriert. Für die meisten Bekennerheiligen ist darum eine vergleichbare Ambiguität weniger offensichtlich inszeniert, als dies bei den Legenden der Märtyrer der Fall ist, wie auch die einzelnen Versionen der Magdalenenlegende den ambigen Status der Heiligen zwischen Himmel und Erde unterschiedlich stark ausprägen.

Es ist allerdings keineswegs so, dass die Hagiographen mit derlei Ambiguität keine Probleme gehabt hätten: Die Georgslegende ist wie erwähnt bereits im Mittelalter mit großer Skepsis betrachtet worden, wobei insbesondere die mehrfache Auferstehung des Erzmärtyrers den mittelalterlichen Exegeten als apokryph galt, weswegen sie weder in der *Legenda aurea* noch infolgedessen im *Passional* und anderen darauf basierenden Legendaren thematisiert worden ist. Und auch die Stigmata des Franz von Assisi müssen innerhalb wie außerhalb der hagiographischen Diskurse immer wieder glaubhaft gemacht und theologisch legitimiert werden. Die hier aufscheinende Ambiguität ist einerseits eine Kategorie der Vermittlung, denn wer zugleich der himmlischen als auch der menschlichen Sphäre angehört, kann in der Nachfolge Christi die Differenz zwischen beiden überbrücken. Zugleich entsteht jedoch ein Spannungsverhältnis, da eben jene Differenz aufrechterhalten werden muss und der normale Mensch diese Kluft keineswegs überwinden kann. Heilige sind keine Gottesmenschen wie Christus, aber sie sind Ausnahmemenschen, die darum einen ähnlich ambigen Status zwischen menschlicher und himmlischer Existenz beanspruchen können, dessen man sich in der kultischen Verehrung vergewissert, der aber erst in der Erzählung tatsächlich entfaltet wird. Und gerade narrativ schlägt sich Ambiguität als Vermittlungskategorie noch auf ganz andere Art und Weise nieder, denkt man wie eingangs erwähnt an Ritterheilige wie Georg, Longinus oder Adrian: Hier werden der weltabgewandten Heiligkeit kulturelle Leitbilder und Wertvorstellungen der menschlichen Gesellschaft gewissermaßen eingemeindet – eine erneute Ambiguisierung, um den übermenschlichen Status der Heiligen zwischen himmlisch und irdisch wieder mehr den menschlichen Bedürfnissen anzunähern. Erklärungsbedürftig, soviel steht fest, ist die Ambiguität der Heiligen immer – und genau diesen Versuch unternimmt immer wieder die Erzählung.

Christiane Witthöft
Sinnbilder der Ambiguität in der Literatur des Mittelalters

Der Paradiesstein in der Alexandertradition und die Personifikation der Frau Welt

Das breite thematische Spektrum der Ambiguität wird derzeit in diversen methodischen Ausrichtungen und anhand der unterschiedlichsten literarischen Kontexte diskutiert, gleichsam aber lässt es sich mittels eines einprägsamen Sinnbildes auf einen Kern reduzieren.[1] So wird das Schwanken „zwischen zwei Möglichkeiten" in einer pointierten Miszelle von KLAUS WEIMAR durch das lebensweltliche Bild eines Seiltänzers veranschaulicht, der – ohne die rettende Mitte zu finden – auf einem Seil balanciert.[2] In dieser fortdauernden Suche nach Balance wird die „unentscheidbare[] Doppeldeutigkeit" (MITTELBACH) bzw. das grundlegende Prinzip einer „antagonistisch-gleichzeitigen Zweiwertigkeit" (BERNDT/KAMMER) illustriert, durch welche Ambiguität sich sinnvollerweise von Komplexität zu differenzieren versteht.[3] In diesem Sinn sollen im Folgenden literarische Vor- und Darstellungen unentscheidbarer Gegensätze vorgestellt werden. In der höfischen

---

[1] Vgl. dazu meine Ausführungen in der Einleitung, S. 3–6, und folgende Arbeiten in Auswahl: MARINA MÜNKLER: Narrative Ambiguität. Die Faustbücher des 16. bis 18. Jahrhunderts, Göttingen 2011; CHRISTIAN KIENING: Schwierige Modernität. Der *Ackermann* des Johannes von Tepl und die Ambiguität historischen Wandels, Tübingen 1998 (MTU 113); MATÍAS MARTÍNEZ: Doppelte Welten. Struktur und Sinn zweideutigen Erzählens, Göttingen 1996 (Palaestra 298); JENS PFEIFFER: Satz und Gegensatz. Narrative Strategie und Leserirritation im Prolog des ‚Tristan' Gottfrieds von Straßburg. In: Wolfram-Studien XVIII (2004), S. 151–169; BRUNO QUAST: *Diu bluotes mâl*. Ambiguisierung der Zeichen und literarische Programmatik in Wolframs von Eschenbach *Parzival*. In: Deutsche Vierteljahrsschrift für Literaturwissenschaft und Geistesgeschichte 77 (2003), S. 45–60; CHRISTOPH FASBENDER/CORDULA KROPIK: *Der turney von dem czers* zwischen Kohärenz und Ambiguität. In: Euphorion 95 (2001), S. 341–355.
[2] KLAUS WEIMAR: Modifikation der Eindeutigkeit. Eine Miszelle. In: Amphibolie – Ambiguität – Ambivalenz. Hrsg. von FRAUKE BERNDT/STEPHAN KAMMER, Würzburg 2009, S. 53–59, S. 55.
[3] Das erste Zitat stammt von JENS MITTELBACH: Die Kunst des Widerspruchs. Ambiguität als Darstellungsprinzip in Shakespeares *Henry V* und *Julius Caesar*, Trier 2003 (Jenaer Studien zur Anglistik und Amerikanistik 5), S. 4, das zweite von FRAUKE BERNDT/STEPHAN KAMMER: Amphibolie – Ambiguität – Ambivalenz. Die Struktur antagonistisch-gleichzeitiger Zweiwertigkeit. In: DIES. (Anm. 2), S. 7–30, S. 10. Vgl. auch ebd., S. 17 u. S. 24 f. MITTELBACH pointiert in Bezugnahme auf RIMMON eindringlich, dass in ambigen Texten im Unterschied zu komplexen nur eine „begrenzte Anzahl" an Deutungsmöglichkeiten, „die sich gegenseitig absolut ausschließen", wirken. Ebd., S. 3 u. S. 15–27. „Wahrhaft ambige Texte vergleicht Rimmon mit sogenannten mul-

Literatur fördert unter anderem der Wahrheitsdiskurs eine intensive Auseinandersetzung dieser Formen von intendierter Ambiguität. Ich nenne nur den *Tristan* Gottfrieds von Straßburg, dessen *jâ unde nein* nicht nur Bände spricht, sondern diese auch in den Bibliotheken füllt.[4] Darüber hinaus fördert insbesondere das Dilemma einer vermeintlichen Unvereinbarkeit von höfisch-ritterlichen und christlichen Tugenden, von Weltzugewandtheit und Weltverachtung, eine ‚kreative' Auseinandersetzung mit intendierten Zweideutigkeiten, die mitunter auch sinnbildlich inszenierten werden.[5] Diesem Thema entsprechend sind meine Ausführungen zweigeteilt und setzen sich mit zwei Sinnbildern auseinander. Der Begriff des Sinnbildes ist dabei in Anlehnung an die emblematische Kunst ganz gezielt gewählt, um das literarische Zusammenspiel von Sinn-Bild und Sinn-Gebung, genauer noch die konstitutive Verbindung von (sinn)bildlicher Inszenierung und wörtlicher Auslegung, greifen zu können.[6] Je nach den Konventio-

---

tistabilen Figuren" (ebd., S. 16). Zur Kritik an Bode, der Ambiguität im weiteren Sinne als ‚Mehrdeutigkeit' und ‚Offenheit' versteht, vgl. ebd., S. 13, S. 20–22 u. S. 27.

4 Vgl. die Literaturauswahl in Anm. 14 der Einleitung. Der Einfluss der theologisch-philosophischen Konzeptionen der ‚doppelten Wahrheit' oder des *sic et non* von Abaelard auf die Literatur ist zu vermuten. Vgl. Andreas Speer: Die entdeckte Natur. Untersuchungen zu Begründungsversuchen einer ‚scientia naturalis' im 12. Jahrhundert, Leiden u. a. 1995 (STGMA 45); Ders.: Doppelte Wahrheit? Zum epistemischen Status theologischer Argumente. In: *De usu rationis*. Vernunft und Offenbarung im Mittelalter. Hrsg. von Günther Mensching, Würzburg 2007, S. 73–90; Kurt Flasch: Aufklärung im Mittelalter? Die *Verurteilung* von 1277. Das Dokument des Bischofs von Paris. Eingeleitet, übers. u. erkl. von Dems., Mainz 1989 (Excerpta classica 6); Das Licht der Vernunft. Die Anfänge der Aufklärung im Mittelalter. Hrsg. von Kurt Flasch/Udo Reinhold Jeck, München 1997.

5 Ganz grundlegend hat Manfred Kern: Weltflucht. Poesie und Poetik der Vergänglichkeit in der weltlichen Dichtung des 12. bis 15. Jahrhunderts, Berlin 2009 (Quellen und Forschungen zur Literatur und Kulturgeschichte 54), S. 5, auf die nicht aufzulösenden Widersprüche der *vanitas* und ihrer „antithetischen Konzepte[]" hingewiesen. Vgl. auch Marianne Skowronek: Fortuna und Frau Welt. Zwei allegorische Doppelgängerinnen des Mittelalters, Berlin 1964, S. 1 ff.; sowie Gisela Thiel: Das Frau Welt-Motiv in der Literatur des Mittelalters, Saarbrücken 1956, S. 43 ff. Zur schwierigen Unterscheidung zwischen ‚geistlich' und ‚weltlich' vgl. etwa Peter K. Stein: Ein Weltherrscher als *vanitas*-Exempel in imperial-ideologisch orientierter Zeit? Fragen und Beobachtungen zum ‚Straßburger Alexander'. In: Stauferzeit. Geschichte, Literatur, Kunst. Hrsg. von Rüdiger Krohn/Bernd Thum/Peter Wapnewski, Karlsruhe 1979 (Karlsruher kulturwissenschaftliche Arbeiten 1), S. 144–180, S. 159.

6 Zur „hybride[n] Kunstform" der Emblematik s. Ingrid Höpel: Emblem und Sinnbild. Vom Kunstbuch zum Erbauungsbuch, Frankfurt a. M. 1987, S. 11. Zur Kritik an „der Übertragung des Terminus ‚Emblem' auf eine Literatur, die ohne Bildbeigaben auskommt", s. ebd., S. 33. Etwas vorsichtiger ließe sich vielleicht von der ‚Denkform Sinnbild' sprechen, da natürlich die Dreiteilung der frühneuzeitlichen Emblematik nicht in den mittelalterlichen Texten realisiert wird. Vgl. Dietrich Walter Jöns: Das ‚Sinnen-Bild'. Studien zur allegorischen Bildlichkeit bei Andreas Gryphius, Stuttgart 1966 (Germanistische Abhandlungen 13). Für die germanistische Mediävistik

nen des Erzählens wird die sprichwörtliche Gleichzeitigkeit des Ungleichzeitigen unterschiedlich umgesetzt. Zum einen beziehe ich mich auf den Wiegevorgang des ambigen Paradiessteines im *Straßburger Alexander* und zum anderen auf die personifizierte Doppelfigur der Frau Welt, die ebenfalls seit dem zwölften Jahrhundert Eingang in die höfische Literatur findet. Diese Auswahl lässt sich kurz und prägnant begründen: Beide sinnbildlichen Dar- und Vorstellungen sind eine Art Quintessenz aus den widerstreitenden Aspekten der Weltverhaftetheit und Weltentsagung (*vanitas-* oder *contemptus mundi-*Thematik).[7] In den je unterschiedlichen Erzählkontexten werden die Protagonisten mit einer sinnbildlich inszenierten Ambiguität konfrontiert, die ihnen das ‚Sowohl als auch' ihrer Lebensführung und Normwelten vor Augen führt.[8] Beide Sinnbilder dienen somit textintern zur hermeneutischen Aufdeckung der einen Wahrheit, für die es des Anblicks einer doppelten Wahrheit bedarf. Erst in Darstellungen des späten Mittelalters geht dieser dezidiert ambige Charakter ‚verloren'. Die diachrone Betrachtung vermag daher den teleologischen Entwicklungsgedanken von einer ‚vereinseitigenden' Vormoderne zur ‚reflektierten, ambigen' Moderne zu hinterfragen.[9]

1 Der ambige Paradiesstein und die Waage in der Alexanderdichtung

Von Alexander dem Großen wird in antiken und mittelalterlichen Erzählungen ein sehr widersprüchliches Bild entworfen.[10] Sein Eroberungsdrang und weltli-

---

vgl. insbesondere PAUL BÖCKMANN: Formgeschichte der deutschen Dichtung in zwei Bänden, Bd. 1: Von der Sinnbildsprache zur Ausdruckssprache, Hamburg 1967, S. 71–166.
7 Vgl. etwa SIEGLINDE HARTMANN: Frau Welt. In: Sachwörterbuch der Mediävistik. Hrsg. von PETER DINZELBACHER, Stuttgart 1992 (Kröners Taschenausgabe 477), S. 260 f., S. 261; sowie JOSEF QUINT: Die Bedeutung des Paradiessteins im ‚Alexanderlied'. In: Formenwandel. Festschrift zum 65. Geburtstag von Paul Böckmann. Hrsg. von WALTER MÜLLER-SEIDEL/WOLFGANG PREISENDANZ, Hamburg 1964, S. 6–26, S. 6 f., zur sinnbildlichen Bedeutung des Paradiessteines und des Wiegeprozesses als „Leitidee" des Alexanderromans s. S. 25.
8 Zu einer einschlägigen Definition von Ambiguität, die auf konkurrierende Bedeutungszuweisungen eingeht, vgl. THOMAS BAUER: Die Kultur der Ambiguität. Eine andere Geschichte des Islams, Berlin 2011, S. 27.
9 Zu BODE und ECO vgl. die Ausführungen in der Einleitung. Zu kritischen Stimmen vgl. MICHAEL SCHEFFEL: Formen und Funktionen von Ambiguität in der literarischen Erzählung. Ein Beitrag aus narratologischer Sicht. In: Amphibolie – Ambiguität – Ambivalenz. Hrsg. von FRAUKE BERNDT/STEPHAN KAMMER, Würzburg 2009, S. 89–103, S. 97; sowie MÜNKLER (Anm. 1), S. 41.
10 Vgl. JAN CÖLLN: Arbeit an Alexander. Lambrecht, seine Fortsetzungen und die handschriftliche Überlieferung. In: Alexanderdichtungen im Mittelalter. Kulturelle Selbstbestimmung im

ches Erkenntnisstreben wurden insbesondere durch die Tauchglockenfahrt und den Greifenflug versinnbildlicht und im kulturellen Gedächtnis bewahrt.[11] Im frühmittelhochdeutschen *Straßburger Alexander* aber steht in diesem Kontext ein weiteres Sinnbild, welches sich im wahrsten Sinne des Wortes ‚abwägend' mit Alexanders weltlichem Wissens- und Eroberungsdrang auseinandersetzt und den entscheidenden Wendepunkt in seinem Leben „szenisch verdichtet[]":[12] Nach der Paradiesfahrt wird Alexander mit einer denkwürdigen Performanz konfrontiert, mit einer schwankenden Waage und einem ambigen Stein.

Kurz zum Geschehen: An der Paradiesmauer wird Alexander anstelle des erhofften Tributes ein kleiner Stein überreicht, der eine axiologische Wandlung – *daz er wandele sîne site* (V. 6494) – verspricht. Sobald Alexander die Bedeutung des Steines erfühle, werde er seinen bisherigen, hochmütig-weltlichen Lebensstil, seinen Eroberungswillen und sein egozentrisches ‚Selbst-Sehen-Wollen' zügeln: *Swanne ime wirt bescheinet, / waz der steine meinet, / sô mûz er sih gemâzen*

Kontext literarischer Beziehungen. Hrsg. von DEMS./SUSANNE FRIEDE/HARTMUT WULFRAM, Göttingen 2000 (Veröffentlichungen aus dem Göttinger SFB 529 ‚Internationalität nationaler Literaturen' 1), S. 162–207, S. 177. Vgl. auch pointiert UDO FRIEDRICH: Überwindung der Natur. Zum Verhältnis von Natur und Kultur im *Straßburger Alexander*. In: Fremdes wahrnehmen – fremdes Wahrnehmen. Studien zur Geschichte der Wahrnehmung und zur Begegnung von Kulturen in Mittelalter und früher Neuzeit. Hrsg. von WOLFGANG HARMS/C. STEPHEN JAEGER, Stuttgart, Leipzig 1997, S. 119–136, S. 119 f.; sowie RÜDIGER SCHNELL: Der ‚Heide' Alexander im ‚christlichen Mittelalter'. In: Kontinuität und Transformation der Antike im Mittelalter. Veröffentlichungen der Kongreßakten zum Freiburger Symposion des Mediävistenverbandes. Hrsg. von WILLI ERZGRÄBER, Sigmaringen 1989, S. 45–63, S. 47–63. Zum „Zwittercharakter" des Textes s. bereits STEIN (Anm. 5), S. 156 u. S. 149–169; sowie HERWIG BUNTZ: Die deutsche Alexanderdichtung des Mittelalters, Stuttgart 1973, S. 43 f.; TRUDE EHLERT: Deutschsprachige Alexanderdichtung des Mittelalters. Zum Verhältnis von Literatur und Geschichte, Frankfurt a. M. 1989 (Europäische Hochschulschriften 1174), S. 78 f.; ELISABETH LIENERT: Deutsche Antikenromane des Mittelalters, Berlin 2001 (Grundlagen der Germanistik 39), S. 45 f.

11 Zu dieser Thematik vgl. HANS HOLLÄNDER: Alexander: *Hybris* und *Curiositas*. In: Kontinuität und Transformation der Antike im Mittelalter. Hrsg. von WILLI ERZGRÄBER, Sigmaringen 1989, S. 65–79; HARTMUT KUGLER: Alexanders Greifenflug. Eine Episode des Alexanderromans im deutschen Mittelalter. In: Internationales Archiv für Sozialgeschichte der deutschen Literatur 12 (1927), S. 1–25; sowie SCHNELL (Anm. 10), S. 56. Zur ikonografischen Alexandertradition, auch hinsichtlich ambiger Bedeutungszuweisungen, vgl. WOLFGANG STAMMLER: Alexander d. Gr. In: Reallexikon zur deutschen Kunstgeschichte. Hrsg. von OTTO SCHMITT, Bd. 1, Stuttgart 1937, Sp. 332–344.

12 Nach ALBRECHT KOSCHORKE: Wahrheit und Erfindung. Grundzüge einer Allgemeinen Erzähltheorie, Frankfurt a. M. 2012, S. 71 f., lässt ein Wechsel im ‚dramatischen Erzählstil' in diversen literarischen Kontexten Bilder entstehen, „die szenisch verdichtete Wendepunkte vergegenwärtigen". Zum Fehlen der Episoden vgl. LIENERT (Anm. 10), S. 46.

(V. 6495–6497).¹³ Zunächst scheitern zwölf vermeintlich Wissende demonstrativ an der Auslegung des Steines, indem sie allein die mögliche Beschaffenheit der Materie benennen und beliebiges (?) Wissen der Edelsteinkataloge bekannt geben.¹⁴ Erst ein jüdischer Gelehrter begreift die Bedeutung des Steines im wahrsten Sinne des Wortes: *Der jude nam in in di hant. / Schiere heter erkant / sîn natûre unde sînen art* (V. 6651–6653).¹⁵

Der Stein ist durch eine wundersame Doppeleigenschaft, durch einen ambigen Charakter, gekennzeichnet, da er in seiner natürlichen Eigenschaft, in *des steines geslehte* (V. 6756), sowohl leicht als auch schwer ist. In fast allen Versionen der Paradiessteinepisode verliert der Stein sein Gewicht, sobald er mit etwas Erde bedeckt wird – ganz nach dem Motto: ‚Wenn der Tod eintritt, ist alles Sichtbare, alles weltliche Streben, ohne Bedeutung und Gewicht'.¹⁶ Diese klare Konnotation verdichtet sich in der Exempelliteratur und Lyrik des späteren Mittelalters, sobald die Topik zunehmend von theologischen Diskursen dominiert wird.¹⁷ Für den *Straßburger Alexander* aber greift diese moralische Quintessenz einer einseitigen und eindeutig wertenden *vanitas-* und *memento mori-*Thematik zu kurz; das Gleichnis ist mehrdeutig. Dies zeigt sich etwa darin, dass abweichend eine Feder und nicht der Stein mit etwas Erde bedeckt wird, der umso auffälliger in seiner inhärenten Doppeleigenschaft inszeniert wird. Dies wurde als ein Fehler des Dichters interpretiert, der „den Gleichniswert dieses Bildes nicht ganz begriffen", das Bild „zerstört",¹⁸ den Wiegevorgang „objektiv mißverstanden[]" habe und derart

---

13 Zitiert nach Pfaffe Lambrecht: Alexanderroman. Mhd./Nhd. Hrsg., übers. und komment. von Elisabeth Lienert, Stuttgart 2007 (RUB 18508). Vgl. Anna Mühlherr: Zwischen Augenfälligkeit und hermeneutischem Appell. Zu Dingen im ‚Straßburger Alexander'. In: Dichtung und Didaxe. Lehrhaftes Sprechen in der deutschen Literatur im Mittelalter. Hrsg. von Henrike Lähnemann/Sandra Linden, Berlin, New York 2009, S. 11–26, S. 22.
14 Vgl. Marion Oswald: Gabe und Gewalt. Studien zur Logik und Poetik der Gabe in der frühhöfischen Erzählliteratur, Göttingen 2004 (Historische Semantik 7), S. 124 f.
15 In anderen Erzählungen ist Aristoteles der ‚Ausleger'. Vgl. Wilhelm Hertz: Aristoteles in den Alexanderdichtungen des Mittelalters, München 1891 (Abhandlungen der Philosophisch-Philologischen Classe der Akademie der Wissenschaften, Erste Abteilung 19), S. 51–59.
16 Vgl. Holländer (Anm. 11), S. 72; sowie Friedrich Pfister: Der Alexanderroman mit einer Auswahl aus den verwandten Texten, Meisenheim am Glan 1978 (Beiträge zur klassischen Philologie 92), S. 148 ff.
17 Zu Hinweisen auf Ulrich Boners *Edelstein* oder die Lyrik von Heinrich Frauenlob vgl. Quint (Anm. 7), S. 13 f.; sowie Schnell (Anm. 10), S. 54. Zur allgemeinen Tendenz, die Ambivalenzen der höfischen Kultur im Spätmittelalter im „rigoristisch-religiösen Sinne" aufzulösen, vgl. u. a. Jan-Dirk Müller: Walther von der Vogelweide: *Ir reinen wîp, ir werden man.* In: Zeitschrift für deutsches Altertum 124 (1995), S. 1–25, S. 19.
18 Werner Schröder: Zum Vanitas-Gedanken im deutschen Alexanderlied. In: Zeitschrift für deutsches Altertum 91 (1961), S. 38–55, S. 53 f. Ähnlich argumentiert Helmut Rücker: *Mâze* und ihre Wortfamilie in der deutschen Literatur bis um 1220, Göppingen 1975 (Göppinger Arbeiten

eine „verballhornende Bearbeitung" liefere.[19] In der eigenwilligen Inszenierung aber zeigt sich vielmehr, dass das Sinnbild nicht nur auf die *vanitas*-Thematik zielt, sondern viel grundlegender ein Verstehensprozess in der Form eines ‚Schau-Spiels' vorgeführt wird, der sich mit der Frage auseinandersetzt, wie das Gesehene zu verstehen ist.[20] Das Bild der Waage gibt eine interpretative Aufgabe vor und eröffnet einen Prozess der Bedeutungszuweisungen unter den Protagonisten.

Im *Straßburger Alexander* bedarf es dafür einer sehr speziellen Waage: *Dô hîz er ime bereiten / eine wâge mit sinne* (V. 6666 f.). Der paradoxe Paradiesstein muss vor den Augen Alexanders gewogen werden, um seine Bedeutung zu offenbaren. Die Wirkung des Steines liegt also nicht in der reinen Beschaffenheit der Materie, sondern in der Einsicht des Erkennenden und dessen Wahrnehmungsfähigkeit. Alexander muss selbst sehen, um zu begreifen. Alles ist daher auf den Erkenntnisvorgang Alexanders ausgerichtet, der schauen, sehen und schließlich wahrhaft auslegen soll: ‚*Ouh muget irz wol scowen, / wande alsirz selbe habet gesehen, / sô mûzit ir mir jehen / der rehten wârheite*' (V. 6662–6665). Der Aspekt des Sehens wird eindrücklich inszeniert, da der Stein wie ein Auge geformt ist – *Er was zemâzen cleine / alse eines menschen ouge* (V. 6688 f.) –, was als Anspielung auf die Augenlust Alexanders und als Zeichen seiner *superbia* verstanden werden kann.[21] So ließe sich in metonymischer Lesart formulieren, dass das sinnliche Erkennen Alexanders ausgelotet wird, indem das Auge, das Medium der Wahrnehmung selbst, in der Waagschale liegt. Ganz grundlegend veranschaulicht das Gleichnis zudem, wie aus dem visuell Wahrgenommenen Erkenntnis gewonnen wird. Für diesen Interpretationsansatz gibt es einen frühen Kronzeugen in der jüdischen Alexandertradition, denn auch im *Iter ad paradisum* werden die Waage und das Vermessen als Performanz für die Wissensvermittlung verstanden: Der jüdische Gelehrte, der die Bedeutung des Augensteines darlegen und Alexanders Unwissenheit beenden soll, begründet die Wahl des performativen Wiegevorganges ganz explizit damit, dass der Sehsinn leichter zu überzeugen vermag als

---

zur Germanistik 172), S. 265 ff., obgleich er das Verkennen der „Bildlichkeit der Wiegeprozedur" als ein „produktives Mißverständnis" auffasst (S. 265), indem er die Raumsymbolik für die Auslegung des Sinnbildes einbezieht: „Das Wiegen des Steines vermittelt Alexander Einsicht in die Heilswahrheiten". Ebd., S. 268.

19 QUINT (Anm. 7), S. 13. Vgl. auch HERTZ (Anm. 15), S. 73 f.
20 Vgl. zu diesem Aspekt der „Vermittlung von Einsicht" MÜHLHERR (Anm. 13), S. 22. Zu einer „neue[n] Qualität" dieser Vorgänge als „Sinnbilder für Grundwahrheiten des menschlichen Lebens" vgl. ebd., S. 24; sowie OSWALD (Anm. 14), S. 126.
21 Vgl. HOLLÄNDER (Anm. 11), S. 78. Zu den zahlreichen Auslegungsmöglichkeiten vgl. RÜCKER (Anm. 18), S. 267 f.; QUINT (Anm. 7), S. 128; MARKUS STOCK: Kombinationssinn. Narrative Strukturexperimente im *Straßburger Alexander*, im *Herzog Ernst B* und im *König Rother*, Tübingen 2002 (MTU 123), S. 136–138; MÜHLHERR (Anm. 13), S. 23 f.; OSWALD (Anm. 14), S. 122.

das Gehör.²² Alexander ist über das „unbegreifliche Schauspiel" erstaunt und bestätigt, dass „dies[es] sinnenfällige Experiment die Augen genügend davon überzeugt hat, was zu glauben keine Erzählung den Ohren einreden könnte."²³ Die Bedingungen des Verstehens werden durch das Zusammenspiel von optischem Sinn-Bild und verbaler Sinn-Gebung bestimmt. Pointiert wird, dass das Gesehene zwar besser zu überzeugen vermag als jede Erzählung, es aber dennoch einer abschließenden Erklärung und einer verbalen Bedeutungszuweisung bedarf. Die sichtbare Tatsache, dass die gewogene Materie keinen Naturgesetzen gehorcht und im empirischen Sinne maßlos ist, erfordert eine diskursive Erläuterung. Das *wunder* des ambigen Steines wird somit „zum Schlüssel, wenn nicht zum Paradies, so doch zur Selbsterkenntnis".²⁴

Die bewegten bzw. „bewegende[n] Bilder" dienen dabei im weitesten Sinne der rhetorischen Technik des Beweisens, die den Betrachter zur Einsicht, zur inneren Erkenntnis bewegen sollen.²⁵ Im Vorgang des Wiegens vermag das „Schwanken und Schwingen" gerade auch eine „wägende[] und erwägende[] Geistesbeschäftigung" zu versinnbildlichen.²⁶ In diesem Sinne vergleicht ANDRÉ

---

22 Ad hec Judeus ‚quamvis' ait, dictis veridicis plerumque fides adhibeatur, tamen in diffinitione nove actionis facilius persuadere potest visus quam auditus. Alexandri Magni Iter ad Paradisum. Hrsg. von JULIUS ZACHER, Regimonti 1859, S. 27.
23 PFISTER (Anm. 16), S. 148–155, S. 152. ‚Unde, quoniam evidens experientia sufficienter persuasit oculis, quod nullo modo auribus suggerere sufficit ad fidem assertio cujuspiam narrationis, edissere jam voce mysterium hujus novitatis!' Iter ad Paradisum (Anm. 22), S. 28.
24 HOLLÄNDER (Anm. 11), S. 77. Vgl. zum „Stein der Erkenntnis" im *Iter ad Paradisum* auch MONIKA UNZEITIG: Alexander auf dem Weg zum Paradies. In: *kunst* und *saelde*. Festschrift für Trude Ehlert. Hrsg. von KATHARINA BOLL/KATRIN WENIG, Würzburg 2011, S. 149–159, S. 151; sowie JOSEF QUINT: Ein Beitrag zur Textinterpretation von Gottfrieds *Tristan* und Wolframs *Parzival*. In: Festschrift Helmut de Boor zum 75. Geburtstag am 24. März 1966. Hrsg. von den Direktoren des Germanischen Seminars der Freien Universität Berlin, Tübingen 1966, S. 71–91, S. 85.
25 PETER MATUSSEK: Der Performative Turn: Wissen als Schauspiel. In: Digitale Transformationen. Medienkunst als Schnittstelle von Kunst, Wissenschaft, Wirtschaft und Gesellschaft. Hrsg. von MONIKA FLEISCHMANN/ULRIKE REINHARD, Heidelberg 2004, S. 91–95, S. 92, unter Hinweis auf Ciceros *De oratore*. Vgl. auch URSULA KOCHER: ‚Der Dämon der hermetischen Semiose' – Emblematik und Semiotik. In: Bildersprache verstehen. Zur Hermeneutik der Metapher und anderer bildlicher Sprachformen. Hrsg. von RUBEN ZIMMERMANN, München 2000 (Übergänge 38), S. 151–167, S. 155.
26 „Das Gerät mit den zwei Schalen heißt auf lateinisch *bilanx*, woraus die romanischen Bezeichnungen für Waage, *balance, bilancia*, hervorgehen. Wir haben daher das Verbum balancieren übernommen, auch mit der Bedeutung: versuchen das Gleichgewicht zu finden. In dem Kasus liegen die Reize und die Schwierigkeiten des Balancierens vor uns – wollen wir deutsche Wörter, so können wir sagen, daß sich in dieser Form das Schwanken und Schwingen der wägenden und erwägenden Geistesbeschäftigung verwirklicht." ANDRÉ JOLLES: Einfache Formen. Legende, Sage, Mythe, Rätsel, Spruch, Kasus, Memorabile, Märchen, Witz, Tübingen 1974 (Konzep-

JOLLES die Erzählform des Kasus mit dem Bild der Waage, da Normen an Normen gemessen werden und dem Rezipienten im Vorgang des Wiegens „die Pflicht der Entscheidung" aufgeladen wird.[27] Im *Straßburger Alexander* verändert sich das Gewicht des Steines je nach seinem Gegengewicht und verweist darauf, dass wir uns im Vorgang des sehenden Erkennens immer in Relation zu dem Gesehenen setzen müssen. Alles Messen und Wiegen setzt zwar vermeintlich autark Relationen fest, letzten Endes aber bedarf es einer Autorität, einer Auslegung, einer Exegese, um den Sinn des Gesehenen zu erkennen.[28] Im Moment der Entscheidung wiederum, wenn das Resultat feststeht, wenn ein Stillstand eintritt, wird der Kasus aufgelöst, wie auch die Ambiguität. Angesichts des ambigen Steines wird der schwebende Zustand changierender Normen beendet, der das heterogene Werk beherrscht.

Der Leser wird im Verlauf des Erzählgeschehens mit unterschiedlichen Weltsichten, mit weltlich-höfischen, ‚heidnischen' und geistlichen/christlichen Normen konfrontiert, ohne dass diese harmonisiert oder auch hierarchisiert werden.[29] Am Ende aber findet sich ein Drang zur Eindeutigkeit und zur Normhierarchisierung, sodass die strukturelle Ambiguität im *Straßburger Alexander* in der abschließenden, eindeutigen Erkenntnisleistung des Helden mündet: Der weltliche Dienst Alexanders wandelt sich.[30] Bezeichnenderweise steht die Episode unter dem fragenden Motto des Paradieswächters, welcher auf den hochmütigen

---

te der Sprach- und Literaturwissenschaft 15), S. 191. Vgl. auch CARLO GINZBURG: Ein Plädoyer für den Kasus. In: Fallstudien. Theorie – Geschichte – Methode. Hrsg. von JOHANNES SÜSSMANN/SUSANNE SCHOLZ/GISELA ENGEL, Berlin 2007, S. 29–48, S. 29 f.

27 JOLLES (Anm. 26), S. 191. Vgl. auch ebd., S. 179: „Das, was in diesem Ganzen der widersprechenden Teile vor uns liegt, zeigt den eigentlichen Sinn des Kasus: in der Geistesbeschäftigung, die sich die Welt als ein nach Normen Beurteilbares und Wertbares vorstellt, werden nicht nur Handlungen an Normen gemessen, sondern darüber hinaus wird Norm gegen Norm steigend gewertet."

28 Zur Exegese des „deutungsbedürftige[n] Objektes" s. auch STOCK (Anm. 21), S. 136.

29 Dies ließe sich etwa anhand des Disputes zwischen Alexander und den Occidraten nachzeichnen, der ohne eine abschließende Hierarchisierung der Normen endet. Vgl. HARTMUT KUGLER: Das Streitgespräch zwischen ‚Zivilisierten' und ‚Wilden'. Argumentationsweisen vor und nach der Entdeckung der Neuen Welt. In: Akten des VII. Kongresses der Internationalen Vereinigung für Germanische Sprach- und Literaturwissenschaft. Hrsg. von ALBRECHT SCHÖNE, Bd. 2, Tübingen 1986, S. 63–72, S. 65–70; STOCK (Anm. 21), S. 111 f.; sowie grundlegend KARL STACKMANN: Die Gymnosophisten-Episode in deutschen Alexander-Erzählungen des Mittelalters. In: Beiträge zur Geschichte der deutschen Sprache und Literatur 105 (1983), S. 331–355, S. 337–340 u. S. 349–352; sowie FRIEDRICH (Anm. 10), S. 119–136.

30 Das Erzählgeschehen mündet letztlich in eine „christliche[] Nutzanwendung" und wird in das „Legendenschema der Sünderheiligen-Legende" eingebettet. RÜCKER (Anm. 18), S. 262 u. S. 264 mit Anm. 238. Vgl. zum Aspekt der christlichen Ethik in dieser Episode CÖLLN (Anm. 10), S. 202. Vgl. zu diesem Punkt ausführlich STEIN (Anm. 5), S. 157–162; sowie STOCK (Anm. 21), S. 139.

Sehens- und Eroberungsdrang Alexanders mit den Worten reagiert: *Wes wênet Alexander?* (V. 6481).³¹ Es ist diese Frage, die den beginnenden und detailliert vorgeführten Prozess des Selbsterkennens eröffnet und zugleich als ein Rückblick auf Alexanders Wissensstreben in der Welt zu verstehen ist. Bis zu diesem Zeitpunkt im Text setzt Alexander seine eigene Wahrnehmung als Wahrheitsbeweis absolut. Deutlich wird dies in dem langen Brief, der über die sinnlichen Erlebnisse Alexanders aus der Ich-Perspektive berichtet: *Diz wunder ih alliz sah / selbe mit mînen ougen. / Des mugent ir gelouben* (V. 4878–4880) oder *Vor wâr ih û daz sagen mach, / wandihz selbe ane sach* (V. 4506 f.).³² Das Gleichnis steht also am Ende eines langen Syntagmas über die Wahrnehmung der Welt durch die Sinne Alexanders. Ganz explizit setzt er im Dialog mit den Occidraten seinen eigenen Willen absolut und verteidigt im weiteren Textgeschehen seine Deutungshoheit über die sichtbare Welt und ihre ‚Medien'.³³ Mit dem Wiegevorgang aber endet diese Fähigkeit. Die sinnbildliche Inszenierung zeigt Alexander als Verlierer im Machtkampf um die Auslegungskompetenz in der Welt, da er die Gaben aus dem Paradies nicht selbstständig deuten kann. Alexander wird zum Fragenden und muss erkennen, dass er der Exegese „durch Dritte" bedarf, wie es MARION OSWALD formulierte.³⁴ Das *wunder* der Welt wird nun selbst mit einem *wunder* konfrontiert: Mit einem ambigen Stein, dessen Bedeutung er nicht versteht. Das sinnbildlich inszenierte Schwanken zwischen der Weltverfallenheit und der abschließenden Erkenntnis der *vanitas* wird somit zum Wendepunkt der Handlung.³⁵ Interessanterweise steht die Konfrontation Alexanders mit der Waage in der spätmittelalterlichen Alexandertradition in ganz anderen Erzählzusammenhängen, die sich kurz anhand ausgewählter Beispiele pointieren lassen.

---

31 Vgl. auch SCHRÖDER (Anm. 18), S. 38–55; sowie STOCK (Anm. 21), S. 134.
32 Vgl. zu weiteren Stellenhinweisen BARBARA HAUPT: Welterkundung in der Schrift. Brandans Reise und der Straßburger Alexander. In: Zeitschrift für Deutsche Philologie 114 (1995), S. 321–348, S. 338 f.
33 *wen lazent ir mih wesen / meister von mînen sinnen? / Ih mûz beginnen / ettewaz, daz mir wol tût. / Hêten si alle uheren mût, / di in der werilde wollent wesen, / waz solde in danne daz leben?'* (V. 4433–4439). Vgl. zum „Krieg der Rhetoriker und Semiotiker" auf dem Feld der symbolischen Gaben in Hartliebs Alexanderroman HANS-JÜRGEN BACHORSKI: Briefe, Träume, Zeichen. Erzählperspektivierung in Johann Hartliebs ‚Alexander'. In: Erzählungen in Erzählungen. Phänomene der Narration in Mittelalter und Früher Neuzeit. Hrsg. von HARALD HAFERLAND/MICHAEL MECKLENBURG, Trier 1998 (Forschungen zur Geschichte der Älteren Deutschen Literatur 19), S. 371–391, S. 381 u. S. 382 f. Vgl. auch BÖCKMANN (Anm. 6), S. 79 f.; OSWALD (Anm. 14), S. 69–89; sowie MÜHLHERR (Anm. 13), S. 19 f.
34 OSWALD (Anm. 14), S. 125; anders STOCK (Anm. 21), S. 127 u. S. 139.
35 „Disambiguierung wäre dann [im Bezug auf das Sinnbild des Seiltänzers] entweder der Absturz nach links oder rechts [...] oder aber die glückliche Rückkehr zum aufrechten Gang". WEIMAR (Anm. 2), S. 55.

In der um 1270 entstandenen *Weltchronik* von Jans Enikel (Jans von Wien) zählt das Geschehen um das Vermessen des Steines neben der Tauchglockenfahrt und dem Greifenflug zu den drei zentralen Episoden, anhand derer das Leben Alexanders dargestellt wird. Im Gegensatz zum *Straßburger Alexander* verweist der Paradieswächter gleich bei der Übergabe des Steines in Form eines Auges (*reht als des menschen ougen / was sîn varb und sîn gestalt*, V. 19094 f.) auf dessen Bedeutung. Diese wird dem Rezipienten also nicht erst langsam diskursiv und performativ vorgeführt, sondern schlicht vorgegeben: Alexander soll einsehen, dass sein Wille gegenüber dem göttlichen nichtig und wertlos sei. Novellistisch grotesk wird daraufhin der Versuch Alexanders geschildert, diese Auslegung zu widerlegen bzw. dagegen anzukämpfen. Er tritt in einen agonalen Wettkampf mit dem Stein und verlangt nach einer Waage, bei der es sich bezeichnenderweise um keine *waage mit sinne*, sondern um *ein vil gelîche* [vergleichende / gleichnishafte?] *wâge* (V. 19126) handelt. Mit materiellen Objekten als Gegengewichten versucht Alexander seine Macht zu beweisen, und so wird Einiges in die Waagschale geworfen: zuerst Gold, dann Silber, dann Holz, Eisen und schließlich Blei. Wie ein Don Quijote kämpft Alexander nicht gegen Windmühlen, sondern gegen die Waage, um das Wunder des schweren Steines nicht akzeptieren zu müssen. Immer wieder heißt es, dass Alexander selbst *widerwegen* will (V. 19138; 19145; 19151; 19162; 19171; 19177). So steht bei Enikel das Spannungsvolle, Szenisch-Performative im Mittelpunkt, während die Auslegung zurücktritt. Im narrativen Modus der Novellistik wird der Stein zum Gegenspieler Alexanders, der sich vom Symbol zum Agens der Handlung entwickelt.[36] Beiden werden in je spiegelbildlicher Relation Emotionen und Attribute zugeordnet: Je schwerer der Stein wird und *daz heil* gewinnt (V. 19134), desto größer wird des Königs *unheil* (V. 19156). Je öfter der Stein als *kluoc* bezeichnet wird, desto zorniger wird Alexander, um schließlich als der *tumbe* vorgeführt zu werden, der die Bedeutung des Steines nicht verstehen will.[37] Die anwesenden Zuschauer preisen den unbesiegbaren Stein und bestaunen das wundersame Schauspiel. Der Verlierer dieses agona-

---

36 Zitiert nach JANSEN ENIKELS Werke: Weltchronik. Hrsg. von PHILIPP STRAUCH, Nachdr. der Ausg. Hannover 1891, München 1980 (MGH Dt. Chron. III,1). Zu den Stofftraditionen und Erzählverfahren vgl. u. a. FRITZ PETER KNAPP: Die Literatur des Spätmittelalters in den Ländern Österreich, Steiermark, Kärnten, Salzburg und Tirol von 1273 bis 1439, Graz 1999 (Geschichte der Literatur in Österreich von den Anfängen bis zur Gegenwart. Hrsg. von HERBERT ZEMAN II/1), S. 234–253, S. 257; KARL-ERNST GEITH: Jans Enikel. In: Die deutsche Literatur des Mittelalters. Verfasserlexikon, 2. Aufl., Bd. 2 (1980) Sp. 565–569, Sp. 567; CHRISTIANE WITTHÖFT: Jans Enikel. In: Deutsches Literatur-Lexikon. Das Mittelalter. Bd. 3: Reiseberichte und Geschichtsdichtung. Hrsg. von WOLFGANG ACHNITZ, Berlin, Boston 2012, Sp. 272–277, Sp. 273.
37 Der Aspekt des Nichtverstehens spiegelt sich auch in der Lichtmetaphorik der Szene: Zu Beginn und im Verlauf des Wiegevorgangs wird es zunehmend dunkel.

len, sinnbildlichen Wettkampfes ist Alexander, der nach dem Experiment mit der Feder einsieht, dass der Paradieswächter die Wahrheit über die ambige Natur des Steines offenbarte: ‚*ich sich nû wol an disem stein, / daz er umb mînen gewalt klein / gît und umb mîn gebot, / der vil gewaltig got; / als mir der bot hêt geseit: / daz hân ich für ein wârheit*' (V. 19219–19224).[38] Letztlich wird aus Alexander ‚dem Großen' Alexander, dem ‚der Stein zu schwer war': *ich mein hern Alexander, / dem der stein was ze swær* (V. 19229 f.). Im Vergleich zum *Straßburger Alexander* ist die Komplexität des Sinnbildes deutlich reduziert – wie auch in weiteren Transformationen des Motivs.

In Seifrits *Alexander* (1352) dient das Gleichnis vornehmlich der *memento mori*-Thematik:[39] Der Stein wird vom Erzengel Michael aus der Paradiesmauer gebrochen und bezeugt als *warczeichen* (V. 6290) Alexanders Reise ans Paradies. Der Engel ordnet das Abwiegen des Steines auf einer (Seelen)Waage an, um die Macht Gottes sichtbar werden zu lassen.[40] Der ambige Stein wird vermessen und das *wunder* seiner gleichzeitigen Schwere und Leichtigkeit erläutert: *Allexander, merckh mich, / der stain bedeuttet dich* (V. 6349 f.). Die ‚Vermessung' des sündigen Menschen offenbart, dass dieser all seine Macht verlieren wird, sobald der Tod eintritt. Zu Lebzeiten kann sich nichts mit ihm und seiner Macht vergleichen, aber wenn die ‚Erde zum Dach wird' (V. 6358), dann wird auch seine *leibes chraft*, die *synnes maisterschaft*, der *reichtum* und *gewalt*, die *herschaft manigvalt* nichtig (V. 6359–6362). Nach dem Tod zählen andere Werte, sodass der Geringste Alexander überträfe und er werde *vergessen an der stat* (V. 6364). Das Sinnbild wird somit deutlich in den Zusammenhang mit der Seelenwaage gestellt, auf der die

---

38 Im *Basler Alexander* lässt sich der Kaiser die Deutungshoheit über den Wiegevorgang nicht aus der Hand nehmen. Seine verbalisierte Selbsterkenntnis wird mit roter Initiale Ich eingeleitet: ‚*Ich sich nun wol an disem stein, / daz der umb minen gewalt geb klein, / der küng in dissem küngkerrich*' (V. 4244–4246). Zitiert nach Die Basler Bearbeitung von Lambrechts Alexander. Hrsg. von RICHARD MARIA WERNER, Tübingen 1881 (BLV 154).
39 „Mit bemerkenswerter Konsequenz wird der Vorwurf der *superbia* von Alexander ferngehalten", auch in der Paradiessteinepisode. REINHARD PAWIS: Seifrit. In: Die deutsche Literatur des Mittelalters. Verfasserlexikon, 2. Aufl., Bd. 8 (1992), Sp. 1050–1055, Sp. 1054; sowie LIENERT (Anm. 10), S. 63; BUNTZ (Anm. 10), S. 31.
40 ‚*nu nymb war / was chraft hab dieser stain, / der ist ring und chlain. / merckh recht was ich dir sag / hais in legen auf ain wag / und hais legen all den last / den du auf erden yndert hast, / auf die ander wag hin chegen: / der mag den stain nit wider wegen. / also ist es auch gestalt / um Gottes chraft und sein gewalt / wann die aller mynnist tat / die Got ye begangen hat, / der mag dein werich und dein geschicht / alle sambt geleichen nicht*' (V. 6296–6310). Zitiert nach *Seifrits Alexander*. Aus der Straßburger Handschrift. Hrsg. von PAUL GEREKE, Berlin 1932 (Deutsche Texte des Mittelalters 36). Vgl. zu der Neuerung Seifrits, den Erzengel Michael und das Motiv der Seelenwaage einzuführen, ROBERT SCHÖLLER: Seifrits *Alexander*. Form und Gehalt einer historischen Utopie des Spätmittelalters, Wien 1997, S. 49–54.

Menschen nach ihrem Tode in ihren Stärken und Schwächen abgewogen und in Relation gesetzt werden.⁴¹

Im *Wernigeroder Alexander* wiederum, der Ende des vierzehnten Jahrhunderts in knapp 6500 Versen ein ambivalentes Bild von Alexander und dessen *superbia* entwirft,⁴² wird ein anderes Sinnbild aktiv, welches sich unter anderem auch bei Seifrit findet. Dem hochmütigen König wird auf dem Höhepunkt seiner Macht ein denkwürdiges Wesen vorgeführt. Das ambige Monstrum ist halb Mensch und halb Tier, gleichermaßen tot und lebendig.⁴³ Angesichts des hybriden Wesens fragt Alexander seinen Berater: ‚*waz mag dicz wunder sein? / Und waz ez bedeuten sey, / Daz laz mich wißen hie bey*' (V. 5954–5956). Die Auslegung erfolgt umgehend von Dritten, die Alexander schlicht seinen nahenden Tod und das Auseinanderfallen seines Reiches voraussagen. Ein weiterer Erkenntnisprozess des Protagonisten wird nicht performativ umgesetzt.

Auch in der Dramenbearbeitung von Hans Sachs aus dem Jahre 1558, *Tragedia mit 21 personen: Von Alexander Magno, dem könig Macedonie, sein geburt, leben und endt*, fehlt das Sinnbild der Waage. Alexander wird eindeutig zum negativen Exempel eines Tyrannen stilisiert, der einer falschen Herrschaftsmaxime folgt.⁴⁴ Auf diese Thematik konzentriert sich die zentrale, sinnbildliche Perfor-

---

41 Vgl. zur Seelenwaage und zur „Vorstellung einer Gewichtung und Wägung" ARNOLD ANGENENDT: Theologie und Liturgie der mittelalterlichen Toten-Memoria. In: Memoria. Der geschichtliche Zeugniswert des liturgischen Gedenkens im Mittelalter. Hrsg. von KARL SCHMID/JOACHIM WOLLASCH, München 1984 (Münstersche Mittelalter-Schriften 48), S. 79–199, S. 126 u. S. 127 f.; sowie ANNETTE VOWINCKEL: Das Relationale Zeitalter. Individualität, Normalität und Mittelmaß in der Kultur der Renaissance, München 2011, bes. S. 217–231.
42 Vgl. LIENERT (wie Anm. 10), S. 64 f. Der Text unterliegt aber im Ganzen insbesondere der „Paradoxie des christlichen Kosmos, wonach der normativen Unvollendung der diesseitigen Welt die ewig gegenwärtige Theodizee im Jenseits gegenübersteht." DIETER WELZ: Der Große Alexander. In: Die deutsche Literatur des Mittelalters. Verfasserlexikon, 2. Aufl., Bd. 3 (1981), Sp. 278–280, hier Sp. 279. Und weiter heißt es: „Alexanders [...] Aufstieg zum Höchsten [ist] zugleich [der] Abstieg zum Sinnlosesten, das Maximum an erlebt erreichtem Sinn als Maximum an Sinnlosigkeit."
43 *Wider all natür gar / Waz die gebürt geschaffen: / Gleich ainem affen / Het ez zwai angesiht, / Die warnd hinder sich geriht. / Auf dem leib ain manlich gert / Het im die natür beschert. / Daz underhalb dez nabels waz, / Daz lebt: daz oberhalb daz / Waz ze möl allez töd* (V. 5940–5949). *Ain tail gleicht besunder / Menschlichem pild, / Daz ander tail ist wild, / Weder mensch noch tyer* (V. 5966–69). Zitiert nach *Der Grosse Alexander* aus der Wernigeroder Handschrift. Hrsg. von GUSTAV GUTH, Berlin 1908 (Deutsche Texte des Mittelalters 13).
44 Vgl. zum Aspekt der Eindeutigkeit in seinem Werk DOROTHEA KLEIN: Bildung und Belehrung. Untersuchungen zum Dramenwerk des Hans Sachs, Stuttgart 1988 (Stuttgarter Arbeiten zur Germanistik 197), S. 10: „Hans Sachs kann sich mit dem Sowohl-Als-Auch nicht befreunden, er legt sich in seinen Wertungen fest." „Widersprüche, Offenheit des Textes, Unwägbarkeit können nicht zugelassen werden." Ebd., S. 12. Anders BRIGITTE STUPLICH: Zur Dramentechnik des Hans

manz des Textes, das „Spiel im Spiel",⁴⁵ welches Alexander anhand eines trockenen Felles Erkenntnis über sein selbstherrliches Eroberungsstreben geben soll:

> *Calanus bringet ein dürre haudt, würfft die an die erdt, tridt an eim ort darauff, so schnabt die haut am andern ort auff; so tridt er ans ander ort, so schnabt das ort auff; zu letzt steht er mitten drauff, so ligt die haudt stil* (S. 517).⁴⁶

Das Gleichnis reflektiert den thematischen Kern einer falschen Expansionspolitik Alexanders, der ‚in der Mitte seines Reiches' verharren soll. Die Erkenntnisthematik der früheren Jahrhunderte fehlt bei Hans Sachs. Alexander ist ein Tyrann, dessen Wissenwollen sich ausschließlich auf seine eigene Zukunft bezieht; immer wieder fordert er Weissagungen und Vorausdeutungen ein, auch mittels optischer Geräte. Das Waageexempel aber, der sinnbildliche Vorgang des eigenen Erkennens, wird nicht aufgegriffen. Es scheinen sich neue Traditionen zu entwickeln, und die Auseinandersetzung mit der eigenen Erkenntnis, mit der diskursiven Stärke und Deutungsmacht, verliert je nach Erzählkontext an Gewicht.

Das Sinnbild der Waage aber lebt zumindest in zwei unterschiedlichen (außerliterarischen) Traditionen fort. Zum einen, wie bereits genannt, in der Ikonografie der Seelenwaage und zum anderen in philosophischen Kontexten. Die Waage wird titelgebend für das 1430 vollendete Traktat des Nikolaus von Kues *Der Laie über Versuche mit der Waage*.⁴⁷ Cusanus setzt sich darin mit der Denkfigur

---

Sachs, Stuttgart, Bad Cannstatt 1998 (Arbeiten und Editionen zur Mittleren Deutschen Literatur. N. F. 5), S. 298 f.: „Sachs [...] entwirft mit Alexander eine mehrdimensionale Figur".

45 STUPLICH (Anm. 44), S. 294.

46 Hans Sachs: *Tragedia mit 21 personen: Von Alexander Magno, dem könig Macedonie, sein geburt, leben und endt*. In: Hans Sachs. Werke. Bd. 13. Hrsg. von ADELBERT VON KELLER/EDMUND GOETZE, Tübingen 1880 (BLV 149), S. 477–529, 6. Akt, S. 517. Vgl. zu diesem Gleichnis HEINRICH BECKER: Zur Alexandersage. Der Brief über die Wunder Indiens bei Johannes Hartlieb und Sebastian Münster. In: Festschrift zum siebzigsten Geburtstage Oskar Schade dargebracht von seinen Schülern und Verehrern, Königsberg i. Pr. 1896, S. 1–25, S. 25.

47 Vgl. KURT FLASCH: Nikolaus von Kues. Geschichte einer Entwicklung, 3. Aufl., Frankfurt a. M. 2008, S. 318–329, u. a. über das Zusammenspiel des „Wiegens mit den unmittelbaren Sinneserfahrungen". Ebd., S. 320. Vgl. auch zu Cusanus' „Theorie des Erkennens als Messen" MICHAEL STADLER: Zum Begriff der *mensuratio* bei Cusanus. Ein Beitrag zur Ortung der Cusanischen Erkenntnislehre. In: Mensura. Maß, Zahl, Zahlensymbolik im Mittelalter. 1. Halbband. Hrsg. von ALBERT ZIMMERMANN, Berlin, New York 1983 (Miscellanea Mediaevalia 16/1), S. 118–131, S. 131. Zum Sinnbild der Paradiesmauer im Kontext des „Ineinsfalls der Gegensätze" bei Cusanus und in der literarischen Tradition s. ALOIS M. HAAS: Nikolaus' von Kues Auffassung von der Paradiesesmauer. Konzeption und Herkunft eines Denkmotivs. In: Jahrbuch der Oswald von Wolkenstein Gesellschaft 9 (1996/97), S. 293–308, S. 297 u. S. 307 f.; sowie WALTER HAUG: Die Mauer des Paradieses. Zur *mystica theologia* des Nicolaus Cusanus in ‚De visione Dei'. In: Theologische Zeitschrift 45 (1989), S. 216–230, S. 224.

auseinander, inwiefern das Messen bzw. das abwägende Vermessen Erkenntnis entstehen lässt. Dies jedoch nicht mehr allein aufgrund der „Eigenbestimmtheit der Dinge", sondern durch die Eigenleistung des Erkennenden.[48] In den mittelalterlichen Texten, so müsste man ergänzen, bedurfte es dafür noch der Exegeten, der Autoritäten, die als handelnde Figuren in einer Entscheidungssituation ‚mitgeliefert' werden.

Jenseits der Alexandertradition wiederum findet sich in epischen und lyrischen Texten noch ein weiteres Sinnbild für das Dilemma einer im höfischen Kontext gleichermaßen geforderten Weltzugewandtheit und Abgewandtheit, die eine Entscheidung evoziert.

2 Frau Welt-Darstellungen

Als eine ambige Personifikation der gleichzeitigen Faszination und Bedrohung, Freude und Verachtung der Welt, lässt sich Frau Welt verstehen. Allerdings nicht in einer wiegend-balancierenden, sondern in einer drehenden Bewegung: Die doppelseitige Figur ist von vorn eine schöne, höfische Dame und von hinten ein verwester Leib.[49] Im Unterschied zum festen Inventar des theologischen Gedankengutes wird in den literarischen Darstellungen des zwölften und dreizehnten Jahrhunderts nicht die eindeutige Weltverachtung, sondern der Aspekt der Ambiguität betont.[50] Meine Ausführungen können somit an Überlegungen von

---

48 „Gerade der messende Zugriff auf die Welt, in dem der menschliche Geist die Bedingungen des Messens festsetzt, erfordert ein Denken, das sich bereits losgelöst hat von der Eigenbestimmtheit der Dinge und sich selbst als Schöpfer seiner Welt begreift." STADLER (Anm. 47), S. 131. Die Frage ist, „ob die Erkenntnis Maß für die Dinge ist, oder die Dinge Maß für die Erkenntnis sind", so HORST SEIDL: Bemerkungen zu Erkenntnis als Maßverhältnis bei Aristoteles und Thomas von Aquin. In: Mensura. Maß, Zahl, Zahlensymbolik im Mittelalter. 1. Halbband. Hrsg. von ALBERT ZIMMERMANN, Berlin, New York 1983 (Miscellanea Mediaevalia 16/1), S. 32–42, S. 32.

49 „[...] ein Bild für die bezaubernde Kraft der Welt, für ihre faszinierende, aber *sub specie aeternitatis* gefährliche Wirkung auf den Menschen". BURGHART WACHINGER: Die Welt, die Minne und das Ich. Drei spätmittelalterliche Lieder. In: Entzauberung der Welt. Deutsche Literatur 1200–1500. Hrsg. von JAMES F. POAG/THOMAS C. FOX, Tübingen 1989, S. 107–118, S. 107. Zur Ambivalenz von Frau Welt in der Emblematik vgl. MICHAEL SCHILLING: Imagines Mundi. Metaphorische Darstellung der Welt in der Emblematik, Frankfurt a. M. 1979 (Mikrokosmos 4), S. 102–117. Zur Transformation des Themas in der Moderne vgl. JOACHIM SCHULZE: ‚Frau Welt' oder die Faszination der Chimäre. Ein christliches Thema in romantischer Akzentuierung. In: Poetica 3 (1970), S. 127–164.

50 Zu einer Auflistung zahlreicher Bilder und Vergleiche der Bibel, patristischer Literatur und volkssprachiger Lehrdichtungen vgl. Weltlohn, Teufelsbeichte, Waldbruder. Beitrag zur Bearbeitung lateinischer Exempla in mhd. Gewande nebst einem Anhang: *De eo qui duas volebat uxores*.

MANFRED KERN anschließen, in denen er auf die „Pluralität des Denkens und der ästhetischen Imagination" im Kontext der Weltflucht-Darstellungen eingeht.[51]

Ein früher Kronzeuge eines dezidiert ambigen Bildes der höfischen (Frau) Welt findet sich in dem Mære *Der Weltlohn* von Konrad von Würzburg. Ein namentlich als Wirnt von Grafenberg genannter Ritter strebt zunächst stetig nach der *werlte lône* (V. 4) und erringt auf der Suche nach *minne* weltliches Ansehen (V. 8).[52] In gut 200 Versen werden das weltliche Leben, die bejahende Freude an der Welt und deren Ehrkontext gepriesen, bevor der Wendepunkt eintritt.[53] Während der Lektüre von Minneaventiuren zieht die doppelgesichtige Frau Welt schleichend in die (Gedanken-)Welt des Protagonisten ein (V. 70 f.; 90 f.), der im Angesicht ihrer strahlenden und reinen Schönheit umgehend erbleicht (*sîn varwe was erblichen*, V. 103). In floskelhaften Redewendungen verspricht sie dem Erstaunten ‚Gottes Lohn' für seinen Dienst, den er in ihrem Namen über Jahre geleistet habe. Der Ritter aber wird in völliger Ahnungslosigkeit inszeniert: *entriuwen des enweiz ich niht. / mich dunket âne lougen / daz ich mit mînen ougen / iuch vil selten habe gesehen* (V. 166–169; so auch V. 160 f.). Unwissenheit und das ‚Nicht-Sehen- bzw. Wahrnehmen-Können' werden zum zentralen Thema des Dialoges, bevor sich Frau Welt schließlich offenbart, *diu Werlt bin geheizen ich* (V. 212). Sie betont zugleich ihre umfassende Macht auf Erden und ihre Demut gegenüber Gott: *ich fürhte niemen âne got, / der ist gewaltic über mich* (V. 210 f.). Frau Welt ist also weniger ein teuflisches Wesen als vielmehr eine göttliche Warninstanz. Dem treuen Weltdiener wird im Anblick des von Kröten und Würmern zerfressenen Rückens die Möglichkeit zur Erkenntnis der drohenden Vergänglichkeit gegeben.[54] Dieser

---

Hrsg. und eingel. von AUGUST CLOSS, Heidelberg 1934 (Germanische Bibliothek II,37), S. 1–6; sowie WOLFGANG STAMMLER: Frau Welt. Eine mittelalterliche Allegorie, Freiburg, Schweiz 1959 (Freiburger Universitätsreden. N.F. 23), S. 10–25. Vgl. auch SKOWRONEK (Anm. 5), S. 1 f. u. S. 67 zum Aspekt des sich wandelnden Sinnbildes.
51 KERN (Anm. 5), S. 4, zusammenfassend S. 445 f.
52 Hier und im Folgenden zitiert nach Kleinere Dichtungen Konrads von Würzburg. Hrsg. von EDWARD SCHRÖDER. Mit einem Nachwort von LUDWIG WOLFF, Bd. 1, Berlin ³1959. Vgl. zum „antithetischen Gesamtcharakter der Darstellung, der hervorgerufen wird durch die grundsätzliche Dichotomie weltlich-religiös", RÜDIGER BRANDT: Konrad von Würzburg. Kleinere epische Werke, Berlin 2000 (Klassiker-Lektüren 2), S. 108. Zur „Ambivalenz Weltpreis/Weltabkehr" s. WOLFGANG BEUTIN: *Diu werlt bin geheizen ich*. Zur Deutung einer Dichtung Konrads von Würzburg (‚Der Welt Lohn'). In: DERS.: Eros, Eris. Beiträge zur Literaturpsychologie, zur Sprach- und Ideologiekritik, Stuttgart 1974 (Stuttgarter Arbeiten zur Germanistik 294), S. 92–101, S. 100.
53 *sîn leben was sô vollebrâht / daz sîn zem besten wart gedâht / in allen tiutschen landen. / er hæte sich vor schanden / alliu sîniu jâr behuot* (V. 13–17); *daz alliu sældenhaften wîp / sînen wünneclichen lîp / lobten unde prîsten* (V. 41–43) usw.
54 ‚*dar umbe bin ich komen her, / daz dû nâch dînes herzen ger / mînen lîp von hôher kür / beschouwest wider unde für, / wie schœne ich sî, wie vollekomen*' (V. 145–149); [...] ‚*den solt du*

nutzt seine Chance, nimmt das Kreuz, verlässt seine Familie und dient fortan Gott. Mit BRUNO QUAST lässt sich argumentieren, dass hier „ein ‚Ereignis' im Lotmanschen Sinne" ausgelöst wird: der Aufbruch des Protagonisten aus dem „Lektüreraum der Weltminne" in den Raum der „Gottesminne", sodass die *conversio* als Transgression zu verstehen ist.[55] Zugleich aber ist in dem sich drehenden Sinnbild nicht nur ein Prozess, eine Verwandlung, eine „Metamorphose" dargestellt,[56] sondern auch die immanente Gleichzeitigkeit beider Seiten des höfischen Lebens: Wer diese (er)kennt, der muss sich entscheiden.[57] Die Disambiguierung tritt also erst am Ende der Erzählung ein: *der welte lôn ist jâmers vol* (V. 264). Das Epimythion zielt auf die eindeutige Absage des Weltlichen, auf eine eindimensionale Auslegung der Novelle Konrads. Im scharfen Widerspruch wird dem Dienst in der Welt die ewige Freude entgegengesetzt (*daz ir die werlt lâzet varn, / welt ir die sêle bewarn*, V. 273 f.), und so mündet der Text ins Lob der Weltverachtung, wie sie auch biblisch begründet ist.[58] Dennoch wird das höfische Leben nicht vollständig infrage gestellt, sondern um diese geistliche Ausrichtung ergänzt.[59]

---

schouwen unde spehen. / ich wil dich gerne lâzen sehen / waz lônes dir geziehen sol' (V. 153–155); ‚*lônes solt du sîn gewert / von mir als ich dir zeige nû. / hie kum ich dir, daz schouwe dû'* (V. 214–216). Zu diesem Topos in der Literatur vgl. STAMMLER (Anm. 50), S. 50 mit Anm. 150.

55 BRUNO QUAST: Lektüre und Konversion. Augustinus, Konrad von Würzburg, Petrarca. In: Geltung der Literatur. Formen ihrer Autorisierung und Legitimierung im Mittelalter. Hrsg. von BEATE KELLNER/PETER STROHSCHNEIDER/FRANZISKA WENZEL, Berlin 2005 (Philologische Studien und Quellen 190), S. 127–137, S. 133. In diesem Sinne versteht QUAST die Drehung der Frau Welt auch als das „Ansichtigwerden der Wahrheit" im „Prozeß der Ent-Täuschung", der im Unterschied zum geistlichen Konversionsschema durch weltliche Lektüre angestoßen wird. „Es ist die Als-ob-Realität des Fiktionalen in der allegorischen Gestalt der Frau Welt, die die *conversio* des Ritters auslöst." Ebd., S. 134. Zur *conversio* vgl. auch BRANDT (Anm. 52), S. 107.

56 BEUTIN (Anm. 52), S. 97 u. S. 94. Vgl. auch CLOSS (Anm. 50), S. 17.

57 Vgl. zu dem Aspekt, dass Frau Welt als eine „Erkenntnisfigur prozessualer Art" verstanden werden kann, CHRISTIAN KIENING: Personifikation. Begegnungen mit dem Fremd-Vertrauten in mittelalterlicher Literatur. In: Personenbeziehungen in der mittelalterlichen Literatur. Hrsg. von HELMUT BRALL/BARBARA HAUPT/URBAN KÜSTERS, Düsseldorf 1994 (Studia humaniora 25), S. 347–387, S. 378. Vgl. auch BEUTIN (Anm. 52), S. 98.

58 Vgl. STAMMLER (wie Anm. 50), S. 10–27, u. a. mit dem Hinweis auf den Jakobusbrief 4,4: „Wisset ihr nicht, dass der Welt Freundschaft Gottes Feindschaft ist? Wer der Welt Freund sein will, der wird Gottes Feind sein." Zur Betonung der Gegensätze von „Leib und Seele, Welt und Paradies, Diesseits und Jenseits" in den letzten Versen s. Konrad von Würzburg: *Heinrich von Kempten. Der Welt Lohn. Das Herzmaere.* Mittelhochdeutscher Text nach der Ausgabe von EDWARD SCHRÖDER. Übersetzt, mit Anmerkungen und einem Nachwort versehen von HEINZ RÖLLEKE, Stuttgart 1968 (RUB 2855), S. 136.

59 Vgl. auch BRANDT (Anm. 52), S. 108.

Erzählt wird zugleich eine andere Geschichte, die eine Gleichzeitigkeit zwischen der „lockenden und zugleich abstoßenden Wollust" darstellt.⁶⁰ Hier wird eine „hybride Topik" erkennbar, die sich einer eindeutigen Sinngebung verweigert und zwei unvereinbare Lesarten, zwei widersprechende Aussagen, als intendierte Bedeutung aufweist.⁶¹ Die textuelle Ambiguität spiegelt sich in der Zweiteilung der Erzählung: Während die Rezipienten zu Beginn als der *werlte minnære* (V. 1) angesprochen werden, richtet sich das Ende der Erzählung an die *wilden werlte kint* (V. 260), die nun *diz endehafte mære* (V. 261) wahrnehmen sollen. Die Allegorie der doppelseitigen Frau Welt spiegelt sich also sowohl im Textaufbau als auch in der Ansprache an die Rezipienten: Die Welt ist gleichbleibend ambivalent, die Perspektive des Betrachters aber ändert sich. Das Changieren zwischen den beiden Polen ist implizit bis zur Situation der Entscheidung im Angesicht des Rückens, bis zur moralischen Ausdeutung, die der Disambiguierung dient. Die Personifikation verliert dadurch aber nicht ihren Doppelcharakter, sie ist nicht statisch, sondern wendig.

Noch wendiger werden Frau Welt und ihre Doppelnatur in der Lyrik inszeniert. So setzt sich bekanntlich Walther von der Vogelweide mehrfach mit dem Motivkomplex der ‚Weltklage' und der Allegorie *Frau Welt* auseinander: mal eher abwertend, mal eher zusagend, immer aber in der Schwebe bleibend, das ‚Sowohl als auch' des konkreten Sinnbildes aufgreifend.⁶² Deutlich wird dies im so genannten ‚Abschiedslied', in Walthers Ton *Frô Welt, ir sult dem wirte sagen* (L. 100,24).⁶³ Ungeachtet einiger Stimmen der Forschung, die Frau Welt als ein-

---

60 AUGUST CLOSS: Weltlohn. Das Thema: Frau Welt und Fürst Welt. In: Zeitschrift für Deutsche Philologie 105 (1986), S. 77–82, S. 79.
61 Vgl. KERN (Anm. 5), S. 44 u. S. 51.
62 Vgl. MAX WEHRLI: Rollenlyrik und Selbsterfahrung in Walthers Weltklageliedern. In: Walther von der Vogelweide. Hamburger Kolloquium 1988 zum 65. Geburtstag von Karl-Heinz Borck. Hrsg. von JAN-DIRK MÜLLER/FRANZ JOSEF WORSTBROCK, Stuttgart 1989, S. 105–113, S. 110; sowie WACHINGER (Anm. 49), S. 108 f. Zu den Oppositionen und Walthers Bestreben, die „unaufhebbare[n] Widersprüche" des höfischen Frauendienstes ganz gezielt zu inszenieren, vgl. MÜLLER (Anm. 17), S. 12 u. S. 20. In Auseinandersetzung mit dem Bildkult im Kontext höfischer Liebe verweist MÜLLER auf das Resultat der Forschung, dass die „von zeitgenössischer Theologie nahegelegten rigoristischen Alternativen zwischen paganer Weltlust und religiöser Weltabkehr in der Kunst des 13. Jahrhunderts nicht greifen. Die höfische Literatur entdeckt wie die bildende Kunst Faszination und Gefährdung durch das *schœne bilde*." Ebd., S. 18.
63 Zitiert nach Walther von der Vogelweide: Leich, Lieder, Sangsprüche, 15., veränderte und um Fassungseditionen erweiterte Auflage der Ausgabe KARL LACHMANNS, aufgrund der 14., von CHRISTOPH CORMEAU bearbeiteten Ausgabe neu herausgegeben von THOMAS BEIN, Berlin, Boston 2013, Ton 70, S. 385–386.

deutiges Symbol (teuflischer) Verdammnis und Vergänglichkeit verstehen,[64] wurde insbesondere auf die Ambivalenz des Liedes hingewiesen, wie etwa ausführlich in einem Aufsatz von DIETER KARTSCHOKE.[65] Eine Eindeutigkeit des Negativen ist in Walthers Lied des frühen dreizehnten Jahrhunderts wahrlich nicht zu finden, vielmehr wird in dem Dialog Gegensätzliches zu vereinen versucht und mit der Welt durchaus auch Positives imaginiert.[66] Obgleich in der ersten Strophe der Entschluss des Sänger-Ichs dargelegt wird, der Welt nicht länger dienen zu wollen, werden die Weltfreuden als solche erkannt und aus Sicht des Höflings und Minnesängers auch wertgeschätzt.[67] Frau Welt buhlt um den Abtrünnigen mit Erinnerungen an die schönen Zeiten seines Dienstes und durch Hinweise auf ihre willige Lohnbereitschaft: *gedenke, waz ich dir êren bôt, / waz ich dir dînes willen lie, / Als dû mich dicke sêre bæte* (II,3–5). Das Sprecher-Ich aber offenbart als Reaktion in der dritten Strophe seine Kenntnis ihrer Doppelnatur,[68] und dieses Wissen um die Beschaffenheit der Rückseite führt zum Entschluss, die enge Symbiose aufzukündigen; es sei Zeit, sich zu ‚entwöhnen'. Frau Welt muss einsehen, dass sie ihren Gesprächspartner nicht mehr *erwenden mac* (IV,1). In der Jugend

---

64 So etwa D. GÜNTHER: Die vier allegorischen Figuren am Südportal des Wormser Doms. In: Zeitschrift für christliche Kunst 1/2 (1920), S. 1–14, S. 9: „Der Wirt ist der Teufel, Frau Welt der Schenk; an einer anderen Stelle ist sie die Kupplerin im Lusthaus des Teufels." STAMMLER (Anm. 50), S. 43, setzt Walther mit den „geistlichen Schriftstellern" gleich, die „die ungnädige, ungetreue, undankbare, geizige Lehnsherrin" schelten. „Thema des Liedes ist eine entschiedene Weltabsage". Walther von der Vogelweide, Werke. Gesamtausgabe, Bd. 2: Liedlyrik. Mhd./Nhd. Herausgegeben, übersetzt und kommentiert von GÜNTHER SCHWEIKLE, Stuttgart 1998 (RUB 820), S. 644. Vgl. auch CLOSS (Anm. 60), S. 79. Vgl. dazu DIETER KARTSCHOKE: *gedenke an mangen liehten tac*. Walthers Abschied von Frau Welt L 100,24 ff. In: Walther lesen. Interpretationen und Überlegungen zu Walther von der Vogelweide. FS für Ursula Schulze zum 65. Geburtstag. Hrsg. von VOLKER MERTENS/ULRICH MÜLLER, Göppingen 2001 (Göppinger Arbeiten zur Germanistik 692), S. 147–166, S. 150–153, mit zahlreichen Hinweisen auf die Forschungsliteratur.
65 Vgl. KARTSCHOKE (Anm. 64), S. 153; sowie WEHRLI (Anm. 62), S. 110 f.; Deutsche Lyrik des frühen und hohen Mittelalters. Edition der Texte und Kommentare von INGRID KASTEN. Übersetzungen von MARGHERITA KUHN, Frankfurt a. M. 2005 (Deutscher Klassiker Verlag 6), S. 1039.
66 Zum Aspekt des Selbstgespräches vgl. JAN-DIRK MÜLLER: *Ir sult sprechen willekomen*. Sänger, Sprecherrolle und die Anfänge volkssprachlicher Lyrik. In: Internationales Archiv für Sozialgeschichte der deutschen Literatur 19 (1994), S. 1–21, S. 18 mit Anm. 46; sowie MEINOLF SCHUMACHER: Die Welt im Dialog mit dem ‚alternden Sänger'? Walthers Absagelied ‚Frô Welt, ir sult dem wirte sagen' (L. 100,24). In: Wirkendes Wort 50 (2000), S. 169–188, S. 186 f.
67 Vgl. WEHRLI (Anm. 62), S. 110. Vgl. zur Allegorie *wirt*/Welt KARTSCHOKE (Anm. 64), S. 157; sowie BEIN (Anm. 63), S. 387.
68 *Dô ich dich gesach reht under ougen, / dô was dîn schouwen wunderlîch / <....> al sunder lougen. / doch was der schanden alse vil, / dô ich dîn hinden wart gewar, / daz ich dich iemer schelten wil* (III,5–10). Zur Textverderbnis dieser Stelle vgl. KARTSCHOKE (Anm. 64), S. 161. Zur Doppelseitigkeit vgl. auch SKOWRONEK (Anm. 5), S. 70 f.

kann sie sich oder den Minnesänger noch drehen, im fortgeschrittenen Alter aber ist der Minnesänger nicht mehr „wendig", seine Perspektive hat sich verändert.[69] Nun weiß er um die Folgen des Weltdienstes, und sie kann ihn nur in Nostalgie an die alten Tage um einige ‚Besuche' bitten – *gedenke an mangen liehten tac / und sich doch underwîlent her* (IV,3 f.). Er lässt seine Bereitschaft offen: *got gebe iu, frouwe, guote naht. / ich wil ze herberge varn* (IV,9 f.).[70]

Das Bild einer sich wendenden Frau Welt ist auch in Walthers Ton *Wie sol man gewarten dir, Welt* (L. 59,37) aufgegriffen, allerdings mit vertauschten Rollen, so KARTSCHOKE.[71] Das lyrische Ich lässt sich von Frau Welt nicht abschütteln, noch kann es sich gleichermaßen drehen und wenden und seine Wahrnehmung beeinflussen, noch möchte es die Welt durch den Anblick ihrer Rückseite nicht *versmâhen* müssen. Frau Welt ist gleichbleibend ambivalent, allein die Perspektive des Betrachters ändert sich im ‚Rück-Blick' – und dies im wahrsten Sinne des Wortes, denn erst aus der Sicht zurück wird ihre Vergänglichkeit deutlich.

In genuin höfischen Kontexten des Minnesangs oder der Kleinepik bewahrt sich die Allegorie ihre Doppelnatur, schön und verderbt zugleich zu sein. Das höfische Leben hat seine Schattenseite, aber diese kann und soll nicht immer wahrgenommen werden.[72] Frau Welt offenbart nicht jedem – und nicht zu jeder Zeit – ihre zweite Seite als Warnung. Bietet sie aber ihren Anbetern die Möglichkeit, beide Seiten zu sehen, soll diese Perspektive eine neue Erkenntnis bringen. Diese Ambiguität verliert sich in geistlichen Erzählzusammenhängen späterer Jahrhunderte, in denen Aspekte der Vergänglichkeit und der Warnung vor falschen Weltfreuden eindeutig dominieren. Sobald Frau Welt als „Allegorie der Weltsünde" allein den trügerischen Schein der schönen Welt symbolisiert, der die eine Wahrheit verdeckt,[73] verliert sie ihre komplexe Doppelnatur.

---

69 Frau Welt kann ihren Diener „nicht mehr ‚umdrehen', so dass er ihr wieder entgegen sieht". KARTSCHOKE (Anm. 64), S. 165.
70 Vgl. ebd. S. 162 u. S. 165.
71 *Wie sol man gewarten dir, / Welt, wilt dû alsô winden dich? / wænest dich entwinden mir?/ nein, ich kan ouch winden mich. / Dû wilt sêre gâhen, /und ist ouch unnâhen, / daz ich dir noch süle versmâhen.* (I, 1–7). Zitiert nach: Walther von der Vogelweide (Anm. 63), Buch II, Ton 35, S. 238–241. Vgl. zu dem Hinweis KARTSCHOKE (Anm. 64), S. 166; STAMMLER (Anm. 50), S. 42.
72 Diese Doppelnatur ist Frau Welt auch in zwei lateinischen Exempla zu eigen, die bei ROBERT PRIEBSCH: Walther von der Vogelweide: ‚Abschied von der Welt' (LACHMANN, 100 24; PAUL, 91.). In: Modern Language Review 13 (1918), S. 465–473, abgedruckt sind.
73 STAMMLER (Anm. 50), S. 47. Zu zahlreichen weiteren Textbeispielen (Frauenlob, Ulrich Boner, Bruder Wernher, Heinrich von Mügeln u. a.) ebd., S. 38–53; sowie SCHILLING (Anm. 49), S. 107–117. In der „Emblematik des 17. Jahrhunderts [avanciert] die Scheinhaftigkeit zur markantesten Eigenschaft der Welt-Personifikation." Ebd., S. 113.

Diese Veränderungen lassen sich kurz und pointiert anhand einer Weltlohn-Erzählung aufzeigen, die in der Forschung mitunter den Titel ‚Vom Sünder und der verlorenen Frau' trägt und auch in ihrer Ikonografie interessant ist.[74] Die südrheinfränkische oder elsässische Dichtung aus dem vierzehnten Jahrhundert ist in fünf Handschriften des fünfzehnten Jahrhunderts überliefert und steht jeweils in einem Überlieferungszusammenhang dezidiert religiöser Texte, unter anderem mit dem Erbauungsbuch *Der slecht weg*.[75] In den meisten Handschriften wird in Form eines Monologs an Frau Welt unter der Überschrift *Des Iamers clage* in das Thema eingeführt.[76] Ein Ich-Erzähler reflektiert in einer Klage an Frau Welt über die verlorene Zeit seines Lebens, in der er sündig ihren falschen Versprechungen gefolgt sei: *Ach, welt, wie hastu mich ernert / Mit diner falschen lere!* (*Des Jamers clage*, V. 8 f.).[77] In diese Überlegungen der beginnenden Selbsteinsicht der Ich-Figur tritt dann, wie aus dem Nichts, die weibliche Figur: *Sie was also komen dar, / Ich enweiʒ niht wa her oder wie* (V. 6 f.).[78] Von Beginn an wird sie, ungeachtet ihrer topischen Schönheit und Glanzmetaphorik (V. 9–27), durch den Ich-Erzähler misstrauisch beäugt, ihr schönes Äußeres pejorativ bewertet und als bedrohlich wahrgenommen. Im Unterschied zu Konrads Novelle muss Frau Welt um die Gunst eines Zweifelnden buhlen: *Ich rief got mit fliʒe an, / Der uʒ nœten wol gehelfen kan, / Der det mir sine helfe schin* (V. 37–39).[79] Die Differenz in der

---

74 Um die Unterschiede der anonymen Erzählung zum Motiv des Weltlohnes deutlicher zu markieren, schlägt NICOLE EICHENBERGER: ‚Vom Sünder und der verlorenen Frau'. Erscheinungsformen einer erbaulichen Kurzerzählung – Konstruktion und Rezeptionsentwürfe. In: Lesevorgänge. Prozesse des Erkennens in mittelalterlichen Texten, Bildern und Handschriften. Hrsg. von ECKART CONRAD LUTZ/MARTINA BACKES/STEFAN MATTER, Zürich 2009 (Medienwandel – Medienwechsel – Medienwissen 11), S. 359–385, S. 365, diese Titelgebung vor.
75 Vgl. zu den Handschriften ARNOLD OTTO: *der slecht weg zuo dem himelrich*. Ein oberrheinisches Erbauungsbuch. Edition und Kommentar, Berlin 2005 (Texte des späten Mittelalters und der frühen Neuzeit 42); DERS./BURGHART WACHINGER: ‚Der slecht weg' und das ‚Oberrheinische Erbauungsbuch'. In: Die deutsche Literatur des Mittelalters. Verfasserlexikon, 2. Aufl., Bd. 11 (2004), Sp. 1437–1441; sowie EICHENBERGER (Anm. 74), S. 360 u. S. 368–384.
76 Vgl. CLOSS (Anm. 50), S. 10; sowie EICHENBERGER (Anm. 74), S. 373. Vgl. auch JÜRGEN GEISS: Weltlohn. In: Die deutsche Literatur des Mittelalters. Verfasserlexikon, 2. Aufl., Bd. 10 (1999), Sp. 838–840, Sp. 838. GEISS bezeichnet den *Weltlon* als „apokalytische Mahnrede". Ebd. Die Kenntnis des Textes von Konrad gilt als wahrscheinlich. Vgl. CLOSS (Anm. 50), S. 52 f.; dazu kritisch EICHENBERGER (Anm. 74), S. 365.
77 Hier und im Folgenden zitiert nach: Der Weltlohn (Anm. 50), S. 64–66. Zur Kritik an der Edition, die anhand von vier Handschriften einen normalisierten Text bietet, der „z. T. unberechtigte Konjekturen" aufweist, s. EICHENBERGER (Anm. 74), S. 361. Eine Edition der Handschrift K findet sich bei OTTO (Anm. 75), S. 500–520.
78 Diese Verse fehlen in der Handschrift K. Vgl. OTTO (Anm. 75), S. 502.
79 Zur Spannungslosigkeit des Erzählten aufgrund seiner eindeutig negativen Konnotation des Schönen vgl. EICHENBERGER (Anm. 74), S. 364.

Funktion der Allegorie liegt auf der Hand: Im höfischen Märe dient diese als Warnung, die dem Protagonisten/Rezipienten einen Einblick in die Vergänglichkeit des höfischen Lebens bietet. In der geistlichen Dichtung aber versucht Frau Welt, den Ich-Erzähler erst zu ködern:[80] Vor den Augen des Zweifelnden wird ein *locus amoenus*, eine Maienzeit-Szenerie der weltlich-höfischen Freuden entfaltet – mit Quellen, Blumen und Vogelsang, mit höfischem Tanz und Turnier.[81] Diese Augenweide aber wird durch eine herannahende Gruppe von Pilgern um Jesus zerstört; Frau Welt wird gezwungen, ihr wahres Wesen zu offenbaren:[82] *Ich bin der Welt geheiȝen / Und kan uf bosheit reiȝen* (V. 197 f.); *Ich floch die kirche und sûchte den win, / Des mûȝ ich iemer trurig sin* (V. 213 f.). Bei dieser Frau Welt handelt es sich um ein teuflisches Wesen, deren wahres Inneres im Vorgang des Um- bzw. Entkleidens als Verwesung zum Vorschein kommt:

> *Da stûnt sie nackent unde bloȝ,*
> *Eȝ lebet ouch niergent ir genoȝ.*
> *Ir lip der was behangen*
> *Mit kroten und mit slangen,*
> *Sie was so gar verwaȝen,*
> *Ir fleisch die maden aȝen*
> *So vaste uf daȝ gebeine,*
> *Sie waz ful und unreine,*
> *Daȝ da von irme libe dranc*
> *Vil gar ein jemerlich gestanck*
> *Noch me danne ein fuler hunt* (V. 221–231).

Die Doppelnatur der Vorder- und Rückseite, die sinnbildliche Ambiguität der allegorischen Figur ist aufgelöst: Dem vollständig von Maden zerfressenen Leib verleiht nur die äußere Kleidung einen schönen Schein. Nicole Eichenberger spricht von einer „Wendung", die „Frau Welt zur verdammten Sünderin werden [lässt]", im Unterschied zur allegorischen Figur Konrads, die ohne „Verwandlung" gerade dadurch gekennzeichnet sei, „dass sie (von Anfang an) doppelseitig ist und sich selbst, ohne göttlichen Befehl, so zeigt."[83] In dem heilsgeschichtlich-eschatologischen Kontext ist Frau Welt keine Doppelnatur zu eigen, sie zeigt vielmehr ihr einziges wahres, verfaultes Gesicht. Im Kontext des Christusmirakels

---

[80] Frau Welt stellt sich als Herrscherin über Menschen und Tiere vor, die ihre Macht dem Zweifelnden sichtbar vor Augen führt. Der Sehsinn wird immer wieder floskelhaft mit dem Imperativ *sih* (V. 50, 115, 122, 170) angesprochen.
[81] ‚*Du solt ouch anders schowen niht / Wan alleȝ des din hercze gert, / Des wirt din lip von mir gewert / Von richer ougenweide.*' (V. 68–71).
[82] Vgl. Stammler (Anm. 50), S. 48.
[83] Eichenberger (Anm. 74), S. 363.

bleibt von der höfischen Freude nichts erhalten:[84] Besonders vergeblich ist der weltliche Frauendienst (V. 413 ff.), denn *Wer got niht für ougen hat* (V. 461), den wird Gott wiederum nicht gerne sehen am Ende seiner Tage (V. 647 f.). So endet die Vision in einer Feuersbrunst, in der die Hofgesellschaft versinkt.[85]

Diese Wandlung der Allegorie lässt sich nicht nur in der literarischen, sondern auch in der ikonografischen Tradition feststellen. In der Dresdener Handschrift (Sächsische Landesbibliothek, Staats- und Universitätsbibliothek, Mscr. Dresd. M 60) aus dem fünfzehnten Jahrhundert wird Frau Welt bezeichnenderweise nicht von ihrer Rückseite gezeigt, sondern allein von vorn. Mit verschränkten Händen ist sie den Blicken zweier Männer ausgesetzt, während an ihrem Kleid Kröten und Schlangen hochkriechen (fol. 75^r).[86] In der Berliner Handschrift wird Frau Welt zweifach dargestellt: Zum einen als höfische Edeldame mit Blumen in der Hand und zum anderen als nackter Frauenleib, der frontal vor dem Betrachter steht und von Schlangen und Kröten ‚bevölkert' wird:

> *Da stunt sy nackent und blos*
> *Es lebent ouch niergent Ir genos*
> *Ir lip was behangen*
> *Mit krötten und slangen.*
> (Staatsbibliothek zu Berlin, Preussischer Kulturbesitz, Mgf 742, fol. 128^r, fol. 134^r).

Durch die frontale Darstellung der entblößten Frau wird das erzählte Geschehen um die Verachtung der Welt (*contemptus mundi*) wiedergegeben:[87] Die Doppelgesichtigkeit der Frau Welt ist endgültig aufgelöst, es gibt keine Rück- und Vorderseite mehr, die je nach Perspektive wahrgenommen werden kann. Frau Welt ist verderbt, eindeutig und nicht ambig. In genuin heilsgeschichtlich orientierten Erzählkontexten ist die Kleidung und der damit verbundene Symbolwert des Höfischen allein schöner Schein, der das wahre, innere Sein verdeckt. Diese negative

---

84 „Die Erweiterung durch die Pilgerallegorie macht aus dem ritterlichen Weltflucht-Exempel ein Christusmirakel." GEISS (Anm. 76), Sp. 839.

85 In der Dresdner und Berliner Handschrift werden abschließend die zehn Gebote paraphrasiert. Vgl. GEISS (Anm. 76), Sp. 838; sowie EICHENBERGER (Anm. 74), S. 361.

86 Vgl. auch CLOSS (Anm. 50), S. 30.

87 Vgl. CLOSS (Anm. 50), S. 34. „Das Bild folgt dem ikonographischen Muster der Luxuria-Darstellung" und somit dem Modell der spiegelnden Strafe: „So wird die Luxuria als nackte Frau, deren Geschlechtsteile von Schlangen zerfressen werden, dargestellt." EICHENBERGER (Anm. 74), S. 378. Zur Anordnung der Bilder in den drei Handschriften vgl. ebd., S. 372–378. Zu weiteren Darstellungen s. etwa CHRISTIAN KIENING/FLORIAN EICHENBERGER: *Contemptus mundi* in Vers und Bild am Ende des Mittelalters. In: Zeitschrift für deutsches Altertum 123 (1994), S. 409–457, S. 448–450; sowie ECKART CONRAD LUTZ: *Spiritualis Fornicatio*. Heinrich Wittenwiler, seine Welt und sein ‚Ring', Sigmaringen 1990 (Konstanzer Geschichts- und Rechtsquellen 32), S. 274–301.

Sicht auf Frau Welt findet sich auch in einem Lied von Michel Beheim (*ain beispel von ainem weib, was vorn schan und hinden schraglich*),[88] wenn der Ich-Erzähler in höfischer Szenerie einer Mailandschaft auf das topische *bilde* einer wunderschönen Frau trifft, bis diese nach einer schönen, kurzen Freudenzeit am Abend eilig Abschied nehmen muss und ihr wahres Wesen in Form des zerfressenen Rückens offenbart. Während auf poetologischer Ebene ein deutlicher „Bruch des aufgerufenen lyrischen Registers" zu erkennen ist und die „Pastourellenszene [...] nach Art eines Vexierbildes plötzlich in eine Allegorie" umschlägt,[89] fokussiert die Auslegung allein auf den Aspekt des trügerischen Äußeren: *sie ist außwendig senfft und glat und ynner halben hol, / mit posheit vberschönt. / wer ir getraut, der ist getrogen.*[90] Versinnbildlicht wird somit der Aspekt des ‚Sein und Schein', der die Ambiguität der Figur auflöst. Ähnlich argumentiert ein kurzes Exemplum *Von der welt valscheit*, welches in einer Zürcher Papierhandschrift aus dem Jahr 1393 überliefert ist. In diesem Text erklärt Frau Welt sich selbst und ihre zwiespältige Natur, das eine zu versprechen und das andere zu geben: ‚*Ich geheis in richtuom, vnd gib in die ewigen marter; Ich geheis in vil suessekeit, vnd gib in die ewigen bitterkeit; Vnd geheis in langes leben, vnd gib in den ewigen tot.*'[91] In den spätmittelalterlichen, didaktischen Texten ist Frau Welt durch und durch schlecht, das Innere ist nur gut verdeckt. Die Personifikation wird auf den Aspekt der Scheinhaftigkeit, der ‚scheinhaften Schönheit' reduziert, die den Blick für den wahren Lohnspender trübt, der das ewige Leben bietet. Den diesseitigen Lügen steht eine jenseitige Wahrheit gegenüber, sodass die Doppelnatur aufgegeben ist. Anhand der Personifikation lässt sich also der Grundgedanke veranschaulichen, dass ein Zwang zur Eindeutigkeit je nach Erzählkonventionen Resultat späterer Jahrhunderte ist, die im Zuge einer zunehmenden Rationalisierung verstärkt auf „logi-

---

[88] Hier und im Folgenden zitiert nach: Die Gedichte des Michel Beheim. Nach der Heidelberger Hs. cpg 334 unter Heranziehung der Heidelberger Hs. cpg 312 und der Münchener Hs. cgm 291 sowie sämtlicher Teilhandschriften, Bd. 2: Gedichte Nr. 148–357. Hrsg. von HANS GILLE/INGEBORG SPRIEWALD, Berlin 1970 (Deutsche Texte des Mittelalters LXIV), S. 442–445. Zu zahlreichen weiteren Textbeispielen vgl. STAMMLER (Anm. 50), S. 38–53. Zur Betonung der Heterogenität vgl. KERN (Anm. 5), S. 65 u. a.
[89] KERN (Anm. 5), S. 20 f. Zum Begriff der „hybriden Topik" u. a. in Auseinandersetzung mit den Liedern Beheims vgl. ebd., S. 38: „In der semantischen Ambivalenz einer hybriden Topik liegt zugleich das ironische Verhältnis, das diese verwilderte Lyrik bewusst oder unbewusst gegenüber jenen einfachen und einsträngigen Sinnperspektiven eingeht, die sie am Ende zu geben behauptet oder die ihr die interpretierende Philologie gerne unterstellen würde." Zur Frage, ob das Nonnenturnier ein „erzählerisches Vexierbild" sei, vgl. FASBENDER/KROPIK (Anm. 1), S. 354.
[90] STAMMLER (Anm. 50), S. 83.
[91] Zitiert nach Konrad von Würzburg (Anm. 58), S. 105.

sche[] Antinomien" setzen.⁹² Das (hoch)mittelalterliche Erzählen und Verstehen läuft hingegen deutlicher auf ein ‚Sowohl als auch' hinaus – auf Gegensätze, die zugleich gültig sind.

So unterschiedlich die beiden dargestellten Sinnbilder von der symbolischen Waage und Frau Welt in den mittelalterlichen Dichtungen auch sind, so liegt doch beiden eine klare ambige Struktur zugrunde.⁹³ Der gewogene Stein und die sich drehende Figur versinnbildlichen und vereinen Gegensätzliches. Sowohl das vermessende Balancieren mit der Waage als auch die Drehung der Frau Welt führen zu Erkenntnisprozessen seitens des Betrachters, der daran erinnert wird, dass die Welt vergänglich ist; je nach Betrachtung nimmt man den Tod oder das Leben wahr. In der bildenden Kunst findet sich dieses Phänomen in den Vexierbildern gesteigert, in denen die „Wahl einer Perspektive im gleichen Moment" etwa in der bekannten *duck-rabbit*-Figur Wittgensteins zu finden ist, oder auch – thematisch enger verwandt – in dem Kippbild *All is Vanity* von Charles Allan Gilbert, in dem das Bild einer jungen Frau vor einem Spiegel zugleich als Totenkopf wahrzunehmen ist.⁹⁴ Im weiteren Sinne ist diese bildlich in Szene gesetzte, schwankende Perzeptionsleistung auch für die vorgestellten Texte anzunehmen, die sich mit der bewussten, gleichzeitig wahrzunehmenden Vergänglichkeit und Weltfreude auseinandersetzen.

---

92 „In aller Regel werden die Gegensätzlichkeiten, die im Gefüge einer religiösen Überlieferung angelegt sind, erst durch spätere theologische Rationalisierungen, die die narrative Grundschicht dieser Überlieferung abzutragen versuchen, zu logischen Antinomien verschärft." KOSCHORKE (Anm. 12), S. 374. Zu einer weitergehenden Differenzierung, in der die intertextuellen Spiele und „Phänomene[] der Heteroglossie" der spätmittelalterlichen Literatur berücksichtigt werden, vgl. KERN (Anm. 5), S. 40.
93 Eine gemeinsame Überlieferung beider Sinnbilder findet sich etwa in einem Lied von Hugo von Montfort, welches in der Art eines poetischen Streitgespräches einen Ritter Frau Welt mit dem Sinnbild der Seelenwage des Heiligen Michaels konfrontieren lässt: ‚*fro Welt, wend ir vergessen got, / es wirt euch gewerwen am iungsten tag. / hielten ir die zehen gebott, / das wurd euch lieb – als ich euch sag. / sant Michel mit seiner wåg / der wiget úbel und auch gút: / so leit der tiefel auff der låg, / davon hånd euch in rechter hút!*' Hugo von Montfort: Das poetische Werk. Hrsg. von WERNFRIED HOFMEISTER, Berlin, New York 2005, Nr. 29, V. 81–88. Vgl. auch STAMMLER (Anm. 50), S. 54.
94 MITTELBACH (Anm. 3), S. 19. Vgl. auch ebd., S. 22 f.

Bruno Quast
Die Ambiguität des Wilden
Überlegungen zum Verhältnis von Anthropologie und Ökonomie im *Fortunatus*

1499 malt Albrecht Dürer eines seiner eindrucksvollsten Porträts, das des Oswolt Krell.[1] Man findet dieses Porträt heute in der Alten Pinakothek München. Oswolt Krell war um 1500 Geschäftsleiter der Großen Ravensburger Handelsgesellschaft in Nürnberg, der größten Import-/Exportgesellschaft Süddeutschlands. Den Mittelteil des Bildnistriptychons stellt das Bildnis des Oswolt Krell dar. Es handelt sich um ein Brustbild im Dreiviertelprofil, das dem Bildnistyp mit Innenraum und Fensterausblick entspricht, der kurz nach Mitte des fünfzehnten Jahrhunderts in der niederländischen Malerei entwickelt worden ist. Vor einem roten Vorhang, der ein Stück Flusslandschaft mit Bäumen zum Vorschein kommen lässt, wird der junge Geschäftsleiter, der in einen schwarzen Umhang mit Pelzbesatz gehüllt ist, mit allen Attributen des wohlhabenden Patriziers festgehalten. Auf dem linken und rechten Flügel sind wilde Männer als Wappenhalter abgebildet. Auf dem linken Flügel gewärtigt man einen am ganzen Körper grün behaarten wilden Mann mit dem Wappen des Oswolt Krell. Im Wappen des Oswolt Krell wiederholt sich das Motiv des wilden Mannes. Der rechte Flügel zeigt ebenfalls einen wilden Mann, diesmal braun behaart, und wie der wilde Mann des linken Flügels mit dem konventionellen Attribut der Keule versehen. Der wilde Mann auf dem rechten Flügel führt das Wappen der Agathe von Esendorf mit sich, es handelt sich um das Wappen der Ehefrau des porträtierten Oswolt Krell.

Bei näherem Hinsehen fällt auf, dass es sich bei den wilden Männern nicht um belanglose Beigaben handelt. Das Grün des wilden Mannes auf dem linken Flügel korrespondiert mit dem Grün der Flusslandschaft, das Braun des wilden Mannes auf dem rechten Flügel mit dem Braun des Pelzbesatzes. Das Rot der Rauten auf dem Wappen der Agathe von Esendorf spiegelt sich im Rot des Vorhangs, das Weiß der Rauten im Weiß des Hemdes, das der Porträtierte trägt. Flügel und Mittelteil, die wilden Männer und der Kaufmann, sind also auf vielfältige Weise miteinander verbunden, bilden ein polyfokales Ensemble, das Sinnbezüge zugleich auf- und verdeckt. Ökonomie und Wildheit gehen auf diese Weise zu-

---

[1] Vgl. DAGMAR HIRSCHFELDER: Dürers frühe Privat- und Auftragsbildnisse zwischen Tradition und Innovation. In: Der Frühe Dürer. Ausstellung im Germanischen Nationalmuseum vom 24. Mai bis 2. September 2012. Hrsg. von DANIEL HESS/THOMAS ESER, Nürnberg 2012, S. 101–116, 340 f. (zur Rekonstruktion der Tafel als Triptychon, mit weiterführender Lit. zum Porträt Krells).

sammen, ja der wilde Mann im Wappen des Geschäftsleiters weist aus, dass sich stadtbürgerliche Prosperität im heraldischen Zeichen des Wilden entwickelt.

Es scheint so, als ob der Porträtierte seine rechte Hand auf den Rahmen des Bildes stützt, man könnte hier ohne große Phantasie eine Fensterszene assoziieren. Der rote Vorhang würde dann das anzunehmende Innere des Raumes zugleich abdecken und offenbaren. Er tritt zwischen Flusslandschaft und Porträtierten. Bleiben wir bei dieser Vorstellung, wäre der angestammte Raum des Geschäftsmannes – zumindest auf den ersten Blick – die Natur, sie tritt an die Stelle des zu erwartenden Rauminneren, das vom Vorhang preisgegeben wird. Der Handel treibende Stadtbürger bewohnt demnach den Raum der Natur. Entscheidende Bedeutung kommt hier dem Vorhang zu, denn er unterbindet Vereindeutigungen oder zumindest erschwert er diese. Das ist in den formal vergleichbar aufgebauten, zeitgleich entstandenen Dürer-Porträts von Hans, Felicitas und Elsbeth Tucher übrigens anders, nämlich eindeutig gehalten. Außen und Innen sind hier klar getrennt, die Porträtierten, an einer Art Fenster oder Steinbrüstung positioniert, befinden sich eindeutig im Innenraum. Anders im Porträt des Oswolt Krell. Schaut der Porträtierte von außen in einen Raum oder muss der Naturraum im Hintergrund des Porträtierten als Rauminneres gefasst werden? Wie immer dem auch sei, Ökonomie in Gestalt des Kaufmanns und ‚Natur' in Gestalt der wilden Männer werden irisierend zusammengeführt, und es ist dieser zeitdiagnostisch wohl nicht zufällige anspielungsreiche Zusammenschluss, auf den es mir ankommt.

Am *Fortunatus*, der 1509 bei Johann Otmar in Augsburg in den Druck gegangen ist und zu den beliebtesten Romanen des sechzehnten Jahrhunderts gezählt werden darf, sollen die Ambiguitäten des Wildheitsdiskurses nachgezeichnet werden.[2] Methodisch bewege ich mich auf den ausgestreuten Spuren des Textes und folge den lexikalischen Markierungen von Wildheit.

In einem ersten Schritt soll die Vorgeschichte des Fortunatus in den Blick genommen werden, die Geschichte seines Vaters Theodorus, von dem die Aussage gemacht wird: *der so wild was* (389,2).[3] Theodorus steht für einen Typus von sozialem Aufstiegswunsch, der in den sprichwörtlichen Ruin mündet. Sein

---

2 Vgl. zum Zusammenhang von Wildnis und Ambiguität im späthöfischen Roman MORITZ WEDELL: Gaben aus der Wildnis. Ihre semiotische Ambiguität und die Umdeutung des arthurischen Erzählens zum Minne- und Aventiureroman im *Melerantz* von dem Pleier. In: Liebesgaben. Kommunikative, performative und poetologische Dimensionen in der Literatur des Mittelalters und der Frühen Neuzeit. Hrsg. von MARGRETH EGIDI/LUDGER LIEB/MIREILLE SCHNYDER/ MORITZ WEDELL, Berlin 2012 (Philologische Studien und Quellen 240), S. 255–279.
3 *Fortunatus*. In: Romane des 15. und 16. Jahrhunderts. Nach den Erstdrucken mit sämtlichen Holzschnitten. Hrsg. von JAN-DIRK MÜLLER, Frankfurt a. M. 1990 (Bibliothek der Frühen Neuzeit 1), S. 383–585.

Sohn Fortunatus hat mit dieser ruinösen Ausgangslage umzugehen. Eine zweite Überlegung wendet sich der titelgebenden Figur zu. Fortunatus tritt an, seinen eigenen Weg zu gehen, auf flankierende Maßnahmen seines Vaters Theodorus muss er verzichten. Nach einigen Umwegen gelangt Fortunatus in einen wilden Wald. Dort erscheint ihm die Glücksjungfrau. Aufgefordert, sich zwischen verschiedenen Gaben zu entscheiden, wünscht er sich den Glückssäckel, der ihm unbegrenzten Reichtum gewährt. Es sind hier insbesondere die näheren Umstände der Begegnung mit der Glücksjungfrau, vor allem die raumsemantische Einkleidung der Szene und deren poetische Funktionalisierung, die Aufschluss bieten über die Anthropologie des *Fortunatus*. Ein dritter Gedankengang verfolgt das Erbe des Glückssäckels bei den Kindern des Fortunatus, Ampedo und Andolosia. Andolosia wird der Geldbeutel zweifach entwendet und zweifach ist es die auf den ersten Blick erzählerisch unmotivierte Verwilderung des Andolosia, die allein den Rückerwerb des Geldbeutels sicherstellt. Auf der einen Seite steht Wildheit im *Fortunatus* für gesellschaftlichen Niedergang, auf der anderen Seite stellt das Wilde die Voraussetzung dar für gesellschaftlichen Aufstieg. Erst die Verwilderung sichert die Akkumulation von Kapital und verschafft Zugang zur Gesellschaft. Wildheit von einer „antagonistisch-gleichzeitige[n] Zweiwertigkeit"[4] prägt wie kein anderes Kennzeichen die Anthropologie des *Fortunatus*.

1 Theodorus – Naturalisierung gesellschaftlicher Aspiration

Fortunatus ist der Sohn des Theodorus, eines Bürgers aus Famagusta auf Zypern. Theodorus verschleudert seinen Besitz, indem er als Bürger adligen Lebensstil über Gebühr imitiert. Er betrachtet wenig, so versichert der Text, wie seine

> elteren zu tzeiten das ir erspart vnd gemeert hettend. vnnd sein gemůt was gentzlichen gericht auff zeitlich eer / freůd vnd wollust des leibs. Vnd nam an sich ainen kostlichen stand mitt stechenn / turnieren / dem kůnig gen hoff tzu reytten / vnnd ander sachenn / Darmitt er groß gůt on ward (388,5–16).

---

4 Zum Ambiguitätsbegriff vgl. FRAUKE BERNDT/STEPHAN KAMMER: Amphibolie – Ambiguität – Ambivalenz: Die Struktur antagonistisch-gleichzeitiger Zweiwertigkeit. In: Amphibolie – Ambiguität – Ambivalenz. Hrsg. von FRAUKE BERNDT/STEPHAN KAMMER, Würzburg 2009, S. 7–30, hier S. 10.

Theodorus maßt sich ein Verhalten an, das sein Herkommen und seinen Status gefährdet. Die Freunde des Theodorus gewärtigen dieses verstörende Verhalten und wollen ihn auf die rechte Bahn bringen. Er soll heiraten und auf diesem Weg seinen bürgerlichen Verpflichtungen erneut zugeführt werden – *vnd gedachtend jm ain weib zu geben ob sy jn von sollichem ziehen möchten* (388,12f.). Doch die Freunde des Theodorus haben sich getäuscht.

> *Darab seyne freünd / vnnd auch der braut freünd groß wolgefallen entpfyengend / vermainten sy hetten ain gůt werck volbracht / das sy Theodorum (der so wild was) mitt ainem weib allso zam hetten gemachet. Doch was ynen vnkund / was die natur an ir hat / das / das nicht wol zu wenden ist* (388,29–389,4).

Nach der Heirat kommt ein Kind zur Welt, Fortunatus, doch Theodorus kümmert sich weder um Frau noch Kind:

> *Doch fieng er an widerumb sein alt wesen zuhaben mit stechen turnieren / vil knecht / costliche roß / rait dem künig zu hoff / ließ weib vnd kind vnd fragt nit wie es gieng* (389,9–12).

Die Zähmung des Wilden mittels einer bürgerlichen Haushaltsführung misslingt, die Natur, sein altes Wesen, lässt sich nicht ändern.

Die Wildheit artikuliert sich im Fall des Theodorus in einem das Maß sprengenden gesellschaftlichen Aufstiegsbegehren. Das Wilde hat inmitten der Gesellschaft seinen Platz, das unterscheidet den spätmittelalterlich/frühneuzeitlichen Wildheitsdiskurs von hochmittelalterlichen Wildheitsvorstellungen. Im Hochmittelalter wird das Wilde vorzugsweise in einem Außerhalb der Kultur verortet – man denke etwa an den Wilden Mann im *Iwein*, der nicht weiß, was eine *Aventiure* ist. Oder aber das Wilde wird als anthropologische Grundausstattung des Menschen imaginiert. Erinnert sei etwa an das Diktum Trevrizents aus Wolframs *Parzival*: *diu menscheit hât wilden art* (489,5).[5] Das Wilde gilt es dann über Erziehung in Kultur zu überführen.[6] Das hat sich mit Blick auf den *Fortunatus* grundsätzlich verändert. Gerade die Kopie höfischer Etikette wird mit dem Signum des Wildseins versehen. Der maßlose gesellschaftliche Aufstiegswille wird naturalisiert, er wird zum Rohzustand, zur Natur erhoben, die von keiner zivilisatorischen Einrichtung zu bändigen ist. Im Fall des Theodorus sorgt die Natur-

---

5 Wolfram von Eschenbach: *Parzival*. Studienausgabe. Mittelhochdeutscher Text nach der sechsten Ausgabe von Karl Lachmann. Übersetzung von Peter Knecht. Einführung zum Text von Bernd Schirok., Berlin/New York 1998.
6 Vgl. Larissa Schuler-Lang: Wildes Erzählen – Erzählen vom Wilden: *Parzival*, *Busant* und *Wolfdietrich D*, Berlin 2014 (Literatur Theorie Geschichte 4).

anlage für den gesellschaftlichen Verfall, das Wilde ruiniert die auskömmliche Arriviertheit des Stadtbürgers.

> vnd [Theodorus] *kam also zu armůt / het sein junge tag vnnützlich verzert / vnnd ward so arm das er weder knecht noch mågt vermocht </> vnd můßt die gůt fraw Graciana selber kochen vnnd wåschenn als ain armes verkaufftes weib* (389,15–19).

Immerhin deutet die Klage des Theodorus an, dass er sich der Natur hätte erwehren können, er sich aber nicht angeschickt hat, die Natur einzudämmen. Wildheit sorgt in der Vorgeschichte also für gesellschaftlichen Abstieg, dem nichts entgegengestellt wird. Die Institutionalisierung hausväterlicher Ökonomie schlägt fehl. Das Wilde hat nach Ausweis der Vorgeschichte einen angestammten Ort *in* der Kultur, es firmiert als Naturalisierung gesellschaftlichen Aufstiegstrebens. Für die Anthropologie dieses Textes scheint die Implementierung einer gesellschaftlich imprägnierten ungebändigten Natur von größter Bedeutung. Der *gesellschaftliche* Aufstiegswille ist Ausdruck der wilden Natur des Theodorus. Eine Möglichkeit, dieser wilden Natur beizukommen, besteht im Einhalten einer Ordnung garantierenden ökonomischen Rationalität. Wildheit und ökonomische Rationalität schließen sich in der normativ vorgegebenen Ordnung der Vorgeschichte indes geradezu aus. Wildheit führt geradewegs zum Gegenteil gesellschaftlichen Aufstiegs, sie mündet in den mehr oder weniger selbst gewählten Ruin. Diese Perspektive ändert sich im Fortunatus-Teil des Prosaromans entscheidend. Hier wird Wildheit zur notwendigen Bedingung von Prosperität und gesellschaftlichem Ansehen.

2 Fortunatus – Wildheit als Entdifferenzierung

Fortunatus verlässt seine verarmten Eltern und verdingt sich bei dem Grafen von Flandern in dessen Land. Am Hof des Grafen zieht er aufgrund seiner Talente den Neid der Dienerschaft auf sich. Er flieht heimlich nach London, wird dort in eine Mordaffäre verwickelt und entkommt dem Galgen nur knapp. Erneut auf der Flucht, gelangt Fortunatus in das Land Britania, gemeint ist die Bretagne, wo er sich alsbald in einem großen wilden Wald verirrt:

> *Vnnd als Fortunatus durch dass lannde woltt / kame er in aynen großsenn wilden wald / als es der Bechmer oder der turinger walde wåre / Vnnd als er verrer in den wald kam / do ward er irr gon* (427,1–4).

Er verbringt die erste Nacht in einer verlassenen Hütte eines Glasbläsers, immer, so heißt es, in *sorgen so er het vonn den wilden thieren so in dem wald ire wonung haben* (427,10 f.). Am zweiten Tag seines Irrwegs gelangt er abends an einen Brunnen, trinkt dort mit großer Lust, um seinen Durst zu stillen. Und auch hier umgibt ihn das Wilde. *do hort er ain wildes praßlen in dem wald* (428,5), er hat Angst, dass ihn die *wilden thyer* [...] *bald über eylten* (428,7 f.). Darum begibt sich Fortunatus auf einen Baum:

> vnnd zu nåchst bey dem brunnen klam er auff ainen hohen baum der auch vil ôst hett vnd sach also zu wie die wilden thyer manigerlay geschlecht kamen zu trincken / schlůgen vnd bissen hetten ain wildes gefert mit ainander (428,9–12).

Ein Bär wird auf Fortunatus aufmerksam und klettert auf den Baum. Fortunatus weiß sich des Bären zu entledigen, der Bär stürzt auf den Boden, ist aber noch keineswegs tot. Der schwere Aufschlag verscheucht die anderen wilden Tiere. Weil Fortunatus befürchtet, auf dem Baum einzuschlafen und im Schlaf zu Tode zu stürzen, klettert er den Baum hinab, fasst sich ein Herz und sticht mit seinem Degen in den Bären. Fortunatus, heißt es dann,

> legt seinen mund auf die wunden vnd sauget das warm blůt in sich / das ym ain wenig ain krafft gab / vnd gedacht ym / het ich yetzund ain feür / ich wôlt mich des hungers wol erweren (429,2–5).

Alsdann legt er sich schlafen, und als er aufwacht, sieht er *vor ym ston ain gar schônes weibs bild* (429,9), die Jungfrau des Glücks. Sie bietet ihm sechs Gaben an – Weisheit, Reichtum, Stärke, Gesundheit, Schönheit und langes Leben –, von denen er eine wählen darf. Fortunatus entscheidet sich bekanntlich für den Reichtum. Sofern er eine Art Gelübde einhält, so die Jungfrau des Glücks, ist ihm und seinen Kindern immerwährender Reichtum in Aussicht gestellt.

Die Forschung hat bislang einen besonderen Fokus auf dieses Gelübde gerichtet, auf die damit einhergehende Apotheose von Reichtum.[7] Das ist gewiss richtig, es scheint mir indes für eine Bewertung der Epiphanieszene ebenso wichtig, die Vorgeschichte im wilden Wald in den Blick zu nehmen. In raumsemantischer Einkleidung wird hier die anthropologische Bedingung der Epiphanieszene narrativ entfaltet. Allgemein gesprochen und handlungslogisch perspektiviert,

---

[7] Vgl. Dieter Kartschoke: Weisheit oder Reichtum? Zum Volksbuch von Fortunatus und seinen Söhnen. In: Literatur im Feudalismus. Hrsg. von Dieter Richter, Stuttgart 1975 (Literaturwissenschaft und Sozialwissenschaften 5), S. 213–259; Wolfgang Haubrichs: Glück und Ratio im ‚Fortunatus'. Der Begriff des Glücks zwischen Magie und städtischer Ökonomie an der Schwelle der Neuzeit. In: LiLi 50 (1983), S. 28–47.

stellt die Verwilderung des Protagonisten die entscheidende Bedingung für den gesellschaftlichen Aufstieg mittels des Geldsäckels dar. Über die verlassene Hütte des Glasbläsers dringt Fortunatus immer tiefer in den Wald ein. Mit dem Zitat des Brunnens als Einfallstor zu einer anderen Welt ahnt der erfahrene Leser bereits, welche Begegnung auf Fortunatus wartet. Die Melusine am Brunnen etwa in Thüring von Ringoltingens gleichnamigem Prosaroman verspricht Raymundt unermesslichen Reichtum, freilich unter der dem Mahrtenschema geschuldeten Bedingung, sich samstäglich von ihr fernzuhalten.[8] Brunnen versprechen also eine Art innerweltliche Heilszusage und dies weiß man unter Umständen als gebildeter Leser des *Fortunatus*. Doch zuvor bedarf es einer Zurüstung des Protagonisten, bedarf es einer spezifischen Disposition, ohne die der weitere Verlauf der Handlung nicht denkbar wäre. Zunächst löscht Fortunatus seinen Durst mit dem Wasser des Brunnens. Nachdem er den Bären getötet hat, greift er auf das Blut des Bären zurück. Über den Aufenthalt im wilden Wald hinaus erfolgt über das Bluttrinken eine Forcierung der Verwilderung, ja man könnte hier von einer Animalisierung des Protagonisten sprechen, insofern er das Blut des wilden Tieres trinkt. Er befindet sich, mit dem Anthropologen CLAUDE LÉVI-STRAUSS gesprochen, im vorkulturellen Naturzustand des Rohen, vom Zivilisationszustand des Gekochten ist er aufgrund fehlenden Feuers abgetrennt. *het ich yetzund ain feür / ich wőlt mich des hungers wol erweren* (429,4 f.). Die äußere Wildnis ist der Ort, an dem sich die innere Wildheit des Protagonisten offenbart. Mit welchen Valenzen versieht der Roman die Verwilderung des Fortunatus? Die Wildheit des Fortunatus verdankt sich in besagter Szene keinem Naturzustand, es ist die Armut, die ihn in die Wildnis und damit in die Verwilderung treibt. Auf die Frage der Glücksjungfrau, *was geest du hie vmb*, antwortet Fortunatus:

> *mich zwingt armůt das ich hye vmb gang vnnd sůch / ob mich got beraten wőlt / vnd mir soul glücks verleühen das ich zeitliche narung mőcht haben* (430,4-7).

Armut katapultiert den Protagonisten in den Unort der Wildnis. Das Hineinbegeben in die Wildnis ist ein erzwungener Akt – ganz im Gegensatz zur Wildheit des Vaters Theodorus. Die Animalisierung über die Teilhabe am tierischen Blut stellt sich als ein Effekt gesellschaftlicher Exklusion durch Armut dar. Wildheit lässt sich hier auch ganz buchstäblich als Entdifferenzierung denken, das tierische warme Blut wird zur Nahrung des Menschen, die Mensch/Tier-Grenze wird durchlässig. Das Fallen aus der Kultur, das die höfische Literatur imaginiert,

---

8 Vgl. Thüring von Ringoltingen: *Melusine*. In: Romane des 15. und 16. Jahrhunderts. Nach den Erstdrucken mit sämtlichen Holzschnitten. Hrsg. von JAN-DIRK MÜLLER, Frankfurt a. M. 1990 (Bibliothek der Frühen Neuzeit 1), S. 9–176.

wenn eine normative Leitvorstellung verfehlt wird – Iwein fällt nach seiner Verfehlung in einen kulturlosen Zustand des Wahnsinns –, kehrt hier in gewisser Weise wieder. Nur dass es hier nicht mehr um Normerfüllung, gesellschaftliche Ehre geht, sondern um das gesellschaftliche Regulativ des Geldes, das über Inklusion und Exklusion entscheidet. So sehr die Verwilderung eine erzwungene ist, so sehr bedeutet Verwilderung aber zugleich eine *conditio sine qua non* der Akkumulation von Geld und damit der Reintegration in die Gesellschaft. Erst das Geld (und nicht das Feuer!) katapultiert den Protagonisten in einen kulturfähigen Zustand. So gesehen wird im Fortunatusteil des Romans ein Kulturmodell *in nuce* entwickelt, der entscheidende Schritt vom vorkulturellen Zustand in eine kulturförmige Existenz liegt in der Bereitstellung und Handhabung von Geld. In gewisser Weise stellt der unermessliche Reichtum des Geldsäckels dabei sogar nur eine andere Form des Unregulierten, des Undifferenzierten, eines gesellschaftlich Wilden dar, ein Wildes – nun buchstäblich gesprochen – in anderer Münze. Noch im Kontext des wilden Waldes führt der Roman dies vor Augen. Nachdem Fortunatus unter Anleitung der Glücksjungfrau dem wilden Wald entkommen ist, erzählt der Roman von einem Waldgrafen, der die Gerichtsbarkeit über den Wald von Britania innehat. Dieser beabsichtigt, einem Pferdehändler aus insgesamt fünfzehn Pferden drei abzukaufen. Die beiden liegen allerdings im Streit: Der Händler möchte zwanzig Kronen mehr als der Graf zu zahlen bereit ist. Fortunatus erfährt von diesem Streit, greift in seinen Geldbeutel und erwirbt ausgerechnet die drei Pferde, auf die es der Waldgraf abgesehen hat. Die Pferde, heißt es, *geuielen jm alle wol / doch so wolt er nur die dreü / so dann der graff kaufft wolt haben* (433,8–10). Es handelt sich hier um die erste soziale Handlung, die der von der Glücksjungfrau Beschenkte unternimmt, nachdem er zuvor bei einem Wirt seinen Hunger gestillt hat. Kaum hat Fortunatus die Wildnis verlassen, steigt in ihm das auf, was man mit dem Kulturtheoretiker RENÉ GIRARD mimetisches Begehren nennen könnte. Fortunatus nämlich begehrt das, was der andere begehrt. Auf diese Weise entsteht Entdifferenzierung und damit nach GIRARD *die* Keimzelle gesellschaftlicher Unordnung schlechthin. Denn wenn es keine Differenzen mehr gibt, ist die Entdifferenzierung des Kulturellen selbst eingetreten. Der Zusammenbruch der Institutionen, der hierarchischen wie funktionalen Unterschiede verleiht so allen Dingen einen monströsen Aspekt.[9] Als der Waldgraf vom Pferdehandel des Fortunatus erfährt, lässt er ihn martern. Nur mittels einer List kann Fortunatus dem Rachebegehren des Waldgrafen entkommen. Er

---

9 Vgl. RENÉ GIRARD: Ausstoßung und Verfolgung. Eine historische Theorie des Sündenbocks, Frankfurt a. M. 1992, S. 24 f.; DERS.: Ich sah den Satan vom Himmel fallen wie ein Blitz. Eine kritische Apologie des Christentums, München/Wien 2002, S. 35–49 (Der Zyklus der mimetischen Gewalt).

behauptet, das Geld für die Pferde im Wald des Grafen gefunden zu haben, ohne allerdings zu wissen, dass der Wald dem Grafen unterstehe. Die Barmherzigkeit des Grafen überwiegt schließlich, er nimmt Fortunatus Pferde und Geld ab und jagt ihn davon.

Gesellschaftliche Differenzen, die sich im weiteren Kontext der Waldszene etwa darin ausdrücken, dass Fortunatus im Vergleich zum Waldgrafen zu Fuß unterwegs ist und ärmliche Kleidung trägt, sollen mittels des Geldes aufgehoben oder gar gelöscht werden. Die Entdifferenzierung, die der Epiphanieszene vorausgeht, die Entdifferenzierung von Tier und Mensch, insofern Fortunatus auf eine vorkulturelle Stufe zurückgeführt wird, spiegelt sich im entdifferenzierenden mimetisch-gesellschaftlichen Begehren, das die Epiphanieszene in Gestalt der Pferdekaufszene abschließt. Wildheit als Entdifferenzierung firmiert hier also *zugleich* als Voraussetzung für Kulturation in Form von monetär gestütztem Tausch wie als zerstörerischer Effekt einer essentiell monetär gesteuerten Kultur. Es fällt nicht schwer, den Kampf der wilden Tiere am Brunnen, das Rivalisieren an der Tränke, das *wilde [...] gefert mit ainander* (428,12), als Bild einer anarchisch geldfixierten Gesellschaft zu lesen. Die Gesellschaft, in die Fortunatus nach der entscheidenden Begegnung im wilden Wald hineingerät, ist gekennzeichnet von schlechter Reziprozität. Der Tausch Ware gegen Geld funktioniert nicht mehr, es gibt Streit zwischen dem Pferdehändler und dem Waldgrafen. Aus positiven Tauschhandlungen werden mittels des Geldes negative Tauschhandlungen. Geld führt dazu, dass der Wert der Dinge nicht mehr genau bestimmt werden kann. Es ist das Geld, das die Störung der Ordnung ermöglicht.

Fortunatus tritt das Erbe seines Vaters an, auch ihm geht es um Imitation adligen Verhaltens. Was in der Vorgeschichte indes noch als Remedium ins Feld geführt wird, Ordnung stabilisierende ökonomische Rationalität, fehlt im Fortunatus-Teil des Romans gänzlich. Die Fortunatusgeschichte ist die einer verwilderten Ökonomie, die auch vor Mord und Totschlag nicht zurückschreckt. Die Weisheit hat in der entfesselten Welt des Fortunatus keinen Ort, es sei denn in der wirkungslosen Klage des Protagonisten über ein willentlich abgewiesenes Schicksal. Erst nachdem ihn der Waldgraf gestellt hat, *gedacht* Fortunatus *in ym selbs / O ich armer / do ich die wal het vnder den sechs gaben / warumb erwelt ich nit weißhait für reichtumb* (435,19–436,2). Wie gesagt: Wirkung zeitigt diese Klage nicht, weder hier noch in anderen Situationen, in denen sich der Protagonist in eine unheilvolle Situation bringen wird.

3 Andolosia – Verwilderung und Verstellung

Nach fünfzehnjähriger Abwesenheit und etlichen Abenteuern kehrt Fortunatus nach Zypern zurück, dort führt er wie sein Vater ein auf Imitation adliger Repräsentation angelegtes Leben. Er heiratet auf Rat des Königs die Grafentochter Cassandra, die Ehe bringt zwei Kinder hervor, Ampedo und Andolosia. Nachdem Fortunatus zwölf Jahre ein ruhiges Leben verbracht hat, zieht es ihn in den Orient. Auf der Heimreise über Jerusalem trifft er in Alexandrien ein, wo er dem Sultan den Wünschhut ablistet, der seinen Träger im Nu überall hinbringen kann. Seine letzten Jahre verbringt Fortunatus in Famagusta. Auf dem Sterbebett erzählt er seinen Söhnen Ampedo und Andolosia von Geldbeutel und Wünschhut. Er wirkt beschwörend auf sie ein, die Kostbarkeiten nicht zu verteilen und niemandem die Kraft des Beutels mitzuteilen. Doch Andolosia schlägt die Warnungen seines Vaters in den Wind, der Wünschhut und zwei Truhen Dukaten bleiben bei Ampedo in Zypern, Andolosia dagegen macht sich mit dem Säckel für sechs Jahre auf. Er gelangt u. a. nach England, wo er sich in die Kronprinzessin Agripina verliebt, der er das Geheimnis seines Reichtums anvertraut. Die Prinzessin entwendet dem Verliebten den Säckel. Andolosia beschließt Rache. Und nun folgt eine auf den ersten Blick absurde Kette von Entführungsabenteuern. Zunächst listet Andolosia seinem Bruder den Wünschhut ab. Als Juwelenhändler mit künstlicher Nase schleicht sich Andolosia bei Agripina ein. Mittels des Wünschhutes entführt er Agripina samt dem Beutel auf eine einsame Insel.

> *do vmbfieng er sy vnd fasset sy hart stark / wünschet sich mitt ir in ain wilden wůstin / do kain wonung wår / so bald er das gewünschet do warn sy in ainer kurtzen weil durch die lüft kommen in ain ellende ynsel </> stosset an hybernia / vnnd kamen allso mit ainander vnder ainen baum / darauff stůnden gar vil schöner öpffel* (533,9–14).

Um an den Säckel heranzukommen, hätte es der Konstruktion nicht bedurft, eine wilde Insel aufzusuchen. Handlungslogisch bleibt der Wunsch Andolosias, sich in die Wildnis versetzen zu lassen, unmotiviert; erzähllogisch ist dieser Wunsch aber umso einleuchtender motiviert, denn der Erwerb von Geld, das wird durch die Fortunatusepisode im wilden Wald klar, ist an Wildnis gebunden – ohne Wildnis keine Rückeroberung des Säckels.

Agripina kann sich infolge einer Unaufmerksamkeit ihres Entführers mit Wünschhut und Beutel in ihren Londoner Palast zurückwünschen. Andolosia bleibt allein und hungernd zurück. Dieses Hungern erinnert natürlich an den hungrigen Fortunatus im wilden Wald und an jene Animalisierung, von der die Rede war. Fortunatus hatte sich schließlich durch Bärenblut Kraft zugeführt. Im Fall des Andolosia wird die Animalisierung buchstäblich greifbar. Durch das

Essen von zwei Äpfeln wachsen dem in der Wüste Verlassenen zwei Ziegenhörner:

> nun hungeret yn gar ser vnd übel / vnd von hungers not warff er in den baum / das zwen groß ôpffel herab füllen / vnd die aß er also geend / vnd als er die ôpffel geeßsen het / do wurden ym an seinem kopff zway lange hôrner wie ain gaiß hatt (535,24–28).

Ein Waldbruder weist ihn auf andere Äpfel hin, die die Hörner wieder vertreiben. Mit Äpfeln beider Art kehrt Andolosia nach London zurück. Dort verkauft er, mit einer Perücke verkleidet, der Prinzessin ‚Äpfel aus Damaskus'. Die Überraschung bleibt nicht aus:

> O ich ellende creatur [entfährt es der Prinzessin] was ist mir nun nütze / das ich aynes künges tochter / vnnd byn die reychost junckfraw / so auff erden lebt vnnd den preiss von schône über andere weyber hab / Vnnd nun aber yetzund ainem vnuernünfftigen tier geleich sich (540,18–22).

Nachdem der Prinzessin Hörner gewachsen sind, macht Andolosia ihr das Angebot, als Wunderarzt tätig zu werden. Während Andolosia Agripina behandelt, gelangt er erneut in den Besitz des Wünschhuts und wünscht sich mit Säckel und Agripina in einen wilden Wald. Er setzt sich den Wünschhut auf, fasst die Prinzessin und *wünschet sich in ainen wilden wald / da kaine leüt wårn. vnd wie er das wünschet / also geschach es von stunden / durch die kraft des hůtlins* (549,23–25). Im wilden Wald gibt er sich schließlich zu erkennen. Die gehörnte Prinzessin wird in einem Frauenkloster untergebracht und Andolosia kehrt mit reichem Gefolge nach Famagusta heim.

Es wäre ein Leichtes gewesen, den Säckel Agripina bereits in der Kammer zu entwinden und mit Hilfe des aufgefundenen Wünschhütleins samt Säckel zu entschwinden. Doch einer solchen zweckrational-lebensweltlichen Logik folgt der Text nicht; er gehorcht auch hier einer raumsemantisch perspektivierten Erzähllogik, die den Erwerb unermesslichen Reichtums zwingend an die Verwilderung des Protagonisten, an den wilden Raum, ja an die Vertierung bindet. Der zweifache Wiedererwerb des Säckels durch Andolosia ist also zum einen an die wilde Wüste bzw. den wilden Wald, zum anderen an die Vertierung gebunden. Animalisierung und Dislozierung sind notwendige und hinreichende Bedingungen des Gelderwerbs. Erst im wilden Wald – keinesfalls also im Londoner Kulturraum – kann Andolosia den Geldsäckel vom Gürtel der Agripina abschneiden. Dass sowohl Andolosia als auch Agripina mit Hörnern ausgestattet werden, ist erzähllogisch nur konsequent, denn beide kennzeichnet die unbeherrschte Gier nach dem Geldsäckel.

Was bei der Schilderung der dritten Generation auffällt, ist die Betonung der *dissimulatio*, des Scheins, des betrügerisch Künstlichen. Wie es der notwendigen Umwege über den wilden Wald bedarf, *do kain wonung wår* (533,10 f.) bzw. *da keine leüt wårn* (549,23 f.), so bedarf es der Verstellungen, um sich des Geldes zu bemächtigen. Verwilderung und Verstellung stehen in einem korrelativen Bezugssystem. So sehr der Wiedererwerb des Säckels an die Verwilderung geknüpft ist, so sehr bedarf es der Verstellung. Hier seien einige Beispiele für sich im Kontext der Andolosia-Agripina-Handlung häufende Verstellungen angeführt: Es beginnt mit der künstlichen Nase des Händlers Andolosia, mit der er in London auftritt, um an die untreue Agripina heranzukommen.

> *Anndolosia kant sy alle woll / aber sy kanten jn nit / das macht er hett ain andere nasen ob der seinen / die so abenteürlich gemacht was / das yn nyemant erkennen kund* (531,28–30).

Nachdem Agripina die Insel mit Hut und Säckel verlassen hat, klagt der zurück gelassene Andolosia:

> *wie vermag das die natur / das so vnder ainem schönen weiblichen weibs bild / so ain falsch vngetrewes hertz getragen werden mag / hett ich dir künden in das falsch hertz sehen / als ich dir vnnder dein schönes wolgestaltes angesicht sach / so wår ich in dise angst vnd not nit kommen* (535,1–6).

Oberfläche und Inneres decken sich nicht mehr, die Welt ist für Andolosia aus den Fugen geraten. Als Händler mit den Äpfeln aus Damaskus lässt sich Andolosia *ain aug verleymen / vnnd satzt auf ain gemachtes hare / dardurch er gar vnbekannt was* (539,8–10). Als Wunderarzt verkleidet sich Andolosia

> *mitt ainem hohen rotten byrreet vnd het ainen rotten rock von scharlach an gethon / vnd ain grosse nasen / vnnd etlich farb an gestrichen / das yn niemandt kennen kund / der yn vor wolbekant het* (541,28–542,2).

Selbst die Hofmeisterin, die den Wunderarzt im Auftrag Agripinas aufsucht, verstellt sich: *die hoffmaisterin verstellet sich in vnbekannte klayder* (544,15 f.). Verkleidungen und Verstellungen, die Dissoziation von Schein und Sein sind der Ausdruck einer in Unordnung geratenen ‚verwilderten' Gesellschaft. Der Zusammenschluss von Verwilderung und Verstellung bestätigt die jüngst formulierte These, dass die Figuren nur noch über Strategie erfolgreich sein können, „so dass

Verstellung im negativen wie im positiven Sinn zum elementaren Instrument sozialer Interaktion wird".[10]

Gegenüber dem Fortunatusteil lässt sich im Andolosiateil beobachten, dass etwas für Fortunatus Einmaliges, Kontingentes, nämlich die Koppelung von Wildheit und Gelderwerb, nunmehr konventionalisiert auftritt. Die Doppelung der Wiedererwerbsszene, der zweifache Wunsch, eine wilde Landschaft aufzusuchen, um an den Säckel heranzukommen, lässt sich jedenfalls so interpretieren. Es müssen jeweils die Parameter der Ausgangssituation wieder hergestellt werden, also der Aufenthalt in der Wildnis, in die man sich wünscht, wenn man sich schon nicht in sie verirrt, um den Wiedererwerb des Säckels sicherzustellen.

4 Schluss

In Dürers Porträt des Oswolt Krell, von dem diese Überlegungen paradigmatisch ausgegangen sind, weil ihm offenbar ein epochendiagnostischer Wert beigemessen werden kann, wird über die ins Bild gesetzte Verbindung von Patrizierstatus und Naturraum, über den Konnex von Ökonomie und wilden Leuten unzweifelhaft ein positives Bild von Wildheit gezeichnet. Nicht nur das Wilde erscheint als nobilitiert, vielmehr nobilitiert der Bezug auf das Wilde den Stadtbürger. Wildheit in Form der wilden Männer signalisiert hier – und nicht nur hier – Fruchtbarkeit, wirtschaftlichen Erfolg. Nur wenige Jahrzehnte später hat sich das Bild des Wilden und damit der Blick auf die Gesellschaft verändert. In der *Klag der wilden holtzleut uber die ungetrewen welt*[11] von Hans Sachs aus dem Jahr 1530 wird Wildheit zu einer Figur von Zivilisationskritik, die wilden Leute des Waldes haben sich aus einer in Auflösung befindlichen Gesellschaft zurückgezogen. Bezeichnenderweise sind es die zerstörerischen Konsequenzen der Geldwirtschaft, die Eingang in die Klage finden: *Wie sitzt der wucherer inn ehren!* (561,7), heißt es etwa, oder: *Wie nimbt uber-hand die finantz* (561,11). Die Wilden teilen die ihnen zur Verfügung stehenden Güter gemeinschaftlich und sind erst wieder bereit in die Gesellschaft zurückzukehren, wenn diese sich zugunsten einer neuen Gemeinschaftlichkeit verändert haben wird. Die eigentliche Wildnis ist in der Gesellschaft

---

10 UDO FRIEDRICH: Providenz – Kontingenz – Erfahrung. Der *Fortunatus* im Spannungsfeld von Episteme und Schicksal in der Frühen Neuzeit. In: Erzählen und Episteme. Literatur im 16. Jahrhundert. Hrsg. von BEATE KELLNER/JAN-DIRK MÜLLER/PETER STROHSCHNEIDER, Berlin, New York 2011, S. 125–156, hier S. 150.
11 HANS SACHS: *Klag der wilden holtzleut uber die ungetrewen welt*. In: HANS SACHS, Bd. 3, Hrsg. von ADELBERT VON KELLER, Stuttgart 1870, S. 561–564.

angekommen, die fliehenden Wilden, die edlen Wilden mit ihren unerzogenen Kindern, sind die eigentlich Zivilisierten.

Wie steht der *Fortunatus* zu dieser skizzierten Wertung des Wilden um 1500? Ich verbinde eine Antwort auf diese Frage mit dem resümierenden Versuch, das Verhältnis der drei Teile des Romans zueinander zu präzisieren. Der Theodorusteil bietet eine Art Exposition der Durchdringung von Anthropologie und Vergesellschaftung, von wilder Natur und gesellschaftlichem Aufstiegswillen. Wilde Natur des Menschen, gesellschaftlicher Aufstiegswille und Geld gehen in dieser Durchdringung, die man als Naturalisierung gesellschaftlicher Aspirationen fassen kann, eine unauflösbare Symbiose ein. Der Effekt der Wildheit des Theodorus besteht in der gesellschaftlichen Niederlage.

Der Fortunatusteil expliziert und entfaltet die Voraussetzungen und Bedingungen der im Theodorusteil vorgeführten Durchdringung. Er zeigt in einer narrativen Anordnung, wie Verwilderung und Gelderwerb zusammenkommen, er veranschaulicht, dass ohne das eine das andere nicht eintreten würde: ohne Verwilderung kein Gelderwerb, ohne Gelderwerb keine Rückkehr, kein Ort in der Gesellschaft. Wildheit firmiert in der Waldepisode *zugleich* als Voraussetzung für Kulturation in Form monetär gestützten Tauschs wie als zerstörerischer Effekt einer dem Geld verfallenen Kultur. Der Fortunatusteil des Prosaromans, hier besonders die Waldszene, bindet den Zusammenhang von Verwilderung und Gelderwerb an die Fortuna, die Jungfrau des Glücks. Es konkurrieren gewissermaßen zwei Begründungs- oder Kausalitätsfiguren miteinander, die auf verschiedenen Ebenen anzusiedeln sind. Ist es die Verwilderung, die die notwendige und hinreichende Bedingung für die Epiphanie darstellt oder ist es die in der Fortuna personifizierte allmächtige, letztlich nicht kontrollierbare Kontingenz, die das Geschehen steuert?

Der dritte Teil des Generationenromans, ohne dass der *Fortunatus* noch irgend an genealogischem Ordnungswissen interessiert wäre, der Andolosiateil, beantwortet diese Frage. Er wiederholt den Fortunatusteil im Sinne einer Technik, wie Geld zu erwerben sei. Wenn die Wildnis aufgesucht wird, weiß der Leser zuverlässig, dass es zum Gelderwerb kommen wird. Erwerb von Geld ist stets – offenbar in erster Linie – an Wildnis und Animalisierung gebunden, Wildnis und Gelderwerb sind metonymisch aufeinander bezogen. Deshalb wünscht sich Andolosia bezeichnender- und nicht merkwürdigerweise stets in die Wildnis, weil er nur dort sich seines Geldsäckels sicher sein kann. Bei aller Kontingenz des Geschehens scheint es doch so zu sein, dass es sich bei der Relation von Wildheit und Erwerb von Reichtum um eine *feste* Größe handelt. Nicht alles also ist unter dem Diktat einer willkürlich agierenden Fortuna, wie man sie schon häufiger im

Fortunatus-Roman ausgemacht hat,[12] im Wandel begriffen. Allein die Verwilderung sichert den Reichtum. So sehr der *Fortunatus*-Roman die zerstörerischen Konsequenzen des Wilden beschwört, so deutlich entwirft er das Bild einer monetär zugerüsteten Kultur und Gesellschaft, dem eine Anthropologie der Verwilderung an die Seite gestellt wird.

Der wilde Mann im Wappen des Oswolt Krell fungiert als untrügliches Zeichen monetär gestützter stadtbürgerlicher Arriviertheit. Prosperität kommt in Dürers Porträt im heraldischen Zeichen des Wilden daher. Fasst man die Verhandlungen des Wilden im *Fortunatus* in einem weiteren Sinne semiotisch, steht das Wilde in einem indexikalischen Sinn, also im Sinne einer Kausalitäts- bzw. Kontiguitätsrelation, in multiplen Verweiszusammenhängen für den Erwerb von Reichtum und damit gesellschaftlicher Selbstbehauptung, zugleich aber auch für Niedergang und gesellschaftlichen Abstieg. Dieses Zugleich, die Ambiguität des Wilden, wie sie der Roman entwirft, wird narrativ in ein die Bewegung des Fortuna-Rades abbildendes Nacheinander von Abstieg, Aufstieg und erneutem Abstieg, von Theodorusvorgeschichte, Fortunatusteil und Nachkommenerzählung überführt, wobei die Erzählteile jeweils spezifische Bedeutungsaspekte beleuchten. In der Vorgeschichte dominiert eine Engführung von Wildheit und Abstieg, der Hauptteil der Erzählung, die Fortunatus-Geschichte im engeren Sinne, demonstriert die Nähe von Wildheit und Erwerb von Reichtum auf der einen, gesellschaftlicher Entdifferenzierung auf der anderen Seite. Die Andolosiageschichte schließlich führt vor Augen, dass Erwerb bzw. Wiedergewinnung von Reichtum an den wilden Ort gebunden ist.

Ökonomietheoretisch könnte man formulieren, dass der Theodorusteil die Ökonomik, die Hausverwaltungskunst, verabschiedet. Erinnert sei an das Fehlschlagen der hausväterlichen Hoffnungen, die man in Theodorus gesetzt hat. Der Fortunatusteil greift die Frage der Ökonomik indes erneut auf, Fortunatus wird auf der Basis von Erfahrungswissen zum „verantwortungsvollen Hausvater"[13]. Der Fortunatusteil unterstreicht damit die Bedeutung dieses neuen Wissenstyps, nicht ohne zu behaupten, dass monetäre Hausverwaltungskunst einer Verwilderung geschuldet ist. Der Ampedo- und Andolosiateil schließlich widmet sich der Chrematistik, es werden – im Andolosiateil dann bereits als eine Art Technik – die Bedingungen des *Gelderwerbs* vor Augen geführt, eines Gelderwerbs, dem

---

12 Vgl. JAN-DIRK MÜLLER: Die Fortuna des Fortunatus. Zur Auflösung mittelalterlicher Sinndeutung des Sinnlosen. In: Fortuna. Hrsg. von WALTER HAUG/BURGHART WACHINGER, Tübingen 1995 (Fortuna vitrea 15), S. 216–238; FLORIAN KRAGL: Fortes fortuna adiuvat? Zum Glücksbegriff im ›Fortunatus‹. In: Mythos – Sage – Erzählung. Gedenkschrift für Alfred Ebenbauer. Hrsg. von JOHANNES KELLER/FLORIAN KRAGL, Göttingen 2009, S. 223–240.
13 FRIEDRICH (Anm. 10), S. 143.

es nicht mehr um Bedarf und Gebrauch geht. Das Tauschmittel Geld wird zum alleinigen Zweck, es zerstört in seinen Auswirkungen das Gefüge der politischen Gemeinschaft. Zur eigentlichen Hausgründung kommt es im Fall des Andolosia nicht mehr, Neider lassen ihn erwürgen. Wenn ein Graf Theodorus zu diesen Neidern zählt, erinnert das natürlich an Theodorus, den Vater des Fortunatus, der das ökonomische Denken verabschiedet hatte. Der Siegeszug der Chrematistik im *Fortunatus* bedeutet zugleich das Ende des Geldsegens, denn mit dem Tod der Kinder des Fortunatus, mit dem Tod des Ampedo und des Andolosia, kommt die Potenz des Geldsäckels an ein Ende. Man wird diese Konstruktion – den Siegeszug der Chrematistik, die mit der Depotenzierung des Säckels einhergeht – gewiss als Kritik an einem frühkapitalistischen wild-totalitären Ökonomismus werten dürfen. Ob, so gesehen, der *Fortunatus* dann vielleicht doch auch als warnendes Exempel zu lesen ist, bleibt eine offene Frage.

Timo Reuvekamp-Felber
Polyvalenzen und Kulturkritik
Zur notwendigen Neuausgabe des *Erec* Hartmanns von Aue

Polyvalenz und Offenheit eignet literarischen Texten mehr als jeden anderen Formen kultureller Praxis des Menschen, da nur sie einen Raum zu eröffnen vermögen, „in dem sich unsere begrifflich fixierte Reflexion [...] über das, was Leben, Wirklichkeit, Sinn und was die Möglichkeiten sprachlicher Modellierung dieser Kategorien sind", treffen kann mit unserem vorbegrifflichen Nachdenken und unserem assoziativen Divagieren.[1] Der literarische Diskurs gerät dabei durch seinen begrifflich inexakten, figuralen Modus „zum Modell maximaler Möglichkeiten von Semiosis".[2] Diese Offenheit für das Heterogene ist im kulturellen Reflexionsraum der Literatur nicht erst seit den vermeintlichen Epochenschwellen um 1500 oder 1800 dessen Charakteristikum, sondern ein hinreichendes Merkmal der Modalität literarischer Texte seit der Antike.[3] Entsprechend schreibt MICHAEL SCHEFFEL: „Das Spiel mit der Ambivalenz sowohl des ontologischen Status von Geschehen als auch des pragmatischen Status der Erzählerrede etwa ist so alt wie das Phänomen des fiktionalen Erzählens selbst."[4] Zwar mögen in der Vormoderne literarische Äußerungen quantitativ überwiegen, die durch Muster- und Regelhaftigkeit sowie Exemplarizität, also durch Monologizität gekennzeichnet sind,[5] dennoch zeigen sich semantische Offenheiten in zahlreichen literarischen

---

[1] JOACHIM KÜPPER: Was ist Literatur? In: Zeitschrift für Ästhetik und Allgemeine Kunstwissenschaft 45/2 (2001), S. 187–215, hier S. 197.
[2] Ebd., S. 201.
[3] Den Begriff der ‚Offenheit' führte UMBERTO ECO: Opera aperta (1962), dt.: Das offene Kunstwerk. Frankfurt a. M. (1973) ⁶1993 (stw 222) in die literaturwissenschaftliche Debatte ein.
[4] MICHAEL SCHEFFEL: Formen und Funktionen von Ambiguität in der literarischen Erzählung. Ein Beitrag aus narratologischer Sicht. In: Amphibolie – Ambiguität – Ambivalenz. Hrsg. von FRAUKE BERNDT/STEPHAN KAMMER, Würzburg 2009, S. 89–103, hier S. 97. Dies hat auch ECO schon in seinem Vorwort zur zweiten Auflage seines „offenen Kunstwerks" (Anm. 3) betont: „[...] es wurde wohl genügend deutlich gemacht, daß die Offenheit im Sinne einer fundamentalen Ambiguität der künstlerischen Botschaft eine Konstante jedes Werkes aus jeder Zeit ist" (S. 11).
[5] Vgl. dazu zuletzt für die Epoche des Mittelalters: Text und Normativität im deutschen Mittelalter. XX. Anglo-German Colloquium. Hrsg. von ELKE BRÜGGEN u. a., Berlin, Boston 2012. Die Herausgeber verweisen aber bereits im Vorwort darauf, dass literarische Texte des Mittelalters nicht nur bemüht sind, Normen zu vermitteln und zu explizieren, sondern sich ebenso durch „Prozesse ihrer Infragestellung, Reflexion und Kritik, ihrer Transformation oder ihrer Destabilisierung, Auflösung und Neusetzung" (S. 2) auszeichnen.

Texten der Antike und nachfolgend des Mittelalters.[6] Gerade diese semantischen Offenheiten durch intendiertes Ambiguieren sind es ja, die als Spielräume die wissenschaftlich hermeneutische Arbeit am Text erst ermöglichen und oft genug den weltliterarischen Rang des Einzeltextes mitbegründen helfen.[7]

Als ambig können sich dabei ganz unterschiedliche Einheiten des literarischen Textes erweisen, genauer: Der Text kann ganz unterschiedliche Formen der Ambiguisierung nutzen.[8] Die semantische Polyvalenz eines einzelnen Wortes oder Satzes kann Zweideutigkeiten produzieren,[9] Fokalisierungstechniken können Vielstimmigkeiten der Erzählung und ihrer Bedeutungszuweisungen zur Folge haben,[10] die Ebene von *histoire* und *discours* kann auseinanderfallen, Kom-

---

[6] *ambiguitas* als rhetorisches Konzept „fällt [...] unter die Kategorie der *obscuritas*, führt aber ‚nicht ins Dunkel', sondern läßt die Wahl zwischen zwei Sinnen" (ROLAND BERNECKER/THOMAS STEINFELD: Art. Amphibolie, Ambiguität. In: Historisches Wörterbuch der Rhetorik. Hrsg. von GERT UEDING, Bd. 1, Tübingen 1992, Sp. 436–444). Allerdings behandelt Quintilian *ambiguitas* im Rahmen der juristischen Auseinandersetzung vor Gericht, wo diese strikt zu vermeiden sei, da dort Eindeutigkeit des Sachverhalts wie der Argumente geboten sei (vgl. MARTINA WAGNER-ENGELHAAF: Überredung/Überzeugung. Zur Ambivalenz der Rhetorik. In: Amphibolie – Ambiguität – Ambivalenz [Anm. 4], S. 33–52). Der Funktionszusammenhang bei Quintilian läuft also einer Nobilitierung der Ambiguität in literarischen Texten geradezu entgegen. Zur Ambiguität mittelalterlicher Bildzeugnisse vgl. SILKE TAMMEN: Stelzenfisch und Bildnisse in einer Baumkrone, Unähnlichkeit und Montage. Gedanken zur Ambiguität mittelalterlicher Bilder. In: Ambiguität in der Kunst. Typen und Funktionen eines ästhetischen Paradigmas. Hrsg. von VERENA KRIEGER/RACHEL MADER, Köln u. a. 2010, S. 53–72.

[7] Schließlich ist Ambiguität ja ein versteckter Modus ästhetischer Normierung: Gerade in der germanistischen Mediävistik, die mit einem erweiterten Literaturbegriff operiert, der auch pragmatisches Schrifttum inkorporiert, ist die Nobilitierung ‚schöner Literatur' im engeren Sinne avant la lettre durch das Spezifikum der Ambiguität sichergestellt.

[8] Vgl. grundsätzlich zu den möglichen Formen von Ambiguität BERNECKER/STEINFELD (Anm. 6), Sp. 437.

[9] Dieser Mehrdeutigkeit von Einzelbegriffen – allerdings im juristischen oder politischen Kontext – widmen sich bereits die Rhetorikhandbücher Ciceros und Quintilians in der Antike, und zwar fast ausschließlich als bedauerlich „mangelhafte Realisierung des Bedeuteten in der Sprachform" (ebd., Sp. 438), die ursächlich für Streitigkeiten vor Gericht verantwortlich sei und in Widerspruchsfreiheit überführt werden müsse. Zu rhetorischen Dimensionen der Ambiguität vgl. auch MATTHIAS BAUER u. a.: Dimensionen der Ambiguität. In: Zeitschrift für Literaturwissenschaft und Linguistik 40 (2010) [Heft 158: Ambiguität. Hrsg. von WOLFGANG KLEIN/SUSANNE WINKLER], S. 7–75, hier S. 8–26. Für die mittelalterliche Dichtung fehlt eine einschlägige Untersuchung. Beispielhaft an dem Textcorpus der Faustbücher untersucht MARINA MÜNKLER: Narrative Ambiguität. Die Faustbücher des 16. bis 18. Jahrhunderts, Göttingen 2011 Formen der Ambiguität in frühneuzeitlicher Literatur.

[10] Grundlegend zu Fokalisierungstechniken in deutschsprachigen Romanen um 1200 ist GERT HÜBNER: Erzählform im höfischen Roman. Studien zur Fokalisierung im „Eneas", im „Iwein" und im „Tristan", Tübingen, Basel 2003 (Bibliotheca Germanica 44).

mentare des Erzählers können sich als unzuverlässig erweisen, die evaluative Struktur des literarischen Textes dadurch ihre Eindeutigkeit verlieren,[11] schließlich kann auch die Gesamtbedeutung der Narration ambivalent sein.[12] Formen literarischer Ambiguität haben dabei eine textsortenspezifische Prägung und tragen eine Epochensignatur mit sich. Als Potentiale liegen sie seit dem Anbeginn fiktionalen Erzählens in der Antike bereit, ihre forcierte quantitative Aktualisierung ist jedoch an kulturelle Kontexte gebunden, die Prozesse der Infragestellung, Reflexion und Kritik von scheinbar Eindeutigem befördern. Schein und Sein, Ironie und Reflexivität sind Kennzeichen der Literatur spezifischer Epochen, in denen „Pluralität und Reflexivität als Merkmale der Verfaßtheit bewußtseinsmäßiger Konzeptualisierung des Wirklichen in den Vordergrund treten".[13] Gerade die Zeit um 1200 hat als eine so apostrophierte Blütezeit deutschsprachiger Dichtkunst Texte hervorgebracht, die sich durch vielfältige Formen von

---

11 Erstmals hat das Konzept des 'unreliable narrator' WAYNE C. BOOTH: The Rhetoric of Fiction (1961), dt.: Die Rhetorik der Erzählkunst, 2 Bde., Heidelberg 1974 (UTB 384/385) beschrieben. Von dort hat es Eingang gefunden in das narratologische Basiswissen (vgl. MATIAS MARTINEZ/ MICHAEL SCHEFFEL: Einführung in die Erzähltheorie, München 1999). Auch wenn den Erzählerfiguren sowie ihren Rollenspielen und Unzuverlässigkeiten in den Romanen um 1200 größte Aufmerksamkeit geschuldet wurde, hat sich der Begriff in der mediävistischen Forschung bislang noch nicht etablieren können. Vgl. z. B. HANS PETER KRAMER: Erzählerbemerkungen und Erzählkommentare in Chrestiens und Hartmanns „Erec" und „Iwein", Marburg 1971; EBERHARD NELLMANN: Wolframs Erzähltechnik. Untersuchungen zur Funktion des Erzählers, Wiesbaden 1973; URSULA KUTTNER: Das Erzählen des Erzählten. Eine Studie zum Stil in Hartmanns „Erec" und „Iwein", Bonn 1978; BEATE HENNIG: Maere und werc. Zur Funktion erzählerischen Handelns im „Iwein" Hartmanns von Aue, Göppingen 1981; JOACHIM BUMKE: Wolfram von Eschenbach. 8., vollst. neu bearb. Aufl., Stuttgart u. a. 2004 (SM 36), S. 215 ff.; MARTIN BAISCH: Die Bedeutung der Varianz. Zu den auktorialen Selbstentwürfen im Parzival Wolframs von Eschenbach. In: Kulturen des Manuskriptzeitalters. Ergebnisse der Amerikanisch-Deutschen Arbeitstagung an der Georg-August-Universität Göttingen vom 17. bis 20. Oktober 2002. Hrsg. von ARTHUR GROOS/ HANS-JOCHEN SCHIEWER, Göttingen 2004, S. 11–40; MARINA MÜNKLER: Inszenierungen von Normreflexivität und Selbstreflexivität in Wolframs von Eschenbach „Parzival". In: Zeitschrift für Geschichtswissenschaft 18 (2008), S. 497–511; CORINNA LAUDE: ‚Hartmann' im Gespräch – oder Störfall ‚Stimme'. Narratologische Fragen an die Erzählinstanz des mittelalterlichen Artusromans (nebst einigen Überlegungen zur Allegorie des Mittelalters). In: Ambivalenz und Kohärenz. Untersuchungen zur narrativen Sinnbildung. Hrsg. von JULIA ABEL/ANDREAS BLÖDORN/ MICHAEL SCHEFFEL, Trier 2009 (Schriftenreihe Literaturwissenschaft 81), S. 71–91; RACHEL RAUMANN: Fictio und historia in den Artusromanen Hartmanns von Aue und im „Prosa-Lancelot", Tübingen, Basel 2010 (Bibliotheca Germanica 57).
12 Vgl. JULIA ABEL/ANDREAS BLÖDORN/MICHAEL SCHEFFEL: Narrative Sinnbildung im Spannungsfeld von Ambivalenz und Kohärenz. Einführung. In: Ambivalenz und Kohärenz (Anm. 11), S. 1–11, v. a. S. 8 f.
13 KÜPPER (Anm. 1), S. 212.

Ambiguität auszeichnen.¹⁴ Die gleichzeitige Anwesenheit von entgegengesetzten Tendenzen betrifft dabei in auffallender Weise gerade jene thematisch-ideologischen Bereiche, denen man unterstellen kann, dass sie für das Selbstverständnis der diese Literatur rezipierenden laikalen Adelsgesellschaft von entscheidender Bedeutung gewesen sein dürften: Familie, Freundschaft, Gefolgschaft, Recht, Gewalt und Sexualität. Ambivalenzen in der Gestaltung des zentralen Paradigmas geben z. B. dem *Tristan*-Roman Gottfrieds seinen besonderen Reiz: Dessen ehebrecherische Liebe pendelt in Wertungen und Darstellung nämlich unentwegt zwischen größtem Glück und maximalem Verderben hin und her. Liebe ist hier immer zugleich heilig und profan, glücksverheißend und todbringend, ethisch bedeutsam und moralisch zweifelhaft, identitätsbildend und entfremdend. Im *Nibelungenlied* bilden andere Institutionen menschlicher Nahbeziehungen in ihrer Widersprüchlichkeit den notwendigen Hintergrund für das Untergangsgeschehen: Freundschaft, Gefolgschaft und Verwandtschaft. Diese menschlichen Beziehungsformen garantieren einerseits positive Interaktionsformen der literarischen Figuren, zugleich aber wird erst durch ihre nahezu fraglose Gültigkeit die Möglichkeit eröffnet, menschliche Bindungen zu zerstören, den Freund und Verwandten physisch zu vernichten.¹⁵ Verwandtschaft, Gefolgschaft und Freundschaft bieten größtmögliche Sicherheit für den Einzelnen, zugleich führen sie größtmögliche Gefahrenpotentiale mit sich, die sich in Verrat und Gewalt zu konkretisieren vermögen.¹⁶ Aus dieser Konstruktion leitet sich auch indirekt die ambivalente Bewertung der Protagonisten Kriemhild und Hagen in den Fassungen B und C sowie dem ersten Rezeptionszeugnis, der *Nibelungenklage*, ab, wo ihr Anteil am Untergangsgeschehen je unterschiedlich beurteilt wird. Die Bewertungsmaßstäbe für ihre Handlungen verlieren vor dem Hintergrund ihrer differenzierten personalen Bindungen (Gefolgschaft bei Hagen, Liebe bei Kriemhild) ihre Eindeutigkeit.

Schließlich zeichnen sich die Artusromane *Iwein* und *Parzival* gerade durch ihre Komik und ironischen Erzählverfahren aus, die dazu beitragen, thematisch-ideologische Positionen zu Ritterschaft, Liebe, Freundschaft und Verwandtschaft

---

14 LAUDE (Anm. 11) hat z. B. zurecht auf die ambivalente Konstruktion zwischen *discours* und *histoire* in den Artusromanen um 1200 verwiesen, die bestimmte Sinnbildungsstrategien unterbinde.
15 Verwandtschaft als ein ambiges Konzept findet sich auch als zentrales Motiv in den Romanen Wolframs von Eschenbach: im *Willehalm* und im *Parzival*.
16 Vgl. JAN-DIRK MÜLLER: Spielregeln für den Untergang. Die Welt des Nibelungenliedes, Tübingen 1998, S. 153–170. Zur Freundschaft vgl. CAROLINE KRÜGER: Freundschaft in der höfischen Epik um 1200. Diskurse von Nahbeziehungen, Berlin, New York 2011.

ambivalent zu gestalten.¹⁷ Wolframs *Parzival* ist dabei sogar einer „Poetik des Heterogenen" zugerechnet worden.¹⁸ Auch für diesen Artusroman ist zu konstatieren, dass er zugleich die ritterliche Gewalt gutheißt und problematisiert, Liebe zugleich sowohl in ihren beseligenden als auch katastrophalen Folgen für den Einzelnen wie die Gesellschaft figuriert, Freundschaft und Verwandtschaft zugleich in ihrem Nutzen und ihren Gefährdungspotenzialen ausleuchtet.¹⁹ Nun hat die Forschung diese gesellschaftskritischen Reflexionen und Formen der Ambiguität in den Erzähltexten der sogenannten „Blütezeit" längst erschlossen und ausreichend gewürdigt. Anders jedoch sieht das beim *Erec* Hartmanns von Aue aus, der als Gattungsprototyp den Artusroman in die deutsche Literaturgeschichte eingeführt hat. Diesem Roman kommt – obwohl man durchaus an einzelnen Stellen (so z. B. in der Episode um die Zauberin Feimurgân) auf das Ambivalente der Darstellung und des Dargestellten hingewiesen hat – zumeist das Urteil zu, „aus Rücksichtnahme auf ein literarisch weniger erfahrenes Publikum"²⁰ sich an der Darstellung größerer Vorbildlichkeit auszurichten, mithin auf eine ambige Gestaltung der Artusgesellschaft und der ritterlichen Identität des Protagonisten zu verzichten.²¹ So spricht z. B. DOROTHEA KLEIN davon, dass Hartmann den Roman Chrétiens „zum Lehrstück für vorbildliches Rittertum umgemodelt"

---

17 Vgl. zum *Iwein* immer noch MAX WEHRLI: Iweins Erwachen (1969), wieder in: Hartmann von Aue. Hrsg. von HUGO KUHN/CHRISTOPH CORMEAU, Darmstadt 1973 (WdF 359), S. 491–510; SILVIA RANAWAKE: Zu Form und Funktion der Ironie bei Hartmann von Aue. In: Wolfram-Studien 7 (1982), S. 75–116; WALTER HAUG: Das Spiel mit der arthurischen Struktur in der Komödie von Yvain/Iwein. In: Erzählstrukturen in der Artusliteratur. Forschungsgeschichte und neue Ansätze. Hrsg. von FRIEDRICH WOLFZETTEL, Tübingen 1999, S. 99–118; SILVIA REUVEKAMP: Sprichwort und Sentenz im narrativen Kontext. Ein Beitrag zur Poetik des höfischen Romans, Berlin, New York 2007, S. 77–80, S. 106–111. Für Chrétiens *Yvain* hat RAINER WARNING: Formen narrativer Identitätskonstitution im höfischen Roman. In: Identität. Hrsg. von ODO MARQUARD/KARLHEINZ STIERLE, München 1979 (Poetik und Hermeneutik 8), S. 553–589, Verfahren und Funktionen der ironischen Vermittlungsweise konzis herausgearbeitet. Zum *Parzival* seien aus der Vielzahl der Publikationen nur erwähnt SEBASTIAN COXON: Der Ritter und die Fährmannstochter. Zum schwankhaften Erzählen in Wolframs Parzival. In: Wolfram-Studien 17 (2002), S. 114–135; KLAUS RIDDER: Narrheit und Heiligkeit. Komik im Parzival Wolframs von Eschenbach. In: Wolfram-Studien 17 (2002), S. 136–156; und zuletzt STEFAN SEEBER: Poetik des Lachens. Untersuchungen zum mittelhochdeutschen Roman um 1200, Berlin, New York 2010 (MTU 140).
18 BEATRICE TRÎNCA: Parrieren und undersnîden. Wolframs Poetik des Heterogenen, Heidelberg 2008.
19 Vgl. zuletzt SILVIA REUVEKAMP: des gît gewisse lêre / künec Artûs der guote. Zur Thematisierung und Funktionalisierung des Normativen in der Figurenpoetik des höfischen Romans. In: Text und Normativität (Anm. 5), S. 51–64.
20 VOLKER MERTENS: Der deutsche Artusroman, Stuttgart 1998 (RUB 17609), S. 53.
21 Solche in der gegenwärtigen Forschung homogenisierenden Lektüren stimmen tendenziell überein mit den zentralen harmonisierenden Positionen im wirkungsmächtigen Beitrag von

habe, „der Jüngling Erec für die zeitgenössischen Leser Hartmanns zum Modell geworden" sei.²² Solche in der germanistischen Mediävistik fest etablierten Verstehenskonzepte, die dem *Erec* die Funktion zuweisen, höfisch-ritterliches Leben zu idealisieren, gründen m. E. auf unzulänglichen Textausgaben, die solche problematischen Lektüren durch ein philologisches Textkonstrukt befördern, das auf Editionsparadigmen des neunzehnten Jahrhunderts beruht.

Wodurch zeichnen sich nun sämtliche Textausgaben des *Erec* aus, dass sie solchen vereindeutigenden Lektüren dieses Romans Vorschub leisten? Der Roman ist abgesehen von vier Fragmenten (Koblenz, Wien, Wolfenbüttel und Zwettl) nur in einer einzigen Handschrift vom Anfang des sechzehnten Jahrhunderts, dem *Ambraser Heldenbuch*, annähernd vollständig überliefert. Der von Hans Ried im Auftrag Kaiser Maximilians I. aufgeschriebene *Ambraser Erec* hat zwei Textlücken, bietet ansonsten aber eine nahezu fehlerfreie Textgestalt. Dennoch greift die Editionsphilologie bis heute rigoros in diese Textgestalt ein und verbessert diese angeblich, um den Autortext im Sinne einer auf der Lachmannschen Methode basierenden Textkritik zu rekonstruieren. Der lange Zeitraum zwischen der Entstehung des Textes um 1185 und seiner Niederschrift im Ambraser Codex, die Transposition des schwäbischen Mittelhochdeutschen Hartmanns in ein bairisches Frühneuhochdeutsch Rieds sowie die zahlreichen Verstöße gegen eine für Hartmann vorausgesetzte ideale vierhebige metrische Form haben dazu geführt, ungefähr 1500 Konjekturen in den Ambraser *Erec* einzufügen sowie mehr als 1000 Verse für unecht zu erklären.²³ Einige dieser Konjekturen und vor allem

---

KURT RUH: Höfische Epik des deutschen Mittelalters. 1. Teil: Von den Anfängen bis zu Hartmann von Aue, Berlin ²1977 (Grundlagen der Germanistik 7), S. 115–141.

22 DOROTHEA KLEIN: Geschlecht und Gewalt. Zur Konstitution von Männlichkeit im Erec Hartmanns von Aue. In: Literarisches Leben. Festschrift für Volker Mertens. Hrsg. von MATTHIAS MEYER u. a., Tübingen 2002, S. 433–463, hier S. 443.

23 Zu den regelrechten Glaubenskriegen, die die Textphilologie des neunzehnten Jahrhunderts beim Bemühen um die Rekonstruktion des originalen Wortlauts geführt hat, vgl. demnächst ANDREAS HAMMER: Hartmann von Aue oder Hans Ried? Zum Umgang mit der Text- und Stilkritik des „Ambraser Erec", erscheint im Laufe des Jahres in: Stil. Mittelalterliche Literatur zwischen Tradition und Innovation. XXII. Anglo-German-Colloquium, Düsseldorf (Bensberg) 2011. Hrsg. von ELIZABETH ANDERSEN u. a. In der Lyriküberlieferung hat man vor allem am Beispiel Neidharts solche Echtheitsdiskussionen mit ästhetischen und moralischen Paradigmen des neunzehnten Jahrhunderts geführt, die sich angeblich auf formale, stilistische und v. a. thematische Spezifika Neidharts gründeten. Solche müßigen Diskussionen sind seit den Arbeiten GÜNTHER SCHWEIKLES und der Neuausgabe der Lieder Neidharts obsolet: „Weder die ‚Echtheit' mittelalterlicher Lieder noch ihre ‚Unechtheit' läßt sich letztlich beweisen [...]. Offenbar ist, daß das Mittelalter die unter Neidharts Namen überlieferten Texte auch für Neidharts Werk hielt. Das heißt – über ein historisches Neidhartbild wird man begründet wohl nicht hinauskommen" [GÜNTHER SCHWEIKLE: Neidhart, Stuttgart 1990 (SM 253), S. 38]. Analog scheint es mir zweifelhaft, für die

die Tilgung der mehr als 1000 Verse zielen auf Textpartien, die die scheinbare Vorbildlichkeit der arthurischen Hofgesellschaft und des Protagonisten ambiguisieren, der Erzählung eine Mehrstimmigkeit verleihen und für eine größere Komplexität ihrer Bedeutungsstrukturen sorgen. Im Folgenden soll anhand zweier prägnanter Beispiele gezeigt werden, dass die rekonstruktiv operierenden *Erec*-Ausgaben mit ihren zahlreichen, aus dem Wissenschaftsoptimismus des neunzehnten Jahrhunderts resultierenden Konjekturen nur bedingt geeignet sind, sich mit diesem Zentraltext der deutschsprachigen Dichtung des Mittelalters literatur- bzw. kulturwissenschaftlich zu beschäftigen, und daher eine an den Handschriftenverhältnissen orientierte Neuausgabe dringend geboten ist.

Mein erstes Beispiel betrifft die sich in der Logik des Zweikampfes manifestierende ritterliche Leistungsethik. UDO FRIEDRICH hat in einem grundlegenden Beitrag zum Zweikampf im Mittelalter zeigen können, dass alle Zweikämpfe im *Erec* durch das Prinzip von Über- und Unterordnung eine symbolische Ordnung sozialer Hierarchisierung zu errichten vermögen.[24] BURKHARD HASEBRINK hat diese Hierarchisierungslogik im Hinblick auf die beiden Kämpfe zwischen Erec und dem zwergenhaften König Guivreiz zurückgewiesen, da in ihnen die Gewalt nicht etwa dazu führe, die beiden Kämpfer in ihrem Rang sozial abzustufen, sondern erst deren Freundschaft zu begründen.[25] Im Anschluss an die Thesen EVE SEDGWICKS zum männlich-homosozialen Begehren möchte HASEBRINK in diesen Kämpfen den „Entwurf einer Freundschaft zwischen offener Agonalität und latentem Begehren"[26] erkennen. Der Kampf sei „kein Einwand gegen die Freund-

---

Textpartien des *Ambraser Erec* eine Debatte um deren ‚Echtheit' zu führen. Zu Neidhart vgl. auch GÜNTHER SCHWEIKLE: Pseudo-Neidharte? In: Zeitschrift für deutsche Philologie 100 (1981), S. 86–104; Neidhart-Lieder. Texte und Melodien sämtlicher Handschriften und Drucke, 3 Bde, Hrsg. von ULRICH MÜLLER/INGRID BENNEWITZ/FRANZ VICTOR SPECHTLER, Berlin 2007.
24 Vgl. UDO FRIEDRICH: Die ‚symbolische Ordnung' des Zweikampfs im Mittelalter. In: Gewalt im Mittelalter. Realitäten – Imaginationen. Hrsg. von MANUEL BRAUN/CORNELIA HERBERICHS, München 2005, S. 123–158, hier S. 129.
25 Vgl. BURKHARD HASEBRINK: Erecs Wunde. Zur Performativität der Freundschaft im höfischen Roman. In: Oxford German Studies 38 (2009), S. 1–11, hier S. 2 f. Das Motiv vom ‚Kampf mit dem Freund' hat erstmals WOLFGANG HARMS: Der Kampf mit dem Freund oder Verwandten in der deutschen Literatur bis um 1300, München 1963 (Medium Aevum 1) untersucht. Vgl. zum Zweikampf als Element männlich-heroischer Freundschaft auch KRÜGER (Anm. 16), S. 207–228.
26 HASEBRINK (Anm. 25), S. 3. Die Thesen EVE SEDGWICKS für die Lektüre mittelalterlicher Texte fruchtbar zu machen, hat ANDREAS KRASS: Das erotische Dreieck. Homosoziales Begehren in einer mittelalterlichen Novelle. In: DERS.: Queer denken. Gegen die Ordnung der Sexualität (Queer Studies), Frankfurt a. M. 2003 (es 2248), S. 277–297, am Beispiel des „Borten" bereits vergeblich versucht. Generell zum Verhältnis von Queer Studies und germanistischer Mediävistik vgl. den informativen Forschungsbericht ANDREAS KRASS: Kritische Heteronormativitätsforschung. Der *queer turn* in der germanistischen Mediävistik. In: Zeitschrift für deutsche Philologie

schaft, nicht ihre Gefährdung, sondern ihre erste und vielleicht privilegierte Vollzugsform"[27], da sich erst in der Begegnung mit einem gleichwertigen Gegner männliche Identität als ritterliche Habitualisierung performativ konstituieren und in ein Verhältnis von Gleichrangigkeit als Voraussetzung von Freundschaft münden könne. HASEBRINKS ingeniöse Lektüre der beiden Guivreiz-Kämpfe mit ihrer Apologetik des ritterlichen Kampfes gründet allerdings auf dem rekonstruierten Text der *Erec*-Editionen und übergeht den Wortlaut der Ambraser Handschrift, was dazu führt, dass deren explizite Kritik an der Kampfesfreude der beiden Ritter unterschlagen wird.[28]

Diese Kritik manifestiert sich am Ende des ersten Zweikampfs, aus dem Erec als Sieger hervorgeht. Nachdem er erfahren hat, dass es sich bei seinem Gegner um den *künig uber Irlant* (4476) und damit um einen Ebenbürtigen handelt, schließen die beiden Freundschaft, indem sie einander die Wunden verbinden, wofür sie ihre eigene Kleidung zerreißen. Beide geben für den anderen ihr buchstäblich letztes Hemd: ein intensiver Freundschaftsakt, der – und hier würde ich HASEBRINK durchaus folgen – durch den agonalen Zweikampf, aber auch durch die Unterwerfung Guivreiz' und zugleich seine Ebenbürtigkeit ermöglicht wird. Erst nachdem Guivreiz nämlich seine soziale Identität preisgibt, weist Erec das Angebot seines unterlegenen Gegenübers zurück, Lehnsdienst leisten zu wollen; stattdessen leistet er ihm den Freundschaftsdienst, seine Wunden zu verbinden. Das gegenseitige Verbinden verweist darauf, rückgängig machen zu wollen, was man dem königlichen Standesgenossen angetan hat. Zum Abschluss dieser Episode heißt es dann in allen Textausgaben übereinstimmend lapidar:

> *ze handen viengen si sich dô,*
> *ir ietweder was des andern vrô,*

---

128 (2009), S. 95–106, sowie die kritische Bilanzierung von RÜDIGER SCHNELL: Queer Studies in der Mediävistik. Anspruch und Wirklichkeit. In: Zeitschrift für deutsche Philologie 131 (2012), S. 431–454.

27 HASEBRINK (Anm. 25), S. 6.

28 Dies ist auch bei anderen Forschungsbeiträgen der Fall. CHRISTOPH HUBER: Ritterideologie und Gegnertötung. Überlegungen zu den „Erec"-Romanen Chrétiens und Hartmanns und zum „Prosa-Lancelot". In: Spannungen und Konflikte menschlichen Zusammenlebens in der deutschen Literatur des Mittelalters, Bristoler Colloquium. Hrsg. von KURT GÄRTNER/INGRID KASTEN/ FRANK SHAW, Tübingen 1996, S. 59–73, erkennt in den Guivret/Guivreiz-Szenen „das kämpferische Draufgängertum" (S. 63), andererseits bieten ihm die Texte Hartmanns und Chrétiens kein klares Bild: „Dabei scheint es mir den Texten nicht zwingend zu entnehmen, ob sie ein [...] massiv didaktisches oder ein eher problematisierend distanziertes Verständnis der Situation anstreben" (ebd.). Dies ist allein darin begründet, dass HUBER sich auf die Konjektur der *Erec*-Philologie stützt.

> und sâzen ensamet ûf daz gras,
> wan in ruowe nôt was (V. 4494–4497).[29]

ruowe ist allerdings eine dieser überflüssigen Konjekturen. Das *Ambraser Heldenbuch* als einziges handschriftliches Zeugnis hat folgenden Wortlaut:

> Ze handen viengen si sich da,
> Ir jetweder was des andern fro
> und sassen miteinander auf das gras,
> wann In reu not was (Ambraser Erec, V. 5481–5484).[30]

Sie hatten Reue, nicht Ruhe nötig. Was sie bereuen müssen, ist, beinahe einen potentiellen Freund erschlagen zu haben. Erec hätte Guivreiz fast getötet, als dieser bezwungen und wehrlos vor ihm auf dem Boden lag:

> Eregk vilderoilach
> hette nach missetan,
> Wann er wolte In erslagen han (Ambraser Erec, V. 5426–5428).

Die in *âventiuren* und Zweikämpfen perpetuierte Anwendung ritterlicher Gewalt hat zweifellos die von FRIEDRICH postulierte ordnungsstiftende und stratifikatorische Funktion im *Erec*. Zugleich ermöglicht sie auch Freundschaftsbünde im Sinne HASEBRINKS, aber sie gefährdet beides auch durch die Inszenierung ihrer möglichen, agonalen Konsequenzen. Die Ambiguisierung von Ritterschaft und

---

29 Beispielhaft für alle textkritischen Ausgaben wird hier und im Folgenden herangezogen: *Erec* von Hartmann von Aue. Mit einem Abdruck der neuen Wolfenbütteler und Zwettler *Erec*-Fragmente. Hrsg. von ALBERT LEITZMANN, fortgeführt von LUDWIG WOLFF. 7. Aufl. besorgt von KURT GÄRTNER, Tübingen 2006 (ATB 39).
30 Zur Entwicklung des spätahd. Lautes /ü/ zu /öi/ auch in den bairischen Dialekten vgl. HERMANN PAUL: Mittelhochdeutsche Grammatik, 25. Aufl., neu bearb. von THOMAS KLEIN/HANS-JOACHIM SOLMS/KLAUS-PETER WEGERA, Tübingen 2007 (Sammlung kurzer Grammatiken germanischer Dialekte. A: Hauptreihe 2), §L43. Im Bairischen bleibt mhd. /uo/ fallender Diphthong (ebd., §L49), sodass hs. *reu* nicht Ruhe heißen kann. Die Frühneuhochdeutsche Grammatik. Hrsg. von OSKAR REICHMANN/KLAUS-PETER WEGERA, verfasst von ROBERT P. EBERT u. a., Tübingen 1993 (Sammlung kurzer Grammatiken germanischer Dialekte. A: Hauptreihe 12) bestätigt eine lautliche Distribution, die eine Verwechslung von /eu/ mit /uo/ unwahrscheinlich macht (vgl. v. a. die graphischen Varianten zu /eu/ in §L29). Auch bei den Angaben für die Repräsentation von /uo/ (vgl. §L30) findet sich <eu> oder <ew> nicht. Leitgraphie für /uo/ im Bairischen ist seit dem fünfzehnten Jahrhundert <ue>. Der Wortlaut des *Ambraser Erec* ist hier und im Weiteren der leicht normalisierten Edition von VICTOR MILLET, ANDREAS HAMMER und TIMO REUVEKAMP-FELBER entnommen, die voraussichtlich Ende 2015 im Verlag Walter de Gruyter erscheinen wird.

Gewalt, die Wolfram im *Parzival* meisterlich für sein Erzählen funktionalisiert, begegnet also bereits im *Erec*.

Die Ambiguisierung der Wertmaßstäbe der arthurischen Gesellschaft kennzeichnet auch den Beginn des *Ambraser Erec*. Allerdings ist Forschungskonsens, dass dieser Beginn nicht zum Roman Hartmanns gehöre. Die Forschung sieht nämlich in den ersten 1000 Versen des *Ambraser Erec* eine eigenständige fragmentarische Erzählung eines anonymen Autors und bezeichnet diese nach dem dort verarbeiteten Erzählmotiv als *Der Mantel*. *Mantel* und *Erec* im *Ambraser Heldenbuch* werden seit jeher als zwei eigenständige Texte betrachtet, „jener ohne den Schluß und dieser ohne den Anfang".[31] Wie kommt das? Wieso spricht man Hartmann diese 1000 Verse ab? Im Layout der Handschrift ist jedenfalls kein Hinweis darauf zu finden, dass wir es mit zwei unabhängigen Texten zu tun haben sollen. Der von der Forschung als Beginn des *Erec* eingestufte Vers schließt im *Ambraser Heldenbuch* nahtlos an die vorhergehenden 1000 Verse an. Weder ein Zeilenwechsel noch eine Initiale oder irgendeine sonstige äußerliche oder inhaltliche Markierung geben einen Hinweis darauf, dass hier zwei Texte aneinander gefügt wurden. Betrachtet man das Layout, so lässt sich keinesfalls von zwei unterschiedlichen Texten (einerseits *Mantel*, andererseits Hartmanns von Aue *Erec*) sprechen, vielmehr wird unter einem Titel ein Textganzes präsentiert.[32]

Was wird in diesem Anfang des *Erec* im *Ambraser Heldenbuch* erzählt?

Nach einem umfangreichen Prolog von 90 Versen geht es in diesem ersten Erzählteil um eine Probe der Tugendhaftigkeit aller Damen am Artushof mittels eines magischen Mantels. Diese Probe findet auf einem Pfingstfest am Artushof statt, zu dem sich eine große Anzahl adliger Gäste versammelt hat. Artus und Ginover erweisen sich als ideales Herrscherpaar, indem sie freigebig ihre Gäste bewirten: Während der König den Männern Rüstungen, Waffen und Streitrösser schenkt, kleidet Ginover die Frauen prächtig ein. Am dritten Tag des Hoffestes warten alle nach der Frühmesse darauf, mit der Mahlzeit beginnen zu können. Artus verweigert jedoch seinen Gästen das Essen, das langsam auf dem Feuer anbrennt, weil er nach einer *âventiure* hungert.[33] Ein junger Bote bringt schließ-

---

[31] L. PETER JOHNSON: Geschichte der deutschen Literatur von den Anfängen bis zum Beginn der Neuzeit. Hrsg. von JOACHIM HEINZLE, Bd. 2/1: Die höfische Literatur der Blütezeit, Tübingen 1999, S. 257.

[32] Die rubrizierte Überschrift lautet: *Aber von künig Artus und seinem Hofgesind, auch Helden und handlúngen, Als von herrn Gabein, khai, Irecke, eins Mantls halben, so künig Artus hausfrau und ander Frauen anlegen múesten, dardurch man Innen ward Irer treu. Súnderlich von Erick und seiner hausfrauen ein tail ain schön lesen.*

[33] Das Motiv der Essensverweigerung ist ein Zentralmotiv der gesamteuropäischen Artustradition und findet auch in zahlreichen deutschsprachigen Artusromanen Verwendung. Vgl. dazu

lich im Auftrag seiner anonym bleibenden Herrin aus dem Feenreich, die alle Damen des Artushofes hasst, einen magischen Mantel an den Hof, der nur der Dame passt, die in Gedanken und Taten ihrem Ehemann oder Freund absolut treu ist. Alle Damen werden zur Belustigung der männlichen Hofmitglieder herbeigeholt. Keie freut sich, an der Bloßstellung der Damen mitwirken zu können. Als Zeremonienmeister der Probe wählt er als erstes die Königin selbst aus, bei der der Mantel nicht einmal einen Teil der Beine verdeckt. Da hilft auch nicht, dass Ritter versuchen, den unteren Saum länger zu ziehen. Keie treibt seinen Spott mit Ginover, indem er behauptet, der Mantel würde schon passen, aber erst dann perfekt sitzen, wenn er noch ein Stück gekürzt würde. Artus fordert daraufhin seine abwechselnd rot und bleich werdende Ehefrau auf, den Mantel an die anderen Damen weiterzureichen, die nun alle die Probe fürchten und sie mit Ausreden zu vermeiden suchen. Doch Artus besteht auf die Weiterführung des Procedere. Es folgen schließlich die verbliebenen Damen des Hofs, die allesamt kläglich an der Tugendprobe scheitern. Der Artushof entlarvt sich als Hort von Unzucht und Doppelmoral. Zuletzt tritt Erec mit Enite hervor, der der Mantel bis auf wenige fehlende Zentimeter am unteren Saum passt, was vom Erzähler so ausgelegt wird, dass Enite nur fast auf Abwege geraten sei. Daran schließt sich noch eine Erzählerbemerkung über die Tugendlosigkeit Keies an, die zum Ausritt des unbewaffneten Erecs mit Ginover und ihren Hofdamen während der Jagd auf den weißen Hirsch überleitet. Hier erst lassen bekanntermaßen die Textausgaben Hartmanns *Erec* beginnen.

Welche Argumente haben die Forschung nun dazu bewogen, diese 1000 Verse aus dem *Erec* auszusondern und als einen eigenständigen fragmentarischen Text zu deklarieren? Als Argument für eine Trennung von *Mantel* und *Erec* in zwei (eigenständige) fragmentarische Texte dient hauptsächlich Hartmanns Vorlage, der *Erec* Chrétiens de Troyes; den Beginn des deutschen Werkes setzte man dort an, wo sich die erste Übereinstimmung mit dem altfranzösischen Text findet (eben beim Ausritt Erecs mit Ginover und ihren Hofdamen). Allerdings ist die Übereinstimmung von Prä- und Phänotext kein restlos überzeugendes Argument für die Aussonderung der 1000 Verse, da auch andere Autoren der Zeit ganze Episoden zu ihren Vorlagen neu hinzudichten. So erzählt Wolfram von Eschenbach in den ersten beiden Büchern seines *Parzival* z. B. in mehr als 3000 Versen eine Elternvorgeschichte, die seine Vorlage, Chrétiens de Troyes *Perceval*, nicht kennt. Auch ein anderer Prolog als in Chrétiens *Erec* kann kaum als restlos überzeugendes

---

XENJA VON ERTZDORFF: König Artus' site: *nehein rîter vor im az / des tages swenn aventiure vergaz / daz si sînen hof vermeit* (Parz. 309,6 ff.). In: *Ist zwîvel herzen nâchgebûr*. GÜNTHER SCHWEIKLE zum 60. Geburtstag. Hrsg. von RÜDIGER KROHN/JÜRGEN KÜHNEL/JOACHIM KUOLT, Stuttgart 1989 (Helfant Studien 5), S. 193–201.

Argument dienen, Hartmann den Mantelteil des Romans abzusprechen, gestaltet er doch auch seinen *Iwein*-Prolog ohne Vorbild in seinem Prätext.

Die ersten 1000 Verse des *Ambraser Erec* gehen auf eine eigenständige französische Vorlage, den anonymen *Mantel mautaillié*, wahrscheinlich aus dem letzten Jahrzehnt des zwölften Jahrhunderts zurück.[34] Über weite Strecken ist das erzählte Geschehen identisch, allerdings sind es in der französischen Erzählung nicht Erec und Enite, die die Mantelprobe als Paar bestehen, sondern der Ritter Carados Briebaz und seine Freundin Galeta. Ein deutschsprachiger Autor/Redaktor hat die französische Erzählung also adaptiert, dem *Erec* vorangestellt und die Namen des Protagonistenpaares geändert. Die Mantelprobe passt auch thematisch zur *Erec*-Handlung, geht es doch auch im zweiten Handlungsteil des *Erec* darum, dass Enite einer Treueprobe unterzogen wird und sich als nahezu makellose Ehefrau erweist. Auch andere Erzählmotive der ersten 1000 Verse – wie z. B. die besondere Betonung der Rolle Ginovers als Einkleiderin der weiblichen Gäste am Artushof, die durchgehende negative Charakterisierung Keies – finden ihre Korrelation in der *Erec*-Handlung. Aufgrund dieser engen thematischen und motivlichen Nähe liegt die Vermutung nicht fern, dass den 1000 Versen der Status eines hinzugedichteten *Erec*-Anfangs zukommt.[35] Die Zusammengehörigkeit von *Erec*-Handlung und Mantel-Episode wird auch durch den Prolog im *Ambraser Heldenbuch* gestützt.[36] Dieser zielt sehr allgemein auf das Verhältnis zwischen dem Guten und dem Bösen im Menschen sowie auf das Erzählen von Artus und ist sowohl quantitativ als auch programmatisch eher geeignet, in den *Erec* einzuführen. Dies hat bereits Joachim Bumke gesehen: „Es würde sich lohnen, den umfangreichen ‚Mantel'-Prolog [...] als sekundär hinzugedichteten ‚Erec'-Prolog zu lesen."[37]

---

[34] *Le Mantel mautaillié*, edizione critica e commento a cura di Alberto Conte, Modena 2013 (vgl. zur Datierung, S. 8); F. A. Wulff: Le Conte du „Mantel". Texte français des dernières années du XIIe siècle, édité d'après tous les mss. In: Romania 14 (1885), S. 343–380.

[35] So auch Joachim Bumke: Der „Erec" Hartmanns von Aue, Berlin, New York 2006, S. 12.

[36] Vgl. zum Prolog Ineke Hess: Rezeption und Dichtung im Mittelalter. Zur Überlieferung des „Mantel" im Ambraser Heldenbuch. In: Lesen und Verwandlung. Lektüreprozesse und Transformationsdynamiken in der erzählenden Literatur. Hrsg. von Steffen Groscurth/Thomas Ulrich, Berlin 2011, S. 155–186, hier bes. S. 159–161; demnächst auch Henrike Manuwald: Der „Mantel" im „Ambraser Heldenbuch" und die Frage nach dem Stil. In: Stil (Anm. 23) sowie Hammer (Anm. 23), der auf die Nähe zum *Iwein*-Prolog verweist. Auf Parallelen zum *Iwein*-Prolog weist auch Max Schiendorfer: Das „Ambraser Heldenbuch" und die deutsche Schwankliteratur. In: cristallîn wort. Hartmannstudien 1. Hrsg. von Waltraud Fritsch-Rössler, Wien u. a. 2007, S. 149–171, hier S. 164 f., hin.

[37] Bumke (Anm. 35), S. 12.

Gegen die Zusammengehörigkeit von Mantel-Episode und *Erec*-Handlung ließe sich einwenden, dass im *Mantel* Erec und Enite schon das Paar sind, zu dem sie in der weiteren Romanhandlung erst werden. In der Tat verhält sich die Geschichte Erecs anachronistisch zur Mantel-Episode. Die Romanhandlung ist im *Ambraser Heldenbuch* analeptisch organisiert. Mantel-Episode und *Erec*-Handlung stehen allerdings nicht im Verhältnis von Rahmen- und Binnenhandlung zueinander: Der Roman kehrt ja an seinem Ende nicht in die Zeit der Mantel-Episode zurück, auch direkte Rückverweise auf diese Episode fehlen. Das ist eine sehr ungewöhnliche, aber keineswegs singuläre Erzählstruktur: Diese narrative Struktur, eine Situation zu Beginn eines Romans aus einem vergangenen Geschehen heraus zu erklären, findet sich nämlich auch in einem anderen Text dieser Epoche: Konrad Flecks *Flore und Blanscheflur*, der üblicherweise um 1220, neuerdings um 1180 datiert wird.[38] Dort tritt als intradiegetische Erzählinstanz eine babylonische Prinzessin auf einem großen Hoffest auf und erzählt den gesamten, als Vorgeschichte dieses Hoffestes fungierenden nachfolgenden Roman, ohne dass dieser noch einmal zum babylonischen Hoffest zurückkehren würde. Der Roman erzählt also quasi, warum ausgerechnet in Babylon ein vorbildliches Fest höfischer Liebe gefeiert wird. Analog würde die Geschichte Erecs erklären, warum Enite bei der Mantelprobe besser als die übrigen Hofdamen abgeschnitten hat.

Wer nun hat diese Mantel-Episode gedichtet? Es gibt nur vier logische Möglichkeiten: 1. Hans Ried, der sich aber ansonsten im *Ambraser Heldenbuch* als recht getreuer Kopist erweist;[39] 2. Hartmann von Aue, der Chrétiens *Erec* und den *Mantel mautaillié* als Werkeinheit ins Deutsche übertragen haben könnte;[40] 3. ein Redaktor des dreizehnten Jahrhunderts, der die beiden in der Romania eigenständigen Texte in einer Form sekundärer Autorschaft miteinander verbunden hat;[41] 4. Keiner. Die Texteinheit könnte nämlich auf einem Versehen Rieds basieren, dessen Vorlage möglicherweise noch zwei eigenständige Erzähltexte hatte, in

---

38 Vgl. CHRISTINE PUTZO: Die Frauenfelder Fragmente von Konrad Flecks „Flore und Blanscheflur". Zugleich ein Beitrag zur alemannischen Handschriftenüberlieferung des 13. Jahrhunderts. In: Zeitschrift für deutsches Altertum 138 (2009), S. 312–343.
39 Vgl. KURT GÄRTNER: Hartmann von Aue im „Ambraser Heldenbuch". In: crîstallîn wort (Anm. 36), S. 199–212, hier S. 207.
40 SCHIENDORFER (Anm. 36) hat vorgeschlagen, erneut zu prüfen, ob vielleicht auch das sogenannte 2. Büchlein, das dem Block von Hartmanntexten im *Ambraser Heldenbuch* angehört, von Hartmann stammen könnte (S. 166–168).
41 Dies vermutet auch CHRISTINE KASPER: Von miesen Rittern und sündhaften Frauen und solchen, die besser waren: Tugend- und Keuschheitsproben in der mittelalterlichen Literatur vornehmlich des deutschen Sprachraums, Göppingen 1995 (Göppinger Arbeiten zur Germanistik 547), S. 108.

der aber ein Blatt verloren gegangen sein könnte, auf dem sich ausgerechnet das Ende des *Mantel* und der Beginn des *Erec* befanden. Dadurch könnte es für Ried nicht ersichtlich gewesen sein, dass die beiden Texte eigenständig waren, sodass er sie zu einem Text vereinte.⁴² Gegen diese den gegenwärtigen Forschungskonsens darstellende These von der Eigenständigkeit spricht allerdings möglicherweise – wie eben dargelegt – die deutliche Bezogenheit beider Texte, die sich in der Fortführung von Motiven sowie vor allem der Integration von Erec und Enite als Protagonistenpaar in die Mantel-Episode äußert.⁴³ Beides deutet doch wohl eher auf eine Texteinheit von Mantel-Episode und *Erec* hin, wie sie das *Ambraser Heldenbuch* ja schließlich auch bezeugt. Auszuschließen ist aber dennoch nicht, dass ein anonymer Autor den *Mantel mautaillié* ins Deutsche übertragen und die Anbindung an die bereits etablierte *Erec*-Dichtung Hartmanns bewusst hergestellt hat, um seine Erzählung in den narrativen Kosmos volkssprachiger Artus-Dichtungen zu verankern sowie größeres Interesse bei seinen Rezipienten zu erzeugen. Dies kann aber wohl nicht der von Teilen der Forschung aufgrund seiner Selbstaussagen in der *Crône* sowie seines parodistischen Schreibstils als Autor des *Mantel* favorisierte Heinrich von dem Türlin gewesen sein, da die Mantel-Episode bereits Ende des zwölften Jahrhunderts – also in zeitlicher Nähe der Entstehung des *Erec* – bei den Trägern der volkssprachigen Literatur bekannt gewesen sein muss.⁴⁴ Dies macht jedenfalls ein Rezeptionszeugnis deutlich: Ulrich

---

42 Diese Einschätzung vertrat als erster Moriz Haupt: *Erec*. Eine Erzählung von Hartmann von Aue. Leipzig ²1871, Nd.: Hildesheim, New York 1979, S. 325. *Mantel-* und *Erec-*Philologie sind ihm gefolgt.

43 Das Ambraser *Mantel*-Fragment nach der einzigen Handschrift neu hrsg. von Werner Schröder, Stuttgart 1995 (Sitzungsberichte der wissenschaftlichen Gesellschaft an der Johann Wolfgang Goethe-Universität Frankfurt am Main 33,5), V. 955–972. Bis in die 1970er Jahre hat man in der Forschung das Urteil Warnatschs geteilt, dass es sich bei dem Verfasser der Mantel-Episode um Heinrich von dem Türlin, dem Verfasser der *Crône*, handeln müsse. Dies schloss man aus der inhaltlichen Nähe der Mantelprobe zur Treueprüfung mittels eines verzauberten Bechers in der *Crône*, aus vermeintlichen stilistischen Eigenheiten und schließlich aus der Selbstaussage Heinrichs: *und daz ich die selbe klage / und daz gemein vrouwen leit / dâ vor ê hân geseit / an dem kopf vnd an dem mandel.* Erst Bernd Kratz: Die Ambraser Mantel-Erzählung und ihr Autor. In: Euphorion 71 (1977), S. 1–17, hier S. 10 ff., stellte diese These zu Recht in Frage. Ausführlich wird die Forschungsdiskussion nachgezeichnet im Beitrag von Manuwald (Anm. 36), die aufgrund der stilistischen Divergenz zwischen Mantel- und Erec-Episode von zwei eigenständigen Texten ausgeht, die von einem Redaktor zusammengefügt wurden.

44 Anders Hess (Anm. 36), S. 176, die von einer eigenständigen *Mantel*-Dichtung ausgeht, diese im Gattungskontext der schwankhaften Versnovellen verortet und auf die erste Hälfte des dreizehnten Jahrhunderts datiert. Allerdings wäre die Frage, ob es dieses Gattungskontextes bedarf, um die schwankhafte Schreibweise der Mantel-Episode, die ja dem französischen Prätext entspricht, literaturgeschichtlich einzubinden, zumal es doch auch bereits vor der Etablierung der Gattung der Versnovellen schwankhafte Elemente in der deutschen Artustradition gibt. Vgl. auch

von Zatzikhoven hat die Mantel-Episode des *Ambraser Erec* im *Lanzelet*, der wohl zwischen 1194 und 1210 entstanden ist, wiedererzählt. Wie auch andere Autoren sogenannter nachklassischer Artusromane hat Ulrich intertextuell an Namensformen, Handlungssträngen, Motiven usw. der Romane Hartmanns und Wolframs angeschlossen und augenscheinlich in diesem Prozess der Aneignung auch die Mantel-Episode retextualisiert.

Der *Lanzelet* teilt mit dem *Erec* eine Reihe von Namen, Similien und sogar wörtlichen Übereinstimmungen. Daher schließt man seit dem neunzehnten Jahrhundert in der Forschung darauf, dass Ulrich Hartmanns *Erec* gekannt und benutzt haben muss.[45] Die Mantel-Episoden des *Ambraser Erec* und des *Lanzelet* weisen dann auch eine Reihe von identischen strukturellen und inhaltlichen Merkmalen auf, die sich nicht aus dem altfranzösischen *Mantel mautaillié* herleiten lassen, sondern für eine Retextualisierung der *Erec*-Version im *Lanzelet* sprechen. Die Übereinstimmungen sind frappierend. Ich hebe nur drei hervor:

1. Anders als beim *Mantel mautaillié* verkürzt der Zaubermantel sich in beiden deutschsprachigen Romanen bei Keies Freundin, sodass deren Po freiliegt. Im *Mantel mautaillié* widerfährt dies Missgeschick der Freundin von Ydiers.
2. Im *Lanzelet* tauchen in der Mantel-Episode Figuren auf, die sonst keine Erwähnung im Roman finden, aber dem Figureninventar des *Erec* entspringen. So ist der zwergenhafte König Guivreiz, der beste Freund Erecs, Teilnehmer am Hoffest in der Mantel-Episode des *Lanzelet*. Nun gehört Guivreiz allerdings auch zum Figureninventar des *Mantel mautaillié*. Dort ist er jedoch anders als im *Erec* und im *Lanzelet* nicht von zwergenhaftem Wuchs.[46] Im

---

SEBASTIAN COXON: Der Ritter und die Fährmannstochter. Zum schwankhaften Erzählen in Wolframs „Parzival". In: Wolfram von Eschenbach – Bilanzen und Perspektiven. Eichstätter Kolloquium 2000. Hrsg. von WOLFGANG HAUBRICHS u. a., Berlin 2002 (Wolfram-Studien 17), S. 114–135.

45 Vgl. Ulrich von Zatzikhoven: Lanzelet. Hrsg. von FLORIAN KRAGL, Bd. 2: Forschungsbericht und Kommentar, Berlin, New York 2006, S. 902–907, S. 1055–1057, der allerdings darauf hinweist, dass auch die umgekehrte Richtung, eine Beeinflussung Hartmanns durch Ulrich, erwogen worden ist, sodass er schließt: „Letztlich ist weder zu entscheiden, wer der Gebende und wer der Nehmende war [...], noch was auf direkter Beeinflussung beruht [...]. Nur die Tatsache, dass eine irgendwie geartete Berührung vorgelegen haben muss, lässt sich in Anbetracht der großen Zahl an Motivparallelen [...] und Similien kaum bestreiten" (S. 1056).

46 Vgl. zuletzt KRAGL (ebd.), S. 1224. Allerdings wird im *Mantel mautaillié* Guivrez (je nach Handschrift auch Gaharies oder Guionnes) der Beiname *li petiz* beigegeben (Le Mantel mautaillié [Anm. 34], V. 481). Bei KRAGL finden sich auch weitere Verweise auf Namensidentitäten von Rittern der Tafelrunde in den beiden Romanen. Wie es den Anschein hat, integriert Ulrich Namensformen aus der Liste der Tafelrundenritter bei Hartmann (vgl. V. 1630–1693) in die Mantelepisode. Einen detaillierten Vergleich zwischen Conte du Mantel und der Episode im *Lanzelet* findet sich bei STEFAN HOFER: Untersuchungen zum Mantellai. In: Zeitschrift für romanische Philologie 73 (1957), S. 469–485, hier S. 480–483.

Lanzelet gibt es zudem nur eine indirekte Anspielung auf die geringe Körpergröße Guivreiz'. Diese Anspielung wäre für einen Rezipienten ohne die Kenntnis des Hartmannschen Romans wohl kaum verständlich:

Diu maget sprach: „ditz betiut, daz
diu vrouwe ist ir man gehaz
durch daz er ist undære,
swi doch vil bezzer wære
ein mæzlich man mit fuoge
danne grôzer manne gnuoge" (Lanzelet, V. 6025–6030).

Zudem – und das scheint mir das schlagendste Argument dafür, dass Ulrich die Mantel-Episode gekannt haben muss – ist es auch im *Lanzelet Enîte diu reine* (V. 6098) und nicht etwa Galeta aus dem *Mantel mautaillié* diejenige, die sich fast als gänzlich treu erweist.[47] Wie schon im *Erec* wird auch im *Lanzelet* nur in knappen Worten auf Enite und ihr geringes Versagen angespielt; worin es genau besteht, wird nicht ausgeführt. In seinem umfangreichen *Lanzelet*-Kommentar wundert sich FLORIAN KRAGL: „Weshalb Ulrich Enite nur kurz erwähnt, ohne ihr Versagen bei der Mantelprobe [wie bei allen sonstigen Figuren, Anm. d. Verf.] genau zu schildern, ist rätselhaft."[48] Wenn man wie bei Guivreiz voraussetzt, dass das Wissen um das Versagen Enites in der Mantel-Episode bei den Rezipienten bekannt ist, macht die Zitathaftigkeit der Stelle aber sehr wohl Sinn.

Wie ist dieser Befund zu bewerten? Es könnte sein, dass Ulrich Namen von Rittern, Motive und anderes mehr aus dem *Erec* Hartmanns und einer eigenständigen *Mantel*-Dichtung, die dann zwischen 1185 und 1194/1210 entstanden sein müsste, in seinen Roman integriert hat.[49] Eine solche eigenständige *Mantel*-Dichtung ist aber in der Überlieferung nicht belegt und nicht mehr als eine Annahme, die eine singulär frühe schwankhafte Auseinandersetzung mit dem *Erec*, die gemeinsame Überlieferung beider Texte in einem Codex und einen verhängnisvollen Fehler des zuverlässigen Kanzleischreibers Hans Ried voraussetzt, der die beiden in seiner Vorlage eigenständigen Dichtungen miteinander verknüpft

---

47 *Als ir unz her hânt vernomen, / der mantel wære genuogen komen, / vil wol unz an ein kleine / Enîte, diu reine* (V. 6095–6098; Wortlaut der Hs. P; Interpunktion abweichend von der Textausgabe). Im Sinne einer (auch poetologisch zu verstehenden) Überbietungsfigur ist es dann aber die Ehefrau Lanzelets, Iblis, der der Mantel vollkommen passt.
48 KRAGL (Anm. 45), S. 1225.
49 Dabei scheint eine Datierung vor dem *Iwein* Hartmanns von Aue nicht unplausibel. Wie anders wäre zu erklären, dass der Titelheld von Hartmanns zweitem Artusroman in der deutschsprachigen Mantelepisode nicht vorkommt, während er im *Mantel mautaillié* gleich mehrfach erwähnt wird. Hätte sich ein Autor des 13. Jahrhunderts diesen intertextuellen Verweis in der französischen Vorlage entgehen lassen, wenn es den *Iwein* bereits gegeben hätte?

hätte. Weniger voraussetzungsreich, aber nicht weniger plausibel erscheint die vom Textbestand des *Ambraser Heldenbuches* gestützte Annahme, dass es bereits vor 1200 und damit in unmittelbarer Nähe der Entstehungszeit des Hartmanntextes eine handschriftliche Fassung des *Erec* gegeben haben könnte, die eine Mantelepisode und einen von Chrétien abweichenden Prolog enthielt. Dann hätten Ulrich von Zatzikhoven und Hans Ried auf handschriftliche Vorlagen zurückgegriffen, die einen Erecroman mit Mantel-Episode enthalten hätten, wobei in Rieds Vorlage zwei Textpartien unleserlich oder nicht enthalten gewesen sein müssten (zwischen Mantelprobe und Jagd auf dem weißen Hirsch – also dort, wo die Textphilologie gemeinhin den Beginn des *Erec* ansetzt – sowie zwischen erster Guivreiz-Begegnung und Zwischeneinkehr am Artushof). Jedenfalls kann man in der Forschung nicht länger mit scheinbarer Sicherheit davon ausgehen, dass es eine eigenständige *Mantel*-Dichtung gegeben habe, da diese ebenso gut nur als Anfangsepisode von Hartmanns *Erec* ab dem Ende des zwölften Jahrhunderts existiert haben könnte. Damit wäre aber der gegenwärtige textgeschichtliche und textanalytische Umgang mit Hartmanns *Erec* prekär. Bei der literaturwissenschaftlichen und textphilologischen Arbeit mit diesem ersten Artusroman in deutscher Sprache müsste stets die Möglichkeit präsent gehalten werden, dass die Mantel-Episode zum Kernbestand der deutschsprachigen *Erec*-Überlieferung gehört haben könnte.

Bei der in weiten Romanteilen unikalen Überlieferungslage verfehlt die textkritische Methode jedenfalls ihren eigenen Anspruch, einen Autortext rekonstruieren zu können. In der Minnesang-Philologie hat man längst den einzig möglichen Schluss aus der methodischen Unzulänglichkeit der Textkritik gezogen und auf Echtheitsdebatten konsequent verzichtet. Das Plädoyer, das von der Würzburger textgeschichtlichen Schule seinen Ausgang nahm und in der *Material Philology* seit den 1990er Jahren texttheoretisch erprobt wird, das Plädoyer nämlich, der handschriftlichen Überlieferung als kulturell spezifische Aktualisierung eines Textes oder eines Oeuvres verstärkte Aufmerksamkeit zu zollen, hat in der Neidhart-Forschung beispielsweise dazu geführt, den einzelnen Überlieferungsträgern mit ihren je eigenen Textbeständen Geltung zu verschaffen. Das Resultat dieser Neuorientierung ist die Salzburger Neidhart-Ausgabe, die sich zu Recht darauf beschränkt, die handschriftliche Überlieferung ihren Lesern verfügbar zu machen. Hier hat sich die Erkenntnis durchgesetzt, dass es keinen Weg zurück zum Autortext gibt, die verschiedenen handschriftlichen Oeuvres aber sehr unterschiedliche Bilder vom Autor produzieren und in differierende kulturelle Situationen eingebunden sind. Eine solche Zurückhaltung gegenüber dem handschriftlichen Material fehlt in der *Erec*-Philologie. Dabei führt kein Weg zurück vom *Ambraser Heldenbuch* des sechzehnten Jahrhunderts zu Hartmann von Aue im zwölften Jahrhundert. Wir haben es mit einem entgrenzten Text zu tun, der sich längst aus seinen kulturellen Kontexten gelöst hat, in neue Funktionszusammenhänge eingerückt ist und sprachlich sowie inhaltlich modernisiert wurde. Der Textbestand des zwölften Jahrhunderts dürfte sich in seiner Entgrenzung längst unentwirrbar mit zahlreichen Transformationen im Laufe der Überlieferungsgeschichte verwoben haben. Welche das sind, wird, da wir über keine nennenswerten Parallelüberlieferungen verfügen, nicht feststellbar sein. Möglicherweise gehört die Mantel-Episode nicht zum Kernbestand des Textes, mit größerer Wahrscheinlichkeit aber doch. Mit Gewissheit wird sich diese Frage nicht beantworten lassen können.

Die kollektive Tugendprobe qua Mantel im *Erec* hat wie auch diejenigen in anderen Artusromanen keine Konsequenzen für die als tugendlos Entlarvten. Welche Funktion kommt ihr dann zu?[50] Sie schafft einerseits durch ihre schwankhafte Schreibweise einen komischen Kontrast zur auf der Diskursebene stereotyp behaupteten Idealität der Artusgesellschaft, andererseits relativiert diese Darstellung menschlicher Unzulänglichkeiten in Fragen von Sexualität und pragmatischer Ethik das zentrale Fehlverhalten des Protagonistenpaares in Karnant, das sich in übermäßiger sexueller Begierde und Kommunikationsunfähigkeit manifestiert. Kurz: die Mantelepisode schafft auf den verschiedensten Ebenen Ambiguitäten. Diese scheinen mir ein hervorstechendes Merkmal der Gattung Artusroman seit deren Konstituierung mit dem *Erec* Hartmanns als Prototyp zu sein.

Eine Edition dieses im Grunde unikal überlieferten Textes kann paradoxerweise nahezu ausschließlich einen *Erec* Hartmanns von Aue aus dem sechzehnten Jahrhundert bieten. Mithilfe einer handschriftennahen, auf Konjekturen weitestgehend verzichtenden, Neuausgabe des *Erec* Hartmanns wird es möglich sein, den einzigen annähernd vollständigen Textzeugen des *Erec* nicht nur in seinem Sprachstand neu zu bewerten, sondern auch die bisher nur isoliert voneinander betrachteten *Mantel* und *Erec* gemeinsam zu interpretieren, aufeinander zu beziehen und in ihrer Konzeption als Textganzes wahrzunehmen. Die *Erec*-

---

50 Dies fragt für die Tugendproben im *Lanzelet* und in der *Crône* SANDRA LINDEN: Tugendproben im arthurischen Roman. Höfische Wertevermittlung mit mythischer Autorität. In: Höfische Wissensordnungen. Hrsg. von HANS-JOCHEN SCHIEWER/STEFAN SEEBER, Göttingen 2012 (Encomia Deutsch 2), S. 15–38, hier S. 33, und konstatiert, dass diese eine „Ethik" entwürfen, die von „Gelassenheit gegenüber kleinen Fehlern und menschlichen Unzulänglichkeiten" geprägt sei (S. 38). M. E. verkennt die These das komische Potential dieser Episoden, die gerade in der Inkongruenz der Verhaltensformen der Mitglieder des Artushofs gegenüber ihrer auf der Diskursebene stereotyp behaupteten Idealität besteht. Zur Inkongruenz als integraler Bestandteil literarischer Komik vgl. zuletzt TOM KINDT: Literatur und Komik. Zur Theorie literarischer Komik und zur deutschen Komödie im 18. Jahrhundert, Berlin 2011 (Deutsche Literatur. Studien und Quellen 1).

Forschung, die mit den rekonstruktiven Textausgaben operiert, wird sich umstellen müssen. Dabei kann es ihr nur gut tun, sich auf die einzige Textversion einzulassen, die uns überliefert ist.

Teil III: **Kulturhistorische Ambiguität**

Matthias Müller
Artusritter im Zwiespalt
Die Ambiguität mittelalterlichen Heldentums als räumlich disponierte Bilderzählung und Argumentationsstruktur im *Iwein*-Zyklus auf Schloss Rodenegg

Als der Südtiroler Restaurator Nicolò Rasmo 1973 unter der weißen Tünche eines Raumes auf Schloss Rodenegg den ältesten bekannten Gemäldezyklus des *Iwein*-Romans aufdeckte (Abb. 1), hatte er seiner Gegenwart nicht nur ein Kunst- und Kulturdenkmal höchster Güte aus dem frühen dreizehnten Jahrhundert zugänglich gemacht, sondern der interdisziplinären Fachwelt für viele Jahrzehnte den Stoff für engagierte und kontroverse Debatten geliefert.[1] Bis heute finden vor allem Literaturwissenschaftler, Kunsthistoriker und Historiker in dem Rodenegger *Iwein*-Zyklus einen anspruchsvollen Gegenstand der interdisziplinären Forschung.[2] Neben der bis heute umstrittenen Frage einer genauen Datierung der

---

1 NICOLÒ RASMO: Kunst in Südtirol, Sparkasse der Provinz Bozen 1973; DERS.: Wandmalereien in Südtirol, Sparkasse der Provinz Bozen 1973; DERS.: Der Iwein-Zyklus auf Schloß Rodeneck, [Kalender der] Sparkasse der Provinz Bozen, 1974. Siehe auch DERS.: Der Iwein-Zyklus auf Schloß Rodeneck. In: Burgen und Schlösser in Österreich. Zeitschrift des Österreichischen Burgenvereins, 13 (1977/78), S. 22–27.
2 Zu den wichtigen Arbeiten gehören: HANS SZKLENAR: Iwein-Fresken auf Schloß Rodeneck in Südtirol. In: Bibliographical Bulletin of the International Arthurian Society 27 (1975), S. 172–180; VOLKER SCHUPP: Die Ywain-Erzählung von Schloss Rodenegg. In: Literatur und bildende Kunst im Tiroler Mittelalter. Hrsg. von EGON KÜHEBACHER Innsbruck 1982 (Innsbrucker Beiträge zur Kulturwissenschaft; Germanistische Reihe 15), , S. 1–27; VOLKER SCHUPP/HANS SZKLENAR: Ywain auf Schloß Rodenegg. Eine Bildergeschichte nach dem „Iwein" Hartmanns von Aue, Sigmaringen 1996; NORBERT H. OTT/ WOLFGANG WALLICZEK: Bildprogramm und Textstruktur. Anmerkungen zu den ‚Iwein'-Zyklen auf Rodeneck und in Schmalkalden. In: Deutsche Literatur im Mittelalter. Kontakte und Perspektiven. Hugo Kuhn zum Gedenken. Hrsg. von CHRISTOPH CORMEAU, Stuttgart 1979, S. 473–500; HORST ACKERMANN: Die Iwein-Fresken auf Schloß Rodenegg. In: Der Schlern, 57 (1983), S. 391–421; ACHIM MASSER: Die „Iwein"-Fresken von Burg Rodenegg in Südtirol und der zeitgenössische Ritterhelm. In: Zeitschrift für Deutsches Altertum, 112 (1983), S. 177–198; ANNE-MARIE BONNET: Rodenegg und Schmalkalden. Untersuchungen zur Illustration einer ritterlich-höfischen Erzählung und zur Entstehung profaner Epenillustration in den ersten Jahrzehnten des 13. Jahrhunderts, München 1986; MICHAEL CURSCHMANN: „Der aventiure bilde nemen": The intellectual and social environment of the Iwein murals at Rodenegg castle. In: Chrétien de Troyes and the German Middle Ages. Papers from an International Symposium. Hrsg. von MARTIN H. JONES/ROY WISBEY (Arthurian Studies; 26. Publications of the Institute of Germanic Studies; 52), Cambridge 1993, S. 219–227; JAMES RUSHING: Images of Adventure: Ywain in the Visual Arts, Philadelphia 1995, S. 30–132; INGRID KRÜGER: Der Freskenzyklus "Ywain auf Schloß

Abbildung 1: Schloss Rodenegg (Südtirol): Blick in das *Iwein*-Zimmer mit dem *Iwein*-Zyklus (links = Südwand, rechts = Nordwand, in der Mitte = Westwand)

Wandbilder[3] beschäftigten den wissenschaftlichen Diskurs vor allem drei Fragen: 1. das Verhältnis des Bilderzyklus' zum Romantext Hartmanns von Aue, 2. die inhaltliche Akzentsetzung des Bilderzyklus' verbunden mit der Frage nach seiner Vollständigkeit, und 3. der Grad an Identifikation mit dem *Iwein*-Stoff durch die Auftraggeber aus dem Haus der Herren von Rodank, die als Ministeriale des Bischofs von Brixen seit dem elften Jahrhundert in einflussreicher Position die Geschicke des Bistums Brixen und des Tiroler Landes mitbestimmten.

Rodenegg". Bemerkungen zum gegenwärtigen Forschungsstand. In: Burgen und Schlösser, 37 (1996), Heft III, S. 133–138; THIERRY GREUB: Die Tafelrunde der Ritter zu Rodenegg. Überlegungen zu einem mittelalterlichen Freskenzyklus nach Hartmann von Aues „Iwein". In: Der Schlern, 74 (2000), S. 796–818; JOHANNA MÜHLEMANN: Erec auf dem Krakauer Kronenkreuz und Iwein auf Rodenegg. Zur Rezeption des Artusromans in Goldschmiedekunst und Wandmalerei. In: Literatur und Wandmalerei I. Erscheinungsformen höfischer Kultur und ihre Träger im Mittelalter. Hrsg. von E.C. LUTZ/J. THALI/R. WETZEL, Tübingen 2002, S. 199–254; CORD MECKSEPER: Wandmalerei im funktionalen Zusammenhang, In: Ebd., S. 255–280; THOMAS STEPPAN: Romanische Wandmalerei. In: Kunst in Tirol. Hrsg. von PAUL NAREDI-RAINER/LUKAS MADERSBACHER, Innsbruck/Wien 2007, S. 109–147; HELMUT STAMPFER/THOMAS STEPPAN: Die romanische Wandmalerei in Tirol. Tirol – Südtirol – Trentino, Regensburg 2008; HELMUT STAMPFER: Schloss Rodenegg. Geschichte und Kunst, Bozen 2008.
3 Den Stand von 1996 referiert und kommentiert VOLKER SCHUPP in: DERS./ HANS SZKLENAR: Ywain auf Schloß Rodenegg (Anm. 2), S. 105–112.

Auf geringeres oder kein Interesse stieß interessanterweise der Umstand, dass die Bilder des *Iwein*-Zyklus auf Schloss Rodenegg durch ihr Arrangement in einem geschlossenen Innenraum zugleich in eine dreidimensionale, räumliche Disposition eingebracht worden sind. Während man sich daher zwar für die ursprüngliche Funktion des *Iwein*-Raumes interessierte, begnügte man sich bei den Bildern hingegen mit ihrer Wahrnehmung als sukzessive Aneinanderreihung von Einzelszenen, wodurch die besonderen Möglichkeiten einer in der Längs- und Querachse des Raumes erfolgenden Dialog- und Argumentationsform des Bilderzyklus unbeachtet blieben.[4] Angesichts der besonderen Positionierung der ersten Szene direkt über bzw. neben dem Eingang, wodurch der Besucher des Raums unweigerlich in die Handlungsrichtung des gewissermaßen in den Raum hineinreitenden Iwein mitgenommen wird, haben ANNE-MARIE BONNET und CORD MECKSEPER allerdings wichtige Beobachtungen zur aktiven Einbindung des Betrachters in die Handlungsstruktur der Bilder angestellt.[5] Die Tatsache, dass sich der Betrachter aufgrund der räumlichen Disposition quasi mitten im Geschehen der Handlung befindet und – anders als beim Betrachten von Buchmalerei – die Handlung ganz grundsätzlich als ein Ereignis von Zeit *und* Raum sprichwörtlich auf Augenhöhe und ohne besondere Möglichkeit der Distanzierung wahrnimmt, blieb hingegen wiederum unberücksichtigt.

Somit ergeben sich durch die Berücksichtigung des Raumes als einer analytischen Kategorie neue Ansatzmöglichkeiten für ein vertieftes Verständnis der besonderen Erzähl- und Argumentationsweise des Rodenegger *Iwein*-Zyklus'. Dieser diente offenkundig nicht nur dem höfischen Vergnügen, sondern ganz wesentlich auch der Visualisierung der Ambiguität des höfischen Artusritter-Ideals.[6] Darüber hinaus bietet sich die Gelegenheit, die besondere Erzähl- und Argumentationsfigur in Rodenegg als die Adaption eines in der französischen Glasmalerei des frühen dreizehnten Jahrhunderts etablierten und dort ebenfalls für mehrdeutige Argumentationsstrukturen produktiv gemachten Verfahrens zu diskutieren. Diese These, die ich im Folgenden näher ausführen und zur Diskussion stellen werde, lenkt den Blick über die bislang beachteten und insgesamt wenig ergiebigen Vergleichsbeispiele aus dem Bereich der illustrierten Handschriften[7]

---

4 Eine wichtige Ausnahme stellt der Versuch von HARALD WOLTER-VON DEM KNESEBECK dar, das Geschehen der West- und der Ostwand als antithetisch aufeinander bezogene Handlungsmomente zu deuten. Siehe hierzu weiter unten Anm. 14.
5 BONNET (Anm. 2), S. 32–52, S. 65–68; MECKSEPER (Anm. 2), S. 262.
6 Zum Problem der Ambiguität im *Iwein*-Roman siehe ALAN ROBERTSHAW: Ambiguity and Morality in Iwein. In: Hartmann von Aue. Changing Perpectives. Hrsg. von TIMOTHY MCFARLAND/ SILVIA RANAWAKE, Göppingen 1998, S. 117–128.
7 Die Vorbildlichkeit illustrierter Codices für den Rodenegger *Iwein*-Zyklus konnte bereits BONNET (Anm. 2), S. 52 f., mit guten Argumenten zurückweisen. Abgesehen davon, dass keine illus-

hinaus auf ein anderes im dreizehnten Jahrhundert wichtiges Medium bildlichen Erzählens und Argumentierens: die komplex strukturierte narrative Glasmalerei, wie sie seit dem Beginn des dreizehnten Jahrhunderts und damit in unmittelbarer zeitlicher Nähe zur Entstehung des Rodenegger *Iwein*-Zyklus zunächst in Frankreich entwickelt wurde, von woher ja auch die literarische Vorlage des *Iwein*-Romans stammt. Die Zweidimensionalität der narrativen und diskursiven Struktur der französischen Glasmalerei wurde in Rodenegg gewissermaßen in die Dreidimensionalität des bildbesetzten Raumes projiziert.

Doch zunächst sei wegen des besseren Verständnisses ein kurzer Blick auf den Zyklus der Bilder selbst geworfen. Denn was zeigen sie uns von der Handlung eines der berühmtesten und populärsten Artusromane des Mittelalters, den Hartmann von Aue gegen 1200 von der französischen Vorlage Chrétiens de Troyes für sein deutsches Publikum adaptierte? In diesem Roman werden in zwei charakteristischen Erzählsträngen zunächst die *Aventiure* des Artusritters Iwein vorgeführt, die mit dem siegreichen Zweikampf gegen König Askalon und der Erlangung seiner Ehefrau und seines Herrschaftsterritoriums belohnt wird, und anschließend der dramatische, durch schuldhaftes Handeln bewirkte Verlust von Iweins ritterlicher Ehre, seiner Gemahlin und seines Königreichs geschildert sowie der schmerzvolle, mühsame Weg innerer und äußerer Umkehr hin zu einem verantwortungsvoll handelnden Ritter und König anschaulich vor Augen gestellt.[8] Von diesem sich über insgesamt 8165 Verse erstreckenden doppelläufigen Handlungsstrang thematisiert der Rodenegger Zyklus lediglich einen Ausschnitt des ersten Handlungsteils. Er zeigt uns in heute insgesamt elf Szenen (siehe die Nummerierung der Szenen auf dem Grundriss, Abb. 2) die Abreise Iweins von dem gastfreundlichen Burgherrn und seiner schönen Tochter, um weiter in den sagenumwobenen Wald von Breziljan zu reiten, wo er auf einer Lichtung einen wundersamen Brunnen zu finden hofft (Abb. 3), dessen Benutzung König Askalon, den Herrscher über den Wald von Breziljan, provozieren und Iwein die ersehnte Gelegenheit zum ritterlichen Zweikampf verschaffen soll. Zugleich will Iwein die

---

trierte Iwein-Handschrift überliefert ist [BONNET (Anm. 2), S. 13], sprechen gegen eine solche Vorbildlichkeit nicht zuletzt die konsequente Einbindung der Bilder in die Raumstruktur und der Verzicht auf eine Darstellung der Szenen in Registern.

8 Die literaturwissenschaftliche Forschungsliteratur zu Hartmanns von Aue *Iwein* ist sehr umfangreich und kann hier nicht resümiert werden. Einen guten Überblick bis in die jüngere Zeit vermittelt die thematische Bibliographie auf der Homepage des Instituts für Ältere deutsche Literaturwissenschaft der Universität Bamberg: http://www.uni-bamberg.de/?id=19830. In dieser Bibliographie ist die wichtige, von RÜDIGER KROHN vorgenommene und von MIREILLE SCHNYDER kommentierte Neuübersetzung des *Iwein* noch nicht enthalten, die in ihrem Anhang weitere wichtige Literatur aufführt (Hartmann von Aue, *Iwein*. Mittelhochdeutsch / Neuhochdeutsch. Hrsg. und übersetzt von RÜDIGER KROHN, kommentiert von MIREILLE SCHNYDER, Stuttgart 2012).

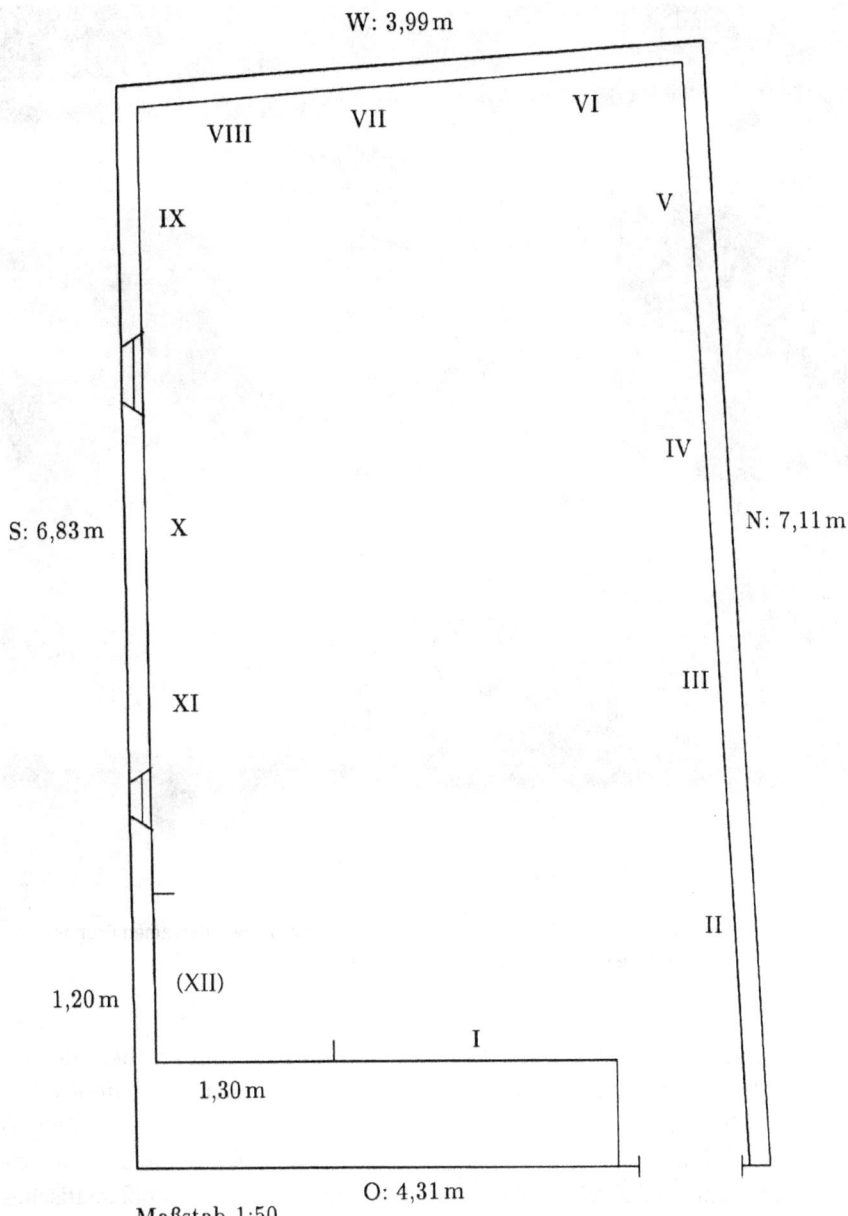

Abbildung 2: Schloss Rodenegg (Südtirol): Grundriss des *Iwein*-Zimmers mit römischer Durchnummerierung der Abfolge der einzelnen Szenen

Abbildung 3: Schloss Rodenegg, *Iwein*-Zyklus, Nordwand: Iwein am wundersamen Brunnen im Wald von Breziljan und die Herbeiführung des Unwetters

Schmach seines Vetters Kalogrenant, ebenfalls ein Artusritter, rächen, der vor vielen Jahren selbst König Askalon herausgefordert und den Zweikampf verloren hatte. Der anschließende Zweikampf zwischen Iwein und Askalon (Abb. 4) erfährt auf Schloss Rodenegg eine höchst dramatische und großflächige Darstellung, sind ihm doch Zweidrittel der Nordwand gewidmet. Sein problematisches Ende findet dieser Kampf jedoch nicht auf dem offenen Feld, sondern in der Burg des Königs, wohin sich Askalon nach dem Empfang eines tödlichen Schwerthiebs zu retten versucht. Diese auch in der Romanvorlage äußerst dramatische Szene wird auf Schloss Rodenegg auf der dem Eingang gegenüber liegenden Westwand dargestellt (vgl. Abb. 1) und auf drastische Weise in Erinnerung gerufen, dass

Abbildung 4: Schloss Rodenegg, *Iwein*-Zyklus, Nordwand: Iwein im Zweikampf mit König Askalon

Iwein nur mit viel Glück und unter Verlust seines Pferdes, das durch das herabsausende Fallgitter zweigeteilt wird, zusammen mit Askalon das Innere der Burg erreicht. Während dieser in den Armen seiner schmerzerfüllten Gemahlin Laudine stirbt (Abb. 5), vermag Iwein wiederum nur dank einer glücklichen Fügung des Schicksals zu überleben, in dem sich die Kammerzofe der Königin, Lunete, als eine alte Bekannte Iweins zu erkennen gibt, die ihn nun mit Hilfe eines magischen Rings in der Burg versteckt halten kann (Abb. 6). Durch den Stein des Rings unsichtbar geworden, vermag Iwein heimlich die von tiefer Trauer und Sorge zerrissene, junge und sehr attraktive Königswitwe Laudine während der Beerdigungsfeierlichkeiten zu beobachten (Abb. 7), was sogleich seine Leidenschaft weckt und er sich unsterblich in sie verliebt. Dank der Vermittlungsarbeit der Zofe Lunete, die in langen Gesprächen die königliche Witwe Laudine davon überzeugen kann, dass es für sie wie für die Sicherheit des Königreichs das Beste wäre, wenn Laudine den im Zweikampf siegreichen und damit besseren Kämpfer heiraten würde, selbst wenn er ihren Gatten getötet habe, vermag Iwein sich aus

Abbildung 5: Schloss Rodenegg, *Iwein*-Zyklus, Westwand: König Askalon stirbt in den Armen seiner Frau Laudine

seinem Versteck und vor die Königin zu begeben und sie durch Fußfall (Abb. 8) demutsvoll um Verzeihung zu bitten.

Mit dieser Szene endet der Zyklus auf Schloss Rodenegg, weshalb in der Forschung – hier besonders von VOLKER SCHUPP – immer wieder die Überlegung angestellt wurde, ob nicht ursprünglich eine zwölfte Szene mit der anschließenden

Abbildung 6: Schloss Rodenegg, *Iwein*-Zyklus, Westwand: Die Kammerzofe Lunete überreicht Iwein den Ring der Unsichtbarkeit

Hochzeit von Laudine und Iwein vorhanden gewesen sein müsse.⁹ Eine solche Hochzeitsszene bildet im einige Jahre später entstandenen *Iwein*-Zyklus im hessisch-thüringischen Schmalkalden (Abb. 9) sogar den Mittelpunkt des gesamten

---

9 SCHUPP/SZKLENAR (Anm. 2), S. 103–105.

Abbildung 7: Schloss Rodenegg, *Iwein*-Zyklus, Südwand: Iwein beobachtet vom Turmfenster aus die Beerdigung Askalons

Bildarrangements,[10] was jedoch auf Schloss Rodenegg wegen der deutlich andersartigen inhaltlichen Akzentsetzung im Sinne eines graduell kritischen Kommentars zum Abenteuer- bzw. *Aventiure*-Ideal des Artus-Rittertums nicht der Fall gewesen sein dürfte. Auf diese kritische, die Zweideutigkeit des Artusritter-Ideals

---

10 Zu Schmalkalden siehe Otto Gerland: Die spätromanischen Wandmalereien im Hessenhof zu Schmalkalden, Leipzig 1896; Paul Weber: Die Iweinbilder aus dem 13. Jahrhundert im Hessenhofe zu Schmalkalden. In: Zeitschrift für bildende Kunst, N. F., 12 (1900/01), S. 73–84, S. 113–120; Bonnet (Anm. 2), S. 75–103, hier: S. 83; Roland Möller: Untersuchungen an den Wandmalereien des Iwein-Epos Hartmanns von Aue im Hessenhof zu Schmalkalden. In: Sachsen und Anhalt. Jahrbuch der Historischen Kommission für Sachsen-Anhalt, 19 (1997), S. 389–453.

Abbildung 8: Schloss Rodenegg, *Iwein*-Zyklus, Südwand: Iwein kniet vor Königin Laudine nieder

Abbildung 9: Schmalkalden, Hessenhof, sogenannte Trinkstube, *Iwein*-Zyklus; auf der Schildbogenwand Hochzeitsbankett von Iwein und Laudine

betonende Bildaussage wird noch später einzugehen sein. Wegen der andersartigen semantischen Akzentuierung, die auch für das Verhältnis der Bildgeschichte zu der zugrundeliegenden Romanerzählung aufschlussreich ist, hat ANNE-MARIE BONNET bereits 1986 dafür votiert, auf die Annahme einer ursprünglich vorhandenen und nunmehr zerstörten Hochzeitsszene gänzlich zu verzichten, da sie in der semantischen Syntax von Rodenegg schlichtweg unnötig sei.[11] In jedem Fall hätte eine solche Szene nur im Bereich der heute leeren südöstlichen Raumecke Platz gefunden, wo die einen Autoren einen Kamin und die anderen eine Wendeltreppe hinauf in das Saalgeschoss des Palas rekonstruieren wollen.[12]

Wenn ich in dieser Weise für das bessere Verständnis des Nachfolgenden den Inhalt des Rodenegger *Iwein*-Zyklus' zusammengefasst habe, dann habe ich – wie alle anderen Autoren vor mir – nichts anderes unternommen, als der in den Bildern erzählten Handlung in ordentlicher aber auch sehr uninspirierter Weise Bild für Bild zu folgen, so, als ob die Bilder an den Wänden letztlich nichts anderes wären, als der ikonische Ersatz für eine textliche Struktur. Bis zu einem gewissen Grad sind sie dies selbstverständlich auch, aber eben nicht nur, weshalb es nun angebracht ist, die besonderen Bedingungen einer in die Dreidimensionalität des physischen Innenraums hineinprojizierten Bilderzählung in den Blick zu nehmen. Die Berücksichtigung des Raumes erfordert eine kurze Bemerkung zur Produktivität der immer noch geführten Debatten um einen *spatial turn* für unser Thema. Denn bei den Raum-Diskursen der Kulturwissenschaften fällt auf, wie sehr die zweifelsohne notwendige und besonders durch MARTINA LÖW betriebene Propagierung eines relationalen Raumbegriffs,[13] der den Raum als etwas sich stetig Veränderndes und Unabgeschlossenes definiert, und das daraus resultierende Unbehagen vor abgeschlossenen, klar umrissenen Räumen, am Ende dazu geführt haben, dass die tatsächlich in sich geschlossenen, von unveränderbaren Raumgrenzen bestimmten architektonischen Innenräume nahezu ausgeblendet worden sind. Man könnte auch sagen, dass der relationale Raumbegriff der Soziologie den architektonisch fest definierten Realraum – so wie ihn

---

11 BONNET (Anm. 2), S. 51 f., S. 54. VOLKER SCHUPP hingegen widerspricht BONNET und postuliert die Hochzeitsszene auch für den Rodenegger Zyklus als bildliches Ziel und Höhepunkt der Handlung. Als Ort einer solchen Szene erwägt er eine heute fehlende Kaminhaube oder Wendeltreppenwand (ähnlich der rekonstruierbaren, ursprünglichen Wendeltreppenwand im Raum der Monatsbilder im Adlerturm des Trienter Castello del Buonconsiglio) im Bereich des heute leeren Wandstücks linkerhand der Szene des Kniefalls Iweins vor Laudine [SCHUPP/SZKLENAR (Anm. 2), S. 103–105].
12 Zum Forschungsstand siehe SCHUPP/SZKLENAR (Anm. 2), S. 49, S. 103–105.
13 Wegweisend für diese die soziologische Raumdefinition um handlungstheoretische Konzeptionen erweiternde Auffassung ist MARTINA LÖWs Habilitationsschrift: DIES.: Raumsoziologie, Frankfurt/Main 2001.

auch der *Iwein*-Raum auf Schloss Rodenegg verkörpert – in der Wahrnehmung aufgelöst hat. Nicht zufällig leiden daher viele Untersuchungen von profanen Bilderzyklen in höfischen Innenräumen unter dem Mangel der Berücksichtigung des vorgegebenen Raumes als einer konstitutiven Voraussetzung für die narrative wie argumentative Präsentation der Bilder.[14]

Welche neuen Erkenntnisse vermögen wir über den Rodenegger *Iwein*-Zyklus und seine Aussage zu gewinnen, wenn wir den Raum als konstitutive Kategorie hinzunehmen? Zunächst rückt eine eigentlich banale Tatsache ins Bewusstsein, die für die Eigenwertigkeit der raumgebundenen Bilder gegenüber solchen Bildern, die wir uns beispielsweise in Handschriften ansehen, aber von zentraler Bedeutung ist: Der Betrachter der *Iwein*-Bilder kann sich innerhalb des Raumes frei bewegen und vermag durch seine Bewegung im Raum die an den umlaufenden Wänden oberhalb der Augenhöhe panoramaartig angebrachten Bilder und ihren Handlungsfluss zunächst geradezu physisch nachzuerleben. Im *Iwein*-Zimmer von Schloss Rodenegg bietet sich dem Betrachter dabei das Vergnügen, mit Hilfe eines gezielt eingefügten Fensters in der Südwand, das sich genau dort befindet, wo Iweins sehnsüchtiger Blick durch ein Fenster der Burg auf die trauernde Königswitwe am Grabe ihres Mannes geschildert wird (vgl. Abb. 7), gewissermaßen selbst in die Rolle des Iwein zu schlüpfen, um wie Iwein aus dem Versteck den Blick nach draußen zu richten. Doch noch wichtiger ist, dass der Raum dem Betrachter sodann ermöglicht, durch den sich hin und her bewegenden Blick von der einen zur anderen Wand szenenübergreifend neue Bildzusammenhänge herzustellen. So ist es beispielsweise ohne weiteres möglich, das Geschehen des Zweikampfes auf der Nordwand (vgl. Abb. 4) mit dem Geschehen in der Burg von König Askalon auf der gegenüberliegenden Südwand (vgl. Abb. 7 und 8) zu verbinden und die hier wie dort gezeigten Handlungsmomente in einen vergleichenden und interpretierenden Zusammenhang zu stellen. Dieses in der räumlich gelenkten Bildwahrnehmung bis zu einem gewissen Grad potentiell freie Arrangement der Bilder bzw. Szenen erfährt im *Iwein*-Raum nun insofern eine Einschränkung, als der unbekannte Konzepteur des Bildzyklus' diese Potentialität des szenenübergreifenden Arrangements offenbar einkalkuliert und besondere Markierungen für den im Raum umherschweifenden Betrachterblick

---

14 Erste, wichtige Ansätze für ein erweitertes, räumliches Verständnis profaner Innenraumzyklen des hohen und ausgehenden Mittelalters finden sich bei HARALD WOLTER-VON DEM KNESEBECK: „Hûsêre" and the „Topography of Contrasts" in 15th Century Mural Paintings from Tyrol and Trentino. In: Out of the Stream. Studies in Medieval and Renaissance Mural Painting. Hrsg. von LUÍS URBANO AFONSO/VÍTOR SERRÃO, Cambridge (UK) 2007, S. 22–41; siehe künftig auch die noch unpublizierte Habilitationsschrift des Autors: Bilder für *wirt, wirtin* und *gast*. Studien zur profanen Wandmalerei 1200 – 1500, Universität Kassel 2005.

eingefügt hat. Damit nutzt er die Raumbezogenheit des Zyklus geschickt für eine bestimmte Interpretation der Erzählung, bei der vor allem ihre Mehrdeutigkeit akzentuiert wird. Dies lässt sich beispielsweise sehr gut an der Westwand erkennen, die dem Eingang unmittelbar gegenüber liegt und daher auch vom eintretenden Betrachter bald in den Blick genommen wird (Abb. 10, vgl. auch Abb. 1). Hier wurden die drei Bilder so angeordnet, dass sich genau in der Mitte die Szene des sterbenden König Askalon und seiner trauernden Gemahlin Laudine befindet (vgl. Abb. 5), während zur Rechten der stürmische Ritt Iweins und Askalons in die Burg und zur Linken die Überreichung des magischen Rings durch Lunete (vgl. Abb. 6) gezeigt werden. Wie wichtig dem Konzepteur des Zyklus' die Akzentuierung der Sterbe- und Trauerszene war, kann nicht nur an ihrer Positionierung in der Mitte abgelesen werden, sondern überdies auch durch die Umkehrung der Bewegungsrichtung im linken Bild. Dort wendet sich Iwein von links nach rechts an Lunete und lenkt damit – zusammen mit den von rechts nach links durch das Burgtor galoppierenden Reitern im rechten Bild – die Bewegungsführung komplett auf die Mittelszene (vgl. Abb. 10). Auf diese Weise wird die hier bemerkenswerterweise im Typus einer Marienklage dargestellte Trauer der Königinwitwe Laudine (vgl. Abb. 5) als eine zentrale Szene des gesamten Bildzyklus herausgestellt und das bis dahin durch Iwein unbekümmert nach dem Ideal der Artusritter ausgelebte Streben nach Abenteuer und Ehre als Handlung mit dramatischen Folgen vor Augen geführt. Durch den Rückgriff auf das bildliche Formular der Marienklage erfährt der Tod Askalons in der bildlichen Darstellung seine Überblendung mit einem zentralen Sujet der christlichen Ikonographie und seine

Abbildung 10: Schloss Rodenegg, *Iwein*-Zyklus, Westwand: Eindringen Iweins in die Burg Askalons, Askalons Tod und Ringübergabe durch Lunete (von rechts nach links)

Deutung als Akt der Passion.[15] Wie bewusst an dieser Stelle das Arrangement der Bilder vorgenommen und damit eine bestimmte kritische Lesart der Handlung erreicht wurde, beweist die Tatsache, dass deswegen die im Text Hartmanns von Aue eigentlich zusammengehörigen Ereignisse vom Ritt durch das Falltor und der Begegnung von Iwein und Lunete auseinandergerissen und auf die beiden Bildfelder links und rechts der Sterbe- und Trauerszene verteilt worden sind (vgl. Abb. 10).[16] Die Sterbe- und Trauerszene selbst erweist sich darüber hinaus als eine Erfindung des Konzepteurs, da in der Roman-Vorlage dieses Ereignis lediglich indirekt durch die Schilderung der Zofe Lunete angedeutet wird.[17]

Einmal auf ein solches durch die Textvorlage nicht vorgegebenes Bildarrangement aufmerksam geworden, lassen sich bald weitere durch den unbekannten Konzepteur vorgenommene und nur im Raum wahrnehmbare Akzentsetzungen, Blickachsen und dialogische Strukturen innerhalb des *Iwein*-Zyklus feststellen, die allesamt dem Narrativ eines vordergründigen Heldentums widersprechen. So korrespondieren die dramatischen Szenen im Inneren von Askalons Burg auf der Westwand bei näherem Hinsehen mit der friedlichen Burgszene auf der gegenüberliegenden Ostwand, wo Iwein wenige Stunden zuvor auf friedfertige Weise gastliche Aufnahme in einer Burg gefunden hatte, die er dann im Morgengrauen auf der Suche nach Abenteuer wieder verlässt.[18] Als korrespondierende und opponierende Bildfolgen wurden auch die Malereien auf der Nord- und Südwand konzipiert. So stehen die Ereignisse der *Aventiure*-Suche (Begegnung mit

---

15 Zum Vergleich mit dem Motiv der Beweinung Christi und seinen möglichen ikonographischen Vorbildern siehe mit Angabe und Diskussion der älteren Literatur SCHUPP/SZKLENAR (Anm. 2), S. 92 (mit Anm. 38). Siehe auch BONNET (Anm. 2), S. 42 (mit Anm. 161, S. 151).
16 Siehe hierzu BONNET (Anm. 2), S. 44, die dieses Element der Zäsurbildung allerdings nur als Unterbrechung des Erzählflusses deutet, „da die Handlung – trauernder Hof, suchendes Gesinde, Iweins Aufenthalt – von nun an in parallelen Strängen verläuft [...]" (ebd.). Zur kritischen Lesart des Zyklus und in diesem Kontext besonders der Trauerszenen siehe hingegen BONNET (Anm. 2), S. 53–55 sowie S. 68–72.
17 Vgl. Hartmann von Aue, *Iwein* (Anm. 8), S. 72, V. 1160 und 1163, wo von „jammervoller Klage" *(iaemerlîchez clagen)* und „grimmigem Zorn" *(grimmeclîchen zorn)* die Rede ist.
18 Auf dieses antithetische Verhältnis der West- und der Ostwand hat auch zutreffend HARALD WOLTER-VON DEM KNESEBECK hingewiesen [WOLTER-VON DEM KNESEBECK (Anm. 14)] und als Thema der hier zu beobachtenden Bildopposition die Gegenüberstellung von gastfreundlicher und ungastlicher Burg und damit die Burg als Ort oder Nichtort ritterlicher Gastfreundschaft im Sinne mittelalterlicher Hausehre *(Hûsêre)* zu bestimmen versucht. Demzufolge würde die vom Burgherrn zu Beginn von Iweins *Aventiure* gewährte Gastfreundschaft (Ostwand) mit dem gewaltsamen, unrechtmäßigen Eindringen Iweins in Askalons Burg (Westwand) kontrastiert. Diese Überlegungen weisen grundsätzlich in die richtige Richtung, doch dürfte an der Westwand über das Thema der *Hûsêre* hinaus in besonderer Weise das Problem eines rücksichtslos ausgelebten Artusritterideals und dessen potentiell zerstörerischen Folgen seine erzählerische Zuspitzung und Visualisierung erfahren haben, wie im Folgenden weiter zu zeigen sein wird.

dem furchterregenden Wildhüter, provozierende Benutzung des Waldbrunnens) und des anschließenden Zweikampfes mit König Askalon auf der Nordwand den Begebenheiten auf der Südwand gegenüber, wo mit dem in Askalons Burg eingeschlossenen Iwein (der nur dank eines magischen Rings und einer rational handelnden Zofe geschützt ist), dem Begräbnis Askalons sowie Iweins reuevoller, unterwürfiger Begegnung mit der Königinwitwe Laudine nicht nur die chaotischen Folgen des provozierenden Aktes thematisiert werden (letztlich hat Iwein durch sein Handeln ein ganzes Königreich in Gefahr gebracht), sondern auch der ursprüngliche Held, Iwein, im Moment größter Gefahr und Hilflosigkeit gezeigt wird. Kaum zufällig dürfte daher die Szene mit der Jagd auf Iwein, in der dieser hilflos unter einem Tuch (das hier die unsichtbar machende Kraft des magischen Rings versinnbildlichen soll) verborgen liegt, während die Burgmannen des getöteten Königs mit Schwertern und Stangen die Raumluft zerschneiden (Abb. 11), wiederum in der Mitte der Wand angeordnet worden sein, stellt sie doch den größten Kontrast zu den triumphalen Zweikampfszenen auf der Nordwand dar. Mit der den Kampfszenen vorausgehenden unbedachten Auslösung des Unwetters (vgl. Abb. 3) wiederum korrespondiert die Szene der Unterwerfung Iweins vor Laudine (vgl. Abb. 8), ist doch diese Szene vor allem das Ergebnis rationaler, zweckorientierter Überlegungen von Lunete und Laudine und damit – wie ANETTE SOSNA in ihrer Dissertation verdeutlicht – eine Demonstration klugen, überlegten Handelns.[19] Insgesamt lassen sich anhand der bildlichen Korrespondenzen folgende inhaltliche Oppositionen nachweisen (vgl. hierzu auch Abb. 1 und 2):

Opposition I: Friedliche Einkehr (Ostwand) und gewalttätiges Eindringen (Westwand) in eine Burg

Opposition II: Minne-Sehnsucht des Burgfräuleins (Ostwand) und Minne-Unglück der Königswitwe (Westwand)

---

[19] ANETTE SOSNA: Fiktionale Identität im höfischen Roman um 1200: Erec, Iwein, Parzival, Tristan, Stuttgart 2003, S. 112–115. In diese Richtung argumentierte auch schon MARIA BINDSCHEDLER, die in den vor allem auf Lunete und Laudine bezogenen Begriffen von *guot* und *güete* die Absicht Hartmanns von Aue erkennen wollte, die im *Iwein* das Geschehen maßgeblich prägenden Frauen als ‚vernünftig' und rational handelnd zu charakterisieren (MARIA BINDSCHEDLER: *Guot* und *güete* bei Hartmann von Aue. In: Die Wissenschaft von deutscher Sprache und Dichtung. Festschrift für Friedrich Maurer. Hrsg. von SIEGFRIED GUTENBRUNNER, Stuttgart 1963, S. 352–363).

Opposition III: Ritterlicher Heldenkampf unter Missachtung ritterlicher Selbstkontrolle (Nordwand) und – als deren Folge – Gefährdung höfischer und territorialer Ordnung (Südwand)

Opposition IV: *Aventiure* als jugendlicher Leichtsinn (Nordwand) und demütigreuevolle Umkehr durch die Macht höfischer Minne und klug-rationales Handeln (Südwand)

Abbildung 11: Schloss Rodenegg, *Iwein*-Zyklus, Südwand: Die Burgmannen durchkämmen die Burg auf der Suche nach Iwein

Anhand dieser Beobachtungen lässt sich als ein erstes Fazit resümieren, dass auf Schloss Rodenegg die raumbezogene Anordnung der *Iwein*-Szenen als besondere Gelegenheit einer argumentativen Fokussierung und inhaltlichen Interpretation des zugrunde liegenden Textes des *Iwein*-Romans genutzt wurde und dabei – anders als im wenig späteren Schmalkaldener *Iwein*-Zyklus – in besonderer Weise das kritische, auf eine Hinterfragung des *Aventiure*-Ideals der Artusritter zielende Potential des *Iwein*-Romans herausgearbeitet worden ist. Diese offenkundige, in ihrer Gradualität sicherlich diskutierbare kritische Lesart der Artus-Ritterlichkeit, die prinzipiell bereits bei Hartmann von Aue angelegt,[20] jedoch im Rodenegger Zyklus durch die Konzeption und die Stilmodi der Bilder (beispielsweise bei Gestik und Mimik) besonders pointiert herausgearbeitet wurde, ist auch schon ANNE-MARIE BONNET 1986 in ihrer Dissertation aufgefallen,[21] doch erkannte sie damals noch nicht das dafür verwendete System der raumachsialen, von Wand zu Wand erfolgenden Korrespondenz der Bilder und ihre oppositionellen Strukturen. Mit diesem Verfahren eines korrespondierenden und opponierenden Erzählens und Argumentierens mit zyklischen, in einem Raum angeordneten und mehrere Interpretationsebenen erschließenden Bildern erweist sich der Rodenegger *Iwein*-Zyklus aber als eine in seiner Zeit neuartige und sehr anspruchsvolle Form höfischer Literaturverbildlichung. Leider können wir nicht klären, ob dieser Zyklus in seiner Zeit einzigartig war oder es um 1200 weitere solche mit Artus-Literatur ausgemalte Räume auf Burgen gegeben hat. Der einzige andere bekannte und erhaltene Zyklus ist der bereits erwähnte *Iwein*-Zyklus im sogenannten Hessenhof in Schmalkalden. Allerdings zeigt bereits dieser nur wenig jüngere Zyklus formal und inhaltlich

---

[20] Siehe hierzu die Kommentierung entsprechender Textstellen durch MIREILLE SCHNYDER (Anm. 8), S. 508–514; zur literaturwissenschaftlichen Deutungsgeschichte siehe das Nachwort von MIREILLE SCHNYDER (Anm. 8), S. 596–606. Die Formulierung einer Kritik an den Idealen des Artusrittertums durch Hartmann von Aue erkannten auch schon Teile der älteren Forschung: Siehe z. B. WALTER OHLY: Die heilsgeschichtliche Struktur der Epen Hartmanns von Aue, Berlin 1958; HUMPHRY MILNES: The Play of Opposites in Iwein. In: German Life and Letters, 14 (1960/1961), S. 241–256; PETER WAPNEWSKI: Hartmann von Aue (Sammlung Metzler 17), 6. erg. Aufl. Stuttgart 1976, S. 63 ff. (1. Aufl. 1962); THOMAS CRAMER: *Saelde und êre* in Hartmanns *Iwein*. In: Euphorion, 60 (1966), S. 30–47; GERT KAISER: Textauslegung und gesellschaftliche Selbstdeutung. Aspekte einer sozialgeschichtlichen Interpretation von Hartmanns Artusepen, 2. neubearb. Aufl. Frankfurt 1978 (1. Aufl. 1973). Gegen eine solche von der Forschung mittlerweile überwiegend geteilte Lesart wandten sich u. a. KURT RUH: Höfische Epik des deutschen Mittelalters, Bd. 1: Von den Anfängen bis zu Hartmann von Aue (Grundlagen der Germanistik, 7), 2. verb. Aufl. Berlin 1977, S. 144 f. (1. Aufl. 1967); VOLKER MERTENS: Laudine. Soziale Problematik im „Iwein" Hartmanns von Aue (Beihefte zur Zeitschrift für Deutsche Philologie, 3) Berlin 1978; VOLKER SCHUPP: Kritische Anmerkungen zur Rezeption des deutschen Artusromans anhand von Hartmanns Iwein. Theorie, Text, Bildmaterial. In: Frühmittelalterliche Studien, 9 (1975), S. 405–442.
[21] BONNET (Anm. 2), S. 58 f., S. 108.

eine gegenüber Rodenegg derart andersartige Umsetzung der Roman-Vorlage,[22] dass es vermutlich müßig ist, deswegen nach weiteren, heute verloren gegangenen *Iwein*-Zyklen zu suchen, um in ihnen evtl. mögliche Vorbilder für den Zyklus auf Schloss Rodenegg zu finden. In Schmalkalden wurde nach dem strukturellen Vorbild illustrierter Handschriften[23] in registerartig angeordneten Bildsequenzen (Abb. 12, vgl. auch Abb. 9) und unter Bezug auf die Raumsituation jedoch – anders als in Rodenegg – ohne raffinierte räumliche Bildkorrespondenzen der komplette, zweifache Handlungsstrang des Romans gezeigt und dabei das ritterlich-höfische Hochzeitsfest zur Hauptszene erhoben (vgl. Abb. 9).[24]

Anders stellt sich die Frage für das von mir herausgearbeitete, in einem höfischen Innenraum verwirklichte korrespondierende und opponierende Erzähl- und Argumentationssystem. Denn es ist eigentlich nicht zu erwarten, dass der Konzepteur des Rodenegger *Iwein*-Zyklus' dieses raumbezogene antithetisch-narrative System hier erstmals für einen profanen Zusammenhang entwickelt hat, womit der *Iwein*-Raum auf Schloss Rodenegg eine Inkunabel des räumlichen Erzählens und Argumentierens in der mittelalterlichen höfischen Wandmalerei darstellen würde. Wegen des anzunehmenden immensen Verlustes an Beispielen mittelalterlicher höfischer Wandmalerei bzw. Tapisserien fällt es schwer, den Stellenwert des Rodenegger *Iwein*-Raums angemessen einzuschätzen, zumal literarisch überlieferte Ausgestaltungen höfischer Innenräume oftmals nur einen fragwürdigen Realitätsgehalt bieten. Allerdings hat schon JOACHIM BUMKE darauf hingewiesen, dass nicht alle literarischen Beschreibungen nur panegyrische Fiktion sein müssen und daher selbst die Schilderung der berühmten Kemenate der Gräfin Adèle von Blois aus der Zeit um 1100, von der Bischof Baudri de Bourgeuil in einem der Gräfin gewidmeten Gedicht berichtet, sie sei u. a. mit Tapisserien ausgeschmückt, die die gesamte Menschheitsgeschichte verbildlichen würden,[25] eine gewisse Glaubwürdigkeit beanspruchen dürfte.[26]

---

22 Siehe hierzu auch BONNET (Anm. 2), S. 105–110.
23 Tatsächlich vorhandene illustrierte Handschriften als Vorlage sind allerdings auch für den Schmalkaldener Zyklus wegen der inhaltlichen, das Artus-Ritterideal bestätigenden Auffassung und der konsequenten Beachtung der räumlichen Situation wenig wahrscheinlich [so auch schon BONNET (Anm. 2), S. 87–89].
24 BONNET (Anm. 2), S. 83.
25 BAUDRI VON BOURGUEIL: Oeuvres poétiques, Nr. CXCVI, S. 196–231 und Kommentar, S. 231–253.
26 „[D]as ganze Huldigungsgedicht hätte kaum einen Sinn, wenn es nicht tatsächlich ein solches Prunkzimmer gegeben hätte". JOACHIM BUMKE: Höfische Kultur. Literatur und Gesellschaft im hohen Mittelalter, 2 Bde., München 1986, Bd. 1, S. 157. Zur Frage des Wirklichkeitsgehalts in der mittelalterlichen Epik siehe auch ERICH KÖHLER: Ideal und Wirklichkeit in der höfischen Epik. Studien zur Form der frühen Artus- und Graldichtung, 2. Aufl. Tübingen 1970.

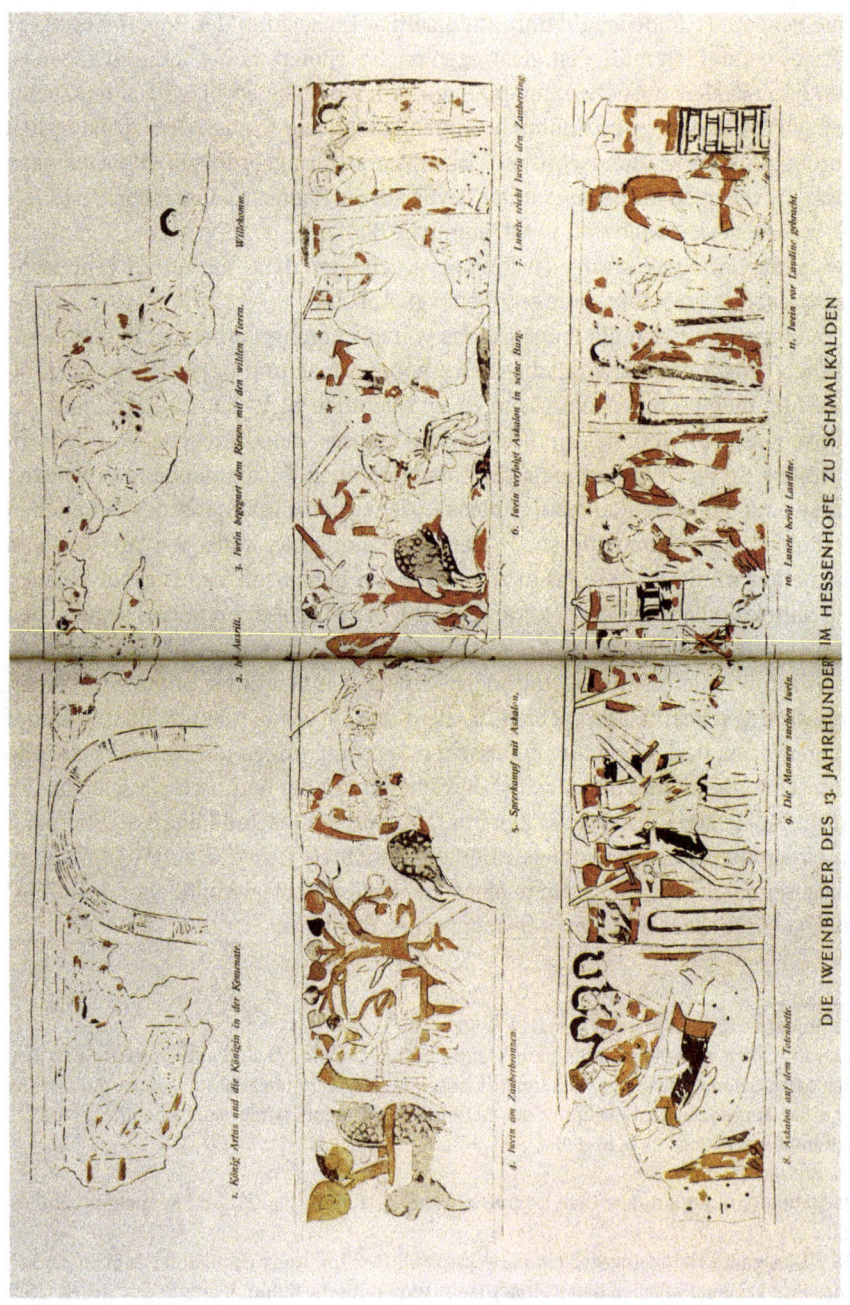

Abbildung 12: Schmalkalden, Hessenhof, sogenannte Trinkstube, *Iwein*-Zyklus: Umzeichnung der Bildregister im Tonnengewölbe

Wenn schon die Suche nach einem unmittelbaren höfisch-profanen Vorbild für das raumlogische bildliche Erzählen ergebnislos bleiben muss, so können wir immerhin den Versuch unternehmen, anhand von profanen wie sakralen Bildzyklen nach möglichen grundlegenden strukturlogischen Vorbildern zu suchen. Deren Komplexität, so ließe sich eine wichtige Voraussetzung für die Vorbildlichkeit formulieren, sollte über die einfachen, damals bereits über eine lange Tradition in kirchlichen Bildzyklen verfügenden typologischen Verfahren hinausweisen und eine innerhalb einer einzigen Erzählung geschaffene „Binnentypologie"[27] aufweisen, die auch die Erzähl- und Argumentationskunst des Rodenegger *Iwein*-Zyklus auszeichnet. Solche grundlegenden strukturellen Vorbilder würden diesen stärker als bisher aus seiner Singularität herauslösen und in den Kontext einer überregionalen, gar europäischen Entwicklung narrativ argumentierender und kommentierender Bildsysteme im ersten Drittel des dreizehnten Jahrhunderts stellen, die allesamt ein besonderes Interesse an mehrdeutigen Narrativen erkennen lassen und hierfür die seit dem frühen Christentum entwickelten typologischen, auf *Altes* und *Neues Testament* bezogenen Systeme zu nutzen wussten. Ein solches möglicherweise vorbildliches narratives und zugleich in typologischer Weise kommentierendes Bildsystem lässt sich für die Zeit zwischen 1200 und 1220 vor allem in der gotischen Glasmalerei der französischen Kathedralen und Stiftskirchen nachweisen. In dieser wurde – durchaus unter Rückbezug auf ältere Vorbilder in der sakralen, liturgischen Buch- und Objektkunst[28] – ein prinzipiell vergleichbares System einer Erzähl- und Argumentationsweise ausgebildet, die einerseits in der Aneinanderreihung von Bildsequenzen den Verlauf der Romanhandlung bzw. der biblischen Geschichten nacherzählt und andererseits durch die Ausbildung von oppositionellen bzw. sich kreuzenden „binnentypologischen" Bildbezügen diese Handlung darüber hinaus interpretiert und kommentiert. Dieses System war im Medium der Glasmalerei (aber auch bei den vorangegangenen Versuchen etwa in der Buchmalerei) jedoch auf einen zweidimensionalen Bildträger bezogen, so dass die besondere kreative Leistung des Rodenegger Konzepteurs darin bestanden hätte, das ursprünglich

---

27 Diesen Begriff schlug WOLFGANG KEMP – in Erweiterung einer rein theologischen Anwendung und in Anlehnung an einen Teil der mediävistischen Literaturwissenschaft – für das hier zu diskutierende Erzählverfahren vor: WOLFGANG KEMP: Sermo corporeus. Die Erzählung der mittelalterlichen Glasfenster, München 1987, S. 106 f.

28 Zu nennen sind hier beispielsweise die Bibel von Stavelot (London, British Museum) aus dem letzten Jahrzehnt des elften Jahrhunderts, in der sich in den eingefügten Illustrationen ähnliche Gliederungsschemata wiederfinden, wie sie die Glasfenster des zwölften/dreizehnten Jahrhunderts der französischen Kathedralen aufweisen, oder der Tragaltar von Stavelot (ca. 1150–1160) mit der vergleichbar geometrisierten Bildfeldereinteilung der Altarplatte [siehe hierzu auch KEMP (Anm. 27), S. 63–65, S. 69–73].

zweidimensional angelegte System für einen dreidimensionalen, räumlichen Kontext zu adaptieren. Inwiefern der Rodenegger *Iwein*-Zyklus für diese auf einen Raum bezogene Adaption tatsächlich als innovativ gelten darf, kann wie gesagt wegen der schlechten Überlieferungssituation mittelalterlicher profaner Raumausmalungen nicht geklärt werden. Immerhin ist es bemerkenswert, dass ein ähnliches „binnentypologisches", narrative Handlung und kommentierende Handlung verschränkendes Erzählverfahren erst wenige Jahrzehnte vor der Entstehung des *Iwein*-Zyklus auch in die Erzählstruktur der höfischen Ritter- und Heldenromane transponiert wurde, nicht zuletzt bei Chrétien de Troyes, dem ‚Erfinder' des *Iwein*-Romans und Vorbild für Hartmanns von Aue eigene *Iwein*-Erzählung.[29] Damit wird zusätzlich verdeutlicht, wie sehr der Rodenegger *Iwein*-Zyklus einem damals hochaktuellen strukturellen Verfahren folgt, das sich auf jeweils spezifische Weise in den literarischen und bildlichen Künsten gleichermaßen ausprägte.

Die Wiederentdeckung dieses besonderen Verfahrens eines innerhalb einer Erzählung in Oppositionen strukturierenden und damit gewissermaßen „binnentypologischen" Erzählens und Kommentierens in der gotischen Glasmalerei Frankreichs verdanken wir WOLFGANG KEMP, der seine Beobachtungen und Thesen erstmals 1987 unter dem Titel *Sermo corporeus* vorlegte und damit sogleich Kontroversen auslöste.[30] Gegenstand der Kontroversen waren zum einen die Propagierung eines strukturalistischen, an MICHAIL BACHTIN und TZVETAN TODOROV angelehnten literaturwissenschaftlichen Ansatzes[31] für das Sujet des mittelalterlichen religiösen Glasfensters und zum anderen seine Behauptung, dass sich in der Erzählweise und szenischen Ausstaffierung mancher der Kathedralfenster unverkennbar die Rezeption aktueller höfisch-profaner Ritterromane reflektiere.[32] WOLFGANG KEMPS Überlegungen sind in ihrer großen Linie durchaus überzeugend, weshalb ich abschließend den Versuch unternehmen möchte, den *Iwein*-Zyklus von Schloss Rodenegg mit einem bekannten Glasfenster aus der Kathedrale von Bourges zu vergleichen. Es ist das Fenster vom Verlorenen Sohn (sogenanntes Prodigus-Fenster), das auch schon WOLFGANG KEMP für seinen Nachweis des systematischen, in übergreifenden Figuren verlaufenden Erzählens und Kommentierens in der mittelalterlichen Glasmalerei herangezogen hat.[33] In diesem Fenster, das um 1210 und damit in unmittelbarer zeitlicher Nähe zum *Iwein*-

---

29 Siehe hierzu EUGENE VINAVER: The Rise of Romance, Oxford 1971, S. 23. Siehe auch KEMP (Anm. 27), S. 109–114.
30 KEMP (Anm. 27).
31 TZVEDAN TODOROV: The Poetics of Prose, Ithaca (N. Y.) 1977; [hierzu KEMP (Anm. 27), S. 114].
32 KEMP (Anm. 27), S. 132–160.
33 KEMP (Anm. 27), S. 46–48.

Abbildung 13: Bourges, Kathedrale: Fenster vom Verlorenen Sohn (kolorierte Umzeichnung)

Zyklus entstand, wird in zwei großen, unterteilten Vierpässen und mehreren dazwischen geschobenen Drei- und Rundpässen das Gleichnis vom Verlorenen Sohn, dem Prodigus, erzählt (Abb. 13). Dieser abenteuerlustige Jüngling aus reichem Haus lässt sich bekanntermaßen sein väterliches Erbe auszahlen, verjubelt dieses anschließend auf rauschenden Partys und bei Bordellbesuchen (Abb. 14) vollständig, muss daraufhin als Schweinehirte seinen Lebensunterhalt verdienen (Abb. 15) und wird dennoch nach seiner reumütigen Rückkehr in sein Elternhaus von seinem Vater ohne Vorwürfe wieder aufgenommen. Dieses bekannte, vom Evangelisten Lukas berichtete Gleichnis Jesu hätte man in Bourges nun als für jeden sofort lesbare linear-zeilenförmig aufgebaute Bildergeschichte präsentieren können, ganz so, wie es auch noch das vergleichbare Prodigus-Fenster in Chartres (Abb. 16) vorführt. Statt dessen wird nun aber in Bourges der Handlungsstrang durch Ausnutzung der vielteiligen geometrischen Binnenformen des Fensters in verschiedene Einheiten portioniert und überdies die solchermaßen zusammengefassten Einzelszenen durch die Ausprägung einer Horizontal- und Vertikalachse nochmals in besonderer Weise miteinander verklammert.

Dieses Bemühen um eine bewusste Strukturierung der Erzählung mit Hilfe geometrischer Grundfiguren dient, wie WOLFGANG KEMP aufzeigen konnte, vor allem einem Zweck: der Schaffung von oppositionellen Grunddispositionen, die es erlauben, die gesamte Geschichte als eine Abfolge von antithetischen Ereignissen und Grundmustern nachzuvollziehen.[34] Diese oppositionelle Grunddisposition wird bereits in den beiden geometrischen Hauptfiguren des Fensters, den beiden großen übereinander stehenden Vierpässen (Abb. 17 und 18), offen gelegt. Denn hier wird in den Einzelszenen sehr konsequent die mit großspuriger Geste vorgetragene Selbstüberschätzung des Jünglings mit den daraus resultierenden bitteren Folgen und der durch den Vater dennoch großzügig gewährten Möglichkeit eines Neubeginns kontrastiert. Diese oppositionelle Grunddisposition wird nun innerhalb der Binnenstruktur der beiden Vierpässe durch antithetisch aufgebaute Bildkorrespondenzen weiter ausdifferenziert, wobei es dabei auch sowohl zu Korrespondenzen innerhalb eines jeden Vierpasses als auch zwischen den beiden Vierpässen kommt. Auf diese Weise wird die sukzessive Erzählstruktur des biblischen Gleichnisses konsequent mit einer typologischen Argumentationsstruktur verschränkt und die narrative Bildfolge um zusätzliche, szenenübergreifende Kommentarebenen erweitert.

Einige wenige Beispiele müssen hier zur Veranschaulichung genügen, wobei ich mich auf die Korrespondenzen zwischen den Vierpässen beschränke. Hier bildet der Verlust des Vermögens beim Glücksspiel in der unteren Szene des oberen

---

34 KEMP (Anm. 27), S. 48.

Artusritter im Zwiespalt — 265

Abbildung 14: Bourges, Kathedrale: Fenster vom Verlorenen Sohn: der Jüngling besucht ein Bordell

Abbildung 15: Bourges, Kathedrale: Fenster vom Verlorenen Sohn: der Jüngling als Schweinehirte

Abbildung 16: Chartres, Kathedrale: Fenster vom Verlorenen Sohn (Umzeichnung)

Vierpasses (vgl. Abb. 18) das selbstredende Gegenstück zur Forderung des väterlichen Erbes durch den jüngeren Sohn in der unteren Szene des unteren Vierpasses (vgl. Abb. 17). Die im oberen Vierpass darüber angeordnete Szene der Wiederaufnahme ins väterliche Haus (vgl. Abb. 18) korrespondiert wiederum mit dem Empfang des hoch zu Ross heran reitenden Jünglings im Bordell in der oberen Szene des unteren Vierpasses (vgl. Abb. 17). Und schließlich, um ein letztes Beispiel zu geben, bilden auch die beiden zentralen Vierpässe innerhalb der großen Vierpässe eine solche antithetische Erzählfigur, indem das Bild des völlig zerlumpt und abgerissen zurückkehrenden Jünglings oben (vgl. Abb. 18) mit dem in kluger Weitsicht den Acker bestellenden älteren Bruder unten (vgl. Abb. 17) eine eigene Sinneinheit ergibt.

Es fällt nicht schwer, in diesem durchdachten Aufbau auch das narrativ-argumentative Grundprinzip des Rodenegger *Iwein*-Zyklus' zu erkennen. Auch hier

Abbildung 17: Bourges, Kathedrale: Fenster vom Verlorenen Sohn, unterer Vierpass (kolorierte Umzeichnung)

Abbildung 18: Bourges, Kathedrale: Fenster vom Verlorenen Sohn, oberer Vierpass (kolorierte Umzeichnung)

kann man der Handlung einerseits Sequenz für Sequenz in den Bildern folgen, um doch andererseits zugleich auf einer weiteren, in diesem Fall die Achsialität des Raumes nutzenden Kommentar-Ebene auf eine bestimmte Auslegung der Handlung hingewiesen zu werden. Interessanterweise besitzen beide Zyklen, der Rodenegger *Iwein*-Zyklus wie der Glasfensterzyklus vom Verlorenen Sohn in Bourges, auf der Kommentarebene zudem eine ähnliche inhaltliche Aussage: Denn auch der Verlorene Sohn in Bourges wurde durch sein adliges Gepränge mit Schimmel, Jagdfalken und Knappen in auffälliger Weise als junger Ritter auf der Suche nach Abenteuer dargestellt (Abb. 19), mit dem Unterschied, dass dieser Ritter seine *Aventiure* statt im Heldenkampf in den niederen Abenteuern des Bordelllebens sucht. Sein im Glasfenster geschildertes Scheitern ist somit letztlich – ähnlich wie die andersartige aber nicht minder unreflektierte Abenteuersuche Iweins – auch als Kritik an einer bestimmten Verhaltensweise der jungen Rittersöhne zu verstehen, womit die Erzähl- und Argumentationsfigur zugleich

Abbildung 19: Bourges, Kathedrale: Fenster vom Verlorenen Sohn: Abreise des Jünglings aus dem Elternhaus

der Aufgabe dient, die biblische Parabel mit einem zeitbezogenen, kritischen Moment auszustatten.[35]

Inwiefern dieses kritische Moment beim *Iwein*-Zyklus auf Schloss Rodenegg auch Ausdruck der persönlichen Weltsicht und Lebensauffassung der auftraggebenden Herren von Rodank gewesen sein könnte bzw. inwieweit ihre enge personelle und geistliche Verbindung mit dem Brixener Bischof und Domkapitel oder die Kreuzzugsteilnahme Arnolds II. von Rodank solche kritischen Implikationen verständlich werden lassen, ist in der Forschung ansatzweise diskutiert worden.[36] Diese Diskussion kann im Rahmen dieses Beitrags nicht fortgesetzt werden, zumal bis heute eine exakte Datierung der *Iwein*-Fresken aussteht und der Spielraum von bis zu dreißig Jahren (d. h. von ca. 1210 bis ca. 1240) verschiedene Mitglieder des Hauses Rodank als Auftraggeber möglich erscheinen lässt.[37] Innerhalb dieser ungewissen Konstellation kann jedoch als wesentliches, gesichertes Moment die starke kirchliche Prägung und Ausrichtung der Herren von Rodank gelten, die mit Konrad von Rodank auch ein Familienmitglied besaßen, das es im Jahr 1200 bis zum Bischof von Brixen brachte. Zuvor war Konrad Domherr und Leiter der Domschule in Brixen gewesen und bekleidete bald darauf, ab ca. 1178, zunächst im Augustiner-Chorherrenstift Neustift und dann, ab 1197, auch im Domstift in Gurk das Amt des Propstes. Dieser Konrad war wiederum ein Vetter Arnolds II. von Rodank, zu dessen Lebzeiten die Ausführung des *Iwein*-Zyklus' auf Burg Rodenegg durchaus vorgenommen worden sein könnte.[38] Die enge Verbindung der Herren von Rodank mit der kirchlichen und theologischen Elite ihres näheren und weiteren Umfeldes lassen die kritischen, das Artus-Ritterideal in Frage stellenden Töne im Rodenegger *Iwein*-Zyklus zumindest als Reflex auf eine damals nicht zuletzt durch kirchliche Kreise angestoßene Debatte plausibel erscheinen.[39] In diesem Zusammenhang ist es bemerkenswert, dass nicht nur der

---

[35] So auch schon Kemp (Anm. 27), S. 150–157.
[36] Bonnet (Anm. 2), S. 72 f.
[37] Siehe hierzu Schupp/Szklenar (Anm. 2), S. 112; Bonnet (Anm. 2), S. 158, Anm. 263, erwägt sogar die Möglichkeit, dass Arnolds II. Ehefrau, Mechthilde, Auftraggeberin der *Iwein*-Fresken gewesen sein könnte. Bonnet ist sich des absolut spekulativen Charakters dieser Annahme bewusst, weist aber darauf hin, dass adlige Frauen in jener Zeit nicht selten die Trägerinnen höfischer Kultur (darunter besonders der Literatur) gewesen seien und Mechthilde aufgrund ihrer Herkunft aus dem bayerischen Hochadel (Mechthilde war die Witwe Heinrich von Taufers aus dem Haus der Vollfreien von Hohenburg) die Kenntnis von Hartmanns *Iwein*-Roman von Bayern nach Rodenegg mitgebracht haben könnte.
[38] Schupp/Szklenar (Anm. 2), S. 19–27.
[39] Ein bedeutender Kritiker einer ungezügelten, selbstsüchtigen *Aventiure* -Ritterlichkeit, wie sie auch in Hartmanns von Aue Artus-Romanen zum Ausdruck kommt, war z. B. Thomasîn von Zerclaere, der in seinem 1215/16 verfassten monumentalen Lehrgedicht *Der Welsche Gast* vor allem für junge Adlige eine umfassende Tugendlehre formulierte. Thomasîn war zu dieser

Rodenegger *Iwein*-Zyklus durch sein in Oppositionen strukuriertes Bildkonzept oder das Glasfenster in Bourges durch die Aktualisierung der biblischen Parabel vom Verlorenen Sohn im Gewand aktueller *Aventiure*-Romane offensichtlich auf die problematischen Seiten eines damals aktuellen gesellschaftlichen Verhaltens aufmerksam zu machen versuchten, sondern zeitgleich bzw. wenig später mit der Gestalt des Franz von Assisi ein leibhaftiger ehemaliger Ritter die Lebensideale seines Standes radikal hinterfragen und eine Reformbewegung von europäischer Dimension anstoßen sollte. Dass sich daraus, nicht zuletzt in Assisi, wiederum neue Herausforderungen für ein raumbezogenes Erzählen und Argumentieren in Bildern, in diesem Fall durch Giotto und seine Werkstatt, ergaben, sei hier zum Schluss wenigstens angedeutet.

Abbildungsnachweis
Alle Abbildungen: Archiv des Instituts für Kunstgeschichte und Musikwissenschaft der Johannes Gutenberg-Universität Mainz oder Archiv des Verfassers.

Zeit Domherr am Hof des Patriarchen von Aquileja, Wolfger von Erla, dem früheren Bischof von Passau. Zu Thomasîn siehe FRIEDRICH NEUMANN/ EWALD MARIA VETTER: Zucht und schöne Sitte. Eine Tugendlehre der Stauferzeit mit 36 Bildern aus der Heidelberger Handschrift Cod. Pal. Germ. 389 „Der Welsche Gast" des Thomasîn von Zerclaere, Wiesbaden 1977; ERNST JOHANN FRIEDRICH RUFF: Der wälsche Gast des Thomasin von Zerklaere. Untersuchungen zu Gehalt und Bedeutung einer mittelhochdeutschen Morallehre, Erlangen 1982; MEINOLF SCHUMACHER: Über die Notwendigkeit der ‚kunst' für das Menschsein bei Thomasin von Zerklaere und Heinrich dem Teichner. In: ‚Artes' im Mittelalter. Hrsg. von URSULA SCHAEFER, Berlin 1999, S. 376–390.

Gerd Althoff
Ambiguität als Stärke und Schwäche einer ehrbewussten Gesellschaft

Das Buch des Arabisten THOMAS BAUER: *Die Kultur der Ambiguität* hat die Mediävisten verschiedener Disziplinen, wenn ich es richtig sehe, zunächst relativ unvorbereitet getroffen, bald aber zumindest einige durchaus elektrisiert. Sie scheinen schnell gemerkt zu haben, dass auch ihre Sache in dem Buch verhandelt wird: dass kulturelle Ambiguität, so wie sie BAUER versteht und beschreibt, ein Phänomen ist, das auch für das Verständnis der mittelalterlichen Gesellschaft, der Praktiken ihres Zusammenlebens von größter Wichtigkeit ist. Im Kern geht es um eine Beobachtung, die THOMAS BAUER in dem Buch als den Anfangsverdacht bezeichnet, der seinen Forschungen die Richtung gab: die Idee nämlich, „die Widersprüche, auf die ein Leser klassischer islamischer Texte stößt, seien gar keine Widersprüche, deren Auflösung gescheitert, sondern solche, deren Auflösung nicht erstrebt worden ist."[1]

Dies erinnert den Mediävisten an MARTIN LINTZELS Antwort auf die Frage, wie die „unfreiwillige Unzulänglichkeit und Mangelhaftigkeit" der Aussagen ottonischer Historiographie zu erklären sei:

> Man meint wohl: sie wußten und konnten es nicht besser, wobei man im allgemeinen stillschweigend voraussetzt, daß sie es gern besser gewußt und gekonnt hätten. Das Entscheidende und Wesentliche scheint mir nun aber zu sein, daß sie es tatsächlich gar nicht anders wissen und können wollten.[2]

Vor allem aber erinnerte es an die neueren Diskussionen in den mediävistischen Fächern, ob die Aussagen der mittelalterlichen Rituale denn nun ein- oder mehrdeutig seien.[3]

---

1 Vgl. THOMAS BAUER: Die Kultur der Ambiguität. Eine andere Geschichte des Islam, Berlin 2011, S. 12 f.
2 Vgl. MARTIN LINTZEL: Die Mathildenviten und das Wahrheitsproblem in der Überlieferung der Ottonenzeit. In: Archiv für Kulturgeschichte 38 (1956), S. 152–166; hier zitiert nach DEMS.: Ausgewählte Schriften, Bd. II, Berlin 1961, S. 405–418, das Zitat S. 418.
3 Vgl. dazu bereits GEOFFREY KOZIOL: Begging Pardon and Favour. Ritual and Political Order in Early Medieval France, Ithaka, London 1992, S. 289 ff.; JÜRGEN MARTSCHUKAT/STEFFEN PATZOLD: Geschichtswissenschaft und "performative turn": Eine Einführung in Fragstellungen, Konzepte und Literatur. In: Geschichtswissenschaft und "performative turn". Ritual, Inszenierung und Performanz vom Mittelalter bis zur Neuzeit. Hrsg. von DENS., Köln u. a. 2003, S. 1–32, bes. S. 16 ff.; GERD ALTHOFF: Spielregeln symbolischer Kommunikation und das Problem der Ambiguität. In: Alles nur symbolisch? Bilanz und Perspektiven der Erforschung symbolischer Kommunikation.

Aus diesen Anstößen erwuchs die Fragestellung meines Beitrags: Ist die Ambiguität, die im Mittelalter m. E. sowohl für symbolisch-rituelle Handlungen, für viele verbale Äußerungen wie für viele schriftliche Aussagen geradezu kennzeichnend ist, das Ergebnis von Unvermögen – konnte man es einfach nicht besser? Oder gibt es nachvollziehbare Gründe, warum man der Ambiguität den Vorzug gab vor Eindeutigkeit, weil es auch Vorteile mit sich brachte, wenn man Aussagen oder Handlungen mehrdeutig anlegte oder Mehrdeutigkeit akzeptierte?

Mein Verständnis von Ambiguität schließt damit Vagheit der Deutung ein, wie es auch der von Bauer zitierte Soziologe Donald Levine akzentuiert, der in seinem Buch *The Flight from Ambiguity* eine „protektive Funktion von Ambiguität" hervorhebt, deren „nichteindeutige Ausdrucksweisen dem Selbstschutz dienen können"; der überdies eine „Funktion der sozialen Bindung von Ambiguität" feststellt, die „mit Hilfe gemeinsamer nicht allzu eindeutiger (und damit sozial spaltender) Symbole und Ausdrucksweisen ein Gemeinschaftsgefühl" stiftet.[4]

Ich möchte im Folgenden einmal zeigen, dass die mittelalterliche Gesellschaft schwerwiegende Gründe hatte, in vielen Situationen Handlungen und Aussagen von ambiger Qualität einzusetzen, weil dies half, Konflikte zu vermeiden, die unvermeidbar gewesen wären, wenn man sozusagen Klartext geredet hätte. Ich deute es als Stärke und Vorteil von Ambiguität, dass sie einer ehrbewussten Gesellschaft ohne staatliches Gewaltmonopol so ein labiles Gleichgewicht möglich machte, weil Mehrdeutigkeit half, das Gesicht aller Beteiligten zu wahren und Bloßstellungen zu vermeiden.

Übersehen kann man aber auch nicht die Folgekosten, die solcher Verzicht auf Eindeutigkeit mit sich brachte: Dies hat man im Mittelalter bereits selbst bemerkt und korrigiert, wie die seit dem zwölften Jahrhundert zahlreichen Versuche von Disambiguierung zeigen, die vor allem mittels exakter schriftlicher Festlegung von Rechten und Pflichten praktiziert wurden. Normative Schriftlichkeit in Form von ellenlangen Bündnis- oder Heiratsverträgen, Statuten und Gesetzgebung in kirchlichen, staatlichen und städtischen Bereichen sind Zeugen des Versuchs, Rechte und Pflichten genau festzulegen.[5] Diese Texte präzisierten nicht

---

Hrsg. von Barbara Stollberg-Rilinger u. a., Köln u. a. 2013, S. 35–51, bes. S. 45 ff.; Steffen Patzold: Von den Spielregeln symbolischer Kommunikation zur sozialen Praxis. Ein Versuch über praktisches und diskursives Wissen im früheren Mittelalter. In: Ebd., S. 53–67, bes. S. 54 ff.; Barbara Stollberg-Rilinger: Rituale. Frankfurt a. M., New York 2013, S. 193–211.

4 Die Zitate bei Bauer (Anm. 1), S. 41; vgl. Donald L. Levine: The Flight from Ambiguity. Essays in Social and Cultural Theory, Chicago, London 1985.

5 Vgl. dazu bereits Günter Rauch: Die Bündnisse deutscher Herrscher mit Reichsangehörigen vom Regierungsantritt Friedrich Barbarossas bis zum Tode Rudolfs von Habsburg. Aalen 1966; Hagen Keller: Vom ‚heiligen Buch' zur Buchführung. Lebensfunktionen der Schrift im Mittel-

zuletzt die ambigen Aussagen der Rituale, mit denen man bis dahin vorrangig Ordnung gestiftet hatte.[6]

Um diesen Zusammenhang einsichtig zu machen, sollen zunächst in groben Strichen einige Rahmenbedingungen des Zusammenlebens in der mittelalterlichen Gesellschaft skizziert werden, die dafür sorgten, dass Ambiguität ein geeignetes Mittel der Kommunikation wurde. Ich beschränke mich auf die Nennung von Bedingungen, die für die Führungsschichten, die Mitglieder des königlichen Herrschaftsverbandes, galten, weil diese in der erhaltenen Überlieferung am besten profiliert werden.

Es dürfte konsensfähig sein, dass Rang und Ehre die Kategorien waren, die das Denken der mittelalterlichen Eliten vor allem prägten. Rang und Ehre aber wurden in dieser Gesellschaft auch häufig angegriffen und mussten verteidigt werden.[7] Man hat angesichts der griffigen Formel von der ‚konsensualen Herrschaft' in letzter Zeit fast vergessen, welch agonaler Vorgang die Herstellung von Konsens im Mittelalter war. STEFFEN PATZOLD hat jedoch in seinem Aufsatz „Konsens und Konkurrenz" nachdrücklich und zu Recht in Erinnerung gerufen, welch großes Konfliktpotential die Partizipation von Adel und Kirche an der Königsherrschaft mit sich brachte.[8] Partizipation meinte Möglichkeiten der Einflussnahme auf politische Entscheidungen, die davon abhingen, wie hoch der Rang und die Ehre der Akteure, wie groß aber auch ihre Nähe zum Herrscher und seine Huld waren. Deshalb wurde um Rang und Ehre, um Nähe zum und Huld des Herrschers verbissen und mit allen Mitteln gekämpft, ohne dass dies unbedingt offen ausgetragen worden wäre.

Königsherrschaft hatte vielmehr zu gewährleisten, dass Rang und Ehre aller so weit wie möglich gewahrt wurden, das hieß, sie musste Gegensätze ausgleichen, Konflikte moderieren und beilegen. Durch nichts konnte sie selbst schnel-

---

alter. In: Frühmittelalterliche Studien 26 (1992), S. 1–31; DERS.: Schriftgebrauch und Symbolhandeln in der öffentlichen Kommunikation. In: Frühmittelalterliche Studien 37 (2003), S. 1–24; CLAUDIA GARNIER: Zeichen und Schrift. Symbolische Handlungen und literale Fixierung am Beispiel von Friedensschlüssen des 13. Jahrhunderts. In: Frühmittelalterliche Studien 32 (1998), S. 263–287.

6 Vgl. dazu mit vielen Einzelnachweisen CLAUDIA GARNIER: Amicus amicis, inimicus inimicis. Politische Freundschaft und fürstliche Netzwerke im 13. Jahrhundert, Stuttgart 2000, bes. S. 184 ff.

7 Vgl. dazu etwa die Beiträge in Verletzte Ehre. Ritualisierte Formen sozialer, politischer und rechtlicher Entehrung im späteren Mittelalter und in der beginnenden Neuzeit. Hrsg. von KLAUS SCHREINER/GERD SCHWERHOFF, Köln u. a. 1995; grundsätzlich dazu auch KNUT GÖRICH: Die Ehre Friedrich Barbarossas. Kommunikation, Konflikt und politisches Handeln, Darmstadt 2001.

8 Vgl. STEFFEN PATZOLD: Konsens und Konkurrenz. Überlegungen zu einem aktuellen Forschungskonzept der Mediävistik. In: Frühmittelalterliche Studien 41 (2007), S. 75–103.

ler Krisen erzeugen, als durch einseitige Bevorzugung einzelner Parteien oder Personen. Konsensuale Herrschaft war daher auch so etwas wie ein Ritt auf dem Tiger.

Rang, namentlich aber Ehre waren zudem Kategorien, denen selbst eine gewisse Ambiguität anhaftete. Lediglich unter den Klerikern waren die Ränge durch verschiedene Kriterien ziemlich eindeutig festgelegt. Doch auch unter Prälaten gab es noch Rangstreitigkeiten. Im weltlichen Adel waren Rang und Ehre objektiv allenfalls grob fixiert. Die subjektiven Vorstellungen, die die einzelnen Akteure von ihrem Rang und ihrer Ehre hatten, waren dagegen kaum deckungsgleich und jeder Versuch, sie in einer Rangliste oder -ordnung festzulegen, hatte kaum eine Chance.

Rang und Ehre aber mussten ungeachtet dieser Schwierigkeiten öffentlich sichtbar gemacht und anerkannt werden. Hierfür gab es eine Fülle symbolisch-ritueller Ausdrucksformen: Prozessionen, die die Rangordnung sichtbar machten;[9] Geschenke, die Huld und Nähe abbildeten, aber auch den Rang von Schenker wie Beschenktem erkennen ließen und zu berücksichtigen hatten;[10] Feste und Feiern, mit denen man sich nicht zuletzt in gelöster Geselligkeit Ehre erwies.[11]

Rang und Ehre bestimmten zudem die Rollen im Prozess der politischen Willensbildung, in Beratungen und bei vertraulichen Initiativen der Einflussnahme auf alle Arten von Entscheidungen. Eine ehrbewusste Gesellschaft hatte mehr Schwierigkeiten mit kontroverser Diskussion als eine demokratische. Sie praktizierte deshalb Verfahren, die das Aufeinanderprallen unterschiedlicher Meinungen bei der Willensbildung so weit wie möglich verhinderten, indem sich etwa die Reihenfolge der Redebeiträge am Rang der Beteiligten orientierte.[12]

All diese Rahmenbedingungen trugen dazu bei, die Kommunikation verbaler wie non-verbaler Art so zu gestalten, dass Rang und Ehre der anderen nicht unnötig beschädigt wurden. Das heißt konkret:

---

9 Vgl. dazu ANDREA LÖTHER: Prozessionen in spätmittelalterlichen Städten. Politische Partizipation, obrigkeitliche Inszenierung, städtische Einheit, Köln u. a. 1999; Überblick bei STOLLBERG-RILINGER: Rituale (Anm. 3), S. 120 ff.
10 Vgl. ARNOUD-JAN A. BIJSTERVELD: Do ut des. Gift Giving, Memoria, and Conflict Management in the Medieval Low Countries, Hilversum 2007; VALENTIN GRÖBNER: Gefährliche Geschenke. Ritual, Politik und die Sprache der Korruption in der Eidgenossenschaft im späten Mittelalter und am Beginn der Neuzeit, Konstanz 2000.
11 Vgl. Feste und Feiern im Mittelalter. Hrsg. von DETLEF ALTENBURG u. a., Sigmaringen 1991.
12 Zu den Rahmenbedingungen und Eigenarten politischer Willensbildung und Entscheidungsfindung durch mündlich-persönliche Beratung im Mittelalter siehe jetzt GERD ALTHOFF: Kontrolle der Macht. Formen und Regeln politischer Beratung im Mittelalter, Darmstadt 2016.

- Wenn Widerspruch als Beleidigung aufgefasst wird, tut man gut daran, den Widerspruch so zu verpacken, dass ihm jede Schärfe genommen zu sein scheint;
- wenn Zwang als mit der Ehre unvereinbar gilt, tut man gut daran, ihn unter Freiwilligkeitsfassaden möglichst unkenntlich zu machen;
- wenn Unterordnung mit adeligem Stolz nicht zu vereinbaren ist, muss man die *humiliatio* mit einer *exaltatio* honorieren, um sie erträglich zu machen.[13]

Diese Hinweise beziehen sich nicht zufällig auf reale Kommunikationsgewohnheiten, in denen nach den genannten Prinzipien gehandelt wurde. Sie machen implizit wohl schon den Stellenwert deutlich, den Ambiguität in der Kommunikation einer Gesellschaft besessen haben muss, die das Gesicht aller zu wahren hatte, wenn sie Konflikte vermeiden wollte, die schnell zu bewaffneten Auseinandersetzungen eskalieren konnten. Wenn es eine allgemein-verbindliche Regel bei der Kommunikation mittelalterlicher Eliten gab, dann war es sicher die, Rang und Ehre aller Beteiligten so weit wie möglich zu wahren. Und diese Regel wies notwendig auf den Weg der Ambiguität, die viele Dinge in einer Schwebe hielt, mit der alle Seiten leben konnten.

Dies möchte ich im Folgenden mit einigen Beispielen aus drei Feldern der Kommunikation deutlich machen: einmal mit Befunden auf dem Feld der symbolisch-rituellen Kommunikation; dann auf dem Felde der formelhaften Sprache und Schrift, und drittens auf dem Felde vermeintlich realer Sprechakte, wie sie vor allem in der Historiographie überliefert sind. Das letztere ist sicher das schwierigste, aber auch das interessanteste Untersuchungsfeld.

Beginnen wir mit der Analyse des Ambiguitätsgehalts konkreter symbolischer Handlungen: Häufiger wurde im Mittelalter dem König oder einer anderen hochgestellten Person sein Schwert vorangetragen.[14] Bis heute ist selbst Spezialisten nicht wirklich klar, welche Aussagen mit dieser Handlung beabsichtigt waren: Der Vorgang konnte die Amts- oder Gerichtsgewalt der betreffenden Person symbolisieren; er konnte angeblich aber auch eingesetzt werden, um jemanden auszuzeichnen, indem man ihm die Ehre des Schwertträgers zubilligte; der Vorgang konnte aber auch eine Disziplinierungsmaßnahme darstellen: Man nö-

---

13 Zu diesen Zusammenhängen s. bereits GERD ALTHOFF: Inszenierte Freiwilligkeit. Techniken der Entmachtung im Mittelalter. In: Herrschaftsverlust und Machtverfall. Hrsg. von PETER HOERES/ARMIN OWZAR/CHRISTINA SCHRÖER, München 2013, S. 87–96.
14 Vgl. dazu GERD ALTHOFF/CHRISTIANE WITTHÖFT: Les services symboliques entre dignité et contrainte. In: Annales. Histoire, Sciences Sociales 58 (2003), S. 1293–1318. Dort werden zahlreiche Fälle aus Historiographie und Literatur diskutiert, aus denen hervorgeht, dass Zeitgenossen diese Dienste als Maßnahmen der Disziplinierung auffassten und nicht als besondere Ehre.

tigte einen Unbotmäßigen, mit dem Schwertträgerdienst seine Dienstbereitschaft öffentlich zum Ausdruck zu bringen, die er zuvor hatte vermissen lassen. Welche dieser Möglichkeiten im konkreten Fall anzunehmen war, konnten Eingeweihte vielleicht aus dem Kontext der Situation erschließen. Die Ambiguität der Handlung hatte aber vor allem den Effekt, dass sie das Gesicht derjenigen weitgehend wahrte, die mit der Handlung diszipliniert werden sollten.

Es kennzeichnet das große Potential an Ambiguität, das diesem Schwertträgerdienst innewohnte, dass wir von ihm auch in Situationen hören, in denen wir eigentlich ein Unterwerfungsritual erwarten. Gewöhnlich wurde ein Konflikt innerhalb der Führungsschichten ja durch eine *deditio* beendet, bei der sich die rangniedere Konfliktpartei der ranghöheren unterwarf und durch diese Genugtuung die vorherige Beschädigung der Ehre des Gegners ausglich.[15] Es scheint mir ein Nachweis von virtuos eingesetzter Ambiguität, wenn der Dienst des Schwerttragens den barfüßigen Fußfall im Ritual der Konfliktbeendigung ersetzen konnte. Der entehrende Charakter der Genugtuung wurde so erheblich verringert. Man setzte aber beim Publikum große Interpretationskompetenz voraus, wenn man solche Abweichungen inszenierte und davon ausging, dass sie von den wichtigen Leuten auch richtig verstanden wurden. Bezeugt ist dies nicht zufällig denn auch dann, wenn auf Grund des Gleichgewichts der Kräfte keine Bereitschaft zur demonstrativen Selbstentehrung einer Konfliktpartei durch Fußfall zu erreichen war.

Auch die traditionelle Form dieser *deditio* war aber wohl bewusst auf Ambiguität hin angelegt, um das Gesicht aller Beteiligten so weit wie möglich zu wahren: Man konnte bei der Bewertung des Vorgangs ja die Barfüßigkeit, die Büßerkleidung und den Fußfall der sich unterwerfenden Partei in den Vordergrund rücken; man konnte aber auch akzentuieren, dass sie danach vom Boden aufgehoben, geküsst und ehrenvoll wieder in Amt und Würden eingesetzt wurde. Je nach Akzentsetzung unterschied sich die Bewertung dieses Vorgangs fundamental – jeder Akzent hatte aber seine Berechtigung; die Ambiguität der Aufführung leistete so wertvolle Hilfe, die Bereitschaft beider Konfliktparteien zu erzeugen, sich an dieser Prozedur zu beteiligen.

Offensichtlich hielt man die jeweilige mittelalterliche Öffentlichkeit, vor der solche Rituale durchgeführt wurden, für so kompetent, dass sie auch sehr ambige Situationen entschlüsseln konnte: Im Jahre 998 nutzte man etwa die rituellen Vorgaben, mit denen Fehden in der Adelsgesellschaft beendet wurden – also die Regeln der *deditio* –, um den Raub einer Nonne aus dem Stift Quedlinburg zu sühnen. Die hatte ihr früherer Verlobter gewaltsam entführt, nachdem sein

---

15 Vgl. dazu zahlreiche Beispiele in GERD ALTHOFF: Die Macht der Rituale. Symbolik und Herrschaft im Mittelalter, Darmstadt 2003, S. 68–84, S. 145–160.

potentieller Schwiegervater, immerhin der Markgraf Ekkehard von Meißen, das Verlöbnis hatte lösen lassen. Die Kaisertochter und Quedlinburger Äbtissin Mathilde, die zu der Zeit als Stellvertreterin Ottos III. in Sachsen fungierte, schaffte es unter Mitwirkung von Vertretern beider Familien, dass der Räuber seine ehemalige Verlobte öffentlich auf einem Stammestag der Äbtissin zurückgab:

> Vor einer sehr zahlreich erschienenen Menge fand sich Werner mit seinen Helfern barfüßig ein, um die Frau zurückzugeben, er gelobte Sühne und erlangte für sich und die Seinen durch Fürsprache der Fürsten Straflosigkeit für ihre Vergehen. Die ehrwürdigste Mathilde aber nahm Liudgard nach Abschluß der Tagung mit sich, nicht um sie festzuhalten, sondern um sie in ihrer Gottesfurcht zu stärken.[16]

Die letzte Bewertung Thietmars von Merseburg ist von gleich hoher Ambiguität wie die ganze Geschichte: Die gefundene Lösung ließ eine Fülle von Fragen offen, leistete aber vielleicht gerade wegen ihrer ungewöhnlichen Ambiguität die Bewältigung dieses ausgesprochenen schwierigen Problems. Jedenfalls hören wir nichts von einer Fehde zwischen den betroffenen Familien, vielmehr kamen die beiden sogar wieder zusammen, aber erst, nachdem 3 Jahre später der Schwiegervater gestorben war.[17]

Diese wenigen Beispiele und Bemerkungen zur Ambiguität symbolisch-ritueller Kommunikationsakte mögen genügen, um eines zu akzentuieren: Eindeutig war symbolisch-rituelle Kommunikation nur im Grundsätzlichen: durch eine *deditio* wurde ein Konflikt beendet; durch das Tragen des Schwerts Dienstbereitschaft versprochen; durch eine Sitzordnung die Rangordnung abgebildet. Was im Einzelnen aber aus solchen Grundsatzentscheidungen an Rechten und Verpflichtungen der Akteure erwuchs, blieb völlig ambig. Man vertraute auf Gewohnheiten, durch die später auftauchende Einzelfragen geregelt werden konnten.

Dies war nicht anders in Bereichen, in denen die mittelalterlichen Führungsschichten zu verbalen Formeln griffen, um Verpflichtungshorizonte zu definieren. Bekannt sind die Beispiele des Lehns- wie des Freundschaftseides, die einem sehr ähnlichen Formular folgten. Beide bestanden aus nichts anderem als dem Versprechen: „Ich werde mich so verhalten, wie sich richtigerweise (per rectum) ein Freund gegenüber seinem Freund bzw. ein Lehnsmann gegenüber seinem Lehnsherrn verhalten soll."[18] Diese Formulierung hielt man lange Zeit für ausrei-

---

16 Die Geschichte wird ausführlich erzählt bei Thietmar von Merseburg, *Chronik*, neu übertragen und erl. von WERNER TRILLMICH, Darmstadt 1970 (Ausgewählte Quellen zur deutschen Geschichte des Mittelalters. Freiherr vom Stein – Gedächtnisausgabe), IV, 40–42, S. 156 ff., Zitat S. 159.
17 Thietmar (Anm. 16), VI, 86, S. 335.
18 Zu den Eidesformeln vgl. schon HEINRICH MITTEIS: Lehnrecht und Staatsgewalt. Untersuchungen zur mittelalterlichen Verfassungsgeschichte, Weimar 1933, S. 52 ff.; FRANCOIS LOUIS

chend, die neben der Verwandtschaft wichtigsten Beziehungsformen mittelalterlicher Menschen zu begründen.

Was dieses *per rectum* beinhaltete, war lange Zeit nirgendwo schriftlich fixiert. Man vertraute vielmehr darauf, dass alle die gleiche Auffassung besaßen, was ein Freund seinem Freund und ein Lehnsmann seinem Lehnsherrn schuldete. Dass der Teufel im Detail steckt, ist eine moderne Erfahrung. Im Mittelalter scheint man lange keinen Bedarf für eine Präzisierung dieser ambigen Festlegung gesehen zu haben.

Man gründete vielmehr solche Beziehungen auf der *fides* der Beteiligten, was nicht nur Treue sondern auch Vertrauen meint. Vertrauen ist ja die ‚Hypothese zukünftigen Verhaltens' eines Anderen, die dadurch charakterisiert ist, dass auf Kontrollmaßnahmen zur Absicherung dieser Hypothese verzichtet wird.[19] Wer sich so gebunden hat, muss freiwillig und um seiner Ehre willen allen üblichen Anforderungen an die Beziehung gerecht werden, auch wenn sie nicht im Einzelnen explizit festgelegt sind. Ansonsten macht er sich eines Treue- und Vertrauensbruchs schuldig. Diese Art von Verpflichtungsstiftung, die ihre Ambiguität nicht wichtig zu nehmen scheint, setzt darauf, dass die Wahrung der eigenen Ehre einen stärkeren Antrieb zur Einhaltung der eingegangenen Verpflichtungen darstellt als alle Versuche einer eindeutigen Fixierung dieser Pflichten. Adliger Mentalität entsprach diese Art von Bindung perfekt.

Ähnlich formelhaft wie die Lehns- und Freundschaftseide bringen auch mittelalterliche Urkunden die Rechte und Pflichten zum Ausdruck, die das Verhältnis der Könige und ihrer Lehnsleute bestimmten. Sie kultivierten durch die Jahrhunderte eine Sprache, die einen Schleier über die realen Verhältnisse legte und alle Probleme hinter Modellvorstellungen vom ‚demütigen Bitten' und ‚gnädigen Gewähren' verbarg, die Rang und Ehre beider Seiten unterstrich. Die durch Jahrhunderte nur wenig variierte Formel vom gnädigen Herrscher, der gerechten und demütig vorgetragenen Bitten seiner *fideles* gerne (*libenter*) sein Ohr öffnet und sie erfüllt, weil er so den Anforderungen an seine Herrschaftsausübung am besten gerecht wird, wird so stereotyp in ganz unterschiedlichen Situationen der Privilegierung, Beschenkung und Ausstattung von geistlichen und weltlichen *fideles* benutzt, dass eines unübersehbar ist: Hier wird eine komplexe und ambige

---

GANSHOF: Was ist das Lehnswesen? 6. Aufl. Darmstadt 1983, S. 18, S. 27 ff., S. 77 ff.; zum Freundschaftseid s. bereits WOLFGANG FRITZE: Die fränkische Schwurfreundschaft in der Merowingerzeit. Ihr Wesen und ihre politische Funktion. In: Zeitschrift der Savigny-Stiftung für Rechtsgeschichte, Germ. Abt. 71 (1954), S. 74–125; GERD ALTHOFF: Amicitiae und pacta. Bündnis, Einung, Politik und Gebetsgedenken im beginnenden 10. Jahrhundert, Hannover 1992, S. 16 ff., bes. S. 24.
19 Vgl. TANJA GLOYN: Art. Vertrauen. In: Historisches Wörterbuch der Philosophie. Hrsg. von JOACHIM RITTER u. a., Bd. 11, Basel 2001, Sp. 986–990, bes. Sp. 987 f. mit Hinweisen auf Arbeiten von GEORG SIMMEL und NIKLAS LUHMANN.

Wirklichkeit hinter einem einzigen Deutungsmuster versteckt – und alle sind offensichtlich damit zufrieden.[20]

CLAUDIA GARNIER hat die Spannung zwischen dieser Wirklichkeit und ihrer Deutung in ihrem Buch über die *Kultur der Bitte* differenziert nachgezeichnet. Diese Kultur der Bitte ist aber zugleich auch eine Kultur der Ambiguität. Das in diesem Buch verarbeitete Material bietet eine Fundgrube für den Umgang mit Ambiguität in den Führungsschichten. Gerade in den Urkunden werden stereotype Konsensfassaden fassbar, hinter denen kontroverse Aushandlungsprozesse allenfalls noch durch die Nennung von Intervenienten und Konsentierenden zu vermuten sind.[21]

Da alle erfahrenen Akteure im politischen Kräftespiel wissen mussten, wie leer diese Formeln in vielen Fällen waren, dass sie lediglich der Gesichtswahrung des Herrschers und der Begünstigten dienten, existierte also durchaus ein Wissen um die Ambiguität der Darstellung, die aber akzeptiert wurde. Man gab den Vorgängen jeweils den Anstrich, es hätten sich Herrscher wie Beherrschte in idealer Weise verhalten, mit wie viel Nötigung, Erpressung, Einflussnahme von außen oder auch Bestechung der Vorgang verbunden war, ließen beide Seiten dagegen völlig im Vagen.

Ich komme damit zu meinem letzten Punkt: Lässt sich diese Akzeptanz und Wertschätzung von Ambiguität auch im mündlichen Kommunikationsverhalten der Führungsschichten des Mittelalters nachweisen? Legten sie ihre Äußerungen bewusst mehrdeutig an und begnügten sie sich mit ambigen Antworten, weil dies eine bessere Gewähr dafür bot als eine präzise Stellungnahme, keinen Konflikt auszulösen?

Nur kurz sei darauf hingewiesen, dass der Beantwortung dieser Fragen hohe Hürden entgegenstehen, weil uns ja nur schriftliche Fixierungen mündlicher Rede erreichbar sind, die dem Verdacht der Stilisierung unterliegen und nicht unbedingt reale Unterhaltung wiedergeben. KNUT GÖRICH hat aber schon in seinen Büchern über Friedrich Barbarossa den Boden dafür bereitet, dass man aus historiographischen Stilisierungen von Rede und Gegenrede zumindest die Regeln ersehen kann, nach denen solche Kommunikationsakte gestaltet wurden.[22]

---

20 Vgl. dazu CLAUDIA GARNIER: Die Kultur der Bitte. Herrschaft und Kommunikation im mittelalterlichen Reich, Darmstadt 2008, passim, vgl. vor allem die „Synthesen und Befunde", S. 369 ff.
21 Ebd., die Beobachtungen zur ottonisch-salischen Praxis, S. 65 ff.; zu Vorgängen von Formalisierung und Standardisierung in staufischer Zeit, S. 148 ff.; und zu weiteren Stufen der Entwicklung im dreizehnten und vierzehnten Jahrhundert, S. 205 ff.
22 Vgl. GÖRICH (Anm. 7), S. 36 ff. mit dem Kapitel „Sprechen vor dem Kaiser" und den hierbei zu beachtenden Regeln; DERS.: Friedrich Barbarossa. Eine Biographie, München 2011, S. 169 ff. mit einschlägigen Ausführungen zum „Zugang zum Herrscher", zu „berechtigte(n) Bitten, Treue und Ehre" und S. 206 ff. zu „der Kaiser spricht".

Ich nutze einen Autor, Thietmar von Merseburg, der, wie er selbst betont, seinen Nachfolger im Bischofsamt mit genauen Informationen darüber ausstatten wollte, wie er die Merseburger Sache beim König und Mitbischöfen vertreten hatte. Das Bistum war ja 968 eingerichtet, dann 981 aufgelöst, zwar 1004 erneut eingerichtet worden, hatte aber nicht alle Besitzungen und Rechte restituiert erhalten.[23] Thietmar wollte seinen Nachfolger wappnen, damit Merseburg nicht noch einmal Schaden nähme. Seine Berichte bezeugen mehrfach, wie sowohl Fragen als auch Antworten die Hilfe der Ambiguität nutzen, um Dinge in der Schwebe zu lassen, die heikel waren.

Schon Thietmars Einsetzung zum Bischof von Merseburg hatte König Heinrich II. vertraulich durch seinen Intimus, Erzbischof Tagino von Magdeburg vorbereiten lassen. Tagino fragte Thietmar unter vier Augen, aber im Auftrag des Königs: „ob ich meiner [zukünftigen] Kirche mit einem Teil meines Erbguts helfen wolle."[24] In Klartext übersetzt war das ein simonistisches Angebot. In der ambigen Form, wie vorgebracht, war jedoch nicht erkennbar, ob diese „Hilfe" die Vorbedingung für die Einsetzung sein sollte.

Thietmar antwortete gleichfalls vollkommen mehrdeutig:

> Darauf kann und will ich nichts Endgültiges antworten. Wenn sich durch Gottes Willen und des Königs Gabe euer mir stets liebevoll gewogener Plan verwirklicht, dann werde ich in Demut alles erfüllen, was ich in diesem Falle und anderweitig zum Heile für meine Seele und in der Verpflichtung für das mir anvertraute Amt tun kann.

Damit war im Grunde gar nichts versprochen, doch Thietmar fährt fort: „Mit dieser Antwort war der Erzbischof zufrieden und erklärte sich einverstanden; er führte mich zur Kapelle des Bischofs Bruno, wo ihn der König erwartete."[25] Ohne Umschweife wurde Thietmar nach der Wahl aller Anwesenden von Heinrich II. mittels eines Stabes mit der Merseburger Bischofswürde betraut. Was für uns als Festlegung gewiss nicht ausreichen würde, war für die mittelalterlichen Akteure in diesen Verhandlungen offenbar genug. Sie stellten weniger hohe Anforderungen an die Eindeutigkeit der Festlegung.

---

23 Vgl. dazu bereits HELMUT LIPPELT: Thietmar von Merseburg. Reichsbischof und Chronist, Köln, Wien 1972, bes. S. 89 ff.
24 Vgl. Thietmar (Anm. 16), VI, 40, S. 286: *Posteva die vocatus interrogabar ab eo (sc. Tagino) iussu regis, si aliqua parte hereditatis meae eclesiam vellem adiuvare meam.*
25 Ebd.: *[...] de hoc modo nil certi nec possum nec vel volo respondere. Si divino consensus et regis largitate vestra voluntas, pia semper in me, hic adimplebitur, quicquid in hoc aut in rebus aliis pro animae remedio meae et de debito commissi facere possum, devotus implebo.' Hoc verbum archiantistes benigne suscipiens et laudans, me ad cappelllam Brunoins episcopi, ubi rex eundem expectabat, duxit.*

In den nächsten Jahren versuchte Thietmar immer dann, wenn ein Magdeburger Erzbischof verstarb, den König dazu zu bringen, Magdeburg auf die Rückgabe Merseburg entfremdeten Besitzes zu verpflichten. Er tat dies jeweils in höchst ambiger und vorsichtiger Form, erreichte damit zunächst jedoch nichts: „Dann bat ich den König um Geneigtheit zur Gewährung einer Unterredung über Angelegenheiten meiner Kirche, und meiner Bitte entsprechend gewährte er mir seinen starken Schutz."[26] Auch die königliche Antwort war jedoch alles andere als eine Festlegung.

Ein Jahr später war nämlich noch nichts passiert, als wieder ein Erzbischof Magdeburgs verstarb: Man schickte den Bischof Erp (von Meißen) „mit der Wahlanzeige zum König; ich gab ihm noch einen Brief mit, indem ich die Verluste meiner Kirche schilderte und den König um Milde bat."[27] Als er kurz darauf mit dem König zusammentraf, der seinen Kapellan zum Magdeburger Erzbischof machen wollte, wurde Thietmar deutlicher: „Ich forderte, da es an der Zeit war, in Anwesenheit aller Versammelten von ihm, er möge vor der Einsetzung eines Erzbischofs mit ihm über meinen Sprengel und andere, mir zu Unrecht entfremdete Dinge sprechen." Dies war ein relativ massiver, und kaum noch ambiger Versuch, den König zu einer Entscheidung zu bewegen. Erfolgreich war er jedoch offensichtlich nicht, denn Thietmar muss zugestehen: „Da nahm er mich in seinen sicheren Schutz, um die Angelegenheit gerichtlich oder auf andere heilsame Art beizulegen."[28]

Passiert ist jedoch wiederum nichts, bis Thietmar 3 Jahre später sich mit dem Magdeburger Erzbischof Gero ohne Hilfe des Königs einigte und wenigstens die Hälfte der beanspruchten Besitzungen zurückerhielt.[29]

Thietmar erzählt auch, wie ambig Heinrich II. selbst agierte, als er seinen Plan durchsetzen wollte, in Bamberg ein Bistum zu gründen. Zunächst versuchte er vertrauliche Abmachungen mit dem Würzburger Bischof, die jedoch dem Kirchenrecht Hohn sprachen. Eine Reichssynode in Frankfurt, der der Würzburger Bischof fernblieb und die deshalb nach Kirchenrecht keine Beschlüsse in Abwesenheit des Betroffenen fassen durfte, versuchte der König (erfolgreich) durch mehrere Fußfälle zu manipulieren, die er immer dann machte, wenn die

---

26 Ebd., VI, 67, S. 316: *Deinde regiam interpellabam pietatem, ut de aecclesiae necessitatibus meae aliquid loqui cum eo dedignaretur; et ut eo postulabam, firmae suimet commisit me fidei.*
27 Ebd., VI, 79, S. 326: *Hericus antistes ex nostra parte ad regem cum electione mittitur, cui mox epistolam de aecclesiae detriment meae inscriptam et regis clementiam ammonentem commisi.*
28 Ebd., VI, 81, S. 328: [...] *cum iam tempus esset, ammonui hunc soram cunctis residentibus, ut aliquid de parrochia meimet caeterisque rebus iniuste ablatis ante constitucionem archipresulis cum eo voluisset tractate. Ibi me tunc firmae suimet fidei commisit, ut cum iusticia aut alio salubri consilio haec finirentur.*
29 Ebd., VII, 24, S. 378 f.

Synode zu einem negativen Votum zu kommen schien. Auch verbal versuchte er mit ambigen Versprechungen die Bischöfe zur Zustimmung zu bringen: „Auch der [Würzburger] Bischof wird mich bestimmt zu allem bereit finden, was euch richtig erscheint, falls er sich einfindet und in die Erfüllung seines Versprechens einwilligt."[30]

Entschieden wurde der Fall auf Antrag des Vorsitzenden Erzbischofs Willigis, der fragte, was nun in der Sache geschehen sollte: Daraufhin sprach des Königs Vertrauter, Erzbischof Tagino von Magdeburg als erster und sagte schlicht: „[D]ie Angelegenheit lasse sich nach den Gesetzen sofort den Darlegungen des Königs entsprechend durchführen. Daraufhin bestätigten und unterschrieben alle Anwesenden seine Erklärung."[31] Dieser ambigen Äußerung eines Erzbischofs und königlichen Vertrauten widersprach trotz sicher besseren Wissens niemand im Angesicht des mehrfach fußfälligen Königs, weil der sonst sein Gesicht verloren und ein Konflikt unvermeidbar geworden wäre. Die Nichtauflösung der Ambiguität rettete die Situation.

Zusammengefasst: Deutlich geworden ist hoffentlich, dass Ambiguität nicht nur aus Schwäche und Defizit entstehen kann. Die Technik, Deutungsspielräume offen zu lassen und nicht bis zum Letzten Klarheit zu schaffen, erfüllte in ehrbewusster Gesellschaft die wichtige Funktion, Konflikte zu vermeiden und das Gesicht der Beteiligten zu wahren. Generelle Übereinkünfte, die auf gegenseitigem Vertrauen gründen, waren eher zu erreichen, als detaillierte Abmachungen, die jede Eventualität vorweg zu regeln versuchen. Dies ist auch heute alles andere als unbekannt. Im Mittelalter aber erzeugte die Bedeutung, die die Wahrung von Rang und Ehre in einer Gesellschaft ohne Gewaltmonopol hatte, viel weiterreichende Kulturen von Ambiguität in allen Arten der Kommunikation, der mündlichen, der schriftlichen und der mittels symbolisch-ritueller Handlungen. Sie erfüllten die Funktion der Verschleierung und Bemäntelung konflikterzeugender Tatbestände und die Hervorhebung konserzeugender. Damit errichtete man Konsensfassaden, die niemand mutwillig zum Einsturz brachte. Das ging nur durch die Bereitschaft aller Kommunikationspartner, vieles in der Schwebe oder auch im Vagen zu lassen. Durch Betonung des Einvernehmens und des guten Willens, durch ehrerbietige Formen des Bittens wie des gnädigen Gewährens, der selbstlosen Dienstbereitschaft wie der reichhaltigen Belohnung wahrte man die Formen. Forderungen nach Sicherheiten oder Einlösung von Versprechungen

---

30 Ebd., VI, 31, S. 276: *Si quando autem episcopus venire et promissa dignatur suscipere, paratum me ad omne, quod vobis bonum videtur, procul dubio inveniet.*
31 Ebd., VI, 32, S. 276 f.: *Tandem archiantiste Willigiso, quid de hiis faciendum foret, iudicio perscrutanti Tagino primus respondit, haec tunc secumdum regis eloquium legaliter fieri posse. Cunctis presentibus eius sermonem tunc affirmantibus et subscribentibus.*

störten diese geheuchelte Harmonie und liefen wohl, wie bei Thietmar, ins Leere, weil die Praxis der Disambiguierung nicht als Notwendigkeit angesehen wurde.

Nicht überraschen kann aber, dass diese Technik sich mit zunehmender Komplexität immer deutlicher als defizitär erwies und die „Flucht aus der Ambiguität", die schon im Mittelalter begann, immer notwendiger wurde. So unterstreicht die Ambiguitätsakzeptanz des frühen und hohen Mittelalters noch einmal seine Alterität und Verschiedenheit von modernen Verhältnissen.

Uwe Israel
Sehnsucht nach Eindeutigkeit? Zweikampf und Ordal im Mittelalter

Zur rechtlichen Wahrheitsfindung gibt es verschiedene Methoden, von denen man meinen könnte, sie schlössen sich gegenseitig aus.[1] Will man die materielle Wahrheit feststellen, wird von Gerichts wegen eine Untersuchung vorgenommen. Bei dieser Untersuchung werden Indizien herangezogen und Wahrnehmungszeugen gehört, um den Tathergang zu erhellen. Will man die formelle Wahrheit feststellen, wird eine Probe anberaumt, werden Formeln und Rituale vorgeschrieben, die in korrekter Weise vor Gericht vorgebracht und durchgeführt werden müssen.[2] Formfehler, Nichtbestehen oder Unterliegen führen zu Prozessverlust. Eine Unterscheidung liegt auch darin, ob die Wahrheit allein in der sichtbaren Welt gesucht wird oder ob magische und religiöse Hilfsmittel zu ihrer Findung herangezogen werden.[3] Im Mittelalter kannte man diese unterschiedlichen Methoden der Wahrheitsfindung und ließ sie nebeneinander gelten, wenn auch magische Praktiken, wie das Losorakel, im Zuge der Christianisierung zurückgedrängt wurden.[4] Die objektive Wahrheit aber kann trotz aller forensischen Mittel selbst heute nicht immer an den Tag gebracht werden, was Fehlurteile belegen – am Ende zählen doch häufig Billigkeits-, Abwägungs- und Glaubwürdigkeitsüberlegungen oder das Prinzip *in dubio pro reo*.[5]

---

[1] Vgl. allg. KARL KROESCHELL: Wahrheit und Recht im frühen Mittelalter. In: Sprache und Recht. Beiträge zur Kulturgeschichte des Mittelalters. FS Ruth Schmidt-Wiegand. Hrsg. von KARL HAUCK, Bd. 1, Berlin u. a. 1986, S. 455–473; MICHEL FOUCAULT: Die Wahrheit und die juristischen Formen, Frankfurt a. M. 2003 (zuerst portug. 1974), bes. III S. 52–77; HANS HATTENHAUER: Über Recht und Wahrheit im Mittelalter. In: Geschichte in Wissenschaft und Unterricht 23 (1972), S. 649–672.
[2] Vgl. PETER A. WINN: Rechtsrituale. In: Ritualtheorien. Ein einführendes Handbuch. Hrsg. von ANDRÉA BELLIGER/DAVID J. KRIEGER, 2. Aufl. Wiesbaden 2003, S. 449–469; HANS-JÜRGEN BECKER: Rechtsritual. In: Handwörterbuch zur Deutschen Rechtsgeschichte 4 (1990), Sp. 337–339; Im Spannungsfeld von Recht und Ritual. Soziale Kommunikation in Mittelalter und Früher Neuzeit. Hrsg. von HEINZ DUCHHARDT/GERT MELVILLE, Köln, Weimar, Wien 1997 (Norm und Struktur. Studien zum sozialen Wandel in Mittelalter und früher Neuzeit 7); CLAUS FREIHERR VON SCHWERIN: Rituale für Gottesurteile, Heidelberg 1933 (Sitzungsberichte der Heidelberger Akademie der Wissenschaften, Phil.-hist. Kl. 1932/33 3).
[3] Vgl. WALTER MÜLLER-BERGSTRÖM: Gottesurteil (Ordal). In: Handwörterbuch des Aberglaubens 3 (1930/31), S. 994–1064.
[4] PETER DINZELBACHER: Das fremde Mittelalter. Gottesurteil und Tierprozess, Essen 2006, S. 47.
[5] Vgl. Error iudicis. Juristische Wahrheit und justizieller Irrtum. Hrsg. von ANDRÉ GOURON, Frankfurt a. M. 1998 (Rechtsprechung 12).

Im Folgenden soll nun näher untersucht werden, inwiefern in Bezug auf den mittelalterlichen Gerichtskampf und das Gottesurteil Uneindeutigkeiten zu beobachten sind, und man insbesondere von ‚kultureller Ambiguität' sprechen kann, die nach THOMAS BAUER vorliegt,

> wenn eine soziale Gruppe Normen und Sinnzuweisungen für einzelne Lebensbereiche gleichzeitig aus zwei gegensätzlichen oder stark voneinander abweichenden Diskursen bezieht oder wenn gleichzeitig innerhalb einer Gruppe unterschiedliche Deutungen eines Phänomens akzeptiert werden, wobei keine dieser Deutungen ausschließliche Geltung beanspruchen kann.[6]

Die beiden voneinander abweichenden Diskurse wären hier die Suche nach der materiellen Wahrheit mit einem ‚rationalen' Beweis durch Inquisition und die nach der formellen Wahrheit mit einem ‚irrationalen' Beweis durch Gottesurteil und Zweikampf, wie die Rechtswissenschaft gewöhnlicherweise klassifiziert.[7] Im Folgenden werden zum einen spezifische Charakteristika und historische Entwicklungslinien der angesprochenen Phänomene betrachtet; zum anderen wird besonderes Augenmerk auf die zeitgenössische Kritik an ihnen gelegt, weil zu erwarten ist, dass gerade hier Aussagen zu ihrer Fundierung, Ein- bzw. Mehrdeutigkeit und gesellschaftlichen Akzeptanz gefunden werden können.

Im mittelalterlichen Rechtswesen war es lange Zeit grundsätzlich möglich, dass vor Gericht ein Zweikampf ausgerufen wurde oder andere Ordalien zur Anwendung kamen.[8] Diese Praktiken wurden besonders bei strittigen Tatbeständen eingesetzt und sollten eigentlich zur abschließenden Klärung von Konflikten beitragen – ihre Funktion war in dieser Hinsicht die der Disambiguierung. Aus der Frühzeit kennen wir nicht viele Details der praktischen Ausführung – sie werden zumeist aus den elaborierteren Quellen des Hoch- und Spätmittelalters rückprojiziert. Umstritten ist, ob es sich beim mittelalterlichen Gerichtskampf um eine alte germanische Tradition handelte oder ob er erst mit Annahme des Christentums in die Stammesrechte Eingang fand – im Unterschied zu den ursprünglich heidnischen Ordalien wie dem Losorakel oder den Proben, bei denen vor allem die Elemente Feuer und Wasser eine Rolle spielten.

---

6 THOMAS BAUER: Die Kultur der Ambiguität. Eine andere Geschichte des Islams, Berlin 2011, S. 27.
7 Vgl. KARIN NEHLSEN-VON STRYK: Die Krise des „irrationalen" Beweises im Hoch- und Spätmittelalter und ihre gesellschaftlichen Implikationen. In: Zeitschrift für Rechtsgeschichte. Germanistische Abteilung 117 (2000), S. 1–38.
8 Vgl. HEINZ HOLZHAUER: Der gerichtliche Zweikampf. In: Sprache und Recht. Beiträge zur Kulturgeschichte des Mittelalters. FS Ruth Schmidt-Wiegand. Hrsg. von KARL HAUCK u. a., Bd. 1, Berlin u. a. 1986, S. 263–283; HERMANN NOTTARP: Gottesurteilsstudien, München 1956 (Bamberger Abhandlungen und Forschungen 2).

Ein Grund für die Etablierung und fortgesetzte Anwendung gerade des Zweikampfs als gerichtsförmige Prozedur ist sicher sein Potential, Konflikte, die anders in Rache und Fehde ausufern könnten, auf eine streng formalisierte, einmalige Auseinandersetzungen von Mann gegen Mann zu reduzieren.[9] Er verbreitete sich in einer Zeit, die eine Kriegergesellschaft genannt werden kann, und kam insbesondere bei Freien und Adligen zur Anwendung, die auch sonst ihre Interessen und Ehre mit der Waffe zu verteidigen gewohnt waren.[10] Es traten zwei Kämpfer vor einer Gerichtsöffentlichkeit unter Vorsitz eines Richters gegeneinander an, um mit Waffen entweder einen Streit zu entscheiden oder aber einen Beweis zu erbringen – sei es in Bezug auf eine ‚Strafsache' oder in Bezug auf eine ‚Zivilsache'; schon früh rief man den Gerichtskampf selbst zur Klärung von Liegenschaftsangelegenheiten auf.[11] Im ersten Fall, bei der puren Streitentscheidung durch die Parteien, hatte der Richter lediglich ein ordnungsgemäßes und gerechtes Verfahren – insbesondere beim Ablauf des Kampfes – zu garantieren, während sein Ausgang bereits das Urteil bedeutete. Im Beweisverfahren dagegen wurde durch den Kampf nur der Beweis erbracht und der Richter hatte das Urteil erst noch zu sprechen. Das hieß, dass der Unterlegene anschließend gegebenenfalls noch gerichtet wurde; mitunter wurde die Strafe symbolisch an einem Toten vollzogen.

Falls das Verfahren ordnungsgemäß vonstatten ging, konnte mit dem für alle sichtbaren zumeist eindeutigen Ausgang des Kampfes eine für beide Parteien akzeptable Lösung gefunden und der Rechtsfrieden, das oberste Prinzip der mittelalterlichen normativen Ordnung, wiederhergestellt werden. Die mitunter langwierigen Präliminarien vor dem eigentlichen Kampf boten vielfältige Gelegenheiten zum Vergleich oder zur Aussöhnung. Ein Ausfechten konnte so häufig ausbleiben, weil sich eine Partei im Angesicht der Gefahr für Leib, Leben und Seele ihrer Sache nicht mehr sicher war und nachgab oder gestand.[12] Hier wuchs dem Zweikampf eine ambivalente Funktion zu, was sicher dazu beitrug,

---

9 Vgl. UWE ISRAEL: Der vereitelte Zweikampf. Wie Karl I. von Anjou und Peter III. von Aragon am 1. Juni 1283 in Bordeaux aneinander vorbeiritten. In: Geschichte in Wissenschaft und Unterricht 57 (2006), S. 396–411, bes. S. 408 f.
10 Vgl. Verletzte Ehre. Ehrkonflikte in Gesellschaften des Mittelalters und der Frühen Neuzeit. Hrsg. von KLAUS SCHREINER/GERT SCHWERHOFF, Köln u. a. 1995 (Norm und Struktur. Soziale Kommunikation in Mittelalter und Früher Neuzeit 5).
11 Vgl. UWE ISRAEL: Wahrheitsfindung und Grenzsetzung. Der Kampfbeweis in Zeugenaussagen aus dem frühstaufischen Oberitalien. In: Quellen und Forschungen aus italienischen Archiven und Bibliotheken 88 (2008), S. 119–147.
12 „Ziel der aufgestellten Regeln ist, überspitzt formuliert, nicht die Durchführung, sondern die Vermeidung des gerichtlichen Zweikampfs." SARAH NEUMANN: Der gerichtliche Zweikampf: Gottesurteil, Wettstreit, Ehrensache, Ostfildern 2010 (Mittelalter-Forschungen 31), S. 91.

dass er trotz der Wandlungen im Beweisverfahren bis zum Ende des Mittelalters im Gerichtswesen überdauerte. Denn einerseits wohnte ihm ein starker Ritualismus inne, durch den die formalen Aspekte der Auseinandersetzung betont und Gelegenheit auch zur Ostentation der Standesehre und öffentlichen Repräsentation gegeben wurde[13] – Momente, die man ungern in einem Untersuchungsverfahren unter der Autorität eines Gerichts aufgehoben sehen wollte –, andererseits vermied seine Ausrufung nicht selten eine Ausführung, weil zuvor ein Ausgleich gefunden wurde oder eine Partei ein Geständnis ablegte, womit dann sogar die materielle Wahrheit zutage treten konnte.

Die kämpfliche Auseinandersetzung selbst konnte auf verschiedene Weise beendet werden: 1. Einer der Kombattanten wurde getötet. 2. Einer von beiden gab auf. 3. Einer wurde aus dem Kampffeld gedrängt. 4. Der Kläger konnte den Beklagten nicht in der vorgeschriebenen Zeit besiegen. 5. Der Kampfrichter brach den Kampf ab und erklärte einen von beiden zum Sieger. Zweifelhafte Ergebnisse waren eher selten. Trotz der Eindeutigkeit, die der Zweikampf hervorbringen konnte, wies er selbst aber noch in einer anderen Hinsicht einen doppelsinnigen Charakter auf: Einerseits wurde der Ausgang als Nachweis für die persönliche *virtus* des Siegers gesehen, andererseits seit der Christianisierung als Gottesentscheid. Der Zweikampf als eine Praktik, bei der sich üblicherweise im Blutvergießen das Recht des Stärkeren manifestierte, wurde unter Bezugnahme auf den wundersamen Kampf des Knaben David gegen den Riesen Goliath – einem außergerichtlichen Stellvertreterkampf für zwei Heere –[14] durch die Unterstellung eines gottesgerichtlichen Charakters überhaupt erst christlich legitimiert. Als Ordal konnte beim Kampf unter bestimmten Umständen sogar ein Ersatzmann oder Kämpe gestellt werden:[15] Man vertraute darauf, dass Gott die Sache zugunsten desjenigen entscheiden würde, der für die gerechte Sache antrat. Wird der Zweikampf als *iudicium Dei* aufgefasst, ist es nicht mehr allein die in der Person

---

13 Vgl. allg. Agon und Distinktion. Soziale Räume des Zweikampfs zwischen Mittelalter und Neuzeit. Hrsg. von Uwe Israel/Christian Jaser, Berlin 2015 (im Druck). „Die Bewegung, die sich in Strafsachen im Beweisrecht des 13. und 14. Jh. vollzieht, stellt sich vorrangig als Verlagerung von dem Freiheits- und Statusinteresse des Beklagten auf das Überführungsinteresse des Klägers und schließlich das Strafinteresse der verbrechensverfolgenden Obrigkeit dar. Der Widerstand gegen den rationalen Beweis, den Zeugenbeweis, zu einer Zeit als in Zivilsachen und weithin auch in leichteren Straffällen der rationale Beweis längst heimisch geworden ist, ist nicht starrer, unreflektierter Traditionalismus. Er ist der Widerstand gegen die Unterwerfung von Leib, Leben und Ehre unter die Autorität eines Gerichts, das nun aus eigener Machtvollkommenheit den rationalen Beweis zum Einsatz bringt und die Wahrheit ermittelt." Nehlsen-von Stryk (Anm. 7), S. 37.
14 1. Sam. 17.
15 Vgl. Hans Kuhn: Kämpen und Berserker. In: Frühmittelalterliche Studien 2 (1968), S. 218–227.

des Kämpfers liegende *virtus*, mit deren Hilfe sich Unschuld oder Recht erweist. Dies gilt inbesondere, wenn ein Stellvertreter in den Kampf geschickt werden durfte. Kämpen konnten nicht nur geboten sein, wenn Institutionen wie Klöster oder Städte zu fechten hatten, sondern auch wenn Untaugliche zum Kampf herausgefordert wurden wie Alte, Kranke, Behinderte oder Personen, die nicht kämpfen mussten wie sozial Höherstehende, oder durften wie Frauen oder Kleriker.

Beim späteren Zweikampf um Ehrangelegenheiten ist Stellvertretung nicht mehr vorgesehen. Mit der Betonung der persönlichen Ehre, die mit der Entfaltung der ritterlichen Kultur immer wichtiger wurde, trat ein Element in den Konflikten hervor, das im forensischen Bereich zum Ehrenpunkt führte und im außergerichtlichen Bereich zum Duell, bei dem die Anwesenheitsöffentlichkeit zunehmend zurücktrat.[16] Nun sollte nicht mehr mit Gottes Hilfe ein Schuldbeweis erbracht oder ein Wettstreit ausgetragen, sondern der Makel einer Ehrverletzung getilgt werden. Wo es um die Wiederherstellung der persönlichen Ehre geht, müssen die Auseinandersetzungen persönlich ausgefochten werden. Nun können allerdings auch zwei Sieger von der Walstatt kommen, denn Wiederherstellung der Ehre bedeutet nicht notwendigerweise Entehrung und Tötung des anderen: Die Bereitschaft zur Ehrverteidigung genügte. Kämpfen die Kombattanten tapfer, können beide an Ehre gewinnen, womit Ähnlichkeiten zum Turnier aufscheinen.[17] Wie hier kam das wandlungsfähige Phänomen des Zweikampfs auch in vielen anderen außergerichtlichen Formen zur Anwendung, so im individuellen Streit, im Krieg, in der Fehde, in der Leibesübung.[18]

Trotz fortwährender Kritik, die sich bereits in frühmittelalterlicher Zeit, insbesondere von kirchlicher Seite, an den blutigen Auseinandersetzungen regte, behielt der Gerichtskampf bis ins sechzehnte Jahrhundert hinein seinen Gottes-

---

16 Vgl. allg. Das Duell. Ehrenkämpfe vom Mittelalter bis zur Moderne. Hrsg. von ULRIKE LUDWIG/BARBARA KRUG-RICHTER/GERD SCHWERHOFF, Konstanz 2012 (Konflikte und Kultur – Historische Perspektiven 23); Il duello fra medioevo ed età moderna: prospettive storico-culturali. Hrsg. von UWE ISRAEL/GHERARDO ORTALLI, Roma 2009 (I libri di Viella 92); ERNST SCHUBERT: Vom Zweikampf zum Duell, Stuttgart 1984 (Studentengeschichtliche Vereinigung des C[oburger] C[onvents]. Sonderheft).
17 Vgl. RICHARD BARBER/JULIET BARKER: Die Geschichte des Turniers, Darmstadt 2001 (zuerst engl. 1989); Das ritterliche Turnier im Mittelalter. Beiträge zu einer vergleichenden Formen- und Verhaltensgeschichte des Rittertums. Hrsg. von JOSEF FLECKENSTEIN, Göttingen 1985 (Veröffentlichungen des Max-Planck-Instituts für Geschichte 80).
18 Vgl. UWE ISRAEL: Der mittelalterliche Zweikampf als agonale Praktik zwischen Recht, Ritual und Leibesübung (Erläuterung eines Forschungsprojekts). In: Kommunikation und Raum. 45. Deutscher Historikertag in Kiel vom 14. bis 17. September 2004. Berichtsband. Hrsg. von ARND REITEMEIER/GERHARD FOUQUET, Neumünster 2005, S. 314 f.

urteilscharakter, wenn er am Ende auch nur noch selten zur Austragung kam. Erst mit einem rigorosen Beschluss des Trienter Konzils von 1563 aber, der allen daran Beteiligten und sogar den Zuschauern Exkommunikation und Infamie androhte,[19] wurde er grundsätzlich aus dem Gerichtswesen verbannt – wenn er vereinzelt auch selbst danach noch stattfand, insbesondere im anglikanischen Bereich.[20]

Bei Ordalien vertraute man grundsätzlich darauf, dass Gott ein Zeichen zur Klärung von strittigen Rechtsfällen geben werde.[21] Beim Gottesurteil der ‚Kaltwasserprobe' galt die Unschuld als erwiesen, wenn der Proband unterging. Beim ‚Gang über die glühenden Pflugscharen', dem ‚Tragen des heißen Eisens' oder dem ‚Kesselfang', bei dem es darum ging, einen Gegenstand mit bloßem Arm aus kochendem Wasser zu holen, sollte die unverletzt gebliebene Haut oder zumindest ein günstiger Heilungsverlauf die Unschuld anzeigen. Bei der ‚Biss-' oder ‚Abendmahlsprobe' galt der als unschuldig, dem es gelang, einen großen Brotbissen oder eine Hostie unzerkaut hinunterzuschlucken.

Bei der originär christlichen ‚Kreuzprobe', die während der Karolingerzeit kurzzeitig Verbreitung fand, ging es darum, wer von zwei Personen im Angesicht eines Kruzifixes die seitwärts ausgestreckten Arme länger oben halten konnte. Im Unterschied zu den anderen Ordalien ist die Kreuzprobe wie der Gerichtskampf ‚zweiseitig', also eine Wette, bei der es zumeist einen klaren Sieger gab. Bei den

---

19 *Detestabilis duellorum usus fabricante diabolo introductus, ut cruenta corporum morte animarum etiam pernicium lucretur, ex Christiano orbe penitus exterminetur. Imperator, reges, duces, principes, marchiones, comites, et quocunque alio nomine domini temporales, qui locum ad monomachiam in terris suis inter Christianos concesserint, eo ipso sint excommunicati, ac iurisdictione et dominio civitatis, castri aut loci, in quo vel apud quem duellum fieri permiserint, quid ab ecclesia obtinent, privati intelligantur, et, si feudalia sint, directis dominis statim acquirantur. Qui vero pugnam commiserint, et qui eorum patrini vocantur, excommunicationis, ac omnium bonorum suorum proscriptionis, ac perpetuae infamiae poenam incurrant, et ut homicidiae iuxta sacros canones puniri debeant, et, si in ipso conflictu decesserint, perpetuo careant ecclesiastica sepultura. Illi etiam, qui consilium in causa duelli tam in iure quam facto dederint aut alia quacunque ratione ad id quemquam suaserint, nec non spectatores, excommunicationis ac perpetuae maledictionis vinculo teneantur; non obstante quocunque privilegio, seu prava consuetudine, etiam immemorabili. Canones et decreta sacrosancti oecumenici concilii tridentini sub Paulo III., Iulio III. et Pio IV. pontificibus maximis cum patrum subscriptionibus*, Lipsiae 1887, S. 202 Sessio 25, c. 19. Vgl. GIANCARLO ANGELOZZI: Das Verbot des Duells. Kirche und adliges Selbstverständnis. In: Das Konzil von Trient und die Moderne. Hrsg. von PAOLO PRODI/WOLFGANG REINHARD, Berlin 2001 (zuerst it. 1996) (Schriften des Italienisch-Deutschen Historischen Instituts in Trient 16), S. 211–240.
20 Vgl. GEORGE NEILSON: Trial by Combat. Glasgow 1890 (Neudruck Union N.J. 2000), passim.
21 Vgl. allg. GERHARD KÖBLER: Welchen Gottes Urteil ist das Gottesurteil des Mittelalters? In: Vom mittelalterlichen Recht zur neuzeitlichen Rechtswissenschaft. Bedingungen, Wege und Probleme der europäischen Rechtsgeschichte. FS Winfried Trusen. Hrsg. von NORBERT BRIESKORN, Paderborn 1994, S. 89–108.

,einseitigen' Element-Ordalien aber blieb in Bezug auf den Ausgang zumeist ein großer Interpretationsspielraum, was von Zeitgenossen durchaus wahrgenommen wurde. Vielleicht war es ja gerade diese inhärente Unentschiedenheit,[22] die die Attraktivität der Verfahren ausmachte. Es konnte von der Rechtsgemeinschaft nach Billigkeit entschieden und auch außertatbestandliche Gründe bei der Urteilsfindung berücksichtigt werden. Vorgegeben wurde jedenfalls, Gott habe entschieden, was die Akzeptanz des Urteils grundsätzlich erhöhte. Unfreie waren regelmäßig auf Ordalien angewiesen, nachdem ihnen der Eid wie der Gerichtskampf als Reinigungsmittel verwehrt blieben. Erst seit dem zwölften Jahrhundert schließlich gibt es Belege für die ‚Bahrprobe', bei der sich die Schuld dadurch erweisen sollte, dass der Leichnam eines Getöteten bei Annäherung des Täters zu bluten anfing.

Zum Erfolg der einseitigen Ordalien war eigentlich kein göttliches Wunder nötig, da der Beweis als gelungen und der Proband als unschuldig galt, wenn der Ausgang den Erfahrungen aus der Natur entsprach: Unschuldig bzw. im Recht war, wer sich einer Leiche näherte, die nicht zu bluten anfing; wer ins Wasser einsank; wem das Brotstück nicht im Halse stecken blieb; wessen Verbrennungen nach einigen Tagen komplikationsfrei verheilten. Da kraft der Naturgesetze der Unschuldsbeweis wahrscheinlicher war als das Nichtgelingen, wird verständlich, dass sich Beschuldigte sogar freiwillig zum Gottesurteil erboten. Beim Erfolg der Proben wird allerdings regelmäßig auch vom sichtbaren Eingreifen Gottes berichtet, dass beispielsweise die Haut durch das glühende Eisen nicht verletzt worden sei.

Der gerichtliche Zweikampf und die Ordalien waren nicht die einzigen Verfahren, die während des Mittelalters zur Klärung strittiger Rechtsfragen bereitstanden. Zunächst gab es den schon vom römischen Recht übernommenen, im Frühmittelalter gebräuchlichen Akkusationsprozess, bei dem es auf Beweise des Klägers und ein Geständnis des Beklagten ankam, dann das im römischen wie germanischen Recht bekannte Eidverfahren, das in bestimmten Fällen durch eine unterschiedliche Zahl an Leumundszeugen angereichert werden konnte. Wer hier die notwendige Zahl an unbescholtenen Unterstützern beibringen konnte, lag im Vorteil. Berücksichtigt man, dass der assertorische Eid in Anwesenheit von Geistlichen auf die Bibel oder auf Reliquien abgelegt wurde, so vertraute man auch hier auf die Macht Gottes.

---

22 „The inherent element of ambiguity in the ordeal allowed dissension as well as consensus." ROBERT BARTLETT: Trial by fire and water. The medieval judicial ordeal, Oxford 1999 (zuerst 1986), S. 40.

Schon früh wurde im Mittelalter behauptet, durch den gerichtlichen Zweikampf könne man seelengefährdende Meineide vermeiden.[23] Das konnte allerdings nur für die Kampfklage gelten, die dem Beklagten die Reinigungsmöglichkeit durch Eid und Eidhelfer verlegte und ihn sofort zum Zweikampf herausforderte. War der Reinigungseid erst einmal abgelegt, implizierte die durch das Angebot eines Zweikampfs ausgesprochene Eidschelte ja gerade eine Bezichtigung des Meineids. Beim entwickelten Gerichtskampf hatten die Kämpfer allerdings vor der Auseinandersetzung selbst zu schwören, für eine gerechte Sache zu fechten, und sie hatten Bürgen zu stellen, die dies bestätigten. Damit waren auch bei diesem Verfahren u. U. Meineide nicht zu vermeiden.

Eine größere Verdichtung der Gesellschaft, gesteigerte Kommunikation, Mobilität und Expertenwissen seit dem elften Jahrhundert sowie eine verstärkte Schriftlichkeit im aufkommenden Aktenzeitalter erleichterten einen Beweisgang durch Schriftzeugnisse und Aussagen vereidigter Zeugen und Sachverständiger.[24] Zurückgedrängt wurden die Ordalien vor allem durch ein Verfahren, das sich seit dem späten zwölften Jahrhundert zunächst im kirchlichen Bereich entwickelte, wobei auf das Verfahren der *visitatio* und der karolingischen *inquisitio* zurückgegriffen werden konnte: Beim Inquisitionsprozess wurden durch das Gericht Beweise gewürdigt, Tatzeugen herangezogen und es kam auf ein Geständnis an.[25] Bei widersprüchlichen Zeugenaussagen und Indizien wurden allerdings nicht immer eindeutige Ergebnisse erzielt, so dass eine Klärung ausbleiben konnte.[26]

---

23 Vgl. ISRAEL (Anm. 11), S. 139; ANDRÉ HOLENSTEIN: Seelenheil und Untertanenpflicht. Zur gesellschaftlichen Funktion und theoretischen Begründung des Eides in der ständischen Gesellschaft. In: Der Fluch und der Eid. Die metaphysische Begründung gesellschaftlichen Zusammenlebens und politischer Ordnung in der ständischen Gesellschaft. Hrsg. von PETER BLICKLE, Berlin 1993 (Zeitschrift für Historische Forschung. Beiheft 15), S. 11–63, bes. S. 12.
24 Vgl. SUSANNE LEPSIUS: Von Zweifeln zur Überzeugung. Der Zeugenbeweis im gelehrten Recht ausgehend von der Abhandlung des Bartolus von Sassoferrato, Frankfurt a. M. 2003 (Studien zur europäischen Rechtsgeschichte 160).
25 Vgl. Eid und Wahrheitssuche. Studien zu rechtlichen Befragungspraktiken in Mittelalter und früher Neuzeit. Tagungsakten (Münster 1996). Hrsg. von STEFAN ESDERS, Frankfurt a. M. u. a. 1999 (Neudruck 2000) (Gesellschaft, Kultur und Schrift 7); WINFRIED TRUSEN: Das Verbot der Gottesurteile und der Inquisitionsprozeß. Zum Wandel des Strafverfahrens unter dem Einfluß des gelehrten Rechts im Spätmittelalter. In: Sozialer Wandel im Mittelalter. Wahrnehmungsformen, Erklärungsmuster, Regelungsmechanismen. Hrsg. von JÜRGEN MIETHKE/KLAUS SCHREINER, Sigmaringen 1994, S. 235–247; WINFRIED TRUSEN: Der Inquisitionsprozeß. Seine historischen Grundlagen und frühen Formen. In: Zeitschrift der Savigny-Stiftung für Rechtsgeschichte. Kan. Abt. 74 (1988), S. 168–230; ROY FRANK HUNNISETT: The Reliability of Inquisitions as Historical Evidence. In: The Study of Medieval Records. FS Kathleen Major. Hrsg. von DONALD AUBERON BULLOGH/ROBIN LINDSAY STOREY, Oxford 1971, S. 206–235.
26 ISRAEL (Anm. 11), S. 145 f.

Selbst nach Einführung eines in unseren Augen rationalen Verfahrens bestanden die in unseren Augen irrationalen noch lange Zeit nebeneinander. Es kann daher nicht einfach von einer fortschreitenden Rationalisierung gesprochen werden.[27] Seit dem dreizehnten Jahrhundert werden Geständnisse zudem häufig durch Folter erwirkt, was ebenfalls nicht immer die erhoffte Klarheit brachte, besonders da sie innerhalb einer gewissen Zeit zurückgenommen werden durften.[28] Überdies durfte man bestimmte Personen der Folter nicht unterziehen.

Nach fortgesetzter kirchlicher und weltlicher Kritik wurden die Ordalien gleichwohl zunehmend zu einem subsidiären Rechtsmittel – also nur angesetzt, wenn andere Rechtsmittel bereits ausgeschöpft waren – und auf Kapitalverbrechen wie Mord, Landesverrat und Vergewaltigung beschränkt sowie auf Fälle, die anders nicht zu entscheiden waren – wo es also weder Augenzeugen noch andere Beweise gab bzw. Aussage gegen Aussage stand. Ich beschränke mich bei der Betrachtung der kritischen Stimmen auf das Früh- und Hochmittelalter, bis zu der Zeit, als von kirchlicher Seite aus die ablehnende Haltung verbindlich wurde.[29]

> Die frühe Kirche hatte keine Veranlassung, zu den Gottesurteilen Stellung zu beziehen, weil diese in ihrer vom römischen Recht geprägten Umwelt als prozessuale Beweismittel ungebräuchlich waren. Daher mangelte es der Kirche an einem eindeutigen Standpunkt, als sie bei der Christianisierung der getauften germanischen Völkerschaften auf das Gottesurteil als gesetzlich vorgesehenes Mittel zur Streitentscheidung stieß.[30]

Die Kritik am Zweikampf machte sich erstens daran fest, dass er potentiell tödlich sei und damit gegen das biblische Tötungsverbot respektive das Gebot der Nächstenliebe verstoße. Wie auch die anderen Ordalien stelle er zum zweiten eine Versuchung Gottes dar. Zum dritten führe er zu offensichtlichen Fehlurteilen – Eindeutigkeit im Ausgang musste ja nicht Richtigkeit in der Entscheidung bedeuten. In unserem Zusammenhang ist natürlich der dritte Kritikpunkt besonders interessant. Denn es wurde ja festgestellt, dass das Ziel des Zweikampfes eigentlich Disambiguierung gewesen sei. Wenn sich nachträglich aber herausstellte, dass ein an dem umstrittenen Delikt Unschuldiger im Kampf zu Tode kam, war die Schuld in diesem Fall gerade nicht eindeutig festgestellt worden. Um die Praktik

---

27 Vgl. Nehlsen-von Stryk (Anm. 7), bes. S. 9, 31 f., 36.
28 Vgl. John H. Langbein: Torture and the law of proof. Europe in the ancien régime, Chicago, Ill. 2006 (zuerst 1977); Hans Fehr: Gottesurteil und Folter. Eine Studie zur Dämonologie des Mittelalters und der neueren Zeit. In: FS Rudolf Stammler. Hrsg. von Edgar Tatarin-Tannheyden, Berlin u. a. 1926, S. 231–254.
29 Vgl. Bernhard Schwentner: Die Stellung der Kirche zum Zweikampfe bis zu den Dekretalen Gregors IX. In: Theologische Quartalschrift 111 (1930), S. 190–234.
30 Hans-Wolfgang Strätz: Art. Gottesurteil. II. Mittelalter. In: Theologische Realenzyklopädie 14 (1985), S. 102–105, hier S. 102.

gleichwohl zu legitimieren, griff man zu Hilfskonstruktionen: Der Tote habe offensichtlich noch anderes auf dem Kerbholz gehabt; die Wege Gottes seien nun einmal unerfindlich; letzte Gerechtigkeit sei eben dem Jüngsten Gericht vorbehalten. Somit versuchte man den Rechtsfrieden zu retten.

Eine frühe Stimme, die die Ordalien kritisierte, war Bischof Avitus von Vienne (gest. 518), der um 500 den Burgunderkönig Gundobad vom Arianismus abzubringen versuchte und in diesem Zusammenhang – nach dem viel späteren Zeugnis Bischof Agobards von Lyon (gest. 840) –[31] insbesondere den Zweikampf der *Lex Gundobada* kritisierte, einer der frühesten Rechtsquellen, in denen diese Gerichtspraktik überhaupt genannt wird.[32] Anfang des achten Jahrhunderts wurde die Unsicherheit in Bezug auf die Ergebnisse der Ordalien von einem Normgeber eingeräumt. So schrieb der Langobardenkönig Liutprand (712–744) bei der Aufnahme der Praktik unter seine Gesetze: „Wir sind im Zweifel hinsichtlich des Gottesurteils, denn wir haben gesehen, daß viele im Zweikampf zu Unrecht ihre Sache verloren haben." Resignierend fügte er hinzu: „Wegen der Gewohnheit unseres Volkes, der Langobarden, können Wir den Rechtsbrauch aber nicht beseitigen."[33] Es scheint also eine ambivalente Haltung Liutprands auf: Einerseits bezweifelt er aus seiner Erfahrung heraus grundsätzlich, dass Ordale das Recht, das er als König eigentlich zu garantieren hat, zum Vorschein zu bringen in der Lage sind, andererseits kommt er trotz empirischer Zweifel nicht gegen die heimische ‚irrationale' Tradition an und sieht sich gezwungen, sie unter seine Gesetze aufzunehmen.

---

31 Vgl. zu ihm ADRIEN BRESSOLLES: Saint Agobard. Évêque de Lyon 769–840, Paris 1949 (Doctrine et action politique d'Agobard 1; L'Église et l'État du Moyen Age 9).

32 *Si diuinum, inquam* [sc. Bf. Avitus], *iudicium regna uel gentes expeterent, illud prius, quod scribitur, formidarent, dicente psalmysta: Dissipa gentes, quę bella uolunt, et illud deligerent, quod perinde dicitur: Mihi uindictam ego retribuam, dicit Dominus. An forte sine telis et gladiis causarum motus aequitas superna non iudicat, cum sepe, ut cernimus, pars aut iuste tenens aut iusta deposcens laboret im preliis, et praeualeat inique partis uel superior fortitudo uel furtiua supreptio?* Agobard von Lyon: *Adversus Legem Gundobadi*. In: Agobardi Lvgdvnensis: *Opera omnia*. Hrsg. von LIEVEN VAN ACKER, Turnhout 1981 (Corpvs Christianorvm Continuatio mediaeualis 52), S. 17–28, hier S. 27 c. 13; *Deberet ergo inter catholicos et hereticos tali examine ueritas indagari, sicut quidam superbus ac stultus hereticus Gondebaldus, Burgundionum rex, temptabat expetere a beato Auito, egregio et orthodoxo praedicatore, qui eius uesaniam sapientissime laudabiliterque repressit atque redarguit.* Ders.: *Contra iudicium Dei*. In: Ebd., S. 31–49, hier S. 34 c. 6. Vgl. zur Lex Gundobada CLAUSDIETER SCHOTT: Art. Lex Burgundionum. In: Handwörterbuch zur Deutschen Rechtsgeschichte 3,20 (2013), Sp. 869–878.

33 *Quia incerti sumus de iuducio Dei, et multos audivimus per pugnam sine iustitia causam suam perdere; sed propter consuetudinem gentis nostrae Langobardorum legem ipsam vetare non possumus.* MGH LL 4, S. 156 c. 118. Vgl. FRANZ BEYERLE: Leges Langobardorum 643–866, 2. Ausgabe. Witzenhausen 1962 (Germanenrechte N.F., Westgermanisches Recht 9).

Bei den Franken waren die Ordalien ein Jahrhundert später aber offenbar nicht uneingeschränkt akzeptiert, denn im Jahre 809 meinte Karl der Große in einem Kapitular anordnen zu müssen: „Alle haben den Gottesurteilen Glauben zu schenken – und zwar ohne jeden Zweifel!"[34] Er bezog sich dabei sicher auch auf die ein halbes Jahrhundert zuvor erstmals sanktionierte unblutige Kreuzprobe. In der Verordnung Karls wird nämlich das Beispiel einer Frau genannt, die gegen ihren Mann antreten durfte, dem sie vorwarf, seinen ehelichen Pflichten nicht nachzukommen. Sie gewann und durfte ihn verlassen.[35] Karl ordnete dieses Beweismittel dann auch zur Entscheidung einer Eidschelte an.[36] Obwohl die Kreuzprobe also einige Zeit lang als Alternative zum Zweikampf angewandt wurde, beschränkte man sie bereits im Jahre 816 auf kampfunfähige oder -unwillige Personen und auf kirchliche Streitsachen. Als Ludwig der Fromme die Kreuzprobe im Jahre 818/19 aber wegen Entheiligung der Passion Christi verbot, verschwand die Praktik gänzlich.[37] Sie hatte sich offenbar nicht tief eingewurzelt.

Gleichzeitig nahmen die kritischen Stimmen gegen die übrigen Ordalien zu. Zu Zeiten Ludwigs wandte sich Agobard von Lyon in zwei Schriften ausführlich gegen die Gottesurteile. Zum Zweikampf schrieb er, es sei wohlbekannt, dass Gute von Bösen getötet würden, niemals aber Böse von Guten, weshalb das okkulte Gottesurteil nichts in gesetzlichen Urteilen zu suchen hätte. Letzte Gerechtigkeit gebe es erst im Endgericht. Es stünde den Menschen überdies nicht an, zu wissen, was der Allmächtige geschehen lassen wolle.[38] Hier taucht auch ein

---

34 *Ut omnes iuditium Dei credant absque dubitatione.* Capitulare missorum Aquisgranense primum. MGH Cap. I, S. 150, Nr. 62 c. 20. Vgl. zu diesem und zum folgenden HEINZ HOLZHAUER: Art. Ordal. In: Reallexikon der Germanischen Altertumskunde. Hrsg. von JOHANNES HOOPS, Bd. 22, 2. Aufl. Berlin u. a. 2003, S. 147–161, hier S. 151 f.
35 *Si qua mulier se reclamaverit, quod vir suus numquam cum ea mansisset, exeant inde ad crucem; et si verum fuerit, separentur, et illa faciat quod vult.* Decretum Vermereriense 758–768? In: MGH Cap. I, S. 41, Nr. 16 c. 17.
36 Capitulare Haristallense. MGH Cap. I, S. 49, Nr. 20 c. 10.
37 *Sanccitum est, ut nullus deinceps quamlibet examinationem crucis facere praesumat; ne quae Christi passione glorificata est, cuiuslibet temeritate contemptui habeatur.* Capitulare ecclesiasticum. MGH Cap I, S. 279, Nr. 138 c. 27.
38 *Tamen quia notissimum est, bonos a malis interfici, numquam autem malos a bonis, nisi im bellis publicis et legalibus iudiciis, pertinet hoc ad occulta iudicia Dei, quę sunt sicut abyssus multa, nec est datum hominibus nosse, quur Omnipotens ita permittat fieri.* Agobard von Lyon: *Contra iudicium Dei* (Anm. 32), S. 34 c. 5; *Nam si in hac uita semper innocentes essent uictores et noxii uincerentur, non Pharao occidisset Iosiam, sed Iosias Pharaonem, non Iohannem Herodes, sed Herodem Iohannes. [...] Non haec idcirco dicimus, ut negemus prouidentiam Dei aliquando absoluere innocentes et damnare noxios, sed quia nullatenus statutum est a Deo, ut hęc in omnibus fiat, nisi in extremo iudicio. [...] Decet omnino mentem christianam cum timore et tręmore, secundum apostolum, suam salutem operari, et mente ad futura transire, nec im praesentibus rebus sensum figere, quoniam occultissima Dei dispensatione uarii sunt im praesenti tempore rerum euentus, sicut et*

Kritikpunkt auf, der von kirchlicher Seite fortan immer wieder vorgebracht werden sollte: Mit den Ordalien ginge eine ungebührliche *temptatio Dei* einher, weil man Gott nötige, in rechtlichen Angelegenheiten Partei zu ergreifen.[39] Agobard beließ es aber nicht bei einer theologischen Einschätzung, sondern brachte auch systematische Kritik an den Praktiken an. Wie schon Liutprand spricht er, sogar wörtlich, die Ambiguität der Rechtspraktik an, die den erhofften Rechtsfrieden häufig eben nicht bringe. Er denkt etwa an Fälle, bei denen beide Parteien sich subjektiv im Recht fühlten oder keinen eine objektive Schuld träfe. In seiner an Ludwig den Frommen gerichteten Schrift gegen die Übernahme der burgundischen *Lex Gundobada* ins fränkische Recht schreibt er:

> Was sollen wir schon über jene Zweideutigkeit (*ambiguitas*) der Gerichtskämpfe sagen, durch die oft unter friedlichen Leuten persönliche Raserei ausbricht, weil manchmal beide Kämpfer wegen irgendeiner Sache zurecht kämpfen. [...] An der Stelle frage ich mich, ob nicht auf jeder Seite eine schlechte Sache vertreten wurde, wenn beide in den Tod gehen.[40]

Eine Rechtsnorm, die so etwas zulasse sei kein Gesetz sondern Mord![41]

> Wenn die Zukunft gänzlich unsicher ist, ist es eine wundersame Einfalt, wenn es welche gibt, die glauben, daß sie aus Unsicherem Sicheres machen könnten, indem sie Wettkämpfe geloben.[42]

Nur folgerichtig erklärte wenig später die Synode von Valence des Jahres 855: Wer im Zweikampf einen anderen tötet, wird wie ein Mörder angesehen, der Tote wie ein Selbstmörder.[43] Kurz darauf bezog auch das Papsttum eindeutig Stellung.

Scriptura testatur. Ders.: Adversus Legem Gundobadi (Anm. 32), S. 24 c. 9. *Iudicium Dei frequenter occultum, numquam iniustum.* Ebd., S. 26 c. 11.

39 Vgl. JOHN W. BALDWIN: The Intellectual Preparation for the Canon of 1215 against Ordeals. In: Speculum 36 (1961), S. 613–636, passim.

40 *Quid iam de illa singularium certaminum ambiguitate dicamus, quam frequenter inter gentes quietas furor personalis exequitur, cum super quacumque repetitione bellantes ambo nonnunquam animas iuste ponunt; quibus humanis atque preciosis uilissima lucra praeponunt, et Dei iudicium iracundia inuocant, dum im patientia non expectat? Hic autem interrogo, utrum causa utrique mala fuerit, pro qua bellator uterque occumbit?* Agobard von Lyon: *Adversus Legem Gundobadi* (Anm. 32), S. 28 c. 14.

41 *Vere hoc non est lex, sed nex.* Agobard von Lyon: *Adversus Legem Gundobadi* (Anm. 32), S. 26 c. 11.

42 *Si omnia futuro seruantur incerta, mira fatuitas quorundam, qui certaminibus exsecrandis putant se de incertis facere certa.* Agobard von Lyon: *Contra iudicium Dei* (Anm. 32), S. 47 c. 6; *Homo tantum praesentia respicit, Deus futura et ęterna cognoscit.* Ebd., S. 48 c. 6.

43 *Et quia ex huiusmodi iuramentorum, immo periuriorum, contentione etiam usque ad armorum certamina solet prorumpi et crudelissimo spectaculo effunditur cruor belli in pace, statuimus iuxta*

Nikolaus I. (858–867) nahm im Zuge einer Ehescheidungsaffäre entschieden Position gegen die Ordalien. In einem Brief vom 25. Januar 867 forderte er Karl den Kahlen auf, Königin Theutberga vom Mittelreich beizustehen, weil das Gerücht ginge, sie solle von ihrem Mann, König Lothar II., in ein Kloster gesteckt werden. Der Königin war vorgeworfen worden, vorehelichen Inzest mit ihrem eigenen Bruder, Hukbert, gehabt, ein Kind empfangen und dieses mittels eines Tranks abgetrieben zu haben, weshalb ihr Mann die Ehe zunächst für aufgelöst betrachtete. Er hatte dann aber, nachdem sich keine Beweise für die Tat beibringen ließen, wohl auf Druck der Großen seines Reichs einem Kesselfang zugestimmt, den ein Stellvertreter für Theutberga bestand. Obwohl Lothar sie danach wieder als Frau aufnehmen mußte, betrieb er die Scheidung weiter, denn jenseits politischer Motive, die ihn dazu bewogen, hatte er mit einer Friedelfrau Kinder und damit einen potentiellen Nachfolger, während die kanonische Ehe mit Theutberga kinderlos geblieben war.

Aus einem Gutachten in dieser Sache von Erzbischof Hinkmar von Reims, der grundsätzlich für die Legitimität von Ordalien plädierte, erfahren wir, dass Theutberga nun vorgeworfen wurde, sie habe gebeichtet, während des Gottesurteils an einen anderen Bruder gedacht zu haben, der zufällig ebenfalls Hukbert hieß. Die Probe sei also nur durch eine List überstanden worden. Überhaupt seien Gottesurteile menschliche Erfindung ohne Anspruch auf Glaubwürdigkeit, hieß es unter den Anhängern Lothars.[44] Hier kann man an die List Isoldes aus Gottfrieds von Straßburg *Tristan* aus dem frühen dreizehnten Jahrhundert denken. Dort wird die nur durch eine List bestandene Probe des heißen Eisens kritisch

---

antiquum ecclesiasticae observationis morem, ut quicumque tam iniqua et christianae paci inimica pugna alterum occiderit seu vulneribus debilem reddiderit, velut homicida nequissimus et latro cruentus ab ecclesiae et omnium fidelium coetu separatus, ad agendam legitimam poenitentiam modis omnibus compellatur. Ille vero, qui occisus fuerit, tamquam sui homicida et propriae mortis spontaneus appetitor, a dominicae oblationis commemoratione habeatur alienus, nec cadaver eius, iuxta sanctorum canonum decretum, cum psalmis vel orationibus ad sepulturam deducatur. MGH Conc. 3, S. 360 c. 12.

44 *Tercio capitulo nobis remandari precamur, si de stupro et aborsu praefata femina denotatur, unde iam egit iudicium, quid vobis ex eodem iudicio videatur, quoniam quidam dicunt nullius esse auctoritatis sive credulitatis iudicium, quod fieri solet per aquam calidam sive frigidam, neque per ferrum calidum, sed adinventiones sunt humani arbitrii, in quibus sepissime per maleficia falsitas locum obtinet veritatis, et ideo credenda esse non debent.* Hinkmar von Reims: *De divortio Lotharii regis et Theutbergae reginae.* MGH Conc. 4, Suppl. 1, S. 146 int. 6. Vgl. die Einleitung von LETHA BÖHRINGER. Ebd., S. 4–11, hier S. 8.

kommentiert: *daz der vil tugenthafte Crist/wintschaffen alse ein ermel ist.*[45] Doch stellt sie Isoldes Ehre wieder her und wirkt im Dienst der Liebe.[46]

Nun verlangte Lothar von seiner Frau, die schließlich ein vermutlich abgepresstes Geständnis abgelegt hatte, sich erneut einem Gottesurteil zu unterziehen und durch einen Stellvertreter einen Gerichtskampf ausfechten zu lassen. In dieser Situation hatte sich Theutberga an Papst Nikolaus gewandt, der darauf beharrte, dass sie sich nicht zu einer erneuten Verteidigung provozieren lassen dürfe, nachdem durch den Kesselfang bereits bewiesen und durch gegenseitige Eide bekräftigt worden sei, dass sie unschuldig war. Auch wenn Ordalien wegen der damit verbundenen Versuchung Gottes grundsätzlich abzulehnen seien, entspreche das Ergebnis der Heißwasserprobe doch dem Wunsch Gottes und behalte der Beweis seine Gültigkeit. Der Gerichtskampf aber sei in der Bibel nirgends als Gesetz vorgeschrieben, auch nicht durch den Kampf von David gegen Goliath gerechtfertigt – diejenigen, die sich dieser Probe unterzögen, wollten offenbar nur Gott versuchen. Es sei nicht schwer, Zeugen heranzuziehen, wie es sowohl die heiligen Canones als auch die ehrwürdigen Römischen Gesetze in solchen Kontroversen verlangten.[47] Der Papst hatte also ein ambivalentes Verhältnis zu den Gottesurteilen.[48] Er stritt nicht ab, dass Gott bei ihnen eingreifen könne, wie er ja auch sonst Wunder vollbringen würde. Diese Wunder könne man aber ebensowenig erzwingen, wie ein vordergründig gerechtes Urteil im Ordal. Die Unzulässigkeit der Praktik bedeute aber nicht automatisch, dass ihr die Beweiskraft abgehe.

---

45 Gottfried von Straßburg: *Tristan*. Hrsg. von RÜDIGER KROHN, 3 Bde., Stuttgart 2008–2011 (zuerst 1980), V. 15735 f.

46 Vgl. WOLFGANG SCHILD: Das Gottesurteil der Isolde. Zugleich eine Überlegung zum Verhältnis von Rechtsdenken und Dichtung. In: Alles was Recht war. Rechtsliteratur und literarisches Recht. FS Ruth Schmidt-Wiegand. Hrsg. von HANS HÖFINGSHOFF, Essen 1995, S. 55–76; KLAUS GRUBMÜLLER: ‚ir unwarheit warbaeren'. Über den Beitrag des Gottesurteils zur Sinnkonstitution in Gotfrids ‚Tristan'. In: Philologie als Kulturwissenschaft. Studien zur Literatur und Geschichte des Mittelalters. FS Karl Stackmann. Hrsg. von LUDGER GRENZMANN/HUBERT HERKOMMER/DIETER WUTTKE, Göttingen 1987, S. 149–163.

47 *Monomachiam vero in legem assumi nusquam praeceptum fuisse repperimus; quam licet quosdam iniisse legerimus, sicuti David et Goliam sacra prodit historia, nusquam tamen, ut pro lege teneatur, alicubi divina sancit auctoritas, cum hoc et huiusmodi sectantes Deum solummodo temptare videantur. [...] Praeterea sive de coniugii foedere sive de adulterii crimine iudicium sit agendum, nulla ratione patet Theutbergam cum Hlotahario posse legalem inire conflictum vel legitimum controversiae subire certamen, nisi prius ad tempus fuerit suae potestati reddita et consanguineis propriis libere sociata. Inter quos etiam locus providendus est, in quo nulla sit vis multitudinis formidanda et non difficile testes producere vel ceteras personas, quae tam a sanctis canonibus quam a venerandis Romanis legibus in huiusmodi controversiis requiruntur.* MGH Epp. IV, S. 331 Nr. 48.

48 Vgl. allg. CHARLOTTE LEITMAIER: Die Kirche und die Gottesurteile. Eine rechtshistorische Studie, Wien 1953 (Wiener rechtsgeschichtliche Arbeiten 2).

Wenn Gott einmal ein Zeichen gegeben habe, bleibe dies gültig, auch wenn das Verfahren, das dazu geführt habe, abzulehnen sei.

Aus ottonischer und salischer Zeit ist keine so prägnant formulierte Kritik an den Ordalien überliefert. Erst danach mehren sich die Stimmen gegen sie. Um 1140 nahm Gratian in seiner kanonistischen Sammlung neben dem Pro das Contra auf, ohne aber klar Stellung zu beziehen.[49] Ein konsequenter Kritiker der Ordalpraxis war dann der Magister und Kanonikus an Notre Dame in Paris, Petrus Cantor (gest. 1197).[50] In seinem bekanntesten Traktat, dem *Verbum Abbreviatum*, rechnet Petrus die Probe des Glühenden Eisens sowie die Heiß- und Kaltwasserprobe unter die von ihm abgelehnten ‚Nichtkanonischen Urteile' (*iudicia peregrina*).[51] Er bringt neue Lesarten ins Spiel: Käme in Bezug auf das, was man sich von jenen Wunderprozeduren verspräche, kein klares Ergebnis heraus, habe Gott nicht gesprochen; erbrächten sie ein Ergebnis, dann durch teuflische Einflussnahme und mit Gottes Einverständnis, um den Menschen ihre Sünden zu zeigen. Die Proben führten oft in die Irre und Gott habe ihre Befolgung weder im *Alten* noch im *Neuen Testament* vorgesehen, also müsse zugrunde gehen, wer darauf einen Eid ablege. Er wendet sich insbesondere an Geistliche, die die Verfahren begleiten. Es heiße in den Evangelien: Gott solle man nicht versuchen. Noch viel weniger dürfe man solche Praktiken unterstützen, wenn dabei Blut fließe. Man dürfe Gott nicht zu Wundern zwingen.

So einfach lagen die Dinge freilich nicht, denn nach dem 4. Buch Mose schreibt Gott selbst den Kindern Israel bei Verdacht auf Ehebruch das Ordal des bitteren Wassers unter Beteiligung eines Priesters vor.[52] Hinkmar von Reims griff dieses Gottesurteil in seinem Gutachten zum Ehestreit zwischen Lothar und Theutberga als Beleg für die Gültigkeit solcher Praktiken auf: Eine Frau sollte nach der alttestamentlichen Probe des Ehebruchs überführt sein, wenn ihr nach dem Trinken von verunreinigtem Wasser der Unterleib anschwoll.[53]

Petrus Cantor nun untersucht in gut scholastischer Manier den Charakter der verschiedenen Verfahren peinlich genau und benennt die dabei auftretenden Widersprüche und Spitzfindigkeiten: Schuldig sei, wen die Natur des Feuers verletze – unschuldig aber, wen die Natur des Wassers aufnehme. Ein Wunder könne

---

49 C.2 q.5 c.20–26. Decretum Magistri Gratiani. Hrsg. von AEMILIUS FRIEDBERG/AEMILIUS LUDWIG RICHTER, 2. Aufl. Lipsiae 1879 (Neudruck Union, N.J. 2000) (Corpus Juris canonici 1).
50 Vgl. JOHN W. BALDWIN: Masters, Princes, and Merchants: The Social Views of Peter the Chanter and his Circle, 2 Bde., Princeton 1970, hier Bd. 1, S. 323–332.
51 *Contra peregrina iudicia*. Petrus Cantor: Petri Cantoris Parisiensis: Verbum abbreviatum, Textus conflatus. Hrsg. von MONIQUE BOUNTRY, Bd. 2, Turnhout 2004 (Corpus Christianorum CXCVI), S. 492–514 I,76.
52 Num 5, 11–31.
53 Hinkmar von Reims (Anm. 44), S. 146, S. 231.

aber doch nur vorliegen, wenn das Feuer gegen die Natur nicht verletze und das Wasser den Körper nicht aufnehme oder wenn nicht heißes, sondern kaltes Eisen oder kaltes Wasser verbrenne. Aber in der Wasserprobe verhalte sich das Element nach seiner Natur beim Beleg für die Unschuld eines Probanden. Bei der Probe des glühenden Eisens aber soll die Unschuld durch ein Wunder erwiesen werden. Es müssten entweder beide Proben die Unschuld nach der Elementnatur belegen oder durch ein Wunder. Anders könne man die Wasserprobe, bei der viele durchkämen, in die maliziösere Eisenprobe wandeln, in der mehr verlören. Die Praxis sei also widersprüchlich und daher seien die Proben abzulehnen. Überdies gebe es unterschiedliche Auslegungsvarianten in Bezug auf die Kaltwasserprobe: Einige sagten, der Körper müsse bis auf den Grund des Bottichs sinken, für andere reiche es schon, wenn das Wasser den Körper gänzlich bedecke, inklusive der Haare – für andere wieder auch ohne die Haare, weil sie ja Ausscheidungen des Körpers seien und nicht zu seiner Substanz und der menschlichen Natur gehörten, noch andere sagten wiederum das Gegenteil. Das alles zeige, dass derartige Proben Tand und lächerliche Begehren seien. Um die Unvernünftigkeit der Praktiken zu zeigen, gibt Petrus ein Beispiel: Ein Vater sei nur zum Erbe zugelassen worden, wenn einer seiner Söhne für ihn die Kaltwasserprobe bestehe. Da habe er vor der Probe untersucht, welcher seiner drei Söhne leichter und schneller auf den Grund einer Wanne sinke. Nachdem er festgestellt habe, dass zwei nicht untergingen, der dritte aber bis auf den Grund sinke, habe er vor Freude ausgerufen: „Gesegnet sei die Stunde, in der ich Dich, Sohn, zeugte, weil Du bist der, der mir mein Erbe wiedergibt." Daraus ersehe man, dass der Mann nicht allzusehr auf Wunder, mehr aber auf die natürlichen Bedingungen vertraut habe.

Am Ende kommt Petrus auch auf den Zweikampf zu sprechen, den er ebenfalls differenziert analysiert: Der Kämpfer vertraue entweder auf seine Tapferkeit, Kraft und Kunstfertigkeit – womit ein ungleicher Kampf vorläge – oder auf seine gänzliche Unschuld – was eine Anmaßung und Vorwegnahme des Jüngsten Gerichts bedeute, bei dem erst die Geheimnisse unserer Herzen offengelegt würden – oder aber darauf, dass Gott ein Wunder vollbringe – wodurch eine teuflische Versuchung Gottes geschehe, heiße es doch in den Evangelien: „Versuche nicht Gott Deinen Herrn!"[54] Alternativ gebe es ja Methoden, mit denen man nach menschlicher Vernunft handeln könne.[55] Als Angeklagter würde er sich durch Eid

---

54 Mat 4,7: Jesu Versuchung.
55 Vgl. den zeitgenössischen Brief Papst Alexanders III. (1159–1181) an den Bischof von Auxerre von 1163 Feb. 13 in Bezug auf das Eigentumsrecht der Kirchen: Für die Beweisführung kämen nur Zeugen, Urkunden und sonstige erlaubte Beweise in Betracht. *Cum igitur monomachia sacris sit canonibus interdicta, nos, tuis supplicationibus inclinati, ut contra prædictos testibus, instrumentis et aliis probationibus legitimis uti libere valeas, auctoritate tibi præsentium indulgemus, etc.*

reinigen. Als Geistlicher würde er weder Wasser noch Eisen segnen, noch Reliquien und Heiltümer bereitstellen, damit auf ihnen geschworen werde, um einen Zweikampf zu begehen, noch würde er sich durch Autorität und Anwesenheit am Blutvergießen mit schuldig machen. Wieviel mehr aber würden die sündigen, die Kampffelder freigäben, weil vieles ohne diejenigen auf die Art nicht geschehe.

Wenig später wurde mit den Bestimmungen des 4. Laterankonzils unter dem Juristenpapst Innozenz III. im Jahre 1215 die Teilnahme von Geistlichen an Ordalien erstmals generell untersagt und das Verbot des gerichtlichen Zweikampfs noch einmal in Erinnerung gerufen.[56] Es wurde zwar darauf hingewiesen, dass die Praktik schon früher verboten worden sei. Das galt aber zunächst nur für Kleriker, die sich ihre Hände nicht mit Blut beschmutzen sollten und daher Zweikämpfe weder persönlich noch durch Kämpen ausfechten lassen durften. Mit den Dekretalen Papst Gregors IX. 1234 wurde die ablehnende Haltung der Kirche den Ordalien gegenüber dann zum Kirchengesetz.[57]

Gleichwohl aber zählt Eike von Repgow in dem eben aus jenen Jahren stammenden Sachsenspiegel den gottesgerichtlichen Zweikampf wie selbstverständlich zu den legitimen Rechtsmitteln.[58] Auch Kaiser Friedrich II. ließ den gerichtlichen Zweikampf in den Konstitutionen von Melfi aus dem Jahre 1231 für das Königreich Sizilien in bestimmten Fällen gelten. Er hatte allerdings ein ambivalentes Verhältnis zu dieser Praxis: Er könne weniger ein wahrer Beweis als eine Art Weissagung genannt werden,[59] stehe nicht mit der Natur in Einklang, weiche vom gängigen Recht ab und entspreche nicht dem Gebot der Gleichheit, weil man kaum zwei äquivalente Kämpfer finden würde. Daher sieht er im Gerichtskampf lediglich ein subsidiäres Rechtsmittel, das auf schwere und schwer nachzuwei-

---

Cartulaire général de l'Yonne. Recueil de documents authentiques pour servir à l'histoire des pays qui forment ce département. Hrsg. von MAXIMILIEN QUANTIN, Bd. 2, Auxerre 1860, S. 163.

56 Constitutiones Concilii quarti Lateranensis una cum commentariis glossatorum. Hrsg. von ANTONIUS GARCÍA Y GARCÍA, Città del Vaticano 1981 (Monumenta iuris canonici. Series A. Corpus glossatorum 2), S. 66 c. 18. Vgl. MATHIAS SCHMOECKEL: „Ein sonderbares Wunderwerk Gottes." Bemerkungen zum langsamen Rückgang der Ordale nach 1215. In: Ius commune 26 (1999), S. 123–164.

57 Liber Extra X 3.50.9, X 5.14.1 und X 5.35.1. Decretalium collectiones. Hrsg. von AEMILIUS LUDWIG RICHTER/EMIL FRIEDBERG, Lipsiae 1881 (Neudruck Union, N.J. 2000) (Corpus iuris canonici 2).

58 Eike van Repgow: Sachsenspiegel. Landrecht und Lehnrecht. Hrsg. von KARL AUGUST ECKHARDT, Göttingen 1973 (MGH Fontes iuris N. S. 1,1; 1,2), passim.

59 *non tam vera probatio quam quedam divinatio*. MGH Const. 2, Suppl., S. 336–341 II,31–33, hier S. 240. Vgl. HERMANN CONRAD: Das Gottesurteil in den Konstitutionen von Melfi Friedrichs II. von Hohenstaufen (1231). In: FS Walter Schmidt-Rimpler. Hrsg. von der Rechts- und Staatswissenschaftlichen Fakultät der Rheinischen Friedrich Wilhelms-Universität Bonn, Karlsruhe 1957, S. 9–21.

sende Verbrechen wie Gift- und anderen geheimen Mord zu beschränken sei sowie auf Majestätsbeleidigung. Am Ende betont er noch einmal, dass er den Reinigungskampf keinesfalls zulasse, weil er ihn für gerecht halte, sondern nur weil er ein Abschreckungspotential in ihm sehe. Mit deutlichen Worten distanzierte sich Friedrich auch von den übrigen Ordalien, die weder der Natur der Dinge entsprächen noch die Wahrheit an den Tag brächten: Wer darauf vertraue, dass glühendes Eisen verbrenne oder – noch dümmer – dass es kühle, finde darin keine gerechte Sache. Bei der Wasserprobe ginge nun mal der eher unter, der zuvor die Luft ausgestoßen habe.

Ordalien wurden aber weiterhin regelmäßig durchgeführt, erfüllten also ganz offensichtlich eine wichtige Funktion. Trotz der kirchlichen und weltlichen Argumente und Verbote spielten Geistliche dabei auch weiterhin eine essentielle Rolle, insbesondere beim Ritual des Gerichtskampfs: bei der üblichen Messe in der Nacht zuvor, beim Ablegen der Beichte der beiden Kontrahenten, beim Schwören vor dem Kampf. Die Wasserprobe erlebte als sogenanntes Hexenbad sogar erst während den Hexenverfolgungen des fünfzehnten und sechzehnten Jahrhunderts ihren unrühmlichen Höhepunkt.[60] Das Modernisierungskonzept mit einer Entwicklung weg von der Irrationalität hin zur Rationalität bestätigt sich also nicht.

Im Mittelalter waren die Menschen offenbar bereit, die unterschiedlichen Methoden der Wahrheitsfindung, die sich in unseren Augen eigentlich ausschließen, nebeneinander zu akzeptieren, würdigten trotz Kritik auch die Vorzüge der Methoden und hielten die damit verbundene Ambiguität aus – man könnte von einer ‚Ambiguitätstoleranz' des Mittelalters reden, die bereits für die Frühe Neuzeit konstatiert worden ist.[61] Von einer Sehnsucht nach Eindeutigkeit kann daher weder bei der Anwendung des Zweikampfs und des Ordals noch in Bezug auf die unterschiedlichen Methoden der juristischen Wahrheitsfindung die Rede sein, eher von einer Sehnsucht nach Frieden und Ausgleich.

---

60 Vgl. DINZELBACHER (Anm. 4), S. 72.
61 GERD SCHWERHOFF: Die Macht der Eindeutigkeit und der Umgang mit Ambiguität: Religiöse Devianz in der Frühen Neuzeit (unveröff. Vortragsmanuskript zur Tagung „Neue Fundamentalismen – Ambiguität und die Macht der Eindeutigkeit", 2. Oktober 2012, Erlangen). Ich danke G. S. für die Einsichtnahme.

Birgit Studt
Die Ambiguität des Helden im adligen Tugend- und Wertediskurs

Leben wir in einem postheroischen Zeitalter? Oder kommen Gesellschaften – historische oder gegenwärtige – ohne Helden einfach nicht aus, weil sie das Außergewöhnliche und Außeralltägliche des Einzelnen und seine die menschlichen Vorstellungen sprengenden Eigenschaften erst erfahrbar machen?

Denken wir an die Ereignisse nach 9/11 oder auch an Phänomene der modernen Medienkultur, so muss man zunächst feststellen, dass die Diagnose vom Anbruch eines postheroischen Zeitalters nicht für alle gesellschaftlichen Bereiche gleichermaßen zutreffend ist. So ganz kommen offenbar auch moderne Gesellschaften nicht ohne Helden aus. Sie wollen es nur nicht wahrhaben. Die Figur des Helden ist in der modernen Gesellschaft dethematisiert, weil sie eine Position markiert, die es im Selbstverständnis der Moderne nach der totalen Verausgabung ihrer Opferbereitschaft in den Kriegen des zwanzigsten Jahrhunderts eigentlich nicht mehr geben dürfte.[1]

Und doch begegnen wir auch heute allenthalben Helden, vielleicht weniger realen, opferbereiten Helden des Alltags wie Feuerwehrleuten oder Menschen mit außergewöhnlicher Zivilcourage, sondern vor allem in Form von fiktiven oder imaginierten Helden, die ein Bewusstsein der eigenen Berufung zum Einsatz für andere und Opfermut demonstrieren. Als narrative oder mediale Konstrukte in Blockbusterfilmen und Computerspielen zeugen sie von einer großen Überlebenskraft, transportieren doch gerade derartige ungebrochene Heldenfiguren Allmachtphantasien und die Sehnsucht nach Eindeutigkeit.

Helden werden auch in modernen Gesellschaften als Vorbilder herausgestellt. Es sind jedoch Vorbilder, mit denen sich nicht alle gesellschaftlichen Gruppen gleichermaßen identifizieren können. Es gibt in unserer Gesellschaft vielleicht nicht mehr die Unterscheidung von Regel- und Sonderfällen, sondern nur noch unterschiedliche mediale oder Textsortensysteme, in denen über Heldentum verhandelt wird.

Aber vielleicht ist es so, dass die Figur des Helden am ehesten die Funktionsmechanismen der bürgerlichen Gesellschaft stört. Zugleich ist gerade diese Gesellschaft weiterhin auf Helden angewiesen, weil sie die Möglichkeiten des Menschlichen und in ihrem Scheitern auch seine Grenzen aufzeigen. Denn Hel-

---

[1] So lautet die These von HERFRIED MÜNKLER: Heroische und postheroische Gesellschaften – Heroic and post-heroic societies. In: Merkur. Deutsche Zeitschrift für europäisches Denken 61 (2007), S. 742–752.

den können scheitern, ohne ihren Heldenstatus aufzugeben, können Täter und Opfer zugleich sein. Helden werden vielleicht an den Rand des Bewusstseins gedrängt, haben aber im Notfall „griffbereit" zu sein. Vermutlich ist diese Ambivalenz einer der Gründe, warum moderne Gesellschaften zwar nicht gerne über Helden sprechen, diese aber doch weiterhin eine große Faszination ausüben.

Bestand diese Ambiguität auch im Mittelalter? Dienten Helden vor dem Anbruch des bürgerlichen Zeitalters nicht eher als eindeutige Identifikationsfiguren – für gesellschaftliche Gruppen oder später für die ganze Nation – bis der Todesmut des kämpfenden Helden, der zwar Blut und Leichen hinterließ, aber keine gesellschaftliche Anerkennung mehr erfuhr, von Hegel als überlebtes Sozialmodell diskreditiert werden sollte? Folgt man den Thesen ZYGMUNT BAUMANNS,[2] dann wäre die oben gegebene Gegenwartsdiagnose voll zutreffend für unsere postmoderne Gesellschaft, die sich eben nicht mehr eindeutig einem einzigen, dem bürgerlichen Sozialmodell zuordnen lässt und sich bisweilen gern einmal mit der „Löwenhaut des Helden" arrangiert, und sei es nur in Spiel oder Imagination. Ist dies tatsächlich als Reaktion auf die Tendenz der Moderne zu deuten, klare und distinkte Klassifikationsordnungen aufzubauen und diese durch eine ambivalente Haltung gerade gegenüber den transgressiven Phänomenen des Heroischen wie der Verherrlichung von Gewalt und Kriegertum, Risikofreude und Opfermut zu unterlaufen? Provoziert das Heroische moderne gesellschaftliche Ordnungsarrangements und führt dies zu einer Wiederkehr der Ambivalenzen, mit der sich die Postmoderne zu arrangieren weiß?

Abgesehen davon, dass die Geschichtswissenschaft keine allgemeingültigen Leitformeln für historische Entwicklungen anbieten kann und will und gerade linearistische Erklärungsmodelle ablehnt, wurde auch in der Diskussion dieser Thesen betont, dass mit dem Phänomen der Ambiguität keineswegs eine umfassende Metaerzählung zur Beschreibung postmoderner Befindlichkeiten gefunden sei.[3] Und dennoch eignen sich Konzepte von Ambivalenz, wie sie in den Kulturwissenschaften für die Beschreibung von rhetorischen, philosophischen, psychologischen und literarischen Problemen und Phänomenen bereits ausgearbeitet worden sind,[4] um spezifische Konfigurationen von Gesellschaft genauer zu erfassen. Gerade soziologische Untersuchungen nutzen dieses Konzept, um

---

2 ZYGMUNT BAUMANN: Moderne und Ambivalenz. Das Ende der Eindeutigkeit, Hamburg 1992 (zuerst engl. 1991 unter dem Titel: Modernity and Ambivalence). Zur Rezeption dieser und verwandter älterer Positionen in der Soziologie vgl. HEINZ OTTO LUTHE/RAINER E. WIEDENMANN: Einleitung. In: Ambivalenz. Studien zum kulturtheoretischen und empirischen Gehalt einer Kategorie der Erschließung des Unbestimmten. Hrsg. von dens., Opladen 1997, S. 9–35.
3 Vgl. LUTHE/WIEDEMANN (Anm. 2), S. 10.
4 Vgl. dazu auch den neueren, literaturwissenschaftlich orientierten Sammelband mit einer ambitionierten Einleitung, die ihrem Anspruch auf einen interdisziplinären Forschungsüberblick

Grenz- und Übergangsbereiche von Gesellschaften genauer auszuleuchten und somit die inhärenten Spannungsmomente unterschiedlicher sozialer Beziehungen auf den Übergangsbereichen von Eintracht und Konflikt, Harmonie und Konkurrenz, Eigenem und Fremdem oder Nähe und Distanz zu beschreiben.[5] Dies betrifft insbesondere die Zuweisung von sozialen Rollen und die Definition von sozialem Status durch konfligierende normative Erwartungen, die sich in ambivalenten Interaktionssituationen dynamisch entfalten. In differenzierten Sozialordnungen wird versucht, diese Ambivalenz scheinbar auszuschalten, indem nicht legitimes Denken oder Handeln in der Figur des Fremden an die Grenzen von der Gesellschaft verschoben, damit tatsächlich aber institutionalisiert wird. Somit verkörpert der Fremde eigene, vergessene oder abgewiesene Möglichkeiten von sozialem Handeln, die über ihn aber auch wieder in die Gesellschaft zurückgeholt werden können. RUDOLF STICHWEH spricht in diesem Zusammenhang von einer höchst nützlichen Fiktion, die innovatives Handeln und Wissensproduktion überhaupt erst zulasse: „Die Gesellschaft erfindet in der Figur des Fremden Störungen für sich selbst, die sie für ihre eigene Evolution benötigt und durch sie auch nicht wirklich überrascht wird."[6]

Spätestens hier stellt sich die Frage, wie vormoderne, d. h. auch mittelalterliche Gesellschaften mit diesem Phänomen der Ambivalenz umgingen. Waren sie vielleicht sogar besser in der Lage, diese auszuhalten, sich damit zu arrangieren, ohne sie zu verdrängen? Im Folgenden soll anhand der Figur des Helden gezeigt werden, dass sich das Konzept der Ambiguität durchaus zur Beschreibung von Ordnungsarrangements der spätmittelalterlichen Adelsgesellschaft fruchtbar machen lässt.[7] Als Vorbilder und zugleich als Störenfriede prägen Helden die Art und Weise, wie sich Gesellschaften über sich selbst verständigen. Was als heroisch gilt und was nicht, verrät viel über das Verhältnis zwischen Norm und Abweichung, über die Funktionen des Exzeptionellen und seine Konflikthaftigkeit.

---

allerdings nicht immer gerecht wird: FRAUKE BERNDT/STEPHAN KAMMER: Einleitung. In: Amphibolie – Ambiguität – Ambivalenz. Hrsg. von DENS., Würzburg 2009, S. 7–24.
5 Vgl. LUTHE/WIEDEMANN (Anm. 2), S. 15–25.
6 Vgl. RUDOLF STICHWEH: Ambivalenz, Indifferenz und die Soziologie des Fremden. In: Ambivalenz. Studien zum kulturtheoretischen und empirischen Gehalt einer Kategorie der Erschließung des Unbestimmten. Hrsg. von HEINZ OTTO LUTHE/RAINER E. WIEDEMANN, Opladen 1997, S. 165–183, Zitat S. 165 f.
7 Zu kulturellen Funktionen und zur Typologie des Helden vgl. GERRIT WALTHER: Held/in. In: Enzyklopädie der Neuzeit, Bd. 3, Darmstadt 2007, S. 364–368; vgl. des weiteren RALF VON DEN HOFF u. a.: Helden – Heroisierungen – Heroismen. Transformationen und Konjunkturen von der Antike bis zur Moderne. Konzeptionelle Ausgangspunkte des Sonderforschungsbereichs 948. In: helden. heroes. héros. E-Journal zu Kulturen des Heroischen (2013), S. 8.

Aus dem späteren Mittelalter sind zahlreiche Lebenszeugnisse ritterlicher Helden überliefert, die als Turnierkämpfer, als Feldherren, als Schlachtentote oder auch als Protagonisten ritterlicher Biographien gefeiert werden.[8] Darin werden agonale Leistungen und über das alltägliche Maß hinausgehende kriegerische Taten weiterhin als Bestandteil eines elitären, adeligen Persönlichkeitsideals präsentiert.[9] Doch werden diese Figuren nicht einfach als ideale Ritter gezeichnet, sondern ihre Lebensbeschreibungen zeigen oftmals Übersteigerungen, Wendungen und Brüche, die einer ritterlich-adligen Identität, wie man sie aus den höfischen Romanen des Hochmittelalters kennt, durchaus widersprechen. Hier stellt sich die Frage, ob es nicht gerade die transgressiven Momente bei der Selbststilisierung und biographischen Darstellung der ritterlich-adligen Protagonisten sind, die durch ihre emotionalen Züge und affektheischenden Momente zur besonderen, suggestiven Wirkung ihres Auftretens und der Verehrung durch die Standesgenossen beitrugen. Dies möchte ich am Beispiel der Lebensbeschreibung des Wilwolt von Schaumberg vorstellen, die wohl als Prototyp für derartige literarische adlige Lebenszeugnisse gelten kann, die in Deutschland im fünfzehnten und sechzehnten Jahrhundert in auffälliger Dichte entstanden.

Doch zunächst noch einige methodische Vorüberlegungen, die sich allerdings schon mit Hilfe von Wilwolts Lebenszeugnis erläutern lassen. Denn für die Geburt eines Helden ist nicht nur die handelnde Person, sondern auch ein von den Heldentaten Berichtender und nicht zuletzt ein Publikum notwendig. Wohl nicht ohne tatkräftiges – schriftliches wie mündliches – Mitwirken des Protagonisten verfasste 1507 sein Verwandter, der aus einer literarisch profilierten fränkischen Adelsfamilie stammende Ludwig von Eyb der Jüngere, die groß angelegte Biographie des Ritters Wilwolt aus dem fränkischen Uradelsgeschlecht der Schaumberg als Modell für seine ritterlich-adligen Standesgenossen. An diese Gruppe war sein gesamtes literarisches Oeuvre adressiert, das um die Themen Krieg, Reisen, Turnier- und Wappenwesen, standesgemäße Wirtschaftsführung

---

[8] Einer vergleichend-systematischen Untersuchung solcher Biographien aus dem deutschen und französischen Spätmittelalter widmet sich die Dissertation „Heroismus in adligen Lebenszeugnissen des späten Mittelalters", die GERO SCHREIER im Rahmen des SFB 948 anfertigt.

[9] Zur französischen Überlieferung vgl. ELISABETH GAUCHER: La biographie chevaleresque. Typologie d'un genre (XIIIe-XVe siècle), Paris 1994; DIES.: La chevalerie dans les biographies chevaleresques (XIIIe-XVe siècles). In: Revue des langues romanes 110 (2006), S. 145–164. Zu deutschsprachigen Texten: RAINER BACH: „Der ritterschaft in eren". Das Bild des Krieges in den historiographischen Schriften niederadliger Autoren des 15. und frühen 16. Jahrhunderts, Wiesbaden 2002 (Imagines Medii Aevi 10) und bes. SONJA KERTH: Die letzten *taflrunder*? Krieg in adligen Autobiographien des 15. und 16. Jahrhunderts. In: Dulce bellum inexpertis. Bilder des Krieges in der deutschen Literatur des 15. und 16. Jahrhunderts. Hrsg. von HORST BRUNNER, Wiesbaden 2007 (Imagines Medii Aevi 11), S. 175–245.

und Repräsentation kreiste. In all diesen Schriften finden sich programmatische Appelle an die Kinder und jungen Standesgenossen sowie an künftige Generationen von adligen Lesern, in die Fußstapfen der Eltern bzw. Altvorderen zu treten.[10]

Heroisierungsprozesse spielten sich im Dreieck dieser Akteure ab: des Helden, derjenigen, die von Helden erzählen, seine Taten inszenieren oder medial gestalten, und schließlich der Verehrergemeinschaft, einer sozialen Gruppe, die ihre Normen und Werte, kollektiven Bedürfnisse und Imaginationen auf die heroisierte Figur als ihren gestalthaften Fokus projizierte.[11]

In der didaktischen Literatur des Spätmittelalters wird der adlige Tugend- und Wertediskurs durch die Erläuterungen ritterlicher Praktiken ausgehend von den Leitbildern der hochmittelalterlichen Literatur illustriert. Diese kulturellen Verhaltensvorgaben wurden nationenübergreifend entfaltet, wie etwa der breit rezipierte Traktat *Del ordre de cavayleria* des Ramon Llull, der *Libre de Chevalerie* des französischen Ritters Geoffroy de Charny aus dem vierzehnten oder der *Ritterspiegel* des Johannes Rothe aus dem fünfzehnten Jahrhundert zeigen.[12] De Charny entwickelt in den Eingangskapiteln seines Ritterbuches geradezu eine „Stufenleiter" ritterlicher Taten. Danach musste ein idealer Ritter an Tjosten und Turnieren teilgenommen und in Kriegen nicht nur im eigenen Land, sondern auch in der Fremde gekämpft haben. Er musste Waffendienste für seinen Herren nachweisen und Fahrten über das Meer auf der Suche nach Abenteuern und Ruhm unternehmen. Es werden immer wieder dieselben ritterlichen Pflichten aufgelistet: Ihnen kam als traditionelle Militia der Schutz derjenigen zu, die keine

---

10 Ludwig von Eyb d. J.: *Die Geschichten und Taten Wilwolts von Schaumburg*. Hrsg. von ADELBERT VON KELLER, Stuttgart 1859; zum Autor und dessen Oeuvre vgl. HELGARD ULMSCHNEIDER, Verfasserlexikon V (²1985), Sp. 1006–1015; SVEN RABELER: Niederadlige Lebensformen im späten Mittelalter. Wilwolt von Schaumberg (um 1450–1510) und Ludwig von Eyb d. J. (1450–1521), Stegaurach 2006; vgl. auch HEINZ KRIEG: Fürstendienst und adliges Selbstverständnis: Wilwolt von Schaumburg zwischen Fürstenhof und niederadligem Milieu. In: Grenzgänger zwischen Kulturen. Hrsg. von MONIKA FLUDERNIK/HANS-JOACHIM GEHRKE, Würzburg 1999 (Identitäten und Alteritäten 1), S. 185–212; STEFFEN KRIEB: Schriftlichkeit, Erinnerung und ritterschaftliche Identität. Die Herren von Eyb im 15. Jahrhundert. In: Adelige und bürgerliche Erinnerungskulturen des Spätmittelalters und der Frühen Neuzeit. Hrsg. von WERNER RÖSENER, Göttingen 2000 (Formen der Erinnerung 8), S. 79–96; SVEN RABELER: Ehre als Maßstab adligen Lebens. Ritterliche Idealvorstellungen und Lebenswirklichkeiten in den „Geschichten und Taten Wilwolts von Schaumberg". In: Ritterwelten im Spätmittelalter. Höfisch-ritterliche Kultur der Reichen Herzöge von Bayern-Landshut. Hrsg. von F. NIEHOFF, Landshut 2009, S. 95–103 und KERTH (Anm. 9), S. 201–213.
11 Diese Überlegungen beruhen auf dem Forschungskonzept des Freiburger Sonderforschungsbereichs 948; vgl. dazu programmatisch VON DEN HOFF u. a. (Anm. 7), S. 7–14.
12 Vgl. MAURICE KEEN: Das Rittertum. Reinbek 1991 (zuerst engl. 1984 unter dem Titel „Chivalry"), S. 19–31.

Waffen trugen, insbesondere der Kirche, der Witwen und Waisen. Ihre ständigen Ritterübungen in Turnier und Krieg zielten auf den Erwerb ritterlicher Ehre.[13] Als die Besten von allen können jedoch nur solche Vertreter der Ritterschaft bezeichnet werden, bei denen eine Steigerung ehrenvoller Taten zu beobachten ist:[14] die in ihrer Jugend gern Geschichten von Waffentaten hörten, die sich, sobald sie das rechte Alter erreichten, selbst für die Tjost rüsteten, und ohne zu zögern in das Kriegsgeschäft eintraten. Aber ebenso wie die Taten bewertet De Charny die Motive der Ritter: Jene armen Gefährten, die aus Beutegier immer wieder nach vorn stürmten, verdienten zwar Lob, allerdings weniger als die großen Männer, die sich an die Spitze setzen, allein zur Ehre ihres Namens.

Angesichts der Veränderungen im Kriegswesen, in dem die Ritter ihren Alleinanspruch auf Kriegsführung verloren hatten und die ihnen nur noch wenig Freiraum für spektakuläre Einzelaktionen neben den militärischen Anforderungen ließen, war es allerdings nicht gerade einfach, die literarisch inspirierten Vorgaben in soziale Praxis umzusetzen.[15] Hinzu kamen Wandlungs- und Konzentrationsvorgänge in fürstlicher Herrschaft und Politik, Umschichtungsprozesse in den Wirtschafts- und Einkommensverhältnissen des Adels und der Aufstieg neuer sozialer Akteure an den fürstlichen Höfen. Dies erforderte vom europäischen Adel Anpassungsvorgänge, zu denen sich insbesondere die Angehörigen der unteren Hälfte der Adelsgesellschaft herausgefordert sahen.[16]

Diese Notwendigkeiten spiegeln sich in dem Geleitbrief an einen jungen Adligen, den der sich anonym gebende adlige Ghostwriter, der „Setzer der Historien", Wilwolts Biographie nachträglich nach dessen Tod vorangestellt hat. Darin ent-

---

13 The book of chivalry of Geoffrey de Charny. Text, Context, and Translation. Hrsg. von RICHARD KAEUPER/ELSPETH KENNEDY, Philadelphia 1996, S. 84–93.
14 De Charnay bringt dies programmatisch mit seinem Dictum „qui plus fait, miex vault" zum Ausdruck – „wer mehr leistet, ist mehr wert" KAEUPER/KENNEDY (Anm. 13), S. 86 und passim; vgl. dazu auch PHILIPPE CONTAMINE: Geoffrey de Charnay, debute du XIVe siècle – 1356, „Le plus prudhomme et le plaus vaillant de tous le autres". In: Histoire et societé. Mélanges offerts à GEORGES DUBY. Hrsg. von CHARLES M. DE LARONCIÈRES, Aix-en-Provence 1992 (Bd. 2), S. 107–121.
15 Vgl. ROGER SABLONIER: Adel im Wandel. Eine Untersuchung zur sozialen Situation des ostschweizerischen Adels um 1300, Göttingen 1979, Neudruck Zürich 2000; DERS.: Rittertum, Adel und Kriegswesen im Spätmittelalter. In: Das ritterliche Turnier im Mittelalter. Hrsg. von JOSEF FLECKENSTEIN, Göttingen 1985, S. 532–567 und ANDREAS RANFT: Einer von Adel. Zu adligem Selbstverständnis und Krisenbewußtsein im 15. Jahrhundert. In: Historische Zeitschrift 263 (1993), S. 317–343.
16 Vgl. RONALD G. ASCH: Europäischer Adel in der Frühen Neuzeit. Eine Einführung, Köln, Weimar, Wien 2008; WERNER PARAVICINI: Die ritterlich-höfische Kultur des Mittelalters. 3., um einen Nachtr. erw. Aufl., München 2011; BARBARA HAMMES: Ritterlicher Fürst und Ritterschaft. Konkurrierende Vergegenwärtigung ritterlich-höfischer Tradition im Umkreis südwestdeutscher Fürstenhöfe 1350–1450, Stuttgart 2011, S. 325–388.

wirft er ein traditionelles Ritterbild, das er aber mit einem programmatischen Erziehungs- und Bildungsprogramm für seine Standesgenossen verbindet.[17] Allzu lange habe der Adel die Ausbildung an Schulen und Universitäten verachtet, so dass er nun keine hohen Ämter bei Kaisern, Königen und Fürsten mehr besetzen könne. So werde das Land jetzt weitgehend von Bauernkindern – der Autor meint damit Bürgerliche – regiert, die die Schule nicht verachtet hätten. Der Adel könne seine Position im politischen Leben nur verteidigen, wenn sich bei ihm Schulbildung und Umgang mit *ritterlicher weer und waffen* verbänden. Dieses Bildungsprogramm bringt er in der Vorrede ausdrücklich in Verbindung mit der Lebensbeschreibung des Protagonisten, der den jungen fränkischen Adligen gegenüber den alten Helden als Beispiel eines *teutschen tewrin und manlichen ritter* aus seinen eigenen Tagen dienen könne.[18] Im Nachwort der Biographie betonte Ludwig, er habe in vielen Ritterbüchern, Chroniken und Historien keinen anderen Ritter gefunden, der mit so wenig Mitstreitern so viele Gegner geschlagen und so viele Abenteuer bestanden habe. Dies gipfelt in der Erklärung, dass König Artus, wenn er noch lebte, Wilwolt sicher in seine Tafelrunde aufgenommen hätte.[19]

Sein Buch mit den Geschichten und Taten Wilwolts von Schaumberg bot Leitbilder adliger Existenz, mit denen sich der Adel gegenüber konkurrierenden sozialen Gruppen legitimieren konnte. Darüber hinaus ließ sich durch die Herstellung einer affektiven Nahbeziehung zu solchen Leitbildern aus der klassischen höfisch-ritterlichen Literatur im imaginären Nachvollzug vorbildlicher Verhaltensweisen und Handlungen auf der Grundlage eines mitlaufenden Stilisierungs- und Typisierungsprozesses die adlige Existenz bestätigen.[20] Folgt man nur den Paratexten der Geschichten, in denen Ludwig von Eyb eine zeitgemäße Aktualisierung des klassischen adligen Werte- und Tugenddiskurses bringt, könnte man in diesem Sinne zu einem raschen Ergebnis kommen: Wilwolt wird für den jungen adligen Leser als eine Identifikationsfigur stilisiert, die durch ihre tatsächlichen oder auch nur zugeschriebenen Charakteristika eine Projektionsfläche für den zeitgenössischen Ritteradel bietet. Anhand der Idealfigur Wilwolts

---

17 Ludwig von Eyb d. J. (Anm. 10), S. 2 f. Vgl. zu den hybriden literarischen Vorbildern auch HELGARD ULMSCHNEIDER: *Greker, Troianer, die edln Romer* und König Artus' Tafelrunde. Exempel für den fränkischen Adel in den Geschichten und Taten Wilwolts von Schaumberg. In: Scripturus vitam. Lateinische Biographie von der Antike bis in die Gegenwart. Festgabe für WALTER BERSCHIN zum 65. Geburtstag. Hrsg. von DOROTHEA WALZ, Heidelberg 2002, S. 1077–1099, zur Datierung des Widmungsschreibens vgl. ebd., S. 1087.
18 Ludwig von Eyb d. J. (Anm. 10), S. 5; ähnlich auch S. 64.
19 Ebd., S. 202; vgl. ULMSCHNEIDER (Anm. 17), S. 1086.
20 CHRISTIAN RONNING: Soziale Identität – Identifikation – Identifikationsfigur. In: Literarische Konstituierung von Identifikationsfiguren in der Antike. Hrsg. von BARBARA ALAND/JOHANNES HAHN/CHRISTIAN RONNING, Tübingen 2003, S. 233–251, bes. S. 233.

konnten sich seine Leser untereinander über ihre gemeinsamen Wertvorstellungen verständigen. Die Geschichten und Taten Wilwolts dienten vor allem als *leer* und *exempel*[21] für die adlige Jugend, der Wilwolt als vorbildliche Idealfigur durch den Schreiber der Historien vorgeführt wird und an dem sich der Leser jederzeit orientieren konnte.

Doch geht die Figur des Helden in einer solchen Idealfigur auf? Erschöpfen sich die Geschichten und Taten Wilwolts im Nachleben der Abenteuer von König Artus' *tafelrunder* oder der Taten der Griechen, Trojaner und edlen Römer? Wäre damit das affektive Potential und die suggestive Präsenz eines scheinbar zeitlosen Helden erschöpft? Wohl kaum, denn ein Held bietet für eine gesellschaftliche Gruppe mehr als ein bloßes Leitbild. Eine appellative Kraft, soziale Wirkung und symbolische Geltung konnten heroische Figuren innerhalb von Gemeinschaften nur erlangen und dauerhaft bewahren, wenn ihre Taten und ihr Verhalten den Bereich der reinen Vorbildhaftigkeit und Exemplarität durch Exzeptionalität überstiegen.[22]

Der von der Figur Wilwolts verkörperte ritterliche Held entfaltet jedoch in seinen Taten ein Handeln, das im Spannungsfeld von Normvergewisserung und Normtransgression, von Ordnungsstabilisierung und Exzeptionalität steht. Denn in den Geschichten finden sich auch nicht als vorbildlich geltende, ja anstößige Taten, die vom Erzähler allerdings nicht kommentiert werden, die aber gerade die Ambiguität von Heldentum erhellen. Wilwolt agiert bisweilen unmoralisch, vielleicht sogar normverletzend, zeigt darin aber zugleich seine großen Stärken und Begabungen, die über den Rahmen des Alltäglichen hinausgehen.

Sonja Kerth hat in ihrer wichtigen Untersuchung adliger Autobiographien des fünfzehnten und sechzehnten Jahrhunderts darauf hingewiesen, dass die in Ludwigs Vorrede angelegte Spannung zwischen Schulbildung und Unterricht im Waffenhandwerk keine eigentliche Entsprechung in der Lebensbeschreibung selbst findet. Hier erscheint allein der Krieg als standesgemäßes Tätigkeitsfeld des Adels, in dem sich Wilwolt durch kämpferische Leistungen und Instinkt auszeichnet, nicht aber durch Wissen und Bildung. Nur auf der Ebene der eingestreuten Erzählerkommentare wird der Biographie ein standesdidaktisches Anliegen aufgepfropft. Der Erzähler erklärt Motivationen und Anliegen Wilwolts und verdeutlicht in Kommentaren das Vorbildhafte an einzelnen Situationen. Hier werden dann auch die Verbindungen zu den vorbildlichen Ritterbüchern hergestellt.[23]

---

21 Ludwig von Eyb d. J. (Anm. 10), S. 5.
22 Vgl. Hans G. Soeffner: Symbolische Formung: Eine Soziologie des Symbols und des Rituals. Weilerswist 2010, S. 17; daran anschließend von den Hoff u. a. (Anm. 7), S. 10.
23 Vgl. Kerth (Anm. 9), S. 203 f.

Abgesehen davon zeigt die – von Wilwolt selbst gelieferte – Lebensbeschreibung einen mehr oder weniger selbständigen erzählerischen Grundstock mit einer eigenen Intention. Hier geht es in erster Linie um Ansehen und Nachruhm Wilwolts, wenn er belegen kann, wie er die Herausforderungen als Feldhauptmann meistert und die dauernden Probleme mit den Landsknechten fast immer zu seinem Vorteil lösen kann und dabei seine zahlreichen Kriegserfolge glaubwürdig schildert.

Dass Wilwolt als Kriegsmann und raffinierter Belagerungstechniker Außergewöhnliches leistet, wie in vielen Beispielen vorgeführt wird, steht außer Frage. In den Kämpfen um Alkmaar in Friesland hat er sich beispielsweise mit seinem Heer gegen eine riesige Übermacht von Feinden zu wehren. Diese Situation wird in Anspielung auf den *Jüngeren Titurel* (V. 5597–5739) mit dem Kampf Parzivals mit König Agors von Vilargunz um die Befreiung der schönen Parstill verglichen.[24] Soweit könnte man mit einigem Recht annehmen, dass die Erzählung das Bild eines vorbildlichen Kriegshauptmanns entwirft.[25]

Doch auf der Ebene unterhalb der Erzählerkommentare zeigt sich der Krieg nicht unbedingt als ritterliche Aufgabe, die dem jungen Adeligen Gelegenheit für individuelle Heldentaten bietet. Wilwolts Leben ist vielmehr zunächst weitgehend von äußeren Ereignissen und Notwendigkeiten bestimmt. Gewalt und Grausamkeit werden als unproblematische Mittel der Kriegführung und Teil gezielter Abschreckungspolitik dargestellt, die auch Wiwolt versteht und beherrscht. Die grausame Kriegführung Karls des Kühnen, dem Wilwolt als Kürassier diente, wird detailliert geschildert, ohne dass die Maßnahmen verurteilt werden oder persönliche Betroffenheit zum Ausdruck gebracht wird. Karl der Kühne lässt nach einer Schlacht alle Gefangenen an den umstehenden Bäumen aufhängen. Auch Wilwolt hat sein Zelt unter einem Baum aufgestellt, an dem 37 tote Feinde hängen – so niedrig, dass er sich beim Betreten des Zeltes bücken musste, will er nicht an deren Füße stoßen. Als mitten in der Nacht ein Ast unter dem Gewicht der Leichen abbricht und auf das Zelt fällt, habe man diese auf Befehl des Burgunderherzogs nicht abnehmen dürfen.[26]

Es werden Massaker beschrieben, die zwar als unchristlich bezeichnet, aber nicht grundsätzlich verurteilt werden. Wilwolt beteiligt sich an den Plünderungen der Soldateska, die als selbstverständliches Recht der Landsknechte auf Beute dargestellt werden. Viel stärker als in der ungefähr gleichzeitig entstandenen Lebensbeschreibung des schwäbischen Ritters und Diplomaten Georg von

---

24 Ludwig von Eyb d. J. (Anm. 10), S. 115; Vgl. Ulmschneider (Anm. 17), S. 1081.
25 So Ulmschneider (Anm. 17), S. 1086, vgl. auch ebd., S. 1092.
26 Ludwig von Eyb d. J. (Anm. 10), S. 29; vgl. Bach (Anm. 9), S. 99; Kerth (Anm. 9), S. 207 und Ulmschneider (Anm. 17), S. 1081 f.

Ehingen, in der der Krieg nur einen kleinen Teil neben der zivilen, höfischen Tätigkeit des Protagonisten einnimmt,[27] treten realistisch anmutende Schilderungen des Kriegsalltags gegenüber der höfisch-literarischen Stilisierung hervor. Die grausamen Massaker, Beutezüge und Plünderungen werden an ihrem Nutzen für den Protagonisten gemessen. Und selbst in einer der seltenen Friedenszeiten gelingt es Wilwolt durch seine Raubrittertätigkeit, sich bei den Fürsten und der Ritterschaft als Kriegsmann einen Namen zu machen.[28]

Der Krieg ist allgegenwärtig, und Friedenszeiten empfindet Wilwolt als schwierig, nicht zuletzt aus Furcht davor, der für Helden gefährlichen Untätigkeit zu verfallen, vor allem aber weil ihm dadurch seine materielle Lebensgrundlage verloren zu gehen droht. Als militärischer Subunternehmer Herzog Albrechts von Sachsen hatte er sich schließlich einen relativ großen Handlungsspielraum erworben, der ihm auch eigenständige Operationen ermöglichte.[29] Nun berichtet die Biographie immer stärker aus der Perspektive des verantwortlichen Befehlshabers. Sein Handeln wird nicht länger am persönlichen Nutzen gemessen, sondern häufiger mit seinem Ehrempfinden und dem Wunsch nach Ruhm begründet. So lehnt er jetzt in aussichtslosen Situationen einen Rückzug oder gar eine Flucht ab, da dies seinem Ruf schaden würde und im Gegensatz zu Ehre und Adelsethos stünde.[30] Zugleich zeichnet die Biographie den adligen Söldnerführer in einer eingestreuten direkten Rede als heroisches Leitbild: Vom Feind bedrängt und in einem unwegsamen Gelände eingeschlossen, spornt er seinen Haufen in einer Rede vor der Schlacht zu Ritterlichkeit und Disziplin an:

> *Ir lieben brüeder, ir secht den großen haufen leüt; nu mag uns niemant den got und unser menliche wehr helfen, kein flucht bringt uns vorteil, nit mer, den schant, laster und den tot. Umb uns ist die sehe, hinder uns das moß, vor uns die veint; da müßen wir durch, haben weder gedeien noch trost, den das wir heüt sterben oder uns ritterlich weren müßen. Habt getrauen in got! Seit starks gemüedes, das wunder bei den veinden tuet! Lat uns getreulich auf ein ander sehen, und ob ein ander halten! So wirt disen dingen guet rat.*[31]

Während Wilwolt im Dienst des Herzogs von Burgund sich in Neuß noch der Gefangennahme und dem Tod durch Flucht in eine Kirche entzieht und die gegnerischen Landsknechte auf das hohe Lösegeld hinweist, das sie mit seiner

---

27 GABRIELE EHRMANN: Georg von Ehingen. Reisen nach der Ritterschaft. Edition, Untersuchung und Kommentar. 2 Bände, Göppingen 1979 (Göppinger Arbeiten zur Germanistik 262); vgl. dazu auch KERTH (Anm. 9), S. 186–200, bes. S. 189 f.
28 Vgl. KERTH (Anm. 9), S. 204–206.
29 Vgl. BACH (Anm. 9), S. 99.
30 Vgl. KERTH (Anm. 9), S. 207.
31 Ludwig von Eyb d. J. (Anm. 10), S. 170.

Auslösung erzielen könnten, da er von Adel sei,[32] sucht er später gerade solche Herausforderungen, in denen er sich mehrfach in Todesgefahr bringt. Bei einer lebensbedrohlichen Erkrankung Wilwolts besorgt Herzog Albrecht von Sachsen ihm nicht nur teure Medizin (ein Pulver aus Perlen, Korallen, Edelsteinen und Frauenmilch), sondern er lässt für den Fall der Fälle einen wertvollen Kupfersarg anfertigen, um darin den Leichnam seines treuen Dieners nach Meißen überführen und in der Grabkapelle der Sachsenherzöge beisetzen zu können. Damit sollte ihm dort ein ewiges Gedächtnis gesichert werden. Doch so stolz Wilwolt auf diese außergewöhnliche Ehre war, *so im sein her nach dem tot anlegen wolt*, so gern wollte er sie vermeiden.[33]

Wilwolt verfolgte mit der Beschreibung seines Lebens vielmehr die Absicht, seinen Taten lieber selbst ein bleibendes Andenken zu sichern. Sie kann als Versuch gelesen werden, das eigene Leben als Kriegsmann ins beste Licht zu rücken und der Nachwelt die heroische Ausnahmestellung durch eine realistische Darstellung seiner zahlreichen Kriegserfolge glaubhaft zu machen.

Damit offenbaren die Geschichten und Taten Wilwolts ein doppeltes Gesicht: Der gebildete Verfasser verfolgte ein standesdidaktisches Anliegen, indem er mit Wilwolt seinen Zeitgenossen ein positives Leitbild vor Augen führen wollte. *Ritterlicher preis und ehrlicher weltrumb lest sich nit mit schlafen oder gemach erobern*, schrieb er bei der Schilderung der Belagerung von Sluis denjenigen, *die da heimen auf den pfüllen erzogen und des pulverschmachs nit gewont* seien, ins Stammbuch.[34]

Der Held jedoch hat eine andere Qualität als die Vorbildfiguren der höfischen Literatur, auf die sich Ludwig von Eyb immer wieder bezieht. Helden bestätigten mit ihrem Handeln nicht nur ein adliges Tugend- und Wertesystem, sondern durch die Heroisierung ihrer Taten eröffnet sich für die Verehrergemeinschaft eine symbolische Kraft, die nicht mehr eigens reflektiert zu werden braucht. Über diese Kraft verfügt die Figur des Helden nur aufgrund ihrer Exzeptionalität, nicht allein durch reine Exemplarität. Erst durch die außerordentlichen, transgressiven Elemente seines Handelns, die aber am menschlich nachvollziehbaren Maßstab der Glaubwürdigkeit gemessen werden können, entfaltet sich die suggestive Präsenz des Helden, die gemeinschaftlichen Nachvollzug provoziert. Wenn ein solches heroisch konnotiertes Handeln verinnerlicht, gleichsam habitualisiert wird, vermag es Selbstverständnis, Selbstdarstellung und Imagination einer Gemeinschaft zu symbolisieren. Nur: Helden entstehen nicht von allein, sie werden in einem kommunikativen Prozess durch Darstellung, Medialisierung und

---

32 Ebd., S. 25.
33 Ebd., S. 178 f., Zitat S. 179.
34 Ebd., S. 122.

Inszenierung „gemacht"[35]. Und vielleicht sind es gerade die ambigen Elemente der Heldenfigur, die solche Resonanzprozesse antreiben.

In der Überlieferungs- oder Rezeptionsgeschichte des Textes allerdings lassen sich keine Indizien für eine solche Heroisierung finden.[36] Wilwolt hätte das Zeug zum Helden gehabt, verfügte über Symbolcharakter für die niederadlige Gruppenkultur am Ausgang des Mittelalters. Doch sein Biograph Ludwig von Eyb kann nicht als Akteur einer Heroisierung seines Standesgenossen gelten. Seine Biographie ist wie Ludwigs gesamtes Oeuvre eher als Zeugnis einer antiquarischen Beschäftigung mit klassischen Leitbildern adliger Existenz zu lesen, während sich die Vita Wilwolts durchaus – auch – an heroischen Verhaltensmustern orientiert. Daher ist es ein lohnendes Unterfangen, diesem Spannungsfeld von Biographie und Darstellung auch jenseits biographischer Texte, etwa vor dem Horizont der kommunikativen Praktiken des Adels wie Turnier, Schaukampf oder Memorialkultur nachzugehen.[37]

Am Beispiel der Vita Wilwolts von Schaumberg zeigt sich eine doppelte Ambiguität, im Text und im Handeln des „Helden". Ludwig von Eyb gelang es mit seinen eingestreuten Erzählerkommentaren nur unvollständig, die Spannung zwischen postulierter Idealität und den transgressiven Elementen der Biographie, wie sie Wilwolt für sich angelegt und gelebt hat, aufzulösen. Dies suchte der Autor offenbar in den Paratexten der Biographie zu überbrücken. Und außerdem zeigen Wilwolts Heldentaten einen nicht aufzulösenden Widerspruch zwischen den Handlungsnormen des adligen Wertehorizonts und den Zwängen des niederadligen Alltags. Texte und Taten zielten auf die Selbstinszenierung einer ganzen Gruppe, die sich durch die Verständigung auf gemeinsame heroische Vorbilder und Taten eine identifikatorische Mitte stiftete. Der Held ging dabei nicht in einer bloßen Vorbildfigur auf, sondern er verkörperte als Überschreitungsfigur mit seinen transgressiven, exorbitanten Zügen die Bedingungen der Möglichkeit für Heldentum. Denn seiner Hybridität symbolisiert er nicht ideale Tugenden, sondern die lebenswirklichen Werte der Adelsgesellschaft.[38]

---

35 Vgl. VON DEN HOFF u. a. (Anm. 7), S. 11.
36 Es sind nur zwei Handschriften bekannt; die bislang kaum beachtete Handschrift in Nürnberg, Staatsarchiv Nürnberger Hss. 423, die das Autograph darstellt, sowie die jüngere Handschrift in Wolfenbüttel, Herzog-August-Bibliothek, cod. 55.2 Aug.2° aus dem sechzehnten Jahrhundert, nach der ADELBERT VON KELLER seine Ausgabe gestaltet hat; vgl. ULMSCHNEIDER, Verfasserlexikon V (²1985), Sp. 1006, und Eyb, Ludwig von, der Jüngere, Geschichten und Taten Wilwolts von Schaumberg, http://www.geschichtsquellen.de/repOpus_02213.html, (Stand: 2014-03-03).
37 Wichtige Grundlagen hierfür bietet RABELER (Anm. 10).
38 Vgl. dazu auch STEPHAN FUCHS: Hybride Helden. Gwigalois und Willehalm. Beiträge zum Heldenbild und zur Poetik des höfischen Romans, Heidelberg 1997 (Frankfurter Beiträge zur Germanistik 31), S. 366–370.

Markus Schürer
Mose als *orator*
Uneindeutigkeiten in Giannozzo Manettis Traktat *Adversus iudeos et gentes*

1 Giannozzo Manetti – Biographie und Œuvre

Beschäftigt man sich mit der Biographie Giannozzo Manettis, so fällt schnell eine ‚Doppelbegabung' ins Auge, die charakteristisch auch für andere bedeutende Protagonisten des Florentiner Renaissance-Humanismus wie etwa Coluccio Salutati oder Leonardo Bruni ist. Manetti verband eine überaus produktive wissenschaftliche Tätigkeit, deren vorrangige Objekte die Geschichte der griechischen und römischen Antike, aber auch die Kultur und Sprache des Judentums waren, mit einer weit reichenden politischen Aktivität. Er war Gelehrter und Staatsmann zugleich, und in beiden Metiers wurde er von den Zeitgenossen in hohem Maß respektiert. Dabei war sein politisches Agieren von der Überzeugung geprägt, dass die oligarchisch verfasste Stadtrepublik die ideale Organisationsform für ein Gemeinwesen sei.[1] Der bekannte und viel zitierte Begriff des ‚civic humanism', den HANS BARON um die Mitte des vorigen Jahrhunderts in die Renaissance-Forschung einführte, ist hier also durchaus zutreffend: Giannozzo Manetti war ein geradezu idealtypischer Vertreter des Florentiner ‚Bürgerhumanismus'[2].

Manetti, der im Juni 1396 in Florenz als Spross einer wohlhabenden Kaufmannsfamilie geboren wurde, hatte regelmäßig hohe Ämter in Regierung und Verwaltung der Arnostadt inne. Unter anderem war er *vicario* von Kommunen, die unter florentinischer Herrschaft standen, so in Scarperia, Pescia und Pistoia.[3]

---
[1] Vgl. zu den politischen Prinzipien Manettis u. a. CHRISTOPH DRÖGE: Giannozzo Manetti als Denker und Hebraist. Frankfurt a. M. 1987 (Judentum und Umwelt 20), S. 3 f.; MARIO MARTELLI: Profilo ideologico di Giannozzo Manetti. In: Studi Italiani 1 (1989), S. 5–41; FABRIZIO RICCIARDELLI: Giannozzo Manetti, un intellettuale al potere nell'Italia del Rinascimento. In: Dignitas et excellentia hominis. Atti del Convegno Internazionale di Studi su Giannozzo Manetti. Hrsg. von STEFANO U. BALDASSARI, Florenz 2008, S. 279–300, hier S. 299 f. und *passim*.
[2] HANS BARON: The Crisis of the Early Italian Renaissance. Civic Humanism and Republican Liberty in an Age of Classicism and Tyranny, Princeton, New Jersey ²1966, insbesondere zu Manetti: Ebd., S. 395 f., S. 400 und *passim*. Zu Genese und Kritik des Begriffs des ‚civic humanism': KAY SCHILLER: Gelehrte Gegenwelten. Über humanistische Leitbilder im 20. Jahrhundert, Frankfurt a. M. 2000, S. 140–173.
[3] Hierzu kursorisch die Einleitung bei: Iannotius Manettus: *De vita ac gestis Nicolai quinti summi pontificis*. Hrsg. von ANNA MODIGLIANI, Rom 2005 (Rerum Italicarum Scriptores 6), S. XXX; de-

Zudem wirkte er mehrfach als Diplomat im Dienst seiner Heimatstadt: Seine erste Gesandtschaft (er erhielt sie auf die Empfehlung Leonardo Brunis hin) führte ihn 1437 nach Genua; in weiteren Missionen ging er nach Siena und Venedig, nach Rimini an den Hof der Malatesta, nach Urbino zu Federico da Montefeltro, nach Neapel an den Hof Alfons' V. von Aragón und nicht zuletzt nach Rom an die päpstliche Kurie. Giannozzo Manetti war somit, das kann man angesichts einer solchen Bilanz sagen, als florentinischer Botschafter in nahezu allen wichtigen politischen Zentren Italiens tätig.[4]

Im Jahr 1453 allerdings verließ Manetti Florenz und ging zunächst nach Rom an die Kurie Papst Nikolaus' V.; 1455 dann begab er sich nach Neapel an den aragonesischen Hof, wo er im Oktober 1459 starb. Was genau diese ‚Exilierung' bewirkt haben mag, wird wohl nicht endgültig zu klären sein. Möglicherweise hatten Konflikte unter anderem mit Cosimo de' Medici seit längerem zu einer gewissen Marginalisierung Manettis auf der politischen Bühne von Florenz geführt. Wahrscheinlich ist zudem, dass von den Medici initiierte fiskalische Manipulationen ihn in seiner materiellen Existenz bedrohten und aus diesem Grund ein Weggang aus der Arnostadt nahelag. Vielleicht aber erschien Manetti auch ein Amt im Umfeld Nikolaus' V., mit dem er schon seit dessen Zeit als Kardinal in gutem Einvernehmen stand, durchaus reizvoll.[5]

Erst relativ spät, im Alter von etwa 25 Jahren, wandte sich Giannozzo Manetti gelehrten Studien zu, erwarb dann aber umso zielstrebiger umfassende Kennt-

---

tailliert: WILLIAM J. CONNELL: The Humanist Citizen as Provincial Governor. In: Florentine Tuscany: Structures and Practices of Power. Hrsg. von WILLIAM J. CONNELL/ANDREA ZORZI, Cambridge 2000, S. 144–164. – Obgleich im Detail hier und da überholt, ist insbesondere für wirtschaftliche und politische Aspekte von Manettis Existenz nach wie vor lesenswert und informativ: LAURO MARTINES: The Social World of the Florentine Humanists 1390–1460, Princeton, New Jersey 1963, S. 131–138, S. 176–191 und *passim*.

4 Vgl. DRÖGE (Anm. 1), S. 2 f.; die Einleitung bei: Manettus (Anm. 3), S. XXX. Detailliert zum Verhältnis Manettis zu Eugen IV. und Alfons V.: LUCA BOSCHETTO: Giannozzo Manetti tra Eugenio IV e Alfonso d'Aragona. In: Medioevo e Rinascimento 22 (2011), S. 401–419. Umfassend zu Manettis Ämtern und insbesondere seiner diplomatischen Karriere: RICCIARDELLI (Anm. 1); außerdem (mit einer Fülle von Editionen einschlägiger Quellen) STEFANO U. BALDASSARRI/BRUNO FIGLIUOLO: *Manettiana. La biografia anonima in terzine e altri documenti inediti su Giannozzo Manetti*, Rom 2010, S. 11–72.

5 Trotz seiner Exilierung konnte Manetti weiterhin hier und da Einfluss auf die florentinische Politik nehmen, vgl. hierzu und zu Manettis Verhältnis zu den Medici CONNELL (Anm. 3), S. 158–161; außerdem eingehend und mit verschiedenen Thesen zu Manettis Exil: PAUL BOTLEY: Latin Translation in the Renaissance. The Theory and Practice of Leonardo Bruni, Giannozzo Manetti and Desiderius Erasmus, Cambridge 2004, S. 64–70; RICCIARDELLI (Anm. 1), S. 285–289; LUCA BOSCHETTO: L'esilio volontario di Manetti. In: Dignitas et excellentia hominis. Atti del Convegno Internazionale di Studi su Giannozzo Manetti. Hrsg. von STEFANO U. BALDASSARI, Florenz 2008, S. 117–145.

nisse im Bereich der Grammatik, der Rhetorik und Logik, aber auch der Philosophie und der Theologie. Bedeutsam für seine intellektuelle Prägung dürfte die stimulierende Atmosphäre der maßgeblichen humanistischen Zirkel von Florenz gewesen sein, die sich im Augustinerkloster Santo Spirito und dem Kamaldulenserkloster Santa Maria degli Angeli zusammenfanden. Manetti verkehrte dort regelmäßig. Beim Ordensgeneral der Kamaldulenser, Ambrogio Traversari, einem der führenden Gräzisten seiner Zeit und bedeutenden Übersetzer, lernte er Griechisch.[6]

Giannozzo Manetti schuf sowohl als Autor als auch als Übersetzer ein – nach wie vor nur unvollständig ediertes – Œuvre, dessen Umfang und thematische Vielfalt umso mehr erstaunen, wenn man bedenkt, dass er es neben seiner Tätigkeit in Politik, Administration und diplomatischem Dienst erarbeitete.[7] Dabei zeigt bereits eine kursorische Durchsicht des Gesamtwerkes, dass Manetti in vielerlei Hinsicht zu den innovativen Autoren seiner Zeit gehörte. In der Forschung wohl am ehesten geläufig ist sein 1452 entstandener Traktat *De dignitate et excellentia hominis*. In diesem Text, den er in Auseinandersetzung mit einer thematisch ähnlichen Abhandlung, Bartolomeo Facios *De excellentia ac praestantia hominis*, erarbeitete, nahm sich Manetti eines Gegenstandes an, der in den Gelehrtenkreisen des Renaissance-Humanismus hoch gehandelt wurde: das Wesen und die Würde des Menschen. Dieser Traktat, der im Grunde den Entwurf einer überaus optimistisch gestimmten Anthropologie darstellt, entwickelt die Idee vom Menschen als einem ‚zweiten Schöpfer', der im Bewusstsein seiner Fähigkeiten, aber auch seiner Verantwortung gegenüber den Mitmenschen und dem Gemeinwesen, seine Existenz und seine Lebenswelt frei und souverän gestaltet.[8]

---

6 Vgl. DRÖGE (Anm. 1), S. 2; BOTLEY (Anm. 5), S. 71.; die Einleitung bei: Manettus (Anm. 3), S. XXVIIIf.
7 Ein Werkverzeichnis findet sich bei: HEINZ W. WITTSCHIER: Giannozzo Manetti. Das Corpus der *orationes*, Köln, Graz 1968, S. 36–40, dort werden auch die verlorenen Werke aus dem manettianischen Œuvre aufgeführt.
8 Die maßgebliche Edition: Giannozzo Manetti: *De dignitate et excellentia hominis*. Hrsg. von ELIZABETH R. LEONARD, Padua 1975. Instruktiv zu diesem Text und generell zum anthropologischen Denken der Renaissance ist die Einleitung bei: Giannozzo Manetti: Über die Würde und Erhabenheit des Menschen. *De digitate et excellentia hominis*. Übers. von HARTMUT LEPPIN, hrsg. von AUGUST BUCK, Hamburg 1990, S. VII–XXXVIII; ebd., S. XVII auch zu Entstehung und Datierung. Zur Auseinandersezung Manettis mit Facios *De excellentia ac praestantia hominis*: ECKHARD KESSLER: Menschenwürde in der Renaissance. In: Menschenwürde im interkulturellen Dialog. Hrsg. von ANNE SIEGETSLEITNER/NIKOLAUS KNOEPFFLER, Freiburg, München 2005, S. 41–66, hier S. 53–58. Vgl. außerdem: MARTIN SCHMEISSER: *Recte agere* als *imitatio naturae* bei Giannozzo Manetti. In: Ethik – Wissenschaft oder Lebenskunst? Modelle der Normenbegründung von der Antike bis zur Frühen Neuzeit. Hrsg. von SABRINA EBBERSMEYER/ECKHARD KESSLER, Berlin 2007 (Pluralisierung und Autorität 8), S. 159–171; ALEXANDER THUMFAHRT: Giannozzo Ma-

Von genreprägender Bedeutung sind zudem Manettis Arbeiten im Bereich der *oratio*, der Kunst- oder Prunkrede, ein Genre, das, zumal infolge einer neu einsetzenden Rezeption der antiken Rhetorik und vor allem der einschlägigen Schriften Ciceros, bei den gelehrten Zeitgenossen in hohem Ansehen stand.[9] Das Korpus von Manettis *orationes* umfasst, soweit überliefert, 14 Reden; ihr funktionaler Kontext war überwiegend der diplomatische Dienst, ihr Gegenstand vor allem das hochrangige politische oder kirchliche Ereignis (wie etwa die Papstwahl Nikolaus' V. oder die Kaiserkrönung Friedrichs III.).[10] Im Übrigen steht zu vermuten, dass Manetti nicht allein im Verfassen von *orationes* eine außerordentliche Fertigkeit besaß. Geht man nach seinem Biographen Vespasiano da Bisticci, so beherrschte er neben der produktiven auch die performative Seite der Redekunst vortrefflich. Manetti war offenbar ein *oratore*, der das Publikum mit seinem rednerischen Talent tief beeindrucken konnte.[11]

Signifikanterweise betätigte sich Giannozzo Manetti mehrfach auch als Biograph. Gerade die Biographik stellt einen Gattungskomplex dar, der seit der ersten Hälfte des vierzehnten Jahrhunderts merklich an Geltung gewinnt und in der Folge zu einer Art Epochensignatur für die Renaissance wird. Besondere Bedeutung hat dabei die kompilatorische Variante, jene Texte mithin, die Sammlungen von Lebensbeschreibungen mehrerer verschiedener Protagonisten umfassen. Werke wie Francesco Petrarcas *De viris illustribus* und Giorgio Vasaris *Vite* gehören hierzu ebenso wie die riesigen Kompilationen von Viten sowohl berühmter Männer als auch Frauen, die der *Fons memorabilium universi* des Domenico Ban-

---

netti: ‚Wir sind für die Gerechtigkeit geboren'. Der Entwurf einer politisch-sozialen Würde des Menschen. In: Des Menschen Würde – entdeckt und erfunden im Humanismus der italienischen Renaissance. Hrsg. von ROLF GRÖSCHNER/STEPHAN KIRSTE/OLIVER W. LEMBCKE, Tübingen 2008 (Politika 1), S. 73–92.
9 Vgl. im Überblick und mit weiterführender Forschung zur *oratio* bzw. Oratorik während der Renaissance vor allem im Kontext des Politischen: JOHANNES HELMRATH: Der europäische Humanismus und die Funktionen der Rhetorik. In: DERS.: Wege des Humanismus. Studien zu Praxis und Diffusion der Antikeleidenschaft im 15. Jahrhundert. Ausgewählte Aufsätze, Bd. 1, Tübingen 2013 (Spätmittelalter, Humanismus, Reformation 72), S. 159–188, hier S. 162 f., S. 169–175.
10 Maßgeblich zu Manettis oratorischem Œuvre immer noch: WITTSCHIER (Anm. 7), S. 38 f. (Kurzverzeichnis der *orationes*), S. 50–175 (ausführliche Erläuterung der *orationes*); kursorisch auch JERRY H. BENTLEY: Politics and Culture in Renaissance Naples, Princeton, New Jersey 1987, S. 209–212.
11 Vgl. hierzu WITTSCHIER (Anm. 7), S. 183–192 (dort auch entsprechende Quellenverweis auf die *Vita di Giannozzo Manetti* und den zugehörigen *Comentario*, beides aus der Feder des Vespasiano da Bisticci); außerdem GIANFRANCO FIORAVANTI: L'apologetica antigiudaica di Giannozzo Manetti. In: Rinascimento 23 (1983), S. 3–32, hier S. 7 f.

dini enthält.¹² Manetti nun verfasste neben einer Vita Papst Nikolaus' V. Lebensbeschreibungen zu Dante, Francesco Petrarca und Giovanni Boccaccio. Zudem war er es, der erstmals wieder das von Plutarch etablierte Modell der Parallelbiographie aufnahm und, in Orientierung daran, Biographien zu Sokrates und Seneca anfertigte. Überdies betätigte sich Manetti auch im Bereich der kompilatorischen Biographik: Mit seinem *De illustribus longevis* schuf er eine Sammlung von Lebensbeschreibungen berühmter Männer, die ein hohes Alter erreichten.¹³

Bemerkenswert ist nicht zuletzt ein Text, der symptomatisch für Manettis ausgeprägtes Interesse an Naturphänomenen steht: der im Jahr 1457 verfasste Traktat *De terraemotu*. Gegenstand der Abhandlung sind die beiden schweren Erdbeben, die im Dezember 1456 Neapel und Teile Unteritaliens erschütterten. Manetti, der die Katastrophe als Augenzeuge miterlebte, hält bei seinem Versuch, diese zu beschreiben und zu ergründen, Distanz sowohl zu astrologischen Deutungsansätzen als auch solchen, die das Erdbeben als eine Strafe Gottes interpretieren. Er bedient sich vielmehr einer Methode, die gewissermaßen empirisch und historisch einordnend vorgeht. Dabei unterzieht er nicht nur verschiedene seismische Erklärungsmodelle einer vergleichenden Zusammenschau, sondern erstellt zudem im Rückgriff auf einschlägige Berichte des *Alten Testaments*, paganer Autoren der Antike und mittelalterlicher Geschichtswerke einen umfangreichen Katalog ‚historisch' greifbarer Erdbeben. Vor allem wegen dieses Verzeichnisses ist es durchaus berechtigt, mit Manettis *De terraemotu* „den Beginn der historischen Erdbebenforschung in Europa"¹⁴ zu markieren.

---

12 Vgl. zu dem in der Forschung wenig bekannten, aber dennoch interessanten und bedeutenden Florentiner Enzyklopädisten und Biographen Bandini 1340–1418) und seinem *Fons*: MARKUS SCHÜRER: Enzyklopädik als Naturkunde und Kunde vom Menschen. Einige Thesen zum *Fons memorabilium universi* des Domenico Bandini. In: Mittellateinisches Jahrbuch 45/1 (2010), S. 115–131.
13 Die folgenden biographischen Werke Manettis sind ediert: Giannozzo Manetti: *De vita ac gestis Nicolai quinti summi pontificis*. Hrsg. von ANNA MODIGLIANI, Rom 2005; Giannozzo Manetti: *Vita Socratis et Senecae*. Hrsg. von ALFONSO DE PETRIS, Florenz 1979; Giannozzo Manetti: *Le vite di Dante, Petrarca e Boccaccio*. Hrsg. von STEFANO U. BALDASSARRI, Palermo 2003. Manettis *De illustribus longevis* findet sich in Auswahl bei: Giannozzo Manetti: *Biographical Writings*. Hrsg. von STEFANO U. BALDASSARRI/ROLF BAGEMIHL, Cambridge/Mass., London 2003 (The I Tatti Renaissance Library 9), S. 106–131. Eingehend zu Manetti als Biograph (sowie mit einer Transkription der Hieronymus-Vita aus *De illustribus longevis*): TOBIAS LEUKER: Eine ‚kritische' Hieronymus-Vita des Quattrocento. Giannozzo Manetti als Vorläufer des Erasmus von Rotterdam. In: Quellen und Forschungen aus italienischen Archiven und Bibliotheken 83 (2003), S. 101–140.
14 So formuliert GERRIT J. SCHENK: Ein Unstern bedroht Europa. Das Erdbeben von Neapel im Dezember 1456. In: Katastrophen. Vom Untergang Pompejis bis zum Klimawandel. Hrsg. von GERRIT J. SCHENK, Ostfildern 2009, S. 67–80, hier S. 69. Außerdem eingehend zu Manettis *De terraemotu*: CHRISTIAN HEITZMANN: Giannozzo Manetti und das Erdbeben von 1456. Christlicher

2 Giannozzo Manetti als Hebraist

Dass Giannozzo Manetti im Griechischen ein Schüler Ambrogio Traversaris war, wurde bereits angemerkt. Die erworbenen Fertigkeiten brachte er zur Anwendung, indem er die ethischen Schriften des Aristoteles wie auch nahezu das gesamte *Neue Testament* ins Lateinische übertrug.[15] Manettis Bedeutung als Übersetzer leitet sich jedoch nicht allein von seinen Arbeiten im Bereich der Gräzistik her. Mindestens ebenso wichtig sind seine Verdienste als Hebraist. Manetti, der kein professioneller Theologe, sondern lediglich ein theologisch gebildeter Laie war,[16] begann mit dem Studium des Hebräischen allem Anschein nach während der frühen 1430er Jahre. Seinen Biographen zufolge hatte er drei verschiedene Lehrer, deren prägendster mit Sicherheit Immanuel ben Abraham da San Miniato war. Immanuel, ein Jude und florentinischer Bankier, verfügte, wie auch Manetti, über ein beträchtliches Vermögen, das ihm die Freiheit verschaffte, weit reichende gelehrte Ambitionen zu pflegen. Ab etwa 1442 verkehrten die beiden freundschaftlich und unterrichteten sich, frei von aller Hierarchie, gegenseitig: Der Jude vermittelte dem Christen sowohl Bibel als auch Bibelkommentar in hebräischer Fassung, und im Gegenzug gab der Christ sein Wissen über antike Literatur und Philosophie an den Juden weiter.[17]

Dabei war der Gegenstand von Manettis Interesse nicht allein die hebräische Sprache, sondern auch die jüdische Überlieferung zur Auslegung des Tanach respektive des *Alten Testaments*. Um sich diese zu erschließen, konnte er auf einen umfangreichen Bestand an Hebraica zurückgreifen, der Teil seiner reichen

---

Humanismus und empirische Naturwissenschaft. In: *Nova de veteribus*. Mittel- und neulateinische Studien für PAUL GERHARD SCHMIDT. Hrsg. von ANDREAS BIHRER/ELISABETH STEIN, Leipzig 2004, S. 735–748.

15 Vom *Neuen Testament* übersetzte Manetti die vier Evangelien, die Paulusbriefe, die kanonischen Briefe sowie die Offenbarung des Johannes; präzise Angaben zum (wahrscheinlich nur fragmentarisch überlieferten) manettianischen Übersetzungswerk aus dem Griechischen bieten: WITTSCHIER: (Anm. 7), S. 37–40; DRÖGE (Anm. 1), S. 5. Das Übersetzungswerk Manettis – der Psalter, von dem weiter unten noch die Rede sein wird, eingeschlossen – ist nach wie vor unediert; eingehend analysiert hat es zuletzt BOTLEY (Anm. 5), S. 63–114.

16 Vgl. zu diesem um die Mitte des fünfzehnten Jahrhunderts nicht alltäglichen Umstand auch BOTLEY (Anm. 5), S. 85.

17 Zu Manettis Lehrern und insbesondere zu Immanuel ben Abraham da San Miniato: DRÖGE (Anm. 1), S. 27 f., S. 68 f.; außerdem BOTLEY (Anm. 5), S. 84. – Immanuel fertigte übrigens, wie Manetti auch, eine Übersetzung des Psalters vom Hebräischen ins Lateinische mit einem ausführlichen Kommentar an. Ob Manetti diese Übersetzung, die in nur einem Textzeugen (wohl der Autograph) überliefert ist, kannte, ist nicht mit Sicherheit zu sagen. Auszuschließen ist allerdings, dass die Übersetzung Immanuels diejenige Manettis in irgendeiner Art beeinflusste, vgl. eingehend hierzu DRÖGE (Anm. 1), S. 38–41, S. 49.

Bibliothek war. Insgesamt kann man angesichts der biographischen Zeugnisse zu Manettis Sprachstudien als auch des – präzise rekonstruierten – Bestandes seiner Bibliothek[18] davon ausgehen, dass er eine überaus solide Kenntnis des hebräischen Wortlautes des *Alten Testaments* und zudem ein fundiertes Wissen der zugehörigen exegetischen Tradition besaß. Dabei arbeitete er bezüglich dieser Tradition offenbar selektiv: Manetti setzte sich in erster Linie mit Werken der rabbinischen Überlieferung auseinander, die sprachlichen Fragen zum Tanach, der Erklärung also der literalen Bedeutungsebene, des einfachen Schriftsinns des *Alten Testaments* gewidmet waren. In typisch humanistischer Manier war sein Interesse auf philologische Phänomene gerichtet; was darüber hinausging – erbaulich-moralisierendes Schrifttum etwa oder auch die mystisch-esoterische Überlieferung der Kabbala –, ließ er weitestgehend beiseite.[19]

Noch schärfere Konturen bekommt das Bild von Manettis Kompetenzen als Hebraist, wenn man die Tatsache hinzunimmt, dass er – beauftragt durch Papst Nikolaus V.[20] – das ehrgeizige Projekt einer Neuübersetzung sowohl des *Alten* als auch des *Neuen Testaments* ins Lateinische verfolgte, wobei er beim *Alten Testament* vorhatte, auch die hebräischen Vorlagen zu Rate zu ziehen. Dass Manetti dieses riesige Übersetzungsprojekt nur in Teilen realisieren konnte, dürfte kaum verwundern.

Die bereits erwähnte Übersetzung fast des gesamten *Neuen Testaments* vom Griechischen ins Lateinische – die erste seit Hieronymus – erarbeitete er um die Mitte der 1450er Jahre, mithin während seines römischen und dann neapolitanischen Exils. Der Umstand allerdings, dass sie ohne *praefatio* überliefert ist, legt die Vermutung nahe, dass sie nicht zur Publikation vorgesehen war.[21] Was das *Alte Testament* betrifft, schuf Manetti zwischen 1455 und 1458 lediglich eine Übertragung der Psalmen, die er, versehen mit einer Widmung an König Alfons I.

---

18 Detailliert zu Umfang und Überlieferung der manettianischen Bibliothek: UMBERTO CASSUTO: I manoscritti palatini ebraici della Biblioteca Apostolica e la loro storia, Città del Vaticano 1939; GIUSEPPE M. CAGNI: I codici Vaticani Palatino-Latini appartenuti alla biblioteca di Giannozzo Manetti. In: La Bibliofilia 62 (1960), S. 1–43; zuletzt zu diesem Thema: CONCETTA BIANCA: La biblioteca della famiglia Manetti. In: Dignitas et excellentia hominis. Atti del Convegno Internazionale di Studi su Giannozzo Manetti. Hrsg. von STEFANO U. BALDASSARI, Florenz 2008, S. 105–115.
19 Vgl. eingehend hierzu DRÖGE (Anm. 1), S. 33–36.
20 Vgl. hierzu BOTLEY (Anm. 5), S. 89 und *passim*.
21 Eingehend zu Entstehung und handschriftlichen Überlieferung dieser Übersetzung BOTLEY (Anm. 5), S. 82–98; außerdem JERRY H. BENTLEY: Humanists and Holy Writ. New Testament Scholarship in the Renaissance, Princeton/New Jersey 1983, S. 10.

von Neapel, auch veröffentlichte.[22] Offenbar wurde diese Übersetzung kontrovers aufgenommen. Manetti sah sich genötigt, eine Apologie zu verfassen, die *Quinque libri adversus suae novae Palterii traductionis obtrectatores apologetici*. Diese fünf Bücher stellen allerdings mehr dar als nur eine Rechtfertigung seiner Psalmenübertragung aus dem Hebräischen. Sie enthalten weit ausgreifende theoretische und methodische Überlegungen zum Übersetzen und verdienen insofern durchaus einen Platz neben Lorenzo Vallas *Collatio Novi Testamenti* und Leonardo Brunis *De recta interpretatione*.[23]

Letztlich finden wir Giannozzo Manetti an einem wichtigen Punkt in der Entwicklung des Renaissance-Humanismus: Es ist der Moment, an dem sich der literatur- und sprachgeschichtliche Sachverstand der humanistischen Gelehrten nicht mehr allein auf Werke der paganen Antike, sondern zunehmend auch auf die Basistexte des Christentums richtete. Es mag im Übrigen kaum verwundern, dass diese Wendung hin zu bibelphilologischen Fragestellungen insbesondere während des Pontifikats Nikolaus' V. – es dauerte vom März 1447 bis zum März 1455 – vonstattenging. Nikolaus, der selbst über eine exzellente Bildung verfügte und zudem die humanistischen Gelehrten seiner Zeit nach Kräften förderte, war bekanntlich derjenige Papst, welcher die Gründung der Bibliotheca Vaticana initiierte und dabei unter anderem auch Nachforschungen zur Textgeschichte der biblischen Bücher im Auge hatte.[24]

Dabei war Giannozzo Manetti nicht der einzige, der sich um die Mitte des fünfzehnten Jahrhunderts mit Problemen der Bibelübersetzung beschäftigte. Bekanntlich arbeitete auch sein berühmterer Zeitgenosse Lorenzo Valla in diesem Bereich und legte mit der bereits erwähnten *Collatio Novi Testamenti* den Ansatz zu einer philologischen Revision des *Neuen Testaments* vor. Gleichwohl

---

22 Eingehend zu Entstehung, handschriftlicher Überlieferung und Gestalt dieser Übersetzung: DRÖGE (Anm. 1), S. 42–50, S. 54, S. 143–166; außerdem BOTLEY (Anm. 5), S. 99–101; ebd., S. 178–181 bietet eine Edition der *praefatio* zur Übersetzung.

23 Edition: Giannozzo Manetti: *Apologeticus*. Hrsg. von ALFONSO DE PETRIS, Rom 1981; dort auf S. 3 auch der vollständige Titel des Werkes, wie er im Manuskript Pal. Lat. 40 (Biblioteca Apostolica Vaticana) angegeben ist. Eingehend zu diesem Text: ALFONSO DE PETRIS: Le teorie umanistiche del tradurre e l'*Apologeticus* di Giannozzo Manetti. In: Bibliothèque d'humanisme et Renaissance 37 (1975), S. 15–32; DRÖGE (Anm. 1), S. 55–64; BOTLEY (Anm. 5), S. 101–114. – Kursorisch zu Brunis *De recta interpretatione* und Vallas *Collatio*: RUDOLF PFEIFFER: Die klassische Philologie von Petrarca bis Mommsen, München 1982, S. 47, S. 56 f. Detailliert zu letzterer: SALVATORE I. CAMPOREALE: Lorenzo Valla – umanesimo e teologia, Florenz 1972, S. 277–403; ebd., S. 179 übrigens auch das zutreffende Urteil, mit Manettis *Apologeticus* sei die wirkliche und eigentliche Einführung der historisch-kritischen Philologie in den Bereich biblischer Exegese vollzogen worden: „l'*Apologeticon* – vera e propria introduzione di filologia critico-storica nell'ambito dell'esegesi biblica". Ebenfalls eingehend zu Vallas *Collatio*: BENTLEY (Anm. 21), S. 32–69.

24 Hierzu DRÖGE (Anm. 1), S. 53 f.; auch PFEIFFER (Anm. 23), S. 58, S. 70.

kann man sagen, dass Manetti (der Vallas *Collatio* möglicherweise kannte[25]) insofern am ambitioniertesten vorging, als er nicht nur das *Neue Testament* unter Zugrundelegung der griechischen Vorlage in den Blick nahm, sondern eben auch das *Alte Testament* zum Gegenstand seiner Untersuchungen und Übersetzungsversuche machte, wobei er zur hebräischen Vorlage zurückging und überdies ein Interesse auch für jüdische Deutungstraditionen entwickelte.[26]

Dies gilt im Übrigen umso mehr, wenn man bedenkt, dass Hebräischstudien, wie Manetti sie betrieb, im humanistischen Milieu der ersten Hälfte des fünfzehnten Jahrhunderts und insbesondere in Florenz keinesfalls zum gängigen Repertoire gelehrter Beschäftigung gehörten. Ein eindrücklicher Beleg hierfür sind Äußerungen von einem der profiliertesten Gelehrten dieser Zeit, der als Kanzler von Florenz zudem wichtiger Akteur auf der politischen Bühne Italiens war, nämlich von Leonardo Bruni. Dieser schrieb 1442 – ziemlich genau zu der Zeit also, in der Manetti bei Immanuel ben Abraham da San Miniato Hebräisch lernte – in einem Brief an Giovanni Cirignano sinngemäß, das Hebräische sei eine abstoßende Sprache, die jeglichen ästhetischen Reizes entbehre; zudem sei sie nutzlos, weil für religiöse Erkenntnis praktisch nicht relevant.[27] Vor diesem Hintergrund gewinnen die Bemühungen Manettis um das Hebräische, sein Versuch, das Studium dieser Sprache zur Basis bibelphilologischer Forschungen zu machen, eine umso größere Bedeutung.

3 Der Traktat *Adversus iudeos et gentes*

Ein Text Manettis, der mit seinen hebräisch-jüdischen Studien in engem Zusammenhang steht, ist der unikal überlieferte und nach wie vor nur in Teilen edierte[28] Traktat mit dem Titel *Adversus iudeos et gentes*. Dieser Traktat erscheint allein deshalb sehr bemerkenswert, weil er der erste Text eines Humanisten ist, der, geht man nach seinem Titel, eine gedankliche Auseinandersetzung mit dem Judentum liefern will.[29] Manetti hatte diesen Text wahrscheinlich seit dem Ende der 1440er Jahre unter den Händen; den größten Teil der Arbeit allerdings dürfte

---

25 Thesen hierzu bei BOTLEY (Anm. 5), S. 94 f. sowie BENTLEY (Anm. 21), S. 57 f.
26 Hierzu auch DRÖGE (Anm. 1), S. 53.
27 Vgl. Leonardo Bruni: *Epistolarium*. Hrsg. von LORENZO MEHUS, 2 Bde., Florenz 1741, IX, 12 (Bd. 2, S. 161–165); ausführlich zu diesem Brief: BOTLEY (Anm. 5), S. 102 f.
28 Es existieren zwei Editionen von Buch VI des Traktats: Giannozzo Manetti: *Biographical Writings* (Anm. 13), S. 132–162; Il *De scriptoribus prophanis* di Giannozzo Manetti. Hrsg. von GIANNA GARDENAL, Verona 2008.
29 In diesem Sinn urteilt bereits DRÖGE (Anm. 1), S. 70.

er zwischen 1453 und 1459 – während seiner Jahre in Rom und Neapel also und teils parallel zu seiner Psalmenübersetzung – geleistet haben, wobei ihm eine Fertigstellung letztlich nicht glückte: Bei seinem Tod im Oktober 1459 war der Traktat noch immer ein – wenn auch weit gediehenes – Fragment.[30] Gleichwohl kann man davon ausgehen, dass das Werk zur Publikation vorgesehen war. Der einzige Textzeuge nämlich, der es überliefert, das Manuskript Urb. Lat. 154 der Biblioteca Apostolica Vaticana, enthält es zwar ohne ein Prooemium; allerdings steht an seinem Beginn eine Widmung an König Alfons von Aragon.[31]

Manettis *Adversus iudeos et gentes* besteht in der überlieferten Fassung aus zehn Büchern. Dabei ist allein Buch I derjenige Ort, an dem die im Titel angesprochenen Juden und Heiden tatsächlich Gegenstand der Betrachtung sind. Zum einen ist dieser Textteil als eine historische Darstellung zur jüdischen Religion angelegt, die bei der biblischen Schöpfungserzählung beginnt und dann entlang wichtiger Ereignisse und Gestalten der Bücher Genesis und Exodus geführt wird. Zum anderen behandelt es auch die verschiedenen Philosophenschulen sowie die religiösen Riten und Gottesvorstellungen paganer Völker der Antike.

Die übrigen neun Bücher des Traktats allerdings weisen strukturell und inhaltlich einen anderen Zuschnitt auf. Die Bücher II bis IV sind insgesamt als eine Lebensbeschreibung Christi gestaltet, wobei Buch II: *De vita et moribus ac miraculis Christi* der irdischen Existenz des Gottessohnes, seinem Wirken und seiner Wundertätigkeit gewidmet ist, Buch III: *De doctrina Christi* seiner Lehre und Buch IV: *De morte Christi* seinem Tod sowie seiner Auferstehung und post-

---

30 Vgl. zu Entstehung und Datierung: ALFONSO DE PETRIS: L'*Adversus Iudeos et Gentes* di Giannozzo Manetti. In: Rinascimento 16 (1976), S. 193–205, hier S. 193 f.; BOTLEY (Anm. 5), S. 86. Zum fragmentarischen Charakter des Textes auch S. 328 des vorliegenden Aufsatzes.

31 Urb. Lat. 154, fol. 1ʳ: *Iannozii Adversus iudeos et gentes ad Alfonsum clarissimum aragonum regem liber primus incipit.* – Im Folgenden die wichtigsten Angaben zu diesem Manuskript, das ausschließlich Manettis *Adversus iudeos et gentes* enthält und aus der Werkstatt des Vespasiano da Bisticci stammt: Folia: II-214-I'; Pergament; Lagen: 1–21¹⁰, 22⁴; alle Lagen außer der letzten mit Reklamante (Textanschluss stets korrekt); Maße Folia: 335 × 230; Maße Schriftspiegel: 210 × 130 (einspaltig, 38 Zeilen); Inc. fol. 1ʳ: *Iannozii Adversus iudeos*; Expl. fol. 214ᵛ: *liber decimus exit feliciter. Finis.*; eine Hand (*Textura humanistica*). – Vgl. auch zu diesem Manuskript: COSIMO STORNAJOLO: Codices Urbinates Latini, Bd. 1: Codices 1–500, Rom 1902, S. 160 f.; ALBINIA DE LA MARE: New Research on Humanistic Scribes in Florence. In: Miniatura fiorentina del Rinascimento, 1440–1525. Un primo censimento. Hrsg. von ANNAROSA GARZELLI, Bd. 1, Florenz 1985, S. 393–600, hier S. 459, S. 463 f., S. 550 f., S. 573, S. 599; ALBINIA DE LA MARE: Vespasiano da Bisticci e i copisti fiorentini di Federico. In: Federico da Montefeltro. Lo stato, le arti, la cultura. Hrsg. von GIORGIO CERBONI BAIARDI/GIORGIO CHITTOLINI/PIERO FLORIANI, Bd. 1, Rom 1986, S. 81–96, hier S. 89 f.; MICHAELANGIOLA MARCHIARO: Salutati fra gli scrittori cristiani nell'*Adversus iudeos et gentes* di Giannozzo Manetti. In: Coluccio Salutati e l'invenzione dell'Umanesimo. Hrsg. von TERESA DE ROBERTIS/GIULIANO TANTURLI/STEFANO ZAMPONI, Florenz 2008, S. 61 f.

mortalen Verherrlichung. Buch V: *De scriptoribus sacris* ist ein Katalog von Autoren aus dem Bereich der christlichen Theologie, der bei Johannes dem Täufer einsetzt, die griechischen und lateinischen Kirchenväter abhandelt und bis hin zu den berühmten Vertretern des Faches aus dem vierzehnten Jahrhundert führt. Mit Buch VI: *De scriptoribus prophanis* hat man ebenfalls eine Art Schriftstellerkatalog vor sich, der allerdings solche Gelehrte aus dem christlichen Kulturkreis aufreiht, die jenseits der Theologie im engeren Sinne zu verorten sind und in die Bereiche unter anderem von Historiographie, naturkundlich-enzyklopädischer Literatur, Dichtung oder auch Jurisprudenz gehören. Die Bücher VII bis IX (VII: *De confessoribus sanctis*, VIII: *De martiribus secundum ordinem temporum*, IX: *De martiribus sine ordine*) enthalten Viten männlicher Heiliger, Buch X: *De mulieribus virginibus ac martiribus* Viten weiblicher Heiliger.[32]

Überblickt man diese Gliederung, so zeigt sich, dass die Bücher II bis X durch eine biographische bzw. hagiographische Darstellungsweise geprägt sind (und, nebenbei bemerkt, somit eine enge Verwandtschaft mit dem weiter vorn bereits erwähnten biographischen Œuvre Manettis aufweisen). Dabei wird diese Darstellungsweise in den Büchern V bis X zudem noch mit dem Verfahren der Kompilation verknüpft. Es wird also nicht nur eine Lebensbeschreibung allein eines Protagonisten geboten; vielmehr handelt es sich um Sammlungen von zahlreichen Viten verschiedener Personen.

Insgesamt hat man es bei Manettis *Adversus iudeos et gentes* also mit einer recht außergewöhnlichen Disposition zu tun: Auf ein Buch, das den religiösen Anschauungen von Juden und Heiden gewidmet ist, folgen eine groß angelegte Lebensbeschreibung Jesu, des weiteren zwei bio-bibliographische Kompilationen im Stil von Hieronymus' *De viris illustribus* und schließlich vier hagiographische Sammlungen. Sucht man hierfür nach einem plausiblen Deutungsansatz, so können Manettis einführende Worte zum fünften Buch eine gewisse Orientierung geben. Deren Tenor ist, dass der Autor es für angebracht hält, die Wahrhaftigkeit und alleinige Gültigkeit des christlichen Glaubens mit Hilfe sowohl der religiös-spirituellen als auch der intellektuellen Höchstleistungen seiner großen Protagonisten zu erweisen. Mit anderen Worten: Manetti will gleichsam die Porträts des Gottessohnes sowie der – höchst tugendhaften – christlichen Heiligen und Gelehrten zeichnen, um im Kontrast dazu die Unzulänglichkeiten der jüdischen Religion und der heidnischen Kulte umso deutlicher kenntlich machen zu können.[33]

---

[32] Die Bücher sind wie folgt über das Manuskript verteilt: I: fol. 1^r–24^v; II: fol. 24^v–51^v; III: fol. 51^v–71^v; IV: fol. 71^v–84^v; V: fol. 84^v–103^r; VI: fol. 103^r–122^r; VII: fol. 122^r–155^r; VIII: fol. 155^r–182^v; IX: fol. 182^v–197^v; X: fol. 197^v–214^r.

[33] Urb. Lat. 154, fol. 84^v–85^r: *Posteaquam de preparatione evangelica primo ac deinde de gloriosis et admirabilibus gestis atque insuper de salubri doctrina et denique de Iesu Christi salvatoris*

Im übrigen geht aus besagtem Passus außerdem noch hervor, dass für den Traktat mehr als nur die zehn überlieferten *libri* vorgesehen waren (ein wichtiges Indiz auch für den fragmentarischen Charakter des Textes): Den Worten des Autors ist zu entnehmen, dass noch je ein Buch zu Kaisern und Päpsten folgen und schließlich auch anhand der Zeugnisse bedeutender heidnischer und alttestamentarischer Gestalten, für die ebenfalls je ein Buch vorgesehen war, die Richtigkeit der christlichen Lehre erwiesen werden sollte.[34] Allerdings gelang es Manetti offenbar nicht mehr, diese Bücher fertigzustellen.

Nimmt man nun den Titel des Traktats – *Gegen die Juden und Heiden* – beim Wort, so mag man zunächst eine christlich-apologetische Schrift und somit letztlich einen Text vermuten, der mit der mehr oder weniger pointierten Entgegensetzung bestimmter religiöser Anschauungen operiert, und dessen Argumentationslinie und prinzipielle Aussage dabei eindeutig ausfallen: Das *Pro* gilt für das Christentum, das *Contra* betrifft die Juden und die Heiden, und zwar gleichermaßen. Diese Vermutung geht jedoch fehl. Manetti nämlich bezieht sein ablehnendes Urteil nahezu ausschließlich auf die *gentes*, mithin die paganen Völker der vorchristlichen Antike und ihre religiösen Riten und Vorstellungen. Im Fall der Juden hingegen verfährt er anders. Dort, wo er von den *hebrei* oder *iudei* spricht, meint er fast immer allein das biblische Volk Israel.[35] Das nachbiblische Judentum und das seiner eigenen Zeit findet nur an sehr wenigen Stellen seines Traktats Erwähnung. Seine Darstellung und Bewertung der Israeliten des *Alten Testaments*

---

nostri morte ac resurrectione secundum seriem temporum hactenus, ut potuimus, vere fideliterque tractavimus, consequens fore putabimus, si contra iudeos, acerrimos christiani nominis hostes ad convincendum inanem illam et inveteratam eorum pertinacem et incredibilem perfidiam summis capitalibusque erroribus conditam progrederemur. Sed in hoc iudaico, ut ita dixerim, conflictu multifariam cum eis pluribus subsequentibus libris congrediemur. Primum namque Christum, omnipotentis Dei filium, ut humanum genus primi hominis prevaricatione dampnatum redimeret, de celis usque in terras iam dudum descendisse per viros nostre religionis partim excellentia sacre doctrine, partim magnitudine secularis eruditionis, partim sanctimonia morum, partim diversis suorum corporum martiriis, partim pontificali, partim imperatoria dignitate perfulgentes, plane et aperte ostendemus. Deinde hoc idem per ethnicos et gentiles magne auctoritatis homines probare et confirmare conabimur. Preterea per hebreos dumtaxat doctores, qui longe ante adventum eius mortem obierunt, idipsum attestari temptabimus. Vgl. hierzu auch DE PETRIS (Anm. 30), S. 201 f. sowie FIORAVANTI (Anm. 11), S. 9.

34 Vgl. das Zitat in Anm. 33.

35 Manetti benennt als *hebrei* die Israeliten vor dem mosaischen Gesetz; als *iudei* bezeichnet er die Israeliten bzw. Juden nach dem mosaischen Gesetz. Dabei erläutert er diese Bezeichnungen mittels gängiger quasi-etymologischer Deutungsansätze, vgl. u. a. die folgenden beiden Passagen: Urb. Lat. 154, fol. 10[v]: *Iudei enim post Moysen a Iuda, hebrei vero ab hebere, a quo Abraham originem traxit, appellati fuere.* Ebd., fol. 11[v]: *Sed hebreos potius et expressius nuncupamus aut ab hebere, ut dictum est, aut sic verius appellamus, quia id nomen hebraice transituros significabat.* Zu dieser Differenzierung auch FIORAVANTI (Anm. 11), S. 28.

aber fallen überaus wohlwollend und anerkennend aus. Manetti argumentiert also, so kann man sagen, sehr wohl ‚*contra gentes*', kaum jedoch ‚*contra iudeos*'.

Zählt man zu diesem Befund den bereits erwähnten Umstand hinzu, dass der Traktat überhaupt nur in seinem ersten Buch eine Auseinandersetzung mit den theologischen oder religiösen Anschauungen von Heiden und Juden bietet, die übrigen neun Bücher aber von anderen Themen und Inhalten bestimmt werden, so ist zu konstatieren, dass ein wichtiges Kennzeichen von Manettis *Adversus iudeos et gentes* gerade nicht die Eindeutigkeit ist, die der Titel suggeriert, sondern die inhaltliche und strukturelle Mehrdeutigkeit. Wie diese Mehrdeutigkeit im Detail ausfällt, soll im Folgenden, mit Blick vor allem auf das erste Buch des Textes, noch eingehender gezeigt werden.[36]

Der nicht eigens betitelte *liber primus* setzt ein mit einer summarischen Darstellung der ersten Episoden des Buches Genesis. Manetti referiert die Erschaffung des Menschen, die paradiesische Existenz Adams und Evas, den Sündenfall, auch die Sintflut, um dann zum Turmbau zu Babel und die darauf folgende Sprachverwirrung zu kommen.[37] Dieses Ereignis nun, das für ihn den Ursprung des Heidentums markiert, gibt ihm Gelegenheit, einen thematischen Schwenk hin zu Phänomenen der paganen Kultur und Religion zu vollziehen. In der Folge liefert er zunächst einen Überblick zum philosophischen Denken der Antike. Dabei erläutert er die Meinungen verschiedener Philosophen und Philosophenschulen bezüglich der Erschaffung der Welt und damit verknüpfter Fragen, so etwa, ob die Welt endlich oder unendlich sei und ob nur eine Welt oder aber mehrere existieren. Zudem erörtert er verschiedene philosophische Erklärungsansätze zum Ursprung der Dinge, er thematisiert Phänomene wie die Atome und die Elemente und führt dann hin zu den Ansichten der antiken Philosophie, was die Seele und die Verstandestätigkeit des Menschen betrifft, wobei auch ethische Fragen – etwa die nach dem höchsten Gut oder den Tugenden – nicht ausgelassen werden.[38] Im Anschluss an diese *tour d'horizon* macht Manetti die *religiones*, also die religiösen Riten und Gottesvorstellungen paganer Völker der Antike zum Gegenstand der Betrachtung. Dabei berichtet er unter anderem von den Ägyptern, Phöniziern, Phrygiern, Rhodiern, Kretern, Karthagern, Griechen und schließlich den Römern.[39]

---

[36] Dabei schließe ich an die Beobachtungen und Thesen von DRÖGE (Anm. 1), S. 65–81 sowie DE PETRIS (Anm. 30) und FIORAVANTI (Anm. 11) an.
[37] Urb. Lat. 154, fol. 1^r–2^v.
[38] Urb. Lat. 154, fol. 2^v–5^r.
[39] Urb. Lat. 154. fol. 5^r–10^r. Manettis Quellen für die Passagen zu Philosophie und *religiones* der paganen Antike sind vor allem Ciceros *De natura deorum* und Eusebius' von Caesarea *Praeparatio evangelica*, aber auch Diogenes Laertius' ‚Leben und Lehre der Philosophen', die Metamorphosen des Ovid, die *Divinae institutiones* und wohl auch noch anderes aus dem Œuvre

Im Verlauf seiner Schilderungen und Exkurse breitet Manetti ein staunenswert umfangreiches Wissen aus, allerdings tut er dies letztlich in diffamatorischer Absicht. So ist sein Abriss zur Entwicklung der antiken Philosophie als Geschichte eines permanenten Dissenses angelegt, der ihm als schlagender Beweis dafür gilt, dass philosophische Lehren keinerlei sichere Erkenntnis etwa über den Ursprung und die Dauer der Welt, die Beschaffenheit der menschlichen Seele oder andere Fragen bieten und somit letztlich nutzlos sind.[40] Die überaus detaillierten Erörterungen zu den antiken *religiones* wiederum, die eigentlich auch als eine Art Kulturgeschichte und Phänomenologie religiöser Vorstellungen und Praktiken *avant la lettre* gelesen werden können, leitet Manetti über in eine polemisch vorgetragenen Kritik, wobei der abschätzige Verweis auf die verwirrende Heterogenität und Widersprüchlichkeit des Polytheismus im Zentrum der Argumentation steht. So führt Manetti unter anderem sinngemäß aus, nicht allein die heidnischen Völker, sondern selbst ihre Philosophen (und somit ihre gelehrtesten Vertreter) hätten auf törichte Weise verschiedenste, teils konträre Vorstellungen vom Wesen der Götter entwickelt und unterschiedlichste Kulte praktiziert. Im Rekurs auf einen Passus aus Ciceros *De natura deorum* dann bezeichnet er die theologischen Überlegungen der heidnischen Philosophen und Dichter als Phantastereien von Verrückten (*delirantium sompnia*).[41]

Schließlich mündet diese Kritik in scharfe Häme über die – vom Autor als naiv charakterisierten – anthropomorphen Gottesvorstellungen der Heiden, auch

---

des Laktanz sowie Augustinus' *De civitate Dei*, vgl. hierzu auch die Analysen bei FIORAVANTI (Anm. 11), S. 11, S. 24.

40 Beispielhaft für die immer wiederkehrende Betonung des Dissens sind u. a. die folgenden Passagen: Urb. Lat. 154, fol. 3ʳ: *De pricipiis deinde naturalibus primi philosophi, et qui postea secuti sunt, inter se maxime dissenserunt.* Urb. Lat. 154, fol. 4ʳ: *Ceterum de anima quam varie quamque diverse philosophorum opiniones extiterint, difficile dictu est. Alii namque ipsam immortalem, alii vero eam una cum corpore interire putaverunt. Quid porro esset ipse animus aut ubi aut unde, magna dissensio erat.* Vgl. hierzu auch DE PETRIS (wie Anm. 30), S. 198.

41 Beispielhaft hierfür der folgende Passus, der die in vorangegangenen Textabschnitten erörterten heidnischen Gottesvorstellungen und Kulte resümiert: *Ac non solum hec et huiusmodi inter se varia et diversa, sed etiam contraria singule nationes, ut dictum est, quinymmo etiam summi philosophi [...] ita temere stulteque senserunt, ut Cicero in primo libro de natura deorum, cum diversas inter se contrarias Thaletis, Anaximandri, Anaximenis, Anaxagore, Alcmeonis, Pythagore, Xenophanis, Parmenidis, Empedoclis, Prothagore, Democriti, Diogenis, Platonis, Anthistenis, Speusippi, Aristotelis, Xenocratis, Heraclidis, Theophrasti, Çenonis, Cleantis, Crisippi, Epicuri de conditionibus deorum opiniones recitaverit, ita demum inquit: Exposui fere non philosophorum iudicia, sed delirantium sompnia. Nec enim multo absurdiora sunt ea, que poetarum vocibus fusa ipsa suavitate nocuerunt.* (Urb. Lat. 154, fol. 6ᵛ). Die letzten beiden Sätze bilden ein Zitat aus M. Tullius Cicero: *De natura deorum*. Hrsg. von W. Ax, Stuttgart 1980, I, 16 / 42 (S. 17). Vgl. hierzu auch FIORAVANTI (Anm. 11), S. 25.

über die Geschlechtlichkeit und Promiskuität der Götter und Halbgötter des antiken Mythos, wobei Manetti nicht allein die moralische Fragwürdigkeit solcher Vorstellungen betont, sondern auch ihre Widersprüchlichkeit hinsichtlich der Idee der Unsterblichkeit aufzeigt, einer Eigenschaft, über die Götter doch eigentlich verfügen sollten. Würde man, so resümiert Manetti, die paganen Dichter und Geschichtsschreiber sowohl griechischer als auch lateinischer Sprache nur ein klein wenig genauer lesen, so würde man zweifellos feststellen, dass keine der heidnischen Göttergestalten frei war von menschlicher oder vielmehr unmenschlicher Begierde und Ausschweifung.[42] Von der Widersinnigkeit der religiösen Lehre dann schließt Manetti auf die Fragwürdigkeit der religiösen Praktiken: Da alle Heiden durch falsche, alberne und abgeschmackte Götterlehren geblendet gewesen seien, hätten sie auch absonderliche und irrige Opferriten vollzogen.[43]

Insgesamt zeichnet Giannozzo Manetti also ein Bild, das die Philosophie der paganen Antike als verworren und irreführend, ihre kultischen Praktiken und mythologischen Vorstellungen als grotesk und makaber charakterisiert. Dieses Bild nun fungiert als der düstere Hintergrund, vor dem die biblische Geschichte der Israeliten, die in der Folge wieder aufgenommen und forterzählt wird, umso heller in Szene gesetzt werden kann. Dabei hatte Manetti bereits eingangs seines Traktats die Überlegenheit des Gottesvolkes betont: Vor allen anderen Völkern, so der Wortlaut sinngemäß, zeichne es sich dadurch aus, dass es über Propheten verfügt, durch die ihm der Heilige Geist Geheimnisse des Glaubens etwa hinsichtlich der Erschaffung der Welt, der Ankunft des Messias und anderes offenbart. Als alle übrigen Völker den Götzendienst praktizierten, erkannten und verehrten allein die Israeliten den einen wahren und allmächtigen Gott.[44]

---

42 Urb. Lat. 154, fol. 7ᵛ: *Omnes namque deos, quos gentilitas adorabat, flagitia, stupra virginum, corruptelas, adulteria et incesta commisisse ac perpetrasse testantur. Si enim poetas atque historicos veteres, grecos pariter ac latinos, paulo accuratius legerimus, profecto neminem deorum humanarum vel potius inhumanarum libidinum ac luxuriarum expertem reperiemus.*
43 Urb. Lat. 154, fol. 8ᵛ: *Ac quemadmodum omnes gentes in falsa quadam et frivola ac insulsa plurium deorum institutione decipiebantur, ita etiam in diversis libationibus, inmolationibus et sacrificiis mirabiliter aberrabant.* An anderer Stelle heißt es mit Bezug auf die religiösen Riten der Heiden: *Atque hec ipsa, que supra recitavimus, partim crudelia et impia, partim insulsa et vana, partim furiosa et insana fuisse novimus.* (Ebd., fol. 10ʳ).
44 Urb. Lat. 154, fol. 2ʳ (mit Bezug auf die Israeliten): *Soli namque ex omnibus populis prophetas habuere, quibus spiritus sanctus solemnia quedam de creatione mundi ac devotione gentium et de adventu messie et aliis huiusmodi mysteria revelavit. Et verus quoque omnipotentis dei cultus, cum cetere omnes gentes ad ydolatriam converterentur, servatus esse traditur.* An anderer Stelle heißt es mit ähnlichem Tenor: *Soli quippe hebrei a creaturis naturali ratione ac lege non scripta sed nata ad cognitionem veri Dei transire potuerunt et voluptatibus corporis contemptis ad rectam vivendi viam pervenerunt.* (Ebd., fol. 11ᵛ). Vgl. hierzu auch DRÖGE (Anm. 1), S. 75.

Im weiteren Verlauf des Textes wird ausgeführt, dass die Israeliten aufgrund ihrer Frömmigkeit erkannten, dass Sonne, Mond und Sterne, wie überhaupt alle Dinge, die sich aus den Elementen zusammensetzen, nicht etwa Götter sind, sondern lediglich der unbelebten Natur angehören. In der großartigen Vielfalt und Schönheit der Geschöpfe wiederum nahmen sie den einen unsterblichen und unsichtbaren Schöpfergott wahr. Die Seele galt ihnen als der eigentümliche und vorzügliche Teil des Menschen, der Körper hingegen lediglich als ihre Hülle. Dementsprechend genoss die Seele bei den Israeliten eine höhere Wertschätzung als der Körper. Als höchstes Gut des Menschen betrachteten sie die Möglichkeit zur Erkenntnis Gottes. Die Priester der Israeliten wiederum waren aufgrund ihrer außerordentlichen Tugendhaftigkeit durch die Nähe zu Gott privilegiert: Durch Erscheinungen der Engel und göttliche Weissagungen – und nicht etwa durch Vernunftschlüsse, Mutmaßungen oder Beweise, die nur menschlicher Überlegung entsprangen – wurde ihnen die Kenntnis zukünftiger Geschehnisse offenbart.[45]

Diese überaus positive Darstellung mündet in eine emphatische Aufzählung der ‚Vorrechte' (*privilegia*), die, von Gott verliehen, das Volk Israel vor allen übrigen Völkern des gesamten Erdkreises in höchstem Maß auszeichnen. Hierzu gehören der (bereits erwähnte) Umstand, dass dieses Volk Propheten in seinen Reihen hat, des weiteren die Wunder (gemeint sind die zehn Plagen), die zu seiner Befreiung aus der ägyptischen Gefangenschaft führten, die Führung Gottes in Gestalt der Wolken- und Feuersäule durch die Wüste, die Ermöglichung der Flucht vor den nachrückenden Ägyptern durch die Teilung des Schilfmeeres, die

---

45 Urb. Lat. 154, fol. 10^r-10^v: *Ceterum hebrei dumtaxat ad verum et pium omnipotentis Dei, ut supra diximus, cultum convertebantur. Soli namque illi pia sanctaque consideratione primum elementa et ea, que ex elementis componebantur, solem similiter et lunam ac ceteras stellas et celum ipsum, non modo deos non esse, verum etiam insensata quedam inanimataque iudicabant. Et cum totum mundum diversorum generum animalibus refertum viderent, id non absque providentia divina provenire potuisse intelligebant; atque a magnitudine et pulcritudine creaturarum ob puritatem mentis creatorem omnium immortalem ipsum atque invisibilem cognoscebant. [...] Hominem quoque singularem quandam totius universi particulam existimaverunt; atque animam, scilicet verum et interiorem hominem, precipuam eius partem, corpus autem quasi hominis indumentum putaverunt. Unde tanto maiorem curam ad cultum animarum quam corporum attulerunt, ut corpora contempnerent; animas vero, quia ad similitudinem Dei create erant, usque adeo magnificerunt, ut summum hominis bonum Dei cognitionem arbitrarentur. Hac igitur pietate veraque in creatorem religione Dei altissimi sacerdotes genus electum atque regium et gens sancta appellabantur, atque hiis et aliis similibus appellationibus digni habebantur. Hac, inquam, pietate ac vero et inmaculato Dei cultu armati, multi ex eis ad tantum et tam sublime cunctarum virtutum culmen ascenderunt, ut angelorum visione divinisque oraculis, non sillogismis nec coniecturis neque aliis huiusmodi humanis argumentis divinitus uterentur atque ita a deo instituerentur, ut, que futura erant plerumque, gratia domini repleti, ea quasi presentia viderent, atque hec [...] priscis illis hebreis, veris et piis omnipotentis dei cultoribus, celitus innotescebant.*

Speisung in der Wüste durch Wachteln und Manna, das aus dem Fels geschlagene Wasser, der Sieg über die Amalekiter und schlussendlich die Übergabe der mosaischen Gesetze.[46]

Im Rahmen seiner Geschichte des Gottesvolkes geht Manetti immer wieder auch eigens auf das Wirken bedeutender Israeliten ein. Einen besonders ausführlichen biographischen Exkurs widmet er Mose, wobei auch in diesem Fall die ausgesprochen positive Einstellung des Autors gegenüber seinem Gegenstand deutlich wird. Sehr bemerkenswert erscheint vor allem, dass Manettis Schilderung strikt historisierend angelegt ist und somit allegorische oder typologische Lesarten der Mose-Gestalt konsequent ausgeblendet werden. Dementsprechend bleibt auch die gängige Deutung des Mose als Antitypus Christi außen vor. Stattdessen werden die Ereignisse im Leben dieser zentralen Figur des *Alten Testaments* im Rekurs auf Muster der antiken Historiographie und Biographik, gewissermaßen als *res gestae* einer großen Persönlichkeit, inszeniert.

So wird Mose zunächst als ein vortrefflicher Knabe geschildert, der, nachdem er zum Mann gereift ist, sich ehrgeizig dem Studium der Wissenschaften widmet, allerdings auch die Gelegenheit nicht auslässt, in einem Heer der Ägypter, das gegen die Äthiopier zieht, Kriegsruhm zu sammeln.[47] Wie Manetti ausführt, kämpft er dabei derart mutig und entschlossen, dass ihm ein überaus glänzender Sieg zuteil wird.[48] Des Weiteren sieht man Mose in der Funktion eines trefflichen

---

46 Urb. Lat. 154, fol. 18ᵛ-19ʳ: *Non ab re visum est, ut aliqua huius hebrei populi, cui soli lex data fuisse scribitur, ab omnipotenti deo privilegia breviter referamus, quibus ceteris omnibus totius terrarum orbis gentibus longe prestitisse creduntur. Hic est enim populus ille, cui dumtaxat eloquia dei in sancta eius lingua credita fuere. Hic est populus ille, qui solus prophetas habuit. Hic est, inquam, populus ille, pro quo, ut ex egiptiaco ergastulo sacrificandi gratia egrederetur, tanta et tam magna coram Pharaone miracula facta sacra veteris testamenti scriptura commemorat. Hic est populus ille, qui, postquam ex Egipto egressus est, dum per asperrimas heremos vie ignarus tenderet, deus, itineris sui ductor, per diem in columpna nubis et per noctem in columpna ignis, ne quando aberraret, ante eum semper precedebat. Hic est populus ille, cui, ut incolumis transiret mare rubrum, per percussionem mosayce virge mirabiliter divisum iter tutum solidum ac securum prebuit. Hic est populus ille, quem deus cotornicibus et manna in terra ob humanorum cibariorum penuriam demissis mirabiliter pavit. Hic est populus ille, qui aqua, ut dicitur, viva de petra divinitus emanante, cum iam siti periret, mirum in modum satiatus est. Hic est populus, qui ad elevationem dumtaxat mosaicarum manum amalechitas acerrimos et infestissimos hostes suos ac potentissimas gentes assidue vincebat. Hic est denique populus ille, qui per tonitrua et fulgura, per nubes, per buccinas, per fumigationem sancti montis, quo deus in dationem legis descenderat, divina mandata duabus lapideis tabulis digito dei scripta recepit.*
47 Urb. Lat. 154, fol. 16ʳ: *Post nonnullos deinde annos, ubi egregius puer mirum in modum adoleverat, magna quedam pro egiptiis adversus ethyopes belligerendi occasio studioso sibi et iam litterarum studiis apprime dedito divinitus occurrit.*
48 Urb. Lat. 154, fol. 16ᵛ: *Adversus ethyopes ita strenue belligeravit, ut superatis hostibus gloriosissimam victoriam reportaverit.* Manetti bezieht sich hierbei auf eine Episode, die der außerbib-

und überaus stilsicheren Redners – *optimi et elegantissimi oratoris officio* –, der, als Gesandter Gottes, mittels Verhandlungen mit dem Pharao versucht, sein Volk aus der ägyptischen Knechtschaft zu befreien.⁴⁹ Zudem begegnet er als Anführer – *ductor* – seines Volkes, der dieses sicher und trockenen Fußes durch das Schilfmeer führt, das er vorher mit seinem Stab geteilt hat.⁵⁰ Schließlich wird Mose als Gesetzgeber und Gesetzesvermittler – er ist derjenige, der die *divinas leges* schriftlich fixiert und auslegt – sowie als Historiograph dargestellt, der den Pentateuch verfasst und damit das Fundament für die Heilige Schrift legt.⁵¹ Auf diese Weise wird die Figur des Mose folgerichtig in eine Schilderung eingefügt, die keineswegs ‚gegen die Juden' argumentiert, sondern eine überaus positive Würdigung des biblischen Volkes Israel darstellt.

---

lischen Mose-Überlieferung angehört. Sie findet sich in den *Antiquitates Iudaicae* des Iosephos Flavios, vgl. Flavius Iosephus, Antiquitatum iudaicarum libri I–V. Hrsg. von BENEDIKT NIESE, Bd. 1, Berlin 1888, II, 238–253 (S. 98–100); hierzu auch RENÉ BLOCH: Moses und der Mythos. Die Auseinandersetzung mit der griechischen Mythologie bei jüdisch-hellenistischen Autoren, Leiden 2001 (Supplements to the Journal for the Study of Judaism 145), S. 111–113.

49 Urb. Lat. 154, fol. 17ʳ: *Ceterum etsi Moyses optimi et elegantissimi oratoris officio fungeretur, atque ex parte omnipotentis dei, cuius legatus erat, pharaoni loqueretur, usque adeo tamen dure cervicis et obstinati animi fuit, ut non modo hebreis abeundi licentiam non concederet, sed sese eis ita infestiorem ostenderet, ut totum populum suum assiduis quibusdam diurnis nocturnisque laboribus multo gravius vehementiusque opprimeret, quod deus ferre ac tollerare non potuit. Unde ex hac pharaonis regis inhumana in populum suum crudelitate [...] vehementer irritatus universam Egipti regionem decem illis celebratissimis notissimisque flagris parvo temporis intervallo mirum in modum afflixit.*

50 Urb. Lat. 154, fol. 17ᵛ-18ʳ: *Interea Pharao penitentia ductus, quod hebreos a se abire permiserat, ipsos iam paulo ante de provincia egressos cum exercitibus suis [...] enixe persequebatur; iamque hebrei mari rubro appropinquaverant, quando magnos infestissimi regis exercitus a tergo respexerunt. Quod ubi Moyses hebreorum ductor prospexit, sua illa divina et consueta virga, tantorum miraculorum operatrice, mare ipsum e vestigio percussit, quod in duas partes mirabile dictu ita seorsum divisit, ut expeditum iter per siccum solum hebreis dumtaxat transeuntibus prebuerit.*

51 Urb. Lat. 154, fol. 18ᵛ: (mit Bezug auf Mose): *Hic enim fuit ille, qui humani generis origine usque ad tempora sua repetita divinas leges sacris litteris explicavit, atque quinque illos celebratos famososque libros, greco Pentateuci nomine nuncupatos, mirabiliter divinitusque conscripsit, in quibus profecto omnia sacrarum ac divinarum scripturarum fundamenta optime simul atque pulcherrime iaciuntur.* Vgl. zu diesem Passus auch DRÖGE (Anm. 1), S. 75. Ganz ähnlich schildert der folgende Passus Moses Qualitäten als göttlich inspirierter Gesetzgeber und Historiograph: *Primus namque apud eos Moyses sancto ac divino spiritu afflatus cogitationes suas litterarum monumentis memorieque mandavit. Hic enim, antequam leges ferret, plures maiorum nostrorum vitas probosque mores in suo geneseos libro viventium et posteriorum animis impressit; atque per hunc modum premiis et impiorum suppliciis ad amplexandam virtutem impietatemque fugiendam plurimum et vivos et posteros exhortaretur, divinas tandem leges in medium protulit.* (Urb. Lat. 154, fol. 11ʳ). Hierzu auch DE PETRIS (Anm. 30), S. 199 f. sowie FIORAVANTI (Anm. 11), S. 25 f.

Will man den bis hierher gegebenen kursorischen Durchgang durch das erste Buch des Traktats *Adversus iudeos et gentes* resümieren, so kann man zunächst feststellen, dass die Gedankenführung des Autors insofern uneindeutig ausfällt, als sie zwei verschiedene – und eigentlich entgegengesetzte – Haltungen zur paganen Antike zum Ausdruck bringt.[52] Zum einen ist das religiöse und mythologische Ideengut, auch das philosophische Denken der Antike Gegenstand einer bemerkenswert scharfen Kritik und Zurückweisung. Diese Schmähung erscheint sehr bemerkenswert, stammt sie doch von einem Autor, der fest in einem intellektuellen Milieu verankert war, das bereits in dritter Generation dabei war, das Erbe der griechischen und römischen Kultur neu zu entdecken und begeistert anzunehmen. Nur exemplarisch sei in diesem Zusammenhang an die *Genealogia deorum gentilium* des – von Manetti überaus geschätzten – Giovanni Boccaccio erinnert, ein riesiges mythographisches Kompendium, das nicht allein das göttliche und halbgöttliche Personal des antiken Olymp vorstellt, sondern überdies eine Apologie paganer Dichtung liefert, die nicht allein die Lektüre mythographischer Stoffe empfiehlt, sondern zudem nahelegt, diese Stoffe euhemerisierend zu deuten, was letztendlich meint, Göttergeschichten als – historisch-faktische – Erzählungen über die Taten bemerkenswerter, teils auch vorbildhafter Menschen zu lesen.[53]

Zum anderen aber artikuliert Manetti auch eine affirmative Haltung zur pagan-antiken Kultur, wenn er die Bedeutung und Exzeptionalität des Mose als einer erstrangigen biblischen Gestalt mit Hilfe von Kategorien und Darstellungsmustern erweist, die der antiken Historiographie und Biographik entlehnt sind. Dabei ist die Chiffre von Mose als dem *optimus et elegantissimus orator* übrigens in zweifacher Hinsicht von Bedeutung. Zum einen evoziert sie ein antikes Modell der Personenbeschreibung, zum anderen aber stellt sie eine Verknüpfung auch zu Manettis eigener Gegenwart her. Bekanntlich bezeichneten sich seit der Wende vom vierzehnten zum fünfzehnten Jahrhundert in den kulturellen Zentren des nördlichen und mittleren Italien und insbesondere in Florenz diejenigen Gelehrten als *oratores*, deren Betätigungsfeld die *studia humanitatis* waren, jenes neuartige *curriculum*, dem neben Grammatik, Rhetorik, Dichtung und Dichtungs-

---

52 In diesem Sinne auch die Deutung bei DRÖGE (Anm. 1), S. 77–81.
53 Vgl. hierzu AUGUST BUCK: Boccaccios Verteidigung der Dichtung in den *Genealogie deorum*. In: Boccaccio in Europe. Hrsg. von GILBERT TOURNOY, Löwen 1977 (Symbolae Facultatis Litterarum et Philosophiae Lovaniensis, Ser. A 4), S. 53–65; BODO GUTHMÜLLER: Bersuire und Boccaccio. Der Mythos zwischen Theologie und Poetik. In: DERS.: Studien zur antiken Mythologie in der italienischen Renaissance, Weinheim 1986, S. 21–33, hier vor allem S. 26 f.; BRIGITTE HEGE: Boccaccios Apologie der heidnischen Dichtung in den *Genealogie deorum gentilium*, Buch XIV. Text, Übersetzung, Kommentar und Abhandlung, Tübingen 1997 (Ad Fontes 4), S. 179–197, S. 207–216 und *passim*.

theorie auch Historiographie und Moralphilosophie zugehörten.[54] Der Terminus *orator* (als dessen Synonym wenig später dann der *humanista* eingeführt werden sollte[55]) fungierte also als eine Art Berufsbezeichnung in jenem gelehrten Milieu, dem nicht zuletzt auch Giannozzo Manetti angehörte. Der Umstand nun, dass Mose von Manetti als *orator* attribuiert wird, lässt vermuten, dass letzterer nicht allein einer biblischen Figur mittels eines biographischen Topos der paganen Antike ganz bestimmte positive Merkmale zuschreiben wollte. Er spricht zudem für die These, dass der Autor des *Adversus iudeos et gentes* die Absicht hatte, die Gestalt des Mose als vorbildlichen Protagonisten für eine Bildungstradition zu reklamieren, in der er – Manetti – auch sich selbst verortete.

Allerdings sollte man angesichts dieses außergewöhnlichen Befundes – ein überaus versierter und innovativer Hebraist, der freundschaftlichen Umgang mit gelehrten Juden seiner Zeit pflegt und anerkennend und wohlmeinend über die Israeliten schreibt – nicht soweit gehen, in Giannozzo Manetti einen Philosemiten *avant la lettre* zu vermuten. Bei aller Hochschätzung des biblischen Gottesvolkes und seiner großen Gestalten sowie nicht zuletzt der hebräischen Sprache geht Manetti fest davon aus, dass die christliche der jüdischen Religion ohne jeden Zweifel überlegen sei, und er artikuliert diese Ansicht, wenn auch nur an wenigen Stellen, in seinem Traktat. Wo er dies allerdings tut, spricht er nicht mit Bezug allein auf das biblische Volk Israel, sondern das Judentum allgemein, wobei er auf gängige Topoi der antijudaistischen Rhetorik zurückgreift, wie sie das christliche Mittelalter kannte.

So spricht Manetti am Ende des ersten Buches von *Adversus iudeos et gentes* nicht nur von der Verworrenheit der Heiden (*confusione paganorum*), sondern auch von der Blindheit und dem Starrsinn der Juden (*in cecitate et obstinatione iudeorum*) und davon, dass man bei beiden nicht etwa nach Frömmigkeit, Gottesfurcht, Glaube – *religio* – suchen müsse; jene fände man vielmehr allein bei den Christen.[56] Am Beginn von Buch VIII wiederum kleidet Manetti die denkende und schreibende Auseinandersetzung mit der Kultur und Religion der Juden, die

---

54 Vgl. MICHAEL BAXANDALL: Giotto and the Orators. Humanist Observers of Painting in Italy and the Discovery of Pictorial Composition, Oxford 1971, S. 1–4.
55 Vgl. AUGUSTO CAMPANA: The Origin of the Word 'Humanist'. In: Journal of the Warburg and Courtauld Institutes 9 (1946), S. 60–73.
56 Urb. Lat. 154, fol. 22ᵛ–23ʳ: *Neque in confusione paganorum, quos aliis verbis plerumque gentiles appellamus, neque in cecitate et obstinatione iudeorum querenda est religio, sed apud eos solos, qui christiani nominantur. Hii enim virtutibus approbatis, viciis vero versa vice penitus omninoque reiectis, omnipotenti deo non crebris vivorum hominum trucidationibus, non continuis gregum et armentorum immolationibus, non spurco ac fedo brutorum sanguine, sed piis dumtaxat verbis, summa cum devotione ex integra et inmaculata ac sincera sacerdotii mente prolatis, verisque cultibus omnipotenti deo sacrificare consueverunt.* Vgl. hierzu auch DRÖGE (Anm. 1), S. 73.

er im Rahmen seines Traktates zu unternehmen gedenkt, in die Metaphorik des Kampfes und Krieges: Er spricht von einem entschlossenen und ruhmreichen Krieg, den er gegen Juden und Heiden um des rechten Glaubens willen führt, und die Argumente und Autoritäten, derer er sich dabei bedient, fungieren gleichsam als Fußtruppen, Reiterei und schwer gepanzerte und bewaffnete Kämpfer.[57] Schließlich findet sich in Buch IV, näherhin im Kontext des Berichts von der Kreuzigung Christi, ein Passus, der affirmativ den Gedanken einer kollektiven Schuld des gesamten jüdischen Volkes am Tod Jesu erwägt wie auch die Idee, dass daraus die verdiente Strafe eines für alle Zeiten und Generationen währenden Unglücks für eben dieses Volk erwächst.[58]

So positiv Manetti also die Israeliten des *Alten Testaments* – wohl nicht zuletzt aufgrund ihrer Funktion als heilsgeschichtliche Vorläufer des Christentums – schildert, so abwertend und aggressiv kann er sich äußern, wenn es um das nachbiblische Judentum geht. Demnach ist seinem Traktat *Adversus iudeos et gentes* eine eigentümliche Ambiguität nicht allein hinsichtlich der paganen Antike, sondern auch in Bezug auf das Judentum eingeschrieben.

---

[57] Urb. Lat. 154, fol. 155ʳ: *Sed quoniam in hoc strenuo et glorioso bello, a nobis adversus iudeos et gentes pro catholica et ortodoxa fide instituto, multa peditum equitumque milia mercedibus et stipendiis nostris, hoc est vigiliis laboribusque, conduximus, et ecclesiasticos profanosque scriptores et confessores, tres velut pedestres ac levis armature cohortes, in levia ab initio prelia premisimus, nunc vero, postquam opus incalescere ac fervere videtur, iam cum turmis equitum ocreis, loricis et thoracibus, galeis et ancilibus, ensibus et gladiis ac securibus et lanceis armatorum, praecedente vexillo crucis, in quo redempti et salvati sumus, a tergo deinceps congrediemur*. Zu diesem Passus auch FIORAVANTI (Anm. 11), S. 23 f.

[58] Urb. Lat. 154, fol. 81ʳ (mit Bezug auf die Juden): *Quid plura? Omissis iudeorum cladibus, quas sevis Neronis et ceterorum impiorum imperatorum temporibus sibi accidisse legimus, post commissum de nece Ihesu Christi sacrilegium illud scelestum ac nepharium numquam ab eis seditiones, numquam bella, numquam mortes [...] cesasse manifestum est. [...] Si universum insuper iudeorum genus, qui tunc temporibus vivebat, si non solum predicti, sed omnes etiam, qui postea usque ad tempora nostra nefariis illis et scelestis maioribus suis successerunt, variis ac pene infinitis calamitatibus excruciati sunt [...], neuqaquam dubitari potest quin impiis Christi interemptoribus [...] accidisse et evenisse*. Hierzu auch DRÖGE (Anm. 1), S. 78 f.

Personen-, Orts- und Werkregister

Bearbeitet von Lisa Kragh

Abaelard, Peter 12, 61, 63–64, 68–71, 74, 78, 180
Abraham 50
Abū Isḥāq al-Muʿtaṣim 30
Abū Tammām 32
Ackermann aus Böhmen, Der 4, 103
Adam und Eva 329
Adèle von Blois; Gräfin 259
Adrian, Hl. 178
Adversus iudeos et gentes 17, 317, 325–329, 335–337
Aegidius Romanus 93
Agatha, Hl. 169–171
Agathe von Esendorf 203
Ägidius, Hl. 177
Agobard von Lyon, Bischof 296–298
Ägypten 332
Ägypter 329, 332–333
Aichinger, Ilse 130
Alan von Lille 59, 74–75
al-Aṣmaʿī 34
Albertus Magnus, Hl. 138–139
Albrecht von Sachsen, Herzog 314–315
Alcuin 54
Alexander der Große 181–182, 184, 186–191
Alexander III., Papst 302
Alexandrien 54
Alfons I. von Neapel, König 324
Alfons V. von Aragón, König 318, 326
al-Ğāḥiẓ 39
Alkmaar (Friesland) 313
al-Qāḍī al-Fāḍil 41
Alte Pinakothek München 203
Altes Testament 17, 53, 73, 261, 301, 321–323, 325, 328, 333, 337
Amalekiter 333
Ambraser Heldenbuch, Das 15, 224–228, 230–233, 235
Ambrogio Traversari 319, 322
Andreas, Apostel 158, 164
an-Nābiġa aḍ-Ḍubyānī 38

An Occurence at Owl Creek Bridge 130
Anticlaudianus 75
Antiovidianus 76
Antiquitates Iudaicae 334
Aphrodite 84
Apokatastasis 63
Apologeticus 324
Aquileja 272
Archipoeta 73
Aristoteles 25, 59, 83, 89, 115, 136, 138, 142, 183, 322, 330
Armer Heinrich 103
Arnold II. von Rodank 271
Arnostadt 317–318. *Siehe auch* Florenz
Artus, König 228–230, 311–312
– Artusroman. *Siehe* Roman, Artusroman
Askalon, König 244, 246–248, 250, 253–256
Äsop 84
aṣ-Ṣafadī 41
as-Sakkākī 23, 33
Assisi 272
Äthiopier 333
aṭ-Ṭaʿālibī 39
Augsburg 160, 204
Augustiner-Chorherrenstift Neustift 271
Augustinus, Kirchenvater 57–58, 61, 64–67, 70, 72, 75, 137–138, 330
Avignon 76
Avitus von Vienne, Bischof 296

Babel 329
Babylon 231
Badīʿ al-Qurʾān 24, 29
Bamberg 244, 283
Basler Alexander 189
Baudri de Bourgeuil, Bischof 259
Beatus von Liébana 60
Beda Venerabilis 54
Beheim, Michel 201
Benedikt, Hl. 177
Bernardus Silvestris 74

Bernhard von Clairvaux 63, 68, 78
Bibel 12, 51, 53, 56, 58, 62, 66, 68–69, 72,
    75–77, 79, 192, 261, 293, 300, 322
– Bibeltext 12, 51–53, 57, 62–63
Bibliotheca Apostolica Vaticana 324, 326
Bierce, Ambrose 130
Bismarck, Otto von 42
Bisticci, Vespasiano da 320, 326
Bly 128–129
Boccaccio, Giovanni 75, 321, 335
Bourges 262–266, 268–270, 272
Breziljan, Wald von (Iwein) 244, 246
Brixen 242, 271
Brixen, Bischof von 242, 271
Bruder Philipp. *Siehe* Philipp von Seitz
Bruder Wernher. *Siehe* Wernher, Priester
Bruni, Leonardo 317–318, 324–325
Bruno, Bischof 282
Buch der Natur 140
Burgund 314

Calanus 191
Carados Briebaz 230
Carmina Burana 74
Cassianus, Johannes 55
Cassiodorus, Flavius Magnus Aurelius 55,
    60, 67
Chartres 264, 267
Chaucer, Geoffrey 126
Chevalier au Lion 108. *Siehe auch* Yvain
Chrétien de Troyes 13, 106–108, 223, 226,
    229, 231, 235, 244, 262
Christina, Hl. 171
Christus 78, 95–98, 160–167, 170–171,
    173–174, 177–178, 255, 297, 326–327,
    333, 337. *Siehe auch* Jesus
– Gottessohn 161, 326–327
Chrysippos von Soloi 330
Cicero, Marcus Tullius 59, 122, 136, 185, 220,
    320, 329–330
Cirignano, Giovanni 325
Clavis physice 60
Collatio Novi Testamenti 324–325
Confessiones 64
Cosimo de' Medici 318
Crône, Die 232, 236
Cusanus. *Siehe* Nikolaus von Kues

Dacian 172
Dante Alighieri 75, 321
David, Sohn Isais 290, 300
De confessoribus sanctis 327
De dignitate et excellentia hominis 319
deditio 278–279
De divisione nature 60, 63
De doctrina Christiana 57
De excellentia ac praestantia hominis 319
De Genesi ad litteram 58, 65
De illustribus longevis 321
Del ordre de cavayleria 309
De martiribus secundum ordinem temporum
    327
De martiribus sine ordine 327
Demokrit 330
De morte Christi 326
De mulieribus virginibus ac martiribus 327
De natura deorum 329–330
De oratore 122, 185
De pace fidei 79
De planctu Nature 75
De principiis 55
De recta interpretatione 324
De regimine principum 93
Der Heiligen Leben 175–176
Der Laie über Versuche mit der Waage 191
Der Weltlohn 193
De scriptoribus prophanis 327
De scriptoribus sacris 327
De terraemotu 321
De viris illustribus 320, 327
De vita et moribus ac miraculis Christi 326
Die Einteilung der Natur. *Siehe* De divisione
    nature
Die Zelle 43
Diogenes 330
Diogenes Laertius 329
Diokletian 166
Dīwān 23
Domenico Bandini 321
Dominikaner 54
Domschule 271
Donatus, Aelius 59
Donne, John 79, 126
Don Quijote 188
Driu liet von der maget 160

Durandus von Mende, Bischof 78
Dürer, Albrecht 14, 203–204, 215, 217

Edelstein 183
Eike von Repgow 303
Ekkehard von Meißen, Markgraf 279
Elisabeth von Thüringen, Hl. 176
Engel 63, 151, 172–173, 175, 189, 332
Epikur 330
Erasmus von Rotterdam 61, 72
Erec 15, 219, 223–237
Erhardt, Heinz 42–43
Eriugena, Johannes Scottus 58, 60, 63
Erp von Meißen, Bischof 283
Eternus ille celestium 51
Europa 46, 51, 80, 321
europäisch 22, 35, 44, 79, 157, 261, 310
Eusebius von Caesarea 329
Evangelium 54, 56, 301–302, 322

Facio, Bartolomeo 319
Falkenlied 104
Faust 131–134, 144, 146, 148, 154. *Siehe auch* Faustus
– Faustbuch 4, 130, 220
Faustus 13, 132–134, 142–155. *Siehe auch* Faust
Federico da Montefeltro 318
Felicianus 163–164, 167–168
Fenster vom Verlorenen Sohn, das 262–263, 265–270, 272. *Siehe auch* Prodigus-Fenster
Flandern, Graf von 207. *Siehe auch* Fortunatus
Flavius Josephus 334
Florenz 317–319, 322, 325, 335. *Siehe auch* Arnostadt
Flore und Blanscheflur 231
Fons memorabilium universi 320
Fortuna 216–217. *Siehe auch* Glücksjungfrau
Fortunatus 14, 203–212, 215–217
Frankfurt am Main 131, 283
Franziskaner 54
Franziskus, Hl. 177
Franz von Assisi 178, 272
Frauenlob. *Siehe* Heinrich Frauenlob
Frau Welt 14, 179, 181, 192–202

Freud, Sigmund 91
Friedrich I. Barbarossa, Kaiser 73, 281
Friedrich III., Kaiser 320
Friedrich II., Kaiser 303–304

Ǧalāladdīn as-Suyūṭī 31–32, 44
Galen 139–141
Gallien 53
Gegen die Juden und Heiden. *Siehe* Adversus iudeos et gentes
Genealogie deorum gentilium 75, 335
Genesis 326, 329
Genua 318
Geoffroy de Charny 309–310
Georg, Hl. 157, 172–174, 178
Georg von Ehingen 314
Gero, Erzbischof 283
Gesta Romanorum 101
Gilbert, Charles Allan 202
Gilbert von Poitiers 68
Giotto di Bondone 272
Glasmalerei 15, 243, 261–262
Glossa ordinaria 68
Glücksjungfrau 205, 208–210, 216. *Siehe auch* Fortuna
Goliath 290, 300
Gott 14, 36–37, 51, 56, 62–65, 67, 71, 78, 98, 131, 133, 137–140, 145, 148, 158–163, 166–167, 171–172, 174–177, 189, 193–194, 200, 282, 290–293, 295–296, 298, 300–302, 321, 331–332, 334
– Gottesmensch 160, 163, 165, 178
– Gottessohn. *Siehe* Christus
Gottfried von Straßburg 5, 180, 222, 299
Gräner, Paul 44
Gratian, Kaiser 301
Gregor der Große, Kirchenvater 61–62
Gregorius 103
Gregor IX., Papst 303
Gregor VII., Papst 93
Gundobad, König 296
Gurk, Domstift 271

Hadith 50
Hagiographie 162, 166, 171, 176
Hans Ried 15, 224, 231–232, 234–235
Hans Sachs 190–191, 215

Hartmann von Aue 5, 15, 102, 219, 223–224, 226, 228–236, 242, 244, 255–256, 258, 262, 271
Hegel, Georg Wilhelm Friedrich 72, 306
Heilige/r 13–14, 52, 58–59, 64–65, 71, 78, 92, 97, 135, 157–160, 162–166, 168–170, 172–178, 327
Heiliger Geist 71, 75
Heiliges Römisches Reich Deutscher Nation 135
Heine, Heinrich 43
Heinrich Frauenlob 183, 197
Heinrich II., König 282
Heinrich IV., Kaiser 94
Heinrich von dem Türlin 232
Heinrich von Mügeln 197
Heinrich von Taufer 271
Heinrich von Veldeke 100
Held 16, 73, 186, 228, 256, 305–309, 311–312, 314–316
Heraklid 330
Hexapla 53, 67
Hieronymus, Kirchenvater 52–53, 61, 63, 66–67, 321, 323, 327
Hildegard von Bingen 56
Hinkmar von Reims, Erzbischof 66, 299, 301
Hippokrates von Kos 99–100, 139, 141
Historia von D. Johann Fausten 13, 113, 131–132, 134, 142–143, 147, 151–152, 155
Hobbes, Thomas 96
Hohenburg, Grafen von 271
Honorius Augustodunensis 60
Hrotsvit von Gandersheim 73
Hūd, Prophet 33
Hugo von Montfort 202
Hukbert 299

Ibn Abī l-Iṣbaʿ 23–39, 41
Ibn aḍ-Ḍarawī 35
Ibn al-Muʿtazz 24, 32, 36, 38
Ibn ar-Rūmī 38
Ibn Ḥayyūs 29
Ibn Ḥiğğa al-Ḥamawī 41
Ibn Munqiḏ 36
Ibn Nubāta al-Miṣrī 43
Ibn Sanāʾ al-Mulk 41

Ibn Sinān al-Ḫafāğī 25
Immanuel ben Abraham da San Miniato 322, 325
Imraʾalqays 34
Innozenz III., Papst 303
Innsbruck 149
Institutionis oratoriae 21
Isaias. *Siehe* Jesaja
Isidor von Sevilla 67
Israelit 17, 328, 331–333, 336–337
Italien 318, 325, 335
iudicia peregrina 301
Iwein 206, 210, 222–223, 230, 234, 241, 243–244, 246–247, 249, 252–256, 258, 262, 269
– Iwein-Fresken 271
– Iwein-Raum 243, 253, 259
– Iwein-Zimmer 242, 245, 253
– Iwein-Zyklus 15, 241–244, 246–255, 257–262, 264, 269, 271–272

Jacobus de Voragine 97, 158, 163
James, Henry 128
Jans Enikel (Jans von Wien) 14, 188
Jesaja 63
Jesus 33, 54, 93, 160–165, 174, 199, 264, 327, 337. *Siehe auch* Christus
Joachim von Fiore 55, 68
Johannes Aurifaber 138
Johannes Busch 62
Johannes der Täufer 327
Johannes, Evangelist 322
Johannes, Hl. 177
Johannes Rothe 309
Johannes von Hauvilla 74
Johannes von Salisbury 61
Johannes von Tepl 4
Johann Spies 131–132
Joseph, Hl. 161
Jüngerer Titurel 313

Karl der Große, Kaiser 297
Karl der Kahle, König 66–67, 299
Karl der Kühne, Herzog 313–314
Karl V., Kaiser 149
Kathedrale 261–263, 265–270
Kathedralschule 69, 73

Kitāb al-Badīʿ 24
Kleriker 106, 276, 291, 303
Kloster 9, 73, 78, 291, 299
Konrad Fleck 231
Konrad von Marburg 176
Konrad von Megenberg 99, 140
Konrad von Rodank 271
Konrad von Würzburg 193–194, 198–199
Konzil von Trient 51–52, 292
Koran 24, 29–30, 32–35, 41, 50, 119
Kraus, Karl 43
Kürenberg, der von 104
Kuṯayyir ʿAzza 28

Lachmann, Karl 224
Laktanz 330
Lanzelet 233–234, 236
Legende 7, 97, 157–158, 163–165, 169, 174–177
– Agatha-Legende 169
– Andreas-Legende 158, 177
– Apostellegende 158
– Christina-Legende 171
– Dorothea-Legende 168
– Georgslegende 172–173, 177
– Heiligenlegende 162
– Heilungslegende 103
– höfische Legende 5, 102
– Legenda aurea 97, 158, 163–164, 167, 170, 172, 175–176, 178
– Magdalenenlegende 177
– Märtyrerlegende 14, 166, 174
– Opferlegende 103
– Sebastian-Legende 166, 171
– Sünderheiligen-Legende 186
Leviathan 96
Lex Gundobada 296, 298
Libre de Chevalerie 309
Liudgard 279
Liutprand, König 296, 298
London (Fortunatus) 207, 212–214
Longinus, Hl. 178
Lothar II., König 66, 299–301
Lotman, Juri Michailowitsch 194
Lot, Prophet 33
Ludwig der Deutsche, König 66
Ludwig der Fromme, König 297–298

Ludwig von Eyb d. J. 16, 308, 311–312, 315–316
Lukas, Evangelist 54, 78, 264
Luther, Martin 135, 138, 145

Manetti, Giannozzo 17, 317–331, 333, 335–337
Mantel, Der 15, 228–236
Mantel mautaillié, Le 230–234
Maqāme 44
Märe 193, 199
Maria, Hl. 160–162
Maria Magdalena, Hl. 174–176
Marienklage 254
Marienleben 161
Marsilius von Padua 77
Märterbuch 163–164, 167, 169, 175–176
Martin, Hl. 177
Märtyrer 162–163, 165–166, 168, 173–174, 176–177
Mathilde, Quedlinburger Äbtissin 279
Matthäus, Evangelist 78
Maximilian I., Kaiser 224
Mechthilde, Ehefrau Arnolds II. von Rodank 271
Melancholischer Teufel 141
Melusine 209
Mephostophiles. *Siehe auch* Teufel
Merseburg 282–283
Metaphysik 136
Michael, Erzengel 189
Michael, Hl. 202
Milton, John 126
Minnesang 197, 235
Mirakelerzählung 176
Montaigne, Michel de 85–86, 100
Moses 33, 64–65, 301, 317, 333–336
Musaeus, Simon 141
Mythos 73–74, 76, 87, 90, 331, 334
– Nuermythos 90

Naher Osten 22–24, 46
Naqd aš-šiʿr 24
Neapel 318, 321, 326
Neidhart 224, 235
Neues Testament 53–54, 73, 261, 301, 322–325

Neuß 314
Nibelungenklage 222
Nibelungenlied 104, 222
Nietzsche, Friedrich 43
Nikolaus, Hl. 177
Nikolaus I., Papst 299–300
Nikolaus von Kues 79, 93, 191
Nikolaus V., Papst 318, 320, 323–324
Nonnenturnier, Das 201
Norbert von Xanten 68
Notre Dame 301
Novelle 102, 194, 198
Nuer 91. *Siehe auch* Nuermythos
Nürnberg 203, 316

Orationes, Das Corpus der 320
Origenes 53–54, 61, 66–67
Oswolt Krell 14, 203–204, 215, 217
Otmar, Johann 204
Otto III., Kaiser 279
Ovid 76, 329

Paraklet 78
Paratext 6, 311, 316
Paris 49, 301
Parstill 313
Parzival 5, 15, 206, 222–223, 228–229
Passional 97, 158, 164, 167, 169–170, 172, 175–176, 178
Paulus, Apostel 63–64, 139
Pentateuch 334
Perceval 229
Pescia 317
Petrarca, Francesco 76, 320–321
Petrus, Apostel 96–97, 164, 170
Petrus Berchorius 76
Petrus Cantor 301–302
Petrus Lombardus 140
Pfitzner, Hans 44
Philippus, Apostel 164
Philipp von Seitz 161
Philon von Alexandria 54
Phönizier 329
Phrygier 329
Pistoia 317
Plutarch 321
Praeparatio evangelica 329

Problemata Physica 141
Prodigus 264
Prodigus-Fenster 262, 264. *Siehe auch* Fenster vom Verlorenen Sohn, das
Prosper von Aquitanien 67
Protagoras 330
Pseudo-Aristoteles 141
Pseudo-Dionys 58
Publius Terentius Afer (Terenz) 73
Pythagoras 330

Qudāma ibn Ǧaʿfar 24–26, 30, 34, 37
Quedlinburg, Stift 278
Quinque libri adversus suae novae Palterii traductionis obtrectatores apologetici 324
Quintilian 11, 21–22, 25–27, 32, 57, 123, 220

Rainald von Dassel, Erzbischof 73
Ramon Llull 309
Rasmo, Nicolò 241
Rationale divinorum officiorum 78
Reichston 95
Reinbot von Durne 172–173
Reliquie 168, 293, 303
Rhetorikhandbuch 25
Rhetoriktradition 11, 21, 25
Rimini 318
Ritter 22–23, 34, 36, 41, 105, 172, 193, 202, 226, 229–230, 244, 269, 272, 308–311
Ritterheilige/r. *Siehe* Heilige/r
Ritterspiegel 309
Rodank, Herren von 242, 271
Rodenegg, Schloss 241–254, 257–259, 262, 271
Rom 78, 318, 326
Roman 5, 127–128, 204, 210–211, 216, 220–222, 224, 230–231, 233–234, 259, 271, 308
– Alexanderroman 181, 187
– Antikenroman 7
– Artusroman 7, 15, 222–223, 228, 233–236, 244
– Aventiure-Roman 272
– Eneasroman 100
– Generationenroman 216
– Heldenroman 262

– Prosaroman 7, 14, 207, 209, 216
– Ritterroman 262
– Rosenroman 75
Romania 231
Römer 101, 136, 312, 329
römisch 136, 293, 295, 317, 323, 335
Rupert von Deutz 68

Sachsen 279
Sachsenspiegel 303
Salomon und Markolf 100
Salutati, Coluccio 317
Santa Maria degli Angeli, Kamaldulenserkloster 319
Santo Spirito, Augustinerkloster 319
Šayzar, Burg 22
Schmalkalden 249–251, 258–260
Schwesternbuch 10
Scivias 56
Sebastian, Hl. 166–168
Seifrit 14, 189–190
Seneca, Lucius Annaeus 321
Seraph 63
Sermo corporeus 262
Shakespeare, William 126
Siena 318
Simon Magus 97
Simon Petrus, Apostel 97
Sixtus V., Papst 51, 53
Sizilien 303
Sluis 315
Sokrates 321
Soldateska 313
Sophistische Widerlegungen 115
Speusippus 330
Spiegelgeschichte 130
Stiftskirche 261
Straßburger Alexander 14, 181–184, 186, 188–189
Studien zum Autoritären Charakter 117
Süddeutschland 203
Südtirol 241–242, 245
Sünder/in 133–134, 140, 145, 174, 198–199
Synode von Valence 298
Syrien 22

Tafelrunde 233, 311–312
Tagino von Magdeburg, Erzbischof 282, 284
Taḥrīr at-taḥbīr 23–24, 26, 29, 34, 36
Tanach 322–323
Tapisserie 259
Terenz. *Siehe* Publius Terentius Afer
Teufel 52, 74, 97, 132–135, 140, 143, 145–154, 196. *Siehe auch* Mephostophiles
– Teufelsbuhlschaft 135
– Teufelsbündler 133–134, 142, 146, 154–155
– Teufelspakt 135, 143, 145, 147, 152
– Teufelstraktat 141
Thales 330
Théâtre de l'Ambigu-Comique 49
Theodulf von Orléans 54
Theophrast 330
The Turn of the Screw 128
Theutberga, Königin 299–301
Thietmar von Merseburg 279, 282–283, 285
Thomas Gallus von Vercelli 71
Thomasîn von Zerclaere 271–272
Thomas von Aquin 12, 63–65, 138–140, 192
Thüring von Ringoltingen 209
Tirol 242
Tischreden 138
Tridentinum. *Siehe* Konzil von Trient
Trient 51, 252
Tristan 4, 180, 222, 299
Trojaner 312
Tucher, Elsbeth 204
Tucher, Felicitas 204
Tucher, Hans 204
Tusey an der Maas 66

Ulrich Boner 183, 197
Ulrich von Zatzikhoven 233–235
Unteritalien 321
Urbino 318
Usāma ibn Munqiḏ 22–23, 34, 41

Valla, Lorenzo 324–325
Vasaris, Giorgio 320
Venedig 318
Verbum Abbreviatum 301
Vincentius, Hl. 171

Vita 133, 176, 316, 320–321, 327
– Eremitenvita 175
– Heiligenvita 157
– Magdalenenvita 174
Vite 320
Vollerthun, Georg 44
Vulgata 51, 53, 67

Walther von der Vogelweide 95, 195–197
Wandmalerei 259
Wappen 108, 203, 217
Weltchronik 188
Werner, Entführer 279
Wernher, Priester 160, 197
Wernigeroder Alexander 190
Westen, lateinischer 12, 49, 55, 61
Wilhelm von Ockham 77
Willehalm 222

Willigis, Erzbischof 284
Wilwolt von Schaumberg 16, 308, 310–316
Wirnt von Grafenberg 193
Wittgenstein, Ludwig Josef Johann 202
Wolfger von Erla, Bischof 272
Wolfram von Eschenbach 5, 15, 101, 206, 222–223, 228–229, 233

Xenocrates 330

Yvain 13, 106–108

Zarathustra, Also sprach 43
Zentralasien 23
Zisterzienser 9
Zophyrus 99
Zwettl 224
Zypern (Fortunatus) 205, 212

www.ingramcontent.com/pod-product-compliance
Lightning Source LLC
Chambersburg PA
CBHW071734150426
43191CB00010B/1575